ein Ullstein Buch

PROPYLÄEN WELT GESCHICHTE

Eine Universalgeschichte
Herausgegeben von
GOLO MANN
unter Mitwirkung von
ALFRED HEUSS
und
AUGUST NITSCHKE

Band I
Vorgeschichte · Frühe Hochkulturen
Band II
Hochkulturen des mittleren und östlichen Asiens
Band III
Griechenland · Die hellenistische Welt
Band IV
Rom · Die römische Welt
Band V
Islam · Die Entstehung Europas
Band VI
Weltkulturen · Renaissance in Europa
Band VII
Von der Reformation zur Revolution
Band VIII
Das neunzehnte Jahrhundert
Band IX
Das zwanzigste Jahrhundert
Band X
Die Welt von heute
Band XI
Summa Historica

Elf Bände in zweiundzwanzig Halbbänden

Neunter Band
1. Halbband

Das zwanzigste Jahrhundert

RALPH H. GABRIEL
HANS W. GATZKE
VALENTIN GITERMANN
HANS HERZFELD
PAUL F. LANGER
GOLO MANN
HENRY CORD MEYER
ROBERT NÖLL VON DER NAHMER

Karten und graphische Darstellungen im Text von Uli Huber.
Die Beiträge von Henry Cord Meyer, Paul F. Langer und Ralph H. Gabriel sind von Dr. A. R. L. Gurland in die deutsche Sprache übertragen worden.
Das Namen- und Sachregister befindet sich im 2. Halbband und verweist auf die zwei Halbbände des 9. Bandes.

CIP-Kurztitelaufnahme der Deutschen Bibliothek

Propyläen-Weltgeschichte:
e. Universalgeschichte; 11 Bd. in 22 Halbbd. / hrsg. von Golo Mann unter Mitw. von Alfred Heuss u. August Nitschke. – Frankfurt/M, Berlin, Wien: Ullstein. ([Ullstein-Bücher] Ullstein-Buch; Nr. 4720)
ISBN 3-548-04720-3
NE: Mann, Golo [Hrsg.]

Bd. 9. → Das zwanzigste Jahrhundert

Das zwanzigste Jahrhundert. – Frankfurt/M, Berlin, Wien: Ullstein.
Halbbd. 1. Ralph H. Gabriel... – 1976.
(Propyläen-Weltgeschichte; Bd. 9)
([Ullstein-Bücher] Ullstein-Buch; Nr. 4737)
ISBN 3-548-04737-8
NE: Gabriel, Ralph H. [Mitarb.]

Ullstein Buch Nr. 4737
im Verlag Ullstein GmbH,
Frankfurt/M – Berlin – Wien

Der Text der Taschenbuchausgabe
ist identisch mit dem der
Propyläen Weltgeschichte

Umschlag: Hansbernd Lindemann
Alle Rechte vorbehalten
© 1960 by Verlag Ullstein GmbH,
Frankfurt a. M./Berlin
Printed in Germany 1976
Gesamtherstellung: Ebner, Ulm
ISBN 3 548 04737 8

INHALTSVERZEICHNIS

Golo Mann
11 EINLEITUNG

Henry Cord Meyer
25 DAS ZEITALTER DES IMPERIALISMUS
Kontrapunktthemen der Vorkriegsgeschichte *(27)* Eigenarten des Imperialismus *(31)* Imperialistische Kraftentfaltung und internationale Diplomatie *(37)* Innere Schicksale der Länder und Völker *(46)* Wandel und Widerspruch der westlichen Gesellschaft *(66)*

Hans Herzfeld
75 ERSTER WELTKRIEG UND FRIEDE VON VERSAILLES
Kriegsausbruch und Bewegungskrieg 1914 - 1915 *(77)* Der Stellungskrieg von 1914 bis 1916 *(86)* Der politische Krieg: Diplomatie und Bündniswerbung. Das Problem des Friedensschlusses *(91)* Seekrieg und Wirtschaftskrieg. Die innere Lage der Staatenwelt *(100)* Das Jahr 1917: Krise und Wendepunkt des Weltkrieges *(105)* 1918: Der Ausgang des Krieges *(116)* Pariser Friedenskonferenzen und Friedensschlüsse 1919/20 *(122)*

Valentin Gitermann
129 DIE RUSSISCHE REVOLUTION
Der Zusammenbruch des Zarismus im ersten Weltkrieg *(131)* Die Anfänge des Marxismus in Rußland *(140)* Der Todeskampf der bürgerlichen Demokratie *(152)* Die Errichtung und militärische Konsolidierung der bolschewistischen Diktatur *(164)* »Kriegskommunismus« und »Neue ökonomische Politik« *(173)* Die Gründung der Sowjetunion *(179)* Bolschewistische Kulturpolitik *(182)* Die völkerrechtliche Anerkennung der Sowjetunion *(189)* Der Kampf um die Führung nach Lenins Tod *(193)* Anfänge der Planwirtschaft *(203)* Der erste Fünfjahresplan *(206)* Die Entwicklung der Planwirtschaft bis zum Ausbruch des zweiten Weltkrieges *(213)* Die Verfassung der Sowjetunion von 1936 *(218)* Parteisäuberung und Schauprozesse *(221)*

INHALTSVERZEICHNIS

Paul F. Langer
231 JAPAN ZWISCHEN DEN KRIEGEN
Erster Weltkrieg: Japans Chance *(234)* Japan im Übergang *(236)* Außenpolitik friedlicher Verhandlungen *(242)* Erste Experimente mit Parteienregierungen *(246)* Der Aufstieg der Nationalisten *(256)* Der Weg nach Pearl Harbour *(264)*

Ralph H. Gabriel
279 ISOLIERTES AMERIKA
Staat und Wirtschaft *(283)* Krieg, Massenhysterie und Freiheit *(286)* Wilsons Niederlage — Kriegsfolgen *(289)* Wohlstand und Isolationismus *(295)* Die Große Krise *(299)* New Deal *(301)* Abwehr der totalitären Mächte *(306)* Schöpferisches Amerika *(307)*

Hans W. Gatzke
311 EUROPA UND DER VÖLKERBUND
Die Hauptprobleme der europäischen Nachkriegspolitik *(313)* Der Völkerbund und die kollektive Sicherheit *(319)* Die große Politik der Nachkriegszeit *(325)* Die europäische Wirtschaftsnot und das Reparationsproblem *(334)* Die Krise der Demokratie *(340)*

Robert Nöll von der Nahmer
351 WELTWIRTSCHAFT UND WELTWIRTSCHAFTSKRISE
Optimistische Stimmung der Wirtschaft an der Jahrhundertwende *(353)* Die wachsende weltwirtschaftliche Verflechtung *(354)* Grundlagen und Voraussetzungen des weltwirtschaftlichen Verkehrs *(355)* Die Goldwährung *(357)* Von der Markt- zur Planwirtschaft im ersten Weltkrieg *(357)* Die Auswirkungen des Krieges auf die Weltwirtschaft *(360)* Die Weltinflation *(361)* Wirtschaftliche und soziale Folgen der Währungszerrüttung *(364)* Förderung der industriellen Konzentration durch die Inflation *(366)* Die deutschen Reparationen und das Problem der alliierten Kriegsschulden *(368)* Von der »Ewigen Prosperity« zum New Yorker Börsenkrach *(371)* Der äußere Verlauf der Weltwirtschaftskrise *(374)* Bank- und Währungskrisen *(378)* Von der multilateralen zur bilateralen Außenwirtschaft *(382)* Die politischen Auswirkungen der Weltwirtschaftskrise *(383)* Die Überwindung der Weltwirtschaftskrise *(384)*

Golo Mann

EINLEITUNG

Der neunte Band der Propyläen-Weltgeschichte handelt von der ersten Hälfte des 20. Jahrhunderts. Der Anfang ist zeitlich ungenau bestimmt und muß es sein; wer über Imperialismus vor 1914 berichtet, kann das Erbe der neunziger Jahre nicht außer acht lassen. Das Ende ist eindeutig. Mit dem Frühling, dem Sommer 1945 beginnt eine neue Epoche der Menschheitsgeschichte; und während weite Regiónen dessen, was vor dem zweiten Weltkrieg geschah, archivalischem Studium offen liegen, ist dies für die späteren vierziger und die fünfziger Jahre noch nicht der Fall. Erforschbarkeit und, mit ihr verbunden, der zeitliche Abstand, die Möglichkeit leidenschaftslosen Urteils haben von jeher eine Grenze ausgemacht zwischen dem Land, welches dem Historiker gehört, und jenem, in dem wir uns noch selber tuend, leidend und unwissend bewegen.

Jedoch ist es besser, wir lassen uns auf die alte Fangfrage, wo »Geschichte« aufhöre und »Gegenwart« beginne, nicht zu tief ein. Daß auch mit dem Ende von Hitlers Krieg nichts rein Neues beginnt, daß »Nachkrieg« schon im Krieg begann, in ihm angelegt, durch ihn vielfach vorbestimmt war, bedarf keines Beweises. Kontinuität, dichtes Gewebe des Schicksals, spätes Zahlen für Sünden der Väter, ist immer; Neuschöpfung, Entscheidung, Freiheit, Schuld der Lebenden ist auch immer. Daher ein jeder Markstein in der Geschichte ein solcher nur vergleichsweise, nie im absoluten Sinn sein kann. In unserem Band ist gelegentlich von dem Jahre 1917 als einem Markstein, ja als dem eigentlichen Beginn unserer Zeit die Rede. Die Entartung des Krieges zum »totalen«, der Triumph des Bolschewismus, die Landung der amerikanischen Truppen in Europa – mit alledem begann etwas, was bis heute zu beginnen nicht aufhörte. Aber Ludendorff wie Lenin wie Wilson wurzelten mit ihrer Bildung tief im 19. Jahrhundert. Und sehen wir uns die Photographien der Unterhändler von Brest-Litowsk an, die Bolschewisten der ersten Generation, so bemerken wir staunend, wie tief das Antlitz Rußlands sich seither gewandelt hat, wie »historisch« jene geworden sind. Beim Lesen der hier versammelten Darstellungen werden wir oft den Eindruck einer anderen, einer pittoresken und fremden Welt haben; und auch, und selbst gleichzeitig, den Eindruck des Modernen, Aktuellen. Europas Könige und Kaiser, auf ihren Schlössern sich über ein Teilungs-Arrangement in Afrika unterhaltend, das waffenlose, isolierte Amerika der zwanziger Jahre – was für eine versunkene Welt. Aber der indische Revolutionär, der

Schöpfer einer Massenproduktion von Automobilen, der Wiener Arzt, der die Geheimnisse des menschlichen Unterbewußtseins ergründet – sie haben nachwirkende Kraft, sie haben Gegenwart.

Von Anfang an auch und immer gegenwärtig sind die Entwicklungstendenzen, Bestrebungen und Mächte, die mit den vertrauten, abgegriffenen Hauptworten bezeichnet werden: Nationalismus, Demokratie, Sozialismus. Sie sind älter als die hier dargestellte Epoche, sind schon anderswo eingeführt worden; sie wirken über 1945 hinaus. Was auffallen muß, ist, daß sie sich in einer Krise zu befinden scheinen, kaum daß sie in unserem Band zuerst erwähnt werden. Es ist von einer Krise der Demokratie schon vor 1914 die Rede; von Wandlungen, Enttäuschungen, dem feindlichen Auseinanderklaffen der sozialistischen Bewegung; von der Verwirklichung des europäischen Nationalstaatsprinzips in einem Moment, in dem es dafür schon zu spät ist. Befänden Gedanken, Hoffnung und Traum des Menschen sich immer in einer Krise angesichts der sich wandelnden Wirklichkeit, von der sie hergenommen sind und die sie beherrschen sollen, aber nicht können; gäbe es für ihre Verwirklichung den rechten Ort und die rechte Zeit nie? »Geschichte« und »Krise« – das ist das gleiche.

Was der Inhalt des Bandes, im Gegensatz zu seinem äußeren Aufbau, mit frappierender Deutlichkeit zutage treten läßt, ist der große Zusammenhang von allem mit allem, die Einheit des Menschenschicksals. Unsere Einteilung hat von allen Ordnung gebenden Kriterien Gebrauch machen müssen: von dem chronologischen – die Geschichte der russischen Revolution wird von der Abdankung des Zaren bis zur Alleinherrschaft Stalins Jahr um Jahr erzählt; von dem regionalen – für die Periode »zwischen den Kriegen« wird Europa getrennt von Amerika, werden Rußland und der Ferne Osten getrennt von Europa betrachtet; von dem gegenständlich abstrahierenden: es wird eine Geschichte der Weltwirtschaft, eine Geschichte der Biologie geboten. So unvermeidlich eine solche Einteilung in Kapitel war, so spricht doch die eine Wirklichkeit ihr immer wieder Hohn und muß ein Gelehrter übergreifen in das Gebiet des anderen. Ereignisse an der New Yorker Börse wirken um den Erdball, in einem Augenblick, in dem die Vereinigten Staaten, angeblich, »isoliert« sind. Derselbe oder doch mit dem gleichen Wort zu benennende kollektive Wille regt sich auf der Balkanhalbinsel und in Ostasien. Politische Katastrophen werden zum grundstürzenden Faktor wirtschaftlicher Gestaltung, wirtschaftlichen Denkens. Ausdrücke wie »Massengesellschaft«, »industrielles Zeitalter«, »Angst« werden von den verschiedensten Autoren gebraucht, ohne daß eine Verabredung zwischen ihnen stattgefunden hätte. Es ist von der Entstehung einer »Weltpolitik« die Rede, auch von der Entstehung einer »Weltmedizin«. Die Erzählung bricht ab in dem Moment, in dem eine Leistung der physikalischen Wissenschaft zur furchtbar-dringendsten Aufgabe der Politik wurde, die es je gab. So ist denn der Blick dieses Bandes unserer Universalgeschichte nicht auf irgendeine Landschaft im besonderen gerichtet, nicht auf Amerika, Rußland, Europa, sondern auf das menschliche Universum.

Jedoch hat Europa bei der Bildung oder Verdeutlichung dieses Universums auf dem späten Höhepunkt und im rasch nachfolgenden Verfall seiner Macht noch einmal die Initiative gehabt. Es waren die letzten Jahrzehnte einer sich selbst zerstörenden, einer sich mißverstehenden und auch von der weiten Welt noch mißverstandenen Europazentrik. Die beiden großen Neuerungen des Jahres 1917, das Eingreifen der Amerikaner, die Revolution der Russen, wurden damals nicht als das erkannt, als was sie sich später herausstellten; auch von jenen nicht, welche sie ins Werk setzten. Die Amerikaner sahen in ihrer Intervention einen Irrtum, eine folgenlose, niemals zu wiederholende Episode, nicht den Beginn eines Zusammenfließens europäischen und amerikanischen Schicksals zum atlantischen, unter amerikanischer Führung. Die Russen sahen in ihrer Revolution den Beginn der Weltrevolution, besonders und zunächst der westeuropäischen, keineswegs die Isolierung Rußlands, keineswegs den Beginn seines Aufstiegs zu neuer imperialer Weltmacht. Darum hat auch Europa seine Weltstellung und Aufgabe noch einmal mißverstehen müssen zur Zeit des Völkerbundes wie in den dreißiger Jahren, und darum ist, in den Worten Karl Dietrich Brachers, die Politik Hitlers »die letzte Übersteigerung europazentrischer Weltpolitik« gewesen. Das Ende kam unmittelbar danach. Wie eine Figur plötzlich enthüllt wird, so erschien 1945 mit einem Schlag eine längst vorbereitete, nur scheinbar von Grund auf neue, planetarische Mächtekonstellation. Die Geschichte des 20. Jahrhunderts ist zu einem guten Stück die Geschichte von Europas Beinahe-Allmacht, seiner Scheinmacht, seiner Ohnmacht; von ihr wurde noch die Art bestimmt, in der ehedem europäisch beherrschte oder kontrollierte Erdregionen sich in selbständige Machtzentren verwandelten.

Das ist, unvermeidlich, eine Geschichte äußerer Verhältnisse, äußerer Politik. Wir geben ihr kein grundsätzliches oder wünschbares Primat; aber nur philosophische Künstelei hätte sich über die Tatsache hinwegsetzen können, daß des Menschen Kollektivschicksale auch in dieser Zeit von dem Miteinander, dem feindlichen Gegeneinander der Staaten und Volksgruppen ihre großen Anstöße erhielten. Wie eh und je; stärker als je, weil alle Verhältnisse dichter, gedrängter, explosiver wurden. Unserer Natur nach sind wir uns vergleichende, streitsüchtige Wesen; so auch die großen Gemeinschaften, die wir bilden und denen wir untertan sind. Nicht unsere schöpferischen Leistungen liegen hier, wohl aber der Gebrauch, der von ihnen gemacht, der Dienst und Rahmen, in den sie gezwungen werden. Im 20. Jahrhundert ist dann etwas erschienen, was es wohl schon früher manchmal gab, aber nicht in vergleichbaren Dimensionen, mit vergleichbarer Konsequenz: die völlige Ineinssetzung von Innen und Außen, die Unterwerfung des ganzen innerpolitischen Apparates, des bürgerlichen Lebens, des Glaubens selbst, welcher nun den häßlichen Namen einer »Ideologie« erhielt, unter die Ziele aggressiver Außenpolitik. Die imperialen Abenteuer Japans und des nationalsozialistischen Deutschlands geben für dies Phänomen das schlagendste Beispiel ab. Es sind Abenteuer, die nur als in ihrem innersten Kern gegen außen gerichtete, unter dem Gesetz äußerer Politik stehende, dargestellt werden konnten. Zwei Ausnahmen von diesem Gesetz schien es zu geben: das isolierte Amerika der zwanziger Jahre und das Rußland, welches nichts anderem als dem »Aufbau des Sozialismus« sich widmen wollte. In Rußland stellte jedoch, unter dem Vorwand, man müßte sich gegen eine Welt kapitalistischer Feinde verteidigen, die alte Wendung gegen außen sich nur zu bald wieder her und beherrschte nun das innere Leben der Nation stärker als in der Zeit der Zaren. Das Amerika Henry Fords und des Präsidenten Coolidge sah in der Tat einer freien bürgerlichen Gesellschaft ähnlicher als einem bewaffneten Staat unter anderen bewaffneten Staaten. Aber der Akzent lag hier auf dem Wort »Ausnahme«, auf dem Wort »Isolierung«, das an sich schon eine verneinende

Sonderheit bezeichnet. Wir wissen heute, wie kurzlebig diese Sonderheit war; wie man an ihre Geltung noch glauben wollte, als sie schon nicht mehr galt; und wie plötzlich sie endete. Alle wurden in dasselbe Kraftfeld gezwungen, alle seinen schlimmen Regeln untertan. Das Wort Napoleons »Die Politik – nämlich die Außenpolitik – ist das Schicksal« gewann unumschränkte Wahrheit. Daß diese wildeste, alle in seinen Wirbel reißende Vollführung eines uralten Tanzes zugleich auch seine letzte sei, das war mehrfach die Hoffnung, und darüber mag man spekulieren.

Jedenfalls geht es mit rechten Dingen zu, wenn unser Band mit dem Zustande Europas vor 1914 beginnt und von da überleitet zum vierjährigen Krieg, der Mutterkatastrophe des Jahrhunderts.

Henry Meyer hat die Vereinigten Staaten und Japan in seine Betrachtung miteinbezogen, weil auch sie schon und nur sie damals sich als aktive, ebenbürtige Partner des europäischen Großmachtspieles erwiesen und im Banne der gleichen oder vergleichbarer imperialistischer Modetheorien standen. Es geht aber auch um die Gesellschaft, nicht bloß um den Staat, das Innen, nicht bloß das Außen, um die Wechselwirkung zwischen beiden. Was England, Deutschland, Rußland nach außen tun, kann nicht begriffen werden, wenn man die Machtträger nicht kennt, nicht die ungelösten inneren Spannungen, aus denen heraus gehandelt wird. Ein Höhepunkt der westlichen Gesellschaft war es, diese Zeit vor 1914, Höhepunkt der Wohlhabenheit, der Weltwirkung, der Gesittung, der Hoffnung. Die Paradoxie liegt in den gleichzeitig schon wirkenden Gegenkräften, des Pessimismus, des Macht- und Kriegskultes, der Revolution, und dem dialektischen Zusammenhang zwischen dem einen und anderen.

Daraus die Katastrophe des Juli 1914. War in den vorhergehenden Kapiteln von breiten Entwicklungstendenzen die Rede, von Jahrzehnten, vom Einzelnen als Beispiel für das Allgemeine, Typische, so muß nun die Darstellung bloßer vier Jahre, arger, tat- und leiderfüllter, einen breiten Raum einnehmen. Hans Herzfeld, der Berliner Historiker, will ein so getreuer Chronist, ein so interesseloser, gerechter Betrachter sein wie sein kalifornischer Vorgänger. Die Zeit, meint er, hat uns von den Leidenschaften befreit, die ehedem die Geschichte vom Ausbruch, von Wachsen und Entarten des ersten Weltkrieges verdunkelten; die damals dabei waren als junge Soldaten sind heute alt, und lange tot die Hauptakteure. So weit der zeitliche Abstand, so dicht gewebt und unheimlich nahe die Wirkungen. Eine »Ursache« wie einen »Modellfall« nennt Herzfeld den ersten Weltkrieg in bezug auf den zweiten; Modellfall in dem Sinn, daß man in den dreißiger und vierziger Jahren wie behext war von dem Wunsch, die wirklichen oder vermeintlichen Irrtümer von 1914 und 1918 zu vermeiden, und eben aus solchem Trachten neue Entscheidungen hervorgingen, die meist sich als neue Irrtümer herausstellten. Dafür, daß mit dem Jahre 1945 eine neue Epoche beginnt, gibt es kein sprechenderes Zeichen als dies: mit einem Schlag verlor nun der erste Weltkrieg die Kraft des Orakels, die man ihm bis dahin zugetraut hatte ... Nahe bleibt er uns nicht bloß kraft seiner Wirkung, auch kraft seines Wesens. Durch die Art, in welcher er jene beherrschte, die ihn zu beherrschen geglaubt hatten, und zwar schon mit seiner Anfangs-Maschinerie, dem Gesetz der »Mobilmachungen«, welches den guten schwachen Willen der Politiker brach; durch seine alle Kräfte der Nationen absorbierende, die Wissenschaft in seinen Dienst zwingende, humane Tradition, Vernunft, Völkerrecht, zermalmende Totalmacht;

durch sein Ende auch, den mißglückten Friedensschluß, der des Krieges würdig war. Es ist jedoch hier, daß Hans Herzfeld einige gerechte Neubewertungen vorschlägt. War der Friedensvertrag von Versailles nicht so gut, wie amerikanische Idealisten erhofften, so war er auch nicht so schlecht, wie er den Deutschen erschien, nicht, zumal, in seinen territorialen Bestimmungen. Dem Andenken Woodrow Wilsons wird hier späte Gerechtigkeit erwiesen; eine um so höhere, weil sie aus dem freien Urteilsentschluß eines deutschen Historikers stammt.

Die Geschichte der russischen Revolution fällt der Zeit und der Ursache nach mit dem Krieg in seinem Endstadium zusammen, um dann weit über ihn hinaus in mannigfaltigen Formen zu dauern. Valentin Gitermann erzählt sie bis zur Vollendung von Stalins Alleinherrschaft, bis zu deren Bewährung in den ersten Fünfjahrplänen und zu ihrer schauerlichen Festigung durch die Prozesse der späten dreißiger Jahre. Der Schweizer Geschichtsschreiber und Politiker zeigt dabei für Geist und Unternehmen Lenins wohl nicht ganz jene Antipathie, die der Herausgeber, damit er es nur gesteht, gern als mitschwingend gespürt hätte und die Gitermann der Person und der Regierungsweise Stalins vorbehält. Die uralte Frage, inwieweit der Historiker »Zorn und Eifer« fühlen dürfe, ist für den Darsteller einer großen, blutigen, schließlich siegreichen, schließlich Gewaltiges aufbauenden Revolution am schwierigsten zu lösen. Sie wird mit einer zweiten zusammenhängen: waren andere Entwicklungen möglich und wurden sie gewaltsam erstickt, war im Gegenteil erkennbare Notwendigkeit auf seiten der siegreichen Partei? Indem Gitermann nicht nur den Zarismus an seinem unvermeidlichen Ende sieht, sondern auch der liberalen Demokratie, auch einer freieren Spielart von Sozialismus in Rußland keine geschichtliche Chance zuerkennt, erhält Lenin das einzig übrigbleibende historische Recht; wobei es dann natürlich ist, daß seine Gegenspieler, zum Beispiel Kerenskij, ein wenig ironisiert werden. Der Schluß wird *ex eventu* gemacht: weil es so leicht war, die konstituierende Versammlung, hinter der gleichwohl die Mehrheit des Volkes stand, durch Waffengewalt auseinanderzujagen, so war es auch das einzig Mögliche. Wenn wir nicht umhinkönnen, einer solchen Geschichtsphilosophie gegenüber unseren Vorbehalt anzumelden, so weisen wir um so lieber auf den Reichtum der Darstellung hin. Sie begnügt sich nicht mit der Dürre des Politischen, sondern bietet vom wirtschaftlichen, vom kulturellen und literarischen Leben Rußlands ein breites Gemälde durch zwei Jahrzehnte.

Drei weitere Kapitel folgen, die sich mit zu Zwecken der Darstellung isolierten Regionen befassen und ihre Schicksale bis tief in die dreißiger Jahre, in einem Fall sogar bis zum Dezember 1941, verfolgen.

Es ist der Fall Japans. Auf ihn hat Paul Langer seinen Beitrag konzentriert, weil die geschichtliche Initiative in jenen Jahren bei Japan lag, das Inselreich recht eigentlich Geschichte ge m a c h t hat. Wir fügen hinzu, daß die innere Geschichte Chinas – wie auch Indiens – im zehnten Band unserer Weltgeschichte ihren Platz finden wird.

Japan war »anders«; dieser Eindruck wird dem Leser sich stark mitteilen. Anders sein Nationalismus, konservativ, reaktionär, getragen, nicht wie in Europa und Amerika, von den neuen Massenparteien, sondern von der alten Herrenschicht, und von vornherein imperialistisch und missionarisierend, nicht eine, hier längst gewonnene, innere Einheit und äußere Freiheit erstrebend; anders seine Demokratie, nämlich höchst unfertig, in den zwanziger Jahren durch Gewährung des allgemeinen Wahlrechts mit einem Schlage etabliert, gleichzeitig aber verleugnet durch angemaßte Rechte der kaiserlichen Regierung, Notverordnungen, eine Art von Belagerungszustand, und wie paralysiert durch die Furcht, welche das »Volk«, die Linke, die Arbeiterschaft der alten Oligarchie einflößten. Anders auch durch die immer wachsende politische Rolle der Armee. Aber diese starke Sonderexistenz wird doch modifiziert dadurch, daß auch Japan teil hat an dem Geschehen in der weiten Welt. Gleich eingangs betont Langer die epochale Bedeutung, die der erste Weltkrieg für ganz Asien und gerade für Japan gehabt hat; dieser europäische Bürgerkrieg, der in seinen Folgen eben doch schon Weltkrieg war. Nicht weniger tief wirkt auf Japan der Aufstieg des europäischen Faschismus, die Weltwirtschaftskrise, der Zusammenbruch der Ordnung von Versailles. Wirkt, nicht im Sinn eines Hervorrufens unvermeidlicher, passiver Reaktionen, sondern so, daß Japan den von Europa gegebenen Beispielen sich anpaßt, aus Europas Wirren seine Vorteile schlägt. Eine Zeitlang – so unseres Historikers ausgesprochene Ansicht – war das Schicksal unentschieden. Es gab guten Willen in Japan, Verhandlungs- und Verständigungswillen; Fortschritte in Richtung auf einen inneren Ausgleich, eine Modernisierung von Staat und Gesellschaft hin. Aber die allgemeinen Zeitläufte waren ungünstig, die imperialen Versuchungen stark; die Haltung der Partner im Weltmachtspiel – hier vor allem der Amerikaner – nicht immer geschickt und weise; die Gegenkräfte triumphierten noch einmal. – Es meldet sich hier etwas an wie eine heimliche Verwandtschaft zwischen dem Schicksal der ersten deutschen Republik und dem der ersten japanischen – wenn man die Partei-Regierungen Japans in den zwanziger Jahren so nennen darf.

Ralph H. Gabriel, Autor eines klassischen Werkes über die »Entwicklung demokratischen Denkens in Amerika«, war wie wenige geeignet, Leben und Treiben in den Vereinigten Staaten während der »Brausenden Zwanziger Jahre« zu rekapitulieren. Die Amerikaner blicken auf sie als auf die letzten Jahre verlorener Unschuld mit einer gewissen Wehmut zurück. Es war eine Epoche des Optimismus; das freie Unternehmertum stark, schöpferisch, unkontrolliert, politisch herrschend; der Glaube an die »Ausgenommenheit« der Nation um so lauter, als es der Glaube der Nachdenklichen im Lande seit 1917 schon nicht mehr war. Bei seiner Wiederherstellung nach dem Kriege ging es nicht ab ohne Hysterie, ohne Intoleranz gegenüber Andersdenkenden; wie denn eine gewisse Brutalität, eine Neigung auszuschweifen sich mit der Erinnerung an die »Roaring Twenties« verbindet. Das bittere Ende, die finanzielle Katastrophe von 1929 und der folgenden Jahre, ist dann im Rückblick wohl auch als etwas wie die Rache des herausgeforderten Schicksals erschienen. Sie gab jenen recht, die während der zwanziger Jahre in Protest gelebt hatten, den Sozialkritikern, den Schriftstellern höheren Ehrgeizes. Professor Gabriel tat gut daran, die neue, steil ansteigende Literatur der Amerikaner in seine Darstellung hineinzunehmen. Durch sie hat damals Amerika auf Europa zu wirken angefangen, sosehr wie durch seine Industrien und Techniken, wie durch seine verhängnisvollen Kreditgewährungen. Ja, sie wurde manchmal in Europa früher angenommen als im Lande selber. Dort hat erst der große Rückschlag von links, im Zeichen der Wirtschaftskrise, sie hoffähig gemacht; als ein Präsident im Weißen Haus einzog, experimentierfreudig wie keiner zuvor, und auf den Rat der Theoretiker, der

Professoren und Poeten hörend. Mit Franklin Roosevelts »New Deal«, jener Kette großartig-pragmatischer, mitunter einander widersprechender Versuche, das amerikanische Wirtschaftsleben wieder aufzurichten, schließt das Kapitel.

Amerika glaubte sich einsam, abgeriegelt gegen das Toben der weiten Welt. Aber es war nicht einmal dort isoliert, wo das Schwergewicht des Isolationismus lag, im Politischen; viel weniger im Wirtschaftlichen; viel weniger im Kulturellen. Europa hielt sich ein letztes Mal für die Mitte der Welt, ein Anspruch, der ihm durch Sitz und Verfassung des Völkerbundes bestätigt wurde. Aber dieser war weder ein echter Bund noch ein Bund aller großen Völker. Und Europas innerem Wettbewerb eignete die ausstrahlende Kraft nicht mehr, die es ehedem befähigt hatte, die Erde zu »europäisieren«. Hans W. Gatzke, amerikanischer Historiker deutscher Herkunft, ist seit langem mit dem Studium der Akten zur Geschichte der Weimarer Republik beschäftigt, die nach dem letzten Krieg nach Washington geschafft wurden. Ihre Kenntnis hat sein Urteil im einzelnen neuartig nuanciert; etwa in bezug auf die deutsche Rußlandpolitik und das Wollen und Wirken des Außenministers Stresemann. Düster, zwielichtig ist im Vergleich mit dem vorwärtsdrängenden Optimismus Amerikas allerdings die europäische Szene. Die Kräfte, welche wühlen gegen Frieden- und Fortschrittsideen, gegen die liberale Demokratie, sind jetzt nicht schwächer als vor 1914; sie sind stärker. Dennoch haben sie das Spiel nicht von Anfang an gewonnen. Der gute Wille zur Wiederherstellung oder zu neuen Lösungen, die Rückgewinnung einer mäßigen Prosperität, die erstaunliche Fruchtbarkeit des geistigen Lebens in Deutschland wie in Frankreich – solche in den nachfolgenden Wirren versunkenen Charakterzüge der Briand-Stresemann-Zeit werden von Gatzke in ein gerechtes Licht gerückt; der Gang der Dinge war, in Europa wie in Japan, unentschieden bis zum Beginn der großen Wirtschaftskrise.

Von ihr hatte schon mehrfach die Rede sein müssen; jedes der regionalen Kapitel, das japanische, das amerikanische, das europäische – bloß das russische nicht – führte den Leser zu ihr hin. In dem Moment jedoch, in dem, ausnahmsweise, die Wirtschaft »das Schicksal« wurde, schien es ratsam, ihr ein gesondertes, ein wenig Theorie nicht scheuendes Kapitel zu widmen. Professor Nöll von der Nahmer, der deutsche Nationalökonom, zeigt uns zuerst, was die Weltwirtschaft vor 1914 war, unter welchen technischen, politischen, moralischen Bedingungen sie ehedem funktionierte. Nun sehen wir, wie ein wirtschaftsfremdes Element, der Krieg, den nur Aberglaube sich noch aus »Wirtschaftsgründen« erklärt, zum beherrschenden, Begriff und Realität der Wirtschaft revolutionär umgestaltenden wird. Diese Verkoppelung ist immer da, einen politikfreien Wirtschaftsraum gab es nie; nie aber auch war sie so stark und verhängnisvoll wie seit 1914. So daß der Spezialist notwendig auch zum allgemeinen Historiker wird, sein spezieller Gegenstand ihm in die Dialektik des Allgemeinen entgleitet. Die Plan- und Notwirtschaft im Kriege, der Verschleiß und Ruin, die neuen politischen Grenzen dann, die »Reparationen«, die Rache, die Lust am Schaden des anderen, die Weltinflation und neue Besitzes-Konzentration – das sind wirtschaftliche, soziale, politische Abenteuer in einem; Abenteuer von radikaler Tragweite; die große Krise selber, aus einer einzigen nicht, sondern aus einem ganzen Nest ökonomiko-politischer Ursachen hervorgehend, wird ihrerseits zur nicht wegzudenkenden Bedingung so einschneidender politischer Ereignisse wie Hitlers Machtergreifung oder der Wahl Roosevelts zum Präsidenten.

Die Geschichte der zwölf Hitlerjahre, diese schneller und schneller, wilder und wilder ihrem makabren Ende zustrebende Geschichte, sollte in einem Zug erzählt werden, von der Machtergreifung bis zur Bombe von Hiroshima. Es ist wie eine Rückkehr zu den Themen der ersten Kapitel: Imperialismus, Vorkriegszeit und Krieg. Wiederholung und vergeblicher Versuch, ihr zu entgehen, Fortsetzung, Steigerung, schaurige Parodierung des schon Dagewesenen, vermischen sich mit dem radikal anderen, das erst am Ende voll deutlich wird. Der unglaublich anachronistische Versuch, einem europäischen Volk auf Kosten anderer europäischer Völker »Lebensraum« zu erobern, durch Hitler von Anfang an unbeirrbar verfolgt, aber geschickt verheimlicht, bis die Zeit zu seiner vollen Entfaltung reif scheint, wird von den Westmächten sechs Jahre lang ignoriert, mißverstanden, durch gute Worte und Einräumungen beschworen, schließlich beantwortet mit dem ähnlich anachronistischen Versuch, durch Koalitionen und Drohungen das europäische Gleichgewicht aufrechtzuerhalten, das verloren ist und verloren zu sein verdient. Daraus geht der Krieg hervor, unvermeidlich nicht an sich, sondern durch eines Einzigen irrsinniges Wollen. Noch einmal, ein letztes Mal, wird ein europäischer Krieg zum Weltkrieg; oder wird es zum erstenmal, denn erst mit Pearl Harbour ist ein Weltkrieg im vollen Sinn des Wortes gegeben und erst 1945 eine eigentlich weltpolitische Situation.

Karl Dietrich Bracher, Professor der Politischen Wissenschaft in Bonn, hat, glauben wir, die von ihm übernommene Aufgabe recht gelöst und so dem unlängst durch sein Werk über »Die Auflösung der Weimarer Republik« gewonnenen Ruhm ein neues Blatt hinzugefügt. Eine schwierige Aufgabe war es: hier die kühle Sachlichkeit des Historikers zu wahren, hier nicht den Erzählermut zu verlieren angesichts der trostlosen Monotonie schwarzer Tage; und manchmal mag der Autor sich selber den Einwand gemacht haben, den Wallenstein gegen den höflichen Chronisten aus Wien erhebt:

> Ersparen Sie's, uns aus dem Zeitungsblatt
> zu melden, was wir schaudernd selbst erlebt.

Bracher gibt dem Krieg den einen Sinn, den die bedeutendsten Führer der anderen Seite, Churchill und Roosevelt, ihm zu geben versuchten: »Es war«, schreibt er, »in der Tat ein Kreuzzug zur Erhaltung der menschlichen Substanz und der Freiheit der Person, der dem Rest der Welt aufgegeben war.« Aber dieser Sinn war selber ein dürftiger, nur negativer; er stammte nicht aus der schöpferischen Güte des Restes der Welt, nur aus den unerträglichen Zumutungen, die Hitler ihm stellte; er wurde verkrüppelt durch das Bündnis zwischen Angelsachsen und Kreml, die Illusionen der einen, die brutale Ausnutzung der Sieges-Situation durch den anderen. Irrig der Glaube, es könnte aus dem Zusammenbruch eines einzigen verruchten Eroberungs-Unternehmens auch schon eine geläuterte Menschheit hervorgehen. Sie ist nicht weiser, als sie vorher war; sie kommt nicht zur Ruhe. Dort, wo unser Buch endet, zeichnen neue Irrtümer und Ausschweifungen, neue Konflikte und revolutionäre Veränderungen sich am Horizont ab.

Statistische Bestandaufnehmer eines gewissen modernen Typs sagen uns: Ein Unternehmen, welches mehr Menschen ernährt als je zuvor, sie besser ernährt als je zuvor, stärkere Energien bildet, in weitere Räume ausgreift als je zuvor, das Unternehmen »Menschheit«

mit einem Wort, sei nicht eben bankrott zu nennen; die Zahl von sechs Millionen Ermordeter wiege nicht viel verglichen mit den siebenundzwanzig, um die die Erdbevölkerung sich jährlich vermehrt; die Großkriege des Jahrhunderts seien nichts anderes als notwendige »Arbeitsgänge« eines gewaltigen Prozesses konstruktiver Umgestaltungen, oder umgekehrt bloße Betriebsunfälle, oder welches Bild man vorzieht. Wir überlassen eine solche Interpretation neidlos jenen, die sich damit zufriedengeben. Die banale Wahrheit jedoch enthält sie, daß in einem Zeitalter ungeheuer vermehrter Energien auch der Krieg, wenn er schon sein sollte, energischer werden mußte. Die Frage, ob er hätte sein sollen, ob er fürderhin sein soll, oder was an seine Stelle treten soll, rührt an Fragen der Sinngebung, welche im Rahmen positiven Wissens nicht zu beantworten sind. Auf diesen mußte unser Werk sich beschränken.

Wenigstens aber hat es das fortschreitende Wissen des Menschen von der Natur und von sich selbst in sich aufgenommen. Von ihm handelt das große Kapitel »Neue Wissenschaft«. Es hat seinen Platz außerhalb der politischen Geschichte, wie unermeßlich stark auch der Einfluß, stetig und in plötzlichen Schüben, vom Wissen und Können her in das politische Geschehen wirkt. Es hat eine andere Chronologik, zumal in den Wissensgebieten, die im vorhergehenden Band nicht behandelt wurden, für die also tief ins 19. Jahrhundert zurückgegriffen werden mußte. Über die Grenze des Jahres 1945 setzt es sich als eine in dieser Sphäre überhaupt nicht existierende hinweg. Und kaum brauchen wir zu sagen, daß nicht eine Enzyklopädie des Wissens hat gegeben werden sollen; nur eine Gesamtansicht jener Seite des menschlichen Abenteuers, die auch in unserer Zeit überwältigend erfolgreich war.

Ist es ein Zufall, daß die Gelehrten, die sich hier zu einem vorwiegend naturwissenschaftlichen Symposion vereinigt haben, das Problem des Humanen mit klarer zutage tretender Sorge angehen als die Historiker? Allzu lange hat man diese gelehrt, ihre persönlichen Ansichten zu trennen von den sachlichen; nur zu erforschen, »wie es eigentlich gewesen ist«; nur zu verstehen, nicht zu werten, nicht zu verurteilen. Selten findet man bei ihnen so eindeutige Bejahungen oder Verdammungsurteile, wie der Mediziner, Wolfgang Bargmann, sie vollzieht, kraft der ethischen Grundsätze seiner Wissenschaft oder jeder Wissenschaft oder jenseits von jeder Wissenschaft. Die großen Entdeckungen auf dem Gebiet der Medizin können zum Heil wie zum Unheil gebraucht werden; selbst die beste Sozialhygiene bietet noch ungewollte oder gewollte Möglichkeiten, eine ins Ungeheure steigende Bevölkerungsvermehrung in imperialistische Machtpolitik umzusetzen. Ähnliche Beobachtungen über die zweischneidigen Folgen, die Hilfe und die Gefahren, die uns aus der Biochemie kommen können, macht Adolf Portmann. Beide Gelehrte zeigen uns die dichten Zusammenhänge zwischen dem Fortschreiten ihrer Wissenschaften und dem Treiben der Gesellschaft; die Anregungen und Forderungen, die von dieser kommen, den Zwang zur Spezialisierung, den Druck wirtschaftlicher Interessen, die neuen Krankheiten und Nöte. Von beiden auch lernen wir, daß die Grenzen zwischen Natur- und Geisteswissenschaft nicht mehr so fest sind, wie sie vor einem halben Jahrhundert zu Forschungszwecken gezogen wurden. Das hat nichts zu tun mit einem Zurück zur alten »Naturphilosophie«, von deren schädlicher historischer Wirkung Bargmann mit fast den gleichen Worten spricht, die Walther Gerlach in einem früheren Beitrag gebrauchte. Es geht um Grenzgebiete wie die Psychologie. Es geht um die

»Einheit des Humanen«, die Portmann als einen wissenschaftlichen Grundsatz proklamiert, und zu dessen Begriffen biologische, ethnologische, prähistorische und philosophische Forschungen sich vereinigen. Zu ihr, sagt Portmann, gehört für eine von der Biologie her informierte Wissenschaft vom Menschen auch wieder das religiöse Erleben als eine »Grundkraft des Humanen«. Gern hätten wir diesen Satz als Motto über unsere Universalgeschichte gestellt.

Auch die unmenschlichste aller Wissenschaften, die Astronomie, durfte in unserem Überblick nicht fehlen; die unmenschlichste, weil sie die menschliche Existenz in Zeit und Raum zum beinahe-Nichts reduziert. Der Astronom mag antworten, daß es immer der Mensch sei, der diese Reduktion vollzieht, und in ihr zugleich sein höchster Triumph liege. Nur auf ein paar der am stärksten frappierenden Informationen in dem reichen Bericht Hans Kienles sei dem Laien-Leser hinzuweisen erlaubt. Nach der gegenständlichen Seite: Auf das immer schärfere Begreifen der Welt als eines Werdeprozesses, in dem Schöpfung zu geschehen nie aufgehört hat. Nach der methodischen, historischen Seite: die Entdeckungen der Kernphysik haben unser Wissen vom Leben und Tod der Sterne so umgestaltet, wie sie die Ökonomie des Menschen umzugestalten im Begriff sind. In diesem Sinn mag es mehr als bloße Koinzidenz sein, daß auch während des letzten Krieges und kurz danach die Astronomie in gewaltiger Bewegung gewesen ist.

Walther Gerlachs Übersicht der Tendenzen und Leistungen der Physik im 20. Jahrhundert weiß von derselben Wechselwirkung zwischen Wissenschaft und Gesellschaft, demselben tiefen Eingebettetsein der einen in die andere, vergleichbaren geschichtsmächtigen Wirkungen, vergleichbaren Gefahren. Der Physiker als der eigentliche Weltveränderer, der Herr über Krieg und Frieden und subtilste Denker in einem – diesen heutzutage vertrauten Begriff wird der Leser des großzügigen Resumés häufig bestätigt finden; auch dort und gerade dort, wo ungeheuer breite, verästelte Wirkungen aus einer auf den ersten Blick eng und speziell scheinenden Ur-Entdeckung fließen. Freilich zeigt Gerlach auch, wie unsicher es mit der Herrschaft des Gelehrten bestellt ist, wie weit wir von einer Erdregierung durch Forscher und Techniker noch entfernt sind. Neue Träger und Agenturen der Forschung entstehen, wo die Industrie sie benötigt. Der Staat, längst der gewaltigste Förderer der Wissenschaft, wird im Krieg oder unter kriegsähnlichen Bedingungen zu ihrem Zwingherrn. Mit der weltverbindenden Tendenz der Wissenschaft, wie sie auf internationalen Kongressen zum Ausdruck kommt, streitet eine andere, im Sinne des Wettkampfes der Großmächte auf Geheimhaltung dringende. Unbeantwortet bleibt die Frage, die Gerlach anklingen läßt: ob überhaupt und in welchem Sinn und wo und von wem dem fortschreitenden Wissen und Können ein Ziel, eine Grenze gesetzt werden sollen?

Es ist eine Frage, deren Beantwortung man von der Wissenschaft nicht erwarten darf. Sie hat alte philosophische Einheit, alte Autorität aufgelöst, aber sie kann, als Wissenschaft, keine neue geben; alles; nur dies nicht.

Das Kapitel schließt mit der Wissenschaft von der Gesellschaft, der Soziologie. Diese Abhandlung zu schreiben, hatte noch der im Frühjahr 1958, neunzigjährig, verstorbene Alfred Weber übernommen. Sie ist sein letztes Wort. Gleich eingangs betont Weber, daß es sich bei seiner Wissenschaft in der Tat um eine neue handelt; neu nicht im 20., aber doch im 19. Jahrhundert, in dem das Wort selber geprägt wurde. Ebenso: daß sie aus einem Bewußtsein von Krise, von Umbruch heraus entstand, und zuerst eben die Zeit, in der sie entstand, die Gegenwart des 19. Jahrhunderts, als geschichtliche zu bestimmen versuchte. Weber nennt hier Karl Marx als einen ihrer Gründer und erweist dem Schöpfer des Historischen Materialismus hohe Ehre; nicht seinen Antworten, die auch er für wissenschaftlich abgetan hält, sondern seinen Fragestellungen. Was Weber von der Geschichtsphilosophie des 19. Jahrhunderts, von Marx, von Comte und Spencer übernimmt, ist die Frage nach der historischen Gesamtsituation, das, was er »Konstellations-Soziologie« nennt und was den vielerlei soziologischen Spezialforschungen nicht widerspricht, wohl aber ihnen den Rahmen und weiteren Sinn geben soll. Was ihn vor allem von Marx unterscheidet, ist, daß er zwar von »eigenevolutiven« Mächten weiß, im Gebiet des Zivilisatorischen, Wissenschaft, Technik, Wirtschaft; daß er ihnen gegenüber jedoch die menschliche Spontaneität als etwas anerkennt, dessen Verhalten man nicht vorhersagen kann. Eben darum verwirft er jedes behauptete Totalwissen. Soziologie, meint Weber, soll keine Prognosen geben, obgleich sie Gefahren erkennen und Wege zu ihrer Überwindung vorschlagen soll. Dies wieder kann sie nicht, wenn sie nicht selber gewisse Werte bejaht, nicht, mit einem Ausdruck Webers, »wertungsgefüllt bis zum Rande« ist. Kräftig verwirft Weber jene »wertfreie«, nur Tatsachen sammelnde, nur Gesetze suchende Soziologie, wie sie dem Positivismus um die Jahrhundertwende als Ziel vorschwebte. Sowenig die Medizin ohne die Begriffe von Gesundheit und Krankheit, sowenig kommt die Soziologie aus ohne einen Begriff vom Menschen, wie er sein und leben sollte. Wenn dann Weber im folgenden die Gefahren analysiert, welche diesem Begriff und Wert im 20. Jahrhundert drohen, wenn er uralte Fragen, wie die nach dem Verhältnis zwischen Einzelnem und Gesamtheit, Masse und Elite erörtert, so nennt er wohl verschiedene, hier aufgetretene Doktrinen; überwiegend jedoch gibt er uns seine eigene, die aus seiner eigenen Methode fließenden Erkenntnisse. – Es war eben in dieser Erwartung, daß wir uns, an einem Sommertag des Jahres 1957, an den greisen Gelehrten wandten. Soziologie, diese Grenzsphäre zwischen gegenständlichem Forschen und philosophischem Denken wird, wie Karl Jaspers gezeigt hat, in ihren höchsten Verwirklichungen immer von der Persönlichkeit abhängen. Es sollte darum hier einer zu Worte kommen, der nicht bloß kühl resümierte, was andere lehrten, sondern selber eine Persönlichkeit war.

Schon in der Einleitung zum achten Band wurde bemerkt, daß der philosophische Gedanke eines großen Sammelwerkes, wie des unseren, nur ein sehr allgemein bestimmter sein kann, daß unsere Aufgabe ist, Wissen zu vermitteln, nicht Spekulation. Weder geben die Kapitel, die hier einzuführen waren, uns ihre eigene ausgeprägte Philosophie; noch auch beschäftigen sie sich ausführlich mit jenen Interpretationen des Menschenschicksals, der Vergangenheit und Zukunft, an denen unsere Zeit so fruchtbar gewesen ist. Sie erzählen nur, wie es gekommen ist. So mögen denn Alfred Webers Gedanken eine Art von Vertretung üben für das geistige Wollen, aus dem heraus unser Werk entsteht, das aber in dem Übermaß der Ereignisse und Fakten nicht immer deutlich erscheinen kann.

Henry Cord Meyer

DAS ZEITALTER DES IMPERIALISMUS

Kontrapunktthemen der Vorkriegsgeschichte

Langsam, aber beständig verändert sich unser Bild von der geschichtlichen Entwicklung. Neue Tatsachen und der zeitliche Abstand verschieben die Perspektive und vermitteln neue Einsichten – auch im Hinblick auf Situationen, die hinlänglich bekannt schienen. Jahrzehntelang wurden viele Aspekte der imperialistischen Zeit von Historikern und Geschichtsinterpreten ausschließlich durch die Brille der Ereignisse von 1870/71 gesehen. In dieser Betrachtungsweise erschien die gesamte Periode bis zum Ausbruch des ersten Weltkriegs als die logische Vollendung, gleichsam die Endverwirklichung der entscheidenden geschichtlichen Kräfte, die die deutsche und die italienische Einheit geschmiedet und ein neues internationales Gleichgewicht in Europa hergestellt hatten. Obgleich der Krieg die diplomatische Gleichgewichtslage umgeworfen hatte, wurde an der Vorstellung festgehalten, daß sich die westliche Gesellschaft auch weiterhin im Sinne der liberalen Nationalidee entwickle und entfalte. Den zweiten Weltkrieg sahen diese Geschichtsbetrachter ideologisch als einen demokratischen, mittelständlerischen, nationalstaatlichen Verteidigungskrieg gegen den Einbruch des Totalitarismus. Vielen westlichen Autoren stellte sich die Geschichte ihrer Länder – und die Weltgeschichte – als bloße Abfolge der staatlichen Politik und der nationalen Entwicklung des In- und Auslands dar.

Seit einiger Zeit legt indes eine nicht unbedeutende Minderheit unter den Historikern größeren Nachdruck auf andere Faktoren: den gesellschaftlichen Wandel, die geistige Entwicklung, das kulturelle Zusammenspiel, veränderliche soziale Konstellationen, sozialpsychische Einflüsse. Allerdings macht die Lesermasse noch nicht allgemein mit; häufig hängt sie noch an älteren, simpleren Ansichten über die neuere Geschichte, in deren Mittelpunkt staatlich-politische Kämpfe und nationale Spannungen des europäischen Raumes stehen.

Aus der heutigen Sicht läßt sich verfolgen, wie diese Haltung entstanden ist. In weiten Teilen Europas begrüßten Liberale und Anhänger des nationalen Gedankens mit großer Begeisterung die Verwirklichung der nationalen Einheit Deutschlands und Italiens. (Wenn hier von Liberalen die Rede ist, ist Liberalismus im Sinne der bürgerlichen Freiheitsideen des 19. Jahrhunderts gemeint.) Offensichtlich waren die konservativen Gegner von 1815 und 1849 geschlagen. Nun sollte die große Konsolidierung des Sieges folgen; man überließ es Historikern, zum höheren Ruhm der europäischen Kultur den weiteren staatlichen und nationalen Fortschritt zu registrieren. Der Optimismus dieser Prägung nahm so gut wie keine Notiz von entscheidenden Elementen gesellschaftlicher Widerstände, politischer Kompromisse und fortbestehender regionaler Spannungen in Deutschland, Österreich-Ungarn, Italien und im fernen Osteuropa. Darüber hinaus traten, als das letzte Viertel des 19. Jahrhunderts heraufzog, überall in Europa Probleme anderer Art in den Vordergrund; doch wurden sie im selben staatlich-nationalen Zusammenhang behandelt oder durch ihn verzerrt und verdunkelt. Wer zu Beginn des 20. Jahrhunderts die Lage zu durchleuchten und zu deuten suchte, schrieb zumeist noch erwartungsvoll von der großen liberalen und nationalen Vollendung des Werkes, die da kommen sollte, während doch die historische Flut, die diese Momente emporgetragen hatte, bereits im Abebben war.

Wie sah denn in diesen strahlenden Spätnachmittagsstunden des 19. Jahrhunderts die so überaus zuversichtliche bürgerlich-europäische Vorstellung von den treibenden Kräften der Geschichte aus? Der Liberalismus der Mittelschichten, der geistig in der Aufklärungsepoche wurzelte und auf die Perfektibilität des vernunftbegabten menschlichen Wesens vertraute, sah allüberall dem Kommen der freiheitlichen, rechtsstaatlich organisierten Gesellschaft mit vollendetem Repräsentativsystem entgegen. Die Fehlschläge von 1848/49 schienen diese Optimisten vergessen zu haben – oder sie waren der Meinung, daß ihre Niederlagen durch erfolgreiche verfassungsmäßige Beschränkungen der konservativen Kräfte wettgemacht worden waren. Es galt als ausgemacht, daß die Menschheit am besten fahren mußte, wenn sie sich im Rahmen einer nach innen und außen ständig expandierenden freien Marktwirtschaft auf verständige Weise des Mechanismus der uneingeschränkten Konkurrenz bediente. Allmählich wich der Widerstand der Bourgeoisie gegen die Forderungen der aufsteigenden Arbeiterbewegung einer Politik zögernder Kompromisse, so etwa in Bismarcks oder Disraelis konservativ-patriarchalischer Fürsorge für die Arbeiter. Die immer schneller aufeinanderfolgenden Fortschritte der Naturwissenschaft, der Technik und der Medizin schienen erneut zu beweisen, daß der Mensch ein rationales Wesen und weiterer Vervollkommnung fähig sei. Der bürgerliche Stil, in dem die Schwere und Sentimentalität der Romantik mit der Detailpräzision des Realismus verschmolz, setzte sich um in materiellen Luxus und die temperierte Genreeigenart der akademischen Kunst. Es wurde unterstellt, daß all diese Kräfte unausweichlich und mit Gottes Segen daran arbeiteten, die Worte, Leistungen und Zielsetzungen des weißen christlichen Europas für die ganze Welt wirksam werden zu lassen.

Dieser Optimismus übersah – oder bewertete nicht realistisch genug – das Weiterbestehen und die Macht konservativer Kräfte in einem beträchtlichen Teil Europas. Am stärksten entwickelt und von inneren Konflikten am ehesten verschont war der nationale Liberalismus im Nordwesten Europas, wo Nationalitätengegensätze am wenigsten ausgeprägt waren (der Ausnahmefall Irland wurde passenderweise ignoriert) und wo das Bürgertum fest im Sattel saß. Erheblicher Einfluß kam dagegen der wirtschaftlichen und politischen Macht des Konservativismus auch weiterhin in den Mittelmeerländern und in Mittel- und Osteuropa zu, um so mehr, je größer die räumliche Entfernung vom nordwesteuropäischen Zentrum. In ganz Europa suchten die Träger und die Organisationen des national orientierten Liberalismus ihre Vorbilder und ihre Ideen bei den Ländern des Nordwestens, denen sie bewußt nacheiferten. Aber das nationale und gesellschaftliche Dasein in diesen kulturell abgelegenen Gefilden war oft so grundlegend anders gestaltet, daß das liberal-nationale Gewächs dort nur merkwürdige Bastardfrüchte trug. Wie verschiedenartig waren etwa die Wirkungen des rationalistisch gefärbten Nationalismus Westeuropas auf die einzelnen Bestandteile des mitteleuropäischen Völkermosaiks, die zugleich den tiefgehenden emotionalen Einflüssen der französischen und deutschen Romantik ausgesetzt waren.

Obgleich Mitteleuropa – von Berlin bis Rom und weiter bis in den Balkan hinein – mehrere Revolutionswellen durchgemacht hatte und den starken Einfluß des Liberalismus durchaus verspürte, hatten hier die konservativen Kräfte schwer zu handhabende Kompromißlösungen erzwungen, während sie in Rußland und Spanien die volle Kommandogewalt behielten. Die konstitutionelle Monarchie war die vorherrschende Form der staatlichen und gesellschaftlichen Ordnung, und bis 1914 war es ihr sogar gelungen, die Unterstützung der chauvinistischsten Nationalisten zu gewinnen. Rückblickend sieht man, daß die liberal-nationalen Bewegungen in der Zeit von 1871 bis 1914 in großen Teilen Europas bestenfalls nur vorübergehend im Vordergrund einer Bühne gestanden haben, von der die konservativen Kräfte nicht abzutreten gedachten und auf der die nachrückenden Arbeitermassen ihrerseits eine gewichtige Rolle zu spielen wünschten.

Auch wenn der Liberalismus in der europäischen Vorkriegsgesellschaft – sei es als realer Faktor, sei es als Idealbild – zu dominieren schien, wurde er in Wirklichkeit von diesen Kräften von rechts und links sogar im nordwesteuropäischen Zentrum in zunehmendem Maße bedrängt. Der ältere Nationalismus des 19. Jahrhunderts hatte zwar auch blutige Konflikte hervorgebracht und mit opportunistischen Mitteln nach der Macht gegriffen, immerhin sprach er aber im Ideologischen guten Gewissens eine demokratische, egalitäre und humanitäre Sprache. Als die letzte Vorkriegsgeneration antrat, machten sich nun aber mit lästiger Beharrlichkeit zwei neue Faktoren bemerkbar: ein mit Totalitätsansprüchen auftretender Nationalismus der Rechten und der antibürgerliche Internationalismus der Linken. Noch beruhten die wirtschaftlichen Ideale und die politischen Rechtfertigungstheorien der Gesellschaft auf den alten *laisser-faire*-Vorstellungen; die Tatsachen hatten unterdes eine andere Entwicklung genommen: die Sphäre des Staatseingriffs weitete sich aus, der freie Wettbewerb und die offenen Märkte schrumpften, und der zwischenstaatliche Warenaustausch begegnete immer größeren Hindernissen. Auch die erfolgreichsten liberal-nationalen Staaten wurden nach der radikalen Ausweitung des Wahlrechts mit dem Druck der neuen Wählermassen nicht ohne weiteres fertig und sahen sich voller Unbehagen einem neuartigen Ansturm gegenüber, der Walther Rathenau sogar als »vertikaler Einbruch der Barbaren« erschien.

Die ideologischen Positionen des bürgerlichen Weltbildes wurden von verschiedenartigen geistigen Kräften berannt, die einander in der Wirkung ergänzten. Der Rationalismus hatte selbst sein ureigenstes inneres Dilemma geboren: er hatte eine biologische Wissenschaft hervorgebracht, die den unablässigen Kampf ums Dasein und das Überleben der Passendsten in den Mittelpunkt des Naturgeschehens stellte, und er hatte Belege für ein neues Menschenbild zusammengetragen: das Bild des sowohl individuell als auch in der Masse irrationalen Menschen. Zwei andere Aspekte des Rationalismus kamen hinzu: einmal fortschreitende Spezialisierung des Wissens mit der unendlichen Häufung von Wissensdetails bei zunehmender, beängstigender Ungewißheit, zum andern Vervollkommnung der Technik mit ihren Folgeerscheinungen: Geschwindigkeit, Lärm, Daseinsbequemlichkeit, mechanischer Komplizierung des Lebens. Diese neuen Momente trugen nicht wenig zur Entstehung einer Gegenkraft in der Neuromantik bei, die jedes rationale Vorgehen zugunsten einer »menschlicheren«, »natürlicheren«, intuitiven Schau verwirft. Die institutionalisierte Offenbarungsreligion, die das kritische Kreuzfeuer des Liberalismus und der Wissenschaft heftig getroffen hatte, schöpfte neue Kräfte im antirationalen Widerhall mystischer Wahrheiten und der Berufung auf höhere Autorität. Dem politischen Liberalismus wurde vorgeworfen, daß er mit seinem Appell an Gleichheit, Quantität und nivellierenden Mehrheitsbeschluß die menschlichen Werte herabwürdige und zunichte mache. Zu alledem gesellte sich eine äußerst buntscheckige ideologische und ästhetische Offensive gegen die Philisterhaftigkeit des bürgerlichen Daseins: der Angriff galt sowohl der überheblichen moralischen Selbstgefälligkeit und der triefenden Sentimentalität als auch den materiellen Errungenschaften und dem Festhalten am Geordneten und Geregelten.

Wie aber war es möglich, daß die westliche Welt am Ausgang des 19. Jahrhunderts alle diese Elemente in sich barg, ohne durch Bürgerkriege und internationale Konflikte in die Luft gesprengt zu werden? Daß sich Explosionen der einen wie der anderen Art seit 1914 fast gleichzeitig ereignen, wissen wir nur zu gut. Aber beinahe ein halbes Jahrhundert lang wurden sie immer wieder hinausgezögert oder unterbunden. Die Erklärung scheint in einer einzigartigen Verkettung von Umständen zu liegen. Fieberhaft betätigte sich die ungeheure Verstandes- und Produktionsenergie der westlichen Menschen, in Breiten- und Tiefenwirkung stetig sich steigernd. In nationalen Grenzen ermöglichten die gigantische Mobilisierung geistiger Leistung und die Ausnutzung neuer Produktionsverfahren eine phänomenale Hebung des westlichen Lebenshaltungsniveaus. Im Weltmaßstab verstärkten diese Faktoren die militärische und politische Macht des Westens. Die Völker und das Können des Westens ergossen sich in den leeren Erdteil Amerika und legten sich wie eine Deckschicht über die zahlenmäßig viel stärkeren, aber in der Passivität verharrenden Völker Asiens und Afrikas. Die nichteuropäische Welt brachte den Europäern geistige Anregung und unübersehbare materielle Schätze; beides erhöhte die Prosperität und die Differenziertheit des westlichen Daseins. Vermehrte Anstrengungen und internationale Expansion trugen die Minderheit von vierhundert Millionen weißen Europäern zu den Höhen der Weltbeherrschung empor.

Hier bot sich das ungewöhnliche Schauspiel einer offenen Gesellschaft in voller Entfaltung in einem enormen geographischen Raum. Kaum je zuvor war der menschliche Geist zu so hohen Leistungen angespornt worden, frei zu entdecken, was er entdecken wollte, frei von der Furcht religiöser oder politischer Repressalien. In einem Ausmaß, das seit der *Pax Romana* nicht mehr erlebt worden war, konnten Menschen von einer Gesellschaftsklasse zur anderen hinüberwechseln. Sie durften nach Belieben – im Inland wie im Ausland – reisen, wohin sie wollten. Mit der Beseitigung gesellschaftlicher Schranken, mit den Verlockungen des wirtschaftlichen Wagnisses öffnete sich den Begabten eine Vielzahl verschiedenartiger Berufswege. Wenn es auch gewichtige Ausnahmen gab, stumpfte die Ausbreitung des Wohlstands in ganz Europa die Schärfe des gesellschaftlichen Konflikts ab; sie reduzierte ihn zum größeren Teil auf die Sphäre des Ideologischen. Aufstiegsmöglichkeiten, soziale und geographische Freizügigkeit und geistige Freiheit wirkten sich dahin aus, daß unzählige Unterschiede, Spannungen und Konflikte auf allen Gebieten schöpferischer Tätigkeit nebeneinander bestehen und sich geltend machen konnten, ohne das Grundgefüge und die Stabilität der westlichen Gesellschaft zu gefährden. Da große Kriege nicht geführt wurden, konnte destruktive Vergeudung ebenso vermieden werden wie fatale Verschärfung von Gegensätzen. Einer ansehnlichen Bevölkerungsmehrheit der westlichen Länder ging es während einer märchenhaften, wenn auch kurzen Zeit ständig besser und besser; über die verschiedensten Gedanken und Ziele wurde diskutiert; man sprach eine gemeinsame Sprache, und man blieb im Gespräch: Theodore Roosevelt und Wladimir Iljitsch Lenin; Max Planck und Sigmund Freud; Vilfredo Pareto, Georges Sorel und Gabriele d'Annunzio; »L'Humanité« und die »Alldeutschen Blätter«; Ford, Zeppelin und Marconi; Pablo Picasso und James Joyce; Bertha von Suttner und Emmeline Pankhurst. Die westliche Gesellschaft schöpfte einen großen Teil ihrer gesteigerten Lebenskraft aus dem pulsierenden Rhythmus und den Strahlungen der vielen Persönlichkeiten und Strömungen, die mit den Grundthesen des bürgerlichen, liberal-nationalen Denkens und Handelns prinzipiell im Streit lagen. In der Vorkriegsgeschichte des Westens im Zeitalter des Imperialismus bilden diese gegensätzlichen Momente die Kontrapunktthemen des Finales.

Eigenarten des Imperialismus

Das letzte Jahrzehnt des 19. Jahrhunderts bezeichnet die rapide Bewegung der westlichen Gesellschaft auf die kurze Kulminationsphase ihrer Weltherrschaft zu. Symptomatische Ereignisse auf dem Parkett der internationalen Diplomatie zeigen die dramatischen Veränderungen an. Um das Jahr 1894 war Großbritannien noch in schwerer Sorge wegen der Folgen des neuen russisch-französischen Bündnisses und eifrig bemüht, seinen möglichen Auswirkungen im Mittelmeerbecken einen Riegel vorzuschieben. Da zog plötzlich der Ferne Osten die Blicke Europas auf sich. Gerade erst aus langer feudaler Erstarrung erwacht, setzte Japan moderne Waffen und moderne Diplomatie in Bewegung, um einen schnellen Sieg über China zu erringen. Verspätet reagierten die überraschten Europäer mit französisch-russisch-deutschem Druck auf Japan; Tôkyô wurde gezwungen, einen Teil der Beute herauszugeben, behielt aber immerhin Formosa und eine Operationsbasis auf Korea. Geschlagen und gedemütigt, suchten die Chinesen ihr Heil in beschleunigtem Anschluß an den Westen. In wüstem Geraufe stritten sich nun die Westmächte um die Rolle des Geldgebers, um Konzessionen und territoriale Besitzungen. Jeder größere europäische Staat erweiterte sein Imperium; zum erstenmal wurde Deutschland zu einem wichtigen Faktor in der fernöstlichen Machtpolitik. Tatkräftig setzten sich die Vereinigten Staaten für die Politik der »Offenen Tür« ein: das chinesische Staatsgebiet sollte intakt und China formal unabhängig bleiben, aber die Erschließung der Naturschätze und Märkte des Himmlischen Reiches durch den Westen sollten dennoch möglich sein.

Ebenso eilig stürzten sich die Großmächte in die endgültige Aufteilung des Schwarzen Erdteils und die Abgrenzung der Einflußsphären im Mittelosten. Auf den von Cecil Rhodes inspirierten Einfall des Dr. Jameson in das Hoheitsgebiet der Burenrepublik folgte Wilhelms II. berühmte Beistandsdepesche an den Burenpräsidenten Paulus Krüger: der erste ernste Zwischenfall in der Vorgeschichte des englisch-deutschen Gegensatzes, der für die gesamte europäische Vorkriegsszenerie den Hintergrund abgeben sollte. Das benachteiligte Italien, das auf dem Berliner Kongreß übersehen worden und im Geraufe um China leer ausgegangen war, begann 1896 seinen ruhmsüchtigen Feldzug gegen Abessinien und wurde bei Adua aufs Haupt geschlagen.

Das übrige Europa sonnte sich in seinen Triumphen. General Kitchener und Hauptmann Marchand durchquerten die Wüsten des Sudans und der östlichen Sahara und standen 1898 einsatzbereit bei Faschoda; unterdes bemühten sich die Diplomaten, Großbritanniens und Frankreichs widerstreitende Ansprüche auf die Herrschaft über das Herzstück Afrikas miteinander zu versöhnen. Deutscher Druck auf England führte zu einem Geheimabkommen über die Aufteilung der portugiesischen Kolonien: die Schatten deutscher »Mittelafrika«-Träume vorauswerfend. Von Alexandrien bis Kabul wurden den sterbenskranken mohammedanischen Staaten europäische Waffen und europäische Methoden aufgedrängt; als erklärter Schutzherr des Islams zog Wilhelm II. 1899 im Triumph in Jerusalem ein. Zur selben Zeit waren die Überreste des spanischen Imperiums im Fernen Osten durch Annexion oder Kauf in die Hände Washingtons und Berlins übergegangen. Die westliche Umzingelung der Welt war abgeschlossen.

Die zuversichtliche Haltung des Imperialismus drückte sich in mancherlei kulturellen Bekundungen aus. Seine großartige, massive Technik war bereits in dem 1889 erbauten Eiffel-Turm sichtbar. In der ganzen Welt hinterließen Dampf und Stahl aus dem Westen ihre Spuren auf jungfräulichem Land: vom Kap bis nach Kairo, im Dschungel Panamas, an den Küsten des Baikalsees, quer über die Ebene Anatoliens in südwestlicher Richtung auf Bagdad zu. Überlandtelegraphenlinien und Unterwasserkabel führten vom Khaiberpaß, von Hongkong, Leopoldville und Buenos Aires direkt in die Außenministerien der westlichen Großmächte. Das junge Amerika lieferte seinen einzigartigen Beitrag in Gestalt des himmelstürmenden Wolkenkratzers, Sinnbild der Konzentration und Intensität. In den Gewässern des Nordatlantiks gipfelte die internationale Konkurrenz der Technik in einem hektischen Wettlauf der Schiffahrtslinien um Geschwindigkeits- und Größenrekorde, bis mit der Titanic-Katastrophe 1912 die Ernüchterung kam. Im Kampf um den »Platz an der Sonne« spannten die Großmächte robust und selbstsicher, im Bewußtsein, die Sache der Zivilisation voranzubringen, das Netz ihrer materiellen und wissenschaftlichen Errungenschaften über die ganze Welt.

Der ökonomische Lebensausdruck der Epoche war ebenso erstaunlich wie hoffnungsfreudig. Eindrucksvoll türmte der Westen im letzten Vorkriegsjahrzehnt Erfolg auf Erfolg.

Der Eiffel-Turm mit den Bauten der Pariser Weltausstellung, 1900

Autosalon »Smith & Mabley« auf dem Broadway in New York, 1905

Das beeinflußte den Lebensstandard im gesamten industrialisierten Europa und weckte Wirtschaftsgelüste in entlegeneren ländlichen Gegenden. Internationale Investitionen, Welthandel und Weltschiffahrt demonstrierten weithin sichtbar die Blütezeit des Imperialismus. England und Frankreich mit ihrer stabilen Bevölkerung und ihrem erworbenen Reichtum waren die Zitadellen der Weltfinanz. Auf den weniger wohlhabenden und ihre Bevölkerung rascher vermehrenden mitteleuropäischen Monarchien lastete – nach der gestrengen Formel des deutschen Reichskanzlers Caprivi – der Zwang, entweder Waren oder Menschen zu exportieren, und beides nahm am Vorabend des Krieges beträchtlich zu: Waren im Norden, Menschen im Süden. Nicht minder eigenartige negative Ergebnisse erwuchsen aus verschärftem Konkurrenzgeist. Die Aufteilung der kolonialen Gebiete schien den rapiden Zerfall der Welt in einige wenige große Wirtschaftsblöcke – je eine Großmacht mit mehreren Vasallen – anzuzeigen. Aus der Angst vor der übergroßen landwirtschaftlichen Produktion Amerikas und Rußlands entstanden hier und da Vorstellungen von einem wirtschaftlich geeinten »Mitteleuropa«. Schutzzölle waren zur Tagesparole geworden. Nur England hielt noch am Freihandel fest, aber auch auf den britischen Inseln gewannen protektionistische Argumente immer mehr an Durchschlagskraft.

Der imperialistische Druck und die Gewinne, die die imperialistische Expansion abwarf, bedingten Veränderungen in der Struktur und im Ablauf der Wirtschaftsprozesse in der industriellen Gesellschaft. Im Eiltempo wuchsen in den letzten Vorkriegsjahrzehnten Kartelle und Monopole: horizontal durch Zusammenfassung gleichartiger miteinander konkurrierender Firmen, vertikal durch die Ineinanderschachtelung ganzer Unternehmensgruppen von der Rohstoffbeschaffung bis zur Endprodukterzeugung. Unzertrennlich verflochten sich miteinander die Funktionen des Kredits, der industriellen Produktion und des Warenverkaufs. Von der Tempobeschleunigung des Imperialismus wurden fast notwendigerweise auch die Arbeitermassen erfaßt, ideologisch und wirtschaftlich. Arbeiterchauvinismus steifte im Burenkrieg der englischen Politik den Rücken; die französischen Arbeiter standen kolonialen Eroberungen phlegmatischer gegenüber, taten aber auch nicht viel, um den Kurs zu ändern; der deutsche »Sozialimperialismus« mobilisierte proletarische Energien für die Exportproduktion und verhieß als Belohnung größere soziale Sicherheit im Inland; italienische Arbeiter fanden den Tripolis-Krieg von 1911 gerechtfertigt, da er ihnen, den Erben Roms, lange vorenthaltene Früchte der Imperiumstradition bringen sollte. Zwar setzten sich die Führer des europäischen Sozialismus für die internationale Solidarität der Arbeiterklasse ein und waren im Prinzip für Frieden und gegen imperialistischen Krieg. Von einer einheitlichen Zustimmung zur Kolonialpolitik war nicht die Rede. Als aber die Probe aufs Exempel kam, zeigte sich, daß der Nationalismus die Arbeitermassen mehr beeindruckte als der Pazifismus; ebenso war bis auf einzelne Streiks und Kundgebungen wirksamer Protest gegen die imperialistische Kolonialpolitik äußerst selten.

Ob es sich in der Wahrnehmung der Interessen der amerikanischen Wirtschaft im spanisch-amerikanischen Krieg oder einige Jahre später in der sozialdemokratischen Reichstagsanfrage über den Hereroaufstand dokumentierte: die neuen Wirtschaftsstrukturen und die neuen wirtschaftlichen Kräfte hatten mittlerweile die politischen Entscheidungen im westlichen Staatensystem zu beeinflussen begonnen. Die Tage der Kabinettsdiplomatie mit der fast ausschließlichen Berücksichtigung der Staatsräson waren vorüber. Bismarck hat den Wandel noch erlebt: bei einem Besuch in Hamburg Anfang der neunziger Jahre von der fieberhaften Betriebsamkeit in Hafenanlagen und Industriewerken tief beeindruckt, soll er bemerkt haben, er verstehe die Welt nicht mehr.

Ideologische Vitalität strömte dem Imperialismus aus den von Selbstsicherheit strotzenden Lehren des ins Soziale übertragenen Darwinismus zu. Weit ausholende Schlußfolgerungen aus entwicklungsgeschichtlichen Studien hatten sich gegen Ende des Jahrhunderts der Phantasie der Gesellschaftstheoretiker bemächtigt und fanden in manchen Politikern und Rassenfanatikern ein wirksames Sprachrohr. In der Sprache der Naturwissenschaft nahmen die Tatsachen der Weltpolitik einen neuen, erregenden Klang an. Da schrieb der russische Soziologe J. Nowikow: »Da die Gesellschaften Organismen sind, kann man *a priori* folgern, daß sie alle Gesetze der Biologie befolgen werden... Die Natur ist der große Schauplatz der Lebensvernichtung. Zwischen Lebewesen finden jede Sekunde, jede Minute Kämpfe statt, ohne Waffenstillstand und ohne Atempause... Die internationale Politik ist die Kunst der gesellschaftlichen Organismen, den Kampf ums Dasein auszutragen.« Da äußerte staunenswert apodiktisch der englische Mathematiker Karl Pearson: »Die Geschichte zeigt mir den Weg, den einzigen Weg, auf dem zivilisierte Zustände erreicht werden konnten: das ist der Weg des Kampfes von Rasse gegen Rasse und des Überlebens der physisch und geistig bestangepaßten Rasse.«

Solche Auffassungen bestärkten die größeren Mächte in ihrem angriffslustigen Gehabe. In Washington erklärte der amerikanische Senator Beveridge: »Im Rahmen der Sendung unserer Rasse als Gottes Treuhänderin für die Weltzivilisation werden wir nicht darauf verzichten, unseren Beitrag zu leisten.« In Petersburg stellte der russische Orientforscher und offiziöse Publizist Fürst E. E. Uchtomskij nach einer großen Asienreise fest: »Außer dem schrankenlosen Meer, das sich an den asiatischen Gestaden bricht, außer diesem Ozean, der ebenso frei von Fesseln ist wie der Geist des russischen Volkes, kennen wir in Asien keine Grenzen und können wir keine kennen.« Der Mensch des Abendlandes war durchaus rassebewußt, mochte sich das nun in Wilhelms II. theatralischen Warnungen vor der »gelben Gefahr« äußern oder in der in Amerika in aller Stille gefällten höchstrichterlichen Entscheidung, die die Neger auf »abgesonderte, aber gleiche Einrichtungen« verwies, oder schließlich in den Konsequenzen der Verantwortung, die Kiplings »Bürde des weißen Mannes« dem Westen auferlegte. Sogar der christliche Missionar, den die Sturmflut des Imperialismus in die weite Welt hinaustrug, ließ die Note der Überlegenheit anklingen; dafür war er auch für Nichteuropäer oft genug nichts anderes als eine Abart des imperialistischen Agenten, dem die Aufgabe zufällt, die Methoden des Westens anderen Völkern aufzuzwingen.

Im Rahmen dieser Vorstellungen vom Daseinskampf und von der Expansionsberechtigung der »Bestangepaßten« gedieh auch eine Einstellung zum Krieg, die sich am besten mit den Worten Ernest Renans wiedergeben läßt: »Der Krieg ist in gewissem Sinne eine der Bedingungen des Fortschritts, der Peitschenhieb, der ein Land am Einschlafen hindert, indem er sogar die satte Mittelmäßigkeit zwingt, ihre Apathie aufzugeben.« Natürlich gab es auch Gegenströmungen: Berta von Suttners Appell »Die Waffen nieder!«, den

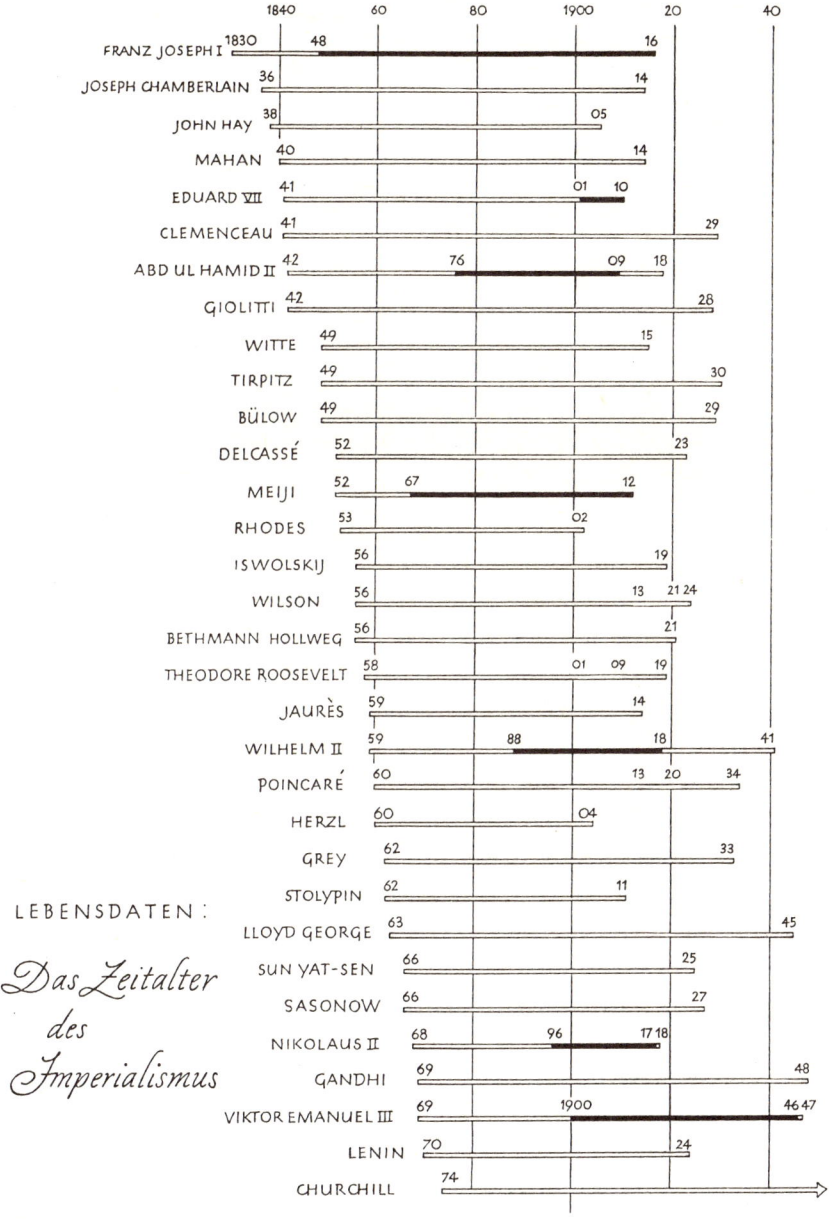

Nobel-Friedenspreis, die Carnegie-Stiftung für den internationalen Frieden, die Haager Konferenzen und den Haager Internationalen Gerichtshof. In den Vereinigten Staaten bemühte sich der Außenminister William Jennings Bryan darum, ein System von Schiedsverträgen zur Grundlage der Außenpolitik zu machen, und brachte ein bemerkenswertes Abkommen mit England zustande. Aber der durchdringende Ton des Westens war auf Gewalt gestimmt; »Leise auftreten und einen dicken Knüppel schwingen«, hieß der Ratschlag Theodore Roosevelts. Obgleich es einige Vorahnungen von den Zerstörungswirkungen moderner Kriege gab, hat sich vor 1914 kaum jemand die Ausmaße der kommenden Katastrophe vorstellen können; die größeren Mächte behielten sich als politisch gerechtfertigt und potentiell vorteilhaft das Recht vor, im Notfall auch Gewalt anzuwenden.

Unter den verschiedenen Waffen aus dem Arsenal der Gewalt wurde zum dramatischen Symbol der Zeit die Kriegsmarine, die auch der Ära des entfalteten Imperialismus ihre besondere technische Note verlieh. Die schmucken Segelschiffe waren schon im amerikanischen Bürgerkrieg von dampfgetriebenen Kanonenbooten verdrängt worden. Im Laufe der nächsten Generation schwankten die Konstrukteure zwischen mancherlei Kriegsschiff-Mischtypen; was sie suchten, war die für eine gutausgewogene Zusammenfügung verschiedener Kampfeinheiten optimale Kombination von Antrieb, Panzerung und Rüstung. Da gab es viele Rätsel zu lösen. Sie waren noch nicht gelöst, als Kapitän Alfred T. Mahan seine Studien über die Flottenmacht in Europas kolonialen Kämpfen zwischen 1660 und 1783 veröffentlichte. Mahan erzielte sensationelle Wirkungen. Im Anschluß an ähnliche Lehren des englischen Admirals Philip Howard Colomb brachte er die Seemacht in Zusammenhang mit geographischer Lage, Nationalcharakter und Kolonialwirtschaft; eine starke Kampfflotte stellte er als entscheidend, die traditionellen Angriffe auf Handelsschiffe als relativ wirkungslos hin. Mahans Ansichten wurden zur Offenbarung in England, zur Pflichtlektüre in der werdenden deutschen Kriegsmarine und zum Gegenstand stillen Studiums in Japan.

Die technischen Neuerungen im Kriegsschiffbau gaben dem Imperialismus einen neuen mächtigen Auftrieb. Angesichts der neuen Weltreiche mußten die Flotten einen weltumspannenden Bewegungsradius haben. Kriegsschiffe aber, die mit Kohlenfeuerung angetrieben wurden, brauchten Kohleversorgungsstationen in genau kalkulierten Entfernungen; jede Seemacht sah sich infolgedessen genötigt, ein weltumspannendes Brennstoffversorgungsnetz aufzubauen. Der Besitz von Inseln und Küstenstützpunkten in allen Teilen der Welt wurde für die Flottenmächte zum unabweisbaren Gebot. Die Konstrukteure bemühten sich unterdes weiter, Geschwindigkeit gegen Panzerung, Geschützreichweite gegen Geschwindigkeit, überhaupt Neuerung gegen Neuerung auszuspielen. Im letzten Jahrzehnt des 19. Jahrhunderts verdoppelten sich die Baukosten der Kampfflotten. Danach, mit dem Siegeszug des U-Boots und des modernen Kampfschiffs und mit den ersten Versuchen, die Seekriegführung durch drahtlose Nachrichtenübermittlung, Ölfeuerung und die gerade entstehende Luftwaffe zu vervollkommnen, wuchsen die Flottenkosten ins Astronomische. Das im Frieden blendendweiße Kriegsschiff wurde zum Prestigesymbol des Imperialismus. Da war endlich das Wunderwerk der Technik: der potenzierte Ausdruck kombinierter Höchstwirkung, sofort einsatzbereit und offenbar imstande, in wenigen

Stunden epochemachende Entscheidungen herbeizuführen. Über den Schlachtflottenbau, für den die neugegründeten Flottenvereine eine wirksame Propaganda betrieben und den die Schwerindustrie nicht minder wirksam förderte, geriet das Publikum in Verzückung. Auf dem Weg zu internationaler Verständigung oder zu internationalen Krisen wurden Flottenbesuche und Flottendemonstrationen zu wichtigen Meilensteinen. Manche Probleme schienen mit der neuen Ära des Flottenbaus gelöst; in Wirklichkeit beschwor sie mindestens ebensoviel neue Probleme herauf, die nach einer Lösung verlangten. Wenn sich die Flotten in immer größerer Entfernung voneinander zu halten hatten, wie war es dann um die Blockade als Kriegswaffe bestellt? Was würde in einem Krieg von großen Ausmaßen mit dem Unterseeboot, diesem hypersensiblen Instrument von massiver Zerstörungswirkung und äußerster Verwundbarkeit, wirklich geschehen? Und was würden die neuen Waffen den völkerrechtlich festgelegten und anerkannten Rechten der Neutralen antun? Gerade diese Probleme sollten im Weltkrieg zu entscheidenden Streitpunkten werden und ungeahnte wirtschaftliche und politische Folgewirkungen auslösen. Tatsächlich sind die Großkampfflotten, die sich im Kriegsroman vor 1914 so phantastisch aktiv darstellten, bis auf die Kriegshandlungen bei Jütland und in den Dardanellen während des ganzen Krieges schweigsam und hartnäckig in der Reserve geblieben. Mit dem Kriegsende war auch das Zeitalter des entfalteten Imperialismus vorbei. Eine neue Generation schaute erwartungsvoll in die Lüfte. Die allgemeine Begeisterung für den Schlachtflottenbau verblaßte.

Imperialistische Kraftentfaltung und internationale Diplomatie

Für die ganze Periode bis zum Kriegsausbruch sind die Hauptlinien der internationalen Beziehungen durch die Ereignisse des Jahres 1898 vorgezeichnet oder besiegelt worden. Joseph Chamberlain, der Hohepriester des englischen Imperialismus, plädierte für eine radikale Umkehr in der englischen Außenpolitik: an die Stelle der *splendid isolation* der voraufgehenden Jahrzehnte sollte ein enges Einvernehmen mit Petersburg, Washington oder Berlin treten. Er predigte tauben Ohren. Zum Teil hatte sein Vorstoß mit dem zu tun, was an englisch-französischen Spannungen sichtbar hervortrat und was dann in der Faschoda-Krise zum Durchbruch kommen sollte. Als die Krise kam, traf der französische Außenminister Théophile Delcassé die für Frankreich opfervolle Entscheidung, auf den Sudan zu verzichten, und ebnete damit den Weg zur englisch-französischen Entente von 1904. Im übrigen versuchte Großbritannien, den russischen Einfluß im Fernen Osten zu neutralisieren; dort sollte in Bälde Graf Wittes gemessenes Expansionstempo von den gewagtesten Militär- und Wirtschaftsabenteuern eines ungezügelten russischen Expansionismus abgelöst werden. Festen Schrittes betrat Deutschland die internationale Bühne mit neuen Kolonialeroberungen, vermehrtem Außenhandel und Tirpitz' erstem Flottenbauprogramm. Italien beendete seinen verhängnisvollen Zollkrieg mit Frankreich und nahm die charakteristische Position ein, die es bis zum Krieg beibehalten sollte: Pendellage zwischen den beiden Mächtegruppierungen. Während Amerika Aufstände auf den Philippinen niederschlug, bereitete Außenminister John Hay die offizielle Verkündung des Prinzips der Offenen Tür in China vor. Japan verfolgte geruhsam aus der Kulisse die Anstrengungen der Westmächte und rüstete zu baldigem entscheidendem Eingriff. Die Flammen des Balkankonflikts erloschen einstweilen im österreichisch-russischen Übereinkommen, die Aktionsfelder im Nahen Osten auseinanderzurücken. Das Augenmerk der Europäer richtete sich auf den äußersten Rand der westlichen Welt.

Friedensvorschläge und Kriegshandlungen folgten einander in buntem Wechsel. Die erste Haager Konferenz von 1899, zu der Rußlands Erschöpfung im Wettrüsten und sentimentale Anwandlungen des Zaren den Anlaß gegeben hatten, schockierte die chauvinistischen Nationalisten und erheiterte die neunmalweisen Staatsmänner. Die teilnehmenden Mächte genehmigten am Ende eine revidierte Liste von Kriegführungsregeln und versuchten sich in weiteren Friedensprojekten, zu denen unter anderem die Errichtung eines ständigen internationalen Schiedsgerichts gehörte. Im Herbst kam der Burenkrieg, ein Exempel streitbaren Sozialdarwinismus, von zwei weißen Völkern ausgefochten, mit unerwarteten militärischen Rückschlägen für die Briten. Mit Gewalt und Kauf schob sich Deutschland nach dem Südpazifik vor; Rußland drückte auf Persien und Afghanistan; Frankreich streckte seine Hände nach Marokko aus.

Bis an den Rand der Verzweiflung getrieben, versuchten die Chinesen im Boxeraufstand von 1900, das westliche Fangnetz abzuwerfen, und wurden, da der Versuch mißlang, neuen Demütigungen unterworfen: Rußland besetzte die Manchurei, und Wilhelm II. prahlte mit der Hunnenrache, aber die Amerikaner legten ihren Anteil an den chinesischen Wiedergutmachungszahlungen wohlüberlegt in Stipendienfonds an und zementierten damit die Fundamente einer chinesisch-amerikanischen Freundschaft, die eine Generation überdauern sollte.

Verstärkter russischer Druck auf China und die Zuspitzung der englisch-deutschen Flottenrivalität führten 1902 zum Abschluß des englisch-japanischen Bündnisses. Der Bündnisvertrag garantierte die Unabhängigkeit Chinas und bekräftigte die Anerkennung der Sonderinteressen Japans in Korea durch England; darüber hinaus sicherten die Partner einander – je nach den Umständen – gegenseitige Neutralität oder sogar militärische Unterstützung zu. Die beiden Mächte stützten somit ihre fernöstlichen Interessen gegenseitig ab; nunmehr konnte Großbritannien seiner Flotte in verstärktem Maße die Aufgabe zuweisen, die deutsche Entwicklung mit der größten Wachsamkeit zu verfolgen. Am 31. Mai 1902 beendete London den unglückseligen Krieg mit den Buren. Nicht ohne Erfolg hatten die Liberalen auf einen Verständigungsfrieden gedrängt: der Friede von Vereeniging spiegelte die Ernüchterung wider, die in England unter dem Eindruck der schweren Kriegsverluste eingezogen war. Mit diesen Ereignissen hatte der britische Imperialismus den Höchststand der zukunftsfreudigen Machtentfaltung hinter sich gelassen; auf dem europäischen Kontinent blieben allerdings noch weitere Gipfel der Aggressionspolitik zu erklimmen.

Im Rückblick erscheinen die Jahre von 1898 bis 1902 als die Zeit der besten, unwiederbringlichen Gelegenheiten für die deutsche Diplomatie. Das Reich war noch jung und kräftig, und England sondierte unter mehreren Rivalen nach Möglichkeiten freundschaftlicher Unterstützung. Aber im Gegensatz zu Delcassé weigerte sich Wilhelm II., auch nur ein einziges Prestigesymbol des Imperialismus zu opfern. Friedrich von Holstein, die graue Eminenz des Auswärtigen Amts in Berlin, hielt einen Krieg zwischen Großbritannien und Rußland für unvermeidlich und meinte, daß dann die höchsten Preise für Deutschlands Freundschaft geboten werden würden; Tirpitz bemühte sich um eine Flotte, die so stark wäre, daß England es nicht wagen könnte, sie anzugreifen, und erreichte damit, daß England fortan auf jede Veränderung des deutschen Flottenstandes besonders empfindlich reagierte und fast nur noch die deutsche Flottenmacht im Auge behielt.

Aber unterstellen wir einmal, die deutsche Diplomatie wäre einsichtiger gewesen. Hätte die deutsche öffentliche Meinung eine freundlichere Tonart London gegenüber gutgeheißen? Womit in Deutschland gerechnet wurde, war eine Zeit des Wagnisses und verschärften Wettstreits, die erregende Perspektive eines – nach Delbrück –»trockenen Krieges« mit den englischen Vettern, von denen man glaubte, sie seien bereits etwas außer Atem geraten. Gewiß hatte Deutschland gewichtige Erfolge im Osmanenreich zu verzeichnen. Während eines Jahrzehnts war mit deutschen Investitionen und deutscher Arbeit eine Eisenbahnlinie bis in die mittelanatolische Steppe erbaut worden. Nunmehr lockte der Ausblick nach dem Persischen Meerbusen, und das Bagdadbahnprojekt wurde geboren. Französische, russische und englische Einwände konnten fürs erste aus dem Weg geräumt werden; im Strahlenglanz der neuen Freundschaft zwischen dem Kaiser und dem Sultan gingen die Deutschen ihren Plänen nach. Aber bald war das in der Hauptsache wirtschaftliche Vorhaben in das Gewirr internationaler Spannungen hineingezogen: je mehr sich die deutsche Öffentlichkeit für die direkte Bahnverbindung »von Berlin nach Bagdad« begeisterte, um so stürmischer läuteten die aufgebrachten Konkurrenten die politische Alarmglocke. Auf die Dauer sollte sich der Anfangserfolg als eine Quelle vermehrter Ungelegenheiten für die deutsche Diplomatie erweisen.

Im Jahre 1901 starb Königin Viktoria. Ihr Nachfolger, der präsentable und umgängliche Eduard VII., gab der englischen Politik eine neue Note. Viel mehr als zu den Deutschen, für die sein lauter und unbezähmbarer Neffe sprach, zog es ihn – aus Neigung und persönlichen Bindungen – zu den Franzosen. Aus Staatsbesuchen zwischen London und Paris entstand 1904 die englisch-französische Entente. Für Delcassé war das ein nicht geringer Erfolg. Eine lange Geschichte von Konflikten und Reibungen hatte ihren Abschluß gefunden: Während England freie Hand in Ägypten erhielt, wurde Marokko Frankreich belassen; territoriale Verschiebungen in Afrika erleichterten die Regelung von Fischereizwistigkeiten in den Gewässern von Neufundland; englisch-französische Schwierigkeiten konnten beigelegt werden: in Siam, auf Madagaskar und auf den Neuen Hebriden. Es dauerte nicht lange, bis das neue Bündnis seine erste Probe zu bestehen hatte. Als die russische Ostseeflotte auf der Fahrt nach Tsushima englische Fischerboote in der Nordsee beschoß (Doggerbankaffäre, Oktober 1904), wäre es beinahe zum Krieg gekommen. Delcassé vermittelte und stiftete Frieden.

Dann aber ging Delcassé daran, Marokko für Frankreich zu sichern. Deutschland zeigte er dabei mit Berechnung die kalte Schulter, kümmerte sich aber angelegentlich um die Interessen anderer Mächte. Sofort reagierte Berlin. Holstein und Reichskanzler Bülow, die sich schon einmal vergeblich bemüht hatten, Rußland und Frankreich auseinanderzubringen, versuchten nun erst recht, Paris eine Schlappe beizubringen. Um dem Sultan von Marokko unter die Arme zu greifen, machte der Kaiser einen demonstrativen Besuch in Tanger, und das Berliner Auswärtige Amt verlangte den Rücktritt Delcassés. Es roch nach Pulver. Aber Frankreich war sich der Unterstützung Englands noch nicht sicher, wußte dagegen mit Sicherheit, daß Rußland nicht helfen konnte. Delcassé mußte gehen. Der nächste Schritt war der Vertrag von Björkö, mit dem der Zar auf einen deutschfreundlichen Kurs festgelegt werden sollte. Doch weigerte sich Rußland, seine Bindung an Frankreich zu lockern. Dann traten die Mächte Anfang 1906 in Algeciras zu einer Konferenz zusammen, um die Marokko-Krise aus der Welt zu schaffen. Hier erlitt Deutschland eine empfindliche Niederlage. Mit allseitiger Zustimmung setzte Frankreich seine Marokko-Wünsche durch, während Deutschland, nur von Österreich unterstützt, sich nicht durchsetzen konnte. Angesichts der deutschen Kombination von militärischer und wirtschaftlicher Übermacht und diplomatischer Unfähigkeit, die ziemlich überall gespannte, sorgenvolle Aufmerksamkeit auf sich lenkte, erwies sich die junge englisch-französische Entente als ebenso wetterfest wie das russisch-französische Bündnis.

Eine wahre Katastrophe hatte Rußland unterdes im Fernen Osten ereilt. Ohne auf Japans Interessen oder Warnungen auch nur im geringsten zu achten, hatten die Militaristen und Abenteurer, die Witte gefolgt waren, nach den Schätzen Koreas gegriffen. Überraschend schlug Tôkyô Anfang 1904 zurück. Es erfocht einen Sieg nach dem anderen: bei Dairen (Dalnij), Port Arthur, Mukden. Erschöpft war die russische Ostseeflotte vor Tsushima angelangt; sie wurde auf der Stelle vernichtet. In Portsmouth (New Hampshire) kam am 5. September 1905 dank den Schlichtungsbemühungen des Präsidenten Roosevelt der Friedensschluß zustande. Rußland verzichtete zugunsten Japans auf Korea, die Liao tung-Halbinsel und die südliche Hälfte Sachalins und mußte sich dazu bequemen, die Manchurei zu räumen, die wieder an China fiel. Roosevelt gelang es gerade noch, das Prestige des Zarenreichs etwas aufzupolieren. Dennoch war am Sinngehalt des russischen Debakels nicht zu zweifeln: Da hatte eine ostasiatische Macht einen der arrogantesten imperialistischen Staaten des weißen Abendlandes aufs Haupt geschlagen und eine politische und soziale Revolution im Innern dieses Staates ins Rollen gebracht. Künftighin gab Rußlands Schwäche und Unsicherheit seiner Europa-Politik einen zunehmend gefährlichen und abenteuerlichen Anstrich.

Die neuen Freundschaften und Feindschaften unter den führenden imperialistischen Mächten fanden ihren Widerhall in der Außenpolitik der Vereinigten Staaten, die aber auch ihrerseits zur Verschärfung der Reibungen und Spannungen beitrug. Um die Jahrhundertwende legten Washington und London den Grund zu dem engen Einvernehmen, das seit dieser Zeit ihre Beziehungen kennzeichnet. Im spanisch-amerikanischen Krieg waren die britischen Sympathien (im Gegensatz zu denen der kontinentaleuropäischen Mächte) auf seiten der Vereinigten Staaten; dadurch verloren die althergebrachten Gegensätze der beiden Mächte an Schärfe und Bedeutung. Diese Wendung war insofern entscheidend, als sie dem massiven amerikanischen Flottenausbau, der Auseinandersetzung um die Alaska-Grenze und der Entscheidung Washingtons, in Mittelamerika einen rein amerikanischen Kanal zu bauen, unmittelbar voraufging. Als europäische Mächte 1902/03

Der Untergang der russischen Flotte in der Seeschlacht vor Tsushima am 27. Mai 1905
Aus einem japanischen Bilderbogen

Die Unterzeichner des russisch-japanischen Friedensschlusses in Portsmouth / New Hampshire am 5. September 1905 Ministerpräsident Witte, Botschafter Rosen, Graf Komura und Botschafter Takahira; in der Mitte: Präsident Roosevelt

Das erste Großkampfschiff, das englische Linienschiff »Dreadnought«, nach seinem Stapellauf, 1906

Venezuela mit Flottendemonstrationen und Blockade unter Druck setzten, erließ Roosevelt seine Ergänzungserklärung zur Monroe-Doktrin, die für künftige Interventionen der Vereinigten Staaten in Mittel- und Südamerika eine juristische Rechtfertigung lieferte, vorgeblich zu dem Zweck, gefährlicheren Konsequenzen europäischer Einmischung vorzubeugen. Ohne das neue englisch-amerikanische Verhältnis wären die Erfolge der amerikanischen Politik nicht so leicht zu erreichen gewesen. Die neue Freundschaft gab auch den weltpolitischen Rahmen ab für die Politik der Offenen Tür in China, für die Konferenzen von Portsmouth und Algeciras und für die Haager Friedensversuche. Die guten Beziehungen zwischen London und Tôkyô ermöglichten eine Entspannung im japanisch-amerikanischen Streit um die Einwanderung nach dem Westen der Vereinigten Staaten. Das Ergebnis war das Root-Takahira-Abkommen von 1908, das die beiderseitigen Ansprüche in China für die Zukunft festzulegen und mit Gegenseitigkeitsgarantien zu versehen suchte, aber eigentlich im wesentlichen den japanischen China-Aspirationen zugute kam. In all diesen Auseinandersetzungen brachte die temperamentvoll-unruhige, energiegeladene Persönlichkeit Theodore Roosevelts, nur durch das umsichtige diplomatische Auftreten der Außenminister John Hay und Elihu Root gedämpft, die neue Weltmachtrolle der amerikanischen Republik zum Ausdruck.

Unerfüllte Erwartungen, Ängste und technische Neuerungen waren die Antriebe, die von 1906 an den Militarismus der Westmächte immer heftiger anspornten. Das deutsche Säbelrasseln während der Marokko-Krise, das von den westeuropäischen Mächten schon deswegen als unheilverkündend empfunden wurde, weil ihnen der geheimgehaltene Schlieffen-Plan bekannt war, führte zu der ersten militärischen Fühlungnahme zwischen England und Frankreich, in die bald auch Belgien einbezogen wurde. Der englische Außenminister Sir Edward Grey, standfest und hellhörig, bemühte sich redlich, auch dem deutschen Standpunkt Rechnung zu tragen; indes gab ihm die deutsche Haltung genug Grund zu Befürchtungen, und sofern er sie zurückstellen zu können glaubte, wurden sie mit Nachdruck von seinem einflußreichen Stellvertreter Eyre Crow hervorgekehrt, der überzeugt war, daß die wirklichen außenpolitischen Absichten des kaiserlichen Deutschlands am getreuesten von der rabiat alldeutschen Presse kundgetan wurden. Großbritannien ließ den *Dreadnought*, Vorläufer der gleichnamigen Schiffsklasse, vom Stapel laufen, gab damit das Signal zur weiteren Beschleunigung des Flottenwettrüstens und gebärdete sich in den Äußerungen des Ersten Seelords Sir John Fisher nicht minder kriegslüstern als der streitbarste deutsche Flottenpropagandist.

Rußland leckte unterdes seine Wunden, leitete den Wiederaufbau seiner zerrütteten Streitkräfte in die Wege und konzentrierte sein außenpolitisches Interesse von neuem auf den Balkan. Ein Jahrzehnt lang hatte Europa den Nationalitätenstreit in der österreichisch-ungarischen Monarchie beobachtet und ironisch glossiert. Jetzt machte Wien eine neue Kraftanstrengung und ließ die Welt mit der Ankündigung einer aktiven Außenpolitik wissen, daß es auf die Großmachtposition nicht zu verzichten gedenke. In Erwiderung darauf unternahm Petersburg Schritte zur Bereinigung schwebender Differenzen mit London; zugleich tat der russische Außenminister Aleksandr Iswolskij sein möglichstes, um

Deutschland bei guter Laune zu halten. Als aber 1907 ein englisch-russisches Übereinkommen zustande kam, das Persien in drei Zonen (eine nördliche unter russischem, eine südliche unter englischem Einfluß und eine mittlere neutrale) aufteilte, Afghanistan und Tibet auf Eis legte und Rußland einige Hoffnung auf eine Neuregelung der Dardanellen-Durchfahrt machte, erblickten Wilhelm II. und manche deutschen Kreise in diesen Vereinbarungen, die viel weniger weitgehend waren als die englisch-französische Entente, den Ausdruck einer planvollen englischen Einkreisungspolitik. Das war bereits Zündstoff für den großen Brand von 1914.

Anfang 1908 fand das Jahrzehnt relativer Ruhe auf dem Balkan und im Nahen Osten ein jähes Ende. Mit dem Plan einer Bahnverbindung zwischen Bosnien und Saloniki (»Sandschak-Bahn«) ließ Österreichs Außenminister Aloys von Ährenthal erkennen, daß die Donaumonarchie nach wie vor Saloniki haben wollte; er provozierte damit erst recht verschärfte Auswirkungen des österreichisch-serbischen Handelskrieges (1906–1911) und gab Iswolskij Veranlassung, für den Gegenplan einer Donau-Adria-Bahn zu werben. Mittlerweile förderte Rußland politische Umwälzungen in Persien. Die Revolution der Jungtürken im Juli leitete zwar eine Erneuerung des nationalen und politischen Lebens ein, schwächte aber zugleich die außenpolitische Position der Türkei und dürfte damit den Boden für den Ausbruch der Bosnien-Krise geebnet haben. Iswolskij und Ährenthal glaubten sich über ein koordiniertes Vorgehen in zwei Punkten geeinigt zu haben: Wiederaufnahme der Dardanellendiskussion durch Rußland und Annexion Bosniens und der Herzegowina (seit 1878 von österreichischen Truppen besetzt) durch Österreich. Während nun Iswolskij gemächlich umherreiste, um diplomatische Unterstützung für sein Vorhaben zu gewinnen (die Regelung beider Fragen setzte eine Neufassung des Berliner Vertrages von 1878 voraus, die wohl nur auf einer neuen internationalen Konferenz erfolgen konnte), proklamierte Ährenthal Anfang Oktober auf eigene Faust seine Annexion. Um dieselbe Zeit gab Bulgarien die Eingliederung Ostrumeliens und die Herstellung der vollen Unabhängigkeit des geeinten bulgarischen Staates bekannt; Kreta proklamierte den Anschluß an Griechenland; Serbien rüstete zum Krieg. Selten sind aus der ehrgeizigen Ränkeschmiederei zweier Einzelpersonen so gravierende internationale Konsequenzen erwachsen. Die russische Regierung zwang Iswolskij, dem österreichischen Annexionsakt entgegenzutreten, und machte so sein Dardanellenprojekt zunichte. Deutschland hatte zwar keine vorherige Kenntnis vom Annexionsplan erhalten, sah sich aber dennoch genötigt, sich hinter Ährenthal zu stellen. Umgekehrt schlugen sich Großbritannien und Frankreich, obgleich durch Iswolskijs Intrige verärgert, auf die Seite Rußlands.

Die Krise schwelte bis zum Frühjahr 1909. Zwischen Wien und Belgrad wurde schon beinahe Krieg geführt. Im März drückte Deutschland energisch auf Rußland, um eine russische Absage an die Serben zu erreichen. Die Russen gaben schließlich nach, und die Serben nahmen zähneknirschend die Demobilmachung vor. Nach diesem Zwischenspiel wurden die Beziehungen unter den Großmächten immer wieder und in zunehmendem Maße durch die schwächeren östlichen Partner der beiden Bündnissysteme gefährdet; diese Kleinstaaten traten immer aggressiver auf und waren stets auf dem Sprung, ihre mit emotionalem Sprengstoff geladenen nationalen und innenpolitischen Probleme zur Probe oder zur Rechtfertigung auf die internationale diplomatische Bühne zu werfen. Heftige imperialistische Weltrivalität lähmte indes die Bemühungen der nordwestlichen Großmächte, den risikofreudigen Abenteuern ihrer Ostverbündeten eine Schranke zu setzen. Spannungen im Weltmaßstab und räumlich begrenzte Balkanzwistigkeiten verflochten sich auf diese Weise innerhalb der Bündnissysteme. Überdies verdunkelten Prestigegesichtspunkte, Überheblichkeit und Angst den Blick für echte nationale Interessen und für die Gefahren des fieberhaften Wettrüstens.

Fast noch zwei Jahre machte die Bosnien-Krise den Großmächten zu schaffen: ihre Früchte mußten verdaut, die durch sie geweckten Befürchtungen beschwichtigt werden. Allmählich traten andere Dinge in den Vordergrund. Reichskanzler Bülow mußte, wenn auch verspätet, einen Fehltritt seines kaiserlichen Herrn mit dem Rücktritt büßen. (In einem berühmt gewordenen Interview mit dem *Daily Telegraph* vom 28. Oktober 1908 hatte Wilhelm II. den Engländern Dank für seine Haltung im Burenkrieg abverlangt.) Zu Nachfolgern Bernhard von Bülows wurden Theobald von Bethmann Hollweg als Reichskanzler und Alfred von Kiderlen-Waechter als Staatssekretär des Äußern. In Rußland hatte Iswolskij einem neuen Mann, S. D. Sasonow, Platz machen müssen; der entlassene Minister ging als Botschafter nach Paris, wo er die bittere Erinnerung an seinen Mißerfolg hegte und pflegte. Aus Angst vor neuen peinlichen Zwischenfällen auf dem Balkan versuchten die Russen, den Status quo durch ein Abkommen mit Italien und Österreich zu festigen. Ende 1910 machte Zar Nikolaus II. einen Besuch in Potsdam; er stimmte den deutschen Ausbauplänen für die Bagdadbahn zu, wofür ihm der Kaiser freie Hand in Nordpersien zusagte. Die deutsch-englischen Gespräche über Flottenbau, Kolonien und türkische Probleme wurden weitergeführt, führten aber zu keinem schlüssigen Ergebnis. Den Mächten gelang wohl die Regelung zweitrangiger Details, doch die großen Fragenkomplexe: die englischdeutsche Rivalität in Flotten- und Kolonialfragen, der scharfe deutsch-französische Gegensatz und der Schwebezustand auf dem Balkan, blieben bestehen. Das zittrige österreichisch-russische Balkan-Gleichgewicht, dessen tragende Elemente Besorgnis, Schwäche und Vabanquespiel waren, verschärfte die Unruhe.

Die letzten Vorkriegsjahre waren ein verwirrendes Durcheinander von Kolonialkonflikten, Kleinkriegen und wenigen ernsthaften Bemühungen, die Spannungen zwischen den Großmächten zu mildern. Das alles berührte die unter der Oberfläche schwelenden entscheidenden Gegensätze, trug aber nur wenig zu ihrer Überwindung bei. Die zweite Marokko-Krise von 1911, deren Hauptereignisse das Auftauchen eines deutschen Kanonenboots vor Agadir und eine Drohrede Lloyd Georges waren, betraf keine entscheidenden nationalen oder strategischen Interessen; sie zeigte indes anschaulich, wie empfindlich die Diplomaten und die Völker Europas auf Prestigeangelegenheiten und Rüstungsgleichgewicht reagierten. Der Ausgang der Krise war: Frankreich ganz fest im Sattel in Marokko, Deutschland von Paris mit einem mageren Kolonialtrinkgeld abgefunden, das englischdeutsche Verhältnis aufs äußerste gereizt und gespannt. Nach der Meinung der Marokkaner fragte keiner.

Gefragt wurden auch die Libyer nicht, um derentwillen Italien den Tripolis-Krieg von 1911 vom Zaun gebrochen haben wollte. Wenig besser erging es den Persern mit ihren unter der Leitung des Amerikaners Morgan Shuster unternommenen ehrlichen Bemühungen um eine Finanzreform: Rußland fiel in Persien ein, zettelte einen reaktionären Staatsstreich an und jagte die Reformer von dannen. Die Schwächung der Türkei kam den russischen Balkanbundplänen zustatten, die sowohl gegen Wien als auch gegen Konstantinopel nützlich zu werden versprachen, und animierte die kleineren Staaten, alte Rechnungen mit den Türken zu begleichen.

Die Ergebnislosigkeit der weiteren Bemühungen um deutsch-englische Flottenabrüstungsvereinbarungen ließ die Entente enger zusammenrücken: einerseits schlossen Rußland und Frankreich einen Flottenvertrag ab, anderseits brauchte Frankreich keine Kriegsschiffe mehr im Ärmelkanal (Grey-Cambon-Abmachung 1912), die nun der wachsenden österreichischen Marine entgegengestellt werden konnten. Der erste Balkankrieg von 1912/13 schlug die Türkei zu Boden, schob Bulgarien bis an die Dardanellen vor, verdoppelte das serbische Staatsgebiet und brachte, als Belgrad über Albanien bis zum Adriatischen Meer vorzustoßen versuchte, einen ernsten Konflikt zwischen Serbien und Österreich zum Durchbruch. Der zweite Balkankrieg, der 1913 folgte, entfesselte interne Balkanzerwürfnisse. Das Ergebnis war eine schwere Niederlage der Bulgaren; Rumänien und Griechenland fielen reiche Siegesfrüchte in den Schoß, während Serbien, das im Westen immer noch auf die unverrückbare österreichische Mauer stieß, von neuem enttäuscht wurde.

Wien machte heftige Anstrengungen, den Aufstieg des slawischen Nationalismus einzudämmen; Petersburg sah jetzt eine Chance, aus den labilen Zuständen auf dem Balkan Gewinn zu ziehen. Keineswegs erfreut war Rußland dagegen über Verschiebungen im Nahen Osten, die Deutschland zugute kamen; völlig hysterisch reagierte es im Spätsommer 1913 auf die Entsendung des preußischen Generals Otto Liman von Sanders als Chef der deutschen Militärmission nach Konstantinopel mit dem Auftrag, im Zuge der europäischen Bemühungen um die Modernisierung des sterbensschwachen Osmanenreichs die türkische Armee neu aufzubauen. Auch diese Krise wurde mit Gesten beigelegt, die halbwegs noch das Gesicht der Beteiligten wahrten, aber nunmehr war offenkundig geworden, daß die Beziehungen der europäischen Staaten das Stadium einer pathologischen Überreizung erreicht hatten.

Die Gewichte des internationalen Wirtschaftsimperialismus lasteten immer noch auf den europäischen Ereignissen, doch bestimmten sie offenbar weniger die Motive der Handelnden. In immer höherem Maße waren es die vielfältigen Komponenten des Nationalismus – Angst, Überheblichkeit, Prestige, skrupellose Selbstbehauptung –, die zunehmende Spannung und waghalsige diplomatische Kurzschlußhandlungen der Großmächte hervorbrachten. So gebannt blickten diese Mächte auf das wankende Gleichgewicht des europäischen Staatensystems, daß sie von manchen Entwicklungen in der weiten Welt, in die sie in früheren Zeiten bestimmt – und sei es auch nur mit einer offiziellen Stellungnahme – eingegriffen hätten, kaum Notiz nahmen. Der Annexion Koreas durch Japan (1910), der chinesischen Revolution (1911), den diversen militärischen Abenteuern der Vereinigten Staaten im Karibischen Meer (1911 – 1914) wurde kaum Beachtung geschenkt.

Knapp vor Ausbruch des Krieges hatten sich Berlin und London endlich auf akzeptable Kompromisse in bezug auf die Bagdadbahn und Kolonialfragen geeinigt. Das war in ruhigen sachlichen Gesprächen von Geschäftsleuten und Sachverständigen erreicht worden, nicht auf offener diplomatischer Bühne, die, wie es schien, von den Akteuren Lautstärke und steife Prestige- und Machtposen verlangte. Es hatten sich übrigens auf dieser Bühne als Sprecher der abendländischen Mächte neue Männer eingefunden: der launenhafte W. A. Suchomlinow als russischer Kriegsminister; in Österreich Außenminister Graf Leopold von Berchtold und Generalstabschef Freiherr Franz Conrad von Hötzendorf, beide starrsinnig, beide unbedeutend; in Deutschland Erich Ludendorff, noch unauffällig im Hintergrund, aber unter der Militärbürokratie bereits ein einflußreicher Mann; in Frankreich Raymond Poincaré, ein Politiker von großer Begabung und mächtigem Ehrgeiz; der temperamentvolle Kampfhahn Winston Churchill in der britischen Admiralität; im Weißen Haus der eifernde Idealist Woodrow Wilson. Nur wenige der europäischen Führer, ob alt, ob jung, hatten das Zeug, den Teufelskreis von Mißgriffen, Großsprecherei und Mißtrauen zu durchbrechen.

Österreich war entschlossen, sein prekäres inneres Gleichgewicht durch keinerlei neue Ausbrüche des slawischen Nationalismus gefährden zu lassen. Berlin unterstützte unnachgiebig die Wiener Abwehrkonzeption, die sich gegen die »zersetzenden Kräfte des Panslawismus« richtete. Die Russen und die übrigen Slawen meinten, ihre Lebensinteressen seien durch eine Haltung bedroht, in der sie den alldeutschen »Drang nach Osten« mit dem Ziel der Unterjochung ganz Mitteleuropas und des Nahen Ostens sahen. Die Deutschen erregten sich in erheblicher Übertreibung über die vermeintliche Einkreisung durch die Entente und den Druck der britischen Flottenkonkurrenz. Frankreich hielt sich loyal an seine Bündnisverpflichtungen, ohne je zu vergessen, daß der eigentliche Feind mit dem einen Bein diesseits, mit dem anderen jenseits der Vogesen stand. Die Engländer riskierten keine Atempause im Flottenbau und stellten in düsterer Vorahnung Vermutungen an über die alldeutschen Pläne für den europäischen Kontinent und die übrige Welt.

In diesem Knäuel von Wunschzielen und Rivalitäten zog eine Macht mehr als alle anderen die Aufmerksamkeit der westlichen Welt auf sich: Deutschland. Deutschlands Lage in der Mitte Europas ging unmittelbar die militärische Strategie aller anderen europäischen Staaten an; sein verlängerter Arm, die Kriegsmarine, betraf auch die der Vereinigten Staaten und Japans. Die Deutschen hatten ihr Land zum Industrie- und Handelszentrum ganz Europas gemacht. Das große Geschick, mit dem sie Naturwissenschaft und Technik der Industrieproduktion dienstbar machten, hatte ihren Weltruf begründet. Aber dies nämliche Deutschland war ein Neuling in der europäischen Großmachtfamilie, ein Störenfried, der verbriefte Interessen und wohlbegründete staatliche Hoheitsrechte in Frage stellte.

Bismarck hatte im großen und ganzen Deutschlands erste Großmachtschritte gut zu lenken verstanden; ja, er machte seine Sache so gut, daß nur wenige Deutsche sich die Kenntnisse und Fertigkeiten aneigneten, die ihnen geholfen hätten, nach seinem Abgang weiterzumachen. Dann kam Wilhelm II.: die triumphale Macht Preußens, ungeheuer gesteigert durch Wissenschaft und Industrie, ergoß sich weiter in neue Armaden zur See und bald auch in der Luft. Eine gewaltige Aufgabe war hier deutschem Verantwortungsbewußtsein und deutschem diplomatischem Können gestellt: alles kam darauf an, wie der technisch so leistungsfähige Nachzügler das Staatskleid der wirtschaftlichen und militärischen

Übermacht würde zu tragen wissen. Deutschlands große Chance wurde zu seinem großen Fiasko. Gewiß hat es auch unter den anderen Großmächten an Taktlosigkeit, Ehrgeiz, Säbelrasseln und diplomatischer Ungeschlachtheit nicht gefehlt; doch mußten sich diese Gebrechen in Deutschland wegen der großen Machtfülle, über die das Land verfügte, doppelt gefährlich auswirken. Je näher das Jahr 1914 heranrückte, um so mehr verwandelte sich die Deutschland gezollte Achtung in Angst; die meisten Staaten hielten sich besorgt in sicherem Abstand und dachten angestrengt darüber nach, wie mit dem unberechenbaren übermächtigen Emporkömmling umzugehen sei.

Nicht zufällig schrieb Oberst Edward M. House, Wilsons persönlicher Beauftragter, im Mai 1914 aus der amerikanischen Botschaft in Berlin an seinen Chef:

> Die Situation ist außergewöhnlich. Das ist ein Militarismus, der wahnsinnig geworden ist. Wenn nicht jemand in Ihrem Auftrag erreichen kann, daß sich andere Einsichten durchsetzen, wird es eines Tages eine furchtbare Weltkatastrophe geben. Niemand in Europa kann es schaffen. Dafür gibt es zuviel Haß, zuviel Mißgunst . . . Das Problem ist überwältigend und von unabsehbaren Konsequenzen. Ich wünschte nur, es könnte gelöst werden und so gelöst werden, daß die Lösung Ihrer Regierungsführung und unserer amerikanischen Zivilisation zum ewigen Ruhm gereicht.

Das Problem wurde nicht gelöst. Bald sollten Amerika und Europa auf Kriegs- und Friedenswegen unzertrennlich miteinander verknüpft sein, und der amerikanische Präsident würde in der Tat nach dem Sieg neue Einsichten suchen. Aber auch dann sollten die neuen Bemühungen hauptsächlich im engen Rahmen der westlichen Großmachtbeziehungen unternommen werden. Die ominösen Vorzeichen des asiatischen Aufbruchs und der Gärung in Rußland wurden kaum verstanden und so gut wie gar nicht beachtet.

Innere Schicksale der Länder und Völker

Zwei entscheidende Entwicklungsmomente waren den meisten Ländern der westlichen Welt am Ausgang des 19. Jahrhunderts gemeinsam: das rasche Wachstum der Bevölkerung und das Aufblühen einer Reichtum spendenden Wirtschaft. In diesem Rahmen freilich hatte jedes Land seine eigenen Probleme, mit denen es sich auf seine Art auseinandersetzte. Amerikaner und Japaner, Engländer und Türken standen verschiedenen Situationen gegenüber und bewältigten sie nach Maßgabe ihrer besonderen nationalen Überlieferungen, Möglichkeiten und Antriebe – oder sie scheiterten am Mißverhältnis zwischen der spezifischen Aufgabe und den national verfügbaren Mitteln zu ihrer Bewältigung. Bei all unseren verallgemeinernden Aussagen über den »Westen im Zeitalter des Imperialismus« können wir nicht umhin, den einzigartigen Habitus, die spezifischen Eigenschaften, die überdurchschnittlichen Persönlichkeiten und die außergewöhnlichen Umstände festzustellen, die etwa einem Land wie Deutschland seine wilhelminische Prägung gegeben oder in einem Land wie Rußland die tragische Unzulänglichkeit aller Reformversuche verursacht haben. Das Weltgeschichtliche darf das Einmalige der Menschen und Völker, das dem historischen Bericht allein den Atem des gelebten Lebens eingibt, nicht in den Schatten stellen.

Bei England haben wir es mit einer Entwicklungsphase zu tun, der die Gestalt Eduards VII. Namen und Charakter gibt: mit einer Gesellschaft, die in einem explosiven Ausbruch politischer, gesellschaftlicher und geistiger Lebenskraft die Zwänge und die Enge des viktorianischen Zeitalters durchbricht. So ganz waren die englischen Menschen nicht mehr im Banne der imperialistischen Begeisterung eines Joseph Chamberlain. Die unbequemen, irritierenden psychologischen Schwierigkeiten des Burenkrieges hatten den draufgängerischen Militarismus der neunziger Jahre ernüchtert. Nicht zuletzt hat bei diesem Wandel das Wirken der Liberalen Partei, die in ihrem Appell Kopf und Gewissen vereinte, den Ausschlag gegeben. Sie kam dann auch 1905 an die Macht und behielt sie bis 1914.

Mit den Liberalen rückte ins Rampenlicht die Avantgarde der Arbeiterpartei (Labour Party), die durch eine Praxis der Kompromisse von der unfruchtbaren Haltung eines dogmatischen Sozialismus abgerückt war. Schon 1902 hatten die Liberalen bei schweren Arbeitskonflikten, in denen die Gewerkschaften erbittert mit den Unternehmern kämpften, den Arbeiterparteilern ihre Unterstützung geliehen. Von 1906 an gelang es David Lloyd George, dem feurigen Waliser, die Liberalen für eine umfassende Sozialgesetzgebung zu begeistern, deren Kosten durch hohe Besteuerung aufgebracht werden sollten. Unter der Parole »Krieg gegen die Armut« (und im Zeichen des Kampfes um die schweren Lasten des Flottenbaus) fand die letzte große Auseinandersetzung zwischen Unterhaus und Oberhaus statt; sie kam zum Abschluß mit der »Parlamentsakte« von 1911, mit der die Aristokratie um die letzten Reste ihrer politischen Macht gebracht wurde. In diesen Kämpfen büßte der englische Liberalismus seinerseits viel von der Eindeutigkeit seines politischen Gepräges ein; er legte so den Weg frei, auf dem an seiner Stelle die Arbeiterpartei zur Position der zweiten großen englischen Partei (als Gegenpol zu den Konservativen) gelangt ist.

Tiefgehende soziale und nationale Gegensätze untermalten diesen eigenartigen Abgang des englischen Liberalismus. Während sich das gesetzte Bürgertum, durch Alarmvorstellungen von einer deutschen militärischen Invasion verängstigt, zurückhielt, kam es zu wilden Zusammenstößen zwischen Arbeitern und Suffragetten auf der einen, der Polizei auf der anderen Seite. Vordem durch Englands kategorische Weigerung, den Iren Selbstverwaltung (*Home Rule*) einzuräumen, gekennzeichnet, trat jetzt der Kampf um die irische Autonomie in ein neues Stadium. Eine Parlamentsmehrheit aus Liberalen, Iren und Arbeiterparteilern gewährte Irland endlich die ersehnten Rechte. Aber nun wollten die irischen Protestanten in Ulster die Loslösung von England nicht akzeptieren, und die irischen Katholiken in Dublin fanden unter dem Eindruck der gälischen kulturellen Erneuerungsbewegung den Mut zur radikalen Intransigenz. Der *Home-Rule*-Gesetzentwurf erlangte Gesetzeskraft im Jahre 1914, seine Durchführung aber wurde für die Dauer des Krieges ausgesetzt; ein wütender Kampf schien noch bevorzustehen.

Inzwischen hatte sich die imperialistische britische Weltreichspolitik gemausert und war zum Teil schon den ersten Ansätzen einer föderativen Commonwealth-Verfassung gewichen: schon im letzten Vorkriegsjahrzehnt wurde auf amtlichen »Kolonialkonferenzen« und »Imperiumskonferenzen« über die gegenseitige wirtschaftliche Vorzugsbehandlung der Empire-Länder, föderativen Aufbau und gemeinsame Verteidigung beraten. Diese geräuschlose weltumspannende Festigung der Bindungen unter den angelsächsischen Ländern bildete einen charakteristischen Kontrast zur Verschärfung der sozialen und nationalen Gegensätze auf den britischen Inseln. Der schrille Mißklang radikaler Ausbrüche der verschiedensten Richtungen und Weltanschauungen übertönte immer häufiger die traditionelle harmonische Tonart politischen Anstands und selbstverständlicher Anerkennung verbindlicher Spielregeln *(fair play)*. Aus der fröhlichen, optimistischen Atmosphäre der Eduard-Zeit glitt England allmählich in eine Verkettung innerer Wirren, dann mit einem jähen Ruck in die völlig neuartige Kriegssituation hinein.

Drei Hauptthemen umschreiben in dieser Periode den Inhalt der französischen Entwicklung: die Niederlage und Machterhaltung des Monarchismus und Klerikalismus, das ideologische und politische Dilemma der Arbeiterbewegung und die Intensität des außenpolitischen Interesses. Die tiefe Erregung, die die Dreyfus-Affäre ausgelöst hatte, loderte 1898 in hellen Flammen auf. Émile Zola rief sein *J'accuse* und konkretisierte die Anklage: Fälschung, betrügerische Irreführung, Komplott gegen die Republik. Zum Jahresende kristallisierten sich definitiv die Fronten der politischen Leidenschaften heraus: hie Verteidiger der Republik und der staatsbürgerlichen Freiheiten, hie konservative Stützen der Armee, der Kirche und der Monarchie. Zwischen 1899 und 1906 gab es einen zweiten Dreyfus-Prozeß, eine erneute Verurteilung und schließlich doch die Rehabilitierung: dem zweimal Verurteilten wurde bescheinigt, er sei das Opfer einer Rechtsbeugung und eines Fehlurteils gewesen. Während der kritischen Jahre hatte der in der Kammer neugebildete republikanische Block (den die Linke energisch unterstützte) auf die vollständige Trennung von Staat und Kirche gedrängt. Das Vereinsgesetz von 1901 legte kirchlichen Organisationen schwere Beschränkungen auf und bannte ihre Betätigung in Schule und Erziehung in enge, scharf umrissene Grenzen. Frankreichs Beziehungen zum Vatikan verschlechterten sich zusehends nach dem Scheitern aller Versuche, auf der Grundlage des Konkordats von 1901 zu einem Ausgleich zu gelangen. Unter maßgebender Mitwirkung Aristide Briands, der damals als gemäßigter Sozialist auftrat, kam 1905 die endgültige Kirchengesetzgebung zustande; von nun an waren die Religionseinrichtungen aller Bekenntnisse – Katholiken, Protestanten, Juden – verwaltungsmäßig und auch in Schulfragen restlos vom französischen Staat getrennt. Der parlamentarisch-republikanische Staat hatte den Angriff überstanden und erfolgreich den Gegenschlag geführt.

Aber der Sieg der Republik brachte neue Konfliktstoffe hervor. Die Verteidigung im Grunde nicht mehr aktueller Positionen des 19. Jahrhunderts (Antiklerikalismus und Antikonservativismus) hatte so viel Energie verbraucht, daß der geistige Elan der Republikaner für eine verständige, kühne und umsichtige Behandlung der akuten sozialen und ökonomischen Problemstellungen des neuen Jahrhunderts nicht ausreichte. Verwirrung und ohnmächtige Enttäuschung machten sich immer mehr am politischen und sozialen Horizont bemerkbar. Ideologisch stammten die französischen Sozialisten von einer verwirrenden Vielzahl von Ahnen; im 1895 gegründeten Gewerkschaftsbund *(Confédération Générale du Travail)* lose zusammengefaßt, stellten sie ihre Differenzen zunächst zurück, als es um die

Eduard VII.

Theodore Roosevelt

Raymond Poincaré in Petersburg, Juli 1914

Wilhelm II. und Georg V. in Berlin,
Mai 1913

gemeinsame Verteidigung der Republik ging, und nach 1900 übten Jean Jaurès und Briand einen erheblichen Einfluß im mäßigenden Sinn aus. Aber wenn die republikanische Sammlung auf diese Weise in der politischen Abwehr zusammenhielt, mußte sie auseinanderbrechen, als die sozialen und wirtschaftlichen Probleme auf die Tagesordnung kamen. Viele Republikaner, die sich für die politischen Forderungen der Arbeiter einsetzten, lehnten die logische Ergänzung dieser Forderungen in der geplanten Sozialgesetzgebung rundweg ab. Epidemisch breiteten sich Proteststreiks aus; als lebenswichtige Staatsinteressen von ihnen betroffen wurden, antworteten sowohl Clemenceau als auch Briand mit militärischer Gewalt. Am Vorabend des Krieges war die Arbeiterschaft politisch desillusioniert und von neuem durch schwere ideologische Zerwürfnisse auseinandergerissen.

Die volle Tragweite dieser Krisen des Gesellschaftskörpers entzog sich den Blicken sowohl der Franzosen als auch des Auslands, weil sich Frankreich immer wieder in das Kräftespiel der Großmächte verwickeln ließ und die außenpolitischen Entscheidungen mit Intensität und Leidenschaft diskutiert wurden. Behutsam hatte sich Delcassé im kritischen Jahr 1898 gegen die von der Admiralität und der Kolonialbürokratie ausgelösten Gefühlsausbrüche zu wehren versucht, in denen die Republik, weil sie den Sudan preisgegeben hatte, der Schwäche und Nachgiebigkeit gegenüber der Machtentfaltung Englands beschuldigt wurde. Der französische Monarchismus und verwandte politische Strömungen, die solche Anlässe auszuschlachten wußten, trugen nicht wenig zum Wiederaufleben eines konservativen Ultranationalismus bei; die nationalistische Renaissance fand ihren Ausdruck vor allem in der politischen Tätigkeit von Charles Maurras und Léon Daudet und in der Propaganda, die sie in der *Action Française* entfalteten. Die Verschlechterung des Verhältnisses zu Deutschland im letzten Vorkriegsjahrzehnt war für diesen allumfassenden Nationalismus ein günstiger Nährboden; immer lauter rief er nach aggressiver französischer Macht- und Prestigeentfaltung nach innen und außen. Im Gefolge der Marokko- und Balkan-Krisen entzündete sich die Diskussion um die Einführung der dreijährigen Dienstzeit; dann kamen die entsprechenden Gesetzesvorlagen, die von der Arbeiterschaft wütend bekämpft wurden. Die Kluft zwischen der republikanischen Regierungskoalition und der Linken wurde immer tiefer. Ab 1913 amtierte als Präsident der Republik Raymond Poincaré, kein militanter Republikaner, sondern ein in erster Linie außenpolitisch interessierter Patriot, fanatisch, aber auch taktisch gewitzt, zugleich die stärkste Persönlichkeit an der Spitze des Staates, die Frankreich bis zu den Tagen Charles de Gaulles erleben sollte. Die »Befriedung« Marokkos durch General Lyautey ließ die Wogen nationaler Selbstzufriedenheit und nationalistischer Begeisterung hochgehen. In dieser Atmosphäre, die die Sarajewo-Krise mit neuem Zündstoff füllte, wurde am Vorabend des Krieges Jean Jaurès inmitten einer leidenschaftlichen Kampagne für Frieden und internationale Arbeitersolidarität von einem russischen Agenten ermordet.

Ständige Kämpfe um innere Probleme, die seit dem Anfang des 19. Jahrhunderts ungelöst geblieben waren, und Rückwirkungen der Tageskonflikte der imperialistischen Großmächte hielten die Völker der Pyrenäenhalbinsel in ihren Bann. Die Niederlage von 1898 im Krieg gegen Amerika hatte Spanien bis in die Grundfesten erschüttert und einen geistigen Aufschwung hervorgebracht, höchstens der spanischen Renaissance im 17. Jahrhundert vergleichbar. Die Spanier hatten zwar die äußere Hülle eines parlamentarischen Systems, aber keine stabilen Mittelschichten, auf die es sich hätte stützen können. Fest verwurzelte Traditionen und Sonderanliegen der einzelnen Provinzen vermengten sich mit verschiedenartigen Parteienbestrebungen in einem Kampfgewühl von eigener spanischer Art und Intensität. In der Vorkriegsperiode der Regierungszeit Alfons' XIII. wetteiferten baskische und asturische Autonomieforderungen mit dem Separatismus der Katalanen; beides stieß mit Restaurationsansprüchen der Karlisten, mit klerikalem Konservativismus, mit liberalen, sozialistischen und anarchistischen Strömungen zusammen. Militärische Aktionen in Marokko, gegen das Eindringen Frankreichs gerichtet, hätten Spanien 1909 um ein Haar in eine Revolution gestürzt: heftige antiklerikale Ausbrüche, Streiks und brutale Repressalien folgten einander. Der König suchte die Situation zu stabilisieren, indem er sich zunächst an die Liberalen, dann an die Konservativen anlehnte. Die Kernprobleme blieben ungelöst; nur die materiellen Vorteile, die Spanien aus seiner Neutralität im Krieg von 1914 zuflossen, drängten sie vorübergehend in den Hintergrund.

Portugal hatte zwei Jahrzehnte unter einem sterilen pseudoparlamentarischen Regime vegetiert, dem die sprichwörtlichen Extravaganzen Karls I. eine besondere Note verliehen. Seine Ermordung im Jahre 1908 war das Vorspiel zur Revolution von 1910, aus der ein konsequent antikonservatives, antiklerikales Regime hervorging. Auch hier fehlte für das liberale Staatsgebilde die solide bürgerliche Basis. Das neue Regime wurde fortgesetzt von rechts und links angegriffen. Die Glorie des überseeischen Imperiums war für beide iberischen Reiche vorbei. Bis auf einige afrikanische Enklaven hatte nun Spanien seine letzten Kolonien verloren. Dafür blühten jetzt die Ideale und romantischen Gefühle der *Hispanidad*, transatlantische Lebensäußerungen kultureller Erneuerung. Portugal hatte noch bedeutende, kaum ausgebeutete Besitzungen in Afrika, die von Lissabon aus mit drakonischen Maßnahmen verwaltet wurden; eben diese Besitzungen waren Gegenstand des bereits erwähnten geheimen englisch-deutschen Teilungsabkommens. Alles in allem waren die Staaten der Pyrenäenhalbinsel zur Zeit des Kriegsausbruchs durch die schweren Folgen einer langen Periode innerer Wirren erschöpft und niedergedrückt; die Erinnerung an die verblichene Größe der kolonialen Imperien war ein magerer Trost.

Im Schatten der Großmächte leisteten die kleineren Länder des europäischen Nordwestens mit ihrer intensiven Wirtschaft und ihrem hohen Bildungsniveau recht Beträchtliches. In der Schweiz und den skandinavischen Ländern hatten sich differenzierte Wirtschaftsstrukturen mit umfassenden sozialpolitischen Einrichtungen entwickelt. In weitestem Maß wurde die persönliche Teilnahme der Staatsbürger am politischen Geschehen gefördert. Jeglicher Nationalismus wurde durch kluge Mäßigung in Schranken gehalten. Charakteristisch dafür war die ruhig-würdevolle Durchführung der staatlichen Loslösung Norwegens von Schweden (1905), nicht minder als die anhaltende fruchtbare Zusammenarbeit der drei Nationalitäten der Schweizerischen Eidgenossenschaft. Das alles stand in wohltuendem Gegensatz zu der unter den Großmachtnationen nicht seltenen nationalistischen Engstirnigkeit und affektbetonten Arroganz.

Kompliziertere Probleme des Industrieaufbaus, des sozialen und politischen Ausgleichs und der imperialistischen Verflechtung waren in Belgien und Holland zu bewältigen. Hier gab es in genügender Breite tragfähige bürgerliche Fundamente des liberalen Regierungssystems, aber schwerwiegende Differenzen in bezug auf das Verhältnis von Kirche und Schule ebenso wie in Fragen des Arbeiterschutzes und der Sozialpolitik (in Belgien besonders verschärft einerseits durch anarchosyndikalistische Stimmungen, anderseits durch erbitterte Wahlrechtskämpfe) führten verschiedentlich dazu, daß mit militärischen Mitteln regiert wurde, was die politische Stabilität nicht erhöhte. Kolonialpolitische Schwierigkeiten lagen offen zutage. Die Holländer litten noch unter den Folgen der ostindischen Aufstände von 1894/96; die Mißwirtschaft im Kongo wurde zum Gegenstand einer Untersuchung, die zum Ergebnis hatte, daß die leidgeprüfte Kolonie dem persönlichen Regiment Leopolds II. entzogen, aber dafür der direkten Ausbeutung durch den belgischen Staat überlassen wurde. Die Auswirkungen des kontinentalen Militarismus belasteten den Staatshaushalt der beiden Länder mit erheblichen Ausgaben; allerdings wurde nur Belgien in den Strudel der militärischen Absprachen – und am Ende auch in den Krieg – hineingezogen.

Oberflächlich gesehen, brachten die Vorkriegsjahre Deutschland eine Fülle von nationalen Erfolgen und materiellen Leistungen, die durchaus zur Zufriedenheit berechtigten. »Ich führe euch herrlichen Zeiten entgegen«, hatte der Kaiser 1900 angekündigt, und im Jahre 1913 feierte das Land ein Vierteljahrhundert des Friedens und Wohlstands unter seiner Herrschaft. Indes ging das stürmische Tempo des wirtschaftlichen, technischen und militärischen Aufstiegs Hand in Hand mit dem Anwachsen des deutschen Chauvinismus und mit der zunehmenden Labilität der politischen Führung. Das Ineinandergreifen dieser Entwicklungslinien stiftete wachsendes Unbehagen und geistige Unrast und Unbeständigkeit im Innern und erweckte Besorgnisse im Ausland.

Sicherlich hatte der 1891 gegründete, 1894 reorganisierte Alldeutsche Verband nicht ganz die Bedeutung, die ihm vor dem Krieg in Paris und London beigemessen wurde. Aber so unscheinbar der Verband in seiner organisatorischen Wirksamkeit war, so besteht doch kein Zweifel, daß sein virulenter Nationalismus, seine verzerrte und entstellende politische und Geschichtspropaganda und seine antisemitischen Untertöne in gefährlicher Weise in die bürgerliche Presse und in die Schule eingesickert waren. Der 1894 für die Grenzprovinzen ins Leben gerufene Verein zur Förderung des Deutschtums in den Ostmarken (»Ostmarkenverein«, »Hakatisten«) hatte sich zu einer wirkungsvollen Parallelorganisation zum Alldeutschen Verband ausgewachsen: in dem vergeblichen Bemühen, den deutschen Charakter der städtischen Zentren trotz der großen Binnenwanderung, die sowohl Deutsche als auch Polen vom flachen Land in die Städte führte, zu erhalten und zu festigen, betrieb er eine giftsprühende wirtschaftliche, politische und konfessionelle Hetzkampagne gegen Preußens polnische Bevölkerung.

Auch andere Grenzlandfragen wurden von den Alldeutschen ausgeschlachtet. Ständige Reibereien gab es mit den Dänen in Schleswig, und die Schwierigkeiten in Elsaß-Lothringen schienen auch dann noch nicht nachlassen zu wollen, als ihm 1911 größere Selbständigkeit eingeräumt wurde. Einen nur geringen Widerhall in der Bevölkerung fand freilich der Sektor der alldeutschen Propaganda, der sich mit den Volksdeutschen in Mitteleuropa befaßte; vorwiegend interessierten sich vor 1914 sowohl der Alldeutsche Verband selbst als auch die weitere Öffentlichkeit für überseeische imperialistische Expansion und für die deutsche

Weltsendung. Auf eigenartige Weise verschmolzen hier soziale und imperialistische Tendenzen: zu einem Teil wurde der finanzielle Ertrag der umfangreichen deutschen Exportindustrien auf dem Weg über die Steuern in ein stetig ausgeweitetes Programm von Sozialleistungen für die arbeitenden Massen hineingepumpt.

Etwas gründlicher kümmerten sich die Deutschen in dem Jahrzehnt, das dem Ausbruch des Krieges voraufging, um ihr Kolonialreich. Das rückständige System, bei dem die Kolonien dem Militär und den an ihrer Ausbeutung unmittelbar interessierten Industrie- und Handelsfirmen unterstanden, wurde durch eine verantwortliche Kolonialverwaltung ersetzt, die es nach den damaligen westlichen Maßstäben mit den Höchstleistungen der anderen Länder aufnehmen konnte, so mangelhaft diese Leistungen vom Standpunkt der Eingeborenen auch sein mochten. Angesichts der weitgehenden Abhängigkeit der Industriearbeiter von der Rohstoffzufuhr aus den Kolonien empfanden sogar manche Sozialisten ihre orthodoxe Kritik an der Kolonialpolitik als unzulänglich; sie stellten sich geistig auf die Perspektive einer zukünftigen deutschen Weltwirtschaft ein, in der Kolonien eine bedeutende Rolle spielen würden.

Unter der Oberfläche, an der sich all diese sichtbaren Zeichen des Fortschritts, des Vorurteils und des Paradoxen zeigten, schwelte das Feuer einer zentralen Konfliktsfrage, die sich 1914 offen und böse darbot. Das Deutsche Reich stand einer sozialen und politischen Krise gegenüber, die seine Fundamente antastete, und konnte ihr nicht mehr aus dem Wege gehen. Mit Bismarcks Kompromiß von 1871, der Macht und Regierungsfunktionen auf die festetablierte Aristokratie des Grundbesitzes und das aufsteigende städtische Bürgertum aufgeteilt hatte, ging es nicht mehr so recht voran. Die Haltung des Bundes der Landwirte zum Zolltarif von 1902 war eine deutliche Warnung: Industrialisierung und Flottenbau würde es in Zukunft nur noch bei voller Sicherung der konservativen Interessen geben, und dazu gehörten auch die sozialen und politischen Vorrechte des Großgrundbesitzes. Daneben hatte aber das phantastische Wachstum von Industrie und Bevölkerung auch das wesentlichste, wenn auch unerwünschte Erzeugnis des Zeitalters ungeheuer vermehrt: die artikuliert sprechenden Arbeitermassen. Im ersten Reichstag von 1871 waren sie durch zwei, im Reichstag von 1912 bereits durch hundertzehn Abgeordnete, die stärkste Fraktion des Hauses, vertreten.

Noch funktionierte das Bismarcksche Verfassungsgetriebe. In einem System, das vom König von Preußen und dem reaktionären preußischen Dreiklassenwahlrecht beherrscht wurde, waren Parlament und Parteien faktisch machtlos. Die Parteien schwelgten in politischen Theorien, die selten in die Praxis umgesetzt werden konnten, weil es eine parlamentarisch verantwortliche Regierung nicht gab. Am besten illustrierten dies Regierungssystem zwei peinliche Zwischenfälle: der Fauxpas des Kaisers mit dem *Daily-Telegraph*-Interview von 1908 und die Zabernaffäre von 1913, bei der das preußische Militär die Rechte der kommunalen Selbstverwaltung mit Füßen trat. In beiden Fällen wurde vom Reichstag ein Mißtrauensvotum beschlossen; in beiden Fällen blieb die Regierung unbehelligt im Amt. Verantwortungsbewußte Menschen in Deutschland (eine Minderheit zwar, aber eine an Zahl und Gewicht zunehmende Minderheit) waren entsetzt über die Verantwortungslosigkeit, mit der innen- und außenpolitische Entscheidungen getroffen wurden. Patriotischen Gemütern mag die Militärvorlage von 1913 ein Labsal gewesen sein, sie war aber bestimmt kein Mittel, die Besorgnisse und Befürchtungen der politisch Denkenden zu beschwichtigen. Mit der Abdrosselung des gesamten Wirtschaftsverkehrs von der Außenwelt, dem neuen Auftrieb für den alldeutschen Chauvinismus und der äußersten Zuspitzung der sozialen und politischen Krise sollte der Krieg all diese Probleme nur noch weiter verschärfen.

In Österreich-Ungarn bestand schon seit 1898 ein akutes Verfassungsproblem. Die Kräfte, die den österreichisch-ungarischen Ausgleich von 1867 zustande gebracht hatten, hatte der Liberalismus nie binden können. Nach einer kurzen Blütezeit verwelkte er in den Stürmen der wiederauflebenden nationalistischen Agitation der Vorkriegsjahre. Deutsche und Tschechen hatten im Zusammenhang mit den Bemühungen des Ministerpräsidenten Badeni um die Gleichstellung beider Sprachen in Böhmen wütende Kämpfe miteinander ausgefochten; seit Badeni 1897 gegangen war, lösten sie einander mit politischen Vorstößen ab, die das parlamentarische Regierungssystem in Österreich völlig lähmten. Auch in Ungarn spitzten sich die Dinge auf einen dramatischen Ausbruch zu: die extremen Forderungen der Ungarn nach einer praktisch völlig selbständigen ungarischen Armee lösten erbitterte Kämpfe aus, die von 1903 bis 1906 anhielten. Weithin hörbar war der Widerhall anderer Konflikte in Triest, Slowenien, Kroatien und Siebenbürgen. In ganz Europa flüsterte man sich um 1905 zu, die Donaumonarchie sei am Auseinanderbrechen; Rußland sondierte sogar vorsorglich in Berlin, ob sich nicht Vorvereinbarungen über die Teilung der Beute treffen ließen.

Die Forderungen der Ungarn beantwortete Kaiser Franz Joseph mit der Drohung, für den gesamten Bereich der Doppelmonarchie das allgemeine Wahlrecht einzuführen: die ungarischen Wähler wären damit für immer und ewig zur Minderheit geworden. In Ungarn versuchte Graf Stephan Tisza, die politischen Kreise für die Krone zu gewinnen; in Österreich bemühten sich Ährenthal und Conrad von Hötzendorf, die Außen- und Militärpolitik der Monarchie mit neuer Kraft und Energie zu beleben – mit zweifelhaftem Ergebnis. Unter dem Eindruck der russischen Revolution von 1905 erhoffte Franz Joseph eine Stabilisierung der Lage von einer Verbreiterung des Wahlrechts: für Österreich wurde 1907 das allgemeine Wahlrecht tatsächlich eingeführt. Bis zum Krieg focht das Parlament weiter unzählige Parteienschlachten aus, und die Kabinette regierten mit Hilfe außerparlamentarischer Erlasse in der sonderbaren Wiener Luft, der Prosperität, christlich-sozialer Antisemitismus, kulturelle Vitalität und nationalistische Raufereien eine besondere Würze gaben.

Die Führung der Monarchie hatte sich in einem unlösbaren Dilemma verfangen: sie bestand darauf, für Österreich-Ungarn die Position einer Großmacht zu fordern, war aber nicht imstande, das Staatsgebilde so zu reorganisieren, daß es dem erstarkenden Selbstbehauptungswillen der Nationalitäten und ihrer immer aktiveren Agitation hätte mit Erfolg begegnen können. Wie sehr die Doppelmonarchie von ihrer wirtschaftlichen Einheit profitierte, wurde vom Bürgertum der einzelnen Nationalitäten, das aus dem einheitlichen großen Markt den größten Vorteil zog, geflissentlich übersehen oder als selbstverständlich hingenommen. Die Politik der Monarchie pendelte infolgedessen zwischen der allgemeinen Starre festgefrorener innenpolitischer Fronten und heftigen Gewaltreaktionen auf nationalistische Vorstöße unentschlossen hin und her, bis die Sarajewo-Schüsse Gavrilo Princips eine Kettenreaktion auslösten, die den endgültigen Zerfall herbeiführte.

Am Ausgang der neunziger Jahre erlebte Italien ruckweise wirtschaftliche Teilfortschritte, hatte aber zugleich schwer daran zu tragen, daß ihm die Erfüllung mancher sozialen und nationalen Hoffnungen und Aspirationen versagt blieb. Die Niederlage in Abessinien zerstörte den imperialistischen Machttraum und verletzte empfindlich den ererbten Römerstolz. Agrarunruhen und Industriestreiks erschütterten das Land von Sizilien bis Mailand immer von neuem. Monat für Monat wanderten Tausende von Italienern aus, um ihr Glück in dem einen oder anderen Teil des amerikanischen Kontinents zu versuchen. Anders als die deutschen Monarchien hatte das politische System Italiens nur wenig Konstruktionsfehler; das Problem war, ob es auch richtig funktionierte. Zu einem erheblichen Teil hatten die Schwierigkeiten damit zu tun, daß das Land faktisch in zwei Teile zerfiel: den aufblühenden, wohlhabenden industriellen Norden und den stagnierenden, verelendeten agrarischen Süden. Zur Bewältigung der politischen Probleme hatten Politiker einer früheren Generation eine raffinierte Technik, *trasformismo* genannt, erfunden, in der Idealismus, politische Manövrierkunst, skrupelloses Manipulieren, Korruption und sogar Terror (je nach lokalen und Zeitumständen) so ineinandergriffen, daß dem italienischen Volk eine Mischung aus Regierungstätigkeit und Ausbeutung geboten wurde. Im letzten Vorkriegsjahrzehnt baute Giovanni Giolitti den *trasformismo* zu einem ausbalancierten Gleichgewichtssystem aus, in dem Interessengruppierungen und politische Einflüsse einander die Waage hielten; mit Hilfe dieses Systems bescherte er Italien eine bessere Regierung und Verwaltung, als es sie je gekannt hatte.

Dennoch gab es Beschwerden, Klagen und immer wieder enttäuschte Hoffnungen in Hülle und Fülle: ein wahrer Krebsschaden, der sich in den Staatskörper einfraß. Schon vor dem Kriege war das liberale parlamentarische System in den Augen der Bevölkerung weitgehend in Mißkredit geraten. Um zur Stabilisierung der politischen Verhältnisse beizutragen. erlaubte der konservative Papst Pius X. den Katholiken nach 1903 aktivere Teilnahme an der Politik, und dennoch hielten gesellschaftliche Funktionsstörungen weiter an. Der grelle, prunkhaft-heroische Nationalismus, den des Poeten d'Annunzio jugendliche Gefolgschaft zur Schau trug, war ein Protest gegen das Berechnende, Bürgerlich-Pedantische in der Politik, zugleich aber auch ein psychologisches Gegengewicht gegen die deprimierende Wirkung, die von der Bedeutungslosigkeit Italiens auf der internationalen Bühne und dem Scheitern seiner imperialistischen Versuche ausging. Zu guter Letzt verschaffte aber der Tripolis-Krieg von 1911 dem nationalen Ehrgeiz eine gewisse Genugtuung, ohne freilich die sozialen Spannungen im Lande zu lösen. Dann entschloß sich die Regierung 1912 zur Einführung des allgemeinen Wahlrechts – genau in dem Jahr, in dem die Sozialisten dem liberalen politischen System ihre grundsätzliche Opposition ansagten. Von neuem flammten Streiks und Unruhen auf, diesmal geschürt von Benito Mussolini, Chefredakteur der sozialistischen Zeitung *Avanti*. Trotz diesen schweren Belastungsproben hielt die italienische Gesellschaft noch zusammen, ja, sie brachte sogar einen mächtigen kulturellen Aufschwung hervor. Als Europa in den Krieg zog, standen die Italiener – zynisch, uneinig und bei alledem innerlich aufgewühlt – beiseite und versuchten, sich den Kurs auszurechnen, den ihnen die Rücksicht auf den eigenen Vorteil für die Zukunft vorzeichnen könnte.

Unaufhörlich gärte es im Leben der Balkanvölker. Ihre politischen Führer mußten sich zwischen den Klippen der Großmächterivalität hindurchwinden. Stärke und Elan schöpften diese Nationen aus den Kräften ihrer Kultur und Geschichte, die, durch die ottomanische Unterdrückung verkrüppelt, von den Geistlichen der griechisch-orthodoxen Kirche lebendig erhalten worden waren und nun vom Nationalismus des Westens neue Impulse empfingen. Die große Mehrheit der Bevölkerung steckte noch in der Landwirtschaft, war gerade einen Schritt über die Feudalzeit hinaus, ließ sich durch Stammesbräuche und Sippenhaltungen lenken. Unter einheimischen oder aus Deutschland importierten Fürstenhäusern spielte eine militärische Oberschicht die führende politische Rolle. Handelsleute, Geldverleiher und Angehörige der freien Berufe stellten die ersten Kontingente einer bürgerlichen Mittelschicht. Es gab auch Intellektuelle, die die Stammes- und Sippengefühle des Volkes in moderne nationalistische Formen gossen und sie in dieser abgewandelten Gestalt durch das Medium von Religion, Erziehung und Propaganda auf die kulturell rückständige Masse zurückprojizierten. Ansätze westlicher Technik und Verwaltungspraxis bildeten einen Überbau, der diesen Staaten den Anschein von Modernität gab; mit Waffen, die europäische Mächte abgelegt hatten, führten sie ihre lokalen Kriege, die dann größere europäische Krisen auslösten.

Für einige Balkanvölker war staatliche Unabhängigkeit noch ein wichtiges, erkämpfenswertes Ziel: Bulgarien wurde erst 1908 ganz unabhängig, Albanien 1913; Kretas Vereinigung mit Griechenland erfolgte unmittelbar vor dem Ausbruch des Weltkriegs. Der Drang nach Unabhängigkeit ließ sich aber auch als imperialistisches Werkzeug gebrauchen. Die Konkurrenz der Großmächte um die Rohstoffe, Märkte und strategischen Positionen der Balkanhalbinsel verschärfte die lokalen politischen Gleichgewichtsstörungen – von den Aufständen auf Kreta und in Mazedonien (1896 – 1903) über die Bosnien-Krise (1908) bis zu den beiden Balkankriegen (1912/13). Solche Ereignisse weckten übertriebene Hoffnungen und verursachten sinnlose Entbehrungen und viel Leid, verschafften aber weder den Völkern noch ihren Herrschern nennenswerte Errungenschaften von Bestand und Dauer.

Der Balkan war auch der eigentliche Brennpunkt des Zerfalls und der versuchten Erneuerung der Türkei. Seit 1896 bemühte sich ein Kreis türkischer Emigranten und Studenten in Westeuropa, der als jungtürkische Bewegung auftrat, die Welle türkischer Niederlagen auf dem Balkan einzudämmen und Reformen in der Heimat zu fördern. Die Jungtürken machten Anstalten zur Zusammenarbeit mit den revolutionären Bewegungen der Mazedonier, der Armenier und anderer Ostvölker; Uneinigkeit in den eigenen Reihen und brutale Unterdrückungsmaßnahmen des Sultanats ließen sie kaum zum Zug kommen. Trotz allem gelang schließlich einem Komitee für Einheit und Fortschritt im Jahre 1908 eine umfassende Revolte; nach dem Sieg setzten die Revolutionäre die Verfassung von 1876, die damals fast im Keim erstickt war, wieder in Kraft. Ein Jahr später stürzten sie den verrufenen Sultan Abdul Hamid II.

Bald behauptete sich aber auch in der Türkei das für den Westen so bezeichnende zwiespältige Gespann von Liberalismus und Nationalismus. Eine türkische Mehrheit im Komitee für Einheit und Fortschritt bestand auf Zentralisation und türkischer Vorherrschaft; antitürkischer Widerstand flammte auf und zog weite Kreise: von Albanien bis Arabien. Im

Gefolge der Kriege in Nordafrika und auf dem Balkan verwandelten sich die hoffnungsvollen Ansätze eines innenpolitischen Liberalismus in ein Terrorregime der von Enver Pascha geführten Jungtürken. Am Vorabend des Weltkrieges erlebte die Türkei bereits einen inneren Zerfall. Er wurde vertieft durch die zwei militärischen Niederlagen in Europa, durch die mit dem Vordringen weltlicher Kräfte einsetzende Krise des Kalifats (das allerdings noch in dem riesigen Gebiet von Gibraltar bis zum Indus seine Autoritätsansprüche geltend machte) und durch die Aufsässigkeit künftiger Führer arabischer Eigenstaatlichkeitsbestrebungen wie Hussein und Ibn Saud.

Daß Rußland in alle Wirren auf dem Balkan und im Nahen Osten eingriff, sollte am Ende der Ruin des Zarismus sein. Innerrussische Entwicklungen während der Regierungszeit Nikolaus' II. drängten aber nicht notwendigerweise auf diesen Schlußakt hin. Tiefgehende wirtschaftliche und gesellschaftliche Veränderungen, verfassungspolitische Neuordnung, Wandel im Verhältnis der einzelnen Nationalitäten zum Zarenstaat: darin offenbarten sich in dramatischer Zuspitzung sowohl die Daseinsenergie und Entwicklungsfähigkeit des Landes als auch das schimpfliche Versagen seiner Führung. Der letzte Zar, ein erklärter Gegner jeder konstitutionellen Entwicklung und überzeugter Anhänger der Russifizierung, war 1894 auf den Thron gekommen. Im ersten Jahrzehnt seiner Regierungszeit steigerte sich sprunghaft, unregelmäßig das Tempo der russischen Wirtschaftsentwicklung. Der täuschende Anblick wirtschaftlicher Ausgeglichenheit wurde dem Land von Graf Witte 1897 mit der Einführung der Goldwährung gegeben.

Um diese Zeit machte sich auch die erste artikulierte politische Betätigung der unzufriedenen Arbeitermassen bemerkbar. Im Exil hatte Plechanow die Lehren des Marxismus für die besonderen russischen Verhältnisse formuliert. Um 1898 war Lenin bereits eine Macht in der Führung der um die städtischen Arbeiterschaft werbenden Organisationen, auch wenn ihn sein erzwungenes Emigrantendasein daran hinderte, an der organisatorischen Gründung der Sozialdemokratischen Arbeiterpartei Rußlands direkt teilzunehmen. Drei Jahre später entstand aus dem Zusammenwachsen der älteren Tradition der Narodniki (»Volkstümler«), der Anarchisten und anderer revolutionärer Strömungen, die sich vornehmlich für die Notlage der Bauern interessierten, die Partei der Sozialrevolutionäre (SR). Scharfe ideologische und persönliche Gegensätze hielten die beiden sozialistischen Strömungen in ständiger Unruhe. Der berühmteste und folgenschwerste dieser Gegensätze gipfelte in der Spaltung der Sozialdemokraten in die Richtungen der Menschewiki und Bolschewiki, die Lenin zu einer unendlich gesteigerten geistigen und organisatorischen Aktivität – zumeist vom Ausland aus – bis zu seinem großen Sieg im Jahre 1917 antrieb. Keine dieser größeren sozialistischen Organisationen hatte die Möglichkeit, Probleme der politischen Gestaltung direkt anzupacken; sie hatten nur die Wahl zwischen Agitation, Propaganda und politischen Terrorakten. Im bürgerlichen Lager begann die für das letzte Vorkriegsjahrzehnt charakteristische liberale Sammlung im Jahre 1903 mit der Gründung des »Befreiungsbundes« *(Sojus Oswobotschdenija).* Hier fanden sich gemäßigte Intellektuelle, Angehörige freier Berufe und zahlreiche Praktiker der kommunalen Selbstverwaltung zusammen.

Die Katastrophe des russisch-japanischen Krieges brachte eine politische und nationale Krise von gewaltigen Ausmaßen zum Durchbruch. Von der großen Tagung der ländlichen

Selbstverwaltungsorgane Ende 1904 über den »Blutigen Sonntag« (22. Januar 1905) bis zu einer Welle von Judenmassakern gab es kaum ein Ereignis, das das Zarenregime nicht geschwächt hätte. Im Sommer und Herbst 1905 ergoß sich über das Land eine Flut von Streiks, Aufständen und Truppenmeutereien. Aus Finnland, aus dem Baltikum, aus der Ukraine, aus dem Kaukasus tönte das Echo der Selbstbehauptung der unterdrückten nationalen Minderheiten. Der Zar kapitulierte mit dem Oktobermanifest von 1905: dem Lande wurde eine Verfassung, ein Parlament (Duma) mit echten politischen Befugnissen, ein großzügiges Wahlrecht und staatsbürgerliche Freiheiten versprochen.

Das Versprechen der grundlegenden politischen Umgestaltung wurde nicht erfüllt. Bevor die erste Duma zusammengetreten war, wurden ihre Vollmachten beschnitten: der Zar beanspruchte von neuem die traditionelle autokratische Macht der Romanow-Dynastie. Die liberale erste Duma wurde aufgelöst, den Abgeordneten wegen Aufforderung zur Steuerverweigerung die Wählbarkeit aberkannt. Die politische und nationale Opposition wurde in Stadt und Land brutal niedergeschlagen. Die Wahlen zur zweiten Duma erbrachten eine noch weniger gefügige Mehrheit. Darauf wurde auch das zweite Parlament binnen wenigen Monaten aufgelöst und das Wahlrecht auf dem Verordnungsweg radikal geändert. Erst die 1907 gewählte dritte Duma durfte am Leben bleiben: diesmal hatte das umgebaute Wahlsystem eine konservative Mehrheit zustande gebracht, die der Regierung bei der weiteren Zerschlagung der politischen Freiheiten keine Hindernisse in den Weg legte. Seit 1907 waren die sozialistischen Parteien in der Duma kaum vertreten; dennoch ging ihre Arbeit weiter, und ihr Einfluß auf die Arbeiter wuchs. Bürgerliche Liberale wie Miljukow wurden in der Duma von der künstlich geschaffenen konservativen Mehrheit in den Hintergrund gedrängt. Trotz alledem hatte Rußland, wenn man die nachrevolutionäre Situation etwa mit den Verhältnissen von 1903 vergleicht, einen bedeutenden Schritt auf dem Weg zum parlamentarischen System zurückgelegt.

Trotz der seit 1907 überwiegenden konservativen Tonart gab es in der Folgezeit mancherlei Fortschritte. Die Agrarreformen des Ministerpräsidenten Stolypin waren darauf angelegt, ein wirtschaftlich selbständiges Besitzbauerntum zu schaffen, das sich politisch als konservativer Faktor bewähren sollte. Verbreiterte Basis der lokalen Selbstverwaltung, erhebliche Krediterweiterung für bäuerlichen Bodenerwerb und Bauernsiedlung in unerschlossenen Gegenden Sibiriens waren die tragenden Säulen der Strategie, mit der Stolypin die Bauern gegen die städtischen Massen zu mobilisieren hoffte. Einiges wurde den städtischen Arbeitern mit den – allerdings unzulänglichen – Anfängen einer Sozialversicherung geboten. Eine Offensive gegen Unbildung erzielte mit dem Ausbau der Grundschule einen gewissen Rückgang des Analphabetentums. Viel weiter stürmte der wirtschaftliche Aufschwung voraus. Am Vorabend des Weltkrieges stand Rußland am Anfang eines Weges, der zur ökonomischen Reife hätte führen müssen. Das Land war beim Ausbau seiner Industrie nicht mehr in erster Linie auf ausländisches Kapital angewiesen, das Netz der Verkehrsverbindungen war in den Grundzügen aufgebaut worden, gelernte Arbeitskräfte waren verfügbar, die landwirtschaftliche Erzeugung war im Ansteigen. Sieht man von den politischen Gebrechen des russischen Staates ab, so kann man sagen, daß sich das russische Volk um 1914 eines Wohlstands zu erfreuen begann, den es so bald nicht wiedersehen sollte.

Mit den konservativen Tendenzen erstarkte in den Vorkriegsjahren auch der russische Nationalismus. Besonders reges Interesse brachte das offizielle Rußland nach 1905 den Angelegenheiten Südosteuropas entgegen; damit waren auch gemeinsame slawische Bestrebungen innerhalb und außerhalb Rußlands aufgelebt, jetzt in Gestalt einer »neuslawischen« Bewegung. Die russischen Ideologen dieser Bewegung fanden sich nun endlich bereit, auch die Polen als gleichberechtigte Mitglieder der gesamtslawischen Familie zu akzeptieren. Freilich legte die Regierungspolitik auch weiterhin keine große Liebe für die slawischen Brüder an den Tag: Polen und Ukrainer bekamen nach wie vor Benachteiligung und Rechtlosigkeit unverändert zu spüren. Den auf die Deutschen in den Ostseeprovinzen ausgeübten Druck schwächte Petersburg allerdings ab, da man ihnen politisch und sozial glaubte weitgehend trauen zu dürfen. Dagegen wurde den Finnen ihre Autonomie 1910 zum großen Teil genommen; die Juden, die baltischen Völker und die vielen nationalen Minderheiten in Asien schmachteten weiter unter der Anmaßung und Überheblichkeit der großrussischen Herrschaft.

Von den wirtschaftlichen und psychologischen Nachwehen des russisch-japanischen Krieges hatte sich Rußland um 1914 im wesentlichen erholt. Aber wenn sich auch in gewissem Umfang politischer und sozialer Fortschritt durchsetzte, blieben doch ernste Spannungen und Probleme bestehen. Und nun machte sich auch noch am kaiserlichen Hof der böse Geist Rasputins geltend. Wäre der Friede erhalten geblieben, so hätte Rußland einer baldigen Auseinandersetzung mit der wachsenden Unzufriedenheit der unterdrückten Massen und nationalen Minderheiten und dem Verlangen nach einer brauchbaren politischen Verfassung an Stelle der bis zum Absurden antiquierten Praktiken und Methoden der zaristischen Herrschaft nicht ausweichen können. Doch sollte der Krieg die Schraube so anziehen, daß aus einer schwierigen eine hoffnungslose und revolutionsträchtige Lage wurde.

Vor der Wende des Jahrhunderts wurde Rußland von Engländern gelegentlich als eine permanente Gefahr für Indien, das eigentliche Herzstück des britischen Weltreichsystems, gesehen. Es gab gewiß Grund zu Besorgnissen. Systematisch hatte London zweihundertfünfzig Millionen Indern seine Vorstellungen von der Gestaltung von Politik und Wirtschaft aufgezwungen. Die Schätze des Subkontinents wurden von fremden Herren gehoben, wenn auch nicht ohne gewisse Vorteile für die Einheimischen. Ein gutes Verkehrsnetz, ein verzweigtes System miteinander verbundener Kanäle, planmäßige Ausnutzung der wichtigsten wirtschaftlichen Kräfte: das waren immerhin Leistungen, die das Gespenst des Massenhungers gebannt und den Anstoß zur rapiden Vermehrung der Bevölkerung im 20. Jahrhundert gegeben hatten. Großbritanniens größter Beitrag zur Schaffung eines modernen Indiens war in diesen Vorkriegsjahrzehnten der Ausbau der nach englischem Muster organisierten indischen Verwaltung, der auch mehrere neue, spezialisierte Dienstzweige hinzugefügt wurden. Anders als in den meisten Kolonien mit aufgepfropften fremden bürokratischen Apparaten entwickelte sich hier eine englisch-indische Verwaltungselite mit tiefen Wurzeln im indischen Boden, in der auch schon die Entfaltungsmöglichkeiten einer künftigen unabhängigen Verwaltung angelegt waren. Bei all ihrer Anglisierung vermittelten die großen indischen Universitäten einer ganzen Generation von Studenten nicht nur Wissen, sondern auch geistige Anregung und Energie; es ist kein Zufall, daß aus dieser Studentengeneration viele der Führer hervorgegangen sind, die die großen Entscheidungen des 20. Jahrhunderts erkämpft haben. Das Leben der Massen verlief in traditionellen Bahnen, denen die vom Imperialismus verursachten Veränderungen kaum anzumerken waren. Aber die indischen Patrioten – sowohl die der überlieferten Religion ergebenen Konservativen als auch die Intellektuellen moderner Prägung – fanden den europäischen Einbruch empörend und lehnten sich gegen die vielen den Europäern eingeräumten Vorrechte energisch auf. Die moderne Unabhängigkeitsbewegung begann mit dem ersten Nationalkongreß von 1895 und wuchs ständig unter dem Einfluß der Agitation verschiedener indischer Vereine und der Propaganda, die unter der Führung von Männern wie Gokhale und Tilak betrieben wurde. Indische Sympathiebekundungen für Asien während des russisch-japanischen Krieges und die Teilung Bengalens im Jahre 1905 (die die Mohammedaner zu begünstigen schien) lösten eine Kette von Gewalttätigkeiten und wirtschaftlichen Boykottmaßnahmen aus, die der englischen Verwaltung den Anlaß gaben, die Presse- und Versammlungsfreiheit weitgehend zu beschneiden. Die nationale Bewegung spaltete sich in Extremisten unter Tilaks Führung, die volle Unabhängigkeit verlangten, und Gemäßigte, die für friedliche Evolution auf parlamentarischem Wege eintraten. Den Gemäßigten kam der Vizekönig Lord Minto mit dem Indian Councils Act von 1909 entgegen: dies Reformgesetz räumte der einheimischen Bevölkerung größere Mitwirkung an der Gesetzgebung ein und schuf getrennte Wahlkörper für die mohammedanische Minderheit.

Trotzdem blieb der Ruf nach Unabhängigkeit und voller Eigenregierung unwiderstehlich und logisch zwingend. Der junge Nehru fand die Politik der Mäßigung bedrückend und untragbar. Angriffe auf das an Leibeigenschaft grenzende System der Dienstverpflichtungen für indische Arbeiter auf den Fidschi-Inseln und lebhafte Sympathie für die Protestbewegung der Inder in Südafrika gaben der wachsenden Freiheitsagitation neuen Auftrieb, mobilisierten den Widerstand und riefen englische Repressalien hervor. Demonstrative Gesten, wie die Krönung Georgs V. in der altehrwürdigen Hauptstadt Delhi oder die Rückgängigmachung der Teilung Bengalens, konnten die Nationalisten nicht mehr zufriedenstellen. Der Ausbruch des Krieges förderte nur lauwarme Freundschaftsgefühle für England zutage, führte aber andrerseits dazu, daß der Bevölkerung die Fesseln eines besonderen »Verteidigungsgesetzes für Indien« angelegt wurden. Gegen Ende 1914 kehrte Mohandas K. Gandhi, beredter Anwalt der Inder Südafrikas, nach Indien zurück. Mit ihm nahm die Unabhängigkeitsbewegung eine neue Wendung.

Geduckt lebte Vorkriegschina unter dem Joch von sieben imperialistischen Mächten (darunter auch Japan). In Chinas Reaktionen und Bekundungen fanden die Lasten und Bedrückungen ihren Widerhall, die der Zerfall des Manchu-Staates dem Land auferlegte: Allgegenwart der Korruption und der bürokratischen Willkürherrschaft; lokales Banditentum und terroristisches Bandenunwesen in größerem Umkreis; dazu die Auswirkungen der Kampfhandlungen der aktiven Patrioten und der zahlreichen Geheimbünde. Wiederholt waren diese Kräfte, in widersinnigen, unberechenbaren Verbindungen miteinander verzahnt, zur Explosion gekommen: gegen die Manchus, gegen die Ausländer oder auch gegen beide Feinde zusammen. Auf den unheilvollen Verlauf des chinesich-japanischen Krieges (1894/95) und die ihm folgende Katzbalgerei der Westmächte um weitere Stücke chinesischen Staatsgebietes und weitere China-Konzessionen reagierten die Chinesen mit verzweifelten Modernisierungsversuchen. Mit revolutionären Geheimbünden in Südchina, auf Hawaii und in Amerika begann Sun Yat-sen sein Emanzipationswerk. Sogar die kaiserliche Regierung entschloß sich 1898 zu ihren »Hundert Tagen der Reform«; aber da dieser Verwestlichungsversuch viele bürokratische Sinekuren und lebenswichtige Interessen der Manchus antastete, folgte sehr bald eine entscheidende reaktionäre Wendung. Es fiel den Manchus nicht schwer, Klagen über ihre Mißbräuche in andere Kanäle zu lenken, die bedrückten Menschen zu Empörungsausbrüchen gegen imperialistische Ausbeutung zu treiben. So kam es zum Boxeraufstand von 1900/01, der China nur noch mehr Erniedrigung und Plünderung eintrug.

Nun waren auch die Manchus bereit, eine Modernisierung in bescheidenem Rahmen zuzulassen: sie duldeten verschiedene Reformen, erlaubten Mischehen zwischen Manchus und Chinesen und nahmen eine Umgestaltung des chinesischen Rechts vor. Allerdings sicherte ihnen ein Verwaltungsumbau in Verbindung mit mancherlei administrativen Manövern die weitere Beherrschung des Staatsapparats, obwohl eine provisorische Verfassung verkündet wurde und in den Jahren 1909 und 1910 Provinzial- und Landesvertretungen zusammentraten. Reformanhänger in den Reihen der Bürokratie und manchufeindliche Oppositionsgruppen in den einzelnen Provinzen fanden sich dann in der Revolution von 1911 zum erfolgreichen Angriff auf den Manchu-Staat zusammen.

Sofort entstanden neue Konflikte. Der Kampf zwischen den reformfreundlichen Bürokraten unter Yüan Shih-k'ai und Manchu-Gegnern in den Provinzen unter Sun Yat-sen war zugleich ein Kampf zwischen Norden und Süden, zwischen bürokratischem Zentralismus und demokratischem Föderalismus. Eine Zeitlang waren Yüan und Sun die Häupter zweier Konkurrenzregierungen in Peking und Nanking. Ein notdürftiger Waffenstillstand zwischen Bürokratie und Parlamentarismus kam für die Dauer der Beratung einer republikanischen Verfassung zustande. Aber als Yüan 1913 erneut Anleihen bei den Großmächten aufnahm, brach im Süden eine »Zweite Revolution« aus, diesmal erfolglos. Yüan wurde zum Präsidenten der Chinesischen Republik gewählt, wonach er die Annahme der Verfassung verhinderte und das Parlament »säuberte«; bald löste er es ganz auf. Kurz vor Ausbruch des Weltkrieges bewilligte er sich halbdiktatorische Vollmachten gegen die aufbegehrenden Provinzen. Die Manchu-Herrscher waren die Chinesen zwar los, aber nun waren sie im Streit um den richtigen Weg der politischen Umgestaltung innerlich zerrissen. Gespalten und von der Technik des Westens fast unbeleckt, standen sie um 1914 den sie schwer bedrängenden imperialistischen Mächten – vor allem Japan – gegenüber. Die Zukunft sah düster aus.

Im krassen Gegensatz zum Niedergang Chinas durchlebte Japan die erfolgreichen, fast triumphalen letzten Jahre der Meiji-Epoche. Das war die Glanzzeit der erstaunlichen Erneuerung Japans und seiner beschleunigten Umstellung auf europäische Technik und europäische Organisationsmethoden, der in hohem Maße das Einströmen ausländischen Kapitals zugute kam. Wissenschaft, Maschinen, Rüstungen, politische Methoden und Verwaltungstechniken des Westens gingen eine bemerkenswerte Symbiose ein mit Japans halbmittelalterlichen Traditionen und Verhaltenswesen. Die neuen Institutionen waren nach europäischen Vorbildern aufgebaut worden, hatten aber einen eigenen Geist und eine eigene Funktionsweise entwickelt. In den zwei Jahrzehnten von Tôkyôs Sieg über Peking bis zum Ausbruch des Weltkrieges war Japan zur ersten echten imperialistischen Macht Asiens geworden. Es wollte nicht nur die Westmächte von jedem Gedanken an einen möglichen Anschlag auf die Inseln des Kaiserreichs abbringen, sondern zugleich auch für sich selbst einen gehörigen Anteil an der Beherrschung Chinas herausholen. Den russischen Anspruch auf Korea schaffte Japan mit seinem Bündnis mit England, dem militärischen Sieg über Rußland und weiterem Raub an China endgültig aus der Welt. Korea wurde aus einer Interessensphäre zunächst zum Protektoratgebiet und dann – 1910 – zum Bestandteil des japanischen Kaiserreiches.

Andere Fragen waren schwieriger. Im Mittelpunkt der Reibereien mit den Vereinigten Staaten, Japans Nachbar im Pazifik, stand die heikle Frage der Gleichberechtigung der Rassen: im japanisch-amerikanischen *gentlemen's agreement* von 1910 hatte sich Japan bereit gefunden, die Auswanderung japanischer Arbeiter nach Amerika von sich aus zu beschränken. Aber dann kamen trotzdem japanerfeindliche Gesetze in Kalifornien, und der Konflikt brach von neuem aus. Das japanische Kabinett schien außenpolitisch weniger erfolgreich zu sein als die Armee und die Marine. Die Erfolge der Militärs schwächten die Autorität der Zivilregierung. Obgleich der Kaiser das oberste Organ der Staatsgewalt war, stand er kraft göttlicher Abstammung über der Verfassung und außerhalb des politischen Getriebes; jetzt benutzten die ihm unmittelbar unterstellten Männer des Kriegshandwerks seinen Namen, um in die Obliegenheiten der Zivilregierung einzugreifen und ihre Tätigkeit zu konterkarieren. Mittlerweile hatten sich die großen japanischen Industriekonzerne des Außenhandels und der Schiffahrt bemächtigt, und ihre Beherrscher sicherten sich einen warmen Platz in der nächsten Nähe der Militaristen. Als der Krieg in Europa ausbrach, benutzte Japan sogleich die Gelegenheit, den Deutschen Kiaochou abzunehmen. Die Ära direkter japanischer Eingriffe in China hatte begonnen.

Die Vorkriegsepoche war die Zeit, in der die Vereinigten Staaten ihre besondere jugendlich-enthusiastische Variante des Imperialismus betätigten; es war aber auch die Zeit, in der andere entscheidende Kräfte dem »Land der unbegrenzten Möglichkeiten« ihren Stempel aufdrückten. Eine Hochflut der Einwanderung aus Europa hatte die Bevölkerung des Landes auf fast hundert Millionen anschwellen lassen. Im Innern wurden Hunderttausende von Menschen von übervölkerten Städten oder von menschenleeren Gebieten angezogen, in denen die Nöte und Erschwerungen des Grenzraumdaseins gerade erst im Abklingen waren. Nach einem Menschenalter von Krisen war die Landwirtschaft dank wachsendem Inlandsverbrauch und neuen Ausfuhrmärkten zu stabilen Verhältnissen gelangt. In den Jahren der Hochkonjunktur hatten die Industrietrusts und die gigantischen Finanzmächte dem Wirtschaftsleben ihren besonderen Charakter aufgeprägt. Zum erstenmal nahm der amerikanische Waren- und Kapitalexport erhebliche Proportionen an.

Die Lage der Arbeitnehmer war stabil, verbesserte sich aber nur langsam. Das Interesse der Öffentlichkeit an einer Hebung der sozialen Lage war im Anwachsen begriffen; gesetzgeberische Maßnahmen zur Beseitigung schreiender Mißstände setzten sich jedoch nur langsam durch und zeigten von Staat zu Staat erhebliche Unterschiede. Die Neger Amerikas, die vor gar nicht langer Zeit aus der Sklaverei befreit worden waren, vegetierten unwissend in der ewigen Schuldknechtschaft des Peonendaseins im Süden oder begannen gerade den Weg zu entdecken, der in die Städte des Nordens führte. Die organisierte Arbeiterbewegung gewann an Zahl und Stärke, vermochte aber nicht ein eigenes politisches Sprachrohr von Bedeutung zu schaffen; auf dem Gipfelpunkt ihrer Wahlerfolge (1912) vereinigte die Sozialistische Partei noch nicht eine Million Stimmen auf sich. Ihre eigentliche Macht entfaltete die Arbeiterbewegung in den Gewerkschaften. Sie hatten, wie die Arbeiter im Bergbau und in den Eisenhütten und Stahlwerken am eigenen Leib erfahren sollten, nicht durchgängig Erfolg; aber die vielen in den Verbänden der American Federation of Labor und den unabhängigen Eisenbahnergewerkschaften zusammengefaßten Berufssparten waren um 1914 gut organisiert und zählten eine Gesamtmitgliedschaft von fast drei Millionen.

Teils förderten die verschiedenen skizzierten Tendenzen der gesellschaftlichen Entwicklung den amerikanischen Imperialismus, teils entzogen sie ihm das Interesse und die Begeisterung der Massen. Der bedeutendste Rivale des Imperialismus im Kampf um das Interesse der Öffentlichkeit war die »progressive« Bewegung, eine komplexe Vielzahl von Richtungen und Organisationen, die sich für sozialpolitische Gesetzgebung, politische Reformen und Unterbindung der Herrschaft der Monopole in Industrie und Handel einsetzten. Die Romanschriftsteller Theodore Dreiser und Upton Sinclair und andere »Enthüller« mit ihnen klagten in dramatischer Steigerung die Gebrechen der amerikanischen Gesellschaft an und propagierten Reformen, mit denen sich dann in der Tat die Bundesregierung, die Bundesgerichte und die Regierungen der einzelnen Bundesstaaten haben ernsthaft befassen müssen.

Das Amt des Präsidenten genießt in den Vereinigten Staaten als faktische Spitze der Bundesregierung erhebliches Prestige, das mit weitreichenden Einflußmöglichkeiten einhergeht. In der imperialistischen Ära haben vier Präsidenten von sehr verschiedener Statur die Entwicklungsrichtung des Landes bestimmt. Unter William McKinley schlug Amerika den Kurs auf das Weltreich ein; dabei protestierten manche Amerikaner gegen Annexionen, Weltreichsverpflichtungen und mögliche Weltreichsverwicklungen, während sich die große Masse über die Verantwortung, die sich aus der neuen vom amerikanischen Staat übernommenen Aufgabe notwendigerweise ergeben mußte, keinerlei Gedanken machte. In der Praxis wechselten optimistische Gemeinplätze über die Freiheit der Kubaner und Filipinos mit direkten Interventionen (bis zu militärischer Besetzung) in Havana und einem regelrechten Krieg gegen Aquinaldos Unabhängigkeitsbewegung auf den Philippinen. Mit der Zurschaustellung der amerikanischen Flottenmacht, der Inbesitznahme der Kanalzone, energischem Durchgreifen in Mittelamerika (Ergänzungserklärung zur Monroe-Doktrin) und seiner Tätigkeit als Friedensstifter in Portsmouth sprach der dynamische Theodore Roosevelt mit Nachdruck die Sprache der Epoche. Als er 1909 das Weiße Haus verließ, gab es kaum noch einen Zweifel an Amerikas veränderter Position in der Weltpolitik. Nach ihm versuchte der bedächtigere William Howard Taft, den amerikanischen Einfluß hauptsächlich mit finanziellen Mitteln zur Geltung zu bringen; daher die vielgelästerte »Dollardiplomatie«, die sich als unwirksam erwies und Amerikas Beziehungen zu Japan und zu den zentral- und südamerikanischen Staaten vergiftete.

Energische Unterstützung durch die »progressive« Bewegung hatte Woodrow Wilson zur Macht emporgetragen. Das hinterließ deutliche Spuren in seinem Programm der »Neuen Freiheit«, und diese idealistische Haltung bestimmte den Grundzug seiner Außenpolitik: er kämpfte für eine Diplomatie, die auf das Wohl der Menschheit ausgerichtet sein sollte statt auf eigennützige nationale Interessen. Sein Außenminister William Jennings Bryan betrieb den Abschluß von Schlichtungs- und Schiedsverträgen mit dreißig Staaten, großen wie kleinen. Es schien, als sei in den Beziehungen der Staaten das Zeitalter der Vernunft gekommen, und dennoch stand der Weltkrieg unmittelbar bevor. Wilson holte Amerika aus dem Spiel der »Dollardiplomatie« im Fernen Osten heraus und beeilte sich, die neugeborene Chinesische Republik anzuerkennen. Er brachte einen Wiedergutmachungsvertrag mit Kolumbien zustande, wobei er frühere Zwischenfälle »aufrichtig bedauerte« und Bogota für den Verlust Panamas entschädigte. Aber das doppelgleisige Bedürfnis, einerseits den Zugang zum Panamakanal unter scharfer Kontrolle zu halten, anderseits den Völkern der Antillen und Zentralamerikas zu Freiheit ohne Diktaturexzesse zu verhelfen, brachte Amerika dazu, in diesem Teil der Welt immer energischer zu intervenieren und schließlich 1916 mit einem regelrechten Feldzug in Mexiko einzufallen.

Ganz gleich, was die jeweiligen Motive sein mochten, betrieben die Vereinigten Staaten auf diese Weise – von McKinley bis Wilson – ihre Expansion in Zentral- und Südamerika und im Pazifik. Derweilen brachte das amerikanische Volk sehr verschiedene, häufig einander widersprechende Ansichten über Amerikas Rolle in der Weltpolitik nachdrücklich zum Ausdruck. Bald sollte die internationale Entwicklung Amerikas eindeutige Entscheidung in Europa erzwingen; aber die gegensätzlichen Meinungen der Amerikaner über die weltpolitische Rolle der Vereinigten Staaten sollten auch künftighin, laut und deutlich bekundet, eine ständige Erscheinung der inneramerikanischen Entwicklung bleiben und auf die Außenpolitik Washingtons im Verlauf der nächsten Jahrzehnte immer wieder eine lähmende Wirkung ausüben.

Den Weg zum politischen Erwachsensein legten die zentral- und südamerikanischen Länder unter den widerstreitenden Einflüssen europäischer Kulturtraditionen und militärischer und wirtschaftlicher Einbrüche der Vereinigten Staaten zurück. Von Mexico City bis Buenos Aires schöpften diese Länder geistige Antriebe im gemeinsamen iberischen Erbe; nur in Mexiko hatte sich die einheimische indianische Kultur noch so weit erhalten, daß sie mit den importierten Elementen der spanischen Gesellschaft verwachsen konnte. Der Widerhall der sozialen und politischen Zwistigkeiten Europas war überall in den Kämpfen zwischen Kirche und Staat, zwischen Konservativen und Liberalen vernehmbar. Häufig verflochten sich solche Konfliktfragen auf mannigfache Weise mit überragenden Machtansprüchen und diktatorischer Gewalt einzelner Personen oder Gruppen. Kleine Kriege, Grenzstreitigkeiten und die isolierte geographische Lage verstärkten die Unterschiede zwischen den einzelnen Staaten und vereitelten dauerhafte politische Bindungen und Blockbildung von internationaler Tragweite.

Im spanisch-amerikanischen Krieg von 1898 sympathisierten viele Lateinamerikaner mit Spanien. Besonders stark waren diese Stimmungen in Argentinien, das unter den Ländern Süd- und Zentralamerikas die höchste Entwicklungsstufe erklommen hatte und sich als Vorkämpfer lateinamerikanischer Selbstbehauptung gegen den Imperialismus der »Yankees« hervortat. Brasilien war gerade bis an die Schwelle großer künftiger Entfaltung herangekommen. Die Rohstoffe und potentiellen Märkte all dieser Länder hatten bereits beträchtliche europäische und amerikanische Wirtschaftsinteressen angezogen, wenn auch das Tempo des imperialistischen Einbruchs hier im Vergleich zu dem, was sich in Afrika und Asien abspielte, noch relativ bescheiden war. Die politische und militärische Ohnmacht der meisten süd- und zentralamerikanischen Länder machte sie den Großmächten gegenüber besonders empfindlich und mißtrauisch; sie witterten stets und überall Angriffe auf ihre Selbständigkeit. Isolationismus und scharfe USA-Gegnerschaft blieben die Hauptkennzeichen ihrer Politik bis zu dem Zeitpunkt, da der europäische Krieg auf die westliche Erdhalbkugel übergriff.

In Afrika hatte der Vorkriegsimperialismus seine charakteristischste Entfaltung gefunden. Vom Kap der Guten Hoffnung bis zum Niger und zum Nil bestanden nebeneinander auf einer Stufenleiter, die von primitiven Steinzeitkulturen bis zu differenzierter staatlicher Organisation reichte, Hunderte von einheimischen Gesellschaftsgebilden. Aber in der Periode, von der hier die Rede ist, hatte ihre Geschichte überall nur einen Inhalt: Unterjochung durch die eine oder andere von sechs europäischen Großmächten. Nur Abessinien und Liberia waren, weil sie Widerstand geleistet oder wenig an Naturschätzen zu bieten hatten, unabhängige Staaten geblieben. Südlich der Sahara öffnete sich Europa ein Riesenlager an Rohstoffen und Tropenerzeugnissen, zusammengetragen von afrikanischen oder importierten indischen Arbeitskräften, denen der Einbruch der westlichen Zivilisation gelegentlich bescheidene materielle Vorteile verschaffte. Missionare verschiedener christlicher Bekenntnisse brachten, auch wenn sie miteinander konkurrierten, einen gemeinsamen Fundus an neuen Lebensformen und Kulturhaltungen; dagegen zeigten die Methoden der Eingeborenenbehandlung der verschiedenen europäischen Mächte recht erhebliche Abweichungen.

Großbritannien, die »Mutter der Parlamente«, baute seine Kolonialorganisation auf der Erwartung auf, daß die einheimischen Gesellschaftsgebilde allmählich einen Reifezustand erreichen würden, der die Einführung freiheitlicher politischer Institutionen ermöglichen würde; die britische Praxis der »indirekten Herrschaft« gestattete daher wenigstens die Erhaltung einiger afrikanischer Institutionen, so daß die Eingeborenen die Möglichkeit hatten, an ältere Traditionen ihrer eigenen Kulturen anzuknüpfen. Das französische Assimilationssystem ging von den lebenskräftigen Pariser Traditionen der zentralisierten Verwaltung und der kombinierten militärisch-zivilen Eingliederung der Kolonien aus: in der Theorie wurden die Eingeborenen als künftige Träger der französischen *mission civilisatrice* betrachtet; in der Praxis zerrüttete dies System die einheimische Gesellschaft, deren Angehörige es kulturell entwurzelte und damit heimat- und schutzlos machte. Als Spätkolonisatoren waren die Deutschen im Nachteil: sie mußten ihre vielen Fehler vor aller Augen machen und die Kritik ihrer europäischen Rivalen in Kauf nehmen; ihr wissenschaftlichmethodisches Vorgehen war dem der anderen überlegen, aber preußisch-deutsche Militär- und Verwaltungssitten ließen sich nicht so leicht auf den Schwarzen Kontinent verpflanzen; zum Schluß hieß die Parole der deutschen Eingeborenenpolitik »Strenge mit Gerechtigkeit«, doch blieb das deutsche Kolonialreich nicht lange genug bestehen, um den Beweis für die Güte des Rezepts zu erbringen. Die Ausbeutungspraxis der Belgier und Portugiesen zerstörte die einheimische Gesellschaft, ohne den Eingeborenen etwas anderes zu bieten als fast völlige Versklavung. Die italienische Kolonialpolitik, die über keine ausreichende wirtschaftliche Grundlage im Mutterlande verfügte, litt bis zur Eroberung von Tripolis am traumatischen Schock der Niederlage von Adua.

An der Peripherie eines von hundertzwanzig Millionen Afrikanern bewohnten Kontinents lebten vier Millionen Weiße, die von ihrem kulturellen Erbe nur bemerkenswert wenig auf die Araber, Berber oder Neger übertrugen. Algier und Kapstadt blieben die einzigen größeren Zentren, von denen aus das Kulturwerk der europäischen Gesellschaft ins Eingeborenendasein hineinstrahlte. Unter den französischen Siedlern (*colons*) gedieh Algerien als integrierender Bestandteil Frankreichs; die Araber fristeten ihr Dasein als Diener und Fremde im eigenen Haus. Buren und Engländer führten einen langwierigen politischen Stellungskrieg in Südafrika, in dem die große Mehrzahl der Eingeborenen und ein beträchtlicher Teil der Inder nur Schachfiguren waren. Die Gründung der Südafrikanischen Union (1910) erfolgte, was das Verhältnis von Buren und Engländern betraf, auf paritätischer Grundlage. Differenzen in der Frage der Behandlung der Eingeborenen spielten keine große Rolle, da der Kampf der (von Gandhi geführten) Inder gegen Diskriminierung im Vordergrund stand. Als der Krieg in Europa heraufzog, war die Südafrikanische Union gerade dabei, den Besorgnissen der Inder Rechnung zu tragen. Aber nun wurden Alarmzeichen sichtbar, die eine extrem eingeborenenfeindliche und überdies separatistische Haltung der Buren vorausahnen ließen. Im Jahre 1914 ließen die Mächte ihre afrikanischen Eingeborenentruppen aufeinander losschlagen oder holten sie zum Kriegsdienst nach Europa. Unterdes versank das Zeitalter des Imperialismus ins Nichts – in einem Krieg, den die imperialistischen Mächte selbst untereinander ausfochten.

*

Aus dem Überblick über ihre inneren Schicksale haben sich die besonderen Entwicklungsfaktoren und Erlebniseigenarten der einzelnen Länder und Völker herausschälen lassen. Im Gesamtrahmen der imperialistischen Entwicklung haben die europäischen Länder in Wachstumsdynamik und Strukturmerkmalen ausgeprägte individuelle Züge offenbart. Den nichteuropäischen Ländern war es dagegen kaum vergönnt, ihre Individualität mit scharfen, klaren Unterscheidungsmerkmalen zu entwickeln. Sie brauchten oder erstrebten die Methoden und die Technik des modernen Westens, aber sie wehrten sich dagegen, in ihrem gesellschaftlichen Erwachen von den Staaten, von denen sie diese Errungenschaften übernehmen konnten, bevormundet, gegängelt oder unterdrückt zu werden. Modernisierung und Widerstand gegen den Westen gingen unter den höherentwickelten nichteuropäischen Völkern Hand in Hand. Heute können sich Araber, Inder und

Chinesen auf so profilierte Ahnen berufen wie Hussein, Gandhi oder Sun Yat-sen. Aber zu ihren Lebzeiten wurden Führer von solchem Format vom imperialistischen Westen nur in zwei Alternativrubriken gesehen: als Kollaborateure oder als Rebellen. So gab es auch für die Völker der Welt nur zwei Wege: sie schritten aus eigenem energisch voran oder sie wurden von der wirtschaftlichen, politischen und psychologischen Dynamik des Imperialismus ohne Rücksicht auf ihre eigenen Bedürfnisse getrieben.

So bedrückend dies System für die nichteuropäische Gesellschaft war, so bezeichnete es doch zugleich auch die Höchstphase eines Prozesses der Integration der Welt, wie ihn die Geschichte nur selten erlebt hat; der weißen abendländischen Minderheit der Menschheit verschaffte dieser Prozeß einen gewaltigen Zuwachs an Wohlstand, Freizügigkeit und internationaler Ordnung. Zweimal in einer nahen Zukunft sollte dies System durch interne Kriege zerschlagen werden; den Nichteuropäern sollten sich manche, mitunter seltsam verwobene Gelegenheiten bieten, die Vorteile der westlichen Errungenschaften zu behalten, aber die Fesseln wirtschaftlicher Ausbeutung und politischer Unterjochung dennoch abzuwerfen.

Wandel und Widerspruch der westlichen Gesellschaft

Die höchste Entfaltung der für das 19. Jahrhundert charakteristischen westlichen Tendenzen im Zeitalter des Imperialismus brachte mehr als die erwartete Verwirklichung großer Entwicklungsmöglichkeiten; sie offenbarte zugleich in manchen gesellschaftlichen Bereichen wesentliche Veränderungen, die gerade auf dem Höhepunkt der Vorkriegsentwicklung erstaunlich widerspruchsvolle Verknotungen in ihrem spezifischen Situationsgewebe verursachten. Manche dieser Veränderungen erwuchsen aus der rapiden Vermehrung der Bevölkerung und ihrer zunehmenden Freizügigkeit und sozialen Fluktuation. Andere ergaben sich aus neuem Wissen, neuen Einsichten und neuen geistigen Positionen, die wiederum zu veränderten Vorstellungen vom menschlichen Leben und zu neuen Haltungen führten. Wieder andere Veränderungen entstanden dadurch, daß sich schon bekannte Faktoren unter veränderten Umständen in einem neuen Zusammenhang darboten. Von all diesem Wandel wurde einiges schon in der imperialistischen Ära von den Völkern und ihren Führern klar erkannt. Andere Dinge waren, während sich die Menschen bereits mit ihren Wirkungen und Folgen auseinandersetzten, nur teilweise zu sehen. Manche der neuen Erscheinungen wurden, als sie zuerst auftraten, überhaupt nur von einer Handvoll Klarsichtiger begriffen; sie sollten ihre Geheimnisse erst im Laufe der Zeit – gegen die Mitte unseres Jahrhunderts – enthüllen. Aus der heutigen Sicht, die das damalige Geschehen klarer und sicherer erkennen läßt, sind auch wichtige Beispiele solcher Veränderungen und Widersprüche der zergliedernden Betrachtung eher zugänglich.

Der Nationalismus mit seiner Verheißung kultureller Befreiung und neuer Gemeinschaftsbindungen war überall am Werk: von Irland bis zur Türkei, von der Verwirklichung nationaler Aspirationen in Norwegen bis zu ihren ersten Ansätzen in Algerien. Fast jedes Land hatte eine Irredenta, aber wenige Staaten ließen die Beherrschten so leicht ziehen, wie es Schweden tat, als es 1905 auf die Beherrschung Norwegens verzichtete. Im allgemeinen widersetzte sich die alte Ordnung jeder nationalen Veränderung; neu war in ihrem großen Gewicht die gegenseitige Unduldsamkeit und aufgepeitschte Überheblichkeit im Verhältnis zwischen bereits befreiten und noch um ihre Befreiung kämpfenden Nationen. Ulster- und Dublin-Anhänger in Irland, Tschechen und Deutsche in Böhmen, das Knäuel gegnerischer Gruppen in Mazedonien: hier wurde nicht allein um Freiheit gekämpft, sondern auch – ideologisch und politisch – um die Macht, die anderen zu beherrschen und Vergeltung zu üben. Im Handgemenge der verschiedenen Gruppen des österreichischen Parlaments konnte auch ein Verfassungssystem, das sich am konservativsten an Rechtsgrundsätze hielt, nicht wirksam funktionieren. Alldeutsche und Anhänger des Panslawismus schöpften zusätzliche Kraft daraus, daß sie einander immer heftiger befehdeten und in übersteigertem Nationalstolz und hochnäsiger Verachtung für alle anderen einherstolzierten. Die Slawen Mitteleuropas lebten unter dem Druck politischer und gesellschaftlicher Diskriminierung von verschiedenen Stärkegraden; ihr Nationalismus war ein natürlicher Ausdruck der Selbstbehauptung. Umgekehrt lebten Millionen von Deutschen in relativer Sicherheit unter den Monarchien der Habsburger und der Romanows und wahrten ihnen im allgemeinen die Treue, bis diese Staatsgebilde in Krieg und Revolution zusammenbrachen. Es gab sogar eine internationale nationalistische Bewegung: die Anfänge des Zionismus, den die Geißel des Antisemitismus vom Frankreich der Dreyfus-Affäre über Stoeckers Berlin und Luegers Wien bis zu den Pogromen des heiligen Rußlands gezeugt hatte. Nebeneinander erhielten sich Freiheit und Unterdrückung, nationalistische Selbstgefälligkeit und nationales Schattendasein, Pläne für die organische Entwicklung eines freien nationalen Gemeinwesens und gebrauchsfertige Sofort-Verfahren nationaler Machtergreifung.

Politisch schien das imperialistische Zeitalter die reifen Früchte liberaler Verfassungsreformen zu tragen. Ein reaktionärer Staat nach dem anderen beschritt den Weg des parlamentarischen Regierungssystems – ob mit monarchischem, ob mit republikanischem Vorzeichen. Sogar Rußland und die Türkei errichteten das vorläufige Gerüst eines parlamentarischen Staatsbaus. Der starke Zug zum allgemeinen Wahlrecht setzte sich weiter durch: 1898 in Norwegen, 1907 in Österreich, 1910 in Portugal, 1912 in Italien. Finnland und Norwegen führten auch schon das Frauenwahlrecht ein. Im Nordwesten Europas ruhten die staatsbürgerlichen Freiheiten auf einem sicheren Fundament. Sie wurden zusehends schwächer, je weiter man in östlicher oder südöstlicher Richtung blickte; aber auch dort verlief der Weg in der Richtung demokratischer Regierungsformen, die im ersten Nachkriegsjahrzehnt – wenn auch unsicher und mit Rückschlägen – eingeführt werden sollten. Im Lichte des stürmischen Anwachsens der Bevölkerung und des weitreichenden Einflusses einer sensationslüsternen Revolverpresse nahmen diese günstigen Anzeichen allerdings eine wesentlich düstere Färbung an. Würde es möglich sein, die neuen Wählermassen so schnell und gründlich zu erziehen, daß sie einem geordneten Staatswesen als tragfähige Grundlage dienen könnten?

Voller Optimismus glaubten sozialdemokratische Revisionisten, daß die überwiegende Mehrheit der neuen Wähler ihre Sozialisierungsprogramme im Rahmen einer parlamentarischen Ordnung unterstützen würde, und sie förderten eifrig die Ausweitung des Wahlrechts. Dagegen verschärften radikalere Führer des linken Flügels ihren Widerstand gegen das bürgerlich-demokratische System, propagierten seinen baldigen Sturz und griffen die revisionistischen Sozialisten heftig an, weil sie Regierungsämter und politische Verantwortung übernahmen. Die Konservativen fürchteten sich vor der Macht einer in »Reform«-versprechungen schwelgenden skrupellosen Demagogie, die die Monarchie, die Kirche und die bestehende Ordnung – ob aristokratisch, ob bürgerlich – zu untergraben drohte. Eine kleine Avantgarde von Neokonservativen schritt sogar zur Offensive gegen die weltanschaulichen Grundvoraussetzungen des Liberalismus. In dieser oder jener Form wurden Gleichheit, Demokratie und Mehrheitsherrschaft von Nietzsche, Langbehn, Barrès, Pareto, d'Annunzio und anderen radikal verworfen. Sie bemühten sich um den Nachweis, daß diese liberalen Prinzipien der menschlichen Natur und aller Erfahrung zuwiderliefen, die Persönlichkeit erdrückten und zur Verkennung von Leistung und Verdienst dort, wo ihnen die höchste Anerkennung gebühre, führen müßten. Vor allem Pareto entwickelte eine neue Lehre von der Struktur und vom Funktionieren der Gesellschaft, deren Bestimmungsgründe er vornehmlich in zahlreichen Ungleichheiten und im irrationalen Verhalten der Menschen zu erkennen glaubte. Georges Sorel betonte die Funktion des Mythos im gesellschaftlichen Dasein, der ihm das menschliche Verhalten besser zu erklären schien als die logischen Abstraktionen der vorherrschenden fortschrittsgläubigen politischen Theorien. Eliten, Mythen und irrationale politische Systeme sollten die Welt nach 1918 noch zur Genüge plagen. Aber schon vor dem Kriege überlagerten die theoretischen Rohentwürfe dieser politischen Zerrbilder die Gedankengebilde des hoffnungsfreudigen Liberalismus.

Die Praxis der internationalen Beziehungen zeigte sich unter den Zeiterscheinungen als wenig wandlungsfähig. Das diplomatische Personal, aristokratisch in Herkunft und Denkweise und sorgfältig geschult, bildete eine eigene Internationale mit Ausschließlichkeitsansprüchen; nur in Amerika wurden diplomatische Posten als Belohnung für treue Parteidienste vergeben. Sehr verspätet wirkten sich in der Praxis der auswärtigen Beziehungen gewisse Momente des nationalgefärbten Liberalismus aus. So gehört es zu den Voraussetzungen des parlamentarischen Regierungssystems, daß die Öffentlichkeit erschöpfend unterrichtet wird und daß die öffentliche Meinung über ausreichende Ausdrucksmittel verfügt. Sogar Bismarck, der die deutsche Presse fast nach Belieben manipulierte, verfolgte mit der größten Aufmerksamkeit die französischen und russischen Zeitungen, um rechtzeitig jeden Stimmungswechsel zu erspähen, der seiner diplomatischen Taktik gefährlich werden könnte.

Aber um 1914 funktionierten solche Barometer der liberalen Epoche nicht mehr zuverlässig genug, und die Diplomaten konnten nicht nach gewöhnlicher Art unbehindert und sicher manövrieren. Die Macht der Sensationspresse trieb sie häufig in Richtungen, die ihnen unerwünscht waren, und von der Presse ausgelöste Sturzwellen nationalistischer Gefühlsausbrüche machten diskrete und vernünftige diplomatische Entscheidungen schwieriger denn je zuvor. Die großen wirtschaftlichen Unternehmungen – ob Eigentum großer Industrieherren, ob anonyme Aktiengesellschaften und Konzerne – brachten in die Diplomatie wirtschaftliche Sonderinteressen hinein, machten so die Gewässer der Machtpolitik vollends undurchsichtig und schädigten gelegentlich sogar konkrete wirtschaftliche Vorhaben, indem sie sie mit Gesichtspunkten des nationalen Prestiges verknüpften; so erging es zum Beispiel dem Bagdadbahnprojekt. Auf der anderen Seite wurde das ältere diplomatische Instrumentarium – Geheimdiplomatie, Mächtegleichgewicht und Staatsräson – von Demokraten bekämpft, die sich begeistert für die Öffentlichkeit diplomatischer Beratungen, ständige Verhandlungskörperschaften und rechtliche Regelung von Konflikten durch internationale Schiedsgerichtsbarkeit einsetzten. Diese Vernunftgläubigen waren zwar eine Minderheit, aber ihre Stimmen sollten in der Kriegszeit immer lauter widerhallen, als sich die allgemeine Mißstimmung gegen die Diplomaten kehrte, denen vorgeworfen wurde, den Krieg durch geheime Intrigen herbeigeführt oder die entsetzlichen Ausmaße der Katastrophe nicht vorausgesehen zu haben.

Allgemein herrschten noch die wirtschaftlichen Leitsätze der *laisser-faire*-Haltung vor. Freihandel, freie Unternehmenswirtschaft und die Anbetung des individuellen Erfolgs galten noch als Axiome. Aber in der Praxis wurde zunehmende Konkurrenzbeschränkung durch Zusammenschlüsse sowohl der Wirtschaft als auch der Arbeitnehmerschaft zum charakteristischen Kennzeichen der imperialistischen Ära. Die Verbindung des wachsenden Protektionismus mit der Autarkiepolitik militärischer Kreise stellte die wirtschaftlichen Vorteile des Freihandels in den Schatten. Erwähnt wurde bereits die fortschreitende Einschränkung der Freiheit der wirtschaftlichen Entscheidung und wirtschaftlichen Handelns durch Konzentration und Kartellierung einerseits, durch das organische Wachstum oder die Zusammenschlüsse der Gewerkschaften anderseits. Diese Bindungen griffen mit Hilfe internationaler Kartelle und internationaler Zusammenfassungen der Arbeiterorganisationen weit über die staatlichen Grenzen hinaus, wobei es sich allerdings im Arbeiterlager mehr um Ideologie als um wirtschaftliche Kampfmaßnahmen handelte.

Im hochentwickelten Nordwesten Europas griff der Staat verhältnismäßig wenig in wirtschaftliche Angelegenheiten ein, aber in Mitteleuropa und Rußland verband sich eine patriarchalische Staatsfürsorgetradition mit dem Ehrgeiz, viel schneller zu industrialisieren und zu Wohlstand zu kommen, als England oder Frankreich es hatten schaffen können. Vom Staat gefördert, verflochten deutsche Kartelle und Großbanken ihre Industrieförderungsvorhaben, um die Rüstungsproduktion voranzutreiben oder größere Sozialleistungen für die arbeitenden Massen zu ermöglichen. In Italien waren in der Zeit Giolittis die *laisser-faire*-Lehren der Risorgimento-Periode durch Staatssubventionen, Zölle und andere Förderungs- oder Absperrungsmaßnahmen zugunsten der Produktion oder des Außenhandels völlig in Verruf geraten. Im Grunde war es diese durch Korruption noch besonders verschärfte Wirtschaftsatmosphäre, die Paretos liberales Manchestertum versauern ließ und ihn dazu trieb, nach einer wirklichkeitsnäheren Erklärung wirtschaftlichen Verhaltens zu suchen. Graf Wittes energische staatliche Maßnahmen zur Kapitalbeschaffung und Industrieförderung hatten zur Beschleunigung des wirtschaftlichen Wachstumstempos Rußlands entscheidend beigetragen. Paradoxerweise erhielt sich in den Vereinigten Staaten in fast idealer Form die Wirtschaft der freien Konkurrenz und der freien Unternehmerentscheidung; als die Monopoldrohung auch in Amerika ernst wurde, griff der Staat mit den Sherman- und Clayton-Antitrustgesetzen ein, um die Voraussetzungen einer *laisser-faire*-Wirtschaft zu erhalten. Die unersättlichen wirtschaftlichen Ansprüche der Kriegführung sollten in ganz Europa die Mechanismen der freien Wirtschaft zerschlagen; im Treibhaus des westlichen Bruderkrieges sollte auch die moderne totalitäre Wirtschaft ihre erste Blütezeit erleben.

Der Widerstreit zwischen akzeptierten Ideen und Methoden und neuartigen gesellschaftlichen Kräften und Situationen kam in einem entscheidenden Sektor des europäischen Wirtschaftsgeschehens besonders folgenschwer zum Durchbruch. Die bürgerlichen Liberalen, die so sehr bestrebt waren, den Wirkungsbereich der politischen Rechte auszudehnen, scheuten davor zurück, diesen Rechten einen sinnvollen wirtschaftlichen Inhalt zu geben. Die Konservativen versuchten, die neue Industriewirtschaft auf ihre ältere Gesellschaftsordnung aufzupfropfen. Die gemäßigten Sozialisten hofften, im Rahmen der bestehenden staatlichen Ordnung wirtschaftliche Rechte für die Arbeitermassen zu erkämpfen. Alle drei Richtungen konnten sich auf ein Programm der Sozialpolitik einigen, das den Staat zur zentralen Vermittlungsinstanz mit der Aufgabe machte, den mit Wahlrecht versehenen, aber ökonomisch machtlosen Massen bestimmte materielle Vorteile und Ansprüche zu garantieren. Indes brachte dies System manche unvorhergesehenen Ergebnisse hervor.

In England kam mit der Wendung zur Sozialpolitik der Zusammenbruch der Liberalen Partei, denn mit der verstärkten Kraft, die ihm die Fabier verliehen hatten, konnte der englische Sozialismus ein gemäßigtes bürgerliches Programm jederzeit ausstechen. In Deutschland waren durch die Sozialversicherung vierzehneinhalb Millionen Menschen geschützt; dennoch wandten sich immer größere Kreise von den konservativen Kräften ab, weil auf dem Hintergrund sozialer Sicherheit das Fehlen wirklicher politischer Freiheit erst recht spürbar wurde. In anderen Ländern machten revisionistische Sozialisten, die sich an der Regierungsverantwortung beteiligten, die Erfahrung, daß sie mit Mitteln der Staatsgewalt gegen ihre Anhänger einschreiten mußten, wenn Arbeiterstreiks die öffentliche Ordnung oder andere Staatsinteressen gefährdeten. In den Reihen der Konservativen verbreiteten sich Angst und Unruhe ob des Undanks und der Verantwortungslosigkeit der Arbeiter. Radikale Sozialisten, wie Lenin, Guesde, Liebknecht, befürworteten den Generalangriff auf den bürgerlichen Staat und begannen mit der Aushöhlung demokratischer Verfahren innerhalb der Arbeiterbewegung; das war bereits eine Vorwegnahme des heutigen Kommunismus mit seinem Verlangen nach sozialer Gleichstellung der Massen und seiner Absage an persönliche Freiheit.

Ungelöst blieb auch für spätere Zeiten die Frage, wie es der Einzelne in einer Welt der rasch wachsenden und immer komplizierteren Technik und der massiven Zusammenballung politischer und wirtschaftlicher Kräfte fertigbringen soll, seine Unabhängigkeit und Menschenwürde zu behaupten. Vertreter religiöser Anschauungen versuchten, eine Antwort zu geben. Papst Leo XIII. wies der Kirche in der Enzyklika *Rerum novarum* (1891) die Aufgabe zu, die Konflikte der Gesellschaftsklassen zu versöhnen, nach sozialer Gerechtigkeit zu streben und in allen Christen die Verpflichtung lebendig zu erhalten, Gott durch Achtung vor den Rechten des Mitmenschen zu dienen. Charles Péguy verband das Bekenntnis zu den mystischen Werten der Französischen Republik mit dem Gebot der christlichen Nächstenliebe: von dieser Einheit aus sollten sich Staat und Kirche in gemeinsamer Sorge um die Nöte der Menschen finden, die keine Privilegien genießen. Und in Deutschland predigte und lebte Friedrich Naumann ein soziales Evangelium vor, das in christlicher Hingabe an Gott und den Menschen die einzige Möglichkeit sah, das menschliche Individuum vor der Entwürdigung durch den Materialismus und dem zermalmenden Druck der sozialen und wirtschaftlichen Massenorganisation zu bewahren.

Wer aber war dies menschliche Individuum, dem politische Theoretiker und besorgte Beobachter Schutz vor Mechanisierung und Vermassung angedeihen lassen wollten? Als Axiom galt noch die Vorstellung des 19. Jahrhunderts, der Mensch sei ein rationales Wesen, vernunftbegabt, vervollkommnungsfähig, mit Hilfe seiner höheren geistigen Fähigkeiten imstande, aus Beobachtung und Experiment Erkenntnisse zu schöpfen, seine Umgebung umzugestalten, um besser leben zu können, und auf gesellschaftliche Ziele hinzuarbeiten, die Nützliches versprechen. Hier spielte das öffentliche Erziehungswesen seine für entscheidend gehaltene Rolle: die Menschen von Aberglauben oder Religion zu befreien, sie auf verständige Beteiligung am politischen Geschehen vorzubereiten und sie in Wissenschaft und Technik, die allgemein als Symbole des Fortschritts erschienen, auszubilden.

Aber in den Tiefen der zukunftsfrohen imperialistischen Gesellschaft, die den Kraftwagen, das Flugzeug, die drahtlose Nachrichtenübermittlung staunend und freudig begrüßte, keimte jetzt langsam als ausgleichende Gerechtigkeit die Strafe für das allzu vollkommene Wissen von Mensch und Materie. Sigmund Freud enthüllte jenseits der wirksamen Kontrolle der Ratio unvermutete Triebfedern des Handelns. Iwan Petrowitsch Pawlow hellte durch äußere Einflüsse bedingte Anpassungsvorgänge auf, die dem denkenden Bewußtsein in den Rücken fallen. Manche behavioristischen Psychologen entdeckten, wie schnell der Mensch in der Menge die Fähigkeit einbüßt, selbständige, rationale Entscheidungen zu treffen. Die Erfolge der Sensationspresse und demagogischer Wahlbeeinflussung hatten bis 1914 nicht wenig Anschauungsmaterial erbracht, das diese beunruhigenden Entdeckungen reichlich bestätigte. Wo gab es da noch Gewißheit?

An diesem bedeutsamen Wendepunkt wartete aber auch noch die Naturwissenschaft mit Überraschungen auf, die Bestürzung hervorriefen. Trotz dem Milieupessimismus der Darwinschen Lehre hatte die auf Darwin fußende entwicklungsgeschichtliche Theorie immer noch angenommen, daß die Menschen ihre günstigsten oder nützlichsten erworbenen Eigenschaften künftigen Generationen vererben, und auf diese Annahme gründete sich die Überzeugung, daß es auf lange Sicht trotz allem so etwas wie Fortschritt geben müsse. Aber nun kamen August Weismann und Hugo de Vries und zeigten, daß erworbene Eigenschaften die Fortpflanzungsgene der Säugetiere nicht beeinflussen und daß Veränderungen im Entwicklungsgeschehen sprunghaft in großen Mutationen zustande kommen, die in ihrem Ursprung mit der Aneignung von Erkenntnissen oder gesellschaftlich erzeugten Gewohnheiten nichts zu tun haben. Die Wissenschaft schien unwiderleglich zu beweisen, daß der Mensch physisch das Opfer niederer Instinkte und unkontrollierbarer Naturkräfte ist. Darüber hinaus mußte die letzte Vorkriegsgeneration erleben, daß sogar das Gefüge der Physik, das seit der Renaissance so sorgfältig und systematisch aufgebaut worden war, schwere Erschütterungen erlitt. Von der Newtonschen Mathematik und Mechanik ausgehend, hatte der moderne Mensch in der Physik des 19. Jahrhunderts mehr grundlegende Gewißheit gefunden als in irgendeiner anderen wissenschaftlichen Disziplin. Wie beunruhigend mußte es sein, mit Röntgen, Planck und Rutherford zu entdecken, daß sich alle Materie stets in veränderlichen Stadien der Formung oder des Zerfalls befindet. Den Untergang der klassischen Physik besiegelte Einstein mit seiner Relativitätstheorie; er fügte zu den drei Raumdimensionen als vierte Dimension die Zeit hinzu, veranschaulichte damit die Relativität der Materie und stellte mathematisch den endlichen Charakter des Weltenraums dar. Die volle Tragweite all dieser neuen Einsichten wurde vor 1914 kaum erahnt; sie ließen aber wenigstens die geistig Führenden erkennen, daß die so sehr vertrauenerweckenden und tröstlichen Gedankengebilde der vergangenen Periode nicht mehr als Wahrheit gelten konnten.

Das quälende Gefühl geistiger Ungewißheit, das diese wissenschaftlichen Entdeckungen heraufbeschworen, wurde noch vertieft durch die weit um sich greifende Ablehnung des Positivismus in der Philosophie. Der neue Idealismus eines Denkers wie Benedetto Croce verwarf den utilitaristischen Materialismus und wandte sich zarteren, intuitiveren Kräften zu. Von Schopenhauer und Nietzsche kamen, spät wirksam werdend, stark irrationale Einflüsse, die dem strebenden Willen und dem Machttrieb in manchen Kreisen Ehrerbietung verschafften. William James und Henri Bergson entwarfen philosophische Systeme, die über die reine Vernunft hinausgriffen: Erfahrung, Intuition und Verstehen schienen jetzt hinzutreten zu müssen, um wissenschaftliche Beobachtung und Logik zu berichtigen und zu ergänzen. Gerade zu der Stunde, da sich der Mensch anschickte, mit Hilfe wissenschaftlicher Erkenntnis die gesamte Natur und alle Materie zu beherrschen, begann ihm die trostreiche Gewißheit zu entgleiten, daß er die letzten Geheimnisse seines eigenen Wesens und des Alls bereits enträtselt habe oder werde enträtseln können.

Im allgemeinen lebten die Menschen der westlichen bürgerlichen Welt immer noch gesichert im Vertrauen auf die Vernunft und im Glauben an technischen Fortschritt. Die beunruhigenden Konsequenzen des neuen Denkens und der neuen Wissenschaft berührten sie kaum – außer etwa in Gestalt häßlicher Entstellungen der Freudschen Untersuchungen über Traum und Sexualität, wie sie insgeheim hinter den Vorhängen viktorianischer Wohlanständigkeit ausgebrütet wurden. Kunst und Literatur, die die bürgerliche Mehrheit repräsentierten und auch ihr Wohlgefallen fanden, waren moralinsauer und sentimental. H. G. Wells und A. Conan Doyle erfreuten sich großer Wertschätzung, weil sie wissenschaftlichen Optimismus mit guter Erzählerkunst phantasievoll zu verschmelzen wußten. Anspruchsvollere Leser konnten immer noch auf den reichhaltiger ausgestatteten viktorianischen Roman einer etwas früheren Periode zurückgreifen. Die offizielle Kunst – die Kunstwerke, die von den anerkannten würdevoll-akademischen Kritikern gelobt und amtlich mit Preisen bedacht wurden – war eine stark dekorative, aber nachahmend sujetgebundene Mischung von minuziös ausgearbeitetem Detail und überladenen klassizistischen Akzenten, überbetont durch prunkhafte Größe oder prätentiöses Schaugepränge. Das war die banale, verständige, bourgeoise Welt, gegen die in der imperialistischen Ära Schriftsteller und Künstler der verschiedensten Länder und Lebenskreise so heftig rebellierten. Schon Ibsen hatte der bürgerlichen Respektabilität die Maske vom Gesicht reißen wollen; jetzt gingen – subtiler, aber auch eindrucksvoller – Shaw, Hauptmann, Pirandello und Tschechow daran, Scheinheiligkeit und Prätentiosität zu geißeln, die psychischen und sozialen Zwänge, in denen die Menschen lebten, bloßzulegen. In der epischen Prosa legten James Joyce, Marcel Proust,

Flugvorführungen des Amerikaners Orville Wright auf dem Tempelhofer Feld bei Berlin, 1909. Das Starrluftschiff »LZ 3« über dem Bodensee, 1908. Das Prallluftschiff »Parseval« bei der Landung in München, 1909

Vampir
Lithographie von Edvard Munch, 1900

Thomas Mann und Franz Kafka die Grundsteine des modernen Romans mit seinen eigenartigen Durchblicken, seiner überraschenden Sicht und seiner Schilderung des in einer doch augenscheinlich geordneten Welt vereinsamten und verlorenen Menschen.
In seiner Freizeit entfloh der westliche Mensch der Industriewelt der Stadt und suchte Erholung und geistige Sammlung auf dem Lande. Ähnlich flüchteten Schriftsteller und Künstler aus der Welt des Geordneten und Verstandesmäßigen, um die tieferen, intuitiven menschlichen Kräfte aus der durch Mechanisierung und Vermassung noch nicht verdorbenen Natur zu schöpfen. Da waren die irischen Dichter und Dramatiker, da waren die Künstlerkolonien der verschiedenen Länder, die vielfältigen Bemühungen, Kunst, Literatur, Gemeinschaftsbräuche zu erneuern. Am sichtbarsten war der Protest der Maler und Graphiker. Sie schienen alle »Regeln« der Kunst und der Gesellschaft zu durchbrechen, anstößig zu leben und nur empörende, unschickliche Werke zu schaffen. Die geordnete Welt hatte die wunderbare Wärme und Ungezwungenheit der impressionistischen Malerei kaum zu schätzen begonnen, als sie mit französischem Fauvismus und Kubismus, deutschem Expressionismus und italienischem Futurismus bombardiert wurde. Die »nicht naturgetreue« Formenordnung Cézannes und Picassos, die verschwimmenden Konturen eines Munch, die eindringlichen, grell wirkenden Farben Noldes und Marcs: alles Experimente auf der Suche nach neuen Mitteln, neue Wahrheiten zu entdecken. Von den traditionellen symphonischen Themen und Formen führte der Weg der Musik über die Übertreibungen Wagners zu den ruhigen Klangübergängen Debussys oder den atonalen Themen Bartóks und Schönbergs. Auf verschiedene Art sagten alle diese schöpferischen Persönlichkeiten dasselbe: »In der hergebrachten Sprache künstlerischer Gestaltung können wir uns nicht mehr sinngerecht ausdrücken. Wir haben die großen Themen des Lebens und des Menschlichen mit neuem Verstehen wahrgenommen. Das aber verlangt nach einer neuen Unmittelbarkeit und Frische der Mitteilung. Habt Geduld, laßt uns zu euch sprechen und versucht, statt auf die übliche verstandesmäßige Weise zu begreifen, mit den Sinnen und den Herzen zu verstehen.« Indes rückten in der letzten Vorkriegsperiode der Künstler und sein Publikum nur noch weiter auseinander. Während der Künstler das Leben um sich herum bereits in Fetzen und Bruchstücken sah und sich bemühte, diesen Fragmenten eine Sinndeutung zu geben, blieb der gewöhnliche Sterbliche bei dem Glauben, daß das menschliche Streben ein geordnetes Gefüge habe und sich mit Notwendigkeit auf rationale Enthüllung und Erfüllung richte. Um diese Illusion sollte der Weltkrieg Millionen von Europäern ärmer machen.

Blicken die Bewohner unserer Welt des 20. Jahrhunderts auf das Zeitalter des Imperialismus zurück, so sehen sie es mit der unauslöschlichen Schuld beladen, das große Schlachtopfer des Krieges verursacht oder in verantwortungsloser Weise nicht verhindert zu haben. Die damals nicht zufällig populäre materialistische Geschichtsauffassung legte großes Gewicht auf die wirtschaftliche Determiniertheit des Geschehens. Ihre Vertreter bezogen sich auf John A. Hobson, der 1902 seine recht beachtliche Analyse des Imperialismus veröffentlicht hatte, in der er dem modernen Kapitalismus unvermeidliche Kreislaufstockung aus Überfülle und unausweichliche Konflikte prophezeite. Hobsons Thesen wurden von manchen Sozialisten übernommen; namentlich in Lenins Imperialismus-Buch vom Jahre 1915 wurde auseinandergesetzt, wie der Imperialismus den Krieg notwendigerweise hervorgerufen habe.

Doch sind solche Formeln und Deutungen zu einfach: sie lassen Tatsachen außer acht, die sich nicht ohne weiteres in plausible und dramatisch zugespitzte Hypothesen fügen. In Wirklichkeit waren vor 1914 bedeutende Wirtschaftskräfte am Werk, die den Krieg nicht wollten und die von ihm auch nicht profitiert haben. Wer also war der Schuldige?

Politische Idealisten ebenso wie die leidenden Massen wußten einen anderen Sündenbock zu nennen: die imperialistische Geheimdiplomatie, vorgeblich von einem Häuflein bedenkenlos grausamer und zynischer Aristokraten gehandhabt. Aber seitdem ist einwandfrei geklärt worden, daß es, was immer die Sünden und Unterlassungen Einzelner gewesen sein mögen, keinerlei grandiose Verschwörung der Diplomatie gegeben hat. Wie zu allen Zeiten vor und nach der imperialistischen Ära hat auch damals das geballte Zusammentreffen menschlicher Leidenschaften, ehrgeiziger Ziele und nicht weniger Mißverständnisse zum Erstarren der Bündnissysteme geführt und die internationalen Spannungen in lauten Massenreaktionen widerhallen lassen. Noch waren viele davon überzeugt, daß Kriege nützliche politische und soziale Ergebnisse erbringen könnten, und in Sachen des nationalen Prestiges und der nationalen Ehre galt auch für internationale Beziehungen noch der Ehrenkodex des Duells. Die Anwendung der großartigen Errungenschaften der Wissenschaft auf das Kriegswesen verstärkte den Glauben daran, daß sich mit den Waffen ein wirklicher Endsieg erringen lasse. Soldaten und Politiker waren nicht die einzigen, die bereit waren, »um der guten Sache willen« Blut zu vergießen. Bedenken- und verantwortungslos sprachen radikale Wortführer der Rechten und der Linken von der Notwendigkeit des Blutvergießens im Klassenkampf. Deutsche, Slawen und Angehörige anderer Völker schlugen einander schon in Friedenszeiten die Köpfe ein, um die angeborene Überlegenheit ihrer nationalen Kulturen zu beweisen, und sehnten hin und wieder auch einen internationalen Krieg herbei, damit der Beweis nun wirklich geführt werden könne.

Das Zeitalter des Imperialismus war der erste Abschnitt einer Epoche, in der der Fortschritt der Wissenschaft und Technik dem sozialen und politischen Reiferwerden der Menschheit weit vorauseilt. Das bis dahin feste Vertrauen der Menschen in die politische Vernunft wurde gerade in der Zeit untergraben, in der sich ihre Selbstvernichtungsfähigkeiten in Riesensprüngen entfalteten. So ist das zentrale Problem unserer Gegenwart zum erstenmal schon vor einem halben Jahrhundert in aller dramatischen Schärfe aufgeworfen worden. Aber wenn die Superwaffen des Abendlandes uns heute bei der Gestaltung der Großmächtebeziehungen aufhorchen lassen und zum Nachdenken zwingen, so war es 1914 noch nicht soweit, denn damals hatten die Menschen die Lektion noch nicht erteilt bekommen, die wir Heutigen in banger Hoffnung gelernt haben.

Hans Herzfeld

ERSTER WELTKRIEG

UND FRIEDE VON VERSAILLES

Kriegsausbruch und Bewegungskrieg 1914 bis 1915

Die Ereignisse des ersten Weltkrieges liegen ein halbes Jahrhundert zurück. Nur die heute über Sechzigjährigen haben im Alter von zwanzig Jahren noch handelnd an ihm teilgenommen. Für die Fünfzigjährigen bedeutet er wenigstens noch den düsteren Hintergrund ihrer Kindheit. Allen Jüngeren ist er nicht mehr unmittelbar in das eigene Erlebnis aufgenommene Gegenwart, sondern Vergangenheit, Geschichte im eigentlichen und üblichen Sinne des Wortes.

Es ist kein Zufall, daß die heutige Geschichtsforschung das Kriegsjahr 1917 mit der Intervention der Vereinigten Staaten und der russischen Revolution als Grenzscheide zwischen Geschichte und Zeitgeschichte anzusehen pflegt. Mit diesen beiden Ereignissen beginnt die Welt unserer Tage, in der sich, vollends seit 1945, die beiden kontinentgroßen Giganten als politisch alles beherrschend etabliert haben. Wenn aber die Geschichtswissenschaft so den Beginn unserer Epoche mitten in die Kämpfe des ersten Weltkrieges verlegt, stellt sie die eigentlich unzumutbare Forderung, das militärische, politische, wirtschaftliche und ideelle Ringen der Jahre vor und nach 1917 zu trennen, obwohl sie doch unlösbar miteinander verflochten sind.

Dieses Paradox spiegelt die Bedeutung der Katastrophe von 1914 für unsere eigene Zeit wider. Der erste Weltkrieg hat das Schicksal der heute lebenden Menschheit bestimmt, weil sein Ergebnis weithin Ursache, sein Verlauf Modellfall des zweiten Weltkrieges gewesen ist. Die Führer des zweiten Krieges haben versucht, die Erfahrung des ersten Weltkrieges zu nutzen: Hitler, als er den Pakt mit Stalin schloß, um den Zweifrontenkrieg zu vermeiden, Stalin, indem er eine sofortige Verstrickung Rußlands in den neuen Weltbrand durch eine Politik der Hinterhand hinauszuschieben suchte, Churchill, der die Entscheidung des Krieges wieder in einem Eingreifen Amerikas suchte, Roosevelt, in der Konzeption der Vereinten Nationen wie in seinem Werben um Zusammenarbeit mit Rußland über das Kriegsende hinaus.

Die Verstrickung einer Generation in eine neue Katastrophe nach kaum zwanzig Jahren scheint den Versuch, aus der Geschichte zu lernen, zu widerlegen. Trotzdem besteht bis in die Einzelheiten des Kriegsausbruchs von 1939 hinein – gleichmäßig für Hitlers Versuch, einen nochmaligen Zweifrontenkrieg zu vermeiden, wie für Chamberlains Streben, das

»appeasement« des Gegenspielers mit einer letzten Warnung vor dem Abgrund zu beenden – die Verbindung, daß den Menschen in der ersten Hälfte des 20. Jahrhunderts durch die Erfahrungen von 1914 bis 1920 eine geschichtliche Erlebnisdimension gegeben war, die es scheinbar ermöglichte, zunächst die Wiederholung der Katastrophe zu vermeiden und nach ihrem Eintreten besser Herr über ihren Verlauf zu werden, als es das erstemal möglich gewesen war.

Auf jeden Fall sind beide Dramen so eng miteinander verkettet, daß sie spätere Generationen mit großer Wahrscheinlichkeit zu einem einheitlichen Prozeß im 20. Jahrhundert zusammenfassen werden, während heute der Abstand zu ihnen doch noch nicht groß genug ist, um bei aller Verbindung und Verwandtschaft nicht auch die Unterschiede in der jeweils umwälzenden Neuverteilung von Macht und Geltung erkennen zu lassen.

Der Kriegsbeginn im Jahre 1914 ist nicht erst nachträglich als Konsequenz weltpolitischer und europäischer Gegensätze seit der Jahrhundertwende wie als plötzlicher Ausbruch überraschender und vergewaltigender Kräfte empfunden worden. Die Schüsse südslawischer Attentäter, die den österreichischen Thronfolger Franz Ferdinand und seine Gemahlin am 28. Juni 1914 in Sarajewo niederstreckten, haben die Julikrise ausgelöst. Mit der fortschreitenden Ausbildung einer Gruppe selbständiger Nationalstaaten auf dem Balkan, die mit der historischen Tatsache des habsburgischen Vielvölkerstaates im Donauraum unvereinbar war, entstand eine Hochspannung, in der eine friedliche Lösung des Konfliktes nicht mehr möglich schien. Österreich mußte sich wehren und war auch nach dem bestehenden Völkerrecht dazu berechtigt; aber das Empfinden, daß Österreich durch seine in der nationalstaatlichen Welt des 19. Jahrhunderts unzeitgemäße Struktur dieser Aufgabe hilflos gegenüberstand, sprach sich doch in der Abneigung der Ungarn gegen die Angliederung neuer südslawischer Bevölkerungsteile mit großer Schärfe aus. Nicht aus Angriffslust, die höchstens bei dem Generalstabschef Conrad von Hötzendorf mit seinem Drängen auf den rechtzeitigen Präventivkrieg zur Rettung der Monarchie vorwaltete, sondern ganz überwiegend im Gefühl der Auswegslosigkeit der eigenen Lage entschloß sich Wien, den Handschuh aufzunehmen. Trotz lückenhafter Nachweise über die Verbindung der serbischen Regierung mit dem Attentat wollte man den vitalen Gegner in die Schranken zurückweisen und nach Möglichkeit seine Gefährlichkeit nachhaltig brechen.

Indem die österreichisch-ungarische Monarchie diesen Entschluß nur mit der Rückendeckung ihres deutschen Verbündeten zu fassen wagte, setzte sie den Mechanismus von Allianzen ins Spiel, die, seit 1879 und 1894 aus Sicherheitsgründen geschlossen, Europa ähnlich wie den Globus unserer Gegenwart in zwei große Mächteblöcke gespalten hatten. Die theoretische Souveränität der einzelnen Staaten, obwohl im Gefecht der Diplomatie eifersüchtig gewahrt, war bereits zur Fiktion und so das Gleichgewicht der Mächte statt zum Friedensinstrument zur dauernden Gefährdung des Friedens in Europa geworden.

Nachdem die deutsche Regierung für das österreichische Vorhaben (5. Juli) einen Blankoscheck ausgestellt hatte, zeigte sich rasch, daß das Nachlassen der imperialistischen Spannungen außerhalb Europas (so die deutsch-englische Verständigung über die Bagdadbahn und die Aufteilung Zentralafrikas) gegenüber der innereuropäischen Hochspannung zwischen Zweibund–Dreibund auf der einen und der Entente auf der anderen Seite kaum ins Gewicht fiel. Die Krisen des letzten Jahrzehnts waren zwar immer wieder von der vielgescholtenen »alten Diplomatie« überwunden worden, die auch jetzt, vornehmlich von England, ins Spiel gebracht wurde; sie hatten aber das Gefühl hinterlassen, daß die Fatalität des Machtkampfes eines Tages doch noch zum Durchbruch kommen werde.

Im Juli 1914 fanden daher Vermittlungsschritte und Ausgleichvorschläge auf allen Seiten kein rechtes Zutrauen. Rußland wollte den serbischen Schützling nicht um den Preis einer erneuten Balkanniederlage im Stich lassen, Frankreich wollte den Zweibund mit dem Zaren erhalten, Deutschland konnte angesichts der Zweideutigkeit des Bündnisses mit Italien das verbündete Österreich nicht im Stich lassen. Selbst bei dem englischen Vermittler bestand noch im Hintergrund der geheime, besorgte Vorbehalt, daß man sich eine Gefährdung der Entente von 1904 und vor allem von 1907 nicht leisten könne, weil ein russischer Sieg ohne englische Kriegsteilnahme in Asien, Indien, Afghanistan und Persien fast ebenso bedrohlich erschien wie eine deutsche Hegemonie auf dem Kontinent Europas. Gewiß ist die englische Öffentlichkeit erst durch den deutschen Einmarsch in Belgien für den Entschluß zum Kriegseintritt reif geworden. Daß der Vermittlungswille durch die innere Zwangsläufigkeit des Bündnissystems gebrochen oder zumindest geschwächt worden ist, hat aber doch auch die englische Politik spürbar beeinflußt.

Als weitere verhängnisvolle Hypothek hat der moderne militärische Massenapparat mit seiner Eigengesetzlichkeit bei Mobilmachung und Aufmarsch am stärksten in Deutschland und Rußland, aber auch in Frankreich gewirkt. Dagegen hat die Unzulänglichkeit der militärischen Vorbereitung Österreichs für den Zweifrontenkrieg gegen Serbien und Rußland paradox genug nur beschleunigend zu der überstürzten Kriegserklärung an Serbien am 28. Juli getrieben, obwohl man dann außerstande war, selbst gegen diesen Gegner sofort zu marschieren.

Mit dieser Kriegserklärung an Serbien war aber auch Rußland herausgefordert. Noch am Abend des gleichen Tages wurde dort die Mobilmachung gegen die Donaumonarchie verkündet, und am 29. schwankte man zwischen dieser Teil- und einer Gesamtmobilmachung, weil durch die erste Maßnahme der ganze Apparat von Mobilmachung und Aufmarsch gestört zu werden drohte. Der endgültige Befehl zur Gesamtmobilmachung, der dem schwachen Zaren am späten Nachmittag des 30. Juli abgerungen wurde, machte die allgemeine Katastrophe praktisch unvermeidlich, mochte auch der russische Außenminister seine Bereitschaft betonen, bis zum letzten Augenblick weiterzuverhandeln.

Die geographische Mittellage Deutschlands und der Stand der militärischen Kräftereserven bei einem überlegenen russischen Bevölkerungspotential von hundertvierundsechzig Millionen (gegenüber hundertundsechzehn Millionen in Deutschland und Österreich zusammen) erforderten ein schnelles militärisches Handeln vor der vollen Entwicklung der gegnerischen Kräfte. Die umstrittene Überstürzung der nun folgenden deutschen Schritte, Ultimatum an Rußland und an Frankreich am 31. Juli, Kriegserklärung an Rußland, Mobilmachung am 1. August, Ultimatum an Belgien am Abend des 2. August, Kriegserklärung an Frankreich am 3. August zeigen, wie sich die deutsche Diplomatie in der tödlichen Konsequenz ihres Anfangsfehlers, der unbedingten Solidarität mit Österreich, gefangen hatte. Der ehrlich verzweifelte Bethmann-Hollweg fand keinen anderen Ausweg, als vor der Zwangsläufigkeit der militärischen Forderung zu kapitulieren. Innerlich widerstrebend mußte er der verhängnisvollen Verletzung der Neutralität Belgiens zustimmen. Aber auch Sir Edward Grey stand unter ähnlichem Druck, wenn jetzt England durch die politischen und militärischen Eventualzusagen für den Fall eines allgemeinen Konfliktes und durch den deutschen Einmarsch in Belgien am 3. und 4. August an die Seite der Zweibundmächte geführt wurde. Schon nach dem ersten Kriegsmonat war England mit dem Londoner Vertrag vom 5. September 1914 durch ein festes Bündnis für Kriegführung und Friedensschluß mit den übrigen Ententemächten verbunden.

Gegen diese Verkettung erwies sich auch der Sozialismus der Zweiten Internationale als hilflos. Schon die Beschlüsse zur Kriegsfrage auf den Kongressen des letzten Jahrzehnts hatten ein unsicheres Schwanken zwischen dem Gebot der Landesverteidigung und der internationalen kriegsgegnerischen Solidarität des Proletariats verraten. Die Front der Zweiten Internationale zersplitterte hilflos, als Jaurès ermordet wurde und ihre stärkste Einzelpartei, die deutsche Sozialdemokratie, Kriegskredite bewilligte, weil sie wie alle ihre Bruderparteien von dem Verteidigungscharakter des Krieges – vor allem gegen Rußland – ehrlich überzeugt war. Die Formulierung von Lloyd George, daß alle Beteiligten in den Krieg nur hineingestolpert seien, mag das Ausmaß des doch noch berechnenden Handelns verringern und dadurch die Verantwortung der Beteiligten allzusehr entlasten. Daß aber die aus der Tiefe wirkenden universalen Kräfte stärker als die Fähigkeit waren, sie zu meistern und zu beherrschen, hat den Charakter der Julikrise und der Katastrophe der ersten Augustwoche des Jahres 1914 geprägt. Der Ausbruch des Krieges ist nicht nur durch die unzulänglichen Handlungen oder Unterlassungen Einzelner bewirkt worden, sondern ist darauf zurückzuführen, daß die Generation des beginnenden 20. Jahrhunderts die durch ihr eigenes Tun angesammelten Kräfte in der Krise nicht mehr zu beherrschen vermochte. Ebenso aber ist das in Europa beginnende, sich zum ersten Weltkrieg erweiternde Ringen dadurch bestimmt worden, daß die Anspannung aller Kräfte über die Grenzen des bisher für möglich Gehaltenen hinausdrängte. Die Spannkraft der aus einer Friedensepoche heraustretenden Völkerwelt erwies sich als ungeahnt groß.

Nach den Erfahrungen der Vergangenheit mußte dieser Krieg von Anfang an für die beiden Mittelmächte als verloren gelten. Ihrer Volkszahl von hundertundsechzehn Millionen standen die Mächte der Entente, von denen England allein ein Drittel des Erdballs beherrschte, allein in Europa mit zweihundertachtunddreißig Millionen Seelen gegenüber. Die Entente besaß zur See eine so erdrückende Überlegenheit, daß im Grunde eine Aussicht auf Erschütterung dieses Übergewichts überhaupt nicht bestand. Wenn auch die Heeresstärken sicherlich das Kräfteverhältnis nicht eindeutig wiedergeben, bleibt doch die nicht fortzudeutende Tatsache, daß nach den Mobilmachungsstärken der Heere im August 1914 den drei Millionen achthunderttausend Mann der Mittelmächte fünf Millionen achthunderttausend Mann des Dreiverbandes gegenüberstanden, mochte man auch bei den großen Anfangsschlachten wegen der Langsamkeit der russischen – und englischen – Kraftentfaltung auf ein günstigeres Verhältnis von einhundertfünfzig gegen einhundertsiebzig Divisionen gelangen.

Die Überlegenheit der Entente und die geographisch den Gegner völlig umspannende Lage ließen den Mittelmächten nur die einzige Hoffnung, den Ring durch äußerste und beschleunigte Anspannung aller militärischen Kräfte so schnell wie möglich zu sprengen. Die Gegenseite hoffte nicht nur, den Feind militärisch mit ihren Reserven zu erdrücken, sondern auch auf die Dauer politisch-diplomatisch und vor allem auch wirtschaftlich das eigene Übergewicht entscheidend zu steigern. Der Schatten des Vorgefühls einer kommenden Niederlage lastete auf der Entente niemals mit der Stärke wie auf dem zur Beschleunigung eines rettenden Durchbruchs gezwungenen Gegner.

Die erste Phase des Krieges von 1914 bis 1915 steht so im Zeichen eines Bewegungskrieges, bestimmt von der Offensivstrategie Deutschlands, einer vermeintlichen wie wirklichen Erbschaft Moltkes und Bismarcks. Wenn dabei die Entente ihre diplomatisch-politische Überlegenheit nie verlor, so fügte doch auch sie – ganz Frankreich, überwiegend Rußland, in England eigentlich nur die Armee – sich der vorherrschenden Spielregel dieser Phase; auch sie haben ohne die gleiche zwingende Notwendigkeit ungeheure, blutige Opfer gebracht, um eine beschleunigte Niederwerfung des Gegners mit den gleichen Mitteln der militärischen Offensive zu erzwingen, deren sich die deutsche Oberste Heeresleitung mit anfänglich blendenden Erfolgen bediente. Der Bewegungsfeldzug der ersten Kriegsmonate, August und September 1914, wurde zu einer dramatischen, fast romantisch an die Vergangenheit erinnernden und sie scheinbar übertrumpfenden Phase, welche die idealistische Bereitschaft der Völker, dem Kampf um Sein oder Nichtsein unermeßliche Opfer zu bringen, fast ins Rauschhafte gesteigert hat. Hinter den glänzenden Ereignissen übersah man, am stärksten in Deutschland, die begrenzte Bedeutung der Ergebnisse. Die besorgte Rücksicht der Regierung auf die Volksstimmung verführte zu einer nur sehr ungenügenden Unterrichtung der Öffentlichkeit über die Tragweite der nach außen glänzenden Erfolge.

Die Problematik des Schlieffenplanes, nach dem durch eine große Umgehungsbewegung durch Belgien das nahezu gleich starke französische Heer umfaßt und binnen wenigen Wochen wenn nicht vernichtet, so doch dauernd außer Gefecht gesetzt werden sollte, ist nach dem Kriege nur erst sehr allmählich, eigentlich erst in unseren Tagen deutlich geworden. Man begann, ihn bei einem praktischen Gleichgewicht der Kräfte auszuführen. Aber nur bei einer genial überlegenen Führung, nicht unter der unsicheren und wiederholt zwischen Optimismus und Pessimismus schwankenden Leitung durch den jüngeren Moltke, hätte er vielleicht zu dem erhofften militärischen Siege, zu der erstrebten Ausschaltung Frankreichs oder gar zum Siege über England führen können. Gewiß bewirkten zunächst die Grenzschlachten in Lothringen, Belgien und dem Norden Frankreichs, daß die französischen Armeen Verluste von dreihunderttausend Mann, ein Viertel ihres Gesamtbestandes, erlitten; alle Hoffnung auf eigene Offensive wurde durch den erzwungenen Rückzug bis zur Seine und Marne zur Deckung von Paris vernichtet. Da aber Joffre in seiner größten Stunde Zähigkeit und Kaltblütigkeit bewahrte, vermochte er bis zum Beginn der Marneschlacht am 6. September seinen rechten Flügel in überlegener Stärke (vier zu drei) wiederaufzubauen und auch die vorübergehend bedrohte Mitwirkung des englischen Expeditionskorps unter French für die Entscheidungsschlacht zu sichern.

Bei allem ungebrochenen Angriffswillen traten doch die deutschen Armeen, zahlenmäßig geschwächt, durch die Länge ihrer Nachschublinien belastet und relativ erschöpft, in die entscheidende Schlacht ein. In den von beiden Seiten mit äußerster Zähigkeit geführten Kämpfen vom 6. bis 9. September hoben sich schließlich Erfolg und Mißerfolg so weitgehend auf, daß beide Seiten lange Zeit den Anspruch vertreten haben, eine letzte Anstrengung würde sicherlich den vollen Sieg an die eigene Fahne geheftet haben. Das kann freilich für die deutsche Seite nicht bedeuten, daß ein mühsam errungener Schlachtensieg im Sinne des als Siegesrezept mißverstandenen Schlieffenplanes die Ausschaltung Frankreichs aus dem großen Kriege gebracht haben würde.

Ein Appell an die Kriegsgeschichte ist aber überflüssig, weil die deutsche Führung und der von ihr mit überschwerer Verantwortung belastete Oberst Hentsch, der zu den in kritischer Lage befindlichen Armeen des deutschen rechten Flügels entsandt worden war und die entscheidende Anordnung zum Rückzug auslöste, offensichtlich versagt haben. Durch die Zweideutigkeit des Vorganges ist die Tatsache, daß der alle Erwartungen beherrschende deutsche Operationsplan gescheitert war, milde verschleiert und das Verhängnis durch Illusionen eher verstärkt als geschwächt worden. Der nun sich anschließende Wettlauf der Armeen von Reims und dem Chemin des Dames bis zur Kanalküste (September bis Oktober 1914) hat auf beiden Seiten nur die Täuschung wachgehalten, daß die schon nachlassende Angriffskraft der Frontarmeen noch einmal mobilisiert werden könne, damit der sich von Woche zu Woche stärker abzeichnende Übergang vom Bewegungs- zum Stellungskrieg noch verhindert werde.

Auch die stillschweigende Entfernung Moltkes aus der Obersten Heeresleitung, seine Ersetzung durch Falkenhayn hat die deutsche Strategie nicht etwa grundsätzlich gewandelt. Falkenhayn hat allerdings bis zum Jahresende immer mehr eingesehen, daß er mit der Begrenzung der deutschen Kräftereserven rechnen müsse. Aber auch er hat doch mit einer oft unterschätzten Zähigkeit an den Grundelementen der offensiven deutschen Strategie, dem Glauben an die Unentbehrlichkeit der Schlachtentscheidung und ihre Überlegenheit über die bloße Defensive festgehalten. Ebenso bezeichnend ist es, daß er bis zum Ende seiner Laufbahn als Chef der Obersten Heeresleitung (1916) auch niemals in der Überzeugung wankend geworden ist, daß die Hauptgegner Deutschlands: England und Frankreich, im Westen stünden und hier die militärische Entscheidung gesucht werden müsse. Auch wenn er sehr bald von der Reichsregierung diplomatische Schützenhilfe durch die Einleitung von Friedensverhandlungen, besonders im Osten, dringend forderte, bleibt bei ihm das militärische Denken beherrschender, als oft gemeint worden ist. Schon die Hartnäckigkeit, mit der er die blutigen Opfer der Ypernschlacht vom 19. Oktober bis 17. November brachte, sollte davor warnen, ihn allzusehr aus der 1914 vorherrschenden Tradition der preußischen und deutschen Heeresgeschichte herauszulösen.

Noch stärker als das Ergebnis des Westfeldzuges mit der Erstarrung der Fronten in seinem ganzen Ernst verkannt wurde, sind die Ereignisse des Bewegungskrieges im Osten in ihrer Tragweite hoffnungsfreudig überschätzt worden. Hier war der achten Armee in Ostpreußen unter der neuen Führung Hindenburgs und Ludendorffs bei Tannenberg nach vorbereitender Stabsarbeit, vor allem durch Oberstleutnant Hoffmann, ein Umfassungssieg geglückt,

LEBENSDATEN

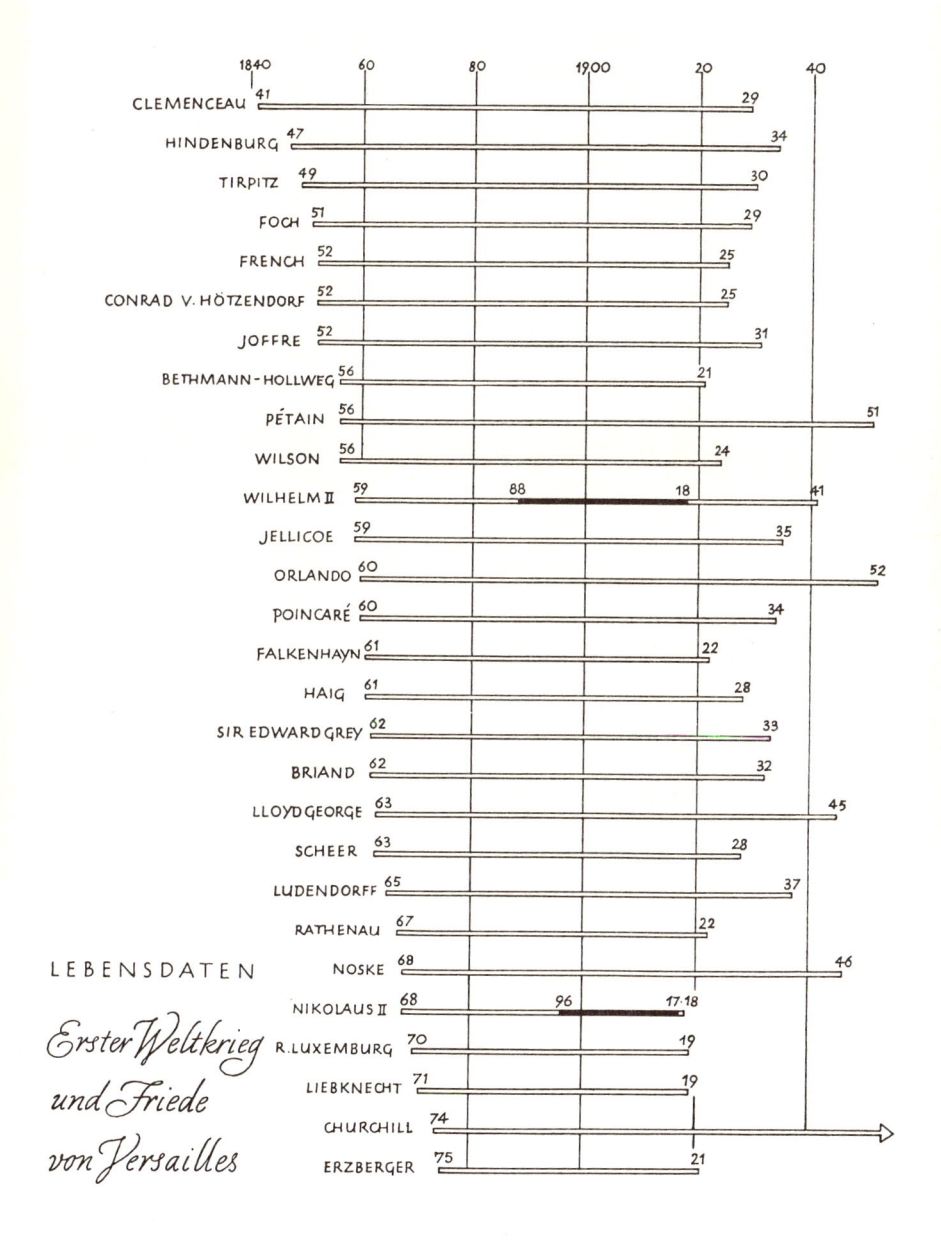

Erster Weltkrieg
und Friede
von Versailles

Name	Geburt	† / Alter
CLEMENCEAU	1841	29
HINDENBURG	47	34
TIRPITZ	49	30
FOCH	51	29
FRENCH	52	25
CONRAD V. HÖTZENDORF	52	25
JOFFRE	52	31
BETHMANN-HOLLWEG	56	21
PÉTAIN	56	51
WILSON	56	24
WILHELM II	59 / 88 / 18	41
JELLICOE	59	35
ORLANDO	60	52
POINCARÉ	60	34
FALKENHAYN	61	22
HAIG	61	28
SIR EDWARD GREY	62	33
BRIAND	62	32
LLOYD GEORGE	63	45
SCHEER	63	28
LUDENDORFF	65	37
RATHENAU	67	22
NOSKE	68	46
NIKOLAUS II	68 / 96 / 17·18	
R. LUXEMBURG	70	19
LIEBKNECHT	71	19
CHURCHILL	74	
ERZBERGER	75	21

der durch eine noch wesentlich größere Gefangenenzahl (zweiundneunzigtausend) als selbst bei Sedan als ein Cannae ausgewiesen wurde. Tannenberg schien sich ebenbürtig neben die großen Entscheidungsschlachten der Weltgeschichte stellen zu dürfen, obwohl die harte Wirklichkeit zu dem Schluß drängt, daß das dem Siegerpaar verliehene Prestige fast bedeutsamer als die konkreten Auswirkungen des Sieges auf dem Schlachtfeld gewesen ist. Obwohl die Armee Rennenkampf hinter die Grenze Ostpreußens zurückgedrängt wurde, vermochte man doch nicht einmal diese Provinz dauernd gegen teilweise russische Besetzung zu sichern. Dafür hatte Moltke dem rechten Flügel der Westarmee vor der Marneschlacht vorzeitig zwei Armeekorps entzogen.

Für den Verlauf des Ostfeldzuges von 1914 wurde weiterhin wichtig, daß die wegen des Marnefeldzuges verzögerte deutsche Verstärkung für den Osten den Anfangsniederlagen des von seinem Führer ehrgeizig überforderten österreichisch-ungarischen Heeres den Charakter einer niemals ganz auszugleichenden Endgültigkeit verliehen hat. Schon das völlige Scheitern zweier österreichischer Offensiven gegen Serbien vor dem Ende des Jahres 1914 hat das Ansehen der Doppelmonarchie stark angeschlagen. Ernster war noch, daß der gegen eine Übermacht von vier russischen Armeen zusammenbrechende Feldzug in Galizien nicht nur zum Verlust dieser wichtigen Provinz bis zur Sanlinie führte, sondern auch zur Kapitulation der Festung Przemysl mit einer armeestarken Besatzung (22. März 1915). Die besonders empfindliche Armee dieses Nationalitätenstaates erlitt schwere Verluste und fühlte sich gegenüber der massiven, scheinbar unerschöpflichen Übermacht des russischen Gegners fortan dauernd unterlegen.

Sie blieb schon seit dem Herbst 1914 ständig auf den stärkeren deutschen Verbündeten angewiesen. Damit stellte sich der deutschen Führung die Frage, ob eine Entscheidung durch den Einsatz ihrer neu aufgestellten Reserven doch noch im Osten erzwungen werden konnte. Seit dem Herbst 1914 hat das zu gereizter, auch auf politische Stellen und selbst auf eine breitere Öffentlichkeit übergreifender Diskussion zwischen der zweiten Obersten Heeresleitung und den Siegern von Tannenberg geführt, denen im November als »Oberost« die Gesamtheit der deutschen Kräfte gegen Rußland unterstellt worden war. Falkenhayn hielt bis in das Frühjahr 1915 und erneut im Jahr der Verdunschlacht 1916 an dem Plan fest, die Entscheidung im Westen zu suchen. Auch in der Zwischenzeit vertrat er mit Rücksicht auf den steigenden Druck an der Westfront und angesichts der unabsehbare Kräfte beanspruchenden Tiefe des russischen Raumes den Standpunkt, daß eine kriegsentscheidende Kräftekonzentration im Osten die Möglichkeiten der deutschen Führung übersteige, eine Auffassung, die zumindest durch die ernste Lage während der Herbstschlachten des Jahres 1915 in Frankreich bestätigt wird. Oberost und Conrad von Hötzendorf haben dagegen immer wieder gehofft, durch eine gigantische Zangenoffensive von Norden und Süden die ganze russische Front zerbrechen zu können. Sie beriefen sich darauf, daß Falkenhayn die Verstärkungen für den Osten stets nur paketweise und zeitlich begrenzt zur Verfügung gestellt habe. Die Größe der trotzdem errungenen Erfolge schien ihnen zu beweisen, daß ein gesammelter großzügiger Einsatz den Zusammenbruch des bis Ende 1915 ohnehin materialmäßig erschöpften Zarenreiches beschleunigen werde. Wie alle hypothetischen Fragen an die Geschichte wird sich auch diese niemals endgültig entscheiden lassen, obwohl die Zähigkeit des russischen Widerstandes eher Falkenhayn recht zu geben scheint.

So standen Hindenburg und Ludendorff und ihrer neunten Armee nur begrenzte Kräfte zur Verfügung, als sie Ende September neben den Österreichern von Schlesien aus gegen den Weichselbogen von Warschau vorstießen. Der Rückzug, den sie wegen der Gefahr einer Überflügelung von Norden her am 19. Oktober antraten, schien nun doch noch der russischen »Dampfwalze« auf Schlesien und Posen eine Bahn zu öffnen. Da brachen sie durch eines ihrer überlegensten Manöver am 11. November von Thorn aus in die rechte Flanke des russischen Vormarsches ein. Wieder reichten aber die etappenweise eintreffenden Reserven nur zu schweren Schlägen hin; sie konnten nicht verhindern, daß das Ringen um Lodz schnell zu einer schweren Krise führte. Als sie überwunden war, kam der Vormarsch vor Warschau und der Weichsellinie zum Stehen.

Damit begann auch die russische Front von der Ostsee bis zu den Karpaten zu erstarren. Trotz erneuter Verstärkung brachte die Winterschlacht an den Masurischen Seen in den Stürmen des Februar 1915 nur die endgültige Befreiung Ostpreußens, nicht die Bezwingung der Narewlinie. Der Einsatz deutscher Truppen an der österreichischen Karpatenfront konnte nicht verhindern, daß die russische Überzahl unerbittlich den ganzen Winter über weiter vorwärts drängte und daß zu Beginn des Frühjahrs 1915 die Gefahr eines Einbruches in die ungarische Tiefebene über die schon erreichten Paßhöhen drohend bevorstand. Die Lage war wegen der beginnenden Schlacht an den Dardanellen (März 1915) und wegen des bevorstehenden Kriegseintritts Italiens für die Mittelmächte so gefahrvoll – konnte doch der Verlust des Balkans dann kaum mehr fraglich sein –, daß nun auch Falkenhayn auf einen Angriff im Westen verzichtete und die verfügbaren Kräfte für eine Entlastungsoffensive zur Rettung des Bundesgenossen an die Ostfront warf.

Die neugebildete deutsche elfte Armee unter Mackensen mit Seeckt als Stabschef erzwang am 2. Mai 1915 am Nordhang der Karpaten bei Gorlice-Tarnów zum erstenmal in diesem Krieg einen erfolgreichen Durchbruch durch Verteidigungsstellungen. Sie waren freilich im Osten mit der Stärke der Weststellungen nicht vergleichbar. Dazu kam für die Russen Material- und Munitionsmangel, hoffnungslose artilleristische Unterlegenheit, was selbst für die Zähigkeit des russischen Soldaten in der Verteidigung zuviel wurde. So konnte sich in Galizien und Polen vom Mai bis zum Oktober 1915 jener deutsche Heerzug nach Osten entwickeln, dessen großartige Dimensionen die offensive Leistungsfähigkeit Deutschlands noch einmal in glänzendem Lichte erscheinen ließen. Er hat dem russischen Gegner nahezu die Hälfte seiner Kräfte (einhunderteinundfünfzigtausend Tote, sechshundertdreiundachtzigtausend Verwundete und achthundertfünfundneunzigtausend Gefangene) genommen; als er 1916 zahlenmäßig wiederhergestellt und materialmäßig durch die Hilfe der Verbündeten sehr viel besser als 1915 ausgerüstet war, hatte er die Niederlage innerlich doch nicht überwunden. Aber Falkenhayn ist auch in diesen Monaten überzeugt geblieben, daß die verfügbaren Kräfte nicht gestatteten, den Sieg von einer Schwächung zu einer endgültigen Niederwerfung auszuweiten, zumal sich im Westen seit der Konferenz von Chantilly (24. Juni) eine Offensive mit der Übermacht von eintausendsiebenhundert gegen eintausendeinhundertachtundzwanzig deutsche Bataillone vorbereitete. Die von Oberost vorgeschlagene weite Umfassung über Kowno und Wilna wurde daher von Falkenhayn erst so spät, Mitte September, und widerstrebend zugelassen, daß der bedeutende russische Führer, Großfürst Nikolai Nikolajewitsch, das umfaßte Polen rechtzeitig räumen konnte. Die Front im Osten erstarrte von neuem auf einer jetzt noch immer etwas über zwölfhundert Kilometer langen Linie.

Eine weitere Rücksicht, die Falkenhayn zur Begrenzung des Feldzuges gegen Rußland gezwungen hatte, war die Notwendigkeit, die Türkei durch eine direkte Verbindungslinie zu entlasten, was trotz der erfolgreichen Verteidigung der Meerengen dringend erforderlich war. Der Abschluß des Bündnisses mit Bulgarien und die Rettung des österreichischen Ansehens auf dem Balkan verlangten ebenfalls den Einsatz deutscher Kräfte noch im Verlauf des Herbstes 1915. Der mit dem Donauübergang Mackensens (6. Oktober) und dem Fall Belgrads einsetzende Feldzug gegen Serbien ließ durch den konzentrischen Druck von Österreichern, Deutschen und Bulgaren diesen Gegner bis zum November zusammenbrechen; nur Trümmer der Armee konnten sich in verlustreichem Wintermarsch über die Berge Albaniens nach Korfu retten und später zu der französisch-englischen, in Saloniki gelandeten Balkanarmee stoßen. Falkenhayn verzichtete Ende November auf den wegen der langen Nachschublinien schwer durchführbaren Plan, diesen neuen Gefahrenherd durch die Einnahme Salonikis sofort völlig auszuschalten. Damit reihte sich auch der Balkan, zunächst fast nur von den Bulgaren umstritten, zu West-, Ost- und Italienischer Front in die Reihe der Dauerfronten ein, wenn auch zunächst nur mit untergeordneter Bedeutung. Falkenhayn ging jetzt daran, den offensiven Krieg wieder auf dem Boden Frankreichs, Conrad von Hötzendorf gegen den italienischen Gegner in Gang zu bringen, ohne daß sich beide Feldherren bei der sich lockernden Abhängigkeit der Donaumonarchie auch nur über eine gemeinsame Operation hätten einigen können. Die Anstrengungen Deutschlands und Österreich-Ungarns hatten trotz aller glänzenden Einzelerfolge in den beiden ersten Kriegsjahren nicht ausgereicht, um eine militärische, geschweige denn politisch abschließende Entscheidung zu erzwingen.

Der Stellungskrieg von 1914 bis 1916

Der Bewegungskrieg von 1914 bis 1915 hat bei sehr respektabler Leistung des deutschen Generalstabes den Kräftevorsprung der Entente nicht zu beseitigen vermocht. Trotz aller Verluste Rußlands und trotz der knappen französischen Menschenreserven wurde der Vorsprung mit dem Aufbau eines improvisierten englischen Millionenheeres und durch den Kriegseintritt Italiens 1915 und Rumäniens 1916 immer wieder mehr als behauptet. Aber auch die Entente hat im Stellungskrieg bis 1917 die (alle Heeresleitungen gleichermaßen überraschende) defensive Kraft der modernen technischen Kampfmittel nicht überwinden können.

Obwohl es schon parallele Offensiven im Jahre 1915 gab, konnten die schwerfälligen interalliierten Militärkonferenzen erst im Sommer 1916 eine Generaloffensive, zugleich an der Somme, in Italien, in Rußland und verspätet auch auf dem Balkan, an der rumänischen und Salonikifront, bewirken. Gleiche Koalitionsschwierigkeiten haben wegen der Empfindlichkeit und dem Selbstbewußtsein der Donaumonarchie selbst in der Bedrängnis des Jahres 1916 nur zu einem scheinbaren, keineswegs faktischen gemeinsamen Oberbefehle der Mittelmächte geführt. Bei der Entente gab es nicht vor dem Spätherbst 1917, eigentlich sogar erst im Frühjahr 1918 eine gemeinsame Lenkung. Noch immer galt in den Reihen der Verbündeten das französische Heer als das Rückgrat der Ententefronten. So unentbehrlich schon 1915 die englische Verstärkung in dem nicht sehr ausgedehnten, aber strategisch wichtigen und daher besonders stark besetzten Nordteil der Westfront wurde, hat das englische Heer erst in der Sommeschlacht 1916 eine dem französischen Heer gleiche Bedeutung erlangt; und erst im Sommer und Herbst 1917 hat es mit Flandernschlacht und Schlacht bei Cambrai den erheblich schwereren Teil des Kampfes im Westen auf sich nehmen können. French und Haig haben eifersüchtig die Selbständigkeit ihrer Führung als unmittelbar der englischen Regierung gegenüber verantwortlich gewahrt. Lloyd George ist allerdings bei der Frühjahrsoffensive von 1917, indem er Haig an die Weisungen des französischen Oberbefehls band, dem Verbündeten sehr viel weiter entgegengekommen, als dies Haig zuzugestehen bereit war; der Mißerfolg dieses Experimentes hat dann den Übergang zum wirklich gemeinsamen Oberbefehl Ende 1917 und Frühjahr 1918 erheblich erschwert. Denn es war bei berechtigtem englischem Selbstbewußtsein zwar nicht zu verkennen, daß ein Heer, das 1915 nacheinander sechsundzwanzig neue Divisionen an die Westfront und elf Divisionen nach Gallipoli entsandte und 1916 mit vierundzwanzig Divisionen und vierhunderttausend Mann die Hauptlast der Sommeschlacht tragen mußte, stolze Leistungen vollbrachte; aber die Schwäche dieser gigantischen Improvisation und mangelnde Führungserfahrung konnten doch nur allmählich überwunden werden. Der Vorrang der französischen Heeresleitung behauptete sich daher durch den ganzen Krieg; er schien zwar im Frühjahr 1918 bedenklich gefährdet, stellte sich aber durch die Erfolge Fochs schnell wieder her. Der französische Generalstab blieb der vornehmste Gegenspieler seines deutschen Rivalen und sah sich daher auch mit dem Schwergewicht der Verantwortung belastet. Der lähmende Stellungskrieg mußte so bald wie möglich beendet werden, da gerade Frankreich wegen seines knappen Bevölkerungspotentials und wegen der deutschen Besetzung landwirtschaftlich wie industriell wesentlicher Gebiete an einer baldigen Entscheidung des Krieges dringend interessiert war.

Joffre (bis zum Fehlschlag der Sommeschlacht im Herbst 1916) und sein Nachfolger Nivelle haben daher die Offensive an der Westfront gefordert, die strategisch übrigens (Brechung der feindlichen Heeresmacht, wo sie am stärksten war) den herrschenden Ideen aller kontinentalen Stäbe entsprach. England dagegen, das Napoleon durch ein System von Angriffen an den Außenfronten – Abukir, Trafalgar, spanischer Feldzug Wellingtons – besiegt hatte, wollte seine meerbeherrschende Flotte ausnutzen und empfindliche Außenpositionen des Gegners angreifen. Die bedeutendste Einzelaktion dieser Art ist der von Churchill durchgesetzte Meerengenangriff von 1915 gewesen. Bei rechtzeitiger Zusammenarbeit von Flotte und Heer wäre ein Erfolg und damit ein wesentlich anderer Verlauf des Krieges durchaus denkbar gewesen. Auch in Frankreich ist diese These vertreten worden, vor allem von Briand, während der General Sarrail doch zu sehr durch persönliche und politische Interessen an sie gebunden war, um mehr als ein Einzelgänger in der französischen Generalität zu sein. Im ganzen hatten jedoch die Kriegsschauplätze in der Türkei und auf dem Balkan nur begrenzte Bedeutung. England hat in Mesopotamien und Palästina nur sehr zögernd seine Kräfte entfaltet, nachdem es anfangs erhebliches Lehr- und Reugeld gezahlt hatte. Das gleiche gilt für den Salonikifeldzug, der von 1916 bis 1918 ein Stiefkind in der Kriegführung der Entente blieb, stets mit dem Zweifel behaftet, ob der Einsatz stärkerer Kräfte in diesem schwierigen Operationsgebiet den bedenklichen Aufwand des U-Boot-gefährdeten Nachschubs über See eigentlich lohnte. Erst die Erfolge von 1917, der Fall von Bagdad und Jerusalem, haben daher zu den Anstrengungen von 1918 ermutigt, die auf beiden Kriegsschauplätzen als Signal für den Anfang des Kriegsendes eine so große Rolle gespielt haben. Im ganzen aber ist es im ersten Weltkrieg viel weniger als im zweiten dazu gekommen, daß England seine Überlegenheit zur See strategisch gegen die empfindlichen Außenbastionen der Mittelmächte ausgenutzt hätte. Deren langgestreckte Landverbindungen waren jedoch (auf dem Balkan Orientbahn und Donau, in Kleinasien die unfertige Bagdadbahn) anfällig und den Seeverbindungen der Entente, trotz U-Boot-Krieg im Mittelmeer, nicht gewachsen. Die vom Landheer beeinflußte englische Kriegführung hat gegen politischen Einspruch (vor allem Lloyd George) genau wie der französische Generalstab mit eiserner Zähigkeit an dem Prinzip festgehalten, die stärkste Landmacht der Epoche, Deutschland, militärisch mit ihren eigenen Waffen und nach der auch von ihr vertretenen militärischen Konzeption niederzuzwingen.

Das Ergebnis sind jene unermeßlich blutigen und im Grunde doch stagnierenden Jahre des Stellungskrieges im Westen von 1914 bis 1917 gewesen, die von keiner einzigen militärisch wirklich neuen Idee belebt worden sind. Gewiß standen der französische und englische Generalstab vor einer schwierigen Aufgabe. In das seit Napoleon kaum erneuerte militärische Denken war plötzlich die revolutionäre Macht der Technik eingebrochen und hatte eine völlig neue Lage geschaffen. Der von Jahr zu Jahr sich verfeinernde Ausbau eines in die Tiefe gegliederten Stellungssystems: Schützengräben und Stützpunkte, Drahtverhau und Unterstand, verteidigt durch Handgranate, Gewehrgranate, Maschinengewehr, Minenwerfer und eine gigantisch anschwellende Artillerie mit immer größeren Reichweiten und Kalibern, der Ausbau großer Luftflotten für die Beobachtung des Gegners und zum Bombenwerfen – dies alles entwertete schon 1915 alle taktischen Begriffe der Zeit.

Es ist sehr bezeichnend, in welchem Umfang die neuen Kampfmittel selbst oder ihre Anwendung auf die erfinderische Phantasie von Nichtmilitärs zurückgehen. Das Giftgas, zuerst abgeblasen aus Flaschen, dann bedeutsamer als zusätzliches Mittel der Artillerie, wurde von der chemischen Wissenschaft entwickelt, aber von militärischer (deutscher) Seite bei Ypern (22. April 1915) im Rahmen eines so begrenzten Versuches verwendet und vom Gegner dann so schnell übernommen, daß es keinen bedeutenden Einfluß auf den Gang des Krieges zu erlangen vermochte. Die vor allem durch Ernest D. Swinton entwickelte Tankwaffe ist im letzten Kriegsjahr dagegen wichtiger geworden. Aber sie hat das Stadium der ersten Experimente nur dadurch überlebt, daß Winston Churchill für die Entwicklung

Tank an der Westfront

Einsatz von Giftgas an der Westfront

dieser »Landschiffe« Mittel der Marine zur Verfügung stellte. Das Große Hauptquartier hat sich im Januar 1916 mit der Bestellung von vierzig Maschinen begnügt. Die vorzeitige Lüftung des Geheimnisses in der Sommeschlacht hätte als verfrühte Warnung des deutschen Gegners sehr ernste Folgen haben können, aber erst der sensationelle Erfolg der Tankschlacht bei Cambrai (November 1917) hat die Skepsis der Routiniers in beiden Lagern zum Schweigen gebracht. Die Entente hatte Glück, daß die deutsche dritte Oberste Heeresleitung gegen die technischen Neuerungen ebenso zurückhaltend war wie sie selbst. Zudem hätte das spärliche deutsche Rüstungspotential keinen ebenbürtigen Ausbau der neuen Waffe zugelassen. Ähnlich verhielt es sich übrigens mit den scheinbar triftigen Entscheidungen der englischen Admiralität, die sich lange Zeit gegen das Geleitschutzsystem als Schutz gegen die U-Boot-Waffe gesträubt hat; die Empfehlung jüngerer Offiziere hat sich wieder nur durch nichtmilitärische Unterstützung durchsetzen können, durch Lloyd George, diesen in Recht und Unrecht grundsätzlichen Ketzer in Fragen des berufsmilitärischen Dogmas.

Die gigantische Apparatur der modernen Millionenheere war so sehr auf Übung und Gewöhnung angewiesen, wenn sie artikuliert dem Willen ihrer Führer dienen sollte, daß ein gut Teil jener konservativen Bedenklichkeit, mit der sich die Stäbe gegen die schnelle Entwicklung neuer Kampfformen sträubten, verständlich ist. Dennoch bleibt Joffres Beharrlichkeit erstaunlich, mit der er – obwohl im Bewegungskrieg der Marnekrise als elastischer Stratege ausgewiesen – bis Ende 1916 an dem Versuch festgehalten hat, die deutsche Front durch immer stärkere Massierung von Artillerie zu durchbrechen. Das hat dem französischen Heer die blutigen Opfer des Jahres 1915 gekostet, vierhunderttausend Mann in den Schlachten des Frühjahrs, zweihundertfünfzigtausend Mann bei den Herbstschlachten im Artois und in der Champagne. Sehr spät hat man in Frankreich gefolgert, daß der Zermürbungskrieg (Guerre d'usure) sich auf diese Weise gegen seinen Urheber zu wenden drohe. So konnten diese Stellungsschlachten, die niemals einen Durchbruch durch Hauptstellungen, Reserven und Artillerie des Gegners brachten, erst 1916 einen Höhepunkt in der bisher wohl stärksten Verdichtung des Schreckens im modernen Krieg erreichen. Sie haben sich der Erinnerung der Armeen und Völker so unvergeßlich eingeprägt, daß die Furcht vor einer Wiederholung dieses Grauens, mit wenigen Ausnahmen wie Stalingrad, im zweiten Weltkrieg zu einem dauernden, psychologisch höchst wirksamen Motiv der Kriegführung geworden ist.

Die deutsche Führung, die bisher im Westen auf eine ebenfalls schwierige, aber doch nicht so opfervolle Abwehr beschränkt geblieben war, sollte nun 1916 dem Dilemma mit der Verdunschlacht durch Falkenhayn ihren Tribut zollen. Mit der Absicht, das französische Heer zum Verbluten zu bringen, wollte er es zwingen, sich an einem prestigeempfindlichen Punkt zum Kampf zu stellen; sein Plan rechnete weniger mit dem Fall der Festung Verdun als mit der Gewißheit, entweder dem Gegner empfindliche Verluste zuzufügen oder, im schlimmsten Fall, das Ringen abbrechen zu können. Nachdem der Angriff mit überlegener Artillerie, aber sehr begrenzten Infanteriekräften auf einem schmalen Sektor des östlichen Maasufers (21. März) ohne gleichzeitigen Stoß von Norden her eröffnet war, stellte sich trotz glänzender Anfangserfolge heraus, daß beide Rechnungen nicht aufgingen. Im Zwiespalt zwischen dem Drängen des deutschen Kronprinzen und dem Einspruch seines Stabschefs, General von Knobelsdorff, vermochte Falkenhayn den bitteren Entschluß zum rechtzeitigen Verzicht nicht zu fassen. Die Unerbittlichkeit, mit der Joffre seine Reserven für den großen Sommeangriff der Franzosen und Engländer schonte, die zähe Ausdauer, mit der Pétain die Verteidigung organisierte, führten dazu, daß am Ende der Schlacht französische Verluste von zweihundertsiebzigtausend Mann gegen fast ebenso schwere deutsche von zweihundertvierzigtausend Mann standen.

Bedeutete Verdun für Frankreich den moralischen Gewinn eines Abwehrsieges, so brachte dank der nun fraglos werdenden Materialüberlegenheit von Artillerie und Luftwaffe das furchtbar erbitterte Dauerringen der Sommeschlacht von Anfang Juli bis Mitte September, präludiert und begleitet durch die Brussilowoffensive (4.Juni) und das Eingreifen Rumäniens (28. August) im Osten, den Augenblick, in dem die Überspannung der vielgeprüften Kräfte des deutschen Heeres unverkennbar wurde. Wohl glückte es der neu ernannten dritten Obersten Heeresleitung (Hindenburg–Ludendorff), mit Anspannung aller Kräfte die Krise im Osten zu beschwören, und es gelang auch, die Schlacht im Westen, nicht ohne Hilfe des hereinbrechenden Herbstes, zum Stehen zu bringen. Aber die über neunzig deutschen Divisionen, die zum großen Teil zweimal in diese Materialschlacht geworfen worden waren, hatten erneut Verluste von sechstausend Offizieren und zweihundertsiebenundsechzigtausend Mann erlitten. Nach englischer Berechnung stehen im Jahr der Verdun- und Sommeschlacht französische und englische Gesamtverluste in Höhe von sechshundertvierzehntausend Mann deutschen Verlusten von sechshundertfünfzigtausend gegenüber. Jedenfalls war dieser furchtbare Aderlaß auf die Dauer für die deutsche Seite schwerer zu ertragen, um so mehr, als im Osten die Brussilowoffensive dem österreichischen Verbündeten fast vierhunderttausend Gefangene gekostet hatte.

So verlustreich der Stellungskrieg für beide Seiten gewesen ist, blieb doch als Ergebnis ein erdrückendes Übergewicht der Entente mit kampffähiger Koalition zwischen England, Frankreich, Italien und Rußland. Wohl bestand die Gefahr, daß beide Seiten bei dieser stagnierenden militärischen Lage verbluteten. Lord Lansdowne hat in England diese Frage schon im November 1916 mit großem Ernst gestellt. Auch ist Joffre dieser Gefahr geopfert worden, denn nun war selbst der Ruhm des Marnesieges verbraucht. Man zog es vor, dem nur durch blendende Teilerfolge vor Verdun ausgewiesenen Nivelle das Schicksal des für 1917 geplanten Angriffes gegen die deutsche Festung anzuvertrauen, weil er zuversichtlich behauptete, ein sicheres Rezept zur Beschleunigung des Sieges anbieten zu können.

Aber der lähmende Stellungskampf hatte das Wesen des Krieges bereits gewandelt. Mehr und mehr wurde deutlich, daß er nicht auf den Schlachtfeldern Frankreichs und Rußlands, sondern von der Frage entschieden würde, welche der beiden Mächtegruppen stärkere außen- und innenpolitische sowie wirtschaftliche Kräfte mobilisieren konnte. Dieser Krieg, der schon für Aufstellung, Ausrüstung und Unterhalt seiner Riesenheere alle Kräfte der Nationen weit über jedes Vorbild der Vergangenheit in Anspruch nahm, wurde langsam total. Seine unerbittliche Härte steigerte Leidenschaft und Haß der Völker zu ungeahntem Ausmaß. Die scheinbare Unmöglichkeit, ihm Ziel und Maß zu setzen, konnte einen rational denkenden Einzelnen wie Lansdowne zu der Frage führen, ob es nicht höchste Zeit sei, ihn abzubrechen, ehe Europa zerstört war.

Der politische Krieg: Diplomatie und Bündniswerbung
Das Problem des Friedensschlusses

Ausdehnung und Intensität des ersten Weltkrieges haben die Regulative, durch die noch das 19. Jahrhundert den Kampf der Staaten begrenzt hatte, hinfällig werden lassen. Der Krieg weitete sich über den Erdball aus und bezog fernstehende Mächte ein, weil mögliche Verschiebungen in Europa direkt oder indirekt überallhin wirken konnten, so daß jetzt etwa für Japan und die Vereinigten Staaten ein Fernbleiben vom Kampf keineswegs mehr eine uninteressierte Neutralität bedeutete.

Das Schwergewicht Rußlands, das im Verlauf des Krieges rund neunzehn Millionen Soldaten mobil machte, beruhte auf den Reserven seines riesigen Besitzes in Asien. Und wenn die beiden großen Kolonialimperien des europäischen Westens trotz wesentlich geringerer Bevölkerungszahl des Heimatlandes (Großbritannien mit neun Millionen fünfhunderttausend, Frankreich mit acht Millionen zweihunderttausend) nicht allzu weit hinter der deutschen Mobilisierungsleistung (zwölf Millionen zweihunderttausend) zurückblieben, so nur deshalb, weil England die Kräfte Indiens heranziehen und sich auf die freiwilligen Leistungen seiner Dominien stützen konnte und Frankreich die farbige Bevölkerung seiner Kolonien heranzog. Von Anfang an, also schon vor 1917, war dieser Krieg übereuropäisch.

Das aber wandelte nicht nur die bisherige äußere Struktur des europäischen Staatensystems, sondern ließ auch nahezu alle Schranken des Völkerrechts fallen, welche die Schrecken des Krieges eindämmen sollten. Schon der Auftakt des Krieges führte in Belgien dazu, daß die Zivilbevölkerung tragisch in die Schrecken des Krieges verwickelt wurde: Nicht etwa, weil die strenge Disziplin des deutschen Soldaten atavistischer Barbarei Platz gemacht hätte, wie sofort in einer maßlosen Propaganda behauptet wurde, sondern weil der moderne Krieg auch Soldatennerven belastet und – besonders im Übergang vom Frieden zum Krieg – zu Kurzschlußhandlungen führt.

Die Jagd nach der den Gegner überraschenden Vernichtungswaffe führte zum Gebrauch so abschreckender Mittel wie des Flammenwerfers (durch die französische erste Armee in den Argonnen, Herbst 1914) und des Giftgases (durch die Deutschen bei Ypern, 22. April 1915), die auf jeden Fall in unversöhnlichem Widerspruch zur völkerrechtlichen Tendenz standen, den Schrecken des Kampfes von Mensch gegen Mensch in Schranken zu halten.

Bedeutsamer für den Bankrott des Völkerrechts wurde es aber, daß der moderne Krieg auf die Anstrengung der ganzen Bevölkerung angewiesen war und damit die erst neuzeitliche Scheidung von Militär und Zivil hinfällig machte. Der Krieg der Volksheere mit technischen Mitteln beruhte auf der Wirtschaft, so daß der Gegner nur in dieser entscheidend getroffen werden konnte. Die Blockade der Seemächte gegen die kontinentalen Mittelmächte, der Unterseebootkrieg, die zwangsweise Mobilisierung von Arbeitskräften in den besetzten Ländern, die mit Zeppelinangriffen auf London beginnende, später auf Flugzeuge übergehende Einbeziehung des feindlichen Hinterlandes in den Kampf sind Glieder dieser verhängnisvollen Entwicklung. Sie erreichten bereits beträchtliche Dimensionen mit den deutschen Luftangriffen auf London, der Beschießung von Paris durch Ferngeschütze, aber auch umgekehrt durch die schnelle Steigerung der Luftangriffe der

Entente auf westdeutsche Städte. Sie sollten 1919 zu einem wirklichen Vernichtungsangriff werden, der bereits die Schrecken des zweiten Weltkrieges vorweggenommen hätte. So ist es verständlich, daß sich – anknüpfend an die Friedensbewegung des 19. Jahrhunderts – die Forderung nach neuen Garantien erhob, die auf überstaatlicher Grundlage die Schwäche des historischen Völkerrechts überwinden sollten. Bereits im Verlauf des Krieges wurden derartige Ideen mit zunehmender Stärke laut; sie fanden schließlich in Woodrow Wilsons Völkerbundsidee ihren klassischen Ausdruck. Aber der Krieg selbst blieb doch unerbittlich dadurch geprägt, daß, bei Freund und Feind gleichmäßig, die Härte des Daseinskampfes nackter Macht- und Interessenpolitik die Oberhand ließ.

Im politisch-diplomatischen Krieg opferten beide Lager ethische und rechtliche Bedenken wie spezielle eigene Interessen, nur um eines endgültigen Erfolges willen. Sie hatten sich vor 1914 schon unabhängig von ideologischen und verfassungspolitischen Prinzipien gebildet; die Autokratie der Romanows war mit den beiden großen parlamentarischen Demokratien Westeuropas verbündet, obwohl der Kontrast bis zur Revolution von 1917 durch reaktionäre Verhärtung in Rußland verschärft wurde. Wohl setzte bei Kriegsbeginn sofort ein Propagandafeldzug gegen die Monarchien der Mittelmächte ein; sie hätten, vom Volkswillen unabhängig, die Katastrophe verursacht und sich die Zerstörung der demokratischen Freiheit als Kriegsziel gesetzt. Unter dem Druck der Kriegslage aber sahen sich beide Seiten gezwungen, um Bündniserweiterungen mit den Mitteln der überlieferten Diplomatie zu werben. Der Historiker kann die Unvermeidlichkeit dieses Vorgangs anerkennen, darf aber damit nicht den auf beiden Seiten vorhandenen Zwiespalt zwischen Propaganda und tatsächlicher Kriegführung verschleiern.

Der Kriegspolitik der Mittelmächte ist im eigenen Lager immer wieder vorgeworfen worden, ihre Diplomatie sei unfähig gewesen, die Erfolge der Heere auf außenpolitischem Felde auszuwerten. Vor allem in Deutschland hat die nicht etwa neue Anklage, daß die Feder des Diplomaten stets die Leistung des Schwertes verderbe, eine geradezu verhängnisvolle Rolle gespielt. Auch wer nicht an eine Apologie des Auswärtigen Amtes im Weltkrieg denkt, muß doch berücksichtigen, daß die deutsche Bündniswerbung durch den Stand der Kräfteverhältnisse und das nüchterne Diktat der Kriegslage begrenzt war. Mochten bis zur Marneschlacht auch im Ausland noch Unklarheiten über die Bedrängnis der deutschen Lage möglich sein, so konnte doch seit dem September 1914 kein Zweifel mehr über ihren Ernst bestehen. Selbst die Propaganda konnte im Grunde nur wirksam werden, wo sie gegebene Tatsachen benutzte, nicht, wo sie gezwungen war, sich über sie hinwegzusetzen. So sind die beiden Staaten, die den Abschluß eines Bündnisses mit den Mittelmächten wagten, 1914 die Türkei und 1915 Bulgarien, nur dadurch zu diesem Entschluß getrieben worden, daß die Türkei auf die Dauer von der Entente keine zuverlässige Garantie ihrer Existenz zu erhoffen wagte, Bulgarien aber von der mit Serbien verbündeten, um Rumänien und Griechenland werbenden Entente trotz aller englischen Versuche, einen Ausweg des Kompromisses zu finden, nicht auf die Erfüllung seiner Gebietswünsche rechnen durfte, die nur von den Mittelmächten bewilligt werden konnten. Gewiß hat die Türkei nach dem Vertrag des 2. August 1914 noch monatelang geschwankt, ehe sie sich von dem ehrgeizigen Vertreter der jungtürkischen Gruppe, Enver Pascha, durch den Flottenangriff am 29. Oktober in den Krieg hineinreißen ließ. Die bis zuletzt dauernden Hoffnungen der Entente, sie doch noch in der Neutralität erhalten zu können, sind aber nicht so sehr an den Unstimmigkeiten in den Reihen ihrer Diplomatie als an der grundlegenden Tatsache gescheitert, daß die Türkei von Rußland keinen dauernden, ehrlichen Verzicht auf sein Drängen zu den Meerengen erwarten konnte. Außerdem legte die Gärung in ihren arabischen Gebieten von der Halbinsel selbst bis nach Mesopotamien der englischen Politik nahe, diese Lage auszunutzen.

Die Kräfte des türkischen Einundzwanzigmillionenreiches haben dann gerade hingereicht, eine sofortige Katastrophe durch die vom März bis zum Dezember 1915 dauernde Schlacht um die Meerengen abzuwehren, obwohl der Gegner nach dem schnellen Steckenbleiben des isolierten Flottenangriffes (18. März) seine Kräfte schließlich auf über einhundertsechzigtausend Mann steigerte; die ganze Expedition hat der Entente nacheinander vierhundertfünfzigtausend Ausfälle durch Krankheit und einhundertfünfundvierzigtausend Tote und Verwundete gekostet. Aber mit dieser Anstrengung ist die Leistungsfähigkeit des weiten und losen Reiches im Grunde bereits erschöpft gewesen. Die aus Envers panturanischen Träumen entspringenden Angriffe auf das Kaukasusgebiet haben 1914/15, 1916 und 1918 nur zu katastrophalen Verlusten und ergebnisloser Schwächung seiner Armeen geführt.

Die Proklamation des Heiligen Krieges fand nur in Tripolis bei dem Orden der Senussi ein episodisches Echo, konnte dagegen nicht die Mobilisierung Indiens durch England verhindern. Auf den Kriegsschauplätzen von Mesopotamien bis zum Suezkanal hat auch deutsche Führung und begrenzte Material- sowie noch begrenztere Truppenhilfe nicht viel gegen das weit überlegene Aufgebot Englands ausrichten können. Schon 1917 ist die Türkei ebenso eine Belastung wie eine Stütze der deutschen Kriegführung gewesen, während sie der deutschen Diplomatie im Kaukasus und durch gespannte Beziehungen zu Bulgarien auf dem Balkan erhebliche Schwierigkeiten bereitete. Wohl hat sie starke Streitkräfte der Entente gebunden, aber nur um den Preis ihrer über die Grenzen des türkischen Volkstums hinausgreifenden Herrschaft über Vorderasien. Bei Kriegsende stand selbst ihre Existenz auf dem Spiel, die nur durch eine schwere Revolution gerettet worden ist. So ist es verständlich, daß sie es im zweiten Weltkrieg, wenn auch ihre Nordprovinzen und die Meerengen durch Rußland bedroht waren, vorgezogen hat, in der jetzt freilich durch England gedeckten Neutralität zu bleiben.

Bulgarien hat den Anschluß an Deutschland durch das Bündnis vom 6. September 1915 unter dem Eindruck der deutschen Erfolge gegen Rußland vollzogen. Es konnte nach dem schnellen Sieg über Serbien und der Besetzung der begehrten mazedonischen Gebiete glauben, das Ziel seiner Wünsche im wesentlichen erreicht zu haben. Der deutsche Verzicht auf die Salonikioffensive beruhte sekundär auch auf der Erwägung, daß man diesen Verbündeten nur so lange im eigenen Lager werde festhalten können, wie seine im Grunde kriegsmüde und schlecht versorgte Armee durch das Ententeheer bei Saloniki gebunden bleibe. Seine Unlust zeigte sich, als es nicht in den Krieg gegen die Vereinigten Staaten eintreten wollte. Kriegsmüdigkeit und Kriegsverdrossenheit sind auch für die Schnelligkeit des Zusammenbruches im Herbst 1918 verantwortlich. Wie die Türkei hat Bulgarien zeitweise den Mittelmächten durch Bindung feindlicher Kräfte wertvolle Dienste geleistet, aber wie die Türkei niemals eine Verstärkung bedeutet, die den Verlauf des Krieges im großen ernsthaft hätte beeinflussen können. Dagegen hat die Ententepolitik schon vor Ende 1916 zweimal geglaubt, das militärische Gleichgewicht durch den Gewinn eines neuen Bundesgenossen ernsthaft verändern zu können. Bei Kriegsausbruch war ihr, von Rußland gewünscht, von England im Grunde kaum gewollt, das Bündnis mit Japan zugefallen, das schon mit der Kapitulation von Tsingtao (7. November 1914) sein unmittelbares Ziel, die Besetzung des deutschen Pachtgebietes von Kiaochou, erreichte. Es stellte sich dann freilich heraus, daß Japan jede ernsthafte Verstrickung in den europäischen Krieg, auch die von Frankreich zeitweise befürwortete Entsendung von Streitkräften an die russische Front, unbedingt ablehnte. Es ließ sich nur dazu bewegen, einige Zerstörer gegen die deutschen U-Boote im Mittelmeer zu entsenden. Mit dem Ultimatum der einundzwanzig Punkte vom Januar und Mai 1915 schickte es sich an, ein politisches und wirtschaftliches Übergewicht in Nord- und Mittelchina zu begründen, und enthüllte so gegen wenig wirksamen amerikanischen Protest das eigentliche Ziel seiner Politik: die Ausnützung des europäischen Krieges zur Begründung einer Vormachtstellung im Fernen Osten. Im Juli 1916 schloß es sogar mit dem in Europa völlig gefesselten Rußland einen Geheimvertrag zur Wahrung gemeinsamer Interessen in China und in der Manchurei gegen dritte Mächte. Wenn aber daran die Hypothese geknüpft worden ist, daß im Falle eines Sonderfriedens zwischen Deutschland und Rußland damals die Möglichkeit eines Blocks dieser drei Staaten gegen die angelsächsischen Mächte, eine Vorwegnahme der Träume einer Ost-West-Achse im Sinne der ersten Jahre des zweiten Weltkrieges, vorhanden gewesen sei, so unterschätzt man doch den Realismus der damaligen japanischen Politik, welche die Stärke der großen Seemächte besser im Bewußtsein hatte als die Desperadopolitiker nach 1932. Ohne ihre Differenzen über die Zukunft Chinas jemals überwinden zu können, haben Tôkyô und Washington doch im Lansing-Ishii-Vertrag vom 2. November 1917 einen vorläufigen Ausweg gefunden, der Japan den Erwerb der deutschen Inseln im westlichen Teil des Stillen Ozeans in Aussicht stellte; die Vereinigten Staaten hielten zwar an der Integrität Chinas fest, mußten aber spezielle japanische Interessen, besonders in China, mit einer elastischen und bedenklichen Formel zugestehen. Effektiv bestanden Japans Kriegsbemühungen aus einem Eindringen in das europäische Machtvakuum im Fernen Osten, das durch die Konzentration aller Kräfte auf Europa entstanden war; sie waren keineswegs kriegsentscheidend.

Dagegen war für die augenblickliche Kriegslage der welthistorisch längst nicht so folgenreiche Kriegseintritt Italiens ein dramatisches Ereignis. Italiens Intervention auf der Seite der Entente hat wie die rumänische einen Bündniswechsel vorausgesetzt. Bei Kriegsausbruch hatte man die Feinheiten des Dreibundvertrages zur Begründung seiner Neutralität benutzt und schon im August 1914 in London und St. Petersburg den Preis eines Anschlusses an die Entente zu sondieren versucht. Vom Januar bis März 1915 verhandelte man vergeblich mit Wien, das die verlangte Kompensation, die Abtretung des Trentino, trotz deutschem Druck verweigerte, weil eine Abtretung auf Grund des Nationalitätenprinzips den Vielvölkerstaat stark gefährdet hätte. Vom 4. März bis zum Abschluß des Londoner

Geheimvertrages vom 26. April 1915 hat Italien dann nach beiden Seiten operiert, was der Ministerpräsident Salandra offen mit dem Interessenprinzip des »sacro egoismo« verteidigt hat. Die Öffentlichkeit und die Mehrheit beider Kammern des Parlamentes hätten die Neutralität dem Wagnis des Krieges vorgezogen. Aber es gab eine Agitation der Straße für den Kriegseintritt, in der sich Mussolini nach seinem Abfall von der Sozialistischen Partei zuerst einen Namen gemacht hatte. Trotz aller Aspirationen auf französischen Besitz, Nizza, Korsika und Tunis, waren in Italien die romanischen Sympathien natürlich stärker als die für die deutschen Mächte. Die wirtschaftlichen Verbindungen zu England und Frankreich waren umfangreicher als zu Deutschland. Das nationale Gefühl für italienische Volksteile unter österreichischer Herrschaft und der Wunsch, zur führenden Stellung im Mittelmeer aufzusteigen, konnten besser auf seiten der Entente befriedigt werden. Zusagen wie im Londoner Vertrag, Brennergrenze, Trient und Triest, Istrien und Dalmatien mit den vorliegenden Inseln, Protektorat über Albanien mit Valona, Aussicht auf Abrundung der Kolonialgebiete in Afrika und Hoffnung auf Zulassung bei der Aufteilung der Türkei, konnten die Mittelmächte niemals machen.

Die letzten Hemmungen Italiens sind beim Beginn der Dardanellenschlacht (Ende April 1915) beseitigt worden. Es schien Zeit zu sein, sich in die Entscheidung über die Türkei und den Balkan einzuschalten. Freilich hatte sich im Augenblick des Kriegseintritts gegen Österreich (nicht auch sogleich gegen Deutschland) am 20. Mai 1915 schon die Lage an der Ostfront mit dem Durchbruch von Gorlice (1.–3. Mai 1915) gewandelt. Die Entente hoffte die Zusicherungen an Italien damit zu rechtfertigen, daß das frische Heer von nahezu einer Million Mann (im Verlaufe des Krieges auf fünf Millionen sechshunderttausend gesteigert) schlagartig die Kriegslage ändere. Das erwies sich bei zähem Widerstand der Österreicher im Hochgebirgskrieg als völlige Illusion. Italien erlitt in den elf Isonzoschlachten von 1915 bis 1917 schwere Verluste. Der Krieg, der seinen Großmachtanspruch rechtfertigen sollte, enthüllte eher die Grenzen seiner militärischen und wirtschaftlichen Leistungsfähigkeit und belastete sein Verhältnis zu den Verbündeten.

Die gleiche Enttäuschung wiederholte sich für die Entente beim Kriegseintritt Rumäniens 1916. Rumänien hat, immer wieder durch russische Niederlagen gewarnt, auch gehemmt durch die Zurückhaltung Rußlands gegen die rumänischen Banat-Wünsche, bis zur Brussilowoffensive im Sommer 1916 gewartet, ehe es zum Wagnis des Krieges entschlossen war. Vor allem der französische Generalstab hat für eine Bewilligung der hochgespannten Bukarester Ansprüche auf Siebenbürgen, die Bukowina und den Banat plädiert, weil er von dem Eingreifen einer neuen Armee von immerhin fünfhundertsechzigtausend Kombattanten einen Ausschlag in der mehr denn je gespannten Kriegslage erhoffte. Freilich setzte Rumänien nun seine Hauptkräfte, vierhunderttausend Mann, für die sofortige Eroberung des fast ungeschützten Siebenbürgen ein. Es behandelte die von Paris verlangte Kooperation des eigenen Angriffs mit der ihm zugesagten Offensive der Salonikiarmee als nebensächlich, obwohl es selbst russische Truppen zum Schutz gegen die Bulgaren gefordert hatte. Nicht nur die Unterlegenheit der rumänischen Führung und Armee, sondern auch diese typischen Reibungen des Koalitionskrieges haben den schnellen Zusammenbruch herbeigeführt. Die von Mackensen geleitete Eroberung der Dobrudscha bis zur Donaulinie und der Ende

September beginnende Gegenstoß Falkenhayns in Siebenbürgen und den Karpaten, der nach dem Donauübergang Mackensens schon am 6. Dezember zum Fall von Bukarest führte, brachten den kriegswirtschaftlich so wichtigen Reichtum Rumäniens an Öl und Getreide in die Hand der Mittelmächte. Ohne diesen Zuwachs hätten sie den Krieg, vor allem den Luft- und U-Boot-Krieg, nicht bis zum Spätherbst 1918 fortsetzen können. Vollkommen war der neue Gegner aber nicht ausgeschaltet. Die rumänische Armee gliederte sich Anfang 1917 an der Serethlinie der russischen Front als südliche Verlängerung an und hatte, selbst nach der russischen Revolution und dem Frieden von Brest-Litowsk, noch eine gewisse Bedeutung.

So hat die von beiden Seiten mit allen Mitteln der Diplomatie betriebene Ausweitung des Krieges in Europa bis Ende 1916 keine Entscheidung herbeigeführt. Sie hat nur die Erbitterung des Kampfes und der Kämpfenden gesteigert und dadurch ein Abbrechen des Krieges erschwert. Daß Bündnisgewinn einer Kapitulation der werbenden Macht vor der umworbenen gleichkomme, hat die deutsche Politik beim Vertrag mit Bulgarien, die Entente zuerst beim Londoner Vertrag mit Italien zu spüren bekommen. Das klassische Beispiel für den Zwang, die Sonderinteressen der Bundesgenossen berücksichtigen zu müssen, sind jedoch die Teilungsverträge der Entente über die Türkei gewesen. Die Beherrschung der Meerengen war das verlockendste Kriegsziel Rußlands, obwohl der russische Generalstab außer der Behauptung der Kaukasusfront niemals nennenswerte Kräfte zur Erreichung dieses Zieles zur Verfügung stellen konnte; auch die russische Schwarzmeerflotte vermochte nicht einmal während der Dardanellenschlacht die Operation der Verbündeten zu entlasten. Die Befürchtung, es könne wegen seiner Schwäche zum Abschluß eines Sonderfriedens gezwungen werden, ließ Rußland zu Beginn der Meerengenoperation nochmals drohende Forderungen erheben; die Westmächte konnten nicht länger ausweichen. England leidlich elastisch, Frankreich mit erheblichem Widerstreben sagten Rußland im März und April 1915 für den Fall des siegreichen Kriegsausganges den Besitz von Konstantinopel und die Beherrschung beider Meerengenufer an Bosporus, Marmarameer und Dardanellen zu. Damit waren sie gezwungen, ihre eigenen Interessen an der Aufteilung der asiatischen Türkei nicht zu kurz kommen zu lassen. Während Rußland auch hier Ansprüche im Norden auf Armenien und Kurdistan erhob, sicherte sich England 1916 den vorherrschenden Einfluß in Arabien und Mesopotamien, Frankreich Syrien mit den Provinzen Adana und Kilikien, während Italien 1917 die Zusage einer Interessensphäre mit Adalia und um Smyrna erzwang. Palästina mit seinen heiligen Stätten sollte unter internationale Verwaltung gestellt werden. In der Balfour-Deklaration vom 2. Nov. 1917 wurde es auch noch als künftige »Heimstätte« jüdischer Siedlung in Aussicht genommen, obwohl dies den inoffiziellen Zusagen des Obersten Lawrence bei seiner Werbung um die Hilfe der Araber widersprach. In der Hoffnung auf ein einheitliches Reich einschließlich Palästina und Syrien bis Mesopotamien hatten die Araber eine militärisch nicht belanglose Hilfstruppe gegen die Türkei mobil gemacht. Diese Verstrickungen der Kriegspolitik und auch die Versprechungen an Italien lasteten bereits bei der Zusammenarbeit mit den Vereinigten Staaten während des Krieges, noch mehr aber beim Friedensschluß und in der Nachkriegszeit als schwere Hypothek auf den Staaten der Entente.

EUROPA VOR DEM
ERSTEN WELTKRIEG

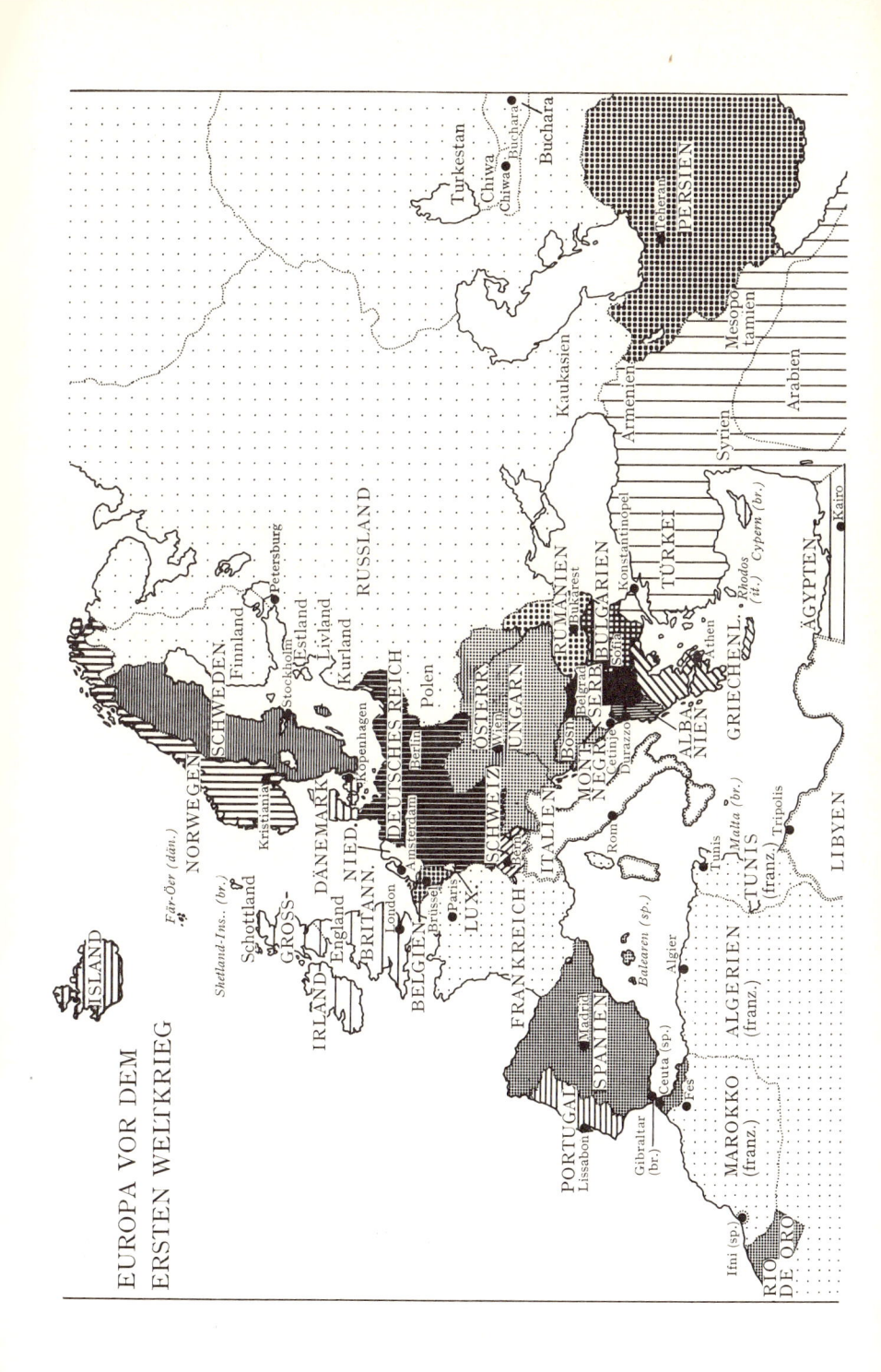

EUROPA NACH DEM ERSTEN WELTKRIEG

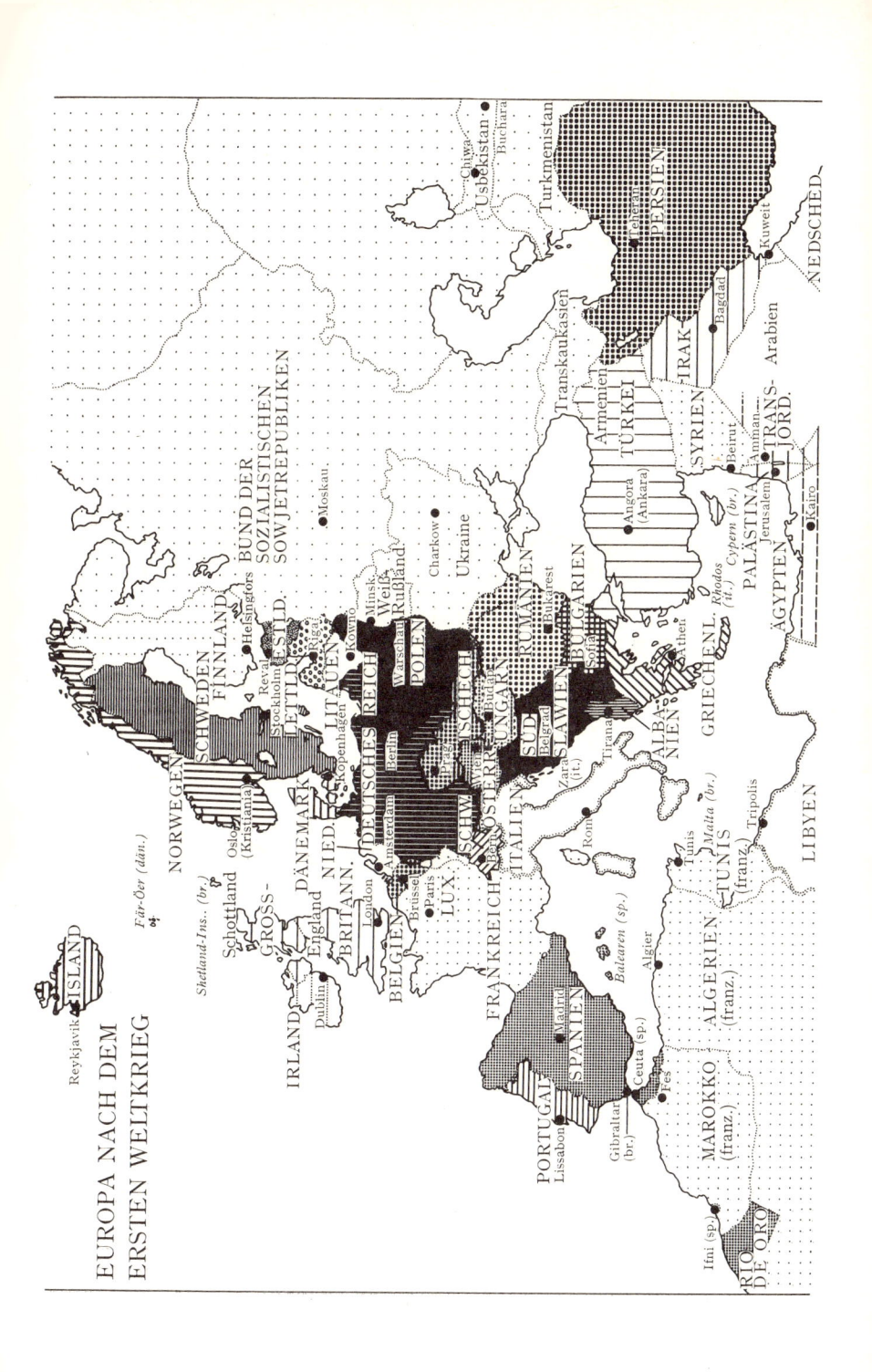

Die 1916 abgeschlossene Eroberung der deutschen Kolonien (mit Ausnahme von Deutsch-Ostafrika), an der in Togo und Kamerun auch Frankreich und Belgien beteiligt waren, während in Südwest- und Ostafrika das Dominion von Südafrika, in der Südsee Australien und Neuseeland die Hauptlast trugen, legte die Westmächte ebenso über das Kriegsende hinaus politisch fest. Edward Grey hat schon 1915 dem Oberst House dargelegt, daß an eine Rückgabe der deutschen Kolonien nicht zu denken sei, während man in Deutschland, selbst in gemäßigten Kreisen, noch bis 1918 davon träumte, ein in Europa unentschiedener Krieg werde sich durch den Gewinn weiter zentralafrikanischer Gebiete kompensieren lassen. Man rechnete mit einer Erneuerung der vor 1914 bestehenden englischen Bereitschaft zu kolonialen Zugeständnissen, übersah aber völlig den im Krieg erstarkten Willen der Dominien, erkämpfte Gewinne zu behaupten.

Die Härte des Krieges förderte keineswegs die Aussicht auf einen Status quo ante, weder im Bereich der Kolonien noch in Europa. Das gilt ebenso für die geheimen russisch-französischen Kriegszielabmachungen wie für den Annexionismus im deutschen Lager.

England hat bis 1917 in Europa nur die Wiederherstellung der kleinen Verbündeten, in erster Linie Belgiens und Serbiens, gefordert. Wie Frankreich hat es die polnische Frage aus Rücksicht auf Rußland mit äußerster Zurückhaltung behandelt und sich wenigstens nicht endgültig für den Rückfall Elsaß-Lothringens an Frankreich verpflichtet. Daß Frankreich und Rußland, Delcassé und Sasanow, schon im Herbst 1914, wiederholt noch in dem St. Petersburger Geheimvertrag vom 11. März 1917, sich Vollmachten über den Siegespreis an der West- und Ostgrenze Deutschlands ausstellten, konnte England nicht verhindern. Selbst Briand hat sich damals, am Vorabend der Märzrevolution, aus Sorge vor einem Abfall Rußlands schweren Herzens entschlossen, für Frankreich nicht nur das durch das Saargebiet erweiterte Elsaß-Lothringen, sondern auch die Organisation des linken Rheinufers in einem vom Reich getrennten und neutralisierten Staat zu beanspruchen. Rußland erhielt freie Hand für seine Westgrenze, was es nicht nur zum Herrn über Polen gemacht haben würde, sondern – im günstigsten Falle – auch über Ostpreußen und Galizien. Außerdem hätte sich Rußland einen entscheidenden Einfluß auf die Zukunft der slawischen Bevölkerungen Österreich-Ungarns gesichert. Freilich ist das Unabhängigkeitsstreben von Tschechen und Südslawen, vertreten durch so bedeutende Köpfe wie Masaryk und Beneš, schon in den ersten Kriegsjahren in England und Frankreich beachtet worden; aber beide Staaten haben sich zur Politik einer Zertrümmerung der Doppelmonarchie erst entschlossen, als mit einem Hineinwachsen Rußlands nach Mitteleuropa (Frühsommer 1918) nicht mehr zu rechnen war, mochten sie auch die »Befreiung« der unterdrückten Nationalitäten schon in der Note an Wilson vom 10. Januar 1917 in sehr elastischer und vieldeutiger Formulierung auf die Tagesordnung gesetzt haben.

Die Kriegszielpolitik der Entente hatte vornehmlich zwei Motive: einmal den festen Willen, jede mögliche Verstärkung der eigenen Sache wahrzunehmen, weil der am schärfsten geführte, nach Möglichkeit abgekürzte Krieg im Grunde auch der humanste Krieg sei, und zum anderen die Illusion, daß die radikale Entscheidung des Ringens durch die Niederwerfung des Gegners der einzig sichere Weg sei, die Wiederholung einer solchen Katastrophe zu verhindern. Erst 1916 sind im Lager der Entente bald wieder zum Schweigen gebrachte

Stimmen laut geworden, daß diese Motive eine Zertrümmerung Europas in seiner historischen Gestalt und seinem historischen Rang bedeuteten. Das gleiche Dilemma auf der deutschen Seite: Auch hier wurde der Krieg mit der Überzeugung begonnen, man müsse sich gegen einen angreifenden Gegner verteidigen. Nur die Mehrheit der Sozialdemokratie hat ganz konsequent an diesem Standpunkt festgehalten. Auch haben verantwortliche Köpfe trotz der militärischen Anfangssiege die Einsicht vertreten oder doch bald zu ihr zurückgefunden, daß das Reich im besten Falle auf einen Hubertusburger Frieden des Vorkriegsstandes rechnen könne. Während der ersten Kriegsjahre war aber die öffentliche Meinung in Deutschland im ganzen annexionistisch gesonnen. Man erörterte Gebietserwerbungen im Westen auf Kosten Frankreichs und Belgiens und im Osten auf Kosten weiter Randgebiete Rußlands. Selbst ein so schwerblütig gewissenhafter Reichskanzler wie Bethmann Hollweg hat dieser Strömung immer wieder zweideutige Zugeständnisse machen müssen und es nicht gewagt, sie offen zu bekämpfen. Nur ein Diplomat auf Außenposten, wie der Botschafter in Washington, Graf Bernstorff, hat sich ständig im Gegensatz zu dieser Strömung zu behaupten versucht. Als man 1916 durch die Kriegslage ernüchtert wurde, zeigte es sich, daß recht handfeste Interessen an diese Illusionen geknüpft waren: industrielle an die Erwerbspläne im Westen, agrarische an die Forderung des Erwerbs von Siedlungsgebiet im Osten. Das politisch völlig irreführende Gefühl, Volk ohne Raum unter den Großmächten zu sein, war so stark, daß daneben auch noch Überseeinteressenten an dem Programm eines geschlossenen, lebensfähig großen Kolonialreiches festhielten. Alle diese Ansprüche aber waren verhängnisvoll durch das militärische Denken sanktioniert, das sich den Ausgang des Krieges nur in der schroffen Alternative von vollem Sieg oder voller Niederlage vorstellen konnte. Der Gegensatz zwischen dem Traum einer durch militärisch glänzende Leistungen scheinbar erreichbaren Größe und der harten Tatsache der Einkreisung des Reiches hätte nicht krasser sein können. Obwohl der Reichskanzler einen inneren Burgfrieden durch die Kriegszensur und das Verbot der Kriegszielerörterung anstrebte, prallten die Meinungen jetzt immer härter aufeinander.

Friedrich Naumanns vielgelesenes Mitteleuropa-Buch versuchte im Oktober 1915, im Ausklang der Erfolge gegen Rußland, ein neues Kriegsziel zu formulieren, das aus der blinden Gegnerschaft von Annexionisten und Befürwortern von Verständigungsfrieden herausführen sollte. Auch dieses Kriegsziel, ein auf Bündnisse mit der Türkei und Bulgarien beruhender Ausbau der deutschen Vormachtstellung im Raum von Hamburg bis Bagdad, hätte freilich einen entscheidenden militärischen Sieg der Mittelmächte vorausgesetzt. Naumann wollte nicht eine imperialistische Beherrschung der beteiligten Völker durch das Reich, sondern er schlug eine föderalistische Bindung durch politische und militärische, vor allem wirtschaftliche Zusammenarbeit vor. Obwohl das Buch zustimmend und sogar begeistert aufgenommen wurde, stieß es doch in Österreich auf ein empfindliches Selbstbewußtsein. Die kriegsbedingte Abhängigkeit von Deutschland wollte man unter keinen Umständen auf die Friedenszeit ausdehnen. So konnte sich die offizielle deutsche Politik Naumanns Programm nur mit Vorsicht aneignen. Selbst in Deutschland blieben norddeutsch-protestantische Kreise zurückhaltend, und auch die an Welthandel und Überseeinteressen beteiligten Wirtschaftskreise glaubten nicht, daß es zweckmäßig sei, nach dem

Kriege den Weltrang der deutschen Wirtschaft wieder zu erobern. In den beiden letzten Kriegsjahren ist das Buch daher weniger beachtet worden. Durch seinen Appell an das Zusammengehörigkeitsbewußtsein der Deutschen im Reich und in Österreich hat es gefühlsmäßig sehr stark gewirkt, auch über das Kriegsende hinaus; das hat vielfach dazu geführt, die Bedeutung seiner Mitteleuropaidee in der deutschen Geschichte zu überschätzen.

So haben die Jahre des Stellungskrieges die kämpfenden Fronten hoffnungslos verhärtet. Über die Möglichkeit eines Verhandlungsfriedens läßt sich nur geschichtlich-nachträglich spekulieren; in den Tatsachen der politischen Kriegführung findet solche Möglichkeit kaum eine Bestätigung. Die Entente hat den ernsthaftesten Vermittlungsversuch, das von Wilson autorisierte, aber keineswegs in allen Einzelheiten gedeckte Angebot des Oberst House im Frühjahr 1916 beiseite geschoben, obwohl House ohne Vorbehalt, Wilson nur »wahrscheinlich« das bewaffnete Eingreifen der Vereinigten Staaten zugesichert haben, falls Deutschland die vorgeschlagenen Bedingungen: Wiederherstellung Belgiens und Serbiens, Elsaß-Lothringen für Frankreich, Konstantinopel für Rußland und die Errichtung eines unabhängigen Polens, abschlagen würde. England und Frankreich rechneten auf jeden Fall mit einer Intervention der Vereinigten Staaten und wollten sich vor der erhofften militärischen Entscheidung der Sommeschlacht offensichtlich die Hände nicht binden. Auch wäre der Unterschied zu den Gegenbedingungen der Mittelmächte im Frühjahr ebenso hoffnungslos gewesen wie am Ende des Jahres 1916, als Deutschland ein Friedensangebot machte.

Die Mittelmächte haben zu keinem Zeitpunkt hoffen können, daß Friedensverhandlungen mit ihren Ansprüchen den geringsten Erfolg haben würden. Hat doch selbst Österreich-Ungarn trotz aller Schwäche bis zuletzt wechselnden Hoffnungen auf Gebietserwerb durch Verfügung über das Königreich Polen sowie Abtretungen Rumäniens und Serbiens nachgejagt, während die deutsche Politik niemals die Forderungen auf das Erzbecken von Briey zu Lasten Frankreichs aufgegeben oder auf Verfügung über Belgien verzichtet hat, mit dem Besitz von Kanalküste, Maaslinie mit Lüttich oder zum mindesten wirtschaftlicher Verbindung mit dem Reich, Sonderung von Wallonen und Flamen, so daß Belgiens Souveränität aufgehoben gewesen wäre. Dazu beanspruchte man im Osten die Baltikumsländer und Polen. Die deutsche Politik hat daher zunächst nur versuchen können, die Schlachtenerfolge zur Anbahnung eines die feindliche Koalition sprengenden Sonderfriedens auszuwerten. Es stellte sich aber heraus, daß England dafür nicht zu haben war und Frankreich verschlossen blieb, weil man auf deutscher Seite nicht ernsthaft an einen Verzicht auf das Reichsland dachte und denken konnte, sondern bestenfalls das Angebot belangloser Grenzberichtigungen in den Vogesen erwog, für die womöglich noch das ungleich wertvollere Erzbecken von Briey eingehandelt werden sollte. Damit blieb als einzige Möglichkeit der von der zweiten Obersten Heeresleitung sofort nach der Marneschlacht verlangte Versuch einer Sonderfriedenssondierung in Rußland übrig. Man erwartete, daß das Zarentum bereit sein werde, seine gefährdete Existenz durch reuige Rückkehr in die nach 1890 verlassene konservative Allianz mit den konstitutionellen Monarchien Mitteleuropas zu retten. Dieser Versuch ist über verschiedene unterirdische Kanäle zum Zarenhof schon 1915 gemacht und 1916 durch Fühlungnahme mit den letzten reaktionären Ratgebern Nikolaus' II. fortgesetzt worden. Obwohl diese Versuche der Entente sorgenvolle Stunden bereitet haben, hat eine wirkliche Aussicht auf Erfolg doch kaum bestanden. Die unerschütterliche Loyalität von Zar und Zarin, die mit der englischen und dänischen Königsfamilie verwandt waren, hatte das Argument der Freundschaft zwischen Romanows und Hohenzollern jeden Wertes beraubt. Der letzte ernsthafte Kritiker des Anschlusses an die Entente, der ehemalige Wirtschaftsminister Witte, starb bereits im März 1915. Die blassen Gestalten der Reaktion, wie der Ministerpräsident von 1916, Stürmer, und der noch unfähigere Innenminister Protopopow, handelten in begreiflicher Panik vor der drohenden Revolution. Im Grunde vermochte die deutsche Politik Rußland auch nicht mehr anzubieten als die Rettung der bloßen Existenz. Wohl erneuerte sie 1915, vage genug, die Bereitschaft Bismarcks, Rußlands Meerengenpolitik nicht zu behindern, aber sie selbst war mit der Türkei verbündet, und die Entente hatte St. Petersburg diesen Preis vertraglich zugesichert. Auch die These, daß sich die drei klassischen Teilungsmächte Rußland, Preußen und Österreich in einem Sonderfrieden geeinigt haben würden, wenn die Mittelmächte sich nicht am 5. November 1916 auf die Errichtung eines Königreiches Polen festgelegt hätten, steht auf sehr schwachen Füßen. Ein Abfall von der Entente würde für den Zaren eine nicht wiedergutzumachende Demütigung, für Rußland die Vergeblichkeit der im Krieg gebrachten furchtbaren Opfer bedeutet haben, so daß die Revolution, die dadurch vermieden werden sollte, noch unvermeidlicher geworden wäre. Die Hoffnung auf Sonderfrieden mit Rußland war für die Mittelmächte ein verlockender Traum; Aussicht auf Erfolg hatte er aber nicht.

Seekrieg und Wirtschaftskrieg
Die innere Lage der Staatenwelt

Das politische und militärische Gleichgewicht der Kräfte ist erst im Jahre 1916 zugunsten der Entente gestört worden. Jetzt begann sich allmählich die durch die Herrschaft über die Weltmeere ermöglichte Blockade auszuwirken, so daß dieser Teil der Kriegführung die Entscheidung herbeizuführen versprach.

Auch der Seekrieg verlief nicht mehr nach den aus dem 19. Jahrhundert überlieferten strategischen Regeln. Jene mächtigen Dreadnoughtgeschwader, die nach der Lehre Mahans und der Erwartung Lord Fishers durch die Seeschlacht über die Beherrschung der Ozeane entscheiden sollten, haben nur an dem einen Tag der Skagerrakschlacht für wenige Stunden in unentschiedenem Zusammenprall miteinander gefochten. Kostbarkeit und Unentbehrlichkeit dieses Rückgrates der Seemacht veranlaßten eine englische Fernblockade gegen die in der Nordseebucht eingeschlossene deutsche Risikoflotte Tirpitzscher Schöpfung und damit fast zwei Jahre lang das Ausbleiben der erwarteten Seeschlacht. Die Überlegenheit der englischen Flotte war so groß, daß die wenigen deutschen Kreuzer bis zum Herbst 1915 von den Meeren weggefegt werden konnten. Auch der Sieg des deutschen Südseegeschwaders unter Admiral Graf Spee bei Coronel am 1. November 1914 wurde nach einer schnellen, wenn auch nicht ganz risikofreien Konzentration weit überlegener Kräfte durch seine Vernichtung bei den Falklandinseln (8. Dezember) wiedergutgemacht. Die Hoffnung des deutschen Operationsplanes, durch Teilschläge die Ungunst der Kräfteverhältnisse verbessern zu können, erfüllte sich nicht. Die ersten Kreuzerzusammenstöße in der Nordsee, bei Helgoland am 28. August 1914 und an der Doggerbank im Januar 1915, verliefen so wenig glücklich, daß der deutschen Hochseeflotte trotz schärfster Proteste ihres Schöpfers bis 1916 strengste Zurückhaltung auferlegt wurde; zwei Flottenchefs, die Admirale von Ingenohl und Pohl, sind über diesem glanzlosen Auftakt des Seekrieges verbraucht worden. Erst ihr Nachfolger im Januar 1916, Scheer, setzte es durch, daß ihm endlich größere Entschlußfreiheit gelassen wurde, um – in Zusammenarbeit mit den zur Zeit stillgelegten U-Booten – den Versuch zu erneuern, durch beweglichen und aktiven Einsatz der Hochseeflotte das Ziel allmählicher Schwächung des Gegners doch noch zu erreichen. Aus dieser Lage entstand, von beiden Seiten nicht vorausgesehen und so nicht gewollt, die Skagerrakschlacht des 31. Mai 1916, die von der zufälligen Begegnung der aufklärenden Kreuzergeschwader zu einem doppelten Zusammenstoß der beiden Flotten führte. Die zugreifende, doch wohl der bedächtigen Umsicht Jellicoes überlegene Führung Scheers, der sich zweimal sehr ernsten Lagen durch entschlossenes Abbrechen des Kampfes zu entziehen wußte, technische Widerstandsfähigkeit der deutschen Schiffe und ausgezeichnete artilleristische Leistung führten dazu, daß die englischen Verluste sehr viel größer waren, wozu freilich vor allem der für sie unglückliche Verlauf des die Schlacht einleitenden Kreuzergefechtes beigetragen hatte. Die Skagerrakschlacht ist daher in Deutschland mit nicht unberechtigtem Stolz als Sieg gefeiert worden, obwohl sich Scheer gehütet hatte, sie weiterzuführen, sondern es vorzog, bei Einbruch der Nacht zum Hafen durchzubrechen, anstatt einen neuen Zusammenstoß zu suchen. Sein offener und sachlicher Bericht an den Kaiser kam selbst zu dem Schluß, daß die deutsche Kriegsflotte England nicht zum Frieden zwingen, sondern nur die Erdrosselung der englischen Wirtschaft durch Wiederaufnahme des unbeschränkten U-Boot-Krieges zu diesem Ziele führen könne. Wie die englische, wurde nun auch die deutsche Schlachtflotte zur fleet in being, die sich in glanzlosem, aber erschöpfendem Dienst damit begnügte, Rückhalt für den Ausbruch der U-Boote aus der immer dichter belagerten Nordsee zu sein. Der Tirpitzsche Traum einer zur Schlachtentscheidung zwischen Elbe und Themse befähigten Risikoflotte und der Ehrgeiz, die militärisch stärkste Landmacht der Epoche gleichzeitig zur zweiten Seemacht zu erheben, waren damit zusammengebrochen.

Die Flottenführung konnte fortan die Existenz der Marine nur durch den Einsatz der Unterseeboote gegen die gegnerische Handelsflotte rechtfertigen. Sie erkannte damit die Tatsache an, daß die wirtschaftlichen Waffen der Gegenseite zu einer tödlichen Gefahr für Deutschland geworden waren.

Kaum ein anderes Kapitel der Geschichte des ersten Weltkrieges hat so tiefe und lange nachwirkende Verbitterung ausgelöst wie der Versuch, den militärisch nicht zu bewältigenden Widerstand um den Preis schwerer Leiden der Zivilbevölkerung durch wirtschaftlichen Druck zu brechen. Die Erinnerung an die englische Blockade ist durch die Opfer belastet, die Unterernährung und Krankheit durch Hunger in Deutschland und Österreich gefordert haben. Kaum etwas anderes hat im Lager der Entente so erbitterten Haß erzeugt wie die warnungslose, völkerrechtswidrige Versenkung von anfangs unbewaffneten Handelsschiffen durch deutsche Unterseeboote.

Bei der erbitterten Debatte über Verantwortung und Schuld hat man übersehen, daß beide Erscheinungen auf jenes Gesetz des modernen Krieges zurückgehen, nach dem die Scheidung von Militär und Zivil ihren eigentlichen Sinn zu verlieren begann. Es entsprach der englischen Tradition und es wurde von England als Selbstverständlichkeit betrachtet, den stärksten Teil seiner Rüstung, die Flotte, als Waffe zur Einschnürung der Wirtschaft des Gegners zu verwenden. Nur hatte man sich im modernen Krieg von der effektiven (Nah-)Blockade vor den feindlichen Häfen auf ein System der Kontrolle des Seeverkehrs umzustellen. Dies System hat je länger, je mehr auch die Neutralen gezwungen, sich seinen Forderungen anzupassen, ja selbst an ihm mitzuwirken. Die englische Diplomatie, an diesem Punkte durch Grey mit größter Umsicht geleitet, hat ein Höchstmaß an Blockade zu sichern versucht, gleichzeitig aber eine Brüskierung der Vereinigten Staaten vermieden. Als die USA dann in den Krieg eingetreten waren, konnte man auf Rücksichten auf die neutralen Staaten verzichten.

Die zweite völkerrechtliche Grenzüberschreitung Englands bestand in der Beseitigung der konventionellen Unterschiede zwischen absoluter, dem Kriegsbedarf des Gegners dienender, und bedingter Konterbande. Unter den Voraussetzungen des modernen Krieges war es schwer tragbar, daß Flugzeuge als relative Konterbande nur dann beschlagnahmt werden konnten, wenn sie nachweislich für die feindliche Regierung und deren Streitkräfte bestimmt waren. Rohstoffe, wie Öl, Kupfer, Gummi und Baumwolle, durften passieren. Nur aus Rücksicht auf die Vereinigten Staaten hat England ein Jahr lang diesen Zustand für Baumwolle hingenommen. Erst 1915 hat es gewagt, Lebensmittel zu beschlagnahmen, die bis zum Beginn des warnungslosen U-Boot-Krieges durch Deutschland (Februar 1915) noch freien Zugang zu den neutralen Häfen, damit aber indirekt auch nach dem Reich, hatten. Damit erst hat die eigentliche »Hungerblockade« begonnen, die allerdings bis Ende 1916 noch nicht verhindern konnte, daß zunächst über Italien, länger noch über Holland und die skandinavischen Staaten, ganz erhebliche Zufuhren, selbst englische, in die belagerte Festung der Mittelmächte gelangten. Auf die Dauer aber wurde doch eine Abschließung erreicht.

Dagegen hat Deutschland versucht, Unterseeboote, deren Eigenart allerdings mit der völkerrechtlichen Vorschrift, Handelsschiffe zu warnen und eine Frist zur Rettung der Menschenleben zu gewähren, nicht in Einklang zu bringen war, als tödliche Waffe gegen die englische Handelsschiffahrt und damit gegen die Existenz des Gegners zu verwenden, der auf die Einfuhr von Industriestoffen und bis zur Hälfte seiner Lebensmittel angewiesen war. Das war im Frieden nicht vorgesehen und drängte sich erst auf, als Anfangserfolge der U-Boote gegen feindliche Kriegsschiffe einen Ausbau dieser Waffe als lohnend erscheinen ließen. Die Empfindlichkeit der relativ langsamen U-Boote gegen feindliche Waffen zwang dazu, durch warnungslosen Torpedoschuß äußersten Gebrauch von den Möglichkeiten der neuen Waffe zu machen und sich mit dem Hinweis auf die Gefährdung der U-Boot-Besatzungen und auf die Usancen der englischen Blockade über die entrüsteten Proteste von Feindstaaten und Neutralen hinwegzusetzen. Als der Gegner zum täuschenden Gebrauch fremder Flaggen griff, zeigte sich, daß die neue Waffe der Anforderung, feindliche und neutrale Schiffe beim Tauchangriff zu scheiden, nicht gewachsen war. Deutschland zog sich nicht nur den Haß aller Neutralen zu, sondern beschwor auch sofort die Gefahr eines Bruches mit der stärksten neutralen Macht, den Vereinigten Staaten, herauf. Angesichts dieser Gefahren bleibt es fast unverständlich, daß sich Kaiser und Kanzler schon am 4. Februar 1915 dazu hinreißen ließen, eine »Blockade« über die gesamten Britischen Inseln zu verhängen und auch die neutrale Schiffahrt vor jeder Berührung dieser Kriegszone zu warnen, obwohl nur vierundzwanzig U-Boote, also nur sechs bis sieben zu gleichzeitigem Einsatz, zur Verfügung standen. Schon am 7. Mai beschwor die Versenkung der »Lusitania« mit eintausendzweihundert Opfern, darunter einhundertachtzehn amerikanischen Passagieren, die ernste Gefahr eines nur durch den Widerstand von Bryan und die Abneigung Wilsons gegen den Krieg verhüteten sofortigen Zusammenstoßes mit den Vereinigten Staaten herauf. Der bis zum September dauernde gereizte Notenwechsel zwang zu dem Versprechen, Passagierdampfer zu schonen, und führte praktisch zur Beschränkung des U-Boot-Krieges auf das Mittelmeer. 1916 wiederholte sich der gleiche Vorgang, als Wilson nach der Versenkung der »Sussex« im Kanal durch ein schroffes Ultimatum mit dem Abbruch der diplomatischen Beziehungen drohte. Gegen den Widerstand des nun zum Abschied gezwungenen Großadmirals von Tirpitz machte Bethmann Hollweg das Zugeständnis, Handelsschiffe sollten nicht mehr ohne Warnung versenkt werden, so daß die Marine die U-Boot-Tätigkeit wieder auf das Mittelmeer beschränkte, da sie den Kampf nach den Regeln des Kreuzerkrieges als unfruchtbar und nicht zu verantworten ansah.

Der mit schwersten politischen Folgen belastete zweimalige vergebliche Ansatz war mit ungenügenden Mitteln unternommen worden, obwohl die Marine schon 1916 versichert hatte, England binnen sechs bis acht Monaten zum Frieden zwingen zu können. Nur der richtigere Instinkt des leitenden Staatsmannes gegen die nahezu geschlossene Front von Marine- und Heeresleitung setzte mühsam den Entschluß zum erneuten Abbrechen durch; hatte doch Falkenhayn Ende April sogar mit der Einstellung des Angriffes auf Verdun gedroht und war erst vor der Gegenfrage des Kanzlers zurückgewichen, ob er im anderen Falle für den Sieg in dieser Schlacht garantieren könne. Dabei hat auch der U-Boot-Krieg nach Kreuzerregeln im Jahre 1916 immerhin ansehnliche Ergebnisse erzielt; nach der Feststellung Jellicoes sind tatsächlich 1915 nur einundzwanzig und 1916 nur neunundzwanzig Prozent aller Versenkungen warnungslos vollzogen worden, so daß die These der Marine von der Unzulänglichkeit dieser Kampfform heute als höchst zweifelhaft, zumindest als stark übertrieben erscheint. Durch die 1916 erzielten Versenkungen von durchschnittlich einhundertsiebentausend Tonnen englischen Schiffsraumes im Monat wäre gewiß nicht der endgültige Sieg, aber doch eine nachhaltige Belastung der englischen Kriegführung erreicht worden, ohne ein amerikanisches Eingreifen zu provozieren. Die Starrheit des militärischen »Alles-oder-Nichts-Denkens« wirkt im Rückblick noch unzulänglicher, als sie damals schon ihren politischen Kritikern erschien. Aber auch 1916 war für diese, Bethmann, Helfferich und Bernstorff, das Zugeständnis an den Vorbehalt gebunden worden, daß sich Deutschland freie Hand für seine Entschlüsse vorbehalte, wenn es Wilson nicht gelinge, alle Nationen zu einer Kriegführung nach den Gesetzen der

Menschlichkeit, das heißt die Gegner zum Verzicht auf die Blockade zu bringen. Der Präsident hielt dagegen unbeugsam an dem Standpunkt der unmittelbaren, nicht abzuschiebenden Verantwortung des Reiches für das Verhalten seiner Streitkräfte fest. Es war Ende 1916 so fragwürdig wie jemals, ob das U-Boot fähig sei, den Krieg zu entscheiden; dagegen mußte der Kriegseintritt der Vereinigten Staaten bei einer dritten Erneuerung des warnungslosen U-Boot-Krieges mit Sicherheit erfolgen. Wenn sich in dieser Situation die Forderung von Marine und Heer – und zwar mit Zustimmung der öffentlichen Meinung und der Mehrheit des Reichstages – gegen die politische Führung durchsetzte, so ist das nur als ein Sich-Aufbäumen gegen die sonst unvermeidliche Niederlage zu erklären.

Die Zerstörung aller eng verflochtenen Fäden der Weltwirtschaft durch den Krieg hat nicht, wie man 1914 allgemein annahm, eine lange Dauer des Ringens unmöglich gemacht. In England und Frankreich mußten die Regierungen auf einzelnen Gebieten sofort in das Wirtschaftsleben eingreifen. Im Herbst 1914 drängte die überall auftretende Munitionskrise zu einer straffen staatlichen Kontrolle. Selbst in England mußte man die Illusion aufgeben, daß sich das Wirtschaftsleben weitgehend unberührt vom Krieg weiter vollziehen könne. Aber mit der Beherrschung der Weltmeere blieb die Möglichkeit, bis an die Grenzen der eigenen Zahlungs- und Kreditfähigkeit die Zufuhren der ganzen Erde, vornehmlich die agrarischen und industriellen Lieferungen der Vereinigten Staaten, heranzuziehen. Frankreich konnte während der ganzen Dauer des Krieges den für die Stimmung der Massen so wichtigen Ernährungsmarkt verhältnismäßig liberal behandeln. England hat sich aus finanziellen Gründen lange Zeit gehütet, seine Ausfuhr allzu streng zu kontrollieren, selbst wenn sie auf dem Umweg über neutrale Länder zum Teil dem Gegner zugute kam. Lediglich Rüstungsindustrie und Schiffbau verlangten allmählich ein immer schärferes staatliches Eingreifen. Aber in einer Hinsicht drohte die Lage 1916 unhaltbar zu werden: die Finanzkräfte der Westmächte wurden durch ihren immer größeren Bedarf an Zufuhren so stark beansprucht, daß sie trotz zunehmender privater Anleihen in den Vereinigten Staaten bald erschöpft sein mußten.

Das erst spät und noch unvollkommen industrialisierte Rußland wurde dagegen von Anfang an schwer betroffen. Seine Rüstungsindustrie war den Aufgaben des Krieges in keiner Weise gewachsen; sein ebenfalls schwach entwickeltes Verkehrsnetz versagte. Die Versorgung der großen Städte war ein kaum lösbares Problem. Korruption und Unfähigkeit der Verwaltung, die der Kritik eines freien politischen Lebens nicht unterworfen war, verschärften noch alle Schwierigkeiten. Schon 1916 mußten die Industriearbeiter in diesem ganz agrarischen Lande ernste Entbehrungen auf sich nehmen. Das waren Erscheinungen, die in allen agrarischen Ländern des europäischen Ostens und des Balkans, in Polen, Serbien, Rumänien und Bulgarien, ebenfalls auftreten sollten und überall wie in Rußland den Boden für eine agrarrevolutionäre Strömung vorbereiteten und Kriegsbereitschaft und Fähigkeit zur Fortsetzung des Krieges untergruben.

Die verschieden, aber doch sehr viel stärker industrialisierten Staaten der europäischen Mitte haben in der Wirtschaftskrise des Weltkrieges einen außerordentlichen Grad der Anpassungsfähigkeit bewiesen. Ihre Leistungsfähigkeit wurde aber so stark belastet, daß Italien nur durch immer stärkere Hilfe seiner Verbündeten bestehen konnte, während

Deutschland und Österreich schließlich unter dem Druck der Blockade erlagen. Die überall, selbst in England und den Vereinigten Staaten, für den Krieg bezeichnende Machtausdehnung des Staates auf dem Gebiet der Wirtschaft ist als Staatssozialismus empfunden worden und hat auch die Nachkriegsentwicklung stark beeinflußt. Dabei handelt es sich nicht nur um die Einschränkung der freien Vorkriegswirtschaft und damit die Umstrukturierung des Bürgertums und um die Entwicklung der Arbeiterparteien. Auch in England hat der Krieg den Zusammenbruch der Liberalen Partei eingeleitet und die Labour Party begünstigt. Während aber bei den Westmächten die Widerstandskraft der kapitalistischen Wirtschaft und des Bürgertums groß genug blieb, um bei Kriegsende sehr energisch auf die Rückkehr zur Vergangenheit drängen zu können, wurde in Deutschland die Übermacht des Staates so groß, daß sich beim Zusammenbruch der Sozialismus in Staat und Wirtschaft zunächst durchzusetzen schien; er ist vielleicht nur durch das größere Gespenst des Bolschewismus zurückgedrängt worden.

Die Rohstofflage des Reiches war bei Kriegsbeginn sofort bedrohlich. Walther Rathenau wies schon am 9. August 1914 das Preußische Kriegsministerium auf die Notwendigkeit hin, eine kontrollierte Bewirtschaftung aller kriegswichtigen Rohstoffe zu organisieren. Am Jahresende wurde dann die Schwäche der Ernährungswirtschaft deutlich, und man begann im November Kartoffeln und Getreide zu bewirtschaften. Wohl wurde bis in das Jahr 1915 ein eigentlicher Mangel noch nicht empfunden, aber 1916 mußten alle wichtigeren Lebensmittel rationiert werden, weil eine Katastrophe sonst unvermeidlich gewesen wäre. Zugleich war nicht zu verkennen, daß auch das beste System staatlicher Kriegswirtschaft in Deutschland, und erst recht in Österreich, den Niedergang der Widerstandskraft nicht aufhalten konnte.

Das Jahr 1917: Krise und Wendepunkt des Weltkrieges

Als die Kräfte der Mittelmächte zu versagen drohten und als sich Kriegsmüdigkeit und Friedenssehnsucht unter den Völkern der Entente ausbreiteten, wurde der erste Weltkrieg durch zwei Ereignisse entschieden: die Februar-Revolution in Rußland und das Eingreifen der Vereinigten Staaten von Amerika. Die Revolution zwang Rußland zum Ausscheiden, hat aber die ganze weitere Entwicklung des 20. Jahrhunderts ebenso stark bestimmt wie das Ende der Isolierung Amerikas. Das erste Ereignis schien den Mittelmächten zunächst einen rettenden Ausweg zu bieten, ohne daß ihre Politik diese Aussicht auch nur mit dem denkbaren Nachdruck ergriffen hätte; das zweite Ereignis besiegelte ihre Niederlage.

Der Wunsch, dem Krieg fernzubleiben, hat ursprünglich die Mehrheit der amerikanischen Nation erfüllt. Man stand europäischen Fragen eigentlich recht fern. Präsident Wilson strebte ein Verbleiben in der Neutralität nicht zuletzt deswegen an, weil jede Intervention bei einzelnen Einwanderergruppen auf Widerstand stoßen mußte. Außer den Reibungen zwischen Angelsachsen, Deutschen und Iren begann sich schon jener Einfluß der jüngeren Einwanderungsschicht, Polen, Tschechen und Slowaken, Südslawen, geltend zu machen, die für die Unabhängigkeit ihrer Brüder in Europa lebhaft agitierte. Die Vereinigten Staaten, bei Kriegsbeginn noch Schuldnerland Europas, wurden erst während des Krieges zum größten Gläubigerland der modernen Geschichte. Ihre Wirtschaft, die auf Ausfuhr angewiesene Landwirtschaft noch stärker als die so schnell groß gewordene Industrie, war unbedingt auf die Fortsetzung des Exports angewiesen, sollte das Land nicht in schwerste wirtschaftliche Krisen stürzen.

Der demokratische Kandidat Woodrow Wilson war als Träger innerer Reformideen 1913 zum Präsidenten gewählt worden. Nur unter dem Zwang der Tatsachen hat er sich in immer stärkerem Maße der Außenpolitik gewidmet. Trotz der zähen und gewandten Sicherheit, mit der er das Spiel der Parteipolitik zu betreiben verstand, war dieser Idealist, Sproß einer Puritanerfamilie, ganz von dem Glauben an eine humane und demokratische Mission seiner Nation erfüllt. Eine weitere Absonderung von der Weltpolitik erschien ihm aus realen Interessen wie idealen Motiven gleich unmöglich. Charakter und Interessen der Nation zeichneten ihm aber 1914 gebieterisch eine konsequente Neutralitätspolitik, möglichst auch eine moralische Neutralität, zwischen den Streitenden vor, welche die letzte neutrale Großmacht in der Hoffnung aus dem Kampfe heraushalten wollte, daß sie dadurch als Vermittler und Schiedsrichter die abgekämpften Gegner zum Frieden werde führen können.

Es ist gewiß richtig, daß diese ehrlich gemeinte Neutralitätspolitik Wilsons sich der Färbung durch Sympathien und Interessen niemals hat entziehen können und – dazu war er realistisch genug – auch nicht entziehen wollte. Die ihm vorgeworfene Abhängigkeit von der Wirtschaft und Großfinanz, deren Auswüchse er hart bekämpfte, hat gewiß nicht bestanden. Aber Wilson konnte sich so wenig wie die Wirtschaft der Tatsache entziehen, daß der Handelsweg zu den Ententeländern offenstand, zu den Mittelmächten dagegen verschlossen war. Die interessenpolitische, auch ideologisch zugespitzte Denkweise einflußreicher Männer in seiner Umgebung, des Londoner Botschafters Page, seines langjährigen vertrauten persönlichen Mitarbeiters, des Oberst House, auch von Bryans Nachfolger als Staatssekretär, dem Juristen Lansing, hat er sicher nicht geteilt. Diese waren sehr zeitig bereit, die eigene Kriegsteilnahme der Gefahr einer Niederlage der Entente vorzuziehen, weil ihnen der Sieg der europäischen Monarchien und eine deutsche Hegemonie in Europa als untragbare Bedrohung Amerikas erschien. Der in angelsächsischen Ideen groß gewordene Präsident stand dieser Auffassung nicht fern, ist aber objektiv genug gewesen, die europäischen Mächte in der Frage der Kriegsentstehung wie der Kriegsziele nicht einfach nach schwarz und weiß, Mächten des Lichts und der Finsternis, zu scheiden. Aber seine persönlichen Neigungen konnten ihn im Fall einer Entscheidung nur an die Seite Edward Greys, nicht an die Wilhelms II. führen. Er hat auch zweifellos deutsche Herausforderungen, die belgische Frage und den Unterseebootkrieg, strenger beurteilt als etwa die englische Blockade, der er 1916, im Gegensatz zu einer sehr starken Strömung der öffentlichen Meinung wie des Kongresses, doch stets nur so weit entgegengetreten ist, daß die politische Verbindung zum alten Mutterland nicht allzusehr strapaziert wurde.

Ähnliche Hemmungen haben Deutschland gegenüber nicht bestanden. Wilson hatte sich schon 1915 in der U-Boot-Frage auf eine strenge Rechenschaftsforderung an das Reich festgelegt, wobei er auf den Unterschied zwischen den Verlusten von Menschenleben beim U-Boot-Krieg und den Verlusten von materiellen Werten durch die Blockade hinweisen konnte. Daß die völkerrechtlichen Bestimmungen dem modernen Kriege kaum mehr adäquat waren, hat er nicht übersehen, aber es war seine feste Überzeugung, daß bestehendes Völkerrecht im Kriege nicht einseitig geändert werden dürfe. Er hat sich allen deutschen Bemühungen strikt entzogen, ihm an diesem Punkt Zugeständnisse abzuringen, so daß seine Reaktion eigentlich schon festgelegt war, als am 9.Januar 1917 in Pless der verhängnisvolle Entschluß der Erneuerung des warnungslosen U-Boot-Krieges gefaßt wurde. Bethmann-Hollweg und Helfferich vermochten (wenig mehr als einen Monat vor Ausbruch der russischen Revolution) der festen Überzeugung von Marine- und Heeresleitung, durch die Versenkung von mindestens sechshunderttausend Tonnen monatlich England binnen fünf Monaten zum Frieden zu zwingen, weder eine politische noch eine militärische Alternative entgegenzusetzen.

Wilson hatte nach seiner Wiederwahl (November 1916) nach einem mit illusorischen Stärken operierenden Friedensangebot der Mittelmächte vom 12. Dezember 1916 versucht, in letzter Stunde (12.Januar 1917) doch noch die von ihm lange geplante Vermittlung durchzuführen, indem er die kriegführenden Mächte zur Mitteilung ihrer Bedingungen aufforderte. Der Abstand zwischen der Ententeantwort und der nach langem Zögern vertraulich erfolgenden Mitteilung der deutschen Bedingungen war hoffnungslos. Auf die Mitteilung von der bevorstehenden Erneuerung des U-Boot-Krieges am 1. Februar 1917 hat er dennoch nur die diplomatischen Beziehungen abgebrochen und bis zuletzt verzweifelt gehofft, das Letzte noch vermeiden zu können. Nach den ersten unvermeidlichen Versenkungen amerikanischer Schiffe mußte er sich aber am 6. April zur Eröffnung des Krieges entschließen, zumal die Mitteilung des englischen Geheimdienstes über ein deutsches Bündnisangebot an Mexiko die letzten Hemmungen der amerikanischen öffentlichen Meinung weggeschwemmt hatte.

Amerika begann diesen Krieg als Kreuzzug im Namen von Demokratie und Humanität gegen die Mächte mittelalterlicher Reaktion in Europa. Es zog die meisten Staaten Mittel- und Südamerikas und China nach sich. Seine Intervention verstärkte den Druck auf die neutralen Staaten so sehr, daß sie – so Holland und Norwegen – ihre Handelsflotten weitgehend zur Verfügung stellten. Die finanzielle Krise der Entente war behoben. Innerhalb eines Jahres haben die Vereinheitlichung von Finanzierung, Rüstungsproduktion, Schiffbau und Schiffsraumausnutzung (auch die noch im Ausland liegenden deutschen Handelsschiffe wurden herangezogen) das Gesicht des See- und Wirtschaftskrieges völlig verändert. Die Erfolge der jetzt etwa einhundertdreißig deutschen U-Boote haben in den nächsten Monaten die Versprechungen der Marine nicht nur erreicht, sondern vor allem im April mit fast neunhunderttausend Tonnen sogar übertroffen. Die Widerstandskraft Englands drohte spätestens im November zusammenzubrechen, wie Admiral Jellicoe dem bestürzten Admiral Sims in London enthüllte. Aber schon im Hochsommer haben verstärkte Abwehrmaßnahmen, Einführung des Konvoisystems und beschleunigte Schiffsneubauten eine Wende eingeleitet. Von den über sechzehntausend Schiffen, die von da an bis zum Kriegsende im Geleitzug nach England fuhren, sind im ganzen weniger als ein Prozent versenkt worden. Die nur mit bestehenden Größen rechnende Voraussage der deutschen Marine wurde schnell widerlegt; das Fiasko begann sich selbst für deutsche Beobachter schon im Juli 1917 entmutigend abzuzeichnen.

Die Erwartung der Ententenationen, amerikanische Truppen würden ihren Kampf in Europa erleichtern, konnte freilich nicht so schnell in Erfüllung gehen, da die Vereinigten Staaten erst jetzt – wenn auch wesentlich rascher als England 1914 – ein Heer mit allgemeiner Wehrpflicht aufstellten. Der Transport amerikanischer Truppen nach Europa begann als Mut einflößende Demonstration zwar schon im Jahre 1917; es dauerte aber bis zum Juni 1918, ehe einzelne Divisionen wirklich in den Kampf eingreifen konnten, und bis zum Juli, ehe knapp anderthalb Millionen Mann in Frankreich gelandet waren, siebenundzwanzig Divisionen, von denen erst neunzehn frontfertig ausgebildet waren. Schon vorher ist aber wichtig, daß die amerikanische Hilfe die Zuversicht der Ententevölker stärkte und ihnen schon moralisch durch das kritische Jahr 1917 hindurch half.

Mit den in Geheimverträgen niedergelegten Kriegszielen der europäischen Ententeregierungen konnte sich Wilson bei aller Intensität seiner Hilfeleistungen freilich nicht identifizieren. Vielmehr hat er sich geweigert, sie zur Kenntnis zu nehmen, und zuversichtlich geglaubt, das Gewicht der Vereinigten Staaten werde im Augenblick des Friedens schon seinen Willen durchsetzen. So hat Amerika nur als »assoziierte«, nicht alliierte, durch Bündnis in der Art des Londoner Vertrages vom September 1917 gebundene Macht am Krieg teilgenommen. Nicht zuletzt wegen seines Mißtrauens gegen die imperialistische Interessenpolitik des alten Europa hat Wilson das moralische und ideelle Programm der Kriegführung und der Friedensziele immer wieder hervorgehoben. Im Munde eines Mannes, der das Wort geprägt hatte, man könne zu stolz sein, um Krieg zu führen, der bereits 1916 den Gedanken einer überstaatlichen Ordnung zur dauernden Sicherung des Friedens, den Keim seiner Völkerbundkonzeption, aufgegriffen hatte, klang es glaubhaft, wenn er im Kampf für Demokratie gegen Autokratie den letzten aller Kriege sah. In Deutschland anfangs verspottet, der Heuchelei bezichtigt und abgelehnt, wirkte schließlich doch Wilsons immer wiederholte These, sein Kampf sei gegen jede willkürliche Gewalt gerichtet, welche die Ruhe der Welt störe, und er kämpfe für einen auf dem Selbstbestimmungsrecht der Völker beruhenden Frieden, der nicht in geheimer Diplomatie, sondern in einer von den Völkern kontrollierten öffentlichen Verhandlung geschlossen werden müsse. Er hat noch im Verlauf des Jahres 1917 Vorschläge, die unter dieser Grenze zu bleiben schienen, so die Friedensnote des Papstes, schroff abgelehnt. Das hat den Kriegswillen der Ententevölker gestärkt und ihnen nicht zuletzt über die Enttäuschungen des dritten Kriegsjahres hinweggeholfen.

Nach der Sommeschlacht hatten Frankreich und England noch einmal geglaubt, durch einen Doppelangriff im Gebiet der Somme und in der Champagne die deutsche Front durchbrechen und zum Einsturz bringen zu können. Das Siegesrezept Nivelles hatte das Trommelfeuer der Vorjahre durch eine massive Feuerwalze ersetzt, hinter welcher der Infanterie eigentlich nur die Aufgabe zufallen sollte, das von der Artillerie eroberte Gelände zu besetzen und dann den Durchbruch zu erzwingen. Diese Konzeption wurde von der dritten Obersten Heeresleitung durchkreuzt, noch ehe der bis zum Schlachtbeginn dauernde Streit zwischen Anhängern des Generals und den Skeptikern beendet war. Mit seiner ganzen Organisationskraft und Energie hatte Ludendorff nach den Erfahrungen des Jahres 1916 die Taktik des Infanteriekampfes aufgelockert. Er zuerst wagte den Entschluß, den feindlichen Plan durch einen geplanten Rückzug in die Siegfriedstellung zu durchkreuzen. Der trotz aller Bedenken am 16. April beginnende große französische Angriff brach nach kleineren Geländegewinnen unter blutigen Verlusten zusammen. Nivelle wurde abgesetzt (15. Mai). Die nun folgende tiefe moralische Krise im französischen Heer, mehr·Streik gegen unfähige Führung als Meuterei, wurde von seinem Nachfolger Pétain durch eine überlegene Mischung von Festigkeit, Verständnis für den Soldaten und Abstellen seiner berechtigten Beschwerden überwunden. Die deutsche Oberste Heeresleitung erfuhr zu spät, daß vorübergehend nur Teile der Truppen in der Front noch fest in der Hand der französischen Führung gewesen waren.

Bis zum Jahresende beschränkte sich das französische Heer auf wenige, sorgfältig geplante und sehr begrenzte Angriffe. Die Last des Kampfes ging auf die englische Armee über, die von Haig und dem Generalstabschef Robertson trotz Skepsis und Protest der politischen Leitung nach dem geglückten Minenangriff auf die Höhen von Messines (7.Juni) in jene vom Juli bis zum November dauernde Flandernschlacht geführt wurde, deren Ziel die Befreiung der Kanalhäfen und damit ein Schlag gegen wichtige deutsche U-Boot-Basen sein sollte. Die Verluste von dreihunderttausend Mann blieben zwar hinter den Verlusten an der Somme zurück; aber die Schlacht, die auch den deutschen Gegner wieder bis zur Grenze des Erträglichen anspannte, nach den Erinnerungen der Teilnehmer wohl der Höhepunkt der Schrecken des Stellungskrieges, erstickte während der regnerischen Herbstmonate förmlich im Sumpf- und Trichtergelände der flandrischen Tiefebene. Die im November sorgfältig vorbereitete, erfolgreiche Probeschlacht der Panzerwaffe bei Cambrai war kein Ausgleich für den strategischen Mißerfolg. Sie lehrte zwar eine neue Angriffstaktik für das Jahr 1918; aber nur zehn Tage später eroberte ein deutscher Gegenangriff das verlorene Gelände zurück und glich auch die Bilanz der Verluste und der Gefangenen nahezu aus.

Mit der gleichen Spannkraft hat es die dritte Oberste Heeresleitung verstanden, auch die letzte durch Kerenskij erzwungene und wieder von Brussilow geführte russische Offensive (24.Juni) schon Mitte Juli durch einen Gegenstoß aufzufangen und im September durch die Einnahme von Riga die deutsche Stellung im Baltikum auszubauen. Als nach der elften Isonzoschlacht die Widerstandskraft des österreichischen Heeres fühlbar erlahmte, gelang an der italienischen Front mit dem bescheidenen Beitrag von sieben deutschen Divisionen der Durchbruch von Tolmein-Caporetto. Der ebenfalls kriegsmüde Gegner wurde über Isonzo und Tagliamento auf die Piavelinie zurückgeworfen und verlor bei dem überstürzten Rückzug fast dreitausend Geschütze und zweihundertdreiundneunzigtausend Gefangene. Der über dieser Niederlage stürzende Cadorna konnte noch die Auffangstellung am Piave organisieren, in der sich das italienische Heer wieder sammelte, ehe die erbetene und schleunigst bewilligte Hilfe englischer und französischer Divisionen eintraf. Wieder reichten die Kräfte der Mittelmächte nicht zu dem ehrgeizigen Versuch aus, Italien auszuschalten oder wenigstens Norditalien zu überrennen. Aber die Zuversicht Deutschlands und selbst Österreichs auf die Leistungsfähigkeit ihrer Heere war am Ende dieses Feldzuges doch gewachsen. Die Leistung der dritten Obersten Heeresleitung hatte das fast mythische Ansehen des Paares Hindenburg-Ludendorff neu bestätigt.

Das war freilich nötig, weil die Unruhe der Völker, *le malaise des peuples*, bei den Mittelmächten sehr viel stärker war als bei den nach Amerika blickenden Völkern der Entente. Im Sommer 1917 war es allerdings auch im Westen zu einer ernsten moralischen Krise gekommen. Aber die parlamentarische Demokratie der Westmächte hat die Belastung des Krieges elastischer überstanden als die bürokratisch-militärisch geleitete konstitutionelle Monarchie.

In England war unter dem Druck von Munitionskrise und Meerengenschlacht schon im Mai 1915 der liberalen Regierung Asquith eine Koalitionsregierung der beiden großen Parteien gefolgt. Als auch dadurch eine energisch durchgreifende Kriegsleitung nicht gewährleistet war, zwangen konservative Parteiführer mit dem immer stärker in den Vordergrund tretenden Lloyd George (damals Kriegsminister) den Premierminister mit einem Ultimatum, das ihn durch die Bildung eines engeren Kriegskabinettes zu einer Schattenrolle verurteilen wollte, zum Rücktritt. Lloyd George bildete um den Preis der Spaltung seiner eigenen liberalen Partei eine Regierung, die unter dem Impuls seiner stürmischen, bis zum Opportunismus wandlungsreichen Persönlichkeit einer Kriegsdiktatur so nahe kam, wie es nach der englischen Verfassung möglich war. Er verkündete, daß er den Krieg bis zur letzten Entscheidung, dem *knock-out blow*, führen wolle. Er war es auch, der die Entwicklung vom Empire zum Commonwealth einleitete, indem er die Premierminister der großen Dominien auf den Reichskonferenzen von 1917 und 1918 als gleichberechtigte Mitarbeiter behandelte und sogar einige von ihnen, vor allem den Burengeneral Smuts, in den engsten Kreis des jetzt alle wichtigen Fragen entscheidenden War Cabinet zog. Um so bezeichnender ist es, daß er beim Konflikt mit den Gewerkschaften über Fragen der allgemeinen Wehrpflicht, der Befreiung von Industriearbeitern vom Heeresdienst und der Ausbreitung ungelernter Arbeit (vor allem der Frauen) in der Kriegsindustrie mit größter Umsicht und Schonung vorging. Die Streikbewegung im Mai 1917 wurde durch ein Kompromiß überwunden und die vom Heer verlangte Masseneinziehung zurückgestellter Industriearbeiter bis zu den Niederlagen im Frühjahr 1918 vertagt.

Ungeduld und Kritik der Volksvertreter, Spannungen im Verhältnis zwischen Oberkommando und Regierung und Schwäche der Kabinette sind in Frankreich sehr viel bedeutsamer als in England gewesen. Es nahm die ganze Wendigkeit eines Briand in Anspruch, um sich vom Oktober 1915 bis zum März 1917 am Ruder zu behaupten. Noch schwächer wurde dann bis zum November die Stellung seiner beiden Nachfolger Ribot und Painlevé, denen die wachsende Abneigung der Sozialisten gegen weitere Beteiligung an der Regierung die Arbeit in diesem Jahr der Enttäuschungen immer mehr erschwert hat. Die Krise der Armee im Mai 1915 war auch in Frankreich von einer gefährlichen Streikbewegung begleitet, deren Zuspitzung aber der Innenminister Malvy durch konziliante Vorsicht auffing. Dafür kam dann im November mit Clemenceau die Verkörperung des Kriegswillens ans Ruder. Er verfolgte sofort alle schwankenden und kompromißlerischen Persönlichkeiten, von den Führern der Linken, wie Caillaux und Malvy, bis zu den verdächtigen Nutznießern der bisherigen Schwäche, Bolo Pascha und Almereyda. Auch er blieb auf die Zustimmung der Mehrheit des Parlamentes angewiesen und hat kritische Stunden überstehen müssen. Willensstark und mutig hat er sich aber auch in den schweren Stunden des Jahres 1918 eine so gut wie diktatoriale Gewalt erzwungen und erreicht, daß sich die Fronten in Frankreich fester schlossen als je.

Wie in England und Frankreich hat auch in Deutschland zu Beginn des Krieges ein die Parteigegensätze überbrückender Burgfrieden geherrscht. Aber er ist bald bedroht gewesen, nicht allein durch die Spannungen innerhalb der Sozialdemokratischen Partei. In ihren Reihen setzte sich eine Opposition gegen die Bewilligung der Kriegskredite immer stärker mit dem Argument durch, Deutschland führe in Wirklichkeit einen Eroberungskrieg. Auch gab es noch radikalere Kreise, wie die des späteren Spartakus-Bundes um Karl Liebknecht und Rosa Luxemburg, für die (wie für Lenin) der Krieg die Revolution des vom Staate gelösten Proletariats ermöglichte. Nicht nur Dauer und Schwere des Krieges haben es der Parteiführung so schwer gemacht, mit diesen Oppositionsherden fertig zu werden. Entscheidend wurde die Belastung der innerdeutschen Lage durch den Annexionismus, der, von den Rechtsparteien vertreten, besonders von der unter Tirpitz 1917 gegründeten Vaterlandspartei, erbitterten Hader auslöste und zu radikaler Antwort herausforderte. Dazu kam, daß das Drängen der Sozialdemokratie nach durchgreifenden inneren Reformen, vor allem der Beseitigung des Dreiklassenwahlrechtes in Preußen, bis Ende 1916 keinerlei konkrete Fortschritte erreichte.

Durch das von der Obersten Heeresleitung erzwungene Gesetz über den Vaterländischen Hilfsdienst war die Bevölkerung im Dienste der Rüstung und Kriegführung vielleicht schon über ein ertragbares Maß hinaus angespannt. Der Kohlrübenwinter des Jahres 1916/17 brachte weitere Härten und Entbehrungen, so daß die Radikalisierung der Massen unaufhaltsam fortschritt. Nach der russischen Frühjahrsrevolution und nach einer weiteren Herabsetzung der Lebensmittelrationen im Frühjahr 1917 streikten die Munitionsarbeiter. Nur die Androhung einer Militarisierung der Betriebe konnte sie wieder zur Arbeit zwingen. Aber die Forderung nach inneren Reformen und baldigem Kriegsende konnte seitdem nicht mehr übergangen werden.

Bethmann Hollweg versuchte zu retten, was zu retten war; er kündigte in der Osterbotschaft des Kaisers vom 7. April 1917 eine Reform des preußischen Wahlrechts an mit direkter und geheimer, aber auch jetzt noch nicht gleicher Wahl. Rechtskreise, die um das preußische Wahlrecht, zuletzt im Herrenhaus, bis tief in den Herbst 1918 gekämpft haben, und die Oberste Heeresleitung fanden sich gegen ihn zusammen, während Bethmann, der schon in der U-Boot-Krise des Januar nicht den Mut zur Abschiedsdrohung gefunden hatte, sondern aus Gewissenhaftigkeit im Amt geblieben war, jetzt allmählich auch bei Zentrum, Nationalliberalen und Freisinnigen jeden Rückhalt verlor. Der Kanzler stürzte schließlich, am 12. Juli 1917, während des Kampfes um die Friedensresolution des Reichstages, die nach dem berühmten Vorstoß Erzbergers in der Frage des U-Boot-Krieges (6. Juli) von den Parteien der späteren Weimarer Koalition, Sozialdemokratie, Zentrum und Freisinn, vertreten wurde, durch den Druck von Heeresleitung und Kronprinz. In den nun bis zur Annahme der Friedensresolution (19. Juli) folgenden verworrenen Auseinandersetzungen zeigte sich die Reichstagsmehrheit außerstande, einen Nachfolger zu bestimmen. Der für die Koordination der Gewalten verantwortliche Kaiser war jetzt wie immer im Kriege nur der Spielball der von allen Seiten auf ihn eindringenden Einflüsse. So war es wieder die Oberste Heeresleitung, die widerwillig genug die Annahme der Friedensresolution zuließ, sie aber sofort entwertete, indem sie als Kanzler den dieser Aufgabe in keiner Weise gewachsenen Bürokraten Michaelis durchsetzte, der die Friedensresolution sofort mit dem Vorbehalt, »wie ich sie auslege«, kommentierte. Aber schon im Oktober stürzte der hilflose Michaelis nach stürmischer Reichstagsdebatte, und die Parteien und Länderregierungen meldeten ihre Ansprüche diesmal sehr viel stärker an. Das Drängen auf Parlamentarisierung des Reiches wurde aber mit der Ernennung des konservativen, greisen bayerischen Zentrumsführers, des Grafen Hertling, ebensowenig gefördert wie die Reform des preußischen Wahlrechts. Die Krise des Jahres 1917 endete mit einer durch die Oktoberrevolution in Rußland noch verstärkten Vorherrschaft der Obersten Heeresleitung. Die reinigende Wirkung innerer Krisen in England und Frankreich war in Deutschland völlig ausgeblieben.

Dazu kam, daß die Verbündeten sichtlich erschöpft waren. Mit dem Jahre 1917, dem Fall von Bagdad und Jerusalem, wurde der Niedergang der Türkei unaufhaltsam; die Kriegsmüdigkeit war in Bulgarien gewachsen. In Österreich zeigte sich, daß die Kraft des wohlmeinenden jungen Kaisers Karl (Thronbesteigung 22. November 1916) und seiner Gemahlin Zita von Parma nicht ausreichte, die auch sachlich wahrscheinlich unlösbare Aufgabe einer grundlegenden Reform des Nationalitätenstaates unter dem Druck des Krieges ernsthaft anzugreifen. Er wagte nicht, durch Verweigerung des Krönungseides in Ungarn den starren Widerstand der Magyaren gegen jede Reform zugunsten der nationalen Minderheiten zu brechen. Auch war er außerstande, den anschwellenden nationalen Widerstand von Tschechen und Südslawen einzudämmen, während die Wirtschaftskrise, verschärft durch egoistische Absperrung Ungarns gegen die zisleithanische Reichshälfte, im Laufe des Jahres 1917 die Reichshauptstadt Wien mit Hungersnot bedrohte. Schon seit dem Frühjahr 1917 vertraten daher Kaiser Karl und sein Außenminister Graf Czernin bei dem deutschen Bundesgenossen mit wachsender Dringlichkeit den Standpunkt, daß die Kriegsteilnahme Österreichs nicht mehr lange dauern könne.

Auf diese Notlage Österreichs sind in erster Linie die in ihrer Tragweite oft überschätzten Friedenssondierungen des Jahres 1917 zurückzuführen. Aber nur eine ganz radikale Politik des Verzichtes auf jeden Gewinn, die unbedingte Rückkehr zum Status quo ante, hätte den Mittelmächten jetzt noch einige Aussicht gegeben, erfolgreich an die Kriegsmüdigkeit der gegnerischen Völker gegen den zähen Willen ihrer Regierungen zu appellieren. Selbst das Angebot eines Hubertusburger Friedens würde kaum das Eis gebrochen haben, wenn er nicht von einer großartigen Offensive auf die öffentliche Meinung der Entente-Länder begleitet gewesen wäre.

Dafür sind weder Kaiser Karl oder Czernin noch Bethmann Hollweg oder Richard von Kühlmann im geringsten geeignet gewesen. Die österreichische Politik schwankte zwischen Niedergeschlagenheit und wechselnden Erwerbswünschen im Osten und Süden. In Deutsch-

Russische Gefangene, 1917

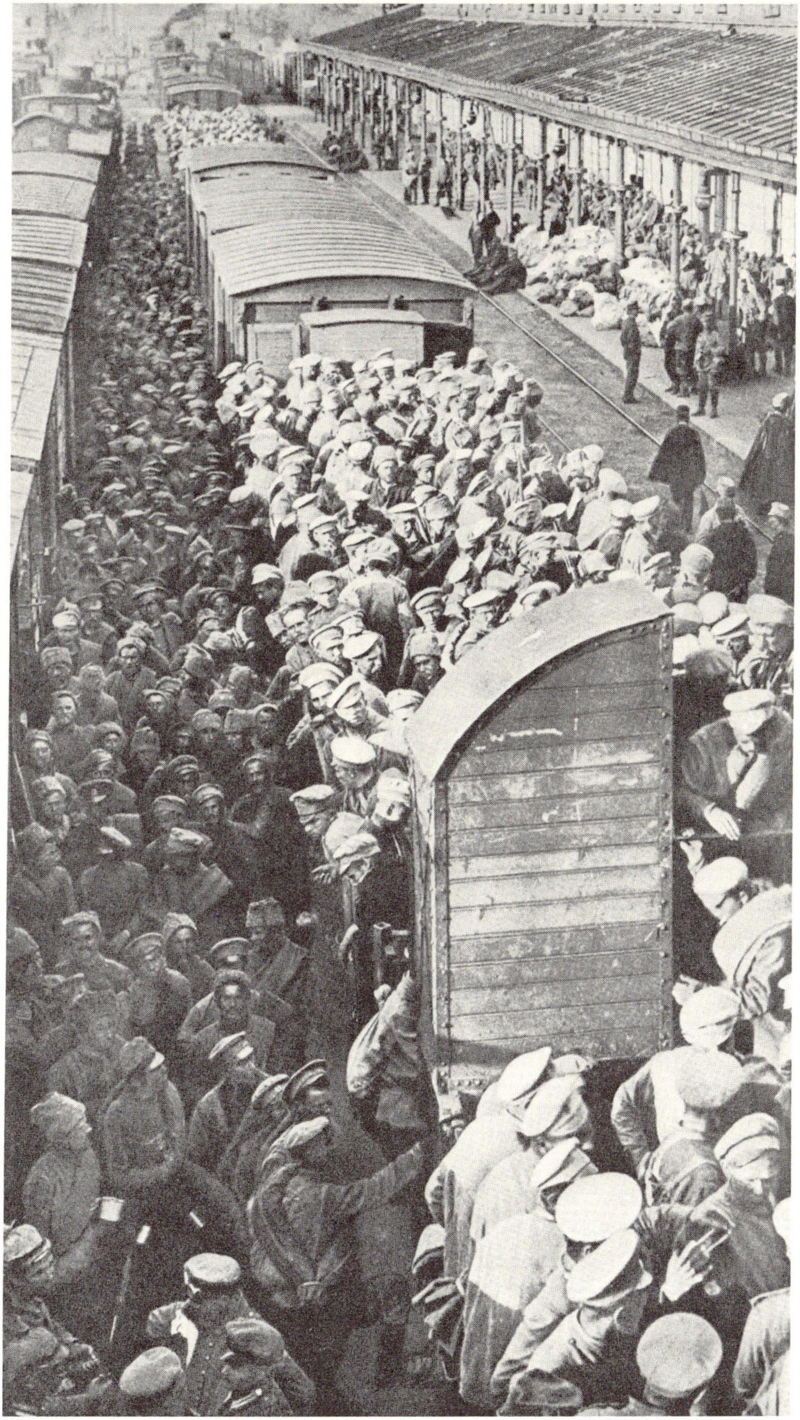

Unabhängiger Ausschuß für einen Deutschen Frieden, Ortsgruppe

Wie gestaltet sich unser Friede?

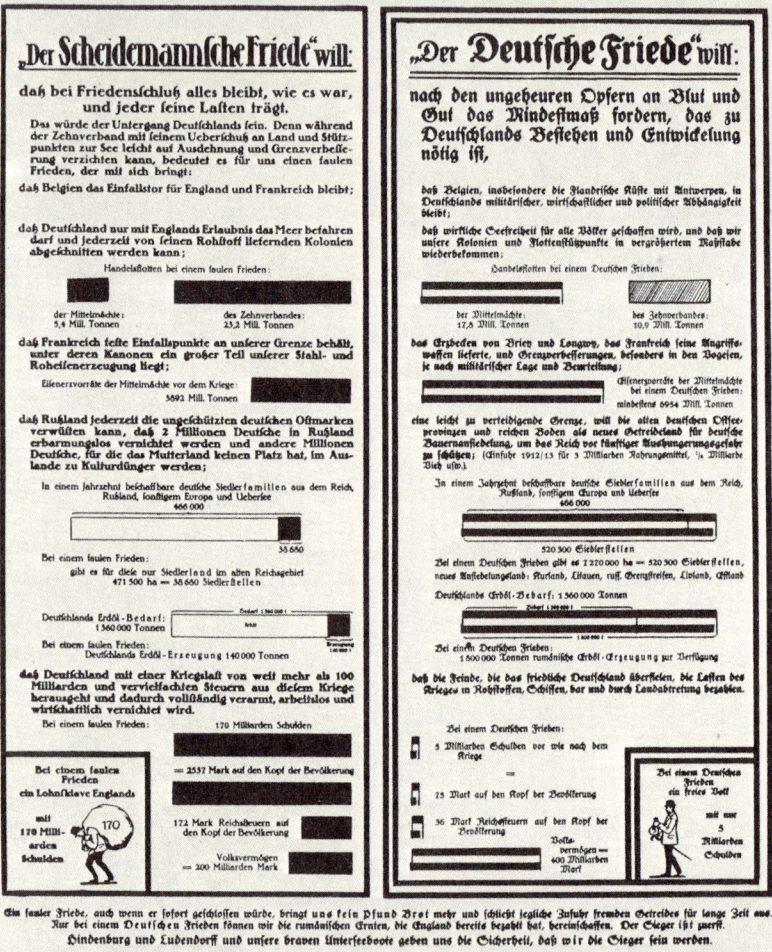

„Der Scheidemannsche Friede" will:

daß bei Friedensschluß alles bleibt, wie es war, und jeder seine Lasten trägt.

Das würde der Untergang Deutschlands sein. Denn während der Zehnverband mit seinem Ueberschuß an Land und Stützpunkten zur See leicht auf Ausdehnung und Grenzverbesserung verzichten kann, bedeutet es für uns einen faulen Frieden, der mit sich bringt:

daß Belgien das Einfallstor für England und Frankreich bleibt;

daß Deutschland nur mit Englands Erlaubnis das Meer befahren darf und jederzeit von seinen Rohstoff liefernden Kolonien abgeschnitten werden kann;

Handelsflotten bei einem faulen Frieden:

der Mittelmächte: 5,4 Mill. Tonnen   des Zehnverbandes: 23,5 Mill. Tonnen

daß Frankreich feste Einfallspunkte an unserer Grenze behält, unter deren Kanonen ein großer Teil unserer Stahl- und Roheisenerzeugung liegt;

Eisenerzvorräte der Mittelmächte vor dem Kriege: 3592 Mill. Tonnen

daß Rußland jederzeit die ungeschützten deutschen Ostmarken verwüsten kann, daß 2 Millionen Deutsche in Rußland erbarmungslos vernichtet werden und andere Millionen Deutsche, für die das Mutterland keinen Platz hat, im Auslande zu Kulturdünger werden;

In einem Jahrzehnt beschaffbare deutsche Siedlerfamilien aus dem Reich, Rußland, sonstigem Europa und Uebersee 466 000

35 650

Bei einem faulen Frieden:
gibt es für diese nur Siedlerland im alten Reichsgebiet 471 500 ha = 35 650 Siedlerstellen

Deutschlands Erdöl-Bedarf: 1 360 000 Tonnen
Bei einem faulen Frieden:
Deutschlands Erdöl-Erzeugung 140 000 Tonnen

daß Deutschland mit einer Kriegslast von weit mehr als 100 Milliarden und vervielfachten Steuern aus diesem Kriege herausgeht und dadurch vollständig verarmt, arbeitslos und wirtschaftlich vernichtet wird.

Bei einem faulen Frieden: 170 Milliarden Schulden

Bei einem faulen Frieden ein Lohnsklave Englands mit 170 Milliarden Schulden

2537 Mark auf den Kopf der Bevölkerung

172 Mark Reichssteuern auf den Kopf der Bevölkerung

Volksvermögen = 200 Milliarden Mark

„Der Deutsche Friede" will:

nach den ungeheuren Opfern an Blut und Gut das Mindestmaß fordern, das zu Deutschlands Bestehen und Entwickelung nötig ist,

daß Belgien, insbesondere die Flandrische Küste mit Antwerpen, in Deutschlands militärischer, wirtschaftlicher und politischer Abhängigkeit bleibt;

daß wirkliche Seefreiheit für alle Völker geschaffen wird, und daß wir unsere Kolonien und Flottenstützpunkte in vergrößertem Maßstabe wiederbekommen;

Handelsflotten bei einem Deutschen Frieden:

der Mittelmächte: 17,3 Mill. Tonnen   des Zehnverbandes: 10,9 Mill. Tonnen

das Erzbecken von Briey und Longwy, das Frankreich seine Angriffswaffen lieferte, und Grenzverbesserungen, besonders in den Vogesen, je nach militärischer Lage und Beurteilung;

Eisenerzvorräte der Mittelmächte bei einem Deutschen Frieden: mindestens 6954 Mill. Tonnen

eine leicht zu verteidigende Grenze, weit die alten deutschen Offizierprovinzen und reichen Boden als neues Getreideland für deutsche Bauernansiedlung, um das Reich vor künftiger Aushungerungsgefahr zu schützen; (Einfuhr 1912/13 für 5 Milliarden Nahrungsmittel, ½ Milliarde Vieh usw.).

In einem Jahrzehnt beschaffbare deutsche Siedlerfamilien aus dem Reich, Rußland, sonstigem Europa und Uebersee 466 000

520 500 Siedlerstellen

Bei einem Deutschen Frieden gibt es 2 270 000 ha = 520 500 Siedlerstellen, neues Ansiedelungsland: Kurland, Litauen, russ. Grenzstreifen, Livland, Estland

Deutschlands Erdöl-Bedarf: 1 360 000 Tonnen
Bei einem Deutschen Frieden:
1 500 000 Tonnen rumänisch Erdöl-Erzeugung zur Verfügung

daß die Feinde, die das friedliche Deutschland überfielen, die Lasten des Krieges in Rohstoffen, Schiffen, bar und durch Landabtretung bezahlen.

Bei einem Deutschen Frieden:

5 Milliarden Schulden vor wie nach dem Kriege

25 Mark auf den Kopf der Bevölkerung

36 Mark Reichssteuern auf den Kopf der Bevölkerung

Volksvermögen = 400 Milliarden Mark

Bei einem Deutschen Frieden ein freies Volk mit nur 5 Milliarden Schulden

---

Ein fauler Friede, auch wenn er sofort geschlossen würde, bringt uns kein Pfund Brot mehr und schließt jegliche Zufuhr fremden Getreides für lange Zeit aus. Nur bei einem Deutschen Frieden können wir die rumänischen Ernten, die England bereits bezahlt hat, hereinschaffen. Der Sieger ist zuerst. Hindenburg und Ludendorff und unsere braven Unterseeboote geben uns die Sicherheit, daß wir die Sieger sein werden.

★ Jeder Deutsche, der einen Deutschen Frieden will, trete uns bei ★

und helfe damit beweisen, daß nicht „9/10 aller Deutschen" einen Scheidemannschen Frieden wünschen.

Ortsgruppe: Geschäftsstelle:	Anmeldungen, Werbeschriften daselbst. Kein Beitragszwang.

Um Weiterverbreitung dieses Blattes wird dringend gebeten. Gegebenenfalls sichtbar aufhängen.

land haben die Vertreter eines rationalen Friedenswunsches in der Regierung niemals den Einfluß und die brutale Energie besessen, die sich allein gegen die Anhänger eines »starken Friedens«, voran die Oberste Heeresleitung, hätte durchsetzen können. Die Mehrheitsparteien des Reichstages haben auch nach der Friedensresolution nur höchst unsichere außenpolitische Wünsche gehegt; das zeigten sowohl die Auseinandersetzungen über die Beantwortung der päpstlichen Friedensnote wie über den Frieden von Brest-Litowsk. Daß die im kritischen Augenblick isolierte Persönlichkeit Briands durch ein direktes deutsch-französisches Gespräch zwischen ihm und Lancken ernsthafte Aussichten eröffnet hätte, kann man kaum annehmen. Selbst wenn die Reise Briands in die Schweiz nicht am Einspruch Ribots gescheitert wäre, hätte zumindest die Reichslandfrage die diametralen Gegensätze aufgezeigt. Auch die Aussichten der Friedensnote Papst Benedikts XV. vom 9. September 1917 sind in der deutschen Literatur meist überschätzt worden, obwohl das Drängen der Kurie auf eine vorbehaltlose Freigabe Belgiens durch Deutschland vielleicht noch am ehesten einen Weg gewiesen hätte, auf dem sich das Abreißen der Friedensgespräche hätte vermeiden lassen. Weder Frankreich noch selbst England, am wenigsten Wilson, waren aber bereit, der belgischen Frage die von der Kurie angenommene Bedeutung zuzusprechen.

Der Beginn des Jahres 1917 war bestimmt durch den Kriegseintritt der Vereinigten Staaten; sein Ende wurde überschattet von der russischen Oktoberrevolution. Ihre umfassende weltgeschichtliche Bedeutung kann an dieser Stelle nur nach ihrer Verflechtung mit den Ereignissen des ersten Weltkrieges behandelt werden. Die mit Lebensmittelunruhen in St. Petersburg am 8. März einsetzende Frühjahrsrevolution ist vornehmlich von Arbeitern, Bauern und meuternden Soldaten bis zur Abdankung des hilflos zwischen Hauptquartier und Hauptstadt umherirrenden Nikolaus' II. am 15. März siegreich durchgefochten worden, weil das alte System im Krieg versagt hatte und ihm auch die bürgerlichen Parteien der Duma jede Unterstützung versagten. Die Revolution offenbarte sofort den Gegensatz: auf der einen Seite die Koalitionsregierung, mit nur einem Sozialisten (Kerenskij) und mit bürgerlicher Mehrheit, die den Krieg fortführen wollte, auf der anderen der Sowjet der Arbeiter und Soldaten in St. Petersburg, getragen von der Friedenssehnsucht der breiten Massen, die Formel des Kriegsendes ohne Annexionen und Kontributionen vertretend. Die Armee löste sich auf, die Soldaten strebten nach Hause, um bei der bevorstehenden Landaufteilung zur Stelle zu sein. Kerenskij, der Schicksalsmann der Frühjahrsrevolution, vermochte die Entwicklung wohl zu verzögern, aber nicht aufzuhalten, da er seinen Einfluß auf die Massen schnell verbrauchte und seit dem Zusammenbruch der Juli-Offensive auch gegen die bis zur offenen Auflehnung Kornilows im September gehende Feindschaft der Offiziere zu kämpfen hatte.

Jetzt taucht Lenin in St. Petersburg auf. Im kontrollierten Zug, den ihm die deutsche Regierung zur Verfügung gestellt hatte, war er aus der Schweiz zurückgekehrt. Die Heeresleitung hatte nach dem anfänglichen Verzicht auf einen die Schwäche des Gegners ausnützenden

---

»Verständigungsfriede« – »Deutscher Friede«
Flugblatt, 1917
Koblenz, Bundesarchiv

Angriff den Plan gebilligt, die radikal-revolutionären Tendenzen in Rußland zum Zwecke einer völligen Lähmung zu stützen, ohne daß die weltgeschichtliche Tragweite im geringsten erkannt wurde, wohl auch erkannt werden konnte. Denn damit kehrte nicht nur der konsequenteste Verfechter eines ganz spezifisch russisch gefärbten, unbedingt revolutionären Marxismus in die Heimat zurück, sondern auch der Kopf, der die revolutionären Möglichkeiten des wirtschaftlich und sozial rückständigen Riesenreiches, das Bündnis zwischen Soldat, Arbeiter und Bauer gegen eine in der Auflösung begriffene Apparatur von Regierung, Verwaltung und Heer und eine zahlenmäßig verschwindend geringe Bourgeoisie theoretisch vorausgesehen hatte und zu nutzen verstand. Trotz aller Reibungen in der eigenen Partei war er überlegen genug, sich aus ihr eine ganz in der Hand ihrer Führung liegende, auf Handeln und Herrschaft gestellte Elite des Sozialismus zu formen. Durch einen verunglückten ersten Vorstoß vorübergehend ins Exil nach Finnland getrieben, kehrte er in der Stunde der Entscheidung zurück und zwang am 23. Oktober gegen starke Widerstände dem Zentralkomitee der bolschewistischen Partei den Beschluß zur gewaltsamen Erhebung auf. Sie wurde neben ihm vor allem von Trotzkij, dem Vertreter der Theorie von der »Permanenten Revolution«, so wirksam organisiert, daß die morsch gewordene Regierung Kerenskij in St. Petersburg fast kampflos vom 6. (25. Oktober nach russischem Kalender) bis 9. November unterlag. Damit hatte freilich erst eine sehr geringe Minderheit die Macht ergriffen. Das bewies der Sieg der rivalisierenden Sozialrevolutionäre bei der noch von Kerenskij angesetzten Wahl zur Konstituierenden Nationalversammlung.

Aber Lenin jagte nicht nur diese Versammlung auseinander, sondern vermochte auch nach einem an alle kriegführenden Mächte gerichteten Friedensappell durch Waffenstillstand und Sonderfrieden mit den Mittelmächten die siegreiche, aber noch schwer bedrohte Revolution zu konsolidieren. Sehr bald stellte sich heraus, daß er dabei eine tiefe Demütigung des eigenen Landes auf sich nehmen mußte. Aber in der festen Überzeugung, daß – wahrscheinlich zuerst im Lager der Mittelmächte – die Weltrevolution ihm in absehbarer Zeit zu Hilfe kommen werde, hat er auch ein russisches Jena auf sich genommen, um die Revolution in Rußland zu retten.

Nach kurzem Schwanken, ob man »mit diesen Leuten« verhandeln könne, hat sich die deutsche Oberste Heeresleitung zu dem Waffenstillstand entschlossen, der am 15. Dezember in Kraft trat und die sofortige Einleitung von Friedensverhandlungen am 20. Dezember festsetzte. Die Mittelmächte schienen damit ihre Lage entlasten zu können, wenn und soweit auf einen Vertrag angesichts der revolutionären Verhältnisse Verlaß war, eine Frage, die auch von der Entente sehr verschieden beantwortet wurde. Clemenceau hatte sich schon am 25. November geweigert, die neue Regierung der Volkskommissare anzuerkennen. Frankreich, England und die Vereinigten Staaten haben noch bis zur Ratifikation des Friedens mit Deutschland immer wieder versucht, die bolschewistische Regierung zur Wiederaufrichtung einer Front gegen Deutschland zu bewegen. Woodrow Wilson hat abweichend von seinen Verbündeten grundsätzlich den Standpunkt vertreten, daß man sich nicht auf eine Gegnerschaft gegen die Revolution festlegen, sondern dem russischen Volke die Freiheit zum inneren Ausbau von Staat und Gesellschaft nach eigenem Wunsche nicht verwehren sollte.

Die Unsicherheit der Mittelmächte über den verwirrenden Charakter ihres Verhandlungsgegners in den Friedensverhandlungen von Brest-Litowsk (Dezember 1917 bis März 1918) ist begreiflich. Dem Meinungsstreit im Lager der Entente steht bei ihnen ein eher noch größeres Maß von Divergenzen gegenüber. Die Türkei und Bulgarien wollten ihre Interessen im Kaukasus und in der Dobrudscha durchsetzen. Die Politik des Grafen Czernin wurde von der hoffnungslosen Ernährungslage Österreichs diktiert. Er wollte Frieden um jeden Preis und nahm schließlich das Abenteuer des sogenannten Brotfriedens mit der fragwürdigen Republik der Ukraine auf sich. In Deutschland hatte die Friedenssehnsucht der Massen durch die Friedensparole der russischen Revolution starke Nahrung erhalten. So mußte sich die deutsche Regierung im Januar 1918 gegen fünfhunderttausend streikende Arbeiter durchsetzen. Dennoch wurden aber öffentliche Meinung, Parteien und Reichstagsmehrheit vom Sieg im Osten so mitgerissen, daß man die Politik der Friedensresolution von 1917 – mit Ausnahme der Sozialdemokratie – noch einmal verließ.

Inzwischen stießen in Brest-Litowsk Sieger und Revolutionäre unversöhnlich zusammen: Die Revolution hatte zwar sofort (15. November) das Selbstbestimmungsrecht der Fremdvölker bis zur Trennung unabhängiger Staaten von Rußland anerkannt, aber doch nur mit dem Vorbehalt und Willen, sie so für die Revolution zu gewinnen. Als die Ukraine und Finnland an deutsche Hilfe appellierten, zeigte sich, daß der Bolschewismus schon jetzt bereit war, seine Argumente mit Waffengewalt durchzusetzen. Die von den Mittelmächten zugestandene Volksabstimmung sollte im Baltikum und in Polen unter dem Schutz der Besatzungsmacht erfolgen und damit ihre Anlehnung an und ihre Beherrschung durch die Sieger sicherstellen. Auch die aus dem Konferenzsaal an die Völker gerichtete Agitation Trotzkijs vermochte diesen Standpunkt nicht zu erschüttern, so daß er auf die Nachricht von dem Separatfrieden der Mittelmächte mit der Ukrainischen Rada (9. Februar), die schon Kiew nicht mehr besaß, die Verhandlungen mit der Erklärung abbrach, Rußland werde auch ohne Friedensschluß den Krieg nicht mehr fortsetzen und demobilisieren.

Damit trieb er die Gegensätze im Lager der deutschen Politik auf ihren Höhepunkt. Der Staatssekretär von Kühlmann ist sich darüber klar gewesen, daß die Ausnutzung des russischen Schwächezustandes, vor allem die Schließung des von Peter dem Großen eroberten baltischen Fensters zur Ostsee, einen zweiten deutsch-russischen Krieg in der gleichen Generation heraufbeschwören müsse. Er ist allerdings keineswegs die Persönlichkeit gewesen, die sich gegen die massive Energie Ludendorffs und das seit 1916 bestehende Übergewicht der Militärs durchsetzen konnte, zumal Wilhelm II. nur klagte, alles Unheil komme daher, daß der Kaiser von keiner Seite mehr beachtet werde. Wenn in der Frage des Brotfriedens mit der Ukraine schließlich alle deutschen und österreichischen Stellen notgedrungen übereinstimmten, hat Ludendorff doch ein Maß von polnischen Gebietsabtretungen verlangt, das er zwar ungeschmälert durchsetzen konnte, das aber die Beschränktheit seiner politischen Einsicht beleuchtet. Im Homburger Kronrat vom 13. Februar setzte er gegen Kühlmanns Bedenken die Wiederaufnahme eines deutschen Vormarsches durch. Livland und Estland wurden ohne Kampf überrannt, und der Bolschewismus wurde zunächst zur Räumung der Ukraine gezwungen. Mit der Friedensunterzeichnung am 13. März mußte Rußland auf seine Randgebiete Estland, Livland, Kurland,

Litauen und Polen verzichten, den Frieden mit der Ukraine anerkennen sowie langjährige wirtschaftliche Verpflichtungen auf sich nehmen.

Der Bukarester Friede vom 7. Mai 1918, von ähnlichen Reibungen zwischen Wien und Berlin, aber auch zwischen deutscher Politik und Heeresleitung begleitet, bereitete Rumänien ein ähnliches Schicksal, obwohl der Sturz der Dynastie durch das Eingreifen Kaiser Karls vermieden wurde. Entscheidend war hier vor allem die langfristige Verfügung des Siegers über die wirtschaftlichen Schätze des Landes. Beide Verträge waren zweifellose Diktate, die nach 1919 immer wieder den deutschen Beschwerden über den Frieden von Versailles entgegengehalten werden konnten.

Die Oberste Heeresleitung hatte seit November 1917 immer wieder ihre Forderungen mit der Notwendigkeit gerechtfertigt, die Kräfte des deutschen Ostheeres für die 1918 im Westen vor dem Eintreffen der Amerikaner herbeizuführenden Entscheidungen frei machen zu müssen. Sie hat jedoch mit der Intervention in Finnland, mit der zwanzig Divisionen bindenden Besetzung der Ukraine, mit der Umwandlung der Ostseeländer in Satellitenstaaten Deutschlands und mit einer ungeschickten Hand in Polen das Beste getan, eine Herabsetzung der militärischen Kräfte im Osten zu erschweren. Obwohl sich die Heeresleitung nicht stark genug fühlte, das unsichere Verhältnis zur bolschewistischen Regierung durch einen Vormarsch auf Moskau zu beenden, wie es ihr wiederholt vorgeschlagen wurde, mußte sie doch rund eine Million Mann im Osten belassen, allerdings nur begrenzt felddienstfähige Truppen, die sehr allmählich auf die Hälfte vermindert wurden. Daß aber die an Hitler erinnernde Ostpolitik Ludendorffs im Jahre 1918, die bereits von einer Umsiedlung der Rußlanddeutschen träumte, die Ukraine dauernd in Abhängigkeit halten und die Krim direkt beherrschen wollte, seiner eigenen Absicht widersprach, beschleunigt die militärische Entscheidung im Westen zu erzwingen, ist unbestreitbar. Die Hybris einer militärischen Politik in der deutschen Geschichte des 20. Jahrhunderts hat hier einen ersten Höhepunkt erreicht.

1918: Der Ausgang des Krieges

In den ersten Monaten des Jahres 1918 verwarf Ludendorff alle Anregungen Hermann Stegemanns, des Prinzen Max von Baden und seines eigenen Mitarbeiters von Haeften, vor dem Wagnis der Schlachtentscheidung noch einmal, die relative Stärke ausnutzend, zu verhandeln. Nation und Regierung gaben ihm teils ohne Widerstand, teils mit vollem Vertrauen recht. Auf der Gegenseite hatte Wilson in Abwehr der russischen Revolutionspropaganda am 8. Januar das Programm der vierzehn Punkte veröffentlicht, das, in territorialen Einzelheiten sehr vorsichtig und elastisch, seine tiefe Wirkung vor allem durch die Zusammenfassung grundlegender Ideale erhielt. Seine Forderungen nach Abschaffung der Geheimdiplomatie und Öffentlichkeit der Friedensverhandlungen, Freiheit der Meere und Beseitigung der wirtschaftlichen Schranken zwischen den Völkern, Beschränkung der Rüstungen, Neuverteilung des Kolonialbesitzes und Errichtung eines Völkerbundes freier

Deutsches Ferngeschütz in Stellung

Das Trichterfeld am Kemmel in Flandern, April 1918

Nationen als Friedensbollwerk, das sich auf das Recht der Selbstbestimmung gründete, entsprangen gewiß einer sehr amerikanischen und einer noch mehr persönlichen Gedankenwelt. Aber auf diese Ideen ist man in der modernen Geschichte immer wieder zurückgekommen; sie entsprachen so sehr dem Gefühl der schwergeprüften Völker, daß es nicht so ganz unbegreiflich ist, wenn Wilson glaubte, sie im Augenblick des Kriegsendes gegen die Vorbehalte der verbündeten Regierungen durchsetzen zu können. So eindrucksvoll der Nibelungentrotz ist, mit dem Deutschland sein Schicksal auf die Spitze des Schwertes setzen zu müssen glaubte, so überlegen waren doch die Ideen Wilsons, für die sich die Nationen des Westens zur letzten Entscheidung sammelten.

Für den entscheidenden Angriff an der Westfront, die Offensive von St. Quentin, hat Ludendorff doch nur eine so knappe örtliche Überlegenheit schaffen können, daß er selbst mit der Möglichkeit rechnen mußte, nicht mit einem Schlage, sondern nur durch eine Kette von Angriffen die Entscheidung erzwingen zu können. Wohl war der Stand der Reserven des englischen Heeres kritisch und Pétain sogar gezwungen, Zahl und Stärke der Divisionen herabzusetzen, während die Entlastung im Osten erlaubt hatte, die Zahl der Divisionen des deutschen Westheeres von einhundertvierundzwanzig auf einhundertvierundneunzig zu erhöhen. Aber England konnte in der Heimat immer noch auf erhebliche Reserven zurückgreifen, und der Strom der amerikanischen Transporte nach Europa wurde unter dem Eindruck der ersten Niederlage auf zweihundertfünfzigtausend Mann monatlich erhöht. Um so ernster war, daß durch die Verstärkung der Artillerie das deutsche Heer unbeweglicher geworden war. Es fehlte an Pferden, und die Industrie konnte nicht neben U-Boot-, Flugzeug- und Waffenbau die nötige Motorisierung des Heeres oder gar die Neuentwicklung einer größeren Panzerwaffe bewältigen. Die Erkenntnis dieser Schwierigkeiten mag Ludendorff zu dem Satz veranlaßt haben, daß die Taktik über die reine Strategie zu stellen sei. Obwohl sein Angriff darauf zielte, Engländer und Franzosen zu trennen und das englische Heer nach Norden gegen die Kanalküste zu werfen, hat er doch den südlichen Teil seiner Angriffsfront, die der Heeresgruppe des Kronprinzen angehörige 18. Armee, auffallend stark gemacht. Nach dem Auftakt am 21. März entschloß er sich schon am 23. März, den Schwerpunkt ganz auf diesen erfolgreichen linken Flügel zu legen. Die Operation drohte dadurch freilich fächerartig in drei Stoßrichtungen auseinanderzustreben.

Der Erfolg, ein Geländegewinn von sechzig Kilometer Tiefe und neunzigtausend Gefangene, übertraf bei weitem alles, was seit 1914 an der Westfront erreicht worden war, hatte allerdings auch den Einsatz von vierundachtzig Divisionen, den besten Teil der deutschen Kräfte, gekostet. Als Ludendorff am 5. April die vergeblichen Angriffe auf das nahezu erreichte Amiens einstellen mußte, war aber strategisch nichts Entscheidendes bewirkt, die Verbindung zwischen Engländern und Franzosen nicht gerissen, der deutsche Angreifer gezwungen, sich in einem weit vorgewölbten Stellungsbogen mit langen gefährdeten Flanken zu behaupten. Wenige Tage hatte es den Anschein gehabt (vom 24. bis 26. März), als ob die ungenügende Koordination der Ententeheere dazu führen würde, daß sich die Franzosen auf Paris, die Engländer auf die Kanalküste zurückzogen, weil ihre Führer, Pétain und Haig, die Erhaltung der eigenen Armee im Auge hatten. Das sofortige Eingreifen von Militärs und Politikern, dem englischen Stabschef Henry Wilson, Lord Milner, Poincaré und Clemenceau, führte auf der Höhe der Krise am 26. März dazu, daß der auch jetzt zuversichtliche Foch – *il faut vaincre devant Amiens, il faut vaincre où nous sommes* – mit der Koordination der Westfront beauftragt wurde, die schon am 3. April auf die strategische Leitung der Operation ausgedehnt wurde. Damit erhielt er als »général en chef des armées alliées« die Rechte eines wirklichen Oberbefehlshabers. Er hat weder im April noch im Mai neue Rückschläge verhindern können, aber, durch Clemenceau gegen vorzeitige Kritik gedeckt, mit unerschütterlicher Zähigkeit und Energie die Wendung des Sommers wesentlich vorbereitet, indem er seine Reserven unerbittlich sparte, um so bald wie möglich den Gegenangriff einleiten zu können. Er hat ihn gewiß früher erwartet, dafür aber am 18. Juli und 9. August seine Stunde energisch genutzt.

Ludendorff hat noch zweimal, mit dem Angriff zwischen Armentières und La Bassée (9. bis 25. April), der auf seinem Höhepunkt den heißumkämpften Kemmel erreichte, und mit der Offensive am 27. Mai gegen den Chemin des Dames, deren Erfolg gegen abgekämpfte englische und schlecht geführte französische Divisionen den Sieger selbst überraschte, große strategische Leistungen vollbracht. Die Mai-Offensive überschritt den Höhenzug des Chemin des Dames, die Aisne und Vesle und erreichte im Süden die Marne und den Wald von Villers-Cotterêts. Sie brachte noch einmal fünfzigtausend Gefangene und sechshundert Geschütze, aber auch einen neuen Stellungsbogen, der noch gefährdeter war als das Ergebnis der März-Offensive. Man hat diese Kette von Angriffen als »Büffelstrategie« verurteilt. Tatsächlich waren sie durch unzureichende Kräfte bedingt. Eine Kette von Ablenkungsangriffen sollte den Gegner schwächen und einen abschließenden Stoß ermöglichen, um im Norden das englische Heer endgültig gegen die Kanalküste zu werfen und auszuschalten. Diese Zielsetzung behauptete Ludendorff auch gegen die Warnungen aus den Reihen der eigenen Generalität, daß ein militärischer Sieg seit dem Steckenbleiben der größten deutschen Anstrengung im März nicht mehr denkbar sei.

Wohl fing selbst Ludendorff an, die ihm gesetzten Grenzen zu spüren; er hat nicht sofort widersprochen, als ihn eine Denkschrift des Obersten von Haeften mahnte, daß ein Kriegsende nur mit den Waffen, ohne politische Auswertung der Siege nicht zu erreichen sei. Als aber Kühlmann am 24. Juni diese Tatsache fast mit den gleichen Worten im Reichstag aussprach, verdrängten ihn Heeresleitung und Konservative mit dem Vorwurf, die Moral der Nation gefährdet zu haben, aus dem Amt. Am 2. Juli wurde die Regierung noch einmal darauf festgelegt, daß Belgien unter deutschem Einfluß bleiben, Flandern und Wallonen zu trennen seien und die deutsche Besatzung so lange dauern solle, bis sich das Königreich mit dem Reiche freiwillig eng zusammenschließen werde. Die Heeresleitung trägt so wesentlich die Verantwortung dafür, daß auch nicht einmal versucht wurde, die Zeit der Erfolge im Westen realistisch auszunutzen (wenn dies überhaupt möglich gewesen wäre). Es sind die gleichen Monate, in denen sich die Gegenseite entschloß, die Donaumonarchie zu zertrümmern und trotz italienischer Bedenken sich endgültig zugunsten der polnischen, tschechischen und südslawischen Unabhängigkeitsbewegung festzulegen.

Als Ludendorff endlich am 15. Juli beiderseits von Reims in der Champagne und über die Marne hinweg zum letzten Angriff gegen das französische Heer ansetzte, scheiterte dies

Unternehmen schon am ersten Tag, weil jetzt der Gegner die Wirkung der bisher überlegenen deutschen Angriffstaktik durch elastische Preisgabe seiner vordersten Stellung auffing. Der Gegenstoß Mangins aus dem Wald von Villers-Cotterêts am 18. Juli eroberte in erbitterten Kämpfen den Geländegewinn der deutschen Mai-Offensive bis zur Linie der Vesle von Soissons bis Reims zurück. Die Verbündeten, ohne die Amerikaner einhundertvierundneunzig gegen zweihundertundfünf erschöpfte und schwächere deutsche Divisionen, hatten fortan nicht nur ein stets wachsendes Übergewicht an Menschen, sondern auch eine erdrückende Materialüberlegenheit an Artillerie, Kampfwagen und Luftwaffe zu ihrer Verfügung. Foch konnte zusammen mit Haig, Pétain und Pershing, der jetzt als Führer einer selbständigen Armee zu diesen beiden trat, am 19. Juli eine Gegenoffensive an verschiedenen Frontabschnitten anlaufen lassen, die zunächst die wichtigsten Bahnlinien frei machen und im Herbst einen Generalangriff ermöglichen sollte. Noch wagte man freilich nicht, mit einem Kriegsende bis zum Winter zu rechnen, sondern erwartete, daß erst das Jahr 1919 die Entscheidung bringen würde.

Schon der große Tankangriff vor Amiens im Morgennebel des 8. August enthüllte dann aber, daß die Widerstandskraft des deutschen Gegners erschöpft war. Dieser »schwarze Tag« des deutschen Heeres zwang auch Ludendorff zu dem Eingeständnis, daß der Krieg militärisch nicht mehr gewonnen werden könne. Der Kronrat in Spa (13./14. August) mit dem Kaiser, Hertling und Kühlmanns Nachfolger von Hintze begnügte sich aber mit dem halben Entschluß, das diplomatische Gelände »abzutasten«, da Hindenburg noch immer in Aussicht stellte, es werde möglich sein, den Kampfwillen der Gegner durch zähe Verteidigung zu lähmen. So lehnte die Oberste Heeresleitung einen beschleunigten Rückzug über die Hindenburg-Linie des Jahres 1916 hinaus ab; sie befürchtete, daß ohne ausgebaute Reservestellungen unersetzliche Verluste an Material eintreten würden. Bis zum Waffenstillstand wurde zäh und verbittert gerungen, die deutsche Front Schritt für Schritt zurückgedrängt, ohne daß der Gegenseite bis Anfang November ein strategisch entscheidender Durchbruch glückte. Ob die von Foch geplante Offensive in Lothringen dieses Ziel erreicht haben würde und er dem deutschen Heer in Frankreich eine endgültige Katastrophe hätte bereiten können, ist eine Frage, die sich kaum beantworten läßt. Das deutsche Waffenstillstandsangebot, das Ludendorff am 29. September von der Regierung kategorisch verlangte, hat das Ringen schnell beendet.

Trotzdem besteht kein Zweifel, daß das Reich am Ende des Herbstfeldzuges besiegt war und sich in einer auch militärisch hoffnungslosen Lage befand. Der Druck der alliierten Armeen wurde schon im September so übermächtig, daß Ludendorff schließlich jeden Tag den Eintritt einer Katastrophe befürchtete. Obwohl er dies abstritt, als die Folgen des Waffenstillstandsangebotes deutlich wurden, hat auch sein Nachfolger seit dem 26. Oktober, der aus der Ukraine herbeigerufene General Groener, nicht mehr sagen können, ob die Front nicht binnen wenigen Tagen zur Kapitulation im offenen Felde gezwungen sein würde (6. November).

Selbst wenn die Entente-Armeen das im Westen nicht erreicht hätten, war der Krieg für Deutschland schon dadurch verloren, daß seine Verbündeten seit dem September in schneller Folge zusammengebrochen waren: Bulgarien durch eine Offensive der Saloniki-

Armee (26. September), die es binnen drei Tagen, am 29. September, zu einem Waffenstillstand zwang, der den Siegern den Weg nach Ungarn öffnete, Rumänien wieder in den Krieg eintreten ließ und Konstantinopel vom Balkan her bedrohte; die Türkei seit dem 19. September durch Allenbys Siegeszug durch Palästina und Syrien bis Damaskus (1. Oktober), der alle arabischen Gebiete befreite und dazu führte, daß die Türkei in Mudros Waffenstillstand und Kapitulation (30. Oktober) anbot. Österreich schließlich hatte im Juni mit einem Offensivversuch am Piave seine letzten Kräfte erschöpft. Schon seit der ersten Oktoberwoche befand es sich von innen her in voller Auflösung, die weder Kaiser Karls sofort abgelehntes Friedensangebot an Wilson noch sein Manifest vom 18. Oktober aufhalten konnte, das den Völkern der Doppelmonarchie verspätet die Umwandlung des Reiches in einen Bundesstaat auf ethnischer Grundlage anbot. Die Proklamation nationaler Staaten durch Polen, Tschechoslowaken und Südslawen war nicht mehr aufzuhalten. Ungarn trennte sich von Wien. Selbst die Deutsch-Österreicher begannen, im Anschluß an das Reich den einzigen Ausweg zu suchen. Der Staat der Habsburger endete nicht eigentlich durch die Waffen der Entente — wenn auch unter dem Druck der durch sie hoffnungslos gewordenen Lage —, sondern er löste sich durch die Absage seiner Völker in seine Bestandteile auf. Die trotz des Drängens der Entente erst am 24. Oktober einsetzende letzte italienische Offensive bedeutete nur einen Gnadenstoß, der freilich eine Beute von sechstausend Geschützen und fünfhunderttausend Gefangenen einbrachte. Sie zwang Kaiser Karl zum Waffenstillstand vom 3. November, der den Siegern Räumung der besetzten Gebiete, Besetzung der von Italien beanspruchten Landesteile, vor allem aber ein Durchmarschrecht durch Tirol gegen die bayerische Südgrenze des Reiches gewährte und damit die Lage Deutschlands bei einer Fortsetzung des Kampfes hoffnungslos gemacht hätte.

Um diese Katastrophen zu vervollkommnen, hätte es nicht der apodiktischen Antworten Wilsons vom 8., 14. und 23. Oktober auf das deutsche Waffenstillstandsgesuch bedurft. Sie verlangten die sofortige Einstellung des U-Boot-Krieges, die Räumung aller besetzten Gebiete und die Sicherheit, daß eine Aufnahme der Feindseligkeiten durch das deutsche Heer unmöglich sei. Vor allem betonte er, nur mit demokratischen Vertretern der deutschen Nation, nicht mit den von ihm als »willkürliche Gewalten« bezeichneten bisherigen Trägern der deutschen Regierung verhandeln zu wollen. Diese Haltung des Präsidenten hat alle Absichten vereitelt, das deutsche Volk noch einmal zu letztem verzweifeltem Widerstand aufzurufen. Ludendorff stürzte (26. Oktober), als er sich noch einmal gegen die zweifellos realistischere Lageauffassung der Politiker auflehnte. Sie trieb Regierung und Reichstag zur Reform, die als Revolution von oben der Bismarckschen Verfassung schon vor dem Ausbruch der Revolution von unten ein Ende bereitete: jetzt endlich wurde das Reich parlamentarisiert und das allgemeine, gleiche und geheime Wahlrecht in Preußen eingeführt. Bis zuletzt aber blieb unklar, ob Wilsons Verlangen nach der Beseitigung jeder willkürlichen und militärischen Gewalt in Deutschland nicht auch die Ablehnung aller Friedensverhandlungen mit der Monarchie, vor allem ihrem persönlichen Träger, bedeutete. Der Kanzler, Prinz Max von Baden, die Regierung, der preußische Innenminister Drews, haben sich bemüht, Wilhelm II. rechtzeitig zur Abdankung, den Kronprinzen zum Thronverzicht zu bewegen, um dadurch die Staatsform und die politische Kontinuität in Deutschland zu retten. Auch die Mehrheitssozialdemokratie, voran Friedrich Ebert, hat diese Lösung bis zuletzt aufrichtig gewünscht. Sie scheiterte, weil das nach seiner Erziehung und Gesinnung monarchische Offizierkorps an einer solchen Lösung nicht mitwirken wollte; selbst ein Süddeutscher wie Groener gab trotz klarer Einsicht in die Ausweglosigkeit der Lage in dieser Frage nicht nach.

Da regte sich die Friedenssehnsucht der Massen. Die Revolution begann mit der Meuterei der Marine, die sich nicht in letzter Stunde zu einem Entlastungsvorstoß für das Heer einsetzen lassen wollte, den die Matrosen als »Todesfahrt« ansahen. In Kiel durch die Entsendung Gustav Noskes noch einmal notdürftig aufgefangen, sprang sie doch wie ein Wildfeuer von Ort zu Ort, von Land zu Land weiter und beherrschte seit der Nacht vom 7. zum 8. November bereits die Rheinlinie, so daß die Versorgung des Feldheeres bedroht war, und München, wo die alte Dynastie der Wittelsbacher den Platz kampflos räumte. Das zwang die Mehrheitssozialdemokratie, der die Massen völlig zu entgleiten drohten, am 7. und noch einmal am 8. November zu einem Ultimatum: sie sehe sich gezwungen, aus der Regierung auszuscheiden und ihre Anhänger auf die Straße zu rufen, wenn der Kaiser nicht sofort abdanke. Am 9. November 1918 fand das alte System keine Verteidiger mehr, und Prinz Max von Baden sah sich gezwungen, in Berlin vorgreifend die Abdankung des Kaisers bekanntzugeben und Ebert seine Nachfolge als Reichskanzler anzutragen, während Scheidemann um die Mittagsstunde bereits vom Balkon des Reichstages aus eigenmächtig die Republik ausrief. In qualvollen Erörterungen in Spa am gleichen Tag stellten Groener und die Mehrzahl der zusammengerufenen Frontoffiziere fest, daß das Heer nicht mehr bereit sei, unter dem Kaiser gegen die Revolution in der Heimat zu marschieren. Es hat nicht an Widerspruch gegen diese Feststellung gefehlt, aber überzeugend ist sie doch niemals widerlegt worden. Der Vorschlag, Wilhelm II. solle nur im Reich, nicht in Preußen abdanken, zeigt, wie hoffnungslos und verworren die Lage den letzten Verteidigern erschien. Die Flucht des Kaisers nach Holland war die unvermeidliche Folge seiner verzögerten Abdankung.

So war das Reich in eine Lage versetzt, die es zwang, widerstandslos die Waffenstillstandsbedingungen zu unterzeichnen, die der von dem Zivilisten Erzberger geführten Delegation im Walde von Compiègne vorgelegt wurden. Eine letzte Note des amerikanischen Außenministers Lansing vom 5. November hatte noch einmal die vierzehn Punkte Wilsons als Basis von Waffenstillstand und Frieden bezeichnet. England und Frankreich hatten sich, einige Vorbehalte äußernd, damit einverstanden erklärt. Trotz der Bedenken, die Haig wegen der Erschöpfung der eigenen Armeen hatte, überzeugten Foch und Pershing die anfänglich zögernden Wilson und Lloyd George doch von der Notwendigkeit harter militärischer Bedingungen. Dagegen hat niemand die Fortsetzung des Kampfes bis zur Besetzung Berlins verlangt. Auch Foch lehnte eine Verlängerung des Blutvergießens ab. (Das Bevölkerungsdefizit des ersten Weltkrieges einschließlich der kriegsbedingten Geburtenverminderung beziffert sich für Europa ohne Rußland auf zweiundzwanzig Millionen, für

Rußland allein auf sechsundzwanzig Millionen; die Heere und Flotten der kriegführenden Staaten hatten Verluste von zwölf bis dreizehn Millionen.) Die Bestimmungen des Waffenstillstandes lauteten: Internierung der deutschen Flotte und Auslieferung aller Unterseeboote, Räumung von Belgien und Frankreich mit Elsaß-Lothringen, beschleunigter Rückzug der Armee hinter den Rhein, Besetzung seines linken Ufers und Einrichtung von Brückenköpfen auf dem rechten Ufer durch den Sieger, dazu die Auslieferung von schwerem Rüstungsmaterial. Abgesehen von seiner hoffnungslosen strategischen Lage und den Wirren der Revolution, konnte Deutschland nicht mehr ernsthaft an eine Wiederaufnahme des Kampfes denken. Der erste totale Krieg hatte mit einem so gut wie totalen, jedenfalls nach allen geschichtlichen Maßstäben vollständigen Sieg der Entente geendet.

Pariser Friedenskonferenzen und Friedensschlüsse 1919/20

Erst heute, im Abstand von fünf Jahrzehnten, ist es ganz deutlich geworden, welchen Schwierigkeiten die Generation von 1919 bei dem Versuch begegnete, eine aus den Fugen geratene Welt zu ordnen. Sie stand nach vier Kriegsjahren einer Flut von nationalen Leidenschaften gegenüber. Der Präsident der USA, deren Armeen nur wenig über einhunderttausend Mann verloren hatten, war zum Teil dem Vorwurf allzu milder Behandlung des besiegten Gegners ausgesetzt. Lloyd George hingegen, der bei den Khakiwahlen von 1919 den Kaiser hängen lassen und volle Wiedergutmachung von Deutschland erzwingen wollte, hat sich bald mit dieser Agitation ernste Schwierigkeiten bereitet. Clemenceau ist gewiß ein unbedingter Verfechter des ebenso begreiflichen wie verhängnisvollen französischen Sicherheitsbedürfnisses gewesen. Aber auch er hat im letzten Abschnitt der Debatten über den deutschen Friedensvertrag erklärt, daß er Zugeständnisse gemacht habe: Verzicht auf Trennung des linken Rheinufers vom Reich und Annahme jener Garantieangebote von England und von den Vereinigten Staaten, die niemals Tatsache werden sollten.

Die Großen Vier der Friedenskonferenz, Wilson, Lloyd George, Clemenceau und der Italiener Orlando, hatten aber auch mit den nationalen Leidenschaften in anderen Staaten zu rechnen, besonders in den Neugründungen aus der Erbschaft Rußlands und der Donaumonarchie. Bei der Bemessung der Grenzen dieser Staaten, aber auch bei der Erörterung, ob ihnen eine Rüstungsbeschränkung aufzuerlegen sei, stießen sie auf derart massive nationale Leidenschaften, daß schon vor der Friedensunterzeichnung die Sorge allgemein war, daß man hier einen Herd fast unvermeidlicher neuer Kriege geschaffen habe.

Jetzt rächte sich auch, daß außereuropäische Nationen am Krieg teilgenommen hatten. Verhängnisvolle Auseinandersetzungen in Paris hatten zur Folge, daß Japan und China tief enttäuscht wurden. Der Nahe Osten begann zu gären, nachdem arabisches Gebiet in englische und französische Mandate aufgeteilt worden war. Italien und Griechenland gelüstete es nach türkischer Beute, und langsam zeigte sich auch ein Widerstand in den türkischen Kerngebieten. Selbst zwischen England und Frankreich drohte zeitweise ein Bruch durch Rivalität um den Besitz Syriens.

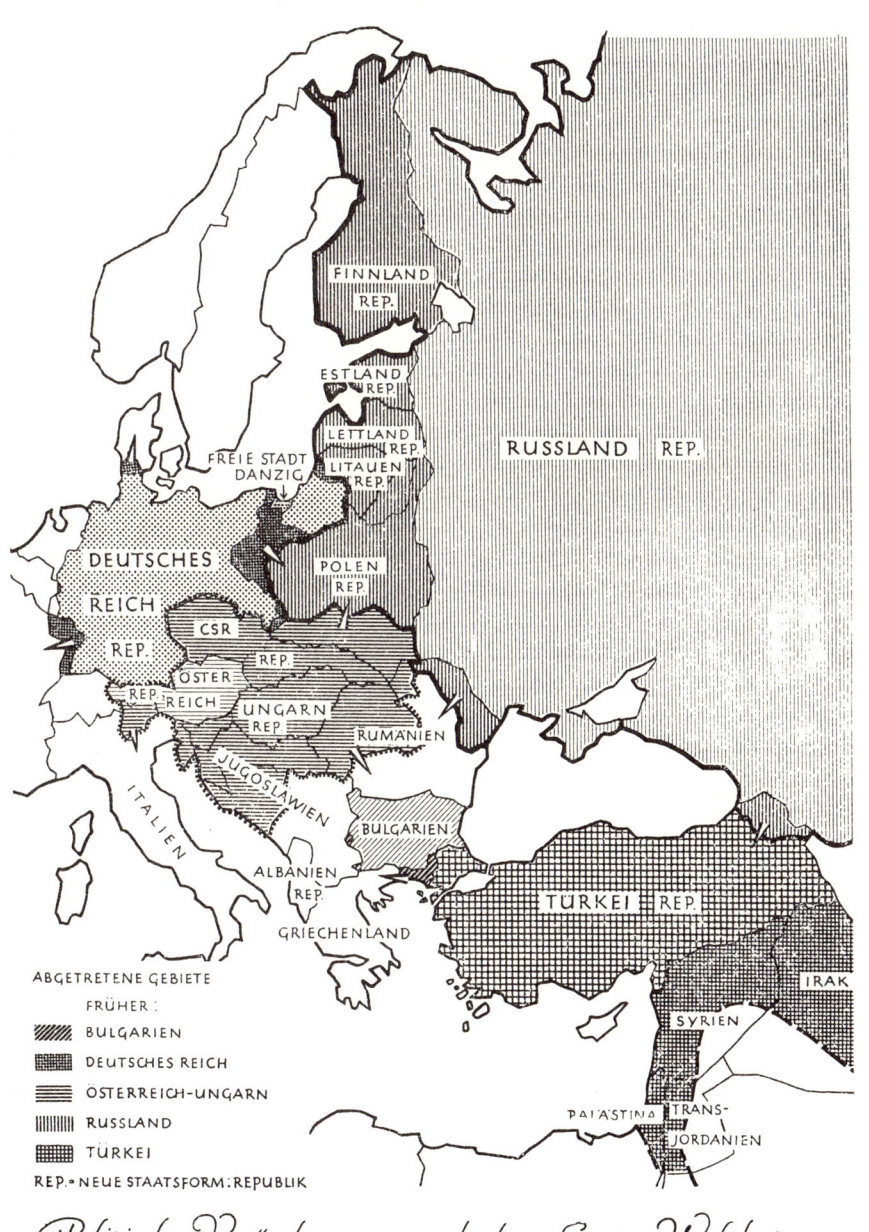

Politische Veränderungen nach dem Ersten Weltkrieg

ABGETRETENE GEBIETE
FRÜHER:
- BULGARIEN
- DEUTSCHES REICH
- ÖSTERREICH-UNGARN
- RUSSLAND
- TÜRKEI

REP. = NEUE STAATSFORM: REPUBLIK

Zudem hat das Gespenst der russischen Revolution die Pariser Beratungen drohend überschattet. Während die Verbündeten zwischen Intervention, einem Cordon sanitaire und Zurückhaltung unsicher schwankten, sprang der Funke der »permanenten Weltrevolution« auf Budapest und München über, bedrohte Berlin, führte zur Gärung bei der Demobilisierung des englischen Heeres und zu Meutereien bei den im Schwarzen Meer eingesetzten französischen Truppen. Die Befürchtung, daß Deutschland die Unterschrift des Vertrages verweigern werde, und die Sorge, daß der besiegte Gegner sich verzweifelt in die Arme der Revolution werfen werde, waren nicht so leicht durch das Bewußtsein fragloser militärischer Überlegenheit auszugleichen.

Wie wenig die Väter der Friedensverträge an die Dauerhaftigkeit ihres Werkes glaubten, wird vielleicht dadurch deutlich, daß Wilson in Übereinstimmung mit seinen Sachverständigen noch zuletzt in Paris die Reparationsregelung als utopisch beurteilt hat und ihren Zusammenbruch voraussagte. So sind die Friedensverträge sehr viel mehr ein Ergebnis der Not, in begrenzter Frist eine Regelung drängender Fragen zu schaffen, als der Ausdruck ungetrübten Siegesbewußtseins. Das geschichtliche Urteil wird gut tun, ihre Bedeutung wie die Rolle ihrer Urheber unter dieser Voraussetzung zu prüfen.

Freilich fordert das Vierzehn-Punkte-Programm als das von Wilson gewünschte Vorzeichen für den Friedensschluß eine Beurteilung nach dem Abstand von Ideal und Wirklichkeit heraus. Wilson hatte dieses Programm am Vorabend des Waffenstillstandes seinen Verbündeten für einen flüchtigen Augenblick aufzwingen können, mußte aber bald den Widerspruch nationaler Interessen in Kauf nehmen. Lloyd George widersetzte sich ihm in der Kolonialfrage, Clemenceau in der Frage des österreichischen Anschlusses, der Rheinlandregelung und beide in der Reparationsfrage; Italien schließlich bestand auf Erfüllung des von England und Frankreich trotz aller beschwörenden Proteste des amerikanischen Präsidenten anerkannten Londoner Vertrages. Wilson, von der Zeit gedrängt und unsicher über den Rückhalt der eigenen Nation bei ausbrechender Rebellion im Senat, hat sich nie entschließen können, eine auf letzte Entscheidung gehende Krise zu wagen. So wurden die Friedensschlüsse Kompromisse, deren Haltbarkeit nicht nur den Besiegten fragwürdig erschien.

Wilson hat das Wiederaufleben der alten Diplomatie nicht verhindern können; schon die Konferenz spielte sich nicht vor der Öffentlichkeit, sondern im exklusiven Rat der zehn Außenminister und der Großen Vier ab. Vollends das neue französische Bündnissystem bedeutete die »eindeutige und einfache Rückkehr zu den von ihm verdammten Methoden der alten Diplomatie« (Mario Toscano). Es gelang ihm auch nicht, eine allgemeine Abrüstung durchzusetzen. England blieb führende Seemacht und gestand nur notgedrungen den Vereinigten Staaten Parität zu. Frankreich wurde erste Militärmacht Europas. In Rußland leitete Trotzkij soeben den beschleunigten Aufbau der Roten Armee ein. Die Regelung der kolonialen Fragen verschleierte nur notdürftig, daß das Mandatssystem unter der Aufsicht des Völkerbundes im Grunde die Beute den Siegern auslieferte. In der Reparationsfrage mußte er schließlich eine unmögliche, wirtschaftlich widersinnige Lösung zulassen, die dadurch nicht besser wurde, daß man sich weder über die Höhe der Deutschland aufzuerlegenden Zahlungen noch über die Quote der Aufteilung unter den Siegern einigte.

Der Kriegerfriedhof »La Maison Blanche« in Neuville Saint Vaast

Empfang heimkehrender Soldaten durch Reichspräsident Ebert am Brandenburger Tor in Berlin, 1918

So ist es fast erstaunlich, daß Wilson dennoch, von Clemenceau wegen utopischer Neigungen verspottet, die Errichtung des Völkerbundes und die Aufnahme der Völkerbundsakte in die Friedensverträge erzwang. Daß diese Genfer Organisation keine handlungsfähige Exekutivkraft besaß, ist bemängelt worden. Durch die Forderung der Einstimmigkeit bei allen wesentlichen Beschlüssen hat man sie ebenso belastet wie ihre Nachfolgerin, die Vereinten Nationen, durch das Vetorecht der großen Weltmächte im Sicherheitsrat. Immerhin hat sie auf der Höhe ihrer Wirksamkeit als Clearing House der Nationen eine so bedeutsame Rolle gespielt, daß ihr Zusammenbruch weniger den organisatorischen Mängeln zuzurechnen ist als der Tatsache, daß die dem Völkerbund zugedachte Universalität durch den Ausschluß Deutschlands bis 1926, das Fernbleiben Rußlands bis 1934, vor allem aber durch die von Wilson verzweifelt, aber vergeblich bekämpfte Absage der Vereinigten Staaten niemals erreicht wurde. Die Folge war, daß England und Frankreich die bestimmende Rolle spielten. Der Völkerbund wurde so zum Instrument der Sieger, die es verhinderten, daß die nach seiner Satzung mögliche Revision der Friedensverträge rechtzeitig durchgeführt wurde. Eine überstaatliche Friedensorganisation ist, wie die Geschichte des 20. Jahrhunderts gelehrt hat, unentbehrlich. Daher ist die Bedeutung der Wilsonschen Idee heute unbestritten, aber die Unzulänglichkeit des Erreichten kann freilich nicht geleugnet werden.

Der in Versailles am 28. Juni von Deutschland unterzeichnete Vertrag beruhte mit Ausnahme von nicht unerheblichen, aber doch begrenzten Milderungen, die durch Verhandlung erreicht wurden, auf Diktat und Ultimatum der Sieger. Er ist in Deutschland stets einmütig abgelehnt und immer wieder als genügende Ursache und Rechtfertigung auch der gewaltsamen Auflehnung betrachtet worden. Man hat in der gewiß ehrlichen Überzeugung gelebt, daß das Reich ohne Ostgebiete, unter dem Zwang einseitiger Abrüstung, unter dem Alpdruck unbestimmter Reparationen nicht mehr lebensfähig sei. Die Nation fühlte sich in ihrem Ehrgefühl getroffen durch die Kriegsschuldanklage des Artikels 231, der lediglich die Haftbarkeit für angerichtete Schäden juristisch untermauern sollte. Daß die ganze neuere Entwicklung Deutschlands der Fluch der europäischen Geschichte gewesen sei, löste ebensolche Erbitterung aus wie die Forderung, den Kaiser und die bisherigen Führer auszuliefern. Von den beabsichtigten Kriegsverbrecherprozessen haben die Sieger selbst bald Abstand genommen.

Über dieser Erregung ging unter, daß die vorgesehenen Volksabstimmungen in Schleswig, Ostpreußen und Oberschlesien, Rheinlandregelung und Einschränkung des französischen Anspruchs auf das Saargebiet den ursprünglichen Text nicht unwesentlich milderten und die Hoffnung ließen, daß auch dieser Vertrag nicht das letzte Wort der Geschichte sei. Wie aber der Weltkrieg unter der Voraussetzung ausgefochten war, daß sein Ende eine bündige Entscheidung der Geschichte sein müsse, so betrachteten jetzt vor allem Frankreich und Deutschland, im Grunde gleichmäßig, die Lösung des Friedensvertrages als endgültig. Als die Weimarer Nationalversammlung sich nach schwersten inneren Kämpfen unter dem unerbittlichen Druck eines Ultimatums zu seiner Unterzeichnung entschloß, geschah das in dem Bewußtsein, daß Deutschland, räumlich geschmälert und wirtschaftlich bedroht, langsam die Grundlagen seines Daseins verlieren werde. In dieser verzweifelten Stimmung übersah man völlig den Charakter der Zwischenlösung und so bedeutsame Vorteile wie das

Aufhören der bedrohlichen Nachbarschaft Rußlands. Jedenfalls hat die Geschichte den Vertrag nur in bestimmten Teilen, so der Rückkehr Elsaß-Lothringens zu Frankreich, ratifiziert.

Die Auflösung der Habsburger Monarchie war dagegen ein Ereignis, das nicht wieder rückgängig zu machen war. Ob die Anwendung des Wilsonschen Selbstbestimmungsprinzips im Raum der russischen Randstaaten und der Nachfolgestaaten Österreich-Ungarn klug war, ist freilich bezweifelt worden. Alle diese neuen Gebilde waren durch die Mischung verschiedener Völker Nationalitätenstaaten. Die führenden Nationen – so in Polen, der Tschechoslowakei und im erweiterten Rumänien – ließen sich aber auch durch das vom Völkerbund kontrollierte Minderheitenrecht nicht hindern, Nationalstaaten zu etablieren, in denen die Minderheiten zu kurz kamen. So wurde, wie schon in Paris vorausgesehen, dieses Gebiet zu einem gefährlichen Unruheherd. Die Staatsmänner in Paris, Wilson vor allem, waren aber dennoch überzeugt, mehr befreit zu haben, als sie (ihrer Ansicht nach notgedrungen) Minderheiten unter die Autorität eines neuen Staates zwangen. Immerhin urteilten auch neutrale Beobachter, daß die »Güte des Prinzips« der Befreiung bisher unterdrückter Völker, besonders im Falle Polens und der Tschechoslowakei, bis zur Unkenntlichkeit verfälscht und dem Zweck der Einkreisung Deutschlands dienstbar gemacht worden sei. So büßte Ungarn im Frieden von Trianon zwei Drittel seines Gebietes mit drei Millionen Magyaren ein; mit dieser Regelung hat es sich niemals abfinden wollen. Ähnlich Österreich: Der Vertrag von St. Germain versagte gegen den Willen der Mehrheit seiner Bevölkerung die Vereinigung mit dem Reich. So begreiflich auch die französische Überlegung erscheint, daß ein Block von siebzig Millionen Deutschen auf die Dauer zur stärksten Macht in der Mitte Europas werden würde, bleibt die eindeutige Verletzung des Selbstbestimmungsgedankens unbestreitbar.

Woodrow Wilson, der im Falle der Republik Österreich und mit dem Zugeständnis der Brennergrenze seine Grundsätze weitgehend eingeschränkt hatte, versuchte hartnäckig, das italienische Erwerbsprogramm des Londoner Vertrages wenigstens in der Fiume-Frage zu beschneiden. Hier wie in der Debatte mit Japan über Kiaochou und China kämpfte er aber vergeblich für sein gutes Gewissen, wenn er auch alles aufbot, Clemenceau und Lloyd George für seinen Standpunkt zu gewinnen. Beide weigerten sich hartnäckig, den Londoner Vertrag anzutasten, obwohl Wilson mit seiner Abreise aus Paris und dem Appell an die öffentliche Meinung Amerikas drohte und die Gefahr beschwor, daß sich die Vereinigten Staaten ganz aus dem von seiner Wirtschaftshilfe abhängigen Europa zurückziehen würden. Schließlich war es doch Wilson, der sich zu einem sehr vergänglichen Kompromiß bereit finden mußte, nachdem sein Appell an das italienische Volk gegen die italienische Regierung keine Resonanz gefunden hatte. Die italienischen Vertreter verließen sogar zeitweise die Konferenz und kehrten dann gerade noch rechtzeitig vor der Unterzeichnung des Vertrages mit Deutschland zurück, um nicht völlig aus dem Rat der Großmächte verdrängt zu werden. Nicht nur die Fiume-Frage, sondern auch die enttäuschten italienischen Hoffnungen bei der Verteilung des deutschen Kolonialbesitzes ließen trotz reichlichen territorialen Gewinns das Gefühl in Italien, zu den »Besiegten« des ersten Weltkrieges zu gehören, zurück. »Das friedlose Europa« schien das Ergebnis des Friedenkongresses zu sein. Italien hat die Pariser Verträge so wenig anerkannt wie Bulgarien und die Türkei, die 1920 im Frieden von Sèvres ihr eigenes Todesurteil unterzeichnen sollte. Der Historiker sollte vielleicht nichts anderes als Unvollkommenheiten erwarten angesichts der Tatsache, daß die Katastrophe der Jahre 1914 bis 1920 eine jener Krisen in der Weltgeschichte gewesen ist, in denen das Hervorbrechen unbekannter neuer Kräfte den Staaten und Völkern Aufgaben stellt, vor denen überlieferte Maßstäbe und Mittel versagen. Erst nach dem Ausgang des zweiten Weltkrieges wurde an mehr als einem Problem deutlich, daß Gegensätze auf Grund der inzwischen angesammelten Erfahrungen auch verblassen können. Das warnende Beispiel der Reparationen bewirkte, daß sie niemals im gleichen Umfange wiederaufgenommen wurden und viel schneller als nach 1919 aufhörten. Die anscheinend unlösbare Frage einer deutsch-französischen Verständigung konnte unter völlig verwandelten Voraussetzungen erfolgreich in Angriff genommen werden. Erst jetzt war deutlich geworden, daß die so selbstverständliche Vorherrschaft Europas bereits durch den ersten Weltkrieg zur Vergangenheit geworden war. Eine neue Einheit des Geschehens auf dem ganzen Erdball war entstanden.

Valentin Gitermann

DIE RUSSISCHE REVOLUTION

Der Zusammenbruch des Zarismus im ersten Weltkrieg

Nikolaus II. wurde von russischen Revolutionären schon Ende des 19. Jahrhunderts mit Vorliebe als »Nikolaus der Letzte« bezeichnet; denn es stand für sie fest, daß die gewaltsame Beseitigung der autokratischen Staatsform noch unter seiner Regierung erfolgen werde.

Aber auch der offiziellen Würdenträger des »Ancien régime« bemächtigte sich zu Beginn des 20. Jahrhunderts allmählich die bedrückende Ahnung, daß ein radikaler Umsturz unter gewissen Bedingungen unvermeidlich sei. Graf Witte sagte 1905, nach Beendigung des russisch-japanischen Krieges, mit aller Bestimmtheit voraus, daß Rußland einer Revolution nur entgehen werde, wenn es sich nicht abermals in militärische Konflikte verwickeln lasse. Der Innenminister Durnowo stellte Mitte Februar 1914 in einer an den Zaren gerichteten Denkschrift folgende Prognose auf: Geht der nächste Krieg für Rußland siegreich aus, so »wird die Zähmung der sozialistischen Bewegung ohne Mühe erreicht werden können«. Im Falle der Niederlage jedoch »wird die soziale Revolution mit ihren extremsten Aspekten bei uns nicht zu verhindern sein«. Zunächst wird man für alle Mißerfolge die Regierung verantwortlich machen, dann durch sozialistische Parolen, »die ja allein große Massen der Bevölkerung zu erfassen vermögen«, eine neue, illegale Verteilung des Bodens und schließlich auch anderer Arten des Privateigentums fordern. Die besiegte und demoralisierte Armee, des zuverlässigsten Kaders beraubt, wird nichts aufhalten können, und auch den Zivilbehörden wird es nicht möglich sein, Rußland vor den »unvorstellbaren Folgen« einer trostlosen Anarchie zu bewahren.

Was Durnowo befürchtete, sehnte Lenin herbei.

Am 1. August 1914 brach der erste Weltkrieg aus, und schon zwei Jahre später begann, mit fataler Zwangsläufigkeit, die innere Krise und Desorganisation des russischen Staates. Von den einhundertsiebzig Millionen Untertanen des Zarenreiches waren dreizehneinhalb Millionen mobilisiert worden. Die Zahl der Gefallenen überstieg 1916 bereits zwei Millionen, während die der Verwundeten viereinhalb Millionen erreichte. Weitere zwei Millionen befanden sich in deutscher Gefangenschaft. Überall wimmelte es von Flüchtlingen aus den von Deutschland besetzten Gebieten.

Die Versorgung des Landes mit industriellen Erzeugnissen ging unaufhaltsam zurück. Die Fabriken Russisch-Polens und Litauens waren in feindlicher Hand. Der Import westeuropäischer Produkte hatte fast ganz aufgehört. Für Schiffe aus Frankreich, England und den USA waren die Ostsee und das Schwarze Meer gesperrt. Die Häfen von Archangelsk und Murmansk besaßen eine sehr geringe Kapazität, da sie während acht bis neun Monaten des Jahres vereist waren. Die Zahl der in der Kriegsindustrie beschäftigten Arbeiter war, gegenüber 1913, fast auf das Doppelte gestiegen, aber die Produktivität der Arbeit nahm ab. In vielen Hochöfen ging das Feuer aus, weil die Belieferung mit Kohle ins Stocken geraten war. Obwohl die Kriegsindustrie einen gewaltigen Teil der Rohstoffe, der Arbeitskräfte und der Geldmittel in Anspruch nahm, konnte sie die Aufträge der Armee doch nur etwa zur Hälfte bewältigen. Auf die Bedürfnisse der Zivilbevölkerung wurde kaum noch Rücksicht genommen; die Nachfrage der Bauern nach landwirtschaftlichen Geräten ließ sich nur noch in der Höhe von neun Prozent des Vorkriegsabsatzes befriedigen.

Die Anforderungen, die an das Eisenbahnwesen gestellt wurden, wuchsen ungeheuer an. Im Jahre 1913 wurden pro Tag achtundfünfzigtausend Waggons beladen, 1916 waren es einundneunzigtausendfünfhundert. Diese Waggons durchliefen im Jahre 1913 fast zwei Milliarden Werst, 1916 aber schon mehr als drei Milliarden. Die Leistung der Eisenbahnen stieg somit, obwohl ein großer Teil des Rollmaterials in die Hände der Deutschen geraten war, um fünfzig Prozent. Das reichte jedoch bei weitem nicht aus, um Truppen und Flüchtlinge zu transportieren, Artillerie und Munition zu befördern, Armee und Städte mit Lebensmitteln zu versorgen. Mit der Zeit versagte der Bahnbetrieb infolge dauernder Überlastung. Die Waggon- und Lokomotivfabriken, durch Rohstoffmangel behindert oder durch Kriegsaufträge bahnfremder Art in Anspruch genommen, reduzierten ihre Produktion immer mehr. Die Werkstätten waren von defekten Lokomotiven überfüllt, längs der Bahndämme lagen zerbrochene Waggons, in den Knotenpunkten stauten sich unausgeladene Güterzüge, und im allgemeinen Wirrwarr fand sich niemand mehr zurecht. Im Winter wurde der Lebensmitteltransport, wie in alten Zeiten, zum Teil wieder auf Schlitten ausgeführt.

Die Ernährungslage verschlechterte sich 1916 beträchtlich. Die Heeresverwaltung kaufte die Lebensmittel für die Armee in den westlichen Provinzen auf, die von der Front nicht allzu weit entfernt waren, und überließ es dann den Gouverneuren, den Stadtverwaltungen und den Semstwos, für die Zivilbevölkerung Ersatz heranzuschaffen. Da nun alle diese Instanzen, im Wettbewerb mit den militärischen, den privaten Getreidehandel mit ihrer Nachfrage bestürmten, boten sie ihm Gelegenheit, in den zuschußbedürftigen Gebieten Preissteigerungen zu erzwingen. Eine einheitliche Preiskontrolle gab es nicht, und so erreichte die Teuerung in der einen Gegend zwanzig Prozent, in der anderen fünfzig oder gar siebzig Prozent. Manche Gouverneure schlossen ihren Verwaltungsbereich gegen die Nachbargebiete ab, damit das vorhandene Getreide nicht »ausgeführt« werden konnte. Die daraus sich ergebenden Mißstände nötigten die Regierung, die Getreidebeschaffung für die Städte und die zuschußbedürftigen Provinzen unter Ausschaltung des Privathandels dem Landwirtschaftsministerium und den Semstwo-Behörden zu übertragen. Obwohl die Semstwo-Vertreter sich dieser Aufgabe mit Eifer widmeten (eifriger, als der Regierung mit Hinblick auf ihre absolutistischen Prärogativen genehm war), machte die Desorganisation der Brot-

Nikolaus II. und Zarin Alexandra Fjodorowna im Krönungsornat

Nikolaus II. bei einer Truppenbesichtigung

versorgung weitere Fortschritte. Viele Landwirte reduzierten den Anbau, weil die nun amtlich vorgeschriebenen Höchstpreise sie nicht befriedigten. Etwa zwei Fünftel aller Bauernhöfe hatten keine männlichen Arbeitskräfte mehr. Die Großgrundbesitzer fanden fast keine Taglöhner. Auch die Zahl der tierischen Arbeitskräfte verminderte sich, denn die Armee mußte nach und nach fünf Millionen Pferde und zwanzig Millionen Stück Vieh requirieren. Die Düngung wurde immer spärlicher. Die Getreideernte von 1916 machte drei Viertel derjenigen von 1914 aus; im Herbst 1916 mußte die Bevölkerung der Städte vor den Bäckereien schon Schlange stehen.

Rasch zerfielen, infolge der Beanspruchung durch den Krieg, die russische Währung und das Finanzwesen. Rücksichtslos drosselte die Staatsbank die Krediterteilung an die nichtmilitärischen Sektoren der Wirtschaft. Im Jahre 1916 verschlang der Krieg bereits neunundvierzig Prozent des gesamten russischen Volkseinkommens. Die Kosten des Krieges wurden durch Anleihen und durch Vermehrung des Papiergeldumlaufes (Inflation) aufgebracht. 1917 stieg der Index der Warenpreise schon rascher als die Zunahme der Notenzirkulation.

Manche bürgerliche Gruppen erkannten, daß der Krieg an die russische Volkswirtschaft unvergleichlich viel höhere Anforderungen stellte, als man anfänglich angenommen hatte. Sie vertraten nun den Standpunkt, daß die Leitung der Wirtschaftspolitik nicht der Regierung und ihrer Bürokratie überlassen werden dürfe, sondern von Selbstverwaltungsorganisationen des Unternehmertums, der Städte, der Semstwos zu übernehmen sei. Die Gesellschaft drängte der Regierung ihre Mitarbeit geradezu auf, in der Absicht, dadurch nicht nur das Kriegspotential des Landes zu steigern, sondern auch die Liquidation der »Selbstherrschaft« des Zaren vorzubereiten und den Übergang vom Scheinkonstitutionalismus zum wirklichen Parlamentarismus zu erzwingen. Doch war das russische Bürgertum numerisch zu schwach und historisch zu »jung«, als daß es bedeutende Verwaltungsaufgaben hätte bewältigen können. Es besaß keine Tradition politischer Aktivität, keine Erfahrung, und es hatte nur wenige mit Initiative begabte Persönlichkeiten von staatsmännischem Format aufzuweisen. Der Zarismus seinerseits sträubte sich dagegen, wichtige Befugnisse – und damit einen Teil seiner Macht – aus der Hand zu geben; er legte den Organen bürgerlicher Selbstverwaltung möglichst große Hindernisse in den Weg. Freilich konnte er dabei auf die ungeheure Korruption hinweisen, deren sich ein Teil des Bürgertums im Zusammenhang mit den Heereslieferungen für den russisch-japanischen Krieg schuldig gemacht hatte.

Nikolaus II. hatte keinen eigenen Willen. Seine Gattin Alexandra Fjodorowna (Alix von Hessen) übte auf ihn nicht nur in privaten Angelegenheiten, sondern auch in allen politischen Fragen einen dominierenden Einfluß aus, während sie selbst sich von einem lasterhaften Scharlatan, der ihre nach Wundern lechzende Gläubigkeit auszubeuten verstand, von Rasputin, leiten ließ. Ohne davon eine Ahnung zu haben, wie sehr er den Fortbestand der Monarchie gefährdete, ohne den kritischen Stimmen liberaler Duma-Abgeordneter – Schidlowskijs, Miljukows und anderer – auch nur die geringste Beachtung zu schenken, umgab sich der Zar, den verhängnisvollen Ratschlägen seiner Frau gehorchend, mit Ministern, die einen stur reaktionären innenpolitischen Kurs verfolgten.

Seit dem Frühjahr 1915 wurde die Arbeiterschaft von immer stärkeren Streikwellen ergriffen. Anfänglich wurde nur Teuerungsausgleich gefordert; nach und nach aber traten politische Losungen in den Vordergrund. Die Arbeitsniederlegung in den Putilowschen Werken, einem der größten Rüstungsbetriebe, richtete sich gegen die Fortsetzung des Krieges. Während der Streiks fanden auch schon Demonstrationen mit roten Fahnen statt, und es kam zu blutigen Aktionen der Polizei und der Ordnungstruppen. Im Oktober 1916 konnte man aus den Reihen der Arbeiter Rufe vernehmen: »Nieder mit dem Krieg! Nieder mit der Selbstherrschaft!« Ende November, als die Mehrheit der Duma die Regierung heftig angriff, erschien beim Duma-Präsidenten Rodsjanko eine von zehntausend Putilow-Arbeitern abgeordnete Delegation, um ihm für den Kampf gegen das Regime bewaffnete Unterstützung anzubieten; die Belegschaften anderer Betriebe gaben ähnliche Erklärungen ab. Von der Front trafen Nachrichten über defaitistische Stimmungen unter den Bauernsöhnen ein. Bereits kamen Fälle vor, wo ganze Regimenter sich weigerten, Sturmangriffe zu unternehmen. »Wofür auch kämpfen«, hieß es, »wenn uns diese Regierung doch nie Land geben wird.«

Trotz diesen unverkennbaren Symptomen eines immer näher rückenden Umsturzes gab der Zar nicht nach. Vom Volk isoliert, nahm er nichts wahr und vertagte die Duma.

Um den konservativen Kurs der Regierung zu brechen und das Ventil einer gemäßigtliberalen Entwicklung zu öffnen, bevor eine Arbeiter- und Bauernrevolution in Gang kam, beschlossen Fürst Jussupow und Purischkjewitsch mit einigen Freunden die Ermordung Rasputins. Die britische Botschaft war in den Plan eingeweiht. Die Mörder gingen straflos aus. Jussupow wurde lediglich auf sein in der Nähe von Moskau gelegenes Gut verbannt. Man überschüttete ihn mit Gratulationen. Schon zirkulierten Gerüchte über einen bevorstehenden Staatsstreich, durch den man den Zaren zur Abdankung zwingen werde; hohe Offiziere konspirierten in diesem Sinn mit dem Präsidenten des Kriegsindustrie-Komitees, dem Bankier Gutschkow.

Auf die Beseitigung Rasputins reagierte Nikolaus II. mit einer noch schärferen Schwenkung nach rechts. Die Regierung wurde abermals umgebildet; extrem konservative Politiker – Protopopow, Fürst Golizyn – übernahmen die Führung der Geschäfte.

In der Arbeiterschaft gärte und brodelte es. Am 9. (22.) Januar 1917, am Jahrestag des »blutigen Sonntags« (1905), fanden in mehreren Städten große, gegen den Krieg gerichtete Demonstrationen statt. Berittene Polizei griff ein; es gab Todesopfer und Verletzte.

Der Geruch der Revolution lag in der Luft.

Da unternahm die britische Regierung durch Lord Miller einen Versuch, den Zaren umzustimmen. Sie wies auf das Interesse der Entente am Erfolg der gemeinsamen Kriegführung hin und unterstrich die Notwendigkeit, den Forderungen der russischen Gesellschaft entgegenzukommen, um die Revolution zu vermeiden und die Kräfte aller Bevölkerungsschichten einmütig für die Steigerung des Kriegspotentials einzusetzen. Nikolaus II. und seine Gattin ließen sich nicht belehren.

Am 14. (27.) Februar 1917 wurde die Duma wiedereröffnet. Sie erneuerte ihre Angriffe auf die Regierung mit nie dagewesener Schärfe.

Mittlerweile waren in der Lebensmittelversorgung der Städte schwere Stockungen eingetreten. Die Teuerung nahm einen katastrophalen Charakter an. Hungernde und erregte Menschen füllten die Straßen. Da und dort begann man Läden zu plündern. Die Polizei brachte auf geeigneten Dächern Maschinengewehre in Stellung.

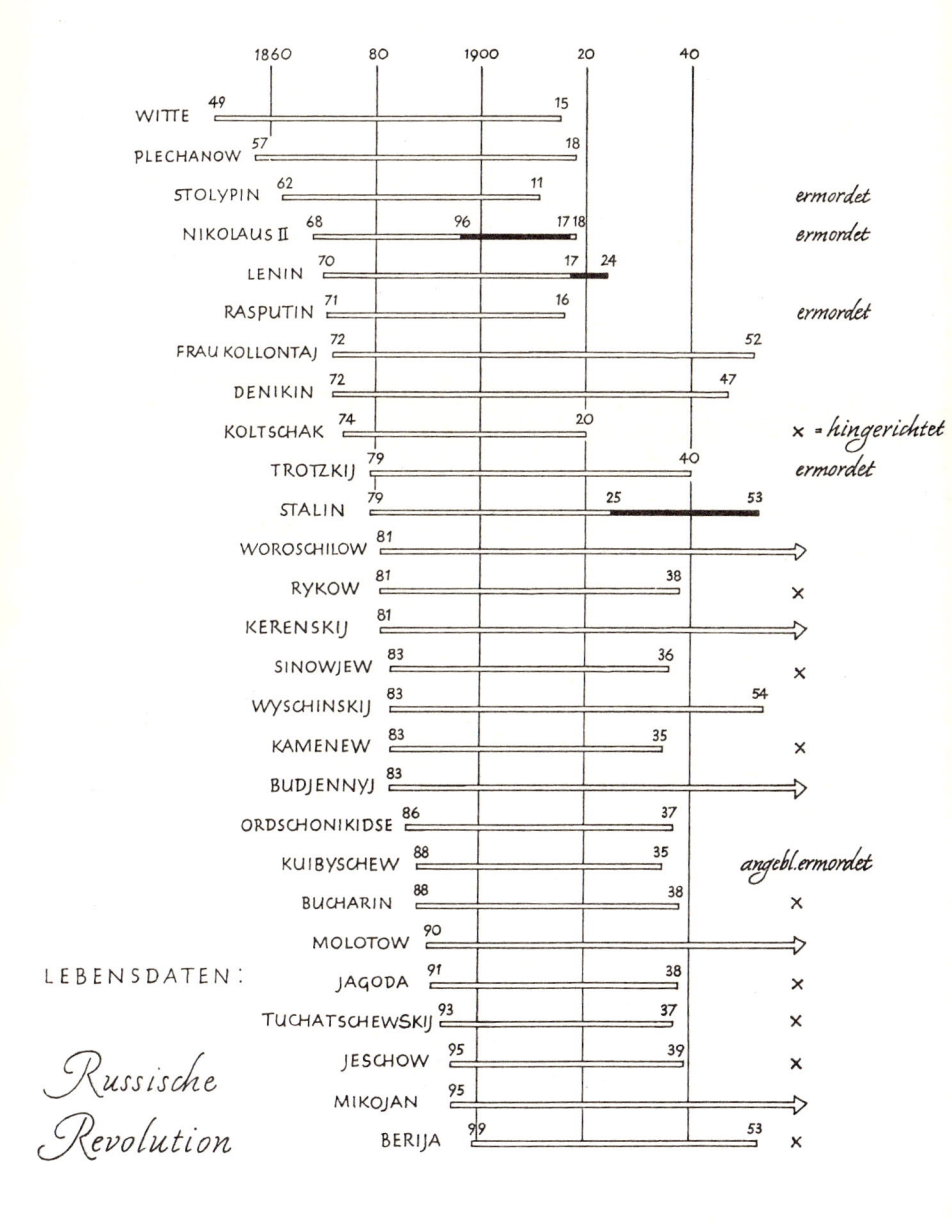

	1860	80	1900	20	40	
WITTE	49			15		
PLECHANOW	57			18		
STOLYPIN	62			11		*ermordet*
NIKOLAUS II	68		96	17 18		*ermordet*
LENIN	70			17 24		
RASPUTIN	71			16		*ermordet*
FRAU KOLLONTAJ	72				52	
DENIKIN	72				47	
KOLTSCHAK	74		20			x = *hingerichtet*
TROTZKIJ	79				40	*ermordet*
STALIN	79			25	53	
WOROSCHILOW	81					→
RYKOW	81			38		x
KERENSKIJ	81					→
SINOWJEW	83			36		x
WYSCHINSKIJ	83				54	
KAMENEW	83			35		x
BUDJENNYJ	83					→
ORDSCHONIKIDSE	86			37		
KUIBYSCHEW	88			35		*angebl. ermordet*
BUCHARIN	88			38		x
MOLOTOW	90					→
JAGODA	91			38		x
TUCHATSCHEWSKIJ	93			37		x
JESCHOW	95			39		x
MIKOJAN	95					→
BERIJA	99				53	x

LEBENSDATEN:

Russische Revolution

Am 18. Februar (3. März) 1917 brach bei den Putilow-Werken in Petrograd ein Konflikt zwischen der Direktion und den Arbeitern aus. Die Belegschaft trat in einen »italienischen« Streik: sie verbrachte die vorgeschriebenen Stunden im Betrieb, ohne zu arbeiten. Fünf Tage später verfügte die Direktion, den Ernst der Lage völlig verkennend, die Aussperrung von dreißigtausend Mann. Lawinenartig dehnten sich nun die Proteststreiks auf andere Betriebe der Hauptstadt aus. Am 23. Februar (8. März) fanden revolutionäre Meetings statt, und es wurde der Generalstreik proklamiert. Tausende von Männern und Frauen demonstrierten mit roten Fahnen auf dem Newskij Prospekt. Revolutionäre Lieder singend, flutete das Volk hin und her. Kosakenabteilungen und Soldaten verbrüderten sich bereits da und dort mit den Massen.

Der Zar befand sich seit dem 22. Februar (6. März) in der »Stawka« (Hauptquartier) in Mogilew. Über die Vorgänge in Petrograd unterrichtet, sandte er (am 25., abends) an den Stadtkommandanten, General Chabalow, telegraphisch den Befehl, die Unruhen in der Hauptstadt »schon morgen zu liquidieren«. Am 26., nachmittags, wurde auf dem Newskij Prospekt von einer Abteilung des Wolhynischen Garderegiments das Feuer eröffnet; sechzig Demonstranten blieben tot auf dem Platz. An andern Orten dagegen schossen Soldaten auf die Polizei.

Duma-Präsident Rodsjanko, der die Monarchie retten wollte, beschwor den Zaren durch Telegramm, dem Willen des Volkes Konzessionen zu machen und die Autokratie aufzugeben. »Die Lage verschlimmert sich. Es sind unverzüglich Maßnahmen zu treffen, denn morgen wird es zu spät sein. Die letzte Stunde ist gekommen, die über das Schicksal des Vaterlandes und der Dynastie entscheidet.« Er bekam keine Antwort. Nikolaus II. hielt offenbar – ein unbegreiflicher Irrtum – die Duma für den Hauptherd der Unruhen und verfügte ihre Vertagung.

Am 27. Februar (12. März) ging das Wolhynische Garderegiment auf die Seite der Revolution über. Das Preobrashenskij- und das Litowskij-Garderegiment folgten diesem Beispiel sofort. Mehrere Kompanie- und Bataillonskommandanten wurden erschossen. Das Arsenal wurde geplündert, Gewehre und Munition kamen dabei auch in die Hände der Arbeiter, mit denen die Soldaten unter Jubel fraternisierten. Polizisten, Offiziere wurden entwaffnet. In beschlagnahmten Last- und Panzerautomobilen, die mit roten Fahnen geschmückt waren, sausten Truppen und bewaffnete Zivilisten mit Siegesgeschrei durch die Straßen. Ein Teil des Moskauer Regiments leistete den Insurgenten Widerstand, der jedoch bald überwunden wurde. Zahlreiche Offiziere wurden niedergemacht, und auch das Moskauer Regiment schloß sich der Erhebung an. Gerichtsgebäude, Gefängnisse, Polizei- und Gendarmerie-Kasernen wurden erstürmt und, nach Befreiung aller Gefangenen, in Brand gesteckt.

Trotz dem Vertagungsukas des Zaren blieben die meisten Mitglieder der Duma im Taurischen Palast. Der bürgerliche Duma-Block war bestrebt, die Revolution zu zügeln, damit die Macht nicht in die Hände der sozialistischen Linken gerate. Man erwog sogar die Einsetzung einer Militärdiktatur zwecks Niederwerfung des Aufstandes, doch wurde dieser Gedanke fallengelassen, weil keine zuverlässigen Truppen mehr vorhanden waren; an der Front hätte man solche vielleicht noch finden können; es war aber unmöglich, sie vom Kriegsschauplatz abzuziehen, und in Petrograd wären wohl auch sie dem Einfluß der

DIE RUSSISCHE REVOLUTION 137

Revolutionäre erlegen. So begnügte man sich damit, ein Duma-Komitee zu schaffen, das die Bildung einer neuen Regierung und die Wiederherstellung der Ordnung vorbereiten sollte. Diesem Duma-Komitee gehörten, unter anderen, Rodsjanko, Miljukow und Kerenskij an. Letzterer war als Redner, dem oft hinreißende Effekte gelangen, bei Soldaten und Arbeitern sehr populär. Er gehörte der Partei der Sozialrevolutionäre an. Ihm war die Aufgabe zugedacht, die Arbeitermassen zur Anerkennung des kommenden, überwiegend bürgerlichen Ministerkabinetts zu bewegen.

Am Nachmittag des 27. Februar (12. März) wurde das Gebäude der Duma von bewaffneten Soldaten und Arbeitern besetzt. Das Duma-Komitee wurde indessen nicht gehindert, telegraphisch mit dem Hauptquartier und mit dem Zaren zu verhandeln.

Am Abend versammelte sich im Sitzungssaal der Duma der erste Arbeiter- und Soldaten-Sowjet. Seine Mehrheit bestand aus Sozialrevolutionären, Sozialdemokraten und Parteilosen. Die am Aufruhr beteiligten Soldaten hatten je einen Deputierten je Kompanie bestellt; die Belegschaften der Fabriken waren mit je einem Deputierten je tausend Arbeiter vertreten. Insgesamt zählte der Sowjet mehr als tausend Mitglieder. Eine Prüfung der Mandate wurde nicht durchgeführt; es gab Leute, die einfach von Bekannten »eingeladen« worden waren, in den Sowjet einzutreten.

Der Arbeiter- und Soldatenrat versuchte, dem Duma-Komitee die Macht zu entreißen, was ihm jedoch nicht gelang. Immerhin erließ er an die Bevölkerung Petrograds und ganz Rußlands einen Aufruf, in dem es hieß, daß das Volk, um die politische Freiheit und die Demokratie endgültig zu sichern, »seine eigene Machtorganisation« schaffen müsse. Die Entscheidung über die künftige Staatsform Rußlands wurde einer demokratisch zu wählenden konstituierenden Nationalversammlung vorbehalten. Von einer Diktatur des Proletariates war im Aufruf keine Rede. Der Sowjet beschränkte sich darauf, die Interessen der Soldaten und Arbeiter wahrzunehmen; er dachte noch nicht daran, die Führung der Revolution und die ganze politische Macht an sich zu reißen. Lenin und weitere prominente Mitglieder der bolschewistischen Partei befanden sich noch im Ausland oder in sibirischer Verbannung.

Die formell immer noch amtierende Regierung des Zaren beschloß, über Petrograd den Belagerungszustand zu verhängen. An einigen Orten wurde das Volk mit Maschinengewehren beschossen. Aber schon begannen revolutionäre Soldaten die Würdenträger des zaristischen Regimes zu verhaften und an den Arbeiter- und Soldatenrat auszuliefern.

Im Hauptquartier ernannte Nikolaus II. den General Iwanow zum Militärdiktator und befahl ihm, sich »zwecks Unterdrückung der Unruhen« in die Hauptstadt zu begeben. Auf Grund alarmierender Telegramme seiner Gattin beschloß der Monarch, zu seiner Familie nach Zarskoje Sjelo zu fahren. Nachdem die Kaiserin festgestellt hatte, daß »viel Militär auf die Seite der Revolution übergegangen« sei und daß »Konzessionen unumgänglich« seien, rang sich der Zar zum Entschluß durch, seinem Volk eine »Verfassung« zu gewähren. daß der Moment dazu längst verpaßt war, kam ihm nicht zum Bewußtsein. Gleichzeitig erteilte er den Befehl, »zuverlässige Truppen« von der Front abzuziehen und sowohl nach Petrograd als auch nach Zarskoje Sjelo zu dirigieren; immer noch gab er sich der Illusion hin, der Lage Herr werden zu können.

Am 28. Februar (13. März) brach ein großer Aufstand in Moskau aus. Er nahm einen ähnlichen Verlauf wie in Petrograd.

Zur selben Zeit bemächtigen sich die Revolutionäre in Petrograd aller Bahnhöfe, des Telefonamtes, der Peter-Pauls-Festung und der Admiralität. Zarskoje Sjelo wurde von Aufständischen besetzt, die Kaiserin fortan bewacht. Der Zug des Zaren wurde nach Pskow umgeleitet, wo ihn aber General Russkij, der bei den neuen Machthabern »persona grata« werden wollte, aufhalten ließ. In der Nacht vom 1./2. (14./15.) März unterzeichnete der Zar in seinem Salonwagen ein Manifest, das die Berufung eines dem Parlament verantwortlichen Ministerkabinetts verhieß. Duma-Präsident Rodsjanko wurde telefonisch davon in Kenntnis gesetzt, antwortete aber, dieses Zugeständnis komme viel zu spät, erforderlich sei nunmehr die Abdankung des Zaren.

In Petrograd unterdrückte der Arbeiter- und Soldatenrat die gegenrevolutionäre Presse und begann, ein eigenes Nachrichtenblatt, die »Iswestija«, herauszugeben. Er publizierte darin den »Befehl Nr. 1«, worin angeordnet wurde, daß in allen Truppeneinheiten Komitees von und aus der Mannschaft zu wählen seien; daß den Befehlen der militärischen Kommission der Duma nur zu gehorchen sei, sofern sie zu den Befehlen und Beschlüssen des Arbeiter- und Soldatenrates nicht in Widerspruch stehen; daß den Offizieren die Verfügung über die Waffen zu entziehen sei; daß den Soldaten außerhalb des Dienstes alle Rechte zustehen sollten, welche die übrigen Bürger genießen; daß der militärische Gruß außerhalb des Dienstes abzuschaffen sei; daß den Offizieren fortan verboten sei, die Soldaten zu duzen.

Am 2. (15.) März wurde zwischen dem Arbeiter- und Soldatenrat einerseits und dem Duma-Komitee anderseits vereinbart, daß der Zar abgesetzt, eine provisorische Regierung gebildet und die Einberufung einer konstituierenden Nationalversammlung in Aussicht genommen werden solle.

Am selben Tag, um 15 Uhr, wurde im Taurischen Palast durch Miljukow die Liste der neuen Minister bekanntgegeben. An ihrer Spitze stand als Ministerpräsident und Innenminister Fürst Lwow, ein liberaler Großgrundbesitzer. Chef des Außenministeriums wurde Professor Paul Miljukow, ein hervorragender Kultur- und Wirtschaftshistoriker, führendes Mitglied der konstitutionell-demokratischen Partei (»Kadett«) und leidenschaftlicher Verfechter der Eroberung Konstantinopels. Das Handels- und Industrieministerium wurde dem Industriellen Konowalow anvertraut. Als Finanzminister war der Zuckerfabrikant Tereschtschenko vorgesehen. Das Amt des Kriegs- und Marineministers trat der Bankier Gutschkow an. Repräsentanten des Großgrundbesitzes und des Kapitals beherrschten also das Kabinett. Die Linke war in dieser Regierung einzig durch Aleksandr Kerenskij vertreten, einen Sozialrevolutionär, der dem Justizministerium vorstand. Die Führer des liberalen Bürgertums hatten ihn aus guten Gründen eingeladen, im Kabinett ein Portefeuille zu übernehmen. Da er bei den Arbeitern und Soldaten sehr beliebt war, konnte man sich seiner bedienen, um die moralische Basis des neuen Regimes nach links zu erweitern. Der Vorsitzende des Arbeiter- und Soldatenrates, Tschchéidse, hatte es als Sozialdemokrat abgelehnt, in die bürgerliche Exekutive einzutreten, weil er der Meinung war, daß das Proletariat dieser Regierung gegenüber eine oppositionelle Haltung einzunehmen habe.

Kerenskij dagegen zog den Standpunkt patriotischer Überparteilichkeit vor. Dem Arbeiter- und Soldatenrat setzte er auseinander, wie wichtig es sei, die bürgerliche Regierung durch einen Vertreter des werktätigen Volkes kontrollieren zu lassen und gerade das Justizministerium, welches mit den verantwortlichen Männern des gestürzten Zarismus werde abzurechnen haben, einem Politiker der Linken anzuvertrauen. Der Arbeiter- und Soldatenrat stimmte dieser Auffassung mit stürmischem Beifall zu und ermächtigte Kerenskij ausdrücklich, den ihm angebotenen Ministerposten anzunehmen. So kam es, daß Kerenskij als Mitglied des Sowjets *und* der Regierung von Anfang an in eine gefährliche Doppelrolle geriet: er überwachte die Regierung als Beauftragter des Sowjets, und er verfocht vor dem Sowjet die Politik der Regierung. Zunächst überwog die erste, dann aber mehr und mehr die zweite Funktion.

Auf Kerenskijs Befehl wurden die von Soldaten verhafteten Minister des Zaren aus dem Taurischen Palast in die Peter-Pauls-Festung übergeführt, in der seit dem Aufstandsversuch der Dekabristen (1825) so viele Revolutionäre geschmachtet oder den Tod erlitten hatten und über der nun die rote Fahne wehte.

Als Miljukow die Zusammensetzung der Provisorischen Regierung bekanntgab, wurde er durch Zwischenrufe gefragt, welches Schicksal der Dynastie Romanow zugedacht sei. Er antwortete, die Krone werde auf den Thronfolger Alexej übergehen, und rief dadurch stürmischen, minutenlang anhaltenden Widerspruch hervor. Miljukow fügte hinzu, daß das Volk, sobald »die Gefahr der Anarchie« vorüber sei, eine Konstituante werde wählen können, der die endgültige Entscheidung über die Staatsform zustehe. Auf die Nachricht, daß beabsichtigt sei, die Monarchie beizubehalten, reagierte die Bevölkerung Petrograds mit gewaltigen Kundgebungen, die die Ausrufung der Republik forderten. Die Wogen der revolutionären Erregung gingen so hoch, daß man eine Massakrierung der Monarchisten befürchten mußte. Miljukow sah sich schon nach wenigen Stunden gezwungen, die Erklärung abzugeben, daß er hinsichtlich der Staatsform nur seine persönliche Auffassung, nicht die der Provisorischen Regierung, geäußert habe.

Mittlerweile waren zwei Abgesandte des Duma-Komitees, Gutschkow und Schulgin, in Pskow angekommen. Sie verlangten vom Zaren, daß er zugunsten seines Sohnes Alexej abdanke. Nikolaus nahm, in seltsamer Apathie, vor einer Ikone die Mütze ab, bekreuzigte sich und sagte: »Es ist Gottes Wille, ich hätte es schon längst tun sollen.« Auf die Frage, ob man ihm erlauben werde, auf der Halbinsel Krim zu wohnen, entgegnete Gutschkow, dies sei unmöglich, der Monarch werde sich unverzüglich »ins Ausland« begeben müssen. Um nicht genötigt zu sein, sich von seinem Sohn zu trennen, vollzog der Zar die Abdankung zugunsten seines Bruders, des Großfürsten Michail. (Die Abdikationsurkunde war ungesetzlich: Nikolaus hatte das Recht, dem Thron nur in seinem eigenen, nicht aber auch im Namen seines Sohnes zu entsagen.) Am 3. (16.) März reiste der Ex-Zar in seinem Sonderzug nach Mogilew ab, wo er sich bis zum 8. mit seiner aus Kiew herbeigeeilten Mutter aufhielt. Er erließ noch eine Proklamation an die Armee, die er ermahnte, den Krieg »bis zum nahen Sieg« fortzusetzen und der neuen Regierung pflichtgemäß zu gehorchen. Dann verabschiedete sich Nikolaus von den Offizieren des Generalstabes; er brach diese Zeremonie jedoch vorzeitig ab, da manche der Herren weinten, einige sogar ohnmächtig wurden. Der

Zug, den der Ex-Zar darauf bestieg, brachte ihn nach Zarskoje Sjelo, wo er mit Frau und Kindern scharf bewacht wurde. Die Erlaubnis, nach England auszureisen, hatte Kerenskij im Namen des Arbeiter- und Soldaten-Sowjets annullieren lassen.

Als Gutschkow in Petrograd einer Versammlung von Eisenbahnarbeitern die Abdankung Nikolaus' II. verkündete und mit einem Hochruf auf den neuen Zaren Michail schloß, wurde er von den empörten Zuhörern festgenommen und mit Erschießung bedroht; es kostete Mühe, ihn zu befreien. Kerenskij forderte nun im Namen der Arbeiter und Soldaten die Abschaffung der Monarchie, sonst werde die Provisorische Regierung gestürzt. Am 3. (16.) März unterzeichnete auch Großfürst Michail seine Abdankung.

Der Zarismus war nun abgeschafft. Rußland nahm die Form einer bürgerlich-demokratischen Republik an. Binnen weniger Tage wurde das neue Regime von Amerika, Frankreich, England, Italien, Belgien und einigen andern Staaten anerkannt.

Während der Umwälzung, die im Februar (März) 1917 das »Ancien régime« hinweggefegt hat, wurden in Petrograd 1443 Personen (darunter 809 Soldaten und 60 Offiziere) getötet oder verwundet. Moskau und die Provinz hatten bedeutend weniger Opfer zu beklagen. Im Verhältnis zur Gesamtbevölkerung Rußlands waren diese Zahlen gering, und man sprach mit Begeisterung von einer »unblutigen, strahlenden Revolution«. Man berauschte sich an den Freiheitsrechten, in deren Genuß das russische Volk nun gelangen werde.

Der Staatsordnung, die aus der Februar-Revolution hervorgegangen ist, war allerdings nur kurze Dauer beschieden. Schon im Oktober (November) desselben Jahres ist sie wie ein Kartenhaus zusammengestürzt. Daß sich die bürgerliche Demokratie in Rußland so bald nach ihrer Geburt als lebensunfähig erwies, läßt sich nicht etwa durch »taktische Fehler« erklären, die Miljukow, Kerenskij oder andere Politiker begangen hätten. Die Machtergreifung des Bolschewismus resultierte vielmehr, wie man noch sehen wird, aus den gegebenen Verhältnissen mit unabwendbarer Zwangsläufigkeit.

Die Anfänge des Marxismus in Rußland

Als Kuriosität möchte ich Ihnen doch mitteilen, daß ein Professor an der Universität Moskau während des letzten Winters über den ersten Teil meines Buches ›Zur Kritik der politischen Ökonomie‹ eine Vorlesung gehalten hat.« Diese Mitteilung, die Karl Marx 1860 in einem Privatbrief gemacht hat, ist wohl der älteste Hinweis auf das Eindringen des Marxismus in Rußland.

In den Kreisen der russischen Intellektuellen wurde das Interesse für die Theorien des Marxismus dadurch geweckt und gesteigert, daß sie in ihrem Lande eine unverkennbare Ausbreitung kapitalistischer Produktionsverhältnisse konstatieren mußten. Denkende Menschen begannen schon in den sechziger Jahren zu ahnen, daß auch Rußland vom kapitalistischen System ergriffen und auf denselben Weg sozialer Entwicklung gedrängt werden könnte, auf dem sich – mit beträchtlichem Vorsprung – Westeuropa befand. War dies wirklich der Fall, so gewannen Marxens Untersuchungen und Prognosen über Wesen und Zukunft des Kapitalismus auch für Rußland eine eminente Bedeutung.

Der erste russische Sozialist, der die Methoden marxistischer Analyse in umfassender Weise auf russische Verhältnisse anzuwenden versuchte, war Georg Plechanow. Als Sohn eines Gutsbesitzers 1856 geboren, schloß er sich im Alter von achtzehn Jahren der revolutionären Bewegung an. Um den Verfolgungen der zaristischen Polizei zu entgehen, emigrierte er 1880 nach Westeuropa. Auf philosophischem, kulturhistorischem, soziologischem und nationalökonomischem Gebiet erwarb er sich ein phänomenales Wissen, so daß er mit Recht als einer der gebildetsten Europäer seiner Zeit galt. Er war ein kultivierter Grandseigneur von aristokratischen Umgangsformen. Seine Reden waren glanzvoll und gewährten intellektuellen Zuhörern einen hohen Genuß. Die Gabe freilich, mit Arbeitern in unmittelbaren Kontakt zu kommen, ging ihm ab. Jene Qualitäten, die einen Agitator, einen Parteiführer, einen Staatsmann ausmachen, besaß er nicht.

Plechanow sagte voraus, daß in Rußland Bourgeoisie und Arbeiterklasse mit derselben Zwangsläufigkeit sich entwickeln werden wie der Kapitalismus selbst. Die Bauern hielt er für eine dumpf konservative, den Zarismus stützende Schicht, die teils vom Proletariat, teils vom Bürgertum aufgesogen werden müsse. Plechanow vertrat die Auffassung, daß Rußland vom Sozialismus viel weiter entfernt sei als der Westen, weil dieser bereits dem Ende des kapitalistischen Zeitalters entgegengehe, während das russische Volk eben erst den Aufstieg des Kapitalismus erlebe. Plechanow war davon überzeugt, daß im Westen »schon die proletarische«, in Rußland dagegen »erst die bürgerliche« Revolution fällig sei. Konsequenterweise bekannte sich Plechanow zu folgenden Thesen: Die Entfaltung des kapitalistischen Wirtschaftssystems wird in Rußland zum Sturze des Absolutismus und zur Aufrichtung einer bürgerlichen Demokratie führen, sei es in konstitutionell-monarchischer, sei es in republikanischer Form. Das russische Proletariat soll die in Rußland demnächst zu erwartende bürgerlich-liberale Revolution unterstützen, weil die Bourgeoisie, einmal im Besitze der Macht, ein immer zahlreicheres Proletariat und somit, ohne es zu wollen, ihren eigenen Totengräber erzeugen wird. Erst nach dem Sturze des Absolutismus wird die Arbeiterklasse ihren selbständigen Kampf gegen die Bourgeoisie beginnen. Die geringe Kapazität des russischen Innenmarktes wird das russische Unternehmertum frühzeitig nötigen, sich nach auswärtigen Absatzgebieten umzusehen. Die Außenpolitik Rußlands wird infolgedessen in wachsendem Maße imperialistischen Charakter annehmen. Russische Warenangebote werden in den Weltmarkt einströmen und den Export der kapitalistischen Länder des Westens immer stärker beeinträchtigen. Auf diese Weise wird der russische Kapitalismus die Absatzkrisen des westlichen Kapitalismus verschärfen, seinen unvermeidlichen Zusammenbruch beschleunigen helfen und die westlichen Nationen auf dem Wege zur proletarischen Revolution vorwärtsdrängen. Die russischen – wie auch die westlichen – Sozialisten haben deshalb jeden Fortschritt des russischen Kapitalismus und Imperialismus zu begrüßen, weil dieser Fortschritt letzten Endes den Interessen des Weltproletariates dient. Die Initiative und die Führung im Zeitalter der proletarischen Revolution wird der Arbeiterklasse des Westens zufallen. In Rußland darf der Versuch, eine sozialistische Gesellschaftsordnung aufzurichten, nicht vorzeitig und nicht auf eigene Faust unternommen werden. Die Aufgabe der russischen Sozialisten besteht darin, das russische Arbeitervolk auf jenen Augenblick vorzubereiten, da in Westeuropa die Arbeiterklasse an die Macht kommen wird.

Zu einer wesentlich anderen Beurteilung der Verhältnisse gelangte Wladimir Iljitsch Uljanow, der unter dem Namen Lenin in die Geschichte eingehen sollte.

Er ist als Sohn eines fortschrittlich gesinnten Pädagogen am 10. (22.) April 1870 in Simbirsk an der Wolga (heute: Uljanowsk) zur Welt gekommen. Vater Uljanow war Schulinspektor und reiste viel, um Schulen zu organisieren und zu beaufsichtigen. Aus eigener Anschauung kannte er die in Rußland herrschenden Mißstände genau. Alle Kinder dieses Mannes, der 1886 starb, sind Revolutionäre geworden. Aleksandr Uljanow beteiligte sich als Student an der Vorbereitung eines Attentates auf Alexander III. und wurde dafür am 8. (20.) Mai 1887 durch den Strang hingerichtet. Aus dem tragischen Ende seines Bruders zog Wladimir Uljanow schon damals den Schluß, daß der Zarismus nicht durch terroristische Einzelaktionen, sondern nur durch gemeinsamen Aufstand aller unterdrückten und ausgebeuteten Schichten des Volkes gestürzt werden könne. Im Sommer 1887 legte Wladimir Uljanow die Maturitätsprüfung ab; obwohl er einer in politischer Hinsicht höchst kompromittierten Familie angehörte, wurden seine Leistungen durch Verleihung der Goldenen Medaille anerkannt. In Kasan immatrikulierte sich Uljanow an der juristischen Fakultät. Wegen Teilnahme an studentischen Demonstrationen wurde er verhaftet und erhielt Zwangsaufenthalt in einem nahe gelegenen Dorf. Ein volles Jahr beobachtete er das Leben der Bauern. Dann gestattete man ihm, nach Kasan zurückzukehren, doch verweigerte ihm die Universität eine Erneuerung seiner Immatrikulation. Er setzte das Studium auf eigene Faust fort und siedelte 1889 nach Samara über (heute: Kuibyschew). Schon als achtzehnjähriger Jüngling hatte Uljanow begonnen, Werke von Marx und Engels zu lesen. Im Alter von einundzwanzig Jahren beherrschte er die ganze damals vorhandene marxistische Literatur. Unter ihrem Einfluß gelangte er früh zur Überzeugung, daß die Geschichte eines Volkes nicht willkürlich gestaltet werden könne, daß ihr Verlauf vielmehr durch die Entwicklung der Produktionsverhältnisse und der sozialen Struktur sowie durch das Kräfteverhältnis der verschiedenen Klassen bedingt sei. 1891 legte Uljanow mit Auszeichnung das Anwaltsexamen ab; als Advokat ist er vor Gericht indessen nur kurze Zeit aufgetreten. In seinem Vorsatz, sich der Sache der Revolution zu widmen, dürfte ihn die Hungerkatastrophe des Jahres 1891 noch bestärkt haben.

In Samara beteiligte sich Uljanow an der Gründung eines marxistischen Zirkels, unter dessen Mitgliedern eine von ihm angefertigte Übersetzung des Kommunistischen Manifestes von Hand zu Hand ging. Schon damals fiel in den Diskussionen Uljanows Scharfsinn und seine Neigung zu sarkastischer Behandlung des Gegners auf. Emsig gesammelte statistische Daten sowie eigene Beobachtungen ausnützend, schrieb Uljanow seine erste Arbeit über die Lage der Bauern in Rußland. Er wies nach, wie stark der zersetzende Einfluß des Kapitalismus sich auf dem Lande bemerkbar machte und wie unaufhaltsam die Verarmung des Dorfes fortschritt.

1893 siedelte Uljanow nach Petersburg über. Etwa um diese Zeit soll er das Pseudonym »Lenin« angenommen haben, das bereits sein hingerichteter Bruder geführt hatte.

In einer gegen die »Narodniki« gerichteten polemischen Schrift (»Was sind die Freunde des Volkes?«) sprach Lenin zum erstenmal den Gedanken aus, daß in Rußland die Arbeiter und die Bauern – anders als in Westeuropa – eine Möglichkeit haben werden, sich zu verbünden, um durch gemeinsame revolutionäre Aktion dem Zarismus, den Gutsbesitzern *und* der Bourgeoisie die Staatsgewalt zu entreißen. Nach Beseitigung des Absolutismus werde das russische Proletariat, Schulter an Schulter mit dem Proletariat der ganzen Welt, auf dem direkten Weg des offenen politischen Kampfes siegreich den kommunistischen Umsturz vollenden. Während also Plechanow die Bauern als konservatives, reaktionäres Element charakterisiert hatte und für revolutionäre Kombinationen nur die liberale Bourgeoisie sowie das Proletariat in Betracht zog, schätzte Lenin die große Mehrheit der Bauern, mit Hinblick auf ihre rasche Pauperisierung, als eine Schicht ein, die sich unter Führung der Arbeiterschaft an der kommenden Revolution beteiligen werde. Dementsprechend nahm Lenin an, daß der Zeitpunkt des Ausbruchs einer sozialistischen Revolution schon nahe sei, während Plechanow geneigt war, sich auf eine noch lange »Wartezeit« einzustellen.

Im Frühjahr 1895 unternahm Lenin seine erste Reise ins Ausland. Er besuchte einige Versammlungen der deutschen Sozialdemokratie und eilte dann nach Genf, um Plechanow kennenzulernen. Im Herbst kehrte er nach Petersburg zurück, wo er eine illegale Zeitung herauszugeben begann. Am 9. (21.) Dezember wurde er verhaftet. Vierzehn Monate brachte er in Untersuchungshaft zu und wurde dann durch Verfügung des Polizeidepartementes nach einem ostsibirischen Dorf am Jenissej verbannt. Schon im Gefängnis begann er an einem großen Werk über »Die Entwicklung des Kapitalismus in Rußland« zu arbeiten. Gleichzeitig bekämpfte er in der illegalen Presse den in Deutschland aufkommenden »Revisionismus« Bernsteins, der lehrte, daß der Arbeiterklasse auch unter kapitalistischen Verhältnissen ein menschenwürdiges Dasein gesichert werden könne. Lenin vertrat die Auffassung, daß die russischen Sozialisten »eine selbständige Weiterentwicklung der Marxschen Lehre« anstreben sollten. In Rußland gehörten Ende des 19. Jahrhunderts noch mehr als achtzig Prozent der Bevölkerung dem Bauernstande an. In den hochkapitalistischen Ländern des Westens war die Quote des Bauerntums viel geringer: England – dreiundzwanzig Prozent, Deutschland fünfundvierzig Prozent. Der Sektor des industriellen Kapitalismus war in Rußland also noch relativ schmal, der landwirtschaftliche Sektor besaß ein erdrückendes Übergewicht. Durch eingehende Analyse demonstrierte Lenin den fortschreitenden Zerfall der Landbevölkerung in »Dorfarmut« und »Kulakentum«. Aus der russischen Bevölkerungsstatistik errechnete er nachstehende soziale Struktur:

Großgrundbesitzer, Großbourgeoisie, höhere Beamte	3,3 Mill.
Wohlhabende Bauern und Gewerbetreibende	23,1 Mill.
Arme Bauern und Gewerbetreibende	35,8 Mill.
Halbproletarier	41,7 Mill.
Proletarier	22,0 Mill.

Außer der revolutionären Stoßkraft des in wenigen Industriezentren massierten Fabrikproletariates setzte Lenin in seine politische Kalkulation auch die Umsturzbereitschaft des verelendeten russischen Bauerntums ein. Während Plechanow warten wollte, bis die besitzlose, entwurzelte Schicht der Landbevölkerung »im Fabrikkessel ausgekocht«, also in die

Schicht der Fabrikarbeiter eingegliedert werde, erkannte Lenin die Möglichkeit, Proletariat und Bauerntum gleichzeitig in eine gemeinsame Revolution gegen Zarismus und Bourgeoisie hineinzuführen. Diese Erkenntnis wurde zur Grundlage des ganzen Aktionsplanes, den Lenin entwickelte:

Die russischen Sozialisten haben nicht die Hände in den Schoß zu legen, bis das liberale Bürgertum den Zarismus stürze, den Kapitalismus zu voller Entfaltung bringe und das Heer der Fabrikarbeiter vermehre. Sie haben die führende Rolle bei der Umgestaltung des russischen Staates nicht dem Bürgertum zu überlassen, sondern selbst möglichst bald eine Revolution zu entfesseln. Die russischen Sozialisten dürfen nicht warten, bis die Arbeiterschaft unter dem Drucke der Not selbständig zu politischem Klassenbewußtsein gelangen kann; sie haben vielmehr, als führende Intellektuelle, dem Arbeiter das nötige Klassenbewußtsein »von außen her« beizubringen, um das Tempo der Entwicklung zu beschleunigen. Sie haben deshalb eine Partei von geschulten, disziplinierten Berufsrevolutionären zu schaffen, denen die Leitung der Revolution wie einem Generalstab anvertraut werden könnte. Die Partei soll als dirigierender Kader, Proletariat und Bauerntum sollen als kämpfende Armee und als Massenbasis in den Dienst der Revolution gestellt werden. Unter dem Kommando der russischen Revolutionäre sollen die Arbeiter gegen die kapitalistischen Unternehmer, die Bauern gegen Großgrundbesitzer und Großbauern sowie sonstige Ausbeuter der Dorfarmut in den Kampf ziehen, alle durch gemeinsame Aktion den zaristischen Staatsapparat erobern.

1899 gelang es Lenin, seine mehr als fünfhundert Seiten starke Untersuchung über »Die Entwicklung des Kapitalismus in Rußland« unter dem Pseudonym »W. Iljin« legal zu publizieren.

Nach Ablauf seiner Verbannungsfrist kehrte Lenin nach dem europäischen Rußland zurück. Um die Partei, die er brauchte, gründen und ideologisch formen zu können, bedurfte er einer von der zaristischen Zensur unabhängigen Zeitung. Da es unmöglich war, sie in Rußland herauszugeben, entschloß sich Lenin, nach dem Westen zu emigrieren. Im Juli 1900 verließ er sein Vaterland, das er erst fünfeinhalb Jahre später wiedersehen sollte. Er schlug seinen Wohnsitz in München auf und gab – zunächst gemeinsam mit Plechanow, Martow und andern – die Zeitung »Iskra« (Der Funke) heraus. In kleiner Schrift auf dünnem Papier gedruckt, wurde sie nach Rußland geschmuggelt und dort durch ein Netz von Agenten vertrieben. Die Organisation der Iskra-Anhänger in Zellen kam später der Konstituierung der bolschewistischen Partei sehr zustatten. Durch Artikel der »Iskra« hämmerte Lenin der russischen Arbeiterklasse unermüdlich ein, daß sie in der kommenden Revolution kompromißlos vorzugehen und die Diktatur des Proletariates zu errichten habe. Seine Thesen verfocht Lenin mit größter Unduldsamkeit; wer seine revolutionäre »Linie« nicht ohne Vorbehalt anerkannte, sollte sich »in den Sumpf des Opportunismus« begeben.

Neben der »Iskra« gab Lenin auch eine Zeitschrift heraus: »Sarjà« (Die Morgenröte). Im Frühjahr 1902 faßte er seine Anschauungen in einem Buch zusammen unter dem Titel: »Was tun?« Im wesentlichen enthielt es jene Doktrin, die bald darauf als Bolschewismus bezeichnet werden sollte.

Nur ein Teil der russischen Sozialisten billigte die von Lenin verfochtenen Grundsätze. Viele distanzierten sich von ihnen und befürworteten eine enge Anlehnung an das Vorbild der westeuropäischen Sozialdemokratie.

Als die russischen Sozialisten im Juli/August 1903 in London einen Parteitag durchführten, um ihr Parteiprogramm und die Parteistatuten festzulegen, traten unter den dreiundvierzig Delegierten unüberbrückbare Gegensätze zutage. Ein Maximalprogramm bezeichnete als Ziel der Partei die sozialistische Revolution durch Beseitigung des Kapitalismus und Errichtung der Diktatur des Proletariats. Demgegenüber wollten sich die Anhänger des Minimalprogramms mit der Errichtung einer demokratischen Republik, mit der Verwirklichung staatsbürgerlicher Freiheitsrechte, mit der Einführung des Achtstundentages für die Arbeiter und ähnlichen Forderungen begnügen. Nach leidenschaftlichen Debatten zerfiel der Parteitag in zwei Gruppen: die »Bolschewiki« (Mehrheitler) und die »Menschewiki« (Minderheitler). Unter der Leitung von Plechanow, Martow und Akselrod entwickelten sich die Menschewiki zu einer sozialdemokratischen Partei, während die Bolschewiki, Lenin folgend, jenen Weg einschlugen, der letzten Endes zur Errichtung des Sowjetregimes, der »Dritten Internationale« und der osteuropäischen »Volksdemokratien« führen sollte. Der Personenkreis, in welchem die menschewistisch-bolschewistischen Meinungsverschiedenheiten ausgetragen wurden, war 1903 noch sehr klein. Es unterliegt jedoch keinem Zweifel, daß sich in jenen Diskussionen Gegensätze manifestierten, die seither weltgeschichtliche Bedeutung erlangt haben.

Während der Revolution des Jahres 1905 ereigneten sich in den russischen Städten große Arbeiterstreiks; auf dem Land aber fanden Bauernunruhen statt, in deren Verlauf adelige Gutsbesitzer vorübergehend expropriiert wurden. Lenin und seine Anhänger zogen daraus den Schluß, daß es im Bereich der Möglichkeit liege, Arbeiter und Bauern als Koalition revolutionärer Klassen zu gemeinsamem bewaffnetem Aufstand zu bewegen. Wie das Proletariat, so war auch die Bauernschaft daran interessiert, daß die Revolution »zu Ende geführt« werde; denn nur bei vollständigem Sieg der Revolution konnte die Übereignung des Grund und Bodens an die Bauern ohne Entschädigung der bisherigen Besitzer dekretiert werden. Aus dem Kampfbündnis des Proletariates und der Bauern mußte in Rußland eine Macht entstehen, die – richtig gehandhabt – ein sofortiges »Hinüberwachsen« der bürgerlich-liberalen in die sozialistische Revolution würde bewirken können. War man erst einmal so weit, so bestand – nach Lenins These – Aussicht darauf, auch das übrige, kapitalistisch »reife« Europa »in Flammen zu setzen«, die sozialistische Revolution auch im Westen Europas zu entfesseln. Im Sinne dieser Konzeption wurden die Entschließungen des »Dritten Parteitages« formuliert. Die russischen Sozialdemokraten (Menschewiki) dagegen gingen von der Annahme aus, daß Rußland erst eine bürgerlich-demokratische Revolution (nach dem Muster früherer Revolutionen Westeuropas) zu absolvieren habe und daß von einer sozialistischen Umwälzung noch keine Rede sein könne. Lenin bezeichnete die Menschewiki als »Agenten der Bourgeoisie«, deren Ziel es sei, die Revolution auf halbem Wege zum Stillstand zu bringen. Theoretische oder taktische Anschauungen, die er als falsch und schädlich betrachtete, setzte er mit vorsätzlichem Verrat an der Arbeiterschaft gleich, ohne die Möglichkeit einer *bona fide* entstandenen Meinungsverschiedenheit gelten zu lassen.

Im Oktober 1905 wurde nahezu die gesamte russische Volkswirtschaft durch allgemeinen Landesstreik lahmgelegt. In Petersburg erweiterte sich das Streikkomitee der Typographen zu einem umfassenden »Sowjet der Arbeiterdeputierten«, als dessen mutiger Präsident sich bald der revolutionäre Publizist Trotzkij auszeichnen sollte; ähnliche Sowjets wurden in Moskau, Kiew, Odessa und andern Städten organisiert. Am 17. (30.) Oktober erließ der Zar ein Manifest, worin er dem Volk allgemeines Wahlrecht versprach und den Grundsatz festlegte, daß in Zukunft kein Gesetz ohne Genehmigung der Reichs-Duma in Kraft treten werde. Die Bauern nahmen von diesem Oktober-Manifest kaum Notiz; denn über die Agrarfrage, die für sie ausschließlich von Bedeutung war, stand nichts darin. Die Menschewiki begrüßten die kommenden bürgerlichen und parlamentarischen Freiheitsrechte und bereiteten sich darauf vor, von ihnen im Rahmen der Legalität Gebrauch zu machen. Lenin jedoch, der sich immer noch in Genf befand, erteilte von dort aus die Weisung, den bewaffneten Kampf fortzusetzen: »Wir müssen nicht die Demütigung der Zarenmacht anstreben, nicht die Anerkennung der Rechte des Volkes durch sie, sondern die Vernichtung dieser Macht.«

Mittlerweile wurde auf dem Lande die Bevölkerung aufs neue von heftigen Bauernaufständen ergriffen; in kurzer Zeit wurden mehr als zweitausend Gutshöfe niedergebrannt. In Kronstadt kam es zu einem Aufruhr der Matrosen, in Sewastopol zur Meuterei des Panzerkreuzers »Potemkin«, in Moskau zu einem elftägigen bewaffneten Aufstandsversuch des Proletariates sowie zu ähnlichen Aktionen in einigen anderen Städten des Zarenreiches. Dann aber, Ende Dezember 1905 (Anfang Januar 1906) erloschen alle diese Insurrektionen. Überall fiel der Sieg dem Zarismus zu, und auf den Sieg der Ordnungstruppen folgten standrechtliche Massenhinrichtungen, Verhaftungen und Deportationen. Ganze Divisionen ließen ihren grausamsten Instinkten freien Lauf. Es wurde gehängt, erschossen und gemordet; Kollektivstrafen wurden angeordnet, ganze Dörfer dem Erdboden gleichgemacht. Die Reaktion hatte wieder die Oberhand und fühlte sich stark genug, maßlose Rache zu nehmen. Adel und Bourgeoisie, die durch die Erhebungen der Bauern und der Arbeiter so sehr erschreckt worden waren, stellten sich nun eindeutig auf die Seite des Zarismus und bejahten die Notwendigkeit auch der härtesten Repressalien.

Lenin, der im November 1905 aus der Emigration nach Petersburg zurückgekehrt war, besuchte Sitzungen des Petersburger Arbeiter-Sowjets, um diese neue revolutionäre Organisationsform, die sich ohne sein Zutun gebildet hatte, zu studieren. Er kam zum Schluß, daß die Sowjets als Vorbereitungszentren des bewaffneten Aufstandes und, nach erfolgreichem Umsturz, als »erste Organe« der zu errichtenden Macht zu benützen seien. Obwohl die Niederlage der Revolution bewiesen hatte, daß das »Bewußtsein« der unterdrückten Bevölkerungsschichten für die Idee eines Bündnisses zwischen Arbeiter und Bauern noch keineswegs »reif« war, ließ sich Lenin in seinen Auffassungen durchaus nicht beirren. Er wartete auf die »nächste Gelegenheit«, die kapitalistische Gesellschaftsordnung in Rußland aus den Angeln zu heben. Nach wie vor bekämpfte er die vorwiegend von Intellektuellen vertretene Richtung der Menschewiki, die er des Verrats an der Arbeiterklasse bezichtigte. Durch sein Auftreten am Internationalen Sozialistenkongreß in Stuttgart (Herbst 1907) bereitete er auch in Westeuropa die Spaltung der Sozialisten in Sozialdemokraten und Kommunisten vor.

Im Dezember 1907 emigrierte Lenin zum zweitenmal, um einem Haftbefehl der zaristischen Polizei zu entgehen. Mehr als neun Jahre brachte er im Ausland zu, vorwiegend in Genf, Bern und Zürich.

Der bedeutendste Gegenspieler Lenins war Ministerpräsident Stolypin. Im Herbst 1906 setzte er außerordentliche Feldkriegsgerichte ein, die binnen weniger Monate mehr als tausend Revolutionäre zum Tode verurteilten. Die ordentlichen Gerichte schickten (bis 1911) weitere dreitausendfünfhundert Opfer aufs Schafott. Der Strick des Henkers wurde in Rußland »Stolypinsche Krawatte« genannt. Stolypin war jedoch klug genug, zu begreifen, daß er mit brutaler Gewalt allein die Revolution nicht werde ersticken können. Wohl die größte Gefahr bildete für das zaristische Regime die chronische Notlage und Unzufriedenheit der Bauern. In dieser Frage waren Lenin und Stolypin derselben Meinung. Um wenigstens einen Teil der Dorfbevölkerung zu befriedigen und an der Erhaltung des Zarismus zu interessieren, entschloß sich Stolypin, eine großzügige Bodenreform einzuleiten, deren Verwirklichung allerdings, wie er wohl wußte, sich über ein Menschenalter erstrecken würde. Im ganzen Zarenreich sollte das Kollektiveigentum der Mir-Gemeinden an Grund und Boden allmählich aufgelöst werden. In Gemeinden, die ihren Boden seit mindestens vierundzwanzig Jahren nicht mehr umgeteilt hatten, sollte jeder Bauer zum Privateigentümer des in seiner Nutzung befindlichen Landes erklärt werden. Wo der Brauch periodischer Umteilung noch bestand, sollte jedem einzelnen Bauern gestattet werden, seinen Austritt aus der Mir-Gemeinschaft zu erklären und die Überführung seines Landanteils in individuelles Privateigentum zu verlangen. Durch Mehrheitsbeschluß konnte die Mir-Versammlung die Auflösung des Kollektiveigentums für das ganze Dorf anordnen. Für zersplitterte Streulage der Bodenanteile war eine rationelle Flurbereinigung vorgesehen. Eine Enteignung der Grundbesitzer zugunsten der Bauern sollte nicht stattfinden. Dagegen bestand die Absicht, ihnen Land aus Domänen und Apanagegütern zu verkaufen. Vor allem aber wurde die Bauernbank beauftragt, den von den Gutsbesitzern angebotenen Boden zu erwerben und parzellenweise, unter Gewährung von Hypothekarkrediten, an Bauern weiterzuveräußern. Auf diese Weise sollte der Landhunger eines Teiles der Dorfbevölkerung nach und nach überwunden werden. Den Rest der Bauern wollte Stolypin rücksichtslos proletarisieren. Er strebte die Zerstörung des Kollektiveigentums der Mir-Gemeinde aus politischen Gründen an. Solange die Einrichtung des dörflichen Kollektiveigentums fortbestand, kehrten die Fabrikarbeiter, so oft sie arbeitslos wurden, in ihre Heimatgemeinde zurück, wo sie ein Ackerlos zur Nutzung beanspruchten. Solche »ökonomische Amphibien«, die zwischen Stadt und Land hin und her pendelten, unterhielten eine für die Vorbereitung der bolschewistischen Revolution sehr wichtige Querverbindung zwischen dem Proletariat und den Bauern. Stolypin durfte hoffen, durch die Auflösung des Mir-Eigentums dieses Rückfluten der Arbeiter von der Maschine zum Pflug einzudämmen und so die Ausbreitung revolutionärer Ideen auf dem Lande zu erschweren. Ihm kam es darauf an, die von Lenin erstrebte »Koalition revolutionärer Klassen« zu verhindern.

Etwa sechzig Prozent der aus dem Mir-Verband ausgeschiedenen Landwirte sahen sich bald gezwungen, ihre Miniaturäcker zu verkaufen. Das entsprach den Absichten Stolypins durchaus. Die so von der Scholle endgültig losgelöste und binnen kurzem völlig verarmte

Kategorie der Dorfbevölkerung sollte verwendet werden: für Landarbeit gegen niedrigen Taglohn und für die Vergrößerung des Fabrikproletariats. Die auf der Scholle verbleibenden Bauern sollten ihren Besitz vergrößern, ihn – nach Vornahme der Flurbereinigung – rationeller bewirtschaften, wohlhabend werden und als »staatserhaltendes Element« den Zarismus in seinem Kampf gegen die drohende Revolution unterstützen. Die durch die Agrarreform zu bildende Klasse der Großbauern sollte sich mit den adeligen Großgrundbesitzern zu einer gemeinsamen konservativen Politik zusammenfinden. Es ist Stolypin wirklich gelungen, die bäuerliche Bevölkerung Rußlands sozial zu spalten. Im Dezember 1909 äußerte Lenin darüber eine gewisse Beunruhigung.

Mit eiserner Energie trieb Stolypin alle Beteiligten an, die Durchführung der Bodenreform zu beschleunigen. Solange sie im Gang war, durfte sich Rußland nicht in Kriege verwickeln lassen, denn es konnte den bäuerlichen Elementen der Armee (mehr als achtzig Prozent aller Soldaten) nicht zugemutet werden, an die Front zu gehen, während in den Dörfern eine für sie so lebenswichtige, radikale Umgestaltung des Grundbesitzes vollzogen wurde. 1914 war aber kaum ein Fünftel der Bauern aus dem Mir ausgetreten und zum Privateigentum übergegangen. Man hätte mit der Stolypinschen Bodenreform offenbar schon etwa 1875 beginnen sollen, um sie vor Beginn des ersten Weltkrieges zum Abschluß zu bringen. Sie kam zu spät. Solange sie sich erst im Anfangsstadium befand, verbesserte sie wohl die ökonomische Situation einer Minderheit der Bauern, aber desto mehr verschärfte sie das Elend ihrer überwiegenden Mehrheit. Sie ließ den Kontrast zwischen den »Kulaken« und der »Dorfarmut« immer deutlicher hervortreten und erhöhte damit die Brauchbarkeit des Dorfproletariats für ein Bündnis mit dem Industrieproletariat – im Sinne der Leninschen Revolutionsstrategie.

Nicht nur beim Dorfproletariat weckte Stolypins Politik unversöhnlichen Haß, sondern auch bei den nationalen Minderheiten. Die Verfassung Finnlands wurde mit Füßen getreten, die Unterdrückung der Polen, der Ukrainer, der Kaukasier wurde verstärkt, gegen die Juden eine der schlimmsten Hetzkampagnen inszeniert. Von Zeit zu Zeit führten revolutionäre Terroristen auf Stolypin, um seinen grausamen Regierungsmethoden ein Ende zu machen, Anschläge aus. Beim siebenten Attentat wurde er – am 1. (14.) September 1911 – ermordet. 1912 setzten im russischen Proletariat wieder große Streikbewegungen ein. Im Juni 1914 betrug die Zahl der Streikenden schon anderthalb Millionen. Da und dort fanden Barrikadenkämpfe statt, sechs Wochen vor Ausbruch des ersten Weltkrieges. Vielleicht stand Rußland am Vorabend einer Umwälzung, die durch das Dekret über die allgemeine Mobilmachung noch einmal vertagt wurde.

Die Menschewiki setzten sich, wie in Deutschland die Sozialdemokraten, für die Landesverteidigung ein. Unter den Arbeitern besaßen sie jedoch nur eine geringe Anhängerschaft. Lenin und seine Partei dagegen erklärten von vornherein, daß der Krieg ein »Kampf imperialistischer Räuber« sei und daß die Aufgabe der Arbeiterklasse darin bestehe, den Krieg in eine Revolution und letzten Endes in den Sturz des Kapitalismus ausmünden zu lassen. Die aus fünf Mitgliedern bestehende Fraktion der Bolschewiki stimmte in der vierten Duma geschlossen gegen die Kriegskredite. Sie propagierte die These, daß nicht der Sieg, sondern die Niederlage des Zarismus erstrebt werden müsse, weil dank dieser Niederlage das Proletariat in Rußland die Macht werde erobern können. In der Schweiz hat Lenin die Stunde abgewartet, die dem bolschewistischen Revolutionsprogramm auf russischem Boden eine Chance der Verwirklichung bot.

Als der Zarismus im Frühjahr 1917 zusammenbrach, beschloß Lenin, so rasch wie möglich in die Heimat zurückzukehren. Frankreich und England verweigerten ihm das Durchreisevisum, weil sie wußten, daß er alles daransetzen werde, Rußland zum Abfall von der Entente und zum sofortigen Abschluß eines Separatfriedens mit Deutschland zu bewegen. Aus demselben Grunde war aber Deutschland daran interessiert, Lenin die Rückkehr nach Rußland zu ermöglichen. Gemäß einem mit Ludendorff getroffenen Abkommen verpflichtete sich die deutsche Regierung, Lenin und weiteren dreißig Emigranten die Durchreise nach Schweden zu gestatten und in ihrem Waggon weder eine Paß- noch eine Gepäckkontrolle vorzunehmen, wogegen die Rückwanderer sich der Bedingung unterwarfen, auf deutschem Gebiet mit niemandem in Kontakt zu treten. Diese Vereinbarung wurde von beiden Seiten strikt eingehalten. Lenin war sich darüber natürlich im klaren, daß er Gefahr lief, vor der russischen Öffentlichkeit des »Einvernehmens mit dem Feinde« beschuldigt und als »bezahlter deutscher Agent« diffamiert zu werden; er nahm jedoch diesen Nachteil in Kauf, weil es für ihn keine andere Möglichkeit gab, nach Rußland zu gelangen.

Am Abend des 3. (16.) April 1917 kam Lenin in Petrograd auf dem Finnischen Bahnhof an. In einem Prunkzimmer, das ehemals für Angehörige der Zarenfamilie reserviert gewesen war, begrüßte ihn der Sozialdemokrat (Menschewik) Tschchéidse im Namen des Petrograder Sowjets und ermahnte ihn, »gemeinsam mit uns die revolutionäre Demokratie zu verteidigen«. Lenin behandelte den Redner wie Luft. Er wandte sich brüsk von ihm ab und richtete an die Anwesenden folgende Worte: »Genossen! Soldaten, Matrosen und Arbeiter! Ich bin glücklich, in euch die siegreiche russische Revolution, die Avantgarde der proletarischen Weltarmee zu begrüßen... Die Stunde ist nicht fern, in der auf den Ruf unseres Genossen Karl Liebknecht die Völker die Waffen gegen ihre Ausbeuter, die Kapitalisten, richten werden... Die russische Revolution, von euch vollbracht, hat eine neue Epoche eingeleitet. Es lebe die sozialistische Weltrevolution!« Dann verließ er den Saal. Vor dem Bahnhof, im Lichte der Scheinwerfer und Fackeln, drängte sich eine gewaltige Menschenmenge. Lenin wurde auf einen Panzerwagen gehoben und hielt seine erste, mit Ovationen aufgenommene Rede vor dem Petrograder Proletariat.

Schon am folgenden Tag setzte Lenin der bolschewistischen Parteikonferenz seine »Thesen vom 4. April« auseinander. Er verlangte, daß das Proletariat die Provisorische Regierung stürzen, alle Macht in die Hände der Sowjets legen und den Übergang von der bürgerlichen zur sozialistischen Revolution wagen solle. Die Bauern forderte er auf, sich den Großgrundbesitz auf illegalem Wege, durch Gewalt, anzueignen. Er schlug auch vor, die Partei der Bolschewiki fortan nicht mehr als sozialdemokratische Gruppe, sondern als Kommunistische Partei zu bezeichnen, um die endgültige Trennung von der Zweiten Internationale, welche die Vaterlandsverteidigung und den »inneren Burgfrieden« bejahte, deutlich zum Ausdruck zu bringen.

Die Menschewiki nahmen Lenin nicht ernst. Sie warfen ihm vor, daß er »wie ein Irrsinniger im Fieberwahn« rede und infolge fast zehnjähriger Landesabwesenheit den

DATENGERÜST
Russische Revolution

1878 Erste Attentate der Sozialrevolutionären Partei

1895 »Kampfbund für die Befreiung der Arbeiterklasse« gegründet.

1897 Südrussischer Arbeiterverein gegründet.

1898 Erster Kongreß der Sozialdemokratischen Partei in Minsk (März).

1902 Sozialrevolutionäre Partei neu gegründet.

1903 Zweiter Kongreß der Sozialdemokratischen Partei in London, Spaltung in Bolschewisten und Menschewisten.

1904 Beginn des Russisch-Japanischen Kriegs.

1905 Der »Rote Sonntag« (9. [22.] 1.). Dritter Kongreß der Bolschewisten in London, der Menschewisten in Genf. Erster Sowjet in Petersburg (Mai). Oktober-Manifest des Zaren (17. [30.] 10.). Petersburger Sowjet verhaftet (20. 11. [3. 12.]). Aufstand in Moskau (26. 11. [9. 12.]). Letzter Widerstand in den Arbeitervierteln erlischt (7. [20.] 12.).

1906 Erste Reichsduma eröffnet (27.4. [10.5.]). Duma wegen ihrer radikalen Tendenzen aufgelöst (8. [21.] 7.). Vierter Parteikongreß erbringt Wiedervereinigung von Bolschewisten und Menschewisten in Stockholm; »Unifizierungskongreß« (April).

1907 Zweite Reichsduma eröffnet (20.2. [5.3.]), aufgelöst (3. [16.] 6.). Dritte Reichsduma eröffnet (1. [14.] 11.). Fünfter Parteikongreß in London.

1912 Erneute große Streikbewegungen (Frühjahr). Erstes Exemplar der »Prawda« erscheint in Petersburg (22.4. [5.5.]). Bolschewisten erheben in Prag den Anspruch, die echten Vertreter der Sozialdemokratischen Partei zu sein.

1914 Deutsches Reich erklärt Rußland den Krieg (1.8.).

1916 *Brussilow*-Offensive (Sommer). *Rasputin* ermordet (30.12. [12.1.]).

1917 Februar-Revolution (27.2. [12.3.]). Abdankung des Zaren *Nikolaus II.* (1. [14.] 3.). »Order Nummer 1« (1. [14.] 3.). *Lenins* Rückkehr nach Petrograd (3. [16.] 4.). Rede *Lenins* über die Aufgaben des Proletariats in der gegenwärtigen Revolution; »Aprilthesen« (4. [17.] 4.). Erster Allrussischer Sowjet-Kongreß (3. [16.] 6.). *Kerenskij*-Offensive (Juli). Soldatendelegation in Petrograd verlangt bolschewistische Revolution, »Juli-Putsch« (2. [15.] 7.). Bolschewistische Parteiführung billigt den Aufstand nicht, nimmt aber daran teil (4. [17.] 7.). Militär greift in die Unruhen ein (7. [20.] 7.). *Lenin* flieht nach Finnland (11. [24.] 7.).

Kerenskij Ministerpräsident (21.7. [3.8.]). Sechster Kongreß der Bolschewistischen Partei (Ende Juli). »Nationale Politische Konferenz« in Moskau (25.8. [6.9.]). *Kornilow*-Revolte (September). Gründung des »Polit-Büros« der Bolschewistischen Partei mit *Lenin, Trotzkij, Stalin* und anderen (10. [23.] 10.). Zweiter Allrussischer Sowjet-Kongreß (26. 10. [8.11.]). Oktober-Revolution (25.10. [7.11.]), Dekret über Nationalisierung des Landes. Güter der Kirchen und Klöster enteignet (26.10. [8.11.]). Friedensdeklaration (26. 10. [8.11.]). Wahlen zur Konstituierenden Versammlung (12. [25.] 11.). Partei der Konstitutionellen Demokraten (Kadetten) verboten (28. 11. [11. 12.]). Waffenstillstand (2. [15.] 12.).

1918 Konstituierende Versammlung tritt zusammen (5. [18.] 1.), Rat der Volkskommissare löst sie auf (6. [19.] 1.). Unabhängigkeitserklärung der Ukrainischen Rada (9. [22.] 1.). »Brotfrieden« der Mittelmächte mit der Ukraine (27.1. [9.2.]). Schulden des Zarenregimes werden annulliert (28.1. [10.2.]). Einführung des Gregorianischen Kalenders (1. [14.] 2.). Ultimatum der Mittelmächte (9.2.). *Trotzkij:* »Weder Krieg noch Frieden« (10.2.). Wiederaufnahme der Offensive der Mittelmächte (18.2.). Telegraphische Annahme der deutschen Bedingungen (24.2.). Friedensvertrag von Brest-Litowsk (3.3.). Regierung verlegt ihren Sitz nach Moskau (März). Englische Truppen landen in Murmansk und Wladiwostok (März). Siebenter Parteikongreß (6.3.). *Tschitscherin* nach *Trotzkijs* Rücktritt Außenminister (9.3.). Sowjetkongreß ratifiziert den Vertrag von Brest-Litowsk (15.3.). *Trotzkij* Volkskommissar für Verteidigung (8.4.). Deutsch-ukrainischer Wirtschaftsvertrag (23. 4.). *Mannerheim* zieht in Helsinki ein (16.5.). Tschechische Legion in Sibirien verweigert die Entwaffnung und stellt sich gegen die Bolschewisten (26.5.). Verordnung des Allrussischen Zentralen Exekutivkomitees schließt rechte Sozialrevolutionäre und Menschewisten aus (14.6.). Belagerungszustand in Moskau (1.7.). Der deutsche Botschafter *Graf Mirbach* ermordet (6.7.). Sozialrevolutionäre Revolte (6.7.). Fünfter Allrussischer Sowjetkongreß (10.7.). Zarenfamilie in Jekaterinburg ermordet (17.7.). Verfassung der Russischen Sozialistischen Föderativen Sowjetrepublik (RSFSR) (19.7.). Zusatzvertrag von Brest-Litowsk (27.8.). Sozialrevolutionärin *Dora Kaplan* verübt Anschlag auf *Lenin* (30.8.). Amerikanische Truppen landen auf russischem Boden (3.9.). Abgrenzung der englischen und französischen Interessensphären in Rußland (13.11.). Staatsstreich *Koltschaks* in Omsk (18. 11.). Englische und französische Truppen landen an der Schwarzmeerküste (Dezember).

1919 Wilson macht Vermittlungsvorschlag für eine Konferenz aller russischen Parteien (21.1.). Kiew von Roter Armee besetzt (3.2.). Sowjetregierung nimmt Wilson-Vorschlag an (4.2.), die weißen Regierungen lehnen ihn ab (16.2.). Erster Kongreß der dritten Internationale — Büro der Kommunistischen Internationale (»Komintern«) gegründet (2.3.). Oberster Rat der Alliierten lehnt Fochs Kreuzzugsplan ab (27.3.). Ukraine wird Sowjet-Republik (8.4.). Alliierte Truppen ziehen sich aus Rußland zurück (April). Riga von der Roten Armee befreit (22.5.).

1920 Rote Armee besetzt Rostow (8.1.). Oberster Rat der Alliierten beschließt die Aufhebung der Wirtschaftsblockade (16.1.). Frieden mit Estland in Dorpat (2.2.). Koltschak erschossen (7.2.). Wrangell übernimmt Oberbefehl über die letzten antibolschewistischen Truppen auf der Krim (April). Pilsudski erobert Kiew (7.5.). Wrangells Agrargesetz auf der Krim (7.6.). Frieden mit Litauen in Moskau (12.6.). Zweiter Kongreß der Komintern (Juni). Frieden mit Lettland in Riga (11.8.). Letzter Parteitag der Menschewisten in Moskau (August). »Das Wunder an der Weichsel« (19.8.). Polnischrussischer Waffenstillstand (12. 10.). Frieden mit Finnland in Dorpat (14.10.). Durchbruch der Roten Armee am Perekop (7./8.11.).

1921 Ende der Georgischen Unabhängigkeit (21. 2.). Staatliche Plankommission (»Gosplan«) (22.2.). Erster außenpolitischer Vertrag mit Persien (26.2.). NEP-Periode (März 1921 bis 1927). Aufstand in Kronstadt (1.3.). Zehnter Parteikongreß billigt neue Wirtschaftspolitik, Lenin setzt Resolution »über die Einheit der Partei« durch (8.3.). Sturmangriff Tuchatschewskijs auf Kronstadt (16.3.). Friedens- und Freundschaftsabkommen mit der Türkei (16. 3.). Englisch-russischer Handelsvertrag (16. 3.). Internationale Hilfsorganisation Herbert Hoovers und Sammlungen Fridtjof Nansens für hungernde russische Bevölkerung (August).

1922 Tscheka durch GPU ersetzt (Februar). Elfter Parteikongreß (März). Stalin Generalsekretär der Partei (3.4.). Deutsch-russischer Freundschaftspakt in Rapallo (16.4.). Prozeß gegen Sozialrevolutionäre (Sommer). Vierter Kongreß der Komintern (November). Zehnter Sowjet-Kongreß wird erster Unions-Kongreß (Dezember). Gründung der Union der Sozialistischen Sowjet-Republiken (UdSSR) (27.12.).

1923 Erste Verfassung der Sowjetunion tritt in Kraft (6.7.). Lenins geheimes Testament: Stalin sei als Generalsekretär der Partei untragbar (16.12.).

1924 Lenin gestorben (21.1.). Sowjetunion von England (1.2.), von Italien (8.2.) und von Frankreich (Oktober) de jure anerkannt.

1925 Gründung des »Bundes der Gottlosen«. Eisensteins Film: »Panzerkreuzer Potemkin.« Trotzkij muß als Volkskommissar für Kriegswesen zurücktreten (Januar). Stalins These vom »Sozialismus in einem Lande« durch den vierzehnten Parteikongreß genehmigt (18. bis 31.12.).

1927 Bau des Dnjeprostroj begonnen. Trotzkij aus der Partei ausgeschlossen (November) und nach Alma-Ata deportiert.

1928 Erster Fünfjahresplan tritt in Kraft (1.10.).

1929 Trotzkij in die Türkei ausgewiesen (Januar).

1930 Stalins Zeitungsartikel: »Schwindelanfälle von lauter Erfolg« (2.3.). Bildung neuer Kolchosen verlangsamt.

1931 Beginn des Baues der Untergrundbahn in Moskau. Rede Stalins: »Die Technik entscheidet.«

1932 Abschluß von Nichtangriffspakten mit Finnland, Polen, Lettland, Estland und Frankreich.

1933 Der zweite Fünfjahresplan tritt in Kraft (1.1.). Sowjetunion von den USA (Präsident Roosevelt) de jure anerkannt (16.November).

1934 GPU wird durch NKWD (Volkskommissariat für innere Angelegenheiten) ersetzt (Juli). Aufnahme der Sowjetunion in den Völkerbund (18.9.). Kirow, Parteisekretär von Leningrad, ermordet (1.12.).

1935 Französisch-sowjetischer Beistandspakt (2.5.). Tschechoslowakisch-sowjetischer Beistandspakt (16.5.). Stalins Rede: »Die Kader entscheiden alles« (Mai). »Kontrollkommission für Vernichtung aller Volksfeinde« (Mai). Beginn der Stachanow-Bewegung (31.8.). Neues Organisationsstatut für die Kolchosen.

1936 »Prawda« veröffentlicht Entwurf einer neuen Verfassung (12.6.). Prozeß der Sechzehn (19.—24.8.). Sinowjew, Kamenew und andere hingerichtet. Jeschow an der Spitze des NKWD (September).

1937 Prozeß der Siebzehn (23.—30.1.). Pjatakow und andere hingerichtet. Tuchatschewskij und zahlreiche Generäle der Roten Armee hingerichtet (12.6.).

1938 Prozeß der Einundzwanzig (2.—13.3.). Bucharin, Rykow, Jagoda und andere hingerichtet. Berija wird Amtsnachfolger Jeschows (Dezember).

Kontakt mit dem russischen Volk, das Verständnis für die in Rußland tatsächlich herrschenden Verhältnisse verloren habe. Lenin ließ sich dadurch nicht beeindrucken. Er war fest davon überzeugt, daß die Fortsetzung des Krieges die Massen in jene psychische Verfassung bringen werde, die für die Verwirklichung seines Programms erforderlich war.

Der Todeskampf der bürgerlichen Demokratie

Zwei Wochen vor der Ankunft Lenins in Petrograd hatte der Außenminister Miljukow über die von der Provisorischen Regierung verfolgten Kriegsziele eine Rede gehalten und sie dabei in geradezu aufreizend »imperialistischem« Ausmaß abgesteckt: er sprach nicht nur von der Eroberung Konstantinopels, Armeniens und Nordpersiens, sondern auch von einer Aufteilung Österreichs und der Türkei. Es war offensichtlich, daß dieses Programm mit den noch vorhandenen Kräften von Rußland nicht realisiert werden konnte und den Krieg unabsehbar zu verlängern drohte.

Soldaten und Arbeiter wollten den Frieden und empörten sich daher über die Annexionspläne Miljukows. Diese Empörung wurde durch die Menschewiki zum Ausdruck gebracht, die erklärten, nur einen Verteidigungs-, keinesfalls aber einen Eroberungskrieg unterstützen zu können. Auch Kerenskij distanzierte sich in dieser Frage von Miljukow. Die Provisorische Regierung gab dem Druck widerwillig nach und versicherte, daß Rußland weder die Herrschaft über andere Völker noch die Eroberung fremder Territorien erstrebe, daß es aber die vom Zarismus den Alliierten gegenüber eingegangenen Verpflichtungen auch unter dem neuen Regime restlos einhalten werde. Eine entsprechende Note ging an die Regierungen der Ententemächte ab.

Daß die Provisorische Regierung, die aus Vertretern des Großgrundbesitzes und des Großkapitals und nur einem Vertreter der Linken bestand, den bisherigen Bundesgenossen Rußlands im Kriege die Treue unbedingt wahren wollte, ist verständlich. Schon um der nationalen Ehre willen schreckte sie davor zurück, das gegebene Wort zu brechen. Außerdem war sie der Meinung, daß die Niederlage Deutschlands nicht mehr lange auf sich werde warten lassen, daß es also sehr unklug wäre, die Sache der Entente so kurz vor ihrem wahrscheinlichen Sieg zu verraten. Wichtiger noch war die Erwägung, daß Rußland nach Kriegsende, beim Wiederaufbau seiner Volkswirtschaft, auf großzügige Hilfe des westeuropäischen Kapitals, bei dem es schon in Friedenszeiten Milliarden-Anleihen gemacht hatte, dringend angewiesen sein werde.

Kundgebungen des nationalgesinnten Bürgertums für die Weiterführung des Krieges fielen unvergleichlich viel schwächer aus als die Demonstrationen der Soldaten und Arbeiter gegen den Krieg. Das von Fürst Lwow präsidierte Kabinett der Gutsbesitzer und Kapitalmagnaten sah ein, daß es sich, um die Macht nicht ganz an die Linke zu verlieren, zur Bildung einer Koalitionsregierung entschließen mußte. Dazu rieten auch die aus Westeuropa soeben eingetroffenen Sozialdemokraten Albert Thomas (Frankreich) und Emile Vandervelde (Belgien), die im Interesse der Entente dem in Rußland rasch zunehmenden Friedenswillen entgegentraten und die Fortsetzung des Krieges »bis zur endgültigen Nieder-

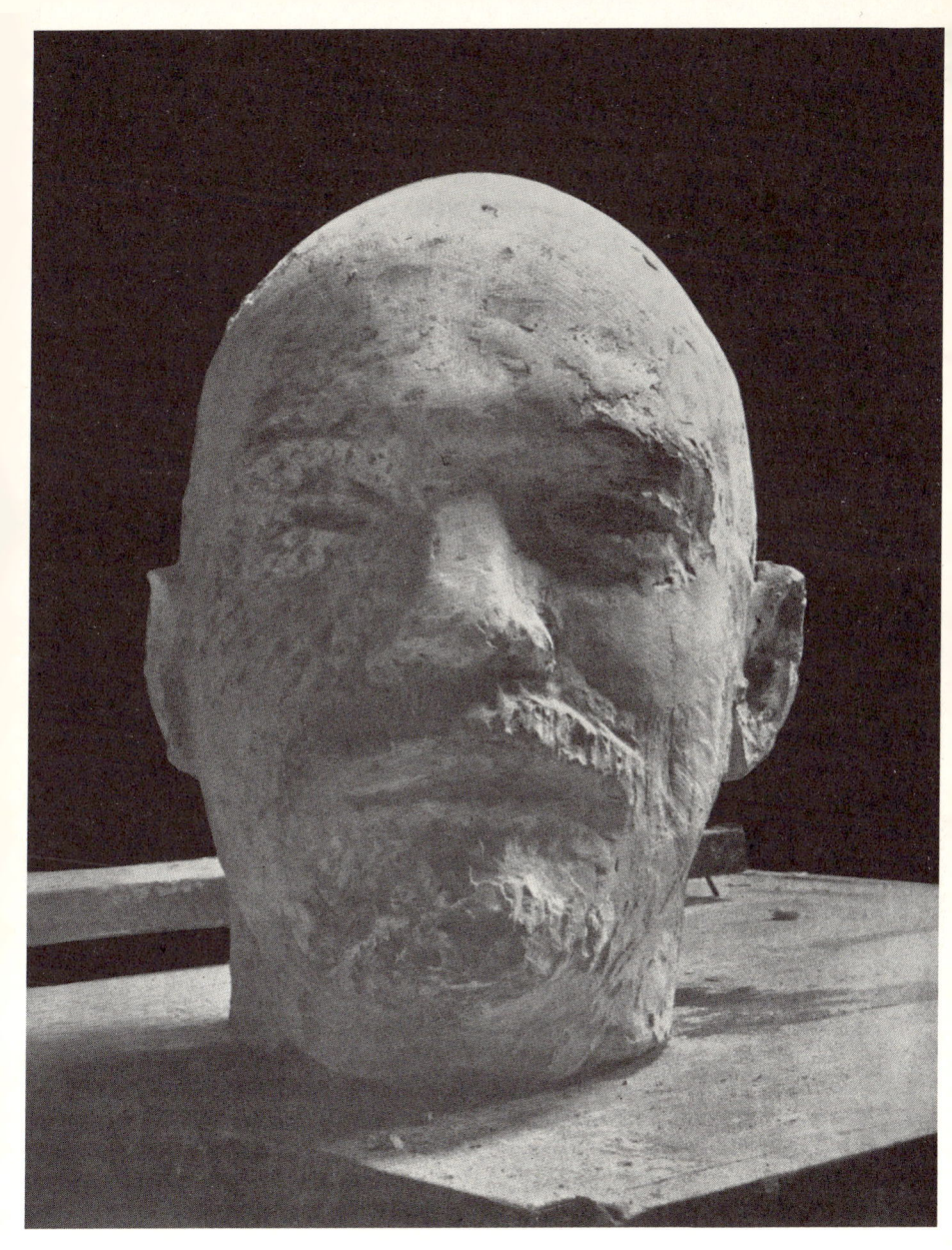

Wladimir Iljitsch Lenin
Bildniskopf von Karl Geiser, vor 1927

Arbeiterdemonstration während des Juli-Putsches in Petrograd, 1917

lage der letzten Vertreter der Autokratie in Europa« namentlich bei den Sozialisten befürworten sollten. Nach langen Verhandlungen traten Außenminister Miljukow und Kriegsminister Gutschkow zurück. Die Regierung wurde umgebildet, aber immer noch blieben neun von fünfzehn Ministerien in bürgerlichen Händen.

Das Kriegsministerium wurde nun Kerenskij anvertraut. Obwohl gerade er im Februar 1917 – unter tumultuarischen Protesten der Duma – sich für sofortigen Separatfrieden mit Deutschland ausgesprochen hatte, übernahm er jetzt die Aufgabe, die Arbeiter- und Soldatenräte davon zu überzeugen, daß es notwendig sei, den Krieg um jeden Preis weiterzuführen und der Entente die Treue zu wahren. In völliger Verkennung der Situation versicherte er den westlichen Diplomaten, Buchanan (England) und Paléologue (Frankreich), daß die Provisorische Regierung sich konsolidieren, der Arbeiter- und Soldatenrat dagegen bald »sterben« und daß die russische Armee demnächst Wunder der Tapferkeit verrichten werde. Er reise an die Front, um dort von seiner demosthenischen Beredsamkeit und seinen schauspielerischen Gaben Gebrauch zu machen. An unzähligen Orten zwischen Helsingfors und Sewastopol hielt er flammende Ansprachen. »Die Welle des Enthusiasmus in der Armee wächst und verbreitet sich«, berichtete er nach Petrograd. Die Begeisterung, die er weckte, hielt indessen nicht lange an.

Gleichzeitig beging die Provisorische Regierung noch einen andern schwerwiegenden Fehler: sie weigerte sich beharrlich, auch die geringsten Ansätze zu einer Agrarreform zu bewilligen. Mit der Expropriation von Grund und Boden wollte man gar nicht erst anfangen, weil man befürchtete, daß dann auch anderes Eigentum, so vor allem jenes der Fabrikanten, der Enteignungstendenz nicht standhalten werde. Landwirtschaftsminister Tschernow mußte auf Weisung des Ministerpräsidenten Lwow, eines Großgrundbesitzers, den Kampf gegen die Bauern, wo immer sie an gutsherrschaftlichem Eigentum sich vergriffen, energisch fortsetzen, obwohl er zur Partei der Sozialrevolutionäre gehörte, die immer für die Expropriation des Großgrundbesitzes zugunsten der Bauern eingetreten war. Arbeitsminister Skobelew, ein reformistischer Menschewik, ermahnte die Arbeiter, trotz der Teuerung keine Lohnforderungen zu stellen, um die Kosten der Kriegführung nicht zu verteuern und die Inflation nicht zu fördern. Auch gegen die privatwirtschaftliche Güterspekulation, die sich in rücksichtslosesten Formen erging, wurden keinerlei Maßnahmen getroffen. Das Koalitionskabinett diskreditierte sich rasch. Desto mehr Wasser floß auf die Mühle der Bolschewiki. Der Gedanke, die gesamte Volkswirtschaft staatlicher Leitung zu unterwerfen, gewann eine immer stärkere Anhängerschaft.

Auf den 18. Juni (1. Juli) 1917 war eine große Vertrauenskundgebung zugunsten der Koalitionsregierung angesetzt worden. Am Umzug nahmen (es war Sonntag) vierhunderttausend Personen teil, aber keine einzige Fabrikbelegschaft, kein einziges Regiment marschierte unter der offiziell empfohlenen Vertrauensparole. Auf Weisung der Bolschewiki wurde diese Demonstration unter regierungsfeindlichen Losungen durchgeführt. Hunderte von Transparenten trugen bolschewistische Postulate: »Alle Macht den Sowjets!« – »Schluß mit dem Krieg!« – »Brot, Frieden, Freiheit!« – »Nieder mit den zehn kapitalistischen Ministern!« (Es gab nur neun Bürgerliche im Kabinett; mit dem »zehnten« war Kerenskij gemeint.)

Am selben Tag hatte an der Front die Offensive gegen die Deutschen begonnen. Militärisch war sie von vornherein zum Scheitern verurteilt. Die rhetorischen Pfeile Kerenskijs konnten fehlende Munition nicht ersetzen. Nach einigen Anfangserfolgen, für die mehr als sechzigtausend Mann ihr Leben lassen mußten, erschöpfte sich der von Kerenskij hervorgezauberte Elan überall. Vor einer Gegenoffensive des Feindes wichen die Russen zurück, und in der Stimmung der russischen Soldaten vollzog sich ein schroffer Umschwung. Heftiger Haß gegen Kerenskij flammte auf, während anderseits die Sympathien für die Bolschewiki, die den Frieden verhießen, wuchs. Die Disziplin an der Front und in der Etappe zerfiel. Da und dort wurden Offiziere, die den Gehorsam erzwingen wollten, von den eigenen Mannschaften bedroht oder sogar erschossen. Alle diese Symptome zeigten deutlich genug, daß die Stunde Lenins immer näher rückte.

Auf dem Lande ereigneten sich immer häufiger illegale Aktionen der Bauern. Waren im März »nur« zwölf, im April hundertdreiundsechzig »Güterenteignungen« vorgekommen, so verzeichnete man während des Monats Juni schon achthundertfünfundsechzig ungesetzliche Expropriationen. Im Juli 1917 waren nicht weniger als dreiundvierzig Gouvernements von ernsten Agrarunruhen erfaßt. Mancherorts, vor allem in Sibirien, vergriffen sich die Bauern auch am Eigentum der Klöster.

Die Desorganisation der Wirtschaft machte sich mit besonderer Beschleunigung in den Städten bemerkbar. Die Kriegskosten erreichten vierzig Millionen Rubel je Tag. Der Notenumlauf nahm rasch zu; die Preise stiegen unaufhaltsam. Viele Betriebe wurden geschlossen, da die Zufuhr der Rohstoffe sehr unregelmäßig erfolgte. Während die Arbeitslosigkeit wuchs, erschienen in der Presse Statistiken über unerhörte Kriegsgewinne der Industriellen und der Heereslieferanten. Diese Berichte steigerten die Erbitterung der Massen.

Durch die allgemeine revolutionäre Erregung fühlte sich die Provisorische Regierung bedroht. Sie faßte den Beschluß, die in der Hauptstadt befindlichen unzuverlässigen Truppen nach und nach an die Front abzuschieben, und sie plante auch die allmähliche Entwaffnung der Arbeiterschaft – als vorbereitende Maßnahme für die Auflösung der Arbeiter- und Soldatenräte.

Es blieb den in Petrograd stationierten Truppen nicht verborgen, daß man sie in den Krieg schicken wollte, um in ihrer Abwesenheit eine schroffe politische Schwenkung nach rechts zu vollziehen. Sie lehnten sich gegen die Regierung auf, alarmierten die Arbeiter der größten Betriebe, verschafften sich Lastautos und statteten sie mit Maschinengewehren aus. Tausende von Proletariern, darunter viele Bewaffnete, schlossen sich ihnen an. Am Nachmittag des 3. (16.) Juli begaben sich die Demonstranten zum Sitz der Bolschewistischen Partei (der sich in der Villa einer ehemaligen Favoritin Nikolaus' II., der Tänzerin Kschessinskaja, befand) und verlangten, daß die Provisorische Regierung abgesetzt und die ganze politische Macht den Arbeiter- und Soldatenräten übertragen werde. Das Zentralkomitee der Bolschewistischen Partei hielt eine solche Aktion für verfrüht, da die Bolschewiki noch in keinem einzigen Sowjet auch nur annähernd über eine Mehrheit verfügten. Dem Drang der Massen – vor allem jener Soldaten, welche den Befehl erhalten hatten, unverzüglich an die Front zu gehen – konnte sich die Parteileitung aber nicht widersetzen, und unter Führung Trotzkijs, der eine Rote Garde organisiert hatte, erfolgte ein von Schießereien begleiteter Aufstandsversuch, mit dem Ziel, eine Diktatur der Arbeiter- und Soldatenräte aufzurichten. Am 4. (17.) Juli wurde die mehr als dreißigtausendköpfige Menge noch durch etwa zehntausend Matrosen und Arbeiter aus Kronstadt verstärkt. Truppen und Volk belagerten den Taurischen Palast, in dessen prunkvollem Saal der Arbeiter- und Soldatensowjet von Petrograd endlos über die Frage debattierte, ob er »die ganze Macht« übernehmen wolle oder nicht. Mit großem Mehr sprach er sich dagegen aus, und dadurch wurde der Elan des Volkes gelähmt. Man kann die Macht nicht mit Gewalt einer Körperschaft aufzwingen, die sie ablehnt. Am Abend begannen die Massen sich zu zerstreuen. Am folgenden Morgen trafen regierungstreue Gardesoldaten ein, und die Gegner der Bolschewiki atmeten erleichtert auf. Im Taurischen Palast wurde die glücklich gelungene Unterdrückung der Meuterei gefeiert und in energischen Voten eine Abrechnung mit der bolschewistischen Bewegung verlangt. Zwar hatte sie den Juli-Aufstand nicht hervorgerufen, aber, nachdem er ins Rollen gekommen war, doch daran teilgenommen.

Ein Stimmungsumschwung zugunsten der Rechten war nun deutlich zu spüren. Ministerpräsident Lwow veranlaßte Haftbefehle gegen prominente Führer der Bolschewistischen Partei. Das Parteibüro in der Villa Kschessinskaja wurde militärisch besetzt. Regierungstreue Offiziersaspiranten verwüsteten Redaktion und Druckerei der bolschewistischen »Prawda«. Lenin entkam, als Arbeiter maskiert, von Sinowjew begleitet, nach Finnland. Wochenlang hauste er in einer primitiven Hütte aus dürren Zweigen und Heu. Erst Anfang Oktober kehrte er heimlich nach Petrograd zurück.

Der Mißerfolg des Juli-Aufstandes bedeutete einen schweren Schlag für die bolschewistische Bewegung. Es gab viele bürgerliche Politiker, die sie nun für erledigt hielten. Tatsächlich aber war der Nährboden des Bolschewismus immer noch da, denn die Provisorische Regierung vermochte weder die Friedenssehnsucht der Soldaten und des Volkes zu stillen noch das Verlangen der Bauern nach Land zu befriedigen noch die Leistungsfähigkeit der Industrie zu verbessern. Die Gehorsamsverweigerungen an der vor den Deutschen zurückweichenden Front dauerten an, und aufständische Bauern setzten auf den Gütern der Großgrundbesitzer Plünderungen und Brandstiftungen fort.

Die Weigerung des Arbeiter- und Soldatensowjets, die »zehn kapitalistischen Minister« (inklusive Kerenskij) zu stürzen und die ganze Macht in eigene Hände zu nehmen, hatte sein Ansehen beträchtlich geschädigt. Die Massen des Volkes waren enttäuscht, und auf dem Waagebalken der Doppelherrschaft verschob sich der Schwerpunkt der Macht zugunsten der Provisorischen Regierung. Es gelang ihr allerdings nicht, aus diesem vorübergehenden Prestigezuwachs auch Nutzen zu ziehen. Es fehlte ihr eine leitende Idee, für die sich große Teile der Bevölkerung hätten gewinnen lassen. Was sie tun wollte, widersprach dem Willen der Massen, und was dem Willen der Massen entsprochen hätte, wollte sie nicht tun.

Die Niederschlagung des bolschewistischen Aufstandes verleitete die Regierung, ihren Triumph in Formen auszukosten, die auf weite Schichten des Volkes verletzend wirken mußten. Für die während der Juli-Unruhen gefallenen Kosaken wurde ein Staatsbegräbnis veranstaltet, während die auf seiten der Insurgenten gefallenen Soldaten und Arbeiter (wie

1905 die Toten des »blutigen Sonntags«) in aller Stille verscharrt werden mußten. Sodann wurden fünf Regimenter, die sich an den Juli-Demonstrationen besonders aktiv beteiligt hatten, auf demütigende Weise öffentlich entwaffnet und in kleinen Gruppen an die Front geschickt, wo man sie zur Auffüllung verschiedener Einheiten verwendete. Durch dieses Vorgehen wurde die Zahl der für die Parolen des Bolschewismus agitierenden Wehrmänner auf dem ganzen Kriegsschauplatz um mehr als dreißigtausend erhöht – zur größten Bestürzung regierungstreuer Kommandanten.

Vor allem aber erhob Ministerpräsident Fürst Lwow die Forderung, daß die Regierung nun auch die Unruhen der Bauern auf dem Lande unterdrücke. Die Notwendigkeit einer Agrarreform erkannte er immer noch nicht. Er verlangte kategorisch den Rücktritt des Landwirtschaftsministers Tschernow, der als Sozialrevolutionär den illegalen Expropriationen und Plünderungen nicht tatkräftig genug entgegentrete, ja die Bauern sogar ermutige, die Bodenfrage »von unten her« zu lösen, ohne einen Entscheid der künftigen Konstituante abzuwarten. Da die übrigen Kabinettsmitglieder zögerten, Tschernow zur Demission zu zwingen, erklärte Fürst Lwow demonstrativ seinen Austritt aus der Provisorischen Regierung. Den Vorsitz im Ministerrat übernahm Kerenskij. Um die Disziplin in der Armee wiederherzustellen und die bolschewistische Propaganda zu unterdrücken, ließ er sich weitgehende Vollmachten erteilen und dekretierte die Wiedereinführung der Todesstrafe an der Front. Mit einem großen Aufwand an theatralischen Gesten und martialischen Exklamationen trat er scheinbar als Vertrauensmann der Linken auf, um in Wirklichkeit jedoch die Politik der Rechten zu besorgen. Doch just in diesen Tagen schwand das Prestige, welches Kerenskij am Anfang der Revolution noch besessen hatte, unwiederbringlich dahin. Von der Front trafen katastrophale Nachrichten ein. Überall befanden sich die Russen im Rückzug. Weder für die offiziellen russischen Kriegsziele noch für die Kriegsziele der westlichen Alliierten wollten die Soldaten sich opfern. Der Zerfall der Disziplin, den Kerenskij durch seine pathetische Beredsamkeit hatte überwinden wollen, machte raschere Fortschritte als je zuvor. Fortan war Kerenskij für die Bourgeoisie als sozialistisches »Aushängeschild« nicht mehr brauchbar. Beim Volk erregte Kerenskij Anstoß auch dadurch, daß er sich einer an die Zeiten der Monarchie gemahnenden Repräsentation nicht zu enthalten vermochte: er wohnte bald im Winterpalais, bald in Zarskoje Sjelo und benützte im Theater die ehemalige Zarenloge. In den Kreisen der Rechtsparteien sprach man jetzt immer häufiger von der Notwendigkeit einer Militärdiktatur und schob die Generäle Kornilow, Aleksejew und Kaledin allmählich in den Vordergrund der politischen Bühne.

In der Hoffnung, seine Position durch »psychologische Beeinflussung der öffentlichen Meinung« zu festigen, ließ Kerenskij am 12. (25.) August 1917 im Großen Theater zu Moskau unter dem nichtssagenden Namen »Staatsberatung« eine Art Notabelnversammlung zusammentreten, die aus mehr als zweitausend Personen bestand. Mit Ausnahme der Bolschewiki waren darin alle politischen Parteien vertreten, ferner die Armee und die Marine, die lokalen Sowjets des ganzen Landes, Unternehmerverbände, Gewerkschaften, Vereine und Genossenschaften; auch Mitglieder der Ersten Duma wurden herangezogen. Etwa die Hälfte der Versammlung bestand aus Gutsbesitzern, Industriellen, Großkaufleuten und Bankiers. Während vier Tagen hörte die Versammlung Reden von Ministern,

Parteiführern und Generälen an. Es fanden weder Diskussionen noch Abstimmungen statt. Mit wachsender Beklommenheit im Herzen wurde sich Kerenskij dessen bewußt, daß er die Staatsgewalt nur noch wie ein Theaterschwert in der Hand hielt. In seiner Eröffnungsansprache vermied er, aus Rücksicht auf die zahlreichen Monarchisten, das Wort »Republik« und gebrauchte nur die Bezeichnung »Russisches Land« oder »Russischer Staat«. Immer wieder hob er hervor, daß *er* der Träger des obersten Staatswillens sei und daß er jeden Versuch, »die Macht anzutasten« – von welcher Seite auch immer er unternommen werden sollte –, »mit Blut und Eisen« ersticken werde. Er stimmte Klagen darüber an, daß der »Triumph der Revolution« noch nicht mit einem »Triumph an der Front« habe verbunden werden können, und beteuerte, daß er, Kerenskij, »bis zum Siege weiterkämpfen« werde. Es folgten farblose Deklarationen der Minister, von denen einer (unter Beifall der Linken) die Unternehmer ermahnte, sich mit bescheideneren Gewinnen zufriedenzugeben, während ein anderer (unter Beifall der Rechten) eine Reduktion der direkten und eine gleichzeitige Erhöhung der indirekten Steuern in Aussicht stellte. Der Landwirtschaftsminister Tschernow enthielt sich jeder Äußerung, da das brennendste Problem der Innenpolitik, die Frage der Bodenreform, überhaupt nicht berührt werden durfte. Als Vertreter der Kirche sprach ein Erzbischof, der die Rettung Rußlands durch ein Wunder Gottes verhieß. Der Menschewik Tschchéidse betonte die Notwendigkeit sozialer Reformen, die aber ausschließlich auf legalem Wege zu verwirklichen seien. Miljukow und Gutschkow forderten eine Regierung, die imstande sei, die Sicherheit der Person und des Privateigentums zu garantieren und das Bürgertum von der Angst, die es empfinde, zu befreien. General Aleksejew plädierte für die Wiederherstellung der eisernen Disziplin in der Armee. Der sozialdemokratische Theoretiker Plechanow, freilich nur noch ein Schatten seiner selbst, befürwortete eine »Annäherung« der Unternehmer und der Arbeiter im Interesse einer erfolgreichen Kriegführung gegen Deutschland. Die Ergreifung der totalen Macht durch das Proletariat, wie »Lenin traurigen Angedenkens« sie empfohlen habe, würde für die russische Arbeiterklasse das größte Unglück bedeuten, da sie die erforderliche politische Reife noch nicht besitze; Rußland stehe zunächst noch eine längere kapitalistische Entwicklungsphase bevor.

Einen Höhepunkt der Tagung bildete das Auftreten des Generals Kornilow, den Kerenskij auf Verlangen der westlichen Alliierten kurz vorher, an Stelle Brussilows, zum obersten Befehlshaber ernannt hatte. Der neue Generalissimus ergriff bei der »Staatsberatung« das Wort, obwohl er von Kerenskij gebeten worden war, darauf zu verzichten, da er, Kerenskij, auch bezüglich der Armee alles Nötige schon sagen werde. Kornilow berichtete über bestialische Ermordungen kommandierender Offiziere durch meuternde Soldaten und wies auf die wachsende Zahl der Deserteure hin. Er machte für die moralische Zersetzung der Truppen die Revolution verantwortlich und deutete an, daß er bald gezwungen sein werde, Riga den Deutschen zu überlassen, selbst auf die Gefahr hin, ihnen dadurch den Weg nach Petrograd freizugeben. Der Provisorischen Regierung machte Kornilow direkt den Vorwurf, daß sie die Verpflegung der Armee sowie ihre Belieferung mit Kriegsmaterial vernachlässige und jene drakonischen Maßnahmen nicht zu ergreifen wage, welche notwendig seien, um das Sinken der Produktivität der Rüstungsbetriebe aufzuhalten. Selbstverständlich wollte der Generalissimus durch den Hinweis auf die äußerst ernste militärische Lage die Versammlung schon darauf vorbereiten, daß er sehr weitgehende diktatorische Vollmachten in Anspruch zu nehmen gedenke.

In seiner Schlußansprache verlor Kerenskij die Selbstbeherrschung und stieß – »vom hysterischen Schrei bis zum tragischen Flüstern« alle Register ziehend – dunkle Drohungen aus, die aber doch nur den Eindruck faktischer Machtlosigkeit hinterließen. Kerenskij fürchtete Kornilow, den die Rechtsparteien als den kommenden »Retter des Vaterlandes« feierten; aber er konnte ihn doch nicht entbehren. Als Staatsoberhaupt sah sich Kerenskij gleichzeitig von drei Gefahren bedroht: erstens von den immer näher rückenden deutschen Truppen; zweitens von der bolschewistischen Bewegung, die trotz ihrer Juli-Niederlage schon wieder erstarkte, und drittens von Kornilows Aspiration auf die Stellung eines Diktators. Das Prestige Kerenskijs war im August 1917 restlos abgenützt. Weder vermochte er die Armee zum Kampf gegen die Deutschen anzufeuern noch die Arbeitermassen vom Anschluß an den Bolschewismus zurückzuhalten. Ungewiß war für ihn, was zuerst kommen werde: ein Aufstand Lenins von links oder ein Staatsstreich Kornilows von rechts.

Schon am 26. Juli (8. August), also siebzehn Tage vor dem Zusammentritt der »Staatsberatung«, hatten die Bolschewiki, ungeachtet der erlittenen Schlappe, in einem Arbeiterviertel Petrograds ihren VI. Parteitag eröffnet. Die Polizei bemühte sich ohne Erfolg, den Ort der illegalen Tagung zu entdecken. Lenin, der hatte fliehen müssen, wohnte dem Parteitag nicht bei. Auf schriftlichem Wege empfahl er, die Losung »Alle Macht den Sowjets!« aus der Agitation vorübergehend zurückzuziehen, da in den Sowjets die Sozialrevolutionäre und die Menschewiki immer noch die Mehrheit besaßen. Eine Machtübernahme auf friedlichem Weg mußte Lenin – nach allem, was im Juli sich abgespielt hatte – als undenkbar bezeichnen. Er war der Überzeugung, daß dem russischen Volk entweder ein Sieg der Gegenrevolution oder ein Sieg des Bolschewismus bevorstand. Ein Drittes gab es nicht. Er beantragte deshalb, den »Sturz der konterrevolutionären Diktatur der Bourgeoisie« und ihre Ersetzung durch die »Diktatur des Proletariates und der Dorfarmut« zu propagieren. Der Parteitag beschloß in diesem Sinn. Das Referat über die politische Lage wurde von Stalin gehalten. Es gipfelte in der Feststellung, daß die russische Revolution im Begriff stehe, sich aus einer bürgerlichen in eine sozialistisch-proletarische Umwälzung zu verwandeln, und daß deshalb energisch und unverzüglich der bewaffnete Aufstand vorzubereiten sei. Entsprechende Direktiven wurden an die Mitglieder der bolschewistischen Partei erlassen, deren es damals etwa zweihundertvierzigtausend gegeben haben soll. Als Ziel der Machtübernahme wurde festgelegt, »das Land zum Frieden und zum Sozialismus zu führen«. Ein offenbar von Trotzkij inspirierter Antrag, den Weg zum Sozialismus in Rußland nur dann einzuschlagen, wenn eine proletarische Revolution auch in Westeuropa stattfinde, wurde verworfen. Stalin erklärte ausdrücklich, es sei durchaus möglich, daß gerade Rußland das Land sein werde, welches den Weg zum Sozialismus bahne. Die Basis der russischen Revolution sei breiter als in Westeuropa, weil in Rußland die Arbeiter auf Unterstützung der armen Dorfbevölkerung rechnen könnten. Auch sei der Machtapparat der russischen Bourgeoisie viel schwächer als etwa derjenige des deutschen Bürgertums. Man müsse die überlebte Vorstellung fallenlassen, daß nur der europäische

Westen die Rolle eines Pioniers der Revolution zu spielen vermöge. Es gebe einen »dogmatischen« und einen »schöpferischen« Marxismus; er, Stalin, stehe auf dem Boden des letzteren. (Dies ist wohl die älteste verbürgte Äußerung Stalins, in der seine These von der Möglichkeit des »Sozialismus in einem Lande« angedeutet wird, im Gegensatz zur These Trotzkijs, wonach der Sozialismus nur durch internationale, »permanente« Revolution zum Erfolg kommen könne.)

Der Parteitag faßte eine Resolution, die für den Fall der Machtergreifung die sofortige Konfiskation des Gutsherrenlandes, die Nationalisierung der Banken und der Produktion und Warenverteilung durch die Arbeiter vorsah.

Er genehmigte ferner die Aufnahme der sogenannten »Zwischengruppe« in die bolschewistische Partei. Trotzkij, Lunatscharskij, Urizkij, Joffe, Karachan und andere wurden damit offiziell als Mitglieder anerkannt. Die Zwischengruppe (»meshrajònzy«) hatte sich 1913 aus nach »links« tendierenden Menschewiki und nach »rechts« tendierenden Bolschewiki gebildet und während des ersten Weltkrieges sowohl an den Menschewiki als auch an den Bolschewiki Kritik geübt. Im Juli 1917 bewarb sie sich um die Parteimitgliedschaft.

Gegen das Auftreten Kornilows an der von Kerenskij einberufenen »Staatsberatung« lösten die Bolschewiki in Moskau einen Proteststreik aus, an dem sich vierhunderttausend Menschen beteiligten, so daß sich die »Staatsberatung« an ihrem ersten Verhandlungstag ohne elektrisches Licht, ohne Straßenbahn und ohne Restaurants behelfen mußte. Diese Demonstration beeindruckte Kerenskij; vor dem Großen Theater wurde zum Schutze der »Staatsberatung« Artillerie aufgefahren.

Hatten bürgerliche Zeitungen nach dem Zusammenbruch des Juli-Aufstandes leichtfertig behauptet, daß der Bolschewismus sich lediglich als ein »mit deutschem Geld aufgezogener Bluff« erwiesen habe und nun endgültig abgetan sei, so brachten sie im August, aufs höchste beunruhigt, Gerüchte über einen neuen, nahe bevorstehenden bolschewistischen Aufstand zum Abdruck. Die antibolschewistischen Koalitionsparteien erkannten immer deutlicher, wie ihr Einfluß auf die Massen des Volkes sank. Das Volk verlangte Frieden und Land, und diesem Verlangen kamen nur die Parolen des Bolschewismus entgegen. Alle andern Parteien setzten sich für die Weiterführung des Krieges und für die Vertagung der Agrarreform ein; sie kämpften also mit Losungen, die dem Willen der Volksmehrheit widersprachen. Daraus erklärt sich, daß die Parteien der Regierungskoalition von der Befürchtung gequält wurden, durch eine bolschewistische Erhebung hinweggefegt zu werden. Ein Interesse, das Schreckgespenst des Bolschewismus propagandistisch auszuwerten, hatte vor allem die äußerste Rechte, welche die Sowjets auflösen, Kerenskij absetzen und Kornilow zum Diktator erheben wollte. Kerenskij war nicht der Mann, offen jenen brutal reaktionären Kurs einzuschlagen, den die meisten Gutsbesitzer und Industriellen sich wünschten. Von Kornilow war viel eher zu erwarten, daß er nicht nur einem Aufstand der Leninschen Partei zuvorkommen, sondern die Glut der Revolution überhaupt austreten werde. Die besitzenden Klassen, die um ihr Eigentum und ihre herrschende Stellung zitterten, hatten vor den Fabrikarbeitern und dem Dorfproletariat viel größere Angst als vor den Deutschen. An der Sicherung der bürgerlichen Rechtsordnung war ihnen viel mehr gelegen als an der Abwehr der feindlichen Invasion. Kornilow hat dementsprechend gehandelt.

Am 19. August (1. September) 1917 gab er Riga den Deutschen preis. Er öffnete ihnen dadurch auch den Weg nach Petrograd, um erklären zu können, daß das Vaterland in höchster Gefahr sei. Dann zog er erhebliche Streitkräfte von der Front ab und machte sie zum Einsatz gegen die Hauptstadt bereit, wo er die Staatsgewalt an sich reißen wollte. Kornilow verlangte von Kerenskij die Ausrufung des Belagerungszustandes in Petrograd. Er hoffte, die Bolschewiki dadurch zum Widerstand zu provozieren und »auf die schonungsloseste Weise zu vernichten«, zugleich aber auch »mit dem Sowjet der Arbeiter- und Soldaten-Deputierten ein Ende zu machen«. Im Hauptquartier sprach er offen davon, daß er das Kommando über die nach Petrograd zu führenden Truppen General Krymow anvertrauen wolle, der als Draufgänger nicht zögern werde, »die nötigen Hinrichtungen – vielleicht auch zwanzig bis dreißig überflüssige – vollziehen zu lassen«. In Petrograd wurden die Pläne Kornilows, denen der britische Botschafter Buchanan übrigens beifällige Anerkennung zollte, vorzeitig bekannt und riefen in der Arbeiterschaft ungeheure Erregung hervor. Kerenskij hatte Kornilow unterstützt, solange er glaubte, daß dieser sich lediglich anschicke, der Provisorischen Regierung gegen die Gefahr des Bolschewismus beizustehen. Als er aber begriff, daß auch er selbst von Kornilow nichts Gutes zu erwarten habe, änderte er seine Taktik. Im Glauben, die verlorenen Sympathien der Massen zurückzugewinnen, spielte er sich als Verteidiger der Revolution und der Demokratie gegen die drohende Militärdiktatur auf. Er entlockte Kornilow, der »zwar das Herz eines Löwen, aber das Hirn eines Kaninchens« besaß, kompromittierende Äußerungen und enthob ihn telegrapischh seines Kommandos. Da Kornilow sich weigerte, die Befehlsgewalt niederzulegen, wurden er und seine Anhänger von Kerenskij zu Hochverrätern erklärt. Nun setzte sich General Krymow an der Spitze eines Kavalleriekorps gegen Petrograd in Bewegung. In der Hauptstadt selbst hatten sich unter dem Vorwand der Beurlaubung mehrere hundert Offiziere Kornilows eingefunden, um sich an der »Zermalmung des Bolschewismus« zu beteiligen.

Während Kerenskij, als die Insurgenten nahten, den Kopf verlor, handelte die bolschewistische Partei sicher und zielbewußt. Sie setzte zur Verteidigung Petrograds einen Kriegsrat ein. Sie organisierte aus fünfundzwanzigtausend Arbeitern eine »Rote Garde«. Die Gewerkschaften boten ihre Mitglieder auf und verschafften ihnen Gewehre. Die Belegschaft der Putilowschen Rüstungsbetriebe erhöhte die Arbeitsdauer auf sechzehn Stunden und montierte binnen zwei Tagen fast zweihundert neue Geschütze. Revolutionär gesinnte Truppen, die sich noch in Petrograd befanden, machten sich kampfbereit. Einige tausend Matrosen eilten aus Kronstadt herbei. Rings um Petrograd wurden Schützengräben ausgehoben. Eisenbahner dirigierten die Züge, in denen Krymows Kavallerie befördert wurde, nach falschen Stationen oder auf Stumpengleise, so daß schon bei ihrem Aufmarsch eine heillose Verwirrung entstand. Lokomotiven wurden unbrauchbar gemacht, wichtige Strecken unterbrochen. Gleichzeitig reisten bolschewistische Agitatoren zu den Krymowschen Truppen, um sie über die reaktionären Zwecke aufzuklären, für die sie mißbraucht werden sollten; mehrere Einheiten weigerten sich daraufhin, an Kornilows Aktion mitzuwirken. So endete der Kornilowsche Staatsstreich schon nach zwei Tagen mit einem klaren Mißerfolg. General Krymow ergab sich Kerenskij und wurde von diesem so erniedrigend behandelt, daß er sich erschoß. Kornilow, Denikin, Lukomskij und andere Heerführer wurden auf Kerenskijs Befehl im Hauptquartier verhaftet. (Zu einem Prozeß, der wohl auch für Kerenskij wegen seines zweideutigen Verhaltens peinlich geworden wäre, kam es nicht. Kornilow und seine Komplicen erlangten die Freiheit, bevor sie in die Hände der Bolschewiki gerieten. Sie begaben sich zu den Donkosaken, um von Südrußland aus das Sowjetregime zu bekämpfen.) Den Rang eines Generalissimus der russischen Streitkräfte verlieh Kerenskij sich selbst.

Kornilow, der mit seinem abenteuerlichen Aufstandsversuch die Vernichtung des Bolschewismus und die Niederwerfung der Arbeiterklasse hatte erreichen wollen, leistete in Wirklichkeit Lenin und seiner Partei die wertvollsten Dienste. Denn die Massen des Volkes überzeugten sich nun davon, daß Kerenskij nicht imstande war, einen Anschlag der Reaktion abzuwehren, und daß die tatsächliche revolutionäre Macht in den Händen der bolschewistischen Führung lag. Kornilow enthüllte die Schwäche Kerenskijs, und die Früchte dieser Enthüllung erntete Lenin. Nach der Niederlage Kornilows trat in den Ergebnissen der Ersatz- und Neuwahlen deutlich zutage, daß eine rapide Bolschewisierung aller Schichten der Bevölkerung im Gange war. Auch auf dem Lande nahm die Zahl eigenmächtiger Güterenteignungen durch aufständische Bauern wieder zu.

Völlig machtlos war die Regierung Kerenskijs auch dem Zerfall der Volkswirtschaft gegenüber. Die Lebensmittelkrise verschärfte sich; die durch Rohstoffmangel und Aussperrungen verursachte Arbeitslosigkeit nahm erschreckende Ausmaße an; in proletarischen Vierteln der Städte wurde buchstäblich gehungert.

Es entging Kerenskij nicht, daß der entscheidende Kampf immer näher rückte. Er begann, rings um Petrograd und um Moskau Truppen zu konzentrieren, auf die er sich glaubte verlassen zu dürfen. Während aber die Flut des Bolschewismus stieg, schwamm er gleichsam auf einer Eisscholle, die von Tag zu Tag kleiner wurde.

Am 15. (28.) September 1917 erhielt das Zentralkomitee der bolschewistischen Partei von Lenin, der sich immer noch in Helsingfors aufhielt, zwei Briefe, worin er schrieb, daß die Voraussetzungen für die Machtergreifung gegeben seien und daß es ein nicht wieder gutzumachender Fehler wäre, den günstigsten Augenblick zu versäumen. Am 10. (23.) Oktober begründete Lenin, der heimlich nach Petrograd gekommen war, in eingehendem Referat vor dem Zentralkomitee seine These, daß der bewaffnete Aufstand unverzüglich ausgelöst werden müsse. Sinowjew und Kamenew, denen das Unternehmen noch zu gewagt erschien, opponierten und empfahlen, die auf den 28. November (11. Dezember) angesetzte Eröffnung der Konstituierenden Versammlung abzuwarten. Lenin drohte ihnen mit dem Ausschluß aus der Partei. Sie blieben in Minderheit, und der Aufstand wurde beschlossen.

Schon am 12. (25.) Oktober wurde ein »Militärisch-Revolutionäres Komitee« geschaffen, das den leitenden Stab der Aktion bilden sollte. Es wurde im »Smolnyj«-Institut, dem Sitz der bolschewistischen Parteileitung, untergebracht, in welchem bis zum Frühjahr 1917 die Töchter des hohen Adels erzogen worden waren. Den Vorsitz im Komitee führte Trotzkij. Mitglieder waren Swerdlow, Dserschinskij, Stalin, Urizkij und andere; es wirkten auch Ordschonikidse, Molotow und Kalinin mit. Dem Komitee standen zwölftausend Rotgardisten und etwa dreißigtausend Soldaten zur Verfügung. Die Belegschaften der Rüstungsbetriebe lieferten Kriegsmaterial. Zur Verstärkung wurden die Kriegsschiffe der Ostsee-Flotte herangezogen, deren Matrosen durchweg für den Bolschewismus gewonnen worden waren. Die Truppen der Provisorischen Regierung bestanden aus siebenhundert Offiziersaspiranten und einem aus Bauernmädchen gebildeten »Amazonenbataillon«. Es gab nicht den leisesten Ansatz einer antibolschewistischen Bürgerwehr.

Am 24. Oktober (6. November) begab sich Lenin, durch Verkleidung und Perücke unkenntlich gemacht, in den Smolny. Am Abend wurde der für die Machtergreifung vorbereitete Apparat in Bewegung gesetzt. Ohne auf Widerstand zu stoßen, besetzten Rotgardisten und Soldaten im Laufe der Nacht die wichtigsten Punkte der Hauptstadt: Telefonzentrale, Ministerien, Staatsbank und Bahnhöfe. Kerenskij floh aus Petrograd, da die Situation aussichtslos war. Die übrigen Minister blieben im Winterpalais und warteten mit banger Ungeduld auf das Eingreifen regierungstreuer Truppen, die jedoch nicht erschienen. Nach und nach wurde das Winterpalais von den Aufständischen eingeschlossen. Der belagerten Regierung wurde mitgeteilt, daß sie sich binnen einer halben Stunde ergeben müsse, ansonst die Kanonen der Peter-Pauls-Festung und der Kriegsschiffe das Feuer eröffnen würden. Das Ultimatum blieb unbeantwortet, aber erst am späten Abend begannen die Artilleristen zu schießen. Dann drangen bolschewistische Streitkräfte in das Palais ein. Da und dort wurden Gruppen von Offiziersaspiranten entwaffnet und nach Ablegung eines ehrenwörtlichen Versprechens, gegen die Sowjetmacht nichts zu unternehmen, in Freiheit gesetzt. Am 26. Oktober (8. November), morgens kurz nach zwei Uhr, wurden die Minister verhaftet und in die Peter-Pauls-Festung übergeführt. Einige Stunden zuvor hatte sich der Zweite Allrussische Sowjetkongreß, der von sechshundertfünfzig Delegierten beschickt war, im Smolny versammelt. Der Vorsitzende, Kamenew, gab um halb drei Uhr früh offiziell bekannt, daß das Winterpalais genommen und die Regierung mit Ausnahme Kerenskijs hinter Schloß und Riegel sei. Tosenden Beifall erregte auch die bald darauf eintreffende Nachricht, daß mehrere Einheiten der Armee, die Kerenskij für den Kampf gegen die Bolschewiki verwenden wollte, sich mit dem soeben vollzogenen Umsturz solidarisch erklärt hätten. Um fünf Uhr früh wurde die Übernahme der Macht durch die Sowjets dekretiert. An die Arbeiter, Soldaten und Bauern des ganzen Landes wurde ein Aufruf erlassen: die in Bildung begriffene Sowjetregierung werde den Deutschen einen sofortigen Friedensschluß anbieten und das Land der Gutsherren den Bauern übergeben.

Am Abend desselben Tages, gegen neun Uhr, wurde die zweite Sitzung des Allrussischen Sowjetkongresses eröffnet. Die meisten Sozialrevolutionäre und Menschewiki hatten ihn, zum Protest gegen den Aufstand, bereits verlassen. Am Rednerpult erschien Lenin. Nachdem der Sturm der Ovationen sich gelegt hatte, sagte er: »Wir beginnen jetzt mit dem Aufbau der sozialistischen Ordnung.« Er sprach die zuversichtliche Hoffnung aus, daß eine »sozialistische Weltrevolution« folgen werde, deren Entwicklung sich in Deutschland, Italien und andern europäischen Ländern schon abzeichne. Von ekstatischer Begeisterung überwältigt, stimmte die Versammlung in die Klänge der »Internationale« ein. Zum Andenken an die gefallenen Kämpfer der Revolution wurde der Trauermarsch gespielt: »Unsterbliche Opfer, ihr sanket dahin.« Dann verlas und erläuterte Lenin das Dekret über die Enteignung des Bodens. Der konfiszierte Landbesitz (einschließlich der Kron- und Klosterländereien etwa hundertsechzig Millionen Hektar) wurde als Volksvermögen erklärt. Der Besitz jener Bauern, die ihren Boden selbst bebauten, wurde von der Konfiskation nicht betroffen. (Von der Schaffung landwirtschaftlicher Kollektivbetriebe war im Dekret nicht die Rede: die kollektivistische Organisation der Landwirtschaft sollte einer späteren Phase der Revolution vorbehalten bleiben.) Die Bauern wurden von den Pachtzinsen befreit, die sie bis dahin im Betrage von fünfhundert Millionen Goldrubel jährlich hatten entrichten müssen. Alle Bodenschätze (Erdöl, Kohle, Erze), alle Waldungen und Gewässer sollten ebenfalls in das Eigentum des Volkes übergehen. Der Kongreß stimmte zu und nahm außerdem noch eine Resolution an, die es als Ehrenpflicht aller Sowjets proklamierte, keinerlei Pogrome zu dulden.

Inzwischen hatte Kerenskij etwa zwanzigtausend Kosaken von der Front herangeholt und unter dem Kommando des Generals Krasnow in den Kampf gegen die bolschewistische Regierung geschickt. Ein Teil dieser Truppen wurde durch bolschewistische Propaganda zersetzt, der Rest durch Rotgardisten bei Pulkowo und Gatschina geschlagen. Kerenskij entfloh nach England.

In Moskau vollzog sich die bolschewistische Machtergreifung weniger leicht als in Petrograd. Der Kommandant der Garnison, Oberst Rjabzew, konnte zwar nicht verhindern, daß sein Infanterieregiment auf die Seite der neuen Regierung überging. Er faßte jedoch in der Militärakademie etwa fünftausend Offiziere, Aspiranten und Studenten zusammen, besetzte unter großem Blutvergießen den Kreml und bemächtigte sich des Stadtzentrums. Die Zivilbevölkerung unterstützte ihn nicht im geringsten. Durch Arbeiter, Soldaten und Eisenbahner wurde er bald von jeglicher Zufuhr abgeschnitten. Die bolschewistischen Streitkräfte erhielten Verstärkungen aus Petrograd, Tula und andern Orten. Am 2. (15.) November mußte sich Rjabzew ergeben, und auf dem Kreml wurde die rote Fahne gehißt. Unter ähnlichen Umständen erlangten die revolutionären Streitkräfte Lenins auch in weiteren russischen Städten die Macht.

Um die Verwaltung des neuen Regimes zu lähmen, traten Beamte der Staatsbank und der Ministerien, die Direktoren und Angestellten der Privatbanken und andere in den Streik, doch brach er schon nach wenigen Tagen zusammen. Viele Gegner des Bolschewismus verwandelten sich in »Radieschen«: sie blieben zwar innen »weiß«, färbten sich aber außen »rot« und stellten sich den neuen Machthabern zur Verfügung.

Das Privatkapital merkte erstaunlich lange nicht, daß seine Stunde geschlagen hatte. Es gab Bankiers, die die Kontrollmaßnahmen der Sowjetregierung glaubten durch »Kreditverweigerung« sabotieren zu können. Es gab Fabrikanten und Fabrikdirektoren, die sich demonstrativ aus ihren leitenden Positionen zurückzogen, um die Marxisten von der Unentbehrlichkeit der Privatinitiative zu überzeugen. Mancherorten wurde die Verstaatlichung der Unternehmungen der neuen Verwaltung geradezu aufgedrängt. Anderseits besetzten die Arbeiter viele Betriebe in spontaner Aktion, noch ehe der Staat die Nationalisierung befahl.

Die Errichtung und militärische Konsolidierung der bolschewistischen Diktatur

Fast als ob nichts geschehen wäre, kamen am 26. Oktober (9. November), am Morgen nach dem Umsturz in Petrograd, auch bürgerliche Zeitungen heraus. Sie schienen der Übernahme der Macht durch die Sowjets höchstens die Bedeutung eines »Experimentes« beizumessen, das schon binnen kürzester Frist zusammenbrechen müsse. Eines der Blätter charakterisierte die Bolschewiki als »eine bloße Handvoll armseliger, von Lenin und Trotzkij irregeführter Narren«, deren Aufrufe und Dekrete bald »ein Museum für historische Kuriositäten füllen« würden. Zweifel am dauernden Bestand des neuen Regimes wurden auch im rechten Flügel der bolschewistischen Partei selbst geäußert.

Die Aufgabe, vor die sich Lenin und seine Anhänger gestellt sahen, war gewaltig. Sie umfaßte eine tiefgreifende Reorganisation des Staatsapparates und der zerrütteten Volkswirtschaft, die Herbeiführung des Friedens mit den Deutschen und die Unterdrückung des innerpolitischen Widerstandes.

Für die neue Regierung wurde die Bezeichnung »Sowjet der Volkskommissare« gewählt. Den Vorsitz übernahm Lenin. Kommissar des Auswärtigen wurde Trotzkij. Rykow erhielt das Kommissariat des Innern, Lomow die Justiz, Nogin Handel und Industrie, Miljutin die Landwirtschaft, Lunatscharskij das Erziehungswesen. Stalin mußte sich mit dem Präsidium der Kommission für Nationalitätenfragen begnügen.

Daß die andern Linksparteien (Sozialrevolutionäre, Menschewiki) sich *gegen* die Machtübernahme ausgesprochen hatten, paßte den Bolschewiki gut ins Konzept. Sie übernahmen, obwohl der Regierung am 2. (15.) November noch einige Sozialrevolutionäre beitraten, faktisch die Macht allein, »gestützt auf die Stimme des Landes und in Erwartung der freundschaftlichen Hilfe des europäischen Proletariats«. Sie waren weit davon entfernt, die Mehrheit des ganzen Volkes zu besitzen, und rechtfertigten sich damit, die Diktatur des Proletariats so gebrauchen zu wollen, daß sie »letzten Endes die Sympathie aller Werktätigen für sich gewinnen« werde. Von Demokratie in westeuropäischem Sinne des Wortes war also von vornherein nicht die Rede.

Die Sowjetregierung liquidierte zunächst die Institutionen des alten Staates. Die bisherige Justiz wurde nach und nach durch sogenannte Volksgerichte ersetzt. An Stelle der Polizei trat eine vorwiegend aus Arbeitern rekrutierte Miliz. Die Kirche wurde vom Staat und die Schule von der Kirche getrennt; fortan war der Unterhalt der Popen Privatsache der Bürger. Die Zivilehe wurde eingeführt und die Frau rechtlich in jeder Hinsicht dem Manne gleichgestellt. Der Achtstundentag wurde dekretiert, die Verwaltung der Betriebe einer Kontrolle der Arbeiter unterstellt oder ganz von den Arbeitern übernommen. Das Eisenbahnwesen und die Handelsflotte wurden verstaatlicht. Das Sowjetregime führte das Monopol des Außenhandels ein. Es annullierte die sowohl unter dem Zaren als auch die unter der Provisorischen Regierung abgeschlossenen Auslandsanleihen, zum Nachteil des westeuropäischen Kapitals. Sämtliche Privatbanken wurden nationalisiert und mit der Staatsbank vereinigt. Einschneidende Beschränkungen erfuhr die Freiheit der Presse; nach kurzer Übergangszeit durften nur noch bolschewistische Zeitungen erscheinen.

Volksgericht in Petrograd. Zeichnung von I. Wladimiroff, 1918

Unterzeichnung des Friedensvertrages mit der Ukraine in Brest-Litowsk am 9. Februar 1918

Zum Schutz der »Diktatur des Proletariats« wurde eine »Außerordentliche Kommission« (Tscheka) geschaffen, die im ganzen Machtbereich der Sowjets den »Kampf gegen konterrevolutionäre Umtriebe, Sabotageakte und Dienstvergehen« zu führen hatte. Unter der Leitung von Felix Dserschinskij, der viele Jahre in sibirischer Verbannung und im Zuchthaus verbracht hatte und nun das »Interesse der Revolution« als einzige Richtschnur der Moral anerkannte, entwickelte sich die Tscheka zu einem Instrument des roten Terrors. Sie erstrebte die physische Vernichtung aller »Feinde der Arbeiterklasse«. Im Verfahren vor der Tscheka waren alle Rechtsgarantien faktisch aufgehoben. Ihre Opfer, die nach Tausenden zählten, rekrutierten sich nicht nur aus den ehemals herrschenden, sondern bald auch aus andern Schichten der Bevölkerung, namentlich aus Intellektuellen.

Angesichts der äußerst knappen Versorgung und der immerfort steigenden Preise wurde eine Rationierung der Lebensmittel eingeführt, welche die Arbeiter, Sowjetbeamten und Funktionäre privilegierte. Da sich viele Bauern der Ablieferungspflicht widersetzten und ihre Vorräte versteckten, wurden zwecks Erhaltung der Städte Abteilungen der Tscheka und besondere Arbeiterbataillone mit gewaltsamen Requisitionen beauftragt. Auch die Dorfarmut wurde in den Kampf gegen renitente Großbauern hineingezogen.

Die Sowjetregierung anerkannte am 5. (18.) Dezember 1917 die Unabhängigkeit Finnlands und veröffentlichte eine Deklaration der Rechte, die den nationalen Minderheiten zustehen sollten: Gleichberechtigung aller Völker; Selbstbestimmung – einschließlich des Rechtes, sich von Rußland zu trennen und unabhängige Staaten zu gründen; Anspruch auf freie (folkloristische) Entwicklung aller nationalen Minderheiten und ethnischen Gruppen Rußlands. Die Absicht dieser prinzipiellen Erklärung, die die Unterschriften Lenins und Stalins trug, ging dahin, die bisher unterdrückten Minderheiten desto stärker an ihrem Verbleiben im russischen Staatsverband zu interessieren. Schon zu Beginn des Jahres 1918 war es jedoch klar, daß die Sowjets nicht die Lostrennung aller kleinen Nationen dulden würden.

Ein Dekret über die Vereinfachung der russischen Orthographie erleichterte die Bekämpfung des sehr verbreiteten Analphabetismus.

Am 1. (14.) Februar 1918 wurde die Zeitrechnung alten Stiles abgeschafft und, wie in allen europäischen Ländern, der Gregorianische Kalender eingeführt.

Nach mehrmaliger Verschiebung trat am 5. (18.) Januar 1918 die Konstituierende Nationalversammlung endlich zusammen. Die Listen der Kandidaten waren allerdings vor der Machtergreifung Lenins aufgestellt worden, nach einem Gesetz, das noch Kerenskij erlassen hatte. Bei den Wahlen erzielten die Bolschewiki nur neun, andere Parteien dagegen einundzwanzig Millionen Stimmen. Von den siebenhundertfünfzehn Sitzen entfielen vierhundertzwölf auf die Sozialrevolutionäre und nur hundertdreiundachtzig auf die bolschewistische Fraktion. Es entstand nun für die neue Regierung die Gefahr, daß sie von den Volksvertretern desavouiert und abgesetzt werden könnte. Die Gegner des bolschewistischen Regimes agitierten denn auch für die Parole, es sei der kommunistischen Diktatur ein Ende zu bereiten und alle Macht der Konstituierenden Nationalversammlung zu übertragen. Schon am 29. November (12. Dezember) hatte die Sowjetregierung Abgeordnete der bürgerlichen Parteien als »Feinde des Volkes« verhaften lassen, so daß die Plätze der

Rechten vakant blieben. Als die Konstituierende Nationalversammlung sich weigerte, die revolutionären Maßnahmen der Sowjetregierung zu bestätigen, verließen die Bolschewiki demonstrativ den Saal, mit der Begründung, daß die Mehrheit der Abgeordneten die Vergangenheit repräsentiere. Nachträglich beschloß die Versammlung noch die Abschaffung des Privatbesitzes an Grund und Boden, doch kam diese Maßnahme viel zu spät und wirkte nur wie eine Bestätigung dessen, was die bolschewistische Partei längst vorgeschlagen hatte. Am folgenden Tag war der Sitzungssaal geschlossen und der Taurische Palast militärisch bewacht. Ohne die geringsten Schwierigkeiten wurde die Konstituante aufgelöst. Sie besaß nicht die Möglichkeit, auch nur einen kleinen Teil des Volkes zu ihrer Verteidigung aufzurufen. So schwach waren in Rußland die Ansätze der bürgerlichen Demokratie, daß es wenig mehr als einen Federstrich kostete, sie mit Stumpf und Stiel auszurotten.

Um die junge, bei weitem noch nicht konsolidierte Sowjetrepublik vor dem Untergang zu bewahren, mußte die bolschewistische Regierung möglichst rasch einen Frieden mit den Deutschen herbeiführen. Schon am 26. Oktober (8. November) 1917 wurde durch Radio eine Kundgebung an alle Völker gerichtet, die zum Abschluß eines Waffenstillstandes ohne Annexionen und Kontributionen aufforderte. Eine Note desselben Inhaltes richtete Trotzkij als Kommissar des Auswärtigen an die alliierten Gesandten in Petrograd. General Duchonin, der sich weigerte, den Zentralmächten die Einstellung der Feindseligkeiten vorzuschlagen, wurde von Soldaten ermordet. Am 14. (27.) November erklärte die deutsche Regierung, sie sei zu Verhandlungen bereit. Nun fragte Lenin die Alliierten, ob sie sich an den Friedensverhandlungen nicht beteiligen würden, und als keine Antwort erfolgte, ging Rußland allein vor. Die russische Delegation wurde von Joffe geführt, die deutsche von General Hoffmann.

Bereits im Juli 1917 hatte die Provisorische Regierung Kerenskijs der Ukraine im Rahmen des russischen Reiches eine Autonomie zugesichert. Der Historiker Hruschewskij vertrat die These, daß das kulturbegabte ukrainische Volk seinerzeit von barbarischen Moskowitern unterworfen worden sei, weshalb es nun auf Unabhängigkeit Anspruch erheben dürfe. Diese Ideologie des an sich nur schwachen ukrainischen Separatismus erhielt einigen Auftrieb, als sie den wohlhabenden Schichten der Ukraine Aussicht zu bieten schien, dem bolschewistischen Umschwung Rußlands zu entgehen. Zu den Friedensverhandlungen in Brest-Litowsk erschien, an der Seite der deutschen, auch eine ukrainische Delegation. Von Deutschland und Österreich unterstützt, proklamierte die Ukrainische Rada am 9. (22.) Januar 1918 die Souveränität des ukrainischen Staates.

Das Deutsche Reich war darauf bedacht, sich eine erweiterte Ernährungsbasis zu sichern. General Hoffmann lehnte es daher ab, die besetzten russischen Territorien zu räumen. Die russische Delegation wollte aber die Ukraine, Polen, Litauen, Lettland und Teile von Weißrußland nicht abtreten; sie legte gegen die Forderungen des deutschen Imperialismus Protest ein, unterbrach die Verhandlungen für eine Woche und kehrte nach Petrograd zurück. Hier bemühte sich Lenin, seine Kollegen – angesichts der hoffnungslosen militärischen Lage – zur Annahme der von den Deutschen diktierten Friedensbedingungen zu bewegen. Bucharin, Kamenew und Sinowjew sprachen sich für »Fortsetzung des revolutionären Krieges um jeden Preis« aus, da sonst der Kaiser für die Bekämpfung der eben beginnenden deutschen Revolution freie Hand bekommen werde. Trotzkij gelang es jedoch, die Mehrheit des Zentralkomitees (gegen den Willen Lenins und Stalins) für die Formel »Weder Krieg noch Frieden« zu gewinnen. Er reiste nach Brest-Litowsk, versuchte die Verhandlungen durch Propagandareden möglichst in die Länge zu ziehen, lehnte die deutschen Forderungen ab, erklärte den Kriegszustand für beendet und verließ die Konferenz. Seine Voraussetzung, daß die Deutschen eine neue Offensive »nicht wagen« würden, erwies sich als falsch. Ihre Truppen rückten vor, bis sie am 23. Februar 1918 (neuen Stiles) durch die eben in Entstehung begriffene Rote Armee aufgehalten wurden. Schließlich setzte Lenin, nach stürmischen Auseinandersetzungen, seinen Standpunkt durch, und am 3. März unterzeichnete Sokolnikow, der an Stelle Trotzkijs die Führung der russischen Delegation übernommen hatte, den Friedensvertrag von Brest-Litowsk. Die Sozialrevolutionäre wollten sich mit den katastrophalen Konsequenzen dieses Schrittes nicht abfinden und traten aus der Regierung endgültig aus. Rußland verlor ein Viertel seines Territoriums, ein (besonders fruchtbares) Viertel des anbaufähigen Bodens, ein Viertel des Eisenbahnnetzes, ein Drittel der Textilindustrie, drei Viertel der Eisenerz- und Kohlenbergwerke. Trotz dem Frieden okkupierten die Deutschen weitere Gebiete und bemächtigten sich der Erdölquellen des Nordkaukasus.

Während der nun folgenden Monate war die Existenz der Sowjetrepublik aufs äußerste bedroht. In der Ukraine wurde unter deutschem Protektorat die Regierung des Hetmans Skoropadskyj konstituiert. Die deutsche Besatzungsmacht kaufte oder requirierte, ohne Rücksicht auf die Not der Bevölkerung, Lebensmittel und Fabrikausrüstungen zugunsten des Reiches. Da die Deutschen für viele Waren in Papiergeld gute Preise zahlten, entwickelte sich eine Scheinblüte des Handels, der Spekulation und des Schiebertums. Die Gutsbesitzer, die aus Angst vor dem Bolschewismus geflohen waren, kehrten wieder zurück, wurden in ihre früheren Rechte eingesetzt und terrorisierten die Landbevölkerung derart, daß einem großen Teil derselben nichts anderes übrigblieb, als auf einen Sieg der Roten zu hoffen. Aus Arbeitern und Bauern des Dongebietes bildeten sich, unter dem Kommando Woroschilows, bolschewistische Bataillone, deren Mannschaftsbestände rasch zunahmen. Gleichzeitig schuf der ehemalige Kosak Budjonnyj eine bolschewistische Kavalleriedivision.

Am Don sammelten sich viele Angehörige des Adels, des Offizierskorps und des Bürgertums, denen es gelungen war, aus Petrograd und Moskau zu entkommen. Der antibolschewistische Widerstand wurde hier von den Generälen Aleksejew und Kornilow sowie vom Kosakenhetman Kaledin organisiert. Da sie aber bei der Bevölkerung nur geringe Unterstützung fanden, mußten sie sich gegen den Nordkaukasus zurückziehen. Kaledin verübte Selbstmord und wurde durch Krasnow ersetzt. Kornilow fiel in den Kämpfen bei Jekaterinodar. Sein Nachfolger wurde Denikin. Er vertrieb, gemeinsam mit Krasnow, die bolschewistischen Streitkräfte aus dem Don- und Kubangebiet. Woroschilow und Budjonnyj schlugen sich mit ihren Truppen nach Zarizyn an der Wolga durch.

Um die Sowjetregierung von der Lebensmittel- und Erdölversorgung des Kaukasus abzuschneiden, besetzte Krasnow die Eisenbahnlinie Zarizyn–Moskau. Er brachte die Sowjetregierung damit in eine äußerst kritische Lage. Bei der Verteidigung von Zarizyn, das um jeden Preis gehalten werden mußte, spielte Stalin eine bedeutende Rolle. Es gelang ihm, Krasnow zurückzuwerfen und die Verbindung nach Moskau im Juli 1918 wiederherzustellen. Ein zweites Zentrum des Widerstandes gegen die Sowjetregierung entstand in Sibirien. Die tschechoslowakischen Legionen, die sich aus österreichischen Kriegsgefangenen und Überläufern gebildet hatten und nach Wladiwostok unterwegs waren, um als Mitkämpfer der Alliierten an die deutsche Westfront gebracht zu werden, setzten sich zur Wehr, als Kriegskommissar Trotzkij im Frühjahr 1918 ihre sofortige Entwaffnung verlangte. Sie machten kehrt und begannen gegen die Sowjetregierung, die ihren Sitz schon von Petrograd nach Moskau verlegt hatte, Krieg zu führen. Sie bemächtigten sich der sibirischen Eisenbahn und überstiegen, von Osten nach Westen vordringend, den Ural. Ihre erfolgreichen Operationen lösten zwischen Ural und Wolga eine antibolschewistische Bewegung aus, die teils von sozialrevolutionären, teils von konservativen Schichten getragen wurde und in Samara, später in Ufa ihren Mittelpunkt hatte. Alle Dekrete der bolschewistischen Regierung wurden in Sibirien annulliert, die »Roten« verfolgt und zum Teil ausgerottet. Die Leitung des gegen das rote Moskau gerichteten Feldzuges übernahm der ehemalige Befehlshaber der Schwarzmeerflotte, Admiral Koltschak. Die meisten seiner Anhänger waren Monarchisten. Um ihrer Agitation den Boden zu entziehen, ließen die Bolschewiki beim Herannahen der Tschechen den gefangenen Zaren und seine Familie am 16. Juli 1918 in Jekaterinburg ermorden.

Im März/April 1918 landeten englische Truppen in Murmansk und Wladiwostok, später auch in Archangelsk. Ihnen schlossen sich japanische, amerikanische und italienische Kontingente an. Die Gefahr, die der Sowjetregierung von dieser Seite her drohte, wurde von ihr überschätzt. Später stellte sich heraus, daß die Zahl der Japaner rund siebzigtausend, die der Engländer nicht mehr als fünfzehntausend und die der Amerikaner etwa fünftausend betrug. Mit Sehnsucht erwartete Koltschak stärkere Unterstützung durch die Alliierten, die ihm zu seiner Enttäuschung jedoch nicht zuteil wurde.

Um den Frieden von Brest-Litowsk zu sabotieren und die Bolschewiki aufs neue in einen Konflikt mit den Deutschen zu verwickeln, ließen sich die Sozialrevolutionäre zu einer Reihe von Attentaten hinreißen, welche die Nervosität der Sowjetregierung erheblich steigerten. Am 6. Juli 1918 wurde der deutsche Botschafter in Moskau, Graf Mirbach, ermordet. Gleichzeitig brachen in Moskau und dreiundzwanzig weiteren Städten, unter Führung des Terroristen Sawinkow, Aufstände der Sozialrevolutionäre aus, die jedoch rasch unterdrückt werden konnten. Am 30. Juli fiel Generaloberst Eichhorn, Oberbefehlshaber in der Ukraine, einem Anschlag zum Opfer. Nach längeren Verhandlungen sah sich Rußland gezwungen, dem Deutschen Reich große Erdöllieferungen zu gewähren und sechs Milliarden Goldmark zu bezahlen, damit die Deutschen auf Unterstützung der russischen Monarchisten verzichteten. Am 30. August wurden Urizkij, Chef der Tscheka in Petrograd, sowie Wolodarskij durch Anschläge beseitigt, und am selben Tag gab die Sozialrevolutionärin Dora Kaplan Schüsse auf Lenin ab, die ihn nicht ungefährlich verwundeten. Die bolschewistischen Machthaber antworteten mit der »Organisation des offenen und systematischen Massenterrors gegen die Bourgeoisie und ihre Agenten«. Da England und Frankreich (im Zusammenhang mit der militärischen Intervention) an der Vorbereitung

DIE RUSSISCHE REVOLUTION 169

des sozialrevolutionären Umsturzversuches nicht unbeteiligt gewesen waren, wurde das britische Gesandtschaftsgebäude in Petrograd unter Gewaltanwendung besetzt, wobei ein Marineattaché das Leben verlor. Es folgte der Abbruch der diplomatischen Beziehungen zu allen westlichen Mächten. Die Lage des Sowjetstaates verschärfte sich zusehends. Im Osten operierten die tschechoslowakischen Legionen und die weißgardistischen Truppen des Admirals Koltschak. Vom Süden her rückte Krasnow abermals gegen Zarizyn vor. Die Ukraine befand sich in deutschem Besitz. In Archangelsk hatten die Engländer Fuß gefaßt. Es drohte ein konzentrischer Angriff all dieser Feinde.

In dieser Situation bewährte sich (wenn man es im heutigen Sowjetrußland auch nicht mehr wahrhaben will) das militärisch-politische Organisationstalent Trotzkijs, der Anfang April das Volkskommissariat für Landesverteidigung übernommen hatte. Da ein ausreichendes proletarisches Offizierskorps noch nicht vorhanden war, ließ er Tausende von zaristischen Offizieren in die Rote Armee eintreten, um ihr eine fachmännische Führung zu sichern. Sodann schaffte er, um die Disziplin zu verbessern, die Soldatenräte ab und setzte politisch geschulte bolschewistische »Kommissare« ein, denen es oblag, die revolutionäre Mentalität der Truppe aufrechtzuerhalten. Es kam zwar vor, daß zaristische Offiziere zu den Weißen überliefen; im großen und ganzen erwiesen sich die Maßnahmen Trotzkijs jedoch als zweckmäßig, und Lenin hat sie, nach einigem Zögern, gebilligt. Die russischen Soldaten, die Bauernsöhne vor allem, kämpften mutig und ausdauernd, weil sie die Wiederherstellung des Großgrundbesitzes und die Rache des Klassenfeindes fürchteten.

Nach der Reorganisation der Roten Armee begab sich Trotzkij an die Wolgafront, in einem Panzerzug, der bald legendäre Berühmtheit erlangte. Die bolschewistischen Streitkräfte entrissen den Weißen Kasan, Simbirsk und Samara.

Im Oktober 1918 wurde, dank umfassenden Verteidigungsdispositionen Stalins und dank dem Elan der von Budjonnyj kommandierten Kavalleriedivision, auch Zarizyn endgültig von der Belagerung der Weißgardisten befreit. (Später wurde Zarizyn in Stalingrad umbenannt.)

Im November verbesserte sich die Lage Sowjetrußlands auch insofern, als das deutsche Kaiserreich endlich zusammenbrach. Die besetzten Gebiete, namentlich die baltischen Randstaaten, wurden unter dem Druck der Roten Armee von den Deutschen geräumt. Die bewaffnete Macht des Bolschewismus erreichte die Grenze Ostpreußens. In nord- und mitteldeutschen Städten, in Bayern und im Ruhrgebiet brachen kommunistische Aufstände aus. Karl Liebknecht und Rosa Luxemburg unterstützten mit ihrer Propaganda den Spartakusbund, der am 30. November 1918 in die Kommunistische Partei Deutschlands umgewandelt wurde und sich die Errichtung eines Sowjetregimes in ganz Deutschland zum Ziel setzte. Auch Karl Radek, ein aus Lemberg stammender bolschewistischer Agitator, der gemeinsam mit Lenin aus der Schweiz nach Rußland zurückgekehrt war, forderte die deutschen Arbeiter auf, mit Gewalt den Kapitalismus zu stürzen und auf die bürgerliche Revolution die Diktatur des Proletariats unmittelbar folgen zu lassen.

Am 13. November annullierte Moskau den Friedensvertrag von Brest-Litowsk. Mit dem Umsturz in Deutschland schien die internationale kommunistische Revolution zu beginnen.

Es ereigneten sich indessen unerwartete Rückschläge. Die kommunistische Bewegung in Deutschland war zum Scheitern verurteilt. Im Baltikum organisierten sich antibolschewistische Freiwilligenverbände, denen General von der Goltz mit einer Division zu Hilfe eilte. Eine Ausbreitung des bolschewistischen Einflusses in Europa war den Westmächten natürlich unerwünscht. Da ihre Truppen nun nicht mehr gegen die Deutschen zu kämpfen brauchten, waren die alliierten Regierungen in der Lage, ihre Interventionen in Rußland zu verstärken. England beschloß, General Denikin mit Waffensendungen zu unterstützen. Englische Streitkräfte bemächtigten sich der Stadt Baku, französische gingen in Odessa an Land. Beim Rückzug der Deutschen aus der Ukraine war Hetman Skoropadskij gestürzt und zur Flucht genötigt worden. Der Pseudosozialist Petljura ergriff die Macht und begann, mit Hilfe französischen Kriegsmaterials, französischer, griechischer und polnischer Divisionen gegen die Rote Armee zu kämpfen. Da die fremden Soldaten jedoch für diese Aufgabe keine Begeisterung fühlten, weigerten sie sich bald, den Feldzug fortzusetzen, und verlangten, nach Hause zurückzukehren. Bolschewistische Flugblätter trugen nicht wenig dazu bei, ihre Moral zu untergraben. Es kam sogar zu Meutereien in der französischen Flotte. Im April 1919 sahen sich die Franzosen gezwungen, die Ukraine und die Krim zu verlassen.

Die Engländer, denen Winston Churchill Verstärkungen zukommen ließ, beherrschten Murmansk und Archangelsk. Der weißgardistische russische General Miller stand an der Spitze einer Militärdiktatur, die viele Anhänger der Sowjetregierung nach entfernten Inseln deportierte. Von Norden her stießen die Briten Richtung Wjatka vor. Sie hofften, sich dort mit den Streitkräften Admiral Koltschaks und mit den tschechoslowakischen Legionen zu vereinigen. Das Vorhaben wurde jedoch durch die Rote Armee vereitelt.

Im Frühjahr 1919 verfügte Koltschak in Sibirien über rund dreihunderttausend Mann. Seiner Armee folgten englische, französische, amerikanische und japanische Einheiten. Mit seinen Operationen wurden diejenigen der tschechoslowakischen Legionen koordiniert. Für die Sowjetregierung bedeutete seine Offensive eine große Gefahr. Eine wichtige Schwäche Koltschaks lag aber darin, daß er ausschließlich die Interessen der Großgrundbesitzer und der Großbauern vertrat, während seine bolschewistischen Gegner die Nöte des Dorfproletariats und sogar der Mittelbauern auszunutzen verstanden. Auf Veranlassung Stalins wurden die Reihen der Roten Armee an der gegen Koltschak kämpfenden Ostfront in vermehrtem Maße mit Soldaten proletarischer Herkunft durchsetzt. Der Oberbefehl über diese Truppen wurde Frunse und Kujbyschew anvertraut; als Kommandant einer erfolgreichen Division zeichnete sich auch Tschapajew, der Sohn eines armen Bauern, aus. Koltschak wurde geschlagen und zog sich zunächst nach Ufa, dann hinter den Ural zurück. Die Rote Armee folgte ihm und eroberte im November 1919 die Stadt Omsk, den Sitz der weißen Regierung.

Mittlerweile, im Sommer 1919, war die bolschewistische Herrschaft im Baltikum zusammengebrochen. Russische Weißgardisten sammelten sich in Estland und eröffneten unter General Judenitsch eine Offensive in Richtung auf Petrograd. Die Artillerie von Kronstadt brachte ihnen aber schwere Verluste bei. In der Hoffnung, durch englische Kriegsschiffe unterstützt zu werden, setzte Judenitsch im Oktober zu neuen Angriffen an. Er erreichte Zarskoje Sjelo und Gatschina, doch wagte die britische Marine keine ernsthafte

Operation zu seinen Gunsten. Inzwischen mobilisierte Trotzkij starke Abwehrkräfte, und Judenitsch wurde endgültig nach Estland zurückgedrängt, wo seine Verbände sich auflösten.

Seit Anfang Juli 1919 machte der Sowjetregierung wieder Denikin zu schaffen. Er rückte vom Dongebiet her bis Orel vor und schickte sich an, über Tula nach Moskau zu marschieren. In allen Teilen Rußlands, die er unterwarf, setzte er, unter blutigem Terror, die Gutsherren wieder in ihre Eigentumsrechte ein. Begreiflicherweise flackerten Bauernaufstände auf, vor allem in der Ukraine. Als die Rote Armee die Gegenoffensive ergriff, fluteten die Truppen Denikins, denen vor allem das Kavalleriekorps Budjonnyjs zusetzte, unaufhaltsam zurück. Kiew und Charkow gerieten in bolschewistische Hand. Roter Terror löste den weißen Terror ab; sadistische Ausschreitungen kamen auf beiden Seiten massenhaft vor. Am 8. Januar 1920 mußte Denikin Rostow preisgeben, am 27. März auch Noworossijsk, seinen letzten Stützpunkt am Schwarzen Meer. Auf Schiffen flüchtete der Rest seiner Armee nach der Krim, wo an Stelle Denikins der baltische General Baron von Wrangel das Kommando übernahm. Er verschanzte sich im Norden und Nordosten der Halbinsel.

Im Sommer 1920 ließ Wrangel ein Agrargesetz ausarbeiten, das den Bauern Landanweisungen in Aussicht stellte. Doch vermochte dieser Entwurf, der der Verzweiflung entsprang und viel zu spät kam, die Sympathien der bäuerlichen Bevölkerung dem Bolschewismus nicht mehr abspenstig zu machen. Ein Versuch des »grünen« Bandenführers Machno, die Unabhängigkeit der Ukraine sowohl gegenüber den Weißen als auch gegenüber den Roten zu behaupten, erwies sich als wirkungslos. Die Unterstützung Englands wurde Wrangel entzogen, weil man in London die Hoffnung schon aufgegeben hatte, dem Sowjetregime mit Waffengewalt beizukommen.

Eine unerwartete Chance bot sich Wrangel dar, als Polens Armee im April 1920 ohne Kriegserklärung in die Ukraine eindrang. Da Polen die damalige Ostgrenze (die vom Obersten Rat der Alliierten festgesetzte Curzon-Linie) nicht anerkannte, hatte es Wilna, einen Teil Weißrußlands, Wolhynien sowie Podolien besetzt und strebte nun die Errichtung eines Groß-Polen an, welches (wie im 17. Jahrhundert) von der Ostsee bis zum Schwarzen Meer sich erstrecken sollte. Am 7. Mai 1920 wurde Kiew von Pilsudski erobert. Während die Rote Armee der polnischen Invasion entgegentrat, versuchte Wrangel, ins Dongebiet vorzustoßen. Mitte August erkannte ihn Frankreich als Machthaber Südrußlands an und belieferte ihn mit Waffen.

Der polnische Überfall erregte in der Ukraine und in Sowjetrußland eine solche Welle des Patriotismus, daß sogar Brussilow, der letzte Oberbefehlshaber Nikolaus' II., alle zaristischen Offiziere beschwor, sich der Roten Armee, ungeachtet aller politischen Gegensätze, zur Verfügung zu stellen.

Für Lenin handelte es sich nicht nur darum, Rußland vor dem Verlust der ukrainischen Getreidefelder und der Kohle des Donezbeckens zu bewahren. Er begnügte sich nicht damit, daß Budjonnyj die polnischen Streitkräfte am 12. Juni zur Räumung von Kiew zwang und Tuchatschewskij am 11. Juli Minsk zurückeroberte. Lenin hoffte vielmehr, durch eine rasch vorgetragene Offensive in Polen einen kommunistischen Umsturz hervorzurufen, der möglicherweise sich auch nach Deutschland fortpflanzen würde.

Dieser Plan, eine »Weltrevolution« einzuleiten, mißlang. Tuchatschewskij erreichte zwar die östlichen Vororte Warschaus; hier wurde er jedoch, während Budjonnyj in Galizien operierte, von den Polen mit Hilfe französischen Kriegsmaterials und unter Führung des herbeigeeilten französischen Generals Weygand am 19. August in die Flucht geschlagen. Man sprach von einem »Wunder an der Weichsel«. Angesichts der Erschöpfung ihres Landes schloß die polnische Regierung am 12. Oktober einen Waffenstillstand ab, dem am 18. März 1921 der Friede von Riga folgte. Als Grenze wurde im wesentlichen wieder die Curzon-Linie anerkannt; westliche Teile Weißrußlands und der Ukraine blieben in polnischem Besitz.

Die Einstellung der russisch-polnischen Feindseligkeiten ermöglichte es der Roten Armee, nunmehr gegen Wrangel zu einem vernichtenden Schlag auszuholen. Unter äußerst schwierigen Bedingungen erstürmte sie, von Frunse befehligt, Wrangels Befestigungen an der Landenge Perekop, und am 16. November 1920 zog sie in Kertsch ein. Überreste von Wrangels Armee schifften sich nach Konstantinopel ein und nahmen das Schicksal der Emigration auf sich.

Einen viel schlimmeren Leidensweg hatte die besiegte Armee des Admirals Koltschak durchzumachen. Der sibirischen Eisenbahnlinie entlang schlug sie sich – von der Roten Armee und von Partisanen verfolgt, durch Hunger, Kälte und Epidemien dezimiert – nach Irkutsk durch, wo ein Volksaufstand sie überraschte. Koltschak wurde einem Standgericht ausgeliefert und am 7. Februar 1920 durch Erschießen hingerichtet. Sowjettruppen besetzten Irkutsk. Die flüchtenden Reste der Koltschak-Armee wurden von der östlich des Baikal-Sees 1920 gegründeten Fernöstlichen Republik aufgenommen, auf deren Territorium sich auch andere weiße militärische Kräfte sammelten. Diese Republik wurde von Moskau zunächst als Pufferstaat gegen die Japaner ausgenutzt, im Oktober 1922 jedoch dem Sowjetgebiet einverleibt. Einen Monat später gelang es der Roten Armee, die Japaner aus Wladiwostok zu vertreiben. Damit war ganz Sibirien von Feinden gesäubert.

Im Laufe des Jahres 1920 siegte die Rote Armee über die von den Engländern unterstützten Weißgardisten in Turkmenien und Buchara. Auch in Georgien, wo eine menschewistische Regierung mit englischer Hilfe Fuß gefaßt hatte, gewann das Sowjetregime, von Volksaufständen begünstigt, unter Führung von Ordschonikidse die Oberhand. In Armenien und Aserbaidschan vermochten sich die Weißen ebensowenig zu halten.

Schon im November 1920 feierte das rote Moskau seinen Sieg über alle weißgardistischen Generäle. Trotzkij und Stalin erhielten den Orden der Roten Fahne. Errichtung und Konsolidierung der bolschewistischen Diktatur waren gelungen.

Der Mißerfolg ihrer Gegner läßt sich unschwer verstehen. In der Ideologie einer überlebten Vergangenheit befangen, waren sie unfähig, die treibenden Kräfte der Revolution, die dringendsten Bedürfnisse und die sozialen Hoffnungen des Volkes auch nur zu erkennen. Sie propagierten die Restauration des Zarismus und jener Gesellschaftsordnung, die in ihm ihren Ausdruck gefunden hatte. Sie begriffen nicht, daß es längst an der Zeit war, auch die letzten Reste feudaler Institutionen zu liquidieren. Sie setzten sich stur für die Wiederherstellung des Großgrundbesitzes ein und wurden deshalb, nach Hegels Ausdruck, »auf den Kehrichthaufen der Weltgeschichte« geworfen.

Lebensmittelablieferung
Auffahrt der Bauern vor dem Regierungsgebäude in Kuma / Nordkaukasus

Proletarische Jugend bei der Maifeier in Moskau, 1924

»Kriegskommunismus« und »Neue Ökonomische Politik«

Schon der erste Weltkrieg hatte die russische Volkswirtschaft aufs schwerste geschädigt. Durch den anschließenden Bürgerkrieg und durch den Kampf gegen ausländische Interventionen ist ihre Produktivität noch viel tiefer gesunken. Die Landwirtschaft vermochte bloß einen Bruchteil des normalen Nahrungsmittelbedarfs der Bevölkerung zu decken. Viele Bauern zogen es vor, nur noch für den Selbstverbrauch anzupflanzen, nachdem ihre Saat durch militärische Aktionen, bald der Weißen, bald der Roten, allzuoft auf dem Acker vernichtet worden war. Die Anbauflächen wurden auch deshalb verringert, weil Ernteüberschüsse vor staatlichen Requisitionen nicht sicher waren. Im Sommer 1920 wurde die Ernährungslage durch eine Mißernte noch besonders verschärft, so daß in gewissen Gegenden Sowjetrußlands furchtbare Hungersnot ausbrach. Die feindliche Blockade machte die Zufuhr nicht nur von Lebensmitteln, sondern auch von Rohstoffen und Heizmaterial unmöglich. Die industrielle Produktion des Jahres 1919 erreichte kaum ein Viertel derjenigen des letzten Friedensjahres. In den Fabriken herrschte Mangel an Personal: viele Arbeiter waren mobilisiert, und andere flüchteten aufs Land, wo sie eher Nahrung zu finden hofften.

Unter diesen Umständen kostete es gewaltige Anstrengungen, die Rote Armee zu verpflegen, sie mit Waffen und Munition, mit Schuhwerk und Uniformen zu versehen. Vor den Bedürfnissen des Militärs trat die Versorgung der Zivilbevölkerung in den Hintergrund. Die Sowjetregierung bemühte sich unablässig, den »Schwarzhandel« mit Lebensmitteln zu unterdrücken, die Bauern (gegen Zahlung sehr knapp bemessener Preise) zur Ablieferung ihrer gesamten Ernteüberschüsse an den Staat zu nötigen und gleichzeitig eine rigorose Rationierung durchzuführen. (Die Ration, auf die der Einzelne Anspruch hatte, hieß »pajòk«.) Die Angehörigen der »nicht werktätigen Bourgeoisie« bekamen viermal kleinere Rationen als die Arbeiter, nach dem Grundsatz: »Wer nicht arbeitet, soll nicht essen.« In der Folge wurde für alle Klassen der Gesellschaft die Arbeitspflicht dekretiert. An die Spitze der Gewerkschaften (wie auch anderer Organisationen) traten, statt gewählter Funktionäre, mit außerordentlichen Vollmachten ausgestattete »Kommissare«, deren Anordnungen mit eiserner Disziplin durchgeführt werden mußten. In der Nähe der Fronten, namentlich in den von den weißgardistischen Truppen geräumten Gebieten, übten »revolutionäre Komitees« ihre diktatorische Herrschaft aus. Hunger und Kälte, Epidemien und erbitterter Klassenkampf rafften ungezählte Tausende dahin.

Das ganze System von Maßnahmen, das teils durch die Situation des Bürgerkrieges bedingt war, teils aber auch schon die Nivellierung aller Unterschiede des Lebensstandards und die Errichtung einer »klassenlosen Gesellschaftsordnung« erstrebte, wurde »Kriegskommunismus« genannt. Es vollzog sich ein radikaler Umbruch, eine »Bolschewisierung« aller sozialen Verhältnisse. In den Städten fand, nach Enteignung der Hausbesitzer, eine Umsiedlung des Proletariats in die Wohnungen der Bourgeoisie statt. Der proletarischen Jugend wurde durch Gewährung von Stipendien der prüfungsfreie Zutritt zum Mittel- und Hochschulstudium geöffnet; das Sowjetregime rief zahlreiche »Arbeiterfakultäten« ins Leben. Die ärztliche Hilfe wurde verstaatlicht. Von 1920 an war der Privathandel verboten.

Die Bevölkerung wurde zu obligatorischen Dienstleistungen (beim Transport von Heizmaterial) befohlen und an Samstagen zu »freiwilliger Aufbauarbeit« aufgerufen. Es wurde mit dem Bau einiger Elektrizitätswerke (etwa am Wolchow) begonnen; in weiteren großzügigen Projekten zeichneten sich bereits die Umrisse einer künftigen Planwirtschaft ab. In der Landwirtschaft entstanden rund neunhundert staatliche und fast sechstausend genossenschaftliche Gutsbetriebe (Sowchosen und Kolchosen). Die überwältigende Mehrheit der Bauern wurde von den kollektiven Eigentumsformen jedoch nicht erfaßt. Alle Sozialisierungsexperimente erfolgten unkoordiniert und überstürzt. Es fehlte an Spezialisten, die sie sachgemäß hätten leiten können; es fehlte an geschulten Arbeitskräften, an den primitivsten Einrichtungsgegenständen und an Rohmaterial. Die wachsende Bürokratie erwies sich als unfähig, ihre neuartigen Aufgaben zu bewältigen. Angesichts der verzweifelten Lage der Volkswirtschaft sah sich der Staat gezwungen, auf die Arbeiter einen immer stärkeren Druck auszuüben. Er beraubte sie in vielen Fällen sogar des Rechtes, den Arbeitsplatz nach freiem Belieben zu wechseln. Er baute die Selbstverwaltungskompetenzen der Betriebsräte ab und übertrug die verantwortliche Leitung industrieller Unternehmungen einzelnen, von oben ernannten staatlichen Direktoren.

Nachdem sie jahrelang unermeßliche Leiden und Entbehrungen hatten ertragen müssen, wurden viele Arbeiter von einem Gefühl tiefer Enttäuschung erfaßt. Ihre Hoffnungen waren durch die Revolution nicht erfüllt worden. Die Verstaatlichung der Produktionsmittel hatte wohl die Ausbeutung durch das private Unternehmertum beseitigt, dafür aber den Staat mit um so größeren Machtmitteln gegenüber dem Individuum ausgestattet. Der Staat zwang auch den Gewerkschaften seinen Willen auf. Im Februar 1921 kam es zu Streiks und Demonstrationen, vorwiegend in den Industrievierteln von Petrograd, wo die Rote Armee, auf Sinowjews Befehl, das Standrecht ausrufen mußte. Oppositionelle Parteien – Sozialrevolutionäre und Menschewiki – benutzten die Unzufriedenheit als geeigneten Nährboden für sowjetfeindliche Propaganda. Anfang März 1921 brach in Kronstadt ein Aufstand aus. Unter den zehntausend Matrosen der Garnison befanden sich zahlreiche Bauernsöhne. Die Parolen der Insurgenten richteten sich gegen die Grausamkeit der bolschewistischen Diktatur; sie verlangten freie Wahlen, Versammlungs- und Agitationsfreiheit, Rede- und Pressefreiheit, Gleichheit des »pajòk« für alle Schichten der Bevölkerung, Handels- und Gewerbefreiheit. Ein Versuch Kalinins, die Aufständischen zu beschwichtigen, schlug fehl. Auch ein Tagesbefehl Trotzkijs, sich zu ergeben, hatte keinen Erfolg. Am 7. März setzte Tuchatschewskij schwere Artillerie gegen Kronstadt ein. Dann begann die Rote Armee ihren Sturmangriff über das Eis. Am Morgen des 18. März brach der Aufstand der Matrosen zusammen, mit ihm die letzte Hoffnung, in Rußland die bolschewistische Diktatur abzuschaffen. Wer von den Rebellen noch am Leben war, wurde erschossen oder deportiert. Auf dem Festland war den Kämpfern von Kronstadt nur die bedeutungslose Unterstützung einiger in Oranienbaum stationierter Regimenter zuteil geworden.

Mittlerweile machte der katastrophale Zerfall der russischen Volkswirtschaft weitere Fortschritte. Die Gußeisenproduktion sank auf drei Prozent dessen, was 1913 erzeugt worden war. Auf dem Eisenbahnnetz zirkulierte nur noch ein Drittel der Lokomotiven und des Rollmaterials. In den Städten gab es weder Gas noch Elektrizität, weder Kohle noch

Brennholz; Straßenbeleuchtung und Heizung mußten eingestellt werden. Die Getreideablieferungen der Bauern gerieten ins Stocken. Etwa zwanzig Millionen Hektar Ackerland waren nicht mehr angebaut worden. Die Werktätigen der Industriebetriebe erhielten eine tägliche Brotration von knapp hundert Gramm; bei Mehrverbrauch hatten sie die hohen Preise des Schwarzhandels zu zahlen. Erschreckend nahm, infolge der allgemeinen Unterernährung, die Sterblichkeit der Bevölkerung zu.

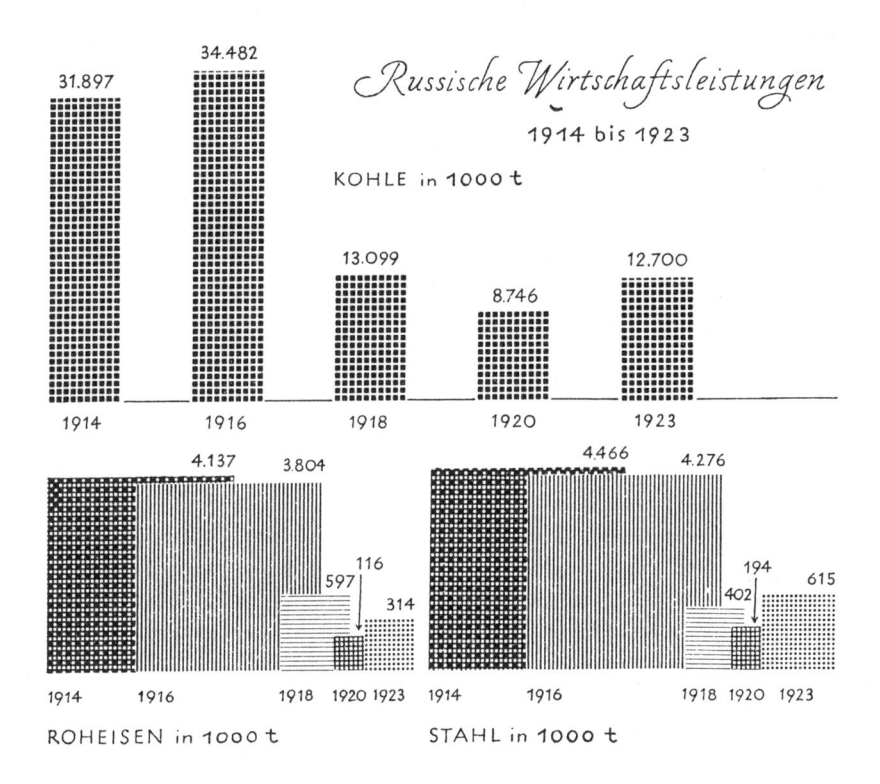

Russische Wirtschaftsleistungen 1914 bis 1923

KOHLE in 1000 t

31.897   34.482   13.099   8.746   12.700
1914   1916   1918   1920   1923

ROHEISEN in 1000 t

4.137   3.804   597   116   314
1914   1916   1918   1920 1923

STAHL in 1000 t

4.466   4.276   194   402   615
1914   1916   1918   1920 1923

Solange Sowjetrußland gegen Weißgardisten und ausländische Interventionsarmeen hatte verteidigt werden müssen, und solange Aussicht zu bestehen schien, von Rußland aus eine kommunistische Weltrevolution zu entfesseln, glaubte Lenin, seinen Anhängern ein großes Maß von Entbehrungen zumuten zu können. Seit jedoch der Bürgerkrieg zu Ende gegangen, zugleich aber auch die Unmöglichkeit zutage getreten war, Europa, das sich durch einen »cordon sanitaire« vom Herd des sozialen Umsturzes isoliert hatte, in Flammen zu setzen, ließen sich die Opfer, welche dem russischen Proletariat auferlegt wurden, selbst vom bolschewistischen Standpunkt aus nicht mehr rechtfertigen. Es galt, das Land vor dem drohenden Chaos zu retten und seiner Bevölkerung nach den erschöpfenden Anstrengungen des »Kriegskommunismus« eine Atempause zu verschaffen.

Schon Ende 1920 hatten innerhalb der Partei heftige Auseinandersetzungen über den hierfür einzuschlagenden Weg begonnen. Trotzkij, der die Hauptursache aller ökonomischen Schwierigkeiten des Regimes in der Vorherrschaft der Sowjetbürokratie erblickte, empfahl, die Gewerkschaften, welche damals sechs Millionen Mitglieder zählten, in Organe des Staates umzuwandeln und mit der Verwaltung der industriellen Betriebe zu beauftragen. Den privat wirtschaftenden Bauern im Sektor der Landwirtschaft irgendwelche Konzessionen zu machen, hielt Trotzkij für gefährlich, da sich daraus ein Erstarken kapitalistischer Elemente ergeben müsse. Der ehemalige Volkskommissar für Arbeit, Schljapnikow, und Frau Kollontaj waren der Ansicht, daß die Gewerkschaften vom Staat unabhängig bleiben und die Verwaltung der Industrie im Rahmen einer »Arbeiterdemokratie« an die Hand nehmen sollten. Beide beabsichtigten, einen Abbau der Diktatur des Parteiapparates herbeizuführen.

Lenin erhob demgegenüber den Einwand, daß Sowjetrußland kein reiner Arbeiter-, sondern ein Arbeiter- und Bauernstaat sei. Wenn man die Großgrundbesitzer und Kapitalisten auch verjagt und expropriiert habe, so dürfe man mit den kleinen Produzenten nicht ebenso verfahren. Es sei zur Zeit dringend nötig, den Bauern einen Anreiz zu vermehrtem Anbau und zu besserer Belieferung der Städte zu bieten, da ohne Lebensmittel auch die sozialisierte Industrie nicht gesunden könne. Erst wenn die Industrie sich erholt und eine hohe Leistungsfähigkeit erreicht habe, werde sie imstande sein, die Landwirtschaft mit Maschinen auszurüsten, und dann erst werde der Bauer zu kollektiven, zu sozialistischen Produktionsverhältnissen sich erziehen lassen. Man müsse imstande sein, auf gewisse Punkte des Revolutionsprogramms vorübergehend zu verzichten, um nachher um so Ziel desto sicherer zu erreichen.

Lenin gelang es, die Partei für seine Auffassung zu gewinnen. Für die Zukunft wurden alle Gruppen- und Fraktionsbildungen untersagt. Mitte März 1921 genehmigte der X. Parteitag der KP Sowjetrußlands auf Lenins Antrag die Grundzüge einer neuen Wirtschaftspolitik, die unter der Bezeichnung »NEP« (Nòwaja Ekonomìtscheskaja Polìtika) in die Geschichte eingegangen ist.

Wesentlich erleichtert wurde vor allem die Lage der bäuerlichen Betriebe. Der Staat reduzierte ihre Steuerbelastung um vierzig Prozent. Nach Entrichtung der vorgeschriebenen Naturalsteuer brauchten die Bauern keine Requisitionen mehr zu befürchten. Es stand ihnen fortan das Recht zu, Getreide und Kartoffeln sowie sonstige Ernteüberschüsse auf dem Markt zu freien Preisen zu verkaufen. Dank dieser Maßnahme sollte die landwirtschaftliche Produktion angespornt und in den Städten die Gefahr einer weiteren Verschärfung des Ernährungsproblems beseitigt werden.

Nicht nur in bezug auf Lebensmittel, sondern auch hinsichtlich anderer Güter wurde der Handel freigegeben. Handwerker und Kaufleute durften wieder ihre Waren feilbieten. Angehörige der einstigen Bourgeoisie oder gar solche des Adels konnten auf offener Straße versilbern, was sie an Habseligkeiten aus besseren Zeiten gerettet hatten. Ärzte und Advokaten nahmen ihre Berufstätigkeit auf privatwirtschaftlicher Grundlage wieder auf. Stillgelegte, schadhaft gewordene Fabrikbetriebe der Leichtindustrie wurden an manchen Orten den früheren Besitzern zurückgegeben mit der Auflage freilich, die Unternehmungen baldmöglichst zu renovieren und in Gang zu bringen. Im Rahmen der NEP gab der Staat auch einen Teil der Häuser den ehemaligen Eigentümern zurück, wobei er sie verpflichtete, alle seit der Revolution eingetretenen Schäden auf private Kosten reparieren zu lassen. Ausländische Kapitalisten wurden, unter Erteilung verlockender Konzessionen, mit dem Bau industrieller Werke beauftragt. Man stellte ihnen für zehn oder fünfzehn Jahre eine beträchtliche Rendite in Aussicht. Sie hatten modernste Produktionsmittel zu importieren, die aber nach Ablauf der Konzessionsfrist in das Eigentum der Sowjetregierung übergehen sollten. Im April 1923 lagen etwa vierhundert ausländische Konzessionsbewerbungen vor, darunter sechsundfünfzig amerikanische, fünfundfünfzig englische und fünfzig französische. Die erste russische Traktorenfabrik ist auf Grund einer solchen Konzession in der Nähe der Stadt Charkow von Henry Ford errichtet worden.

So bewirkte die NEP in der russischen Volkswirtschaft die Bildung einer privatwirtschaftlichen Sphäre.

Alle bedeutenden Wirtschaftszweige, namentlich die Bergwerke und Hochöfen, die Maschinenfabriken und sonstige Betriebe der Schwerindustrie, blieben jedoch nach wie vor im Besitz und in der Verwaltung des Staates. Auch am Außenhandelsmonopol der Regierung wurde strikt festgehalten. Zahlreiche Trusts wurden in öffentlicher Regie weitergeführt.

Allein auch der nicht reprivatisierte Sektor der Wirtschaft erfuhr doch unter dem Einfluß der NEP eine tiefgreifende Umgestaltung. Die Staatsbetriebe bemühten sich, nach kaufmännischen Prinzipien zu verfahren und größtmögliche Profite zu erzielen. Diese Profite sollten für die Reparatur und Modernisierung bereits vorhandener sowie für die Anlage neuer Betriebe verwendet werden. Die Staatsbetriebe begannen, technische und kommerzielle Rationalisierungsmethoden anzuwenden, welche äußerlich analogen Maßnahmen kapitalistischer Unternehmungen durchaus ähnlich sahen. Man strebte nach exakter Kalkulation, nach Senkung der Produktionskosten, nach Verschärfung der Arbeitsdisziplin, nach Heranziehung qualifizierter Spezialisten (mochten sie auch der ehemaligen »Bourgeoisie« angehören), und man differenzierte die Löhne der Werktätigen je nach ihrer Leistung und Verantwortung im Betrieb. Das nivellierende Versorgungssystem des »Kriegskommunismus« verschwand. Der einheitliche »pajòk« wurde abgeschafft. Wer mehr verdiente, konnte auch mehr konsumieren, so daß fortan wieder ein individueller Anreiz zur Vermehrung der Produktion bestand. Im Großen Theater von Moskau konnte beobachtet werden, daß ein Teil des Publikums, statt in proletarischer Kleidung, wieder in eleganter Abendtoilette erschien.

Es zeigte sich nach und nach, daß dank der NEP eine Belebung der Industrie und des Handels gelungen war. In der Landwirtschaft konnte sich eine Besserung der Lage 1921 naturgemäß noch nicht bemerkbar machen. Die im Wolgagebiet, im südlichen Ural und sogar in einigen Gegenden der Ukraine grassierende Hungersnot raffte annähernd fünf Millionen Menschen dahin, obwohl internationale Hilfsaktionen sie zu lindern suchten. (Die Quäker sammelten Lebensmittelspenden in Amerika, Fridtjof Nansen in Westeuropa.) Aber von 1922 an ging es auch mit der Landwirtschaft aufwärts. Warenaustausch und Verkehr normalisierten sich. Die Belieferung der Bevölkerung mit Nahrungsmitteln, mit Kleidern, Schuhen, Seife, Papier und Heizmaterial verbesserte sich zusehends. Die Geldwährung wurde stabilisiert. Mit auswärtigen Staaten (Polen, England, Türkei) kamen Handelsverträge zustande. Die Zeiten der allerschlimmsten Not waren überwunden. Um dieses Resultat zu erreichen, hatte sich Lenin zur Preisgabe des »Kriegskommunismus« entschlossen, und er nahm es dabei in Kauf, daß kapitalistische Verhältnisse in Rußland wieder Wurzel zu fassen begannen. Vieler Kommunisten bemächtigte sich tiefe Niedergeschlagenheit, da sie befürchteten, daß sich die vollkommene Wiederherstellung der bürgerlichen Wirtschaftsordnung nicht mehr werde aufhalten lassen. Anderseits frohlockten viele Gegner des Bolschewismus, weil er schon endgültig zu kapitulieren schien. Einige weißgardistische Emigranten erklärten sogar, die Sowjetregierung fortan unterstützen zu wollen, weil sie die Machtergreifung des Bürgertums vorbereite.

Weder die Befürchtungen der einen noch die Hoffnungen der andern sind jedoch durch den weiteren Gang der Entwicklung bestätigt worden.

Am 20. November 1922 verkündete Lenin in einer vor dem Moskauer Sowjet gehaltenen Rede, daß es an der Zeit sei, den aus realpolitischen Gründen unternommenen taktischen Rückzug abzubrechen und die Bemühungen um den Aufbau des Sozialismus zu erneuern. »Gewiß sind wir einige Schritte zurückgewichen«, sagte er, »aber doch nur, um Anlauf für einen besseren Sprung nach vorn zu gewinnen.« Die Staatsgewalt befinde sich fest in der Hand des Proletariats, dessen Stellung durch Schulterschluß mit der Bauernschaft noch verstärkt werde. Die wirtschaftliche Tätigkeit der Kapitalisten müsse streng überwacht und nur so weit zugelassen werden, wie sie der Sache der bolschewistischen Revolution nützlich sei. »Wir müssen es so einzurichten wissen, daß sie mit ihren Händen unsere Pläne verwirklichen helfen.« Für die Mitglieder der bolschewistischen Partei sei es ein Gebot der Stunde, den Bürokratismus zu beseitigen und alle Gepflogenheiten des Handels zu erlernen, um sich im Verkehr mit den Kapitalisten des In- und Auslandes nicht über den Löffel balbieren zu lassen. Der Bolschewismus müsse sich in erster Linie bemühen, den staatlichen Sektor der Industrie möglichst zu erweitern. Alle in Rußland vorhandenen Bodenschätze und Naturkräfte müssen erschlossen und nutzbar gemacht werden. In beschleunigtem Tempo habe Rußland nachzuholen, was es jahrhundertelang versäumte. Mag das Volkseinkommen vorerst auch noch so gering sein – die Akkumulation solle dennoch forciert werden, zwecks Ausstattung des Landes mit einem gewaltigen und vielseitigen Produktionsapparat. Das russische Volk werde sich die größten Entbehrungen und Anstrengungen auferlegen, um in Zukunft als sozialistische Gemeinschaft reich und unabhängig zu sein. Modernste Maschinen sollen zunächst aus dem Ausland bezogen, möglichst bald aber im Inland fabriziert werden. Insbesondere sei durch Errichtung gigantischer Kraftwerke eine Elektrifizierung aller hierfür geeigneten Wirtschaftszweige einzuleiten. Durch fortgesetzte Steigerung ihrer Produktivkräfte werde es den Staatsbetrieben gelingen, die aus der Zeit der NEP stammende Privatindustrie zu überflügeln und an die Wand zu drücken. Ist dies erreicht, so solle eine umfassende Industrialisierung der landwirtschaftlichen Produktionsmethoden durchgeführt werden. (Im »Kommunistischen Manifest« hatte Marx bereits eine »Vereinigung des Betriebes von Ackerbau und Industrie« vorgesehen.) Vorderhand – und wohl noch in den nächsten zehn oder fünfzehn Jahren – werde es nicht möglich sein, die Bauern von den Lockungen der individualistischen Privatwirtschaft zu befreien. Mit der Zeit aber werde man ihnen die Überlegenheit des auf kollektivistischer Basis organisierten landwirtschaftlichen Großbetriebes vor Augen führen. Staatliche Mustergüter, Genossenschaftsgüter (Sowchosen und Kolchosen) werden mit Traktoren, Dreschmaschinen und Elektromotoren ausgerüstet sein, und die Bauern werden dann einsehen, wie vorteilhaft es für sie wäre, sich allgemein zu Kollektivwirtschaften zusammenzutun. Auf diese Weise werden sozialistische Produktionsverhältnisse auch auf dem flachen Lande die Vorherrschaft erlangen, und die private Bewirtschaftung der Güter wird allmählich verschwinden. Die vergesellschaftete Industrie wird mit der ebenfalls vergesellschafteten Landwirtschaft eine Symbiose eingehen, und damit wird das russische Volk den Sozialismus verwirklicht haben.

Solche Perspektiven skizzierte Lenin noch in mehreren Artikeln und Briefen, die er in den letzten Monaten vor seinem Tod, gleichsam als Vermächtnis an seine Partei, verfaßte. Mit Schärfe und Unduldsamkeit wandte er sich gegen jeden Versuch, eine andere als die von ihm vorgeschlagene Politik zu befolgen. Andersdenkenden drohte er an, man werde sie »an die Wand stellen lassen«.

Die Gründung der Sowjetunion

Im Winter 1921/22 zeigten sich bei Lenin die ersten Symptome einer Arteriosklerose. Im März 1922 konnte er deswegen an der Plenartagung des Zentralkomitees der Partei nicht teilnehmen. Am 26. Mai erlitt er einen Schlaganfall, der mit Sprachstörungen und Lähmung der rechten Extremitäten verbunden war. Auf Anraten der Ärzte wurde er von Moskau nach Gorki übergeführt. Im Oktober trat eine Besserung seines Zustandes ein, so daß er in den Kreml zurückkehren und seine Arbeit wiederaufnehmen konnte. Am 20. November hielt er die erwähnte Rede vor dem Moskauer Sowjet. Am 16. Dezember wurde Lenin durch einen zweiten Schlaganfall niedergeworfen. Anfang 1923 erholte er sich einigermaßen und diktierte seiner Frau, Nadjeschda Krupskaja, mehrere Aufsätze (wovon ein Teil unvollendet geblieben ist). Am 9. März erlitt Lenin den dritten Schlaganfall; abermals wurde er nach Gorki gebracht. Mit Energie um seine Genesung ringend, war er im Oktober wieder imstande, an einem Stock zu gehen, Sprechübungen zu machen, Zeitungen zu lesen und sich im Automobil ausfahren zu lassen. Er besuchte noch einmal sein Arbeitszimmer im Kreml. Am 21. Januar 1924 erfolgte der vierte Schlaganfall, dem Lenin innerhalb einer Stunde erlag. Aus dieser Geschichte seiner Krankheit ergibt sich, daß er in den letzten zwei Jahren seines Lebens an der Leitung des russischen Staates immer weniger und zuletzt gar nicht mehr teilnehmen konnte.

Unter den Problemen, die mittlerweile nach einer Lösung verlangten, stand die Frage der föderativen Zusammenfassung der Sowjetrepubliken im Vordergrund.

Als der Bürgerkrieg beendet war, existierten auf dem Territorium des ehemaligen Zarenreiches »autonome sozialistische Sowjetrepubliken« und »autonome nationale Gebiete«. Die Russische Sozialistische Föderative Sowjetrepublik (RSFSR) war die wichtigste. Sie bedeckte eine Fläche von zwanzig Millionen Quadratkilometer, und ihre Bevölkerung zählte gegen hundert Millionen Menschen. Die eigentlichen Russen machten etwa siebzig Prozent dieser Einwohner aus. Der Rest entfiel auf andere Nationalitäten, darunter auch solche, die in äußerst primitiven sozialen Verhältnissen lebten: sibirische Samojeden, Tschuwaschen, Tscheremissen, Mordwinen, Merjanen zwischen Wolga und Ural, Kalmücken an der unteren Wolga, Baschkiren an der Ufa, Tataren auf der Krim, mohammedanische Stämme im Nordkaukasus usw. Die bolschewistische Revolution brachte diesen Völkern wirtschaftliche und technische Hilfe; sie ermöglichte ihnen den Zugang zu elementarer und höherer Bildung und allmählich auch die Pflege einer eigenen Literatur und Folklore. Sowjetrußland trat ihnen deshalb als Pionier des Fortschritts und als Träger der Kultur gegenüber.

Die zweitgrößte Sowjetrepublik war die Ukraine (vierhundertsechzigtausend Quadratkilometer, sechsundzwanzig Millionen Einwohner), die drittgrößte – Weißrußland (zweiundfünfzigtausend Quadratkilometer, anderthalb Millionen Einwohner). Dazu kamen noch Georgien, Armenien und Aserbeidshan (mit dem Industriezentrum Baku), die im März 1922 als Transkaukasische Föderation Sozialistischer Sowjetrepubliken konstituiert wurden.

Während des Bürgerkrieges hatten die obersten Organe Sowjetrußlands für alle Republiken das Oberkommando der Streitkräfte, die Leitung der Schwerindustrie, der Finanzen, des Transportwesens, der Post und des Telegraphs, für die Ukraine und Weißrußland auch die Leitung des Außenhandels übernommen. Anfang 1922 wurden Außenpolitik und Diplomatie auf ähnliche Weise vereinheitlicht. Allen Sowjetrepubliken wurden in den dirigierenden Organen der RSFSR Vertretungen eingeräumt.

Nach dem Sieg über die Weißgardisten und die ausländische Intervention zeigte sich jedoch bei einigen Sowjetrepubliken die Tendenz, ihre Unterordnung unter Sowjetrußland wieder aufzulockern. Autonomistische Neigungen regten sich namentlich in der Ukraine und in Georgien. Lenin wollte eine brutale Unterdrückung der nichtrussischen Nationalitäten vermeiden. Ende September 1922 sagte er deshalb dem »großrussischen Chauvinismus einen Kampf auf Leben und Tod« an. Es galt, bei den nichtrussischen Minderheiten den Eindruck zu erwecken, daß sie nun, anders als zur Zeit des Zarismus, frei und selbständig seien, ja sogar die Möglichkeit besäßen, sich in Ausübung ihres nationalen Selbstbestimmungsrechts von Sowjetrußland gänzlich zu trennen. Anderseits verkannte Lenin nicht, daß eine Organisationsform gefunden werden müsse, die dem Kreml gestattete, in allen Sowjetrepubliken eine planmäßig koordinierte Entwicklung der gesamten Volkswirtschaft sowie eine gemeinsame Gestaltung des Budgets, des Außenhandels und der Außenpolitik durchzusetzen. Er schlug daher vor, die nichtrussischen Sowjetrepubliken aus ihrer Verbindung mit der dominierenden RSFSR zu lösen, gleichzeitig aber einen Bundesstaat zu gründen, dem alle Sowjetrepubliken als gleichberechtigte Mitglieder angehören sollten. Am 6. Oktober 1922 faßte das Zentralkomitee der Kommunistischen Partei Rußlands, dem Stalin (in Abwesenheit Lenins) Bericht erstattete, einen Beschluß in diesem Sinn. In den folgenden Monaten entfaltete man in der Ukraine, in Weißrußland, im Transkaukasus eine groß aufgezogene Propaganda für die Bildung einer »Union der Sozialistischen Sowjetrepubliken« (UdSSR). Am 27. Dezember wurde dieses Projekt vom

X. Allrussischen Sowjetkongreß angenommen. Dieser Kongreß wurde sofort durch Heranziehung von Delegationen nichtrussischer Nationalitäten zum I. Kongreß der gesamten Sowjetunion erweitert, der am 30. Dezember dem endgültigen Gründungsbeschluß zustimmte. Am 6. Juli 1923 trat die erste Verfassung der Sowjetunion in Kraft.

Die Zusammensetzung der Sowjetunion hat nachträglich noch Veränderungen erfahren. Die ehemaligen Khanate Chiwa und Buchara, welche dem Zarenreich als Protektorate und der RSFSR als Republiken angehört hatten, wurden 1924 unter dem Namen der Usbekischen und der Turkmenischen Republik als selbständige Glieder der Union anerkannt. 1929 erhielt die Tadschikische Republik (nördlich von Afghanistan gelegen) denselben Status. 1936 kamen aus dem Bestande der RSFSR zwei weitere Sowjetrepubliken hinzu: die Kasachische und die Kirgisische. Innerhalb der Sowjetrepubliken wurden einzelne kleinere Völkerschaften (Tataren, Baschkiren, Wolgadeutsche usw.) als »autonome Gebiete« erklärt.

Die Bundesverfassung der Sowjetunion beruht auf einer Teilung der Kompetenzen zwischen der Bundesgewalt und den einzelnen Gliedstaaten. Außenpolitik, Außenhandel, Planung der Wirtschaft, Landesverteidigung, Justiz, Volkserziehung und Gesundheitsfürsorge gehören zu den Befugnissen der Union. Den einzelnen Sowjetrepubliken bleibt vorbehalten, auf dem Gebiete der Innenpolitik, der Gerichtsverfassung, des Schulwesens, der Landwirtschaft, der Gesundheitsfürsorge und einigen anderen beliebige Gesetze zu erlassen, die mit den besonderen Gewohnheiten, der Sprache und Folklore der betreffenden Nationalitäten in Zusammenhang stehen und der Bundesverfassung nicht widersprechen. Jeder Bürger eines Gliedstaates besitzt zugleich das Bürgerrecht der Sowjetunion. Männer und Frauen, die ihren Lebensunterhalt durch eigene produktive Arbeit verdienen, kommen mit achtzehn Jahren in den Genuß des aktiven, mit dreiundzwanzig Jahren in den Genuß auch des passiven Wahlrechts. Die oberste Staatsgewalt der Sowjetunion wird durch ihren Gesamtkongreß repräsentiert, der alljährlich vom Zentralen Exekutivkomitee der Sowjets einzuberufen ist. Er besteht aus zwei Kammern: dem Rat der Union und dem Rat der Nationalitäten. (In den letzteren ordnete jede Republik fünf und jedes autonome Gebiet einen Vertreter ab.) Nur die kommunalen Sowjets (Dorf, Stadt) werden direkt vom Volke gewählt; alle höheren Sowjets (Bezirk, Kreis, Republik, Bund) werden aus Vertretern der nächstniedrigeren Sowjets gebildet. Aus der Mitte des Gesamtkongresses der Union wird das Exekutivkomitee, der Rat der Volkskommissare gewählt. Das Prinzip der Gewaltentrennung, wie es von der westeuropäischen Staatslehre seit Montesquieu entwickelt worden, ist der Verfassung der Sowjetunion vollkommen fremd. Die eigentlichen politischen Direktiven empfängt der Staatsapparat von den obersten Instanzen der Kommunistischen Partei – vom Zentralkomitee, vom Politbüro und vom Generalsekretariat; der Selbständigkeit der Gliedstaaten wurden infolgedessen von vornherein sehr enge Grenzen gezogen.

Mit dem Inkrafttreten der neuen Verfassung wurde das Volkskommissariat für Nationalitäten, dem Stalin vorstand, aufgehoben. Die Union garantierte das Gebiet jedes Gliedstaates; ohne seine Zustimmung durfte sein territorialer Besitzstand nicht geändert werden.

Bolschewistische Kulturpolitik

Ähnlich wie die Französische Revolution das Christentum und den christlichen Gottesdienst abschaffte und durch den »Kultus der Vernunft« (später durch den »Kultus des Höchsten Wesens«) ersetzte, so hat auch die bolschewistische Umwälzung der Religion und der Kirche als »ideologischen Überbleibseln« des zaristischen Regimes den Kampf angesagt. Der »Altar« war die Stütze des »Thrones« gewesen. Religion galt den Revolutionären als »Opium für das Volk«, als ein Mittel, die ausgebeuteten Werktätigen über ihre auf Erden erduldete Not mit der Aussicht auf Seligkeit im Jenseits hinwegzutrösten.

Bei der Machtergreifung Lenins versuchte die russische Kirche, der atheistischen Weltanschauung des Bolschewismus Widerstand zu leisten. Sie griff die neue Regierung scharf an und exkommunizierte ihre Anhänger. Am 8. November 1917 erklärte der Staat die Güter der Kirchen und Klöster für beschlagnahmt. Am 23. Januar 1918 wurde die vollkommene Trennung von Kirche und Staat dekretiert. Die Geistlichen gingen ihrer staatsbürgerlichen Rechte verlustig. In den Lehrbüchern und Lehrplänen der Schulen trat die religionsfeindliche Haltung des Staates immer deutlicher zutage. 1921 wurde die Erteilung von Religionsunterricht an Jugendliche verboten. Untersagt wurde auch die Drucklegung religiöser Literatur. Klöster und Priesterseminarien wurden, von wenigen Ausnahmen abgesehen, geschlossen. Die seit Jahrhunderten gesammelten Kirchenschätze (Kultgeräte, Ornate, Ikonen, Edelsteine) verfielen dem Staate. Zahlreiche Kirchen wurden in Museen verwandelt. In Ausstellungen mit atheistischer Tendenz klärte man das Volk über Mechanismen auf, die im verborgenen dazu gedient haben sollten, den Gläubigen Wunder vorzutäuschen. Der im Jahre 1925 gegründete »Bund der Gottlosen« bemühte sich, durch seine Propaganda die Religion als »Volksbetrug« zu entlarven. Sehr viele Mönche und Geistliche wurden verfolgt und starben in den Gefängnissen.

Im Jahre 1917, als Kerenskijs Regierung ihrem Ende entgegenging, war in Rußland das Patriarchat, das Peter der Große unterdrückt hatte, wiederhergestellt worden. Eine Kirchensynode übertrug das Amt des Patriarchen dem Metropoliten Tichon, der dem bolschewistischen Staat gegenüber eine sehr unnachgiebige Haltung einnahm. Innerhalb des Klerus zeichnete sich jedoch eine immer größere Bereitschaft ab, mit der Obrigkeit Kompromisse einzugehen. Die »Lebendige Kirche« erblickte in den Verfolgungen der neuen Machthaber eine »gerechte Strafe Gottes« für das frühere Verhalten der Geistlichkeit, die der zaristischen Regierung bei der Unterdrückung der unteren Volksschichten schmähliche Handlangerdienste geleistet hatte. Nun wollte man Buße tun. Gemäß dem Worte des Paulus: »Es gibt keine Obrigkeit, außer von Gott«, war man willens, auch dem bolschewistischen Regime sich zu fügen, alle Beziehungen zu reaktionären Kreisen abzubrechen und nach einer »Erneuerung« der Kirche zu streben, der Tatsache gedenkend, daß dem Urchristentum der Kommunismus nicht fremd gewesen war. Daraufhin hat der Staat die Abhaltung von Gottesdiensten in eng limitiertem Umfange wieder gestattet und der »Lebendigen Kirche« einige Freiheiten eingeräumt. Dies geschah freilich auch mit Hinblick auf die Wiederaufnahme diplomatischer und kommerzieller Beziehungen zum Ausland, bei dem Sowjetrußland durch seine Religionsverfolgungen in allzu schlechten Ruf geraten war. 1925 starb Tichon, und der Verweser des Patriarchats machte einen weiteren versöhnlichen Schritt. Er empfahl den Gläubigen nicht nur, dem neuen Staate gegenüber alle Pflichten zu erfüllen, sondern er ordnete auch an, daß im Kirchengebet der neuen Regierung, wie einst des Zaren, gedacht werde. Vom Bolschewismus halbwegs geduldet, führte die Kirche, nur auf Beiträge der Gläubigen angewiesen, ein kümmerliches Dasein. Ihren Gottesdiensten wohnten überwiegend ältere Menschen bei. Von Mitgliedern der Kommunistischen Partei wurde nach wie vor eine atheistische Gesinnung erwartet. Der »Bund der Gottlosen« setzte seine Tätigkeit fort.

Auf dem Gebiete des Familienrechts galt seit Ende 1917 nur die Zivilehe als gültige Form. Die Eheschließung wurde durch einfache Eintragung ins standesamtliche Register vollzogen. Ein Aufgebot war nicht notwendig. Die Sowjetehe beruht auf der vollständigen Gleichstellung beider Ehegatten und hat demgemäß keine güterrechtliche Wirkung. Die Frau ist in vermögensrechtlicher Hinsicht völlig selbständig. Sie ist nicht verpflichtet, dem Manne nach einem andern Wohnort zu folgen. Die Ehegatten führen einen gemeinschaftlichen Namen: den Namen des Mannes oder den Namen der Frau oder den vereinigten Namen beider. Die Unterhaltspflicht besteht für beide Ehegatten gegenseitig. Wird ein Ehegatte arbeitsunfähig oder verdient er weniger als das Existenzminimum, so ist der andere verpflichtet, ihm den Lebensunterhalt zu gewähren, falls er nicht selbst bedürftig ist. Eltern üben die Elternrechte gemeinsam aus. Die Elternrechte erlöschen bei Knaben mit achtzehn, bei Mädchen mit sechzehn Jahren, das heißt mit der Heiratsfähigkeit. Die Eltern sind verpflichtet, minderjährigen arbeitsunfähigen Kindern Nahrung und Unterhalt zu gewähren, sofern der Unterhalt der Kinder nicht vom Staat oder von der Gemeinde bestritten wird. Die Kinder sind verpflichtet, ihren arbeitsunfähigen oder bedürftigen Eltern Unterhalt zu gewähren, sofern nicht der Staat im Rahmen seiner Sozialversicherung oder Fürsorge eine Rente zahlt. Uneheliche Kinder sind ehelichen völlig gleichgestellt. Der Einwand, daß »noch andere Personen« zur Zeit der Empfängnis Beziehungen zur Mutter gehabt haben, hat zur Folge, daß auch diese andern Personen zum Unterhalt des Kindes zu gleichen Teilen herangezogen werden. Kirchliche Bestimmungen, welche die Ehescheidung untersagen, haben keine Rechtskraft. Die Ehescheidung erfolgt gerichtlich oder, wenn beide Parteien einverstanden sind, durch das Zivilstandesamt, welches die Urkunde über die betreffende Eheschließung aufbewahrt. Der Antrag einer Partei, die Ehe zu scheiden, ist auch gegen den Willen der andern Partei für die Scheidung ausreichend. Der Nachweis eines Verschuldens ist nicht erforderlich. (Erst in den dreißiger Jahren wurde die Ehescheidung bedeutend erschwert.) Der Anspruch des bedürftigen und arbeitsunfähigen Ehegatten auf Unterhalt seitens des andern Ehegatten bleibt auch nach der Scheidung bestehen (wobei Männer, die mindestens fünfundfünfzig, und Frauen, die mindestens fünfzig Jahre alt sind, ohne weiteres als erwerbsunfähig gelten).

1920 wurde die mit Zustimmung der Schwangeren vorgenommene Fruchtabtreibung ohne Einschränkung für straflos erklärt. (Erst 1927 sprach sich ein sowjetischer Gynäkologenkongreß dagegen aus, und seinen Bedenken wurde von der Gesetzgebung 1936 Rechnung getragen.) Während der ersten Jahre der Revolution zeichnete sich Aleksandra Kollontaj als Gegnerin der bürgerlichen Ehe und als Propagandistin der »freien Liebe« aus.

Im Zuge der radikalen Umwälzung aller gesellschaftlichen Beziehungen wurden die Familienbande fühlbar gelockert. Die kommunistische Jugendorganisation »Komsomol« beeinflußte die Heranwachsenden im Sinne der bolschewistischen Ideologie und stürzte sie in Konflikte mit der älteren Generation. Während der chaotischen Vorgänge des Bürgerkrieges und der unmittelbar darauf folgenden Hungerjahre wurden Eltern und Kinder oft auseinandergerissen, und zu Tausenden fielen die obdachlosen Jugendlichen einer beispiellosen Verwahrlosung zum Opfer. Sie taten sich zu Banden zusammen und fristeten ihr Dasein notgedrungen durch Diebstahl und Raub. Das Treiben dieser »Unbeaufsichtigten« (russisch: Besprisornyje) stellte den Staat vor eine äußerst schwierige Aufgabe. Die Miliz (Volkspolizei) war ihnen gegenüber oft machtlos; in vereinzelten Fällen ist gegen sie sogar Militär aufgeboten worden. Erst als man dazu überging, die Verwilderten einzufangen und in besonderen Heimen zu nützlichen Mitgliedern der Gesellschaft zu erziehen, gelang es, des Übels nach und nach Herr zu werden. (Die pädagogischen Methoden, deren man sich dabei bediente, schildert der 1931 gedrehte Film von N. Ekk: »Der Weg ins Leben«.)

Was die Bildungs- und Schulpolitik der bolschewistischen Revolution betrifft, so hatte sie von der Tatsache auszugehen, daß im russischen Volk und insbesondere bei den nichtrussischen Völkerschaften der Sowjetunion der Analphabetismus erschreckend stark verbreitet war. Im Jahre 1923 wurden siebenundzwanzig Millionen Menschen im Alter von elf bis vierzig Jahren gezählt, die weder schreiben noch lesen konnten. Der bolschewistische Staat war dringend daran interessiert, den Analphabetismus der Bevölkerung zu überwinden, nicht nur, weil er dadurch eine Möglichkeit propagandistischer Beeinflussung breiter Massen erhielt, sondern vor allem, weil nur durch Schulung des Volkes eine Hebung des Niveaus seiner technologischen Leistungsfähigkeit erreicht werden konnte. Unter intensiver Mitwirkung der Gewerkschaften, der Roten Armee und anderer Organisationen richtete man zahlreiche Kurse ein, in denen Arbeiter und Bauern in die elementare Kenntnis des Lesens und Schreibens eingeführt wurden. Die Teilnehmer solcher Kurse bekamen an Tagen, an denen sie unterrichtet wurden, während der Arbeitszeit zwei Stunden bezahlten Urlaub. 1924/25 wurden Fibeln in dreiundzwanzig Sprachen gedruckt. In Städten und Dörfern wurden (primitive) Leseräume, Bibliotheken und mobile Leihbüchereien geschaffen. Zur Zeit der NEP verlangsamte sich die Ausbreitung dieser Institutionen vorübergehend, aber qualitativ wurden sie eher verbessert.

Anfang der zwanziger Jahre erfuhr das Schulwesen der Sowjetunion eine radikale Veränderung. Lehrpläne und Lehrbücher wurden wiederholt umgestaltet. Ein pädagogisches Experiment jagte das andere. Moderne Unterrichtsmethoden (oder was man dafür hielt) wurden eingeführt, antike Sprachen aus dem Programm gestrichen und abermals zugelassen, die Naturwissenschaften den praktischen Bedürfnissen der Volkswirtschaft untergeordnet, Geschichte und Literaturgeschichte nach marxistischen Grundsätzen als Manifestationen des Klassenkampfes interpretiert, das Recht als »Überbau« einer zugehörigen »ökonomischen Basis« erklärt. In obligatorischen Kursen wurde eine vom kommunistischen Standpunkt aus konzipierte »Staatsbürgerkunde« vorgetragen. Es gelang vorerst aber nicht, die Herrschaft der »materialistischen Geschichtsauffassung« in den Schulen konsequent durchzusetzen, weil an den Gymnasien nur ein Bruchteil des Lehrkörpers (zweieinhalb Prozent) der Kommunistischen Partei angehörte, die überwiegende Mehrheit jedoch liberalen oder sogar konservativen Anschauungen huldigte. Auf fachlich bewährte Lehrkräfte, die noch in der bürgerlichen Ära angestellt worden waren, konnte man nicht ganz verzichten. In jenen siebenhundertfünfzig Gymnasien, die sich aus der Zeit des Zarismus bis 1925 noch erhalten hatten, wurde den revolutionären Schulreformen oft passiver Widerstand geleistet. Die Schülerschaft, zu einem erheblichen und stets wachsenden Teil in der bolschewistischen Jugendorganisation »Komsomol« zusammengefaßt, drängte nach »Selbstregierung«, nach Beseitigung aller Autoritäten, nach autonomer Auswahl des zu behandelnden Lehrstoffes und nach eigener, durch »Schulparlamente« auszuübender Disziplinargewalt. Es zeigte sich aber bald, daß man das solide, systematische Erarbeiten grundlegender Tatsachen nicht einem oberflächlichen Philosophieren zuliebe vernachlässigen und auch die »Demokratisierung« der Schule nicht übertreiben durfte. Das Experimentieren in den Schulen wurde eingeschränkt, die Wissensanforderungen in den Sekundar- und Mittelschulen wurden erhöht. In späteren Jahren, namentlich unter Stalins Regime, wurde in den russischen Lehranstalten eine sehr strenge Disziplin wiederhergestellt, was in der Uniformierung der Gymnasiasten auch äußerlich zum Ausdruck kam. Die Herrschaft des Proletariats über die Schule wurde dadurch konsolidiert, daß man die bürgerlichen Elemente aus den Lehrkörpern allmählich entfernte und durch rasch ausgebildeten Nachwuchs aus der Arbeiterschaft sowie aus bäuerlichen Schichten ersetzte. Bei der Zulassung zum höheren Studium wurden Arbeiter- und Bauernkinder bevorzugt, Kinder aus den Kreisen der ehemaligen Bourgeoisie dagegen hintangesetzt oder ganz davon ausgeschlossen. An den Hochschulen wurden »Arbeiterfakultäten« geschaffen, die in Schnell- und Abendkursen zur Reifeprüfung führten. 1924 gab es schon hundertdreizehn Arbeiterfakultäten mit dreiundvierzigtausend Studenten. In den Städten wurden zahlreiche Techniken, auf dem Lande Schulen für Agronomie und Viehzucht (»Zootechnik«) gegründet. Notgedrungen nahm man ein Absinken des geistigen Niveaus der Universitäten in Kauf; unter Heranziehung neuer sozialer Schichten sollte sich später ein Wiederaufstieg vollziehen. In Moskau und Petrograd wurden »rote Professuren« für die Heranbildung marxistischer Dozenten ins Leben gerufen. Gelehrte, die der bürgerlichen Oberschicht angehörten und zum Teil auch politisch tätig gewesen waren, fielen der Revolution zum Opfer, starben in den Gefängnissen oder gingen an Hunger und anderen Entbehrungen zugrunde. Manche von ihnen emigrierten ins Ausland, so der Historiker Rostowzew, der Philosoph und Theologe Berdjajew. Nur wenigen dieser Professoren gelang es, sich an den russischen Hochschulen zu behaupten. Die Wissenschaft, namentlich die Sozialwissenschaft, hatte sich mehr und mehr nach der offiziellen, von der Partei vorgeschriebenen Version des Marxismus zu richten. Zur Pflege der marxistischen Tradition wurde 1920 unter Leitung Rjasanows das Marx-Engels-Institut in Moskau geschaffen. (1931 wurde Rjasanow, wegen »ideologischer Abweichungen von der Parteilinie«, als Trotzkist aus der Kommunistischen Partei ausgeschlossen und eingekerkert.) 1923 folgte die Gründung des Lenin-Instituts, das die Gesamtausgaben von Lenins Werken besorgte und allein in den Jahren 1924/25 mehr als zwanzig Millionen Exemplare seiner Bücher und Broschüren drucken ließ. Beim Staatsverlag erschienen Neuauflagen klassischer Arbeiten linksbürgerlicher Historiker (etwa Kljutschewskij, Platonow). Auch die Werke von Hegel, Feuerbach, Darwin und Plechanow wurden verbreitet. Die Akademie der Wissenschaften wurde um zahlreiche neue Forschungslaboratorien erweitert.

Einen Aufschwung nahm zu Beginn der zwanziger Jahre die periodische Presse. Dank der Abnahme des Analphabetentums gelang es, vierundsiebzigtausend Korrespondenten aus der Arbeiterschaft und hundertsechzehntausend aus bäuerlichen Kreisen anzuwerben; man wollte dadurch einen intensiven Kontakt zwischen der Bevölkerung und den Zeitungen herstellen. Grundsätzliche Kritik am System des Kommunismus wurde zwar nicht gestattet, wohl aber Kritik an unzulänglicher Verwirklichung kommunistischer Maßnahmen. Außer der »Prawda« (seit 1912) und der »Iswestija« (seit 1917) erschienen die »Arbeiter-Zeitung« (seit 1922), die »Bauern-Zeitung« (seit 1923), die zentrale Zeitung der Armee »Roter Stern« (seit 1924) und viele andere. Auch neue Zeitschriften kamen heraus: »Die Proletarische Revolution« (seit 1921), »Unter dem Banner des Marxismus« (seit 1922), »Der Bolschewik« (seit 1924), die der Erörterung theoretischer Fragen gewidmet waren. 1925 wurden in der Sowjetunion 1749 Zeitschriften gedruckt (gegenüber nur 1331 im Jahre 1913) und 1120 Zeitungen mit einer Gesamtauflage von acht Millionen Exemplaren (oder dreimal mehr als im Jahre 1913). Außerdem wurden in Betrieben und Schulen »Wandzeitungen« eingeführt. In qualitativer Hinsicht allerdings reichte keines der sowjetischen Blätter an die besten Periodika der Vorkriegszeit heran. Das durchschnittliche Bildungsniveau der Mitarbeiter ließ viel zu wünschen übrig, die Pflege der Sprache wurde vernachlässigt, und infolge des Druckes einer strengen Zensur konnte der Inhalt nicht anders als monoton sein.

Zur Zeit der NEP war eine ziemlich große Zahl privater Verlage gegründet worden, die den Büchermarkt mit »schlechter« und »weltanschaulich fremdartiger« Literatur überschwemmten. Im Juni 1922 übertrug die herrschende Partei die Leitung der Literatur und des Verlagswesens einem besonderen Ausschuß, dem »Glawlit«.

In der schönen Literatur erblickte die herrschende Partei das wirksamste Mittel für die ideologische Beeinflussung der Massen. Sie versuchte deshalb schon bald, sie zu ihrem gefügigen Werkzeug zu machen, und forderte von ihr die Produktion einer antikapitalistisch-bolschewistischen Tendenzpoesie. Während der Jahre der NEP lebten in der russischen Literatur einige bürgerliche Tendenzen auf, denen gegenüber die Kommunistische Partei um so energischer ihre dirigierende Rolle betonte. Viele russische Schriftsteller, für die solcher Zwang das Ende jeder schöpferischen Tätigkeit bedeutete, emigrierten. Diejenigen, die im Lande blieben, sahen sich meist nach einiger Zeit zum Schweigen verurteilt. Zugleich aber bemächtigte sich manch anderer Dichter während der ersten Jahre der Revolution das berauschende Gefühl, aller bürgerlichen Vorurteile und sonstiger Fesseln ledig zu sein. Es entfalteten sich expressionistische, symbolistische, imaginistische, futuristische, avantgardistische Richtungen in bunter Mannigfaltigkeit. Wenn sie sich auch zum Teil als späte Ausläufer eines dekadenten, snobistischen Bürgertums erwiesen, so befanden sich unter ihnen dennoch echte Talente, die berufen waren, eine neue Epoche der russischen Literatur zu inaugurieren. Die zarte Lyrik Sergej Jessenins vermochte jedoch auf dem mit Leichen gedüngten Boden der russischen Wirklichkeit nicht zu gedeihen; der Dichter endete 1925 durch Selbstmord. Wladimir Majakowskij, der sich in gallig-witzigen Satiren Luft machte, wählte 1930 ebenfalls den Freitod, nachdem er versucht hatte, nicht nur das Spießertum kapitalistischer Länder, sondern auch die erstickende Kulturlosigkeit der eigenen Heimat zu geißeln.

Die Versuche, eine »proletarische« Dichtung und Kultur zu schaffen, sind alle gescheitert. Aus den Seminarien der »Proletkult«-Organisation gingen fast nur Halb-Intellektuelle hervor, die sich mit Pathos als Proletarier gebärdeten. Erst allmählich dämmerte den russischen Revolutionären die Erkenntnis auf, daß eine »proletarische« Kultur nur so lange denkbar war, als dem Proletariat ein »Bürgertum« gegenüberstand, und daß sie in einer »klassenlosen Gesellschaft« jeglichen Sinn verlor.

Boris Pilnjak schilderte die Wildheit, die Anarchie und das grauenvolle Elend zur Zeit des Bürgerkrieges, vornehmlich in der Provinz (»Das nackte Jahr«). Ähnliche Erlebnisse während des Kampfes gegen die Truppen Koltschaks in Sibirien lagen den Erzählungen von Wsewolod Iwanow zugrunde. Fjodor Gladkow verherrlichte in seinem Roman »Zement« den Wiederaufbau der Industrie. Michail Scholochow wußte eine realistische Darstellung aller Schrecken des Bürgerkrieges mit Sympathie für die grandiose Umwälzung zu vereinigen (»Der stille Don«). Boris Pasternak, ein vom politischen Geschehen unberührter Ästhet, veröffentlichte lyrische Gedichte von weltfremder, zarter Empfindsamkeit.

Aleksej Tolstoj, schon vor dem ersten Weltkrieg durch packende Beschreibung des Zerfalls adeliger Gutsherrschaften bekannt geworden, wurde zunächst durch bolschewistischen Terror zur Auswanderung gezwungen, hielt es jedoch in der Fremde nicht lange aus, weil er mit Landschaft und Menschen des Wolgagebietes zu sehr verwachsen war. Nach Rußland zurückgekehrt, stellte er in einer phantastischen Erzählung »Aëlita« eine Revolution auf dem Mars dar, in die ein ehemaliger russischer Soldat, Teilnehmer einer Fahrt in den Weltraum, verwickelt wird. Der Russischen Revolution widmete er eine spannende Trilogie, die vor allem das Schicksal der russischen Intelligenz zu erfassen versuchte (»Die Schwestern«, »Das Jahr 1918«, »Der trübe Morgen«). Später wandte er sich dem historischen Roman zu (»Peter der Große«, »Iwan der Schreckliche«). Die nationale, patriotische Tendenz dieser Werke fand sich durch die in den dreißiger Jahren unter Stalin aufkommende Stimmung bestätigt.

Maksim Gorkij, der zu Beginn dieses Jahrhunderts als einer der ersten das Lumpenproletariat in die Literatur eingeführt und sich zum Marxismus bekannt hat (»Die Mutter«), nahm der Revolution gegenüber eine zwiespältige Haltung ein. Er begrüßte sie zwar mit lebhafter Freude, wandte sich dann aber so heftig gegen den mit ihr verbundenen Terror, daß man ihn als einen »Verräter am Proletariat« bezeichnete. Da er mit Lenin befreundet war, konnte er eine Zeitlang mit Erfolg für gefährdete Schriftsteller und Gelehrte intervenieren. 1921 zog sich Gorkij für mehrere Jahre (bis 1928) nach Capri zurück, wo er schon vor dem ersten Weltkrieg gelebt hatte. In seinen Werken blieb er der Sache des Bolschewismus unbedingt treu. Der unvollendete Roman »Das Leben des Klim Samgin« stellt dar, wie die marxistische Bewegung etwa seit 1880 in Rußland immer tiefere Wurzeln faßte, bis sie schließlich die Macht eroberte. Das Verhältnis Gorkijs zur bürgerlichen Gesellschaftsordnung war ausgesprochen negativ. Er haßte Amerika (»Die Stadt des gelben Teufels«). Auch in seinen autobiographischen Werken (»Kindheit«, »Unter fremden Leuten«, »Meine Hochschuljahre«) geißelte er die kapitalistische Ausbeutung und die durch sie bewirkte Entwürdigung des Menschen. Er umschrieb das Wesen des »sozialistischen Realismus« dahin, daß er »nicht nur das Vergangene in der Gegenwart kritisch darzustellen«, sondern auch »das durch die Revolution Erreichte zu festigen und die Ziele der sozialistischen Zukunft aufzuzeigen« habe. Den optimistischen Glauben an diese Zukunft bewahrte er.

Das russische Theater hat während der bolschewistischen Umwälzung einerseits die Tradition des zaristischen Theaters weitergepflegt, anderseits neue Ideen zu verwirklichen gesucht. In Stanislawskijs und Wachtangows weltberühmtem »Künstlerischen Theater« in Moskau war der spezifisch russische Bühnenstil – lebensechte, bis zur Vollkommenheit psychologisch verfeinerte Darstellung – längst geschaffen; er beherrschte auch andere Bühnen, so das Kleine Theater in Moskau, das Staatstheater in Leningrad und manche Bühnen in der Provinz. Das höchste Prinzip bestand in der Arbeitsdisziplin der Truppe. Der letzte Chargenschauspieler gab sich seiner Aufgabe mit ebensolcher Sorgfalt hin wie der Inhaber der Titelrolle. Das individuelle Talent hatte sich dem Gemeinschaftsgefühl des Kollektivs absolut einzuordnen. An diesem Grundsatz, der übrigens auch den großartigen Leistungen des ehemals Kaiserlichen Balletts zugrunde lag, brauchte der Bolschewismus nichts zu ändern. Die Theaterbegeisterung des Publikums, das nunmehr vorwiegend aus Arbeitern bestand, war gewaltig. Man spielte nach wie vor Aleksej Tolstojs historische Dramen, Ostrowskijs Stücke aus dem Kaufmannsleben des 19. Jahrhunderts, Turgenews »Ein Monat auf dem Lande«, Tschechows »Kirschgarten« und »Onkel Wanja«, Leo Tolstojs »Lebenden Leichnam«, Gorkijs »Nachtasyl«. Man inszenierte auch Shakespeare, Schiller, Racine und Molière. Mit gleicher Treue hielt man am alten Repertoire auch in der Oper fest: immer wieder wurden Werke von Glinka, Glasunow, Mussorgskij, Verdi, Bizet, Gounod und anderen aufgeführt.

Die neuen, vom Bolschewismus ausgehenden Impulse tendierten dahin, die suggestive Wirkung der Bühne in den Dienst einer die Massen mitreißenden politischen Agitation zu stellen. Man bevorzugte Stücke, in denen sich den Regisseuren Gelegenheit bot, soziale Klassengegensätze herauszuarbeiten. Man brachte das Theater an Massen heran, die noch nie eine Aufführung gesehen hatten. Meyerhold unternahm mit seinem Ensemble Gastspielreisen zu zahlreichen Einheiten der Roten Armee. Er spielte auch vor Arbeitern in industriellen Betrieben, deren technische Einrichtungen mit revolutionärer Kühnheit als Kulissen verwendet wurden. Man dramatisierte Klassenkämpfe vergangener Jahrhunderte, so die Bauernaufstände unter Stenka Rasin und Jemeljan Pugatschow. Stücke tauchten auf, in denen Erlebnisse der bolschewistischen Revolution mit Pathos nachgestaltet wurden. Man ging so weit, den Sturm auf das Winterpalais (1917) auf dem wirklichen Schauplatz des historischen Geschehens 1920 vor sechzigtausend Zuschauern zu wiederholen. Im Gegensatz zu diesen Schauspielen für das Volk standen die Inszenierungen Tairows, deren höchst avantgardistischer Stil den Bedürfnissen der Intellektuellen (auch in Westeuropa) entgegenkam.

Bahnbrechende Leistungen vollbrachte damals der russische Film. Unter Eisensteins Regie entstand 1925 »Panzerkreuzer Potemkin«, der die Meuterei eines Teiles der Schwarzmeerflotte (1905) mit völlig neuartigen optischen und künstlerischen Mitteln verherrlichte. Pudowkin verfilmte 1926 Gorkijs Roman »Die Mutter«.

Dank großzügiger staatlicher Förderung wurden 1925 nicht weniger als hundertfünfzig Filme produziert. Je stärker in ihnen jedoch die parteiamtlich vorgeschriebene Absicht politischer Agitation hervortrat, desto tiefer sank ihr künstlerisches Niveau.

Durch Beschluß vom 18. Juni 1925 nahm das Zentralkomitee der Partei das Recht für sich in Anspruch, alle Schriftsteller und Künstler der Sowjetunion für den Kampf gegen die dem Kommunismus feindlichen Ideologien zu mobilisieren.

Die völkerrechtliche Anerkennung der Sowjetunion

Nach der Machtergreifung des Bolschewismus sah sich Rußland völkerrechtlich zunächst vollkommen isoliert. Als die Regierung Lenins sich aller Verpflichtungen und Verträge entledigte, die der Zarismus eingegangen war, und als sie den kapitalistischen Ländern eine »Weltrevolution« in Aussicht stellte, nahm sie den Abbruch sämtlicher diplomatischer Beziehungen in Kauf, sowohl mit den Alliierten des ersten Weltkrieges als auch – nach der Kündigung des Friedens von Brest-Litowsk – mit Deutschland.

In der Hoffnung, der Herrschaft des Kapitalismus in der ganzen Welt ein Ende zu bereiten, schlug Lenin im Frühjahr 1919 die Schaffung der »Dritten Internationale« vor. Er griff damit auf Anregungen zurück, die er schon im Herbst 1914 und im April 1917 geäußert hatte. Die »Zweite Internationale« hatte ihn tief enttäuscht, weil sie beim Ausbruch des ersten Weltkrieges versagte und – in feindliche Lager aufgespalten – hüben und drüben den Losungen des Patriotismus Folge leistete.

In einem offenen Brief an die Werktätigen Europas und Amerikas forderte Lenin zur Gründung einer neuen, der Dritten Internationale auf, die den endgültigen Sieg des Proletariats in allen Ländern gewährleisten sollte. Trotzkij verfaßte ein Manifest, das die Arbeiter aller Nationen zum revolutionären Kampf um die Macht und um die Diktatur des Proletariats aufrief.

Am 2. März 1919 traten im Kreml Delegierte aus zahlreichen Ländern zum konstituierenden Kongreß zusammen. Unter großer Begeisterung wurde der Opportunismus, Sozialpatriotismus und Chauvinismus der gemäßigten Sozialdemokraten als Verrat an der Sache des Proletariats gebrandmarkt. Das Präsidium der Dritten kommunistischen Internationale (Komintern) wurde Sinowjew übertragen.

Zum zweiten Kongreß der Komintern (Juli 1920) erschienen Delegierte aus siebenunddreißig Ländern. In einundzwanzig Punkten wurden die Bedingungen festgelegt, denen sich jede kommunistische Partei bei ihrem Eintritt in die Dritte Internationale fügen sollte. Es wurde eine straffe Koordination der auf Umsturz gerichteten Parteitätigkeit in den einzelnen Ländern vorgesehen. Die Weisungen der Internationale hinsichtlich der jeweils einzuschlagenden Taktik waren mit eiserner Disziplin zu befolgen. Den Kommunisten aller Länder wurde aufgetragen, in den Gewerkschaften nach maßgebendem Einfluß zu streben (vor allem auf Kosten der Sozialdemokraten) und auch in den Armeen durch Zellenbildung revolutionäre Gesinnung zu propagieren. (Es erwies sich mit der Zeit, daß die politischen Kampfbedingungen von Land zu Land sehr verschieden waren; der Versuch, dennoch eine einheitliche Taktik des Klassenkampfes durchzusetzen, trug der Internationale oft Niederlagen und Rückschläge ein.) Durch die Aufforderung, der Dritten Internationale beizutreten, ist in den Arbeiterparteien aller Länder eine tiefe Spaltung bewirkt worden.

Im Frühjahr 1921 wurde offenkundig, daß mit einem Sieg der Weltrevolution in nächster Zeit nicht gerechnet werden konnte. Gleichzeitig mit der Einführung der NEP entschloß sich Lenin, auch die sowjetische Außenpolitik nach neuen Grundsätzen zu orientieren. Nachdem er darauf hatte verzichten müssen, die Regierungen der kapitalistischen Staaten gewaltsam zu stürzen, blieb nichts anderes übrig, als die Wiederherstellung normaler Beziehungen mit ihnen ins Auge zu fassen.

Im Februar 1921 gelang der Abschluß von Verträgen mit Persien und Afghanistan. Sowjetrußland gewann die Kontrolle über die Fischerei im Kaspischen Meer und sicherte sich das Recht, in Persien einzumarschieren, falls die persischen Streitkräfte sich als zu schwach erweisen sollten, den Einmarsch einer dritten Macht (Englands) zu verhindern. Dafür verzichtete Sowjetrußland auf alle Rechte, die sich seinerzeit der Zarismus hinsichtlich der Konzessionen, Eisenbahnen und Banken in Persien ausbedungen hatte. Der russisch-persische Warenaustausch nahm, im Wettbewerb mit England, einen bedeutenden Umfang an. Afghanistan hatte sich 1919 von der Herrschaft Großbritanniens befreit. Moskau beeilte sich, die Unabhängigkeit des neuen Staates anzuerkennen, worauf auch London genötigt war, dasselbe zu tun. Hier zeigte sich schon die Tendenz der sowjetrussischen Politik, koloniale und halbkoloniale Völker in ihrem Kampf um Emanzipation gegen imperialistische Großmächte zu unterstützen.

Denselben Charakter wies der am 16. März 1921 abgeschlossene Friedens- und Freundschaftspakt mit der Türkei auf. »In Anbetracht der Ähnlichkeit«, hieß es im Vertragstext, »die zwischen dem nationalen Freiheitskampf der Völker des Orients und dem Kampf der russischen Arbeiter um eine neue Gesellschaftsordnung besteht«, verzichtete die Sowjetregierung auf alle Rechte, die von der Türkei der zaristischen Regierung zugestanden worden waren, insbesondere auch auf alle Schulden.

Die Mongolei, auf deren Gebiet der weißgardistische Kavalleriegeneral Ungern-Sternberg von der Roten Armee besiegt und erschossen worden war, schloß am 5. November 1921 mit Sowjetrußland einen Vertrag, worin sich beide Staaten hinsichtlich ihrer Handelsbeziehungen die Meistbegünstigungsklausel konzedierten.

1922 anerkannte Japan die sowjetische Regierung, und China, dem Sowjetrußland schon 1920 eine Verständigung angeboten hatte, leistete nun, wenn auch zögernd, der Einladung Folge. Durch Vertrag vom 31. Mai 1924 verzichtete die Sowjetunion, zugunsten eines Fonds für chinesische Volksbildung, auf Entschädigungsansprüche, die der Regierung des Zaren nach dem Boxeraufstand (1900) zugestanden worden waren.

DIE RUSSISCHE REVOLUTION

Am 16. März 1921 wurde zwischen England und Sowjetrußland ein Handelsvertrag abgeschlossen. Er wurde als de facto-Anerkennung des Sowjetregimes ausgelegt. Einer weitergehenden Anerkennung leistete der britische Außenminister, Lord Curzon, ein notorischer Feind des Bolschewismus, hartnäckigen Widerstand, weil Rußland sich weigerte, die Schulden der zaristischen Regierung zu bezahlen, während die englischen Finanzkreise hofften, ihr in Rußland investiertes Kapital zurückzubekommen.

Anfang September 1921 erfolgte die Unterzeichnung eines Handelsvertrages mit Norwegen, im Dezember mit Österreich und Italien.

Auch Deutschland war nicht in der Lage, die Existenz Sowjetrußlands zu ignorieren. Ein Vertrag über die gegenseitige Freilassung von Kriegsgefangenen und Zivilinternierten drängte sich auf (19. April 1920). Ihm folgte ein deutsch-russisches Handelsabkommen (6. Mai 1921).

An der internationalen Wirtschaftskonferenz von Genua nahmen neunundzwanzig Staaten teil, darunter Deutschland und Rußland. Lloyd George verlangte, daß die Sowjetregierung die Schulden des zaristischen Regimes sowie die von Ausländern in Rußland während der Revolution erlittenen Vermögensverluste anerkenne. Als Gegenleistung stellte er die allgemeine de jure-Anerkennung der bolschewistischen Regierung und die Bewilligung einer erheblichen Anleihe in Aussicht. Tschitscherin, der an der Spitze der sowjetischen Delegation stand, erwiderte, daß sein Land infolge der militärischen Intervention des Auslandes während des Bürgerkrieges Schäden im Betrage von dreißig Milliarden Goldrubel erlitten habe. Die Verhandlungen gerieten ins Stocken und wurden unterbrochen. In der Nacht vom 15. auf den 16. April 1922 verabredete Tschitscherin telefonisch eine Zusammenkunft mit Rathenau, dem Führer der deutschen Delegation. Beide trafen sich am folgenden Tag in Rapallo und überraschten die Öffentlichkeit durch den Abschluß eines deutsch-russischen Freundschaftspaktes, in dem beide Parteien auf Kriegsentschädigungen völlig verzichteten und die Wiederaufnahme diplomatischer Beziehungen sowie die gegenseitige Meistbegünstigungsklausel im Handelsverkehr vereinbarten. Gestrichen wurde auch Deutschlands Anspruch auf Vergütung des in Rußland während der Revolution expropriierten Privateigentums, unter der Bedingung, daß auch an Kapitalisten anderer Nationalität keine analoge Entschädigung entrichtet werde. Durch diesen Vertrag befreiten sich sowohl Deutschland als auch Sowjetrußland vom Druck der völkerrechtlichen Isolierung. Das erste Auftreten der Russen an einer internationalen Konferenz brachte ihnen einen eklatanten Erfolg. Bei den Westmächten entstand großes Unbehagen. Lloyd George mußte, gleichsam zur Sühne für das nun endgültig verlorene englische Kapital, demissionieren. – Erst viel später erfuhr man, daß damals zugleich geheime militärische Verhandlungen geführt worden waren. Die Führung der deutschen Reichswehr (von Seeckt) war nicht abgeneigt, mit Rußland zusammenzuarbeiten, um auf sowjetischem Territorium, entgegen den Abrüstungsbestimmungen des Vertrages von Versailles, deutsche Offiziere der Luft- und Panzerwaffe auszubilden, während Kreise der sowjetischen Armee ihrerseits deutsche Spezialisten beim Ausbau der Rüstungsindustrie verwenden wollten.

Obwohl die Wiederherstellung normaler Beziehungen zu Sowjetrußland im Interesse des europäischen Handels geboten war, hielten mehrere Staaten am Boykott der bolschewistischen Regierung fest. Dazu gehörten: Finnland, die Tschechoslowakei, Jugoslawien und Rumänien. Auch Polen und die baltischen Randstaaten wahrten Zurückhaltung gegenüber allen Annäherungsversuchen der sowjetrussischen Diplomatie. Sehr gespannt waren die Beziehungen zwischen Sowjetrußland und der Schweiz. Im November 1918 wurde der Vertreter Sowjetrußlands, Bersin, unter der Anschuldigung bolschewistischer Propaganda, aus der Eidgenossenschaft ausgewiesen. Als bald darauf die schweizerische Gesandtschaft in Petersburg, bei der viele Schweizer ihre zum Teil in die Millionen gehenden Vermögen deponiert hatten, geplündert wurde, erfolgte der Abbruch aller offiziellen Beziehungen. 1923 ermordete ein durch die Revolution aus Rußland vertriebener Schweizer, Conradi, den in Italien akkreditierten sowjetrussischen Diplomaten Worowskij, der als Beobachter an der griechisch-türkischen Konferenz in Lausanne teilnahm. Vor ein waadtländisches Schwurgericht gestellt, wurde der Täter mit 5:4 Stimmen zwar schuldig gesprochen, jedoch sofort freigelassen, weil Bestrafung, sobald mehr als drei Geschworene zugunsten des Angeklagten sich äußerten, laut Gesetz ausgeschlossen war. In Rußland rief dieser Freispruch größte Empörung hervor. Die Sowjetregierung boykottierte die Schweiz. Von 1927 an wurden, in beschränktem Umfang, kommerzielle Beziehungen toleriert. Als 1934 der Antrag gestellt wurde, die Sowjetunion in den Völkerbund aufzunehmen, plädierte Bundesrat Motta (ohne Erfolg) für Abweisung des Gesuches. Die Wiederaufnahme normaler Beziehungen zwischen der Schweiz und Sowjetrußland wurde erst 1946 herbeigeführt.

Am 8. Februar 1924 wurde die Sowjetunion von Mussolini de jure anerkannt. Er begründete diesen Schritt mit Vorteilen des zu erwartenden Güteraustausches. Dem Beispiel Italiens folgten Norwegen, Österreich, Griechenland und Schweden, Mitte Juni auch Dänemark und im August Mexiko. Von besonderer Bedeutung war die de jure-Anerkennung durch England (1. Februar) und durch Frankreich (im Oktober 1924), weil beide Mächte auf Rückerstattung ihrer aus der Zarenzeit datierenden Guthaben endgültig verzichteten.

Im Herbst 1924 wurden die britisch-russischen Beziehungen allerdings durch einen peinlichen Vorfall auf die Probe gestellt. Auf Grund von Dokumenten zweifelhafter Herkunft, aus denen unter anderem auch die Existenz sowjetrussischer Spionage-Organisationen auf britischem Boden hervorzugehen schien, wurde die Komintern beschuldigt, sich durch finanzielle Unterstützung von Streiks in die englische Innenpolitik einzumischen. Russischerseits wurden diese sogenannten »Sinowjew-Briefe« als Fälschungen bezeichnet; die englische Öffentlichkeit hielt sie für echt. Obwohl Premierminister MacDonald gegen die Sowjetregierung heftige Anklagen richtete, wurde er – hauptsächlich wegen der »Sinowjew-Briefe« – am 8. Oktober 1924 gestürzt, und die neue Regierung Baldwin/Austen Chamberlain erklärte am 27. Mai 1927 den Abbruch der diplomatischen Beziehungen zu Moskau, nachdem die Polizei in den Räumen der englisch-sowjetischen Aktiengesellschaft »Arcos« kompromittierende Dokumente beschlagnahmt hatte. 1929 kam MacDonald wieder an die Macht und stellte die normalen Beziehungen wieder her.

Durch die Vereinigten Staaten von Nordamerika wurde die de jure-Anerkennung der Sowjetunion 1933, unter der Präsidentschaft Roosevelts, ausgesprochen.

Der Kampf um die Führung nach Lenins Tod

Nachdem Lenin am 21. Januar 1924 in Gorki gestorben war, wurde sein Körper einbalsamiert. Am 23. Januar traf der Trauerzug mit dem Sarg in Moskau ein. Im Kolumnensaal des Gewerkschaftshauses, des ehemaligen Adelsklubs, wurde Lenin öffentlich aufgebahrt. Trotz der herrschenden Kälte (fünfunddreißig Grad unter Null) schritten fünf Tage lang, Tag und Nacht, Hunderttausende am offenen Sarg vorbei, um Abschied zu nehmen vom Führer der Revolution. In China wurde auf Anregung von Sun Yat-sen dreitägige Landestrauer angeordnet. Am 26. Januar fand im Großen Theater die Abdankungsfeier statt, an der – unter anderen – Kalinin, Nadjeschda Krupskaja (Lenins Witwe), Stalin, Klara Zetkin sowie mehrere Vertreter der Intelligenz, der Arbeiter und Bauern das Wort ergriffen. Gleichsam als Testamentsvollstrecker Lenins auftretend, beteuerte Stalin in feierlichem Schwur, daß die bolschewistische Partei das politische Vermächtnis des Verstorbenen erfüllen werde. Trotzkij, dessen Einfluß damals schon im Sinken begriffen war, fehlte. Er befand sich auf einer Reise nach Suchumi am Schwarzen Meer, wo er eine hartnäckige Erkältung loszuwerden hoffte, die er sich im Oktober auf der Entenjagd zugezogen hatte. Die Nachricht von Lenins Tod erreichte ihn auf dem Bahnhof in Tiflis. Er ließ sich mit dem Kreml telefonisch verbinden und erhielt die Auskunft, daß das Begräbnis auf Samstag, den 26. Januar, angesetzt sei. Im Glauben, daß er zur Bestattung nicht mehr rechtzeitig eintreffen könne, verzichtete er auf die Rückreise nach Moskau und setzte die Fahrt nach Suchumi fort.

Das Begräbnis fand am Sonntag, dem 27. Januar, statt. Die Zeremonie begann um neun Uhr. Eine ungeheure Menschenmenge defilierte stundenlang über den Roten Platz. Um vier Uhr nachmittags wurde der Sarg in einem provisorisch aus Holz gezimmerten, später aus Marmor und Granit errichteten Mausoleum beigesetzt. Für fünf Minuten wurde in der ganzen Sowjetunion die Arbeit eingestellt. Artilleriesalven erschütterten die Luft. Die Sirenen aller Fabriken, Lokomotiven und Schiffe heulten auf.

Lenins Grab ist zu einer Wallfahrtsstätte, später vielleicht für viele zu einer bloßen »Sehenswürdigkeit« der Stadt Moskau geworden.

Zu seinem Andenken wurde seine Geburtsstadt Simbirsk in Uljanowsk, Petrograd (Petersburg) in Leningrad umbenannt. Ein Lenin-Institut wurde gegründet, das alle Schriften und Andenken an den Führer der russischen Revolution sammeln sollte. Unter den ersten Objekten, die ihm zu Forschungszwecken überwiesen wurden, befand sich Lenins Gehirn. Das Institut, das später mit dem Marx-Engels-Institut vereinigt wurde, hat Lenins sämtliche Werke herausgegeben; die in den Jahren 1954 bis 1958 erschienene vierte Auflage umfaßt achtunddreißig Text- und zwei Registerbände. (Die während der Herrschaft Stalins gedruckten Auflagen sind von Stellen, die dem Diktator unerwünscht erschienen, »gesäubert« worden.)

Das überwältigende Gepränge bei Lenins Bestattung war von Stalin nicht ohne Hintergedanken arrangiert worden. Als ehemaliger Zögling des Priesterseminars von Tiflis wußte er, wie sehr die Masse des Volkes, namentlich der Bauernstand, durch Nachahmung urtümlich religiöser Riten sich beeindrucken ließ. Gegen die Einbalsamierung Lenins und den übrigen, seinem Wesen durchaus nicht entsprechenden Pomp hatte Lenins Witwe

Protest eingelegt. Stalin setzte sich jedoch darüber hinweg. Er war entschlossen, aus Lenins Mausoleum ein Mekka, aus seiner Gestalt einen Mythos zu machen und beides für den eigenen Aufstieg zur Macht auszunützen.

Jossif Wissarionowitsch Dschugaschwili, in intimeren Kreisen »Sosso« oder »Koba« genannt, der sich später das Pseudonym »Stalin« (der Stählerne) beilegte, hat am 21.Dezember 1878 in Gori (Kaukasus) als Sohn eines armen Schuhmachers und einer Wäscherin das Licht der Welt erblickt. Von seinem Vater, den er als Elfjähriger verlor, soll er oft unverdienterweise hart gezüchtigt worden sein, was ihn mißtrauisch, listig und verschlagen werden ließ. Fünf Jahre lang besuchte »Sosso« eine Bezirksschule, wo er sich durch so gute Leistungen auszeichnete, daß der Rektor für ihn ein Stipendium erwirkte, welches den Aufenthalt im erwähnten Priesterseminar, und zwar von 1894 bis 1899, ermöglichte.

Die ersten Keime einer revolutionären Bewegung im Kaukasus hat die zaristische Regierung im 19.Jahrhundert selbst gepflanzt, indem sie unbotmäßige Dichter (Puschkin, Lermontow), Offiziere, Polen und schließlich auch Arbeiter (Kalinin) dorthin verbannte. Die revolutionäre Bewegung fand in Georgien einen günstigen Nährboden, weil sich hier fühlbare Reste der Leibeigenschaft bis ins 20.Jahrhundert hinein erhalten haben.

Unter diesen Umständen ist es verständlich, daß die Zöglinge des Priesterseminars in Tiflis sehr aufsässig waren. Sie organisierten Schulstreiks, und viele von ihnen lasen verbotene Bücher, wie Werke von Darwin, Buckle, John Stuart Mill, Renan und Victor Hugo. Auch einzelne Lehrer unterrichteten in liberalem Geist.

1895 veröffentlichte »Sosso« in einer georgischen Zeitschrift sein erstes sozialistisch angehauchtes Gedicht. Heimlich erfreute er sich an großen satirischen Dichtern Rußlands, wie Gogol, Tschechow oder Saltykow-Schtschedrin, und er dürfte auch schon Schriften von Marx gelesen haben, deren Übersetzung unter den Seminaristen in handschriftlichen Exemplaren zirkulierte. Bei verbotener Lektüre wurde er durch die Schulbehörden immer wieder ertappt und bestraft, schließlich sogar relegiert.

Da es im Kaukasus damals schon viele Arbeiter gab – in den Petrolfeldern von Baku und Batum, in den Mangangruben von Tschiaturi, ferner Tabakarbeiter, Weber und Eisenbahner –, so widmete sich Stalin, von brennendem Haß gegen die besitzenden Klassen erfüllt, mit Eifer der politischen Agitation. Seine erste öffentliche Rede hielt er, unter roten Fahnen und Bildern von Marx und Engels, an einer Maifeier des Jahres 1900. Bald darauf sah er sich, da die Polizei ihn suchte, gezwungen, mit Hilfe falscher Namen und falscher Pässe »unterzutauchen«. Er beteiligte sich an revolutionärer Propaganda unter den Arbeitern in Batum und wurde 1902 erstmals verhaftet. Anderthalb Jahre später verbannte man ihn, ohne Gerichtsverfahren, lediglich durch »administrative Verfügung«, nach Ostsibirien. Im Januar 1904 entfloh er und nahm seine illegale Tätigkeit im Kaukasusgebiet wieder auf. Mittlerweile hatte sich in London (1903) die Spaltung der russischen Sozialisten in »Harte« und »Weiche«, in Bolschewiki und Menschewiki vollzogen. Stalin schloß sich, nach kurzem Zögern, der bolschewistischen Richtung Lenins an. Im Dezember 1905 lernte er, auf einer Parteikonferenz in Tammerfors (Finnland), Lenin persönlich kennen. 1906 vertrat er Lenins Gruppe als einziger Bolschewik bei einer Parteikonferenz in Stockholm. 1907 reiste er zu einem Parteikongreß nach London, wo er zum erstenmal Trotzkij begegnete.

Während Lenin und andere Führer des Bolschewismus, nachdem die Revolution von 1905 mißlungen war, sich wieder nach Westeuropa begaben, blieb Stalin in Rußland, wo er der illegalen Bewegung diente. Im mohammedanischen Viertel von Baku, inmitten einer orientalischen Umwelt, stand ihm eine bolschewistische Geheimdruckerei zur Verfügung. Mit fanatischer Hingabe leitete Stalin, durch Organisation von Streiks und gewerkschaftlichem Widerstand gegen die Unternehmungen der Erdölindustrie, die letzten Rückzugsgefechte des Proletariats gegen die erstarkende Reaktion. Auch an der Vorbereitung eines erfolgreichen Überfalls auf den Geldtransport einer Bank nahm er teil.

Im Frühjahr 1908 wurde Stalin von der Ochrana verhaftet und im November nach Solwytschegodsk (Nordrußland, Gouvernement Wologda) deportiert. Unterwegs erkrankte er an Typhus. Im Juni 1909 entfloh er und erschien, selbstverständlich unter anderem Namen, wieder in Baku. Im März 1910 wurde er von der Polizei identifiziert. Er mußte in Solwytschegodsk den Rest seiner Verbannungszeit absitzen und durfte nachher fünf Jahre lang nicht in den Kaukasus zurückkehren. Am 27. Juni aus der Verbannung befreit, geriet er in St. Petersburg bald darauf erneut in die Hände der zaristischen Sicherheitsorgane, kam für mehrere Monate ins Gefängnis und wurde abermals nach Nordrußland verschickt. Man konnte jedoch nicht verhindern, daß er im September 1912 in St. Petersburg auftauchte, um inkognito an der Begründung und Redaktion der »Prawda« teilzunehmen. Im November reiste er nach Krakau, wo er mit Lenin zusammentraf. Auf dessen Anregung hin verfaßte er in Wien eine Schrift: »Der Marxismus und die nationale Frage«, durch die er sich erstmals als »sozialistischer Theoretiker« auswies. In Wien begegnete ihm, außer Leo Trotzkij, der damals erst fünfundzwanzigjährige Bucharin, der später als Verfasser einer gemeinverständlichen marxistischen Soziologie bekannt werden sollte. Der europäischen Kultur blieb Stalin trotz gelegentlicher Auslandsaufenthalte innerlich fern.

Am 23. Februar 1913 wurde Stalin in St. Petersburg zum letztenmal verhaftet. Ein *agent provocateur*, Malinowski, der es unbegreiflicherweise verstanden hatte, Lenins und seiner Freunde unbeschränktes Vertrauen zu erschleichen, verriet ihn der Polizei. Diesmal wies ihm die Justizverwaltung einen Zwangsaufenthalt in Kureika, einem winzigen Dorf in der Tundra Mittelsibiriens, am Polarkreis in der Nähe von Turuchansk an. Aus dieser letzten Verbannung wurde er erst bei Ausbruch der bürgerlich-demokratischen Revolution im Frühjahr 1917 entlassen.

Stalin hatte sich eine asketische Lebensweise und durch wiederholte Gefängnis- und Sibirienaufenthalte eine erstaunliche Abhärtung erworben. In geistiger Beziehung zeichnete er sich dadurch aus, daß er die Instinkte und Bedürfnisse des einfachen Volkes viel besser verstand als jene Mitglieder seiner Partei, die aus intellektuellen und vermögenden Kreisen hervorgegangen waren. Auch lag seine Stärke darin, daß er als Parteifunktionär die unvermeidliche organisatorische Kleinarbeit sehr gründlich zu verrichten gewohnt war. Weder als Redner noch als Schriftsteller schien er bemerkenswert. Allerdings verlieh ihm seine Karriere – mit ihrem bunten Wechsel von illegaler Aktivität, Verhaftung, Verbannung und Flucht – den Nimbus einer um die Sache der Revolution sehr verdienten Kämpfernatur.

Im März 1917, kurz nach der Abdankung des Zaren, trafen Stalin und Kamenew aus Sibirien in Petrograd ein. Solange Lenin und andere prominente Politiker der äußersten

Linken als Emigranten noch in Westeuropa weilten, fiel die Führung der bolschewistischen Partei einer zur Hauptsache aus Kalinin, Kamenew, Molotow und Stalin bestehenden Gruppe zu. Kamenew und Kalinin befürworteten eine Annäherung an die gemäßigte menschewistische Richtung. Molotow war radikaler: Er verlangte den Rücktritt der provisorischen Regierung des Fürsten Lwow und die Übertragung der ganzen Staatsgewalt auf die (damals mehrheitlich noch nicht bolschewistischen) Arbeiter-, Bauern- und Soldatenräte. Stalin vermied, schlau und vorsichtig lavierend, eine klare Stellungnahme. Hierin zeigte sich seine im Grunde noch subalterne Haltung. Erst Lenin, der am 16. April 1917 russischen Boden betrat, verstand es, der Partei eine eindeutig maximalistische Linie aufzuprägen, und Stalin fügte sich ihm sofort.

Nach dem bolschewistischen Aufstandsversuch im Juli 1917, der mißlang, brachten sich Lenin und Sinowjew in Sicherheit. Trotzkij, Kamenew, Lunatscharskij und andere wurden verhaftet. Provisorisch übernahm Stalin die Führung der Partei, die schon Ende Juli unter seinem Vorsitz einen geheimen Kongreß abhalten konnte. Im Verlauf der Debatten brachte Stalin auch diesmal keine originellen Ideen vor. Seine Bedeutung lag darin, daß er sich durch die Niederlage der Partei nicht erschüttern ließ, sondern Festigkeit und Zuverlässigkeit an den Tag legte. Der Antrieb, zwecks Eroberung der Macht einen neuen Aufstand zu wagen, ging von Lenin aus. Kamenew und Sinowjew schreckten davor zurück, »die ganze Zukunft der Arbeiterklasse auf eine Karte zu setzen«. Die übrigen zehn Mitglieder des Zentralkomitees der Partei, darunter Stalin, sprachen sich für den Aufstand aus. An der tatsächlichen Eroberung der Macht scheint Stalin keinen hervorragenden Anteil genommen zu haben, obwohl er dem Militärischen Revolutionskomitee angehörte. Er selbst schrieb damals (in einem Artikel der »Prawda«), »die gesamte praktische Arbeit, die mit der Organisation der Erhebung zusammenhing«, der »direkten Leitung des Genossen Trotzkij« zu. Sogar die amtliche sowjetische Geschichtsschreibung, die später alle Taten und Worte Trotzkijs aus der Überlieferung ausmerzte, hat es nicht gewagt, in der Schilderung des Aufstandes seinen Namen durch denjenigen Stalins zu ersetzen.

Am Tag nach der Machtergreifung Lenins und seiner Partei wurde die Zusammensetzung der neuen Regierung bekanntgegeben. An letzter Stelle figurierte als »Volkskommissar für Nationalitätenfragen« J. W. Dschugaschwili-Stalin.

Er handelte auch hier nach Lenins Direktiven. Am 15. November 1917 diktierte ihm Lenin eine »Erklärung der Rechte der Völker Rußlands«, worin ihnen Gleichheit, volle Souveränität und Selbstbestimmungsrecht verliehen wurden, einschließlich des Rechtes, sich von Rußland zu trennen und unabhängige Staaten zu bilden. Vierzehn Tage darauf überbrachte Stalin dem Kongreß der Sozialdemokraten in Helsinki ein Gesetz über die Anerkennung der Unabhängigkeit Finnlands.

Mit Hinblick auf die Ukraine, wo sich revolutionäre Sowjets gebildet hatten, modifizierte Stalin allerdings sein Nationalitätenprinzip schon bald, indem er erklärte, das Selbstbestimmungsrecht sei nicht der Bourgeoisie, sondern nur den arbeitenden Massen der Nationen gewährt worden.

Als einige bolschewistische Parteiführer – Rykow, Kamenew, Lunatscharskij und andere – eine Regierungskoalition mit den Sozialdemokraten und Sozialrevolutionären verlangten und Lenin diese Forderung bekämpfte, konnte er sich darauf verlassen, daß Stalin seinen Standpunkt unbedingt teilen werde.

Nachdem am 30. August 1918 von Sozialrevolutionären auf Lenin, Urizkij und Wolodarskij Attentate verübt worden waren, nahm Stalin, der damals in Zarizyn weilte, am Vergeltungsterror, mit dem die bolschewistische Partei diese Anschläge beantwortete, einen besonders eifrigen Anteil.

Während des Bürgerkrieges wurde er nach Zarizyn entsandt, um die wichtige Eisenbahnverbindung zwischen Moskau und dem Nordkaukasus zu sichern. Der administrative Auftrag führte aber dazu, daß er Mißbräuche in der Roten Armee aufdeckte, gegen die er mit äußerster Rücksichtslosigkeit vorging. »Unsere Hand wird nicht zittern«, schrieb er an Lenin nach Moskau. Schließlich mischte er sich auch in die strategische Leitung der Operationen ein. Seine Rivalität gegenüber Trotzkij, der damals dem Militärwesen vorstand, wurde nun, nachdem sie schon früher da und dort in Erscheinung getreten war, außerordentlich verschärft.

1919 wurde Stalin zum Vorsitzenden der »Arbeiter- und Bauern-Inspektion« ernannt, einer Behörde, die die überall herrschende »Unfähigkeit und Korruption ausrotten« sollte und deshalb mit gewaltiger Macht gegenüber dem staatlichen Verwaltungsapparat ausgestattet wurde.

1921 übernahm er das Präsidium der »Zentralkontrollkommission«, die damit beauftragt wurde, »Säuberungen« in der Partei zu vollziehen. Anfang April 1922 bekam Stalin ein neues Amt: das Generalsekretariat des Zentralkomitees der Partei. Seine Kompetenzen wurden immer umfassender. Es stand ihm insbesondere das Recht zu, alle zu ernennenden Parteifunktionäre vorzuschlagen. »Dieser Koch«, sagte Lenin damals, »wird uns nur gepfefferte Speisen anrichten.« In der Tat hatte Stalin im Laufe der Zeit Tausende von Dossiers angelegt, aus denen er – sooft es galt, einen ihm mißliebigen Genossen unmöglich zu machen – »belastende Feststellungen« hervorziehen konnte. Die Sammlung seiner Geheimakten sollte ihm bald ähnliche Dienste leisten wie ein Giftschrank manchen Fürsten der Renaissance.

Kurz vor Lenins Tod wurde Stalin allerdings in einen Konflikt verwickelt, der ihn beinahe seine mühsam aufgebaute Karriere gekostet hätte.

1921 hatte Stalin als Kommissar für Nationalitätenfragen Befehl gegeben, die menschewistische Regierung Georgiens zu vertreiben und das Land durch Einheiten der Roten Armee zu besetzen. Dagegen protestierten manche Georgier, obwohl sie der bolschewistischen Partei angehörten. Stalin beschuldigte sie kleinbürgerlicher Gesinnung und erklärte, im Interesse der Revolution müsse man »der Hydra des lokalen Patriotismus die Köpfe abhacken«. Lenin, der damals (Spätsommer 1922) im Begriff war, sich von seinem ersten Schlaganfall zu erholen, versuchte, die Georgier gegen Stalins Zentralismus zu schützen. Im November 1922 ließ er sich über die in Georgien herrschenden Zustände (brutale Mißbräuche der Amtsgewalt) ausführlich unterrichten und entdeckte dabei, daß manche seiner Weisungen nicht befolgt worden, vielmehr in Stalins Generalsekretariat liegengeblieben waren.

Nach dem zweiten Schlaganfall (16. Dezember) diktierte Lenin eine Art Testament, worin er die Frage erörterte, wer nach seinem Tode die Führung der Partei übernehmen solle. Er bezeichnete Stalin und Trotzkij als »die zwei fähigsten« Mitglieder des Zentralkomitees, deutete an, daß Trotzkij »unzweifelhaft der fähigste Kopf« sei, daß er aber eine individualistische Neigung habe, sich den Beschlüssen des Zentralkomitees zu widersetzen, und fuhr dann fort: »Seit Genosse Stalin Generalsekretär geworden ist, vereinigt er in seiner Hand eine ungeheure Macht, und ich bin nicht davon überzeugt, daß er sie stets mit der gebotenen Vorsicht wird zu nützen wissen.« Sowohl gegen Stalin als auch gegen Trotzkij machte Lenin also Vorbehalte. Er beschränkte sich darauf, eine Erhöhung der Mitgliederzahl des Zentralkomitees (auf fünfzig oder hundert) zu empfehlen. Dann diktierte Lenin Notizen über den Konflikt in Georgien, worin er Stalin vorwarf, »eine verhängnisvolle Rolle« gespielt zu haben. Den Nationalismus eines Volkes, das unterdrückt worden sei, müsse man nachsichtiger behandeln als den Nationalismus eines Volkes, das andere unterdrückt habe. »Stalin ist zu schroff, und dieser Fehler ist im Amt eines Generalsekretärs untragbar. Deshalb schlage ich den Genossen vor, einen Weg zu suchen, auf dem Stalin von diesem Posten entfernt werden könnte.«

Diese Verfügung Lenins von Todes wegen blieb zunächst geheim; nur Lenins Frau und einige im Hause Lenins arbeitende Sekretäre waren eingeweiht. Dagegen wurde in der »Prawda« vom 4. März 1923 ein Aufsatz Lenins veröffentlicht, der das von Stalin geleitete Kommissariat für Arbeiter- und Bauern-Inspektion einer scharfen Kritik unterzog. Am folgenden Tag fand zwischen Lenin und Stalin eine offenbar sehr heftige persönliche Auseinandersetzung statt, und Lenin teilte darauf Stalin schriftlich mit, daß er alle Beziehungen mit ihm abbreche. Den bolschewistischen Georgiern telegraphierte er, er sei mit ganzem Herzen bei ihnen und außer sich über das Vorgehen Stalins und Dserschinskijs (des Chefs der Tscheka). Er setzte Trotzkij und Kamenew von der Zuspitzung des Konfliktes mit Stalin in Kenntnis. Bevor er aber weitere Schritte unternehmen konnte, wurde Lenin zum drittenmal von einem Schlaganfall niedergeworfen und der Fähigkeit beraubt, die schon begonnene Aktion gegen Stalin erfolgreich zu Ende zu führen. In der Hoffnung, daß Lenin vielleicht bald wieder arbeitsfähig sein werde, unterließ es Trotzkij jedoch, an seiner Stelle sofort zu handeln. Stalin benützte dieses Zögern seines Rivalen, um sich mit Kamenew und Sinowjew zu verbünden. Kamenew stand, als Stellvertreter Lenins, an der Spitze des Moskauer Sowjets. Sinowjew war Vorsitzender des Sowjets von Petrograd sowie Präsident der Kommunistischen Internationale. Stalin verfügte über das Personalamt mit seinen geheimen Dossiers. Alle drei waren einig darin, daß Trotzkij, der allgemein als präsumptive Nachfolger Lenins betrachtet wurde, verhindert werden müsse, die Führung der Partei zu übernehmen.

Das Triumvirat setzte es zunächst durch, daß die Erledigung der georgischen Frage »bis zu Lenins Genesung« verschoben wurde. Da und dort aufkommende kritische Stimmen wurden von Stalin mit Bemerkungen zum Schweigen gebracht, wie etwa: Rußland sei »von den Wölfen des Imperialismus umgeben«, und es könne deshalb nicht geduldet werden, daß die Partei sich wie ein »Debattierklub« benehme. Die Befugnisse der Tscheka wurden erweitert: Es wurde ihr erlaubt, auch gegen jedes Mitglied der bolschewistischen Partei vorzugehen, das sich weigerte, ihre Nachforschungen zu unterstützen. Stalin verteidigte diesen despotischen Ausbau der Parteiherrschaft und der polizeilichen Bürokratie mit der

These, daß man davon »noch sehr weit entfernt« sei, das Ideal der Demokratie verwirklichen zu können, solange Rußland kein höheres Niveau der Zivilisation erreicht habe und infolge der Bedrohung durch eine feindliche Umwelt zum Unterhalt einer großen stehenden Armee gezwungen sei.

Als Trotzkij in einer Zeitungspolemik die Freiheit der politischen Meinungsäußerung zum mindesten innerhalb gewisser Grenzen verlangte, erwiderte Stalin in einer Parteikonferenz mit drohendem Unterton, daß er, Trotzkij, noch vor wenigen Jahren Menschewik gewesen sei und nun schon wieder als Sprecher der kleinbürgerlichen Intellektuellen auftrete. Eine monolithische Partei dürfe keine Spaltungen dulden. In Zukunft – Lenin selbst habe dies früher beantragt – müsse dem Zentralkomitee die Befugnis eingeräumt werden, sogar seine eigenen Mitglieder für parteischädigende Tätigkeit aus der Partei auszuschließen. Um die Partei vor jedem Rückfall in kleinbürgerliche Ideologien zu bewahren und um ihren proletarischen Charakter zu stärken, müsse man zweihunderttausend Arbeiter neu als Mitglieder aufnehmen. Beide Anregungen wurden zum Beschluß erhoben, und damit hatte Stalin seinen Gegner bereits überspielt.

Bei Lenins Begräbnis begründete Stalin den Lenin-Kult. Stillschweigend ernannte er sich selbst zum authentischen Interpreten des Leninismus und popularisierte ihn fortan in vereinfachter, dem geistigen Fassungsvermögen primitiver Menschen entsprechender Form.

Vier Monate nach Lenins Tod wurde in einer Sitzung des Zentralkomitees jene Stelle aus Lenins Testament vorgelesen, die den Vorschlag enthielt, Stalin vom Posten des Generalsekretärs zu entfernen. Es war Sinowjew, der in diesem gefährlichen Augenblick Stalin zu Hilfe kam, indem er erklärte, daß Lenins Befürchtungen hinsichtlich Stalins sich glücklicherweise als unbegründet erwiesen hätten. Er stellte den Antrag, Stalin in seinem Amt zu belassen und das Testament nicht zu veröffentlichen. Mit 40 : 10 Stimmen wurde in diesem Sinne beschlossen. Trotzkij nahm an jener Sitzung auch teil; er schwieg. (Später wurde das Testament von Trotzkijs Freunden in der »New York Times« veröffentlicht; offiziell wurde es von der Sowjetregierung erst nach dem Tode Stalins als echt anerkannt.)

Im Mai 1924, auf dem dreizehnten Parteitag, wurde Trotzkij aufgefordert, seine oppositionelle Haltung aufzugeben. Sinowjew verlangte sogar, daß er seine Irrtümer einsehen und abschwören solle. Die Erklärung Trotzkijs war ausweichend. Die Partei, sagte er zwar, habe »letzten Endes immer recht«, denn sie sei das einzige historische Instrument des Proletariats; seine Kritik als Irrtum zu kennzeichnen, sei ihm jedoch unmöglich. Bei den Massen der Partei verlor er an Ansehen. Viele Parteigenossen hatten schon vor dem Tode Lenins begonnen, sich von Trotzkij zurückzuziehen. So wurde er immer einsamer. Stalin, der ihm als Taktiker hoch überlegen war, erreichte es mühelos, daß der fünfte Kongreß der Kommunistischen Internationale die trotzkistische Opposition verurteilte. Jede Äußerung, die Trotzkij je gegen Lenin gerichtet hatte, wurde für seine Diffamierung ausgebeutet.

In einer Broschüre »Die Lehren des Oktober« verlangte Trotzkij noch einmal Diskussionsfreiheit innerhalb der Partei. Er griff Sinowjew und Kamenew wegen ihrer Unentschlossenheit im Oktober 1917 an. Im Verlauf der anschließenden Polemik attestierte Stalin beiden, daß sie stets gute Leninisten gewesen seien; er nötigte sogar Lenins Witwe, zugunsten der Angegriffenen öffentlich aufzutreten. Gleichzeitig stellte Stalin die Behauptung auf, daß

Trotzkij 1917, als die Partei die Macht erkämpfte, dem wirklich leitenden Komitee gar nicht angehört habe. Damit begann er an der Geschichte der bolschewistischen Revolution »Retouchen« vorzunehmen, die nach und nach zu einer systematischen, grotesken Geschichtsfälschung führten.

Im Januar 1925 wurde Trotzkij von Stalin veranlaßt, als Kriegskommissar von seinem Posten zurückzutreten. Er leistete keinen Widerstand. Im Privatgespräch nannte er Stalin geringschätzig »die hervorragendste Mittelmäßigkeit der Partei«, den Exponenten und Wortführer »all der Würmer, die über den von der Revolution aufgepflügten Boden kriechen«. Vielleicht wollte er warten, bis sich die Politik Stalins durch offenkundige Fehler kompromittiere, um alsdann den Georgier zu stürzen.

Im Mittelpunkt der Kontroverse zwischen Stalin und der trotzkistischen Opposition stand seit 1925 die Frage, ob man den Weg der »permanenten Revolution« zu beschreiten oder den »Sozialismus in einem Lande« verwirklichen solle.

Trotzkij vertrat die These, daß Rußland allein nicht imstande sein werde, die sozialistische Wirtschafts- und Gesellschaftsordnung zu realisieren, wenn sich ihm nicht andere Staaten, namentlich solche des europäischen Westens, anschließen. Voraussetzung für das Gelingen der sozialistischen Revolution sei, daß sie sich durch »permanente Revolution« über alle nationalen Grenzen hinweg zur Weltrevolution zu erweitern vermöge. Schon Marx hatte 1858 in einem an Engels gerichteten Brief die Befürchtung geäußert, eine proletarische Revolution Europas könne »erdrückt« werden, da auf dem viel größeren Terrain der übrigen Kontinente die Bewegung der bürgerlichen Gesellschaft noch im Aufstieg begriffen sei. Für ein isoliertes sozialistisches Rußland würde Marx diese Gefahr, erdrückt zu werden, um so höher veranschlagt haben, da das moderne Bürgertum dazu überging, seine Machtpositionen durch die rücksichtslosen Methoden des Faschismus zu verstärken. Rußland, meinte Trotzkij, sei als rückständiges Agrarland außerstande, das technische Niveau der fortgeschrittensten kapitalistischen Länder einzuholen oder gar zu überflügeln. Auf eigene, isolierte Experimente sozialistischen Aufbaus dürfe sich Rußland nicht einlassen. Die Arbeiterklasse der Sowjetunion dürfe nicht dulden, daß der Bauernstand die Sphäre des freien Handels zu erweitern trachte, um aus dem Verkauf der Agrarprodukte Gewinn herauszuschlagen, da sich daraus die Wiederherstellung des Kapitalismus ergeben werde. Das russische Proletariat müsse den ursprünglichen Elan des Umsturzes wachhalten, bis das Weltproletariat in Aktion trete und das Werk des sozialistischen Aufbaus in gewaltigem, internationalem Maßstab beginne.

Wie aber, replizierte Stalin, wenn die internationale Revolution zu spät kommt? Dann bietet Trotzkijs Theorie »überhaupt keinen Lichtblick«, dann erweist sich seine »permanente Revolution« als unfruchtbares Marschieren am Ort. Eine zielbewußte bolschewistische Realpolitik habe von der Tatsache auszugehen, daß das Proletariat der hochkapitalistischen Länder auf Jahre hinaus nicht in der Lage sei, Rußlands revolutionärem Beispiel Folge zu leisten. Inzwischen liege der Sowjetunion die Pflicht ob, auf ihrem Territorium für die Sache des Proletariats ein geistiges und materielles Bollwerk zu schaffen, nach Lenins letztem Programm. Die Konstruktion der sozialistischen Gesellschaftsordnung brauche die Kräfte der Sowjetunion durchaus nicht zu übersteigen, sofern sie sich nur an den von Lenin vorgezeichneten Weg halte. Die Erschließung der Bodenschätze und die Neugestaltung der Industrie haben voranzugehen, während die Sozialisierung der Landwirtschaft erst später einsetzen solle. »Laßt mir den Bauern in Ruh!« hatte Lenin gemahnt, und er meinte damit: bis die Entwicklung der Industrie genügend fortgeschritten sei, um die Landwirtschaft mit modernsten Produktionsmitteln auszustatten. Trotzkijs Befürchtung, daß der Bauernstand inzwischen zum Träger privatkapitalistischer, also konterrevolutionärer Tendenzen werden könne, entbehre jeder Begründung. Gewiß werde man zunächst ein gewisses Erstarken des Kulakentums tolerieren müssen, um die Belieferung des Marktes mit Getreide sicherzustellen, aber zu gegebener Zeit werde man das Kulakentum wieder zu liquidieren wissen, zumal es ja auch ökonomisch der vorgesehenen Industrialisierung der Landwirtschaft nicht würde standhalten können.

Der von Stalin verfochtene Kurs war demjenigen Trotzkijs in psychologisch-propagandistischer Hinsicht durchaus überlegen. Trotzkijs Programm eignete sich nicht für eine aktive Politik. Es forderte eine abwartende Haltung mit Hinblick auf die Weltrevolution, die nicht kommen wollte. Es erweckte deshalb in den Massen des russischen Proletariats die lähmende Vorstellung, daß der Bolschewismus in eine Sackgasse geraten sei, aus der ihn nur ausländische Hilfe befreien könne, deren Eintreffen zudem sehr fraglich erschien. Trotzkij schob das Ende der Revolution sowie den Genuß ihrer Errungenschaften in unabsehbare Ferne hinaus, und die Massen entglitten deshalb seinem Einfluß.

Eine stimulierende Kraft ging dagegen von Stalins Programm aus: Wir bauen den Sozialismus in unserem Land allein, auch wenn das Proletariat aller anderen Länder in seiner Passivität verharren sollte. Wir haben die Macht erobert, wir werden sie auch zu gebrauchen wissen. Unsere Kraft reicht aus, die größte organisatorische Leistung der Weltgeschichte durch erstmalige Verwirklichung sozialistischer Planwirtschaft zu vollbringen. Mit jedem Tag nähern wir uns dem Abschluß der aufbauenden Phase unserer Revolution. An Stelle der vagen Hoffnung auf eine internationale proletarische Erhebung setzen wir die Gewißheit einer autarken Verwirklichung des Sozialismus auf russischem Boden.

Trotzkijs Theorie war kompliziert und verlor sich in Abstraktionen. Stalin dagegen argumentierte einfach und stellte konkrete Erfolge in Aussicht. Welch gewaltige Opfer an Menschen die Durchführung seines Programms noch kosten werde, war damals wohl auch ihm selbst noch nicht ganz klar. Jedenfalls gab es seinem Selbstbewußtsein einen fühlbaren Auftrieb, daß er, der bloß als Praktiker und Administrator anerkannt war, nun als Verkünder einer eigenen Interpretation des Leninismus auftreten konnte.

Erstmals verteidigte Stalin seine These vom »Sozialismus in *einem* Lande« vor einer Parteikonferenz im Frühjahr 1925. Im Dezember 1925 sorgte er dafür, daß das (aus Sinowjew, Kamenew, Trotzkij, Stalin, Bucharin, Rykow und Tomskij bestehende) Politbüro um drei neue Mitglieder erweitert wurde: Molotow, Woroschilow und Kalinin, was eine Verstärkung der Stalinschen Richtung bedeutete.

Auf dem vierzehnten Parteikongreß (18. bis 31. Dezember 1925) fanden die entscheidenden Auseinandersetzungen statt. Stalins Referat war auf dem Gedanken aufgebaut, daß die Verwirklichung des »Sozialismus in *einem* Lande« mit der beschleunigten, vom Staat zu vollziehenden Industrialisierung der Sowjetunion zu beginnen habe. Bucharin unterstützte diese Konzeption. Nach langen, erregenden Debatten stimmte der Parteitag (mit 459 Ja gegen 65 Nein, bei 41 Enthaltungen) zu.

Nach und nach wurden nun die Führer der Opposition aus ihren Stellungen entfernt. 1926 verlor Sinowjew die Sympathien der Arbeiter von Leningrad und wurde dort als Parteisekretär durch Kirow ersetzt. Er schied auch aus dem Politbüro aus. Kamenew trat den Posten des Volkskommissars für Außenhandel an Mikojan ab.

In die Enge getrieben, unterzeichneten Trotzkij, Sinowjew, Kamenew und andere ein »Schuldbekenntnis« und versprachen, sich nicht mehr durch Fraktionsbildung gegen die Einheit der Partei zu vergehen. Dennoch begannen sie aber bald darauf, an zahlreichen illegalen Arbeiterversammlungen in Moskau und Leningrad oppositionelle Reden zu halten. Infolgedessen wurde Trotzkij seiner Mitgliedschaft im Politbüro verlustig erklärt und Sinowjew vom Präsidium der Kommunistischen Internationale entfernt.

Im Sommer 1927 benützte Trotzkij einen Rückschlag der Kommunisten in China, um an der Außenpolitik der Sowjetunion heftige Kritik zu üben. Er beschuldigte Stalin, Woroschilow und Bucharin mangelnder Voraussicht; ihnen sei es zu verdanken, daß die Lage Rußlands sich im Sinne wachsender Kriegsgefahr dauernd verschlechtere. Trotzkij drohte sogar, daß er die Regierung stürzen werde, um das ganze Volk gegen einen auswärtigen Angriff zu einigen. Daraufhin wurden Trotzkij und Sinowjew aus dem Zentralkomitee der Partei ausgeschlossen.

Am zehnten Jahrestag der bolschewistischen Machtergreifung fanden in Moskau und Leningrad Umzüge statt. Trotzkij, Sinowjew und ihre Anhänger beteiligten sich daran mit eigenen Plakaten. Eine Woche später wurden Trotzkij und Sinowjew aus der Partei ausgestoßen.

Auf dem fünfzehnten Parteikongreß, der Mitte Dezember tagte, versuchten Redner der Opposition, die Freiheit der politischen Meinungsäußerung zu verteidigen, doch wurden sie niedergeschrien. Der Forderung, ihre Ansichten zu widerrufen, beugten sie sich nicht. Über fünfundsiebzig Mitglieder der Opposition wurde der Ausschluß aus der Partei verhängt. Trotzkij wurde nach Alma-Ata (Kasachstan) deportiert. Er zwang die Polizeibeamten zur Anwendung von Gewalt. Sie mußten die Tür seines Zimmers aufbrechen und ihn auf den Armen ins Auto hinuntertragen.

Auch in der Verbannung, zweitausend Kilometer östlich des Kaspischen Meeres, verzichtete Trotzkij nicht auf oppositionelle Aktivität. Wie er in seiner Autobiographie berichtet, hat er in den Monaten April bis Oktober 1928 mehr als achthundert politische Briefe und fünfhundert Telegramme abgesandt, mehr als tausend politische Briefe und siebenhundert Telegramme empfangen und außerdem mit Moskau in jeder Richtung acht bis neun geheime Kuriere getauscht. Im Januar 1929 verfügte Stalin deshalb seine Ausweisung in die Türkei. Nach langen Bemühungen erlangte Trotzkij ein Einreisevisum der Regierung von Mexiko. Er gründete die »Vierte Internationale« und publizierte einige gegen Stalins Regime gerichtete Bücher. Am 21. August 1940 wurde er von seinem Privatsekretär ermordet.

Anfänge der Planwirtschaft

Die ersten Ansätze zu einer staatlich gelenkten Planwirtschaft sind noch zu Lebzeiten Lenins skizziert worden. Nach seinem Tod wurde versuchsweise ein Fünfjahresplan entworfen, der für die Periode 1925 bis 1930 hätte maßgebend sein sollen, jedoch über eine papierne Konzeption nicht hinauskam. Dagegen fehlte es seit 1925 nicht an Planungsmaßnahmen, welche die Sozialisierung, den Aufbau oder die staatliche Lenkung einzelner Wirtschaftszweige betrafen. Als Grundlage der künftigen gemeinwirtschaftlichen Ordnung wurde die Schaffung einer leistungsfähigen Schwerindustrie angesehen, da nur sie imstande war, die Landwirtschaft durch Ausstattung mit modernen Maschinen auf eine höhere Entwicklungsstufe emporzuheben. Die primäre Akkumulation des hierfür notwendigen Kapitals war durch Enteignung des Adels und der Bourgeoisie sowie durch Streichung der zaristischen Schulden gegenüber dem Ausland erfolgt. Sie sollte fortgesetzt werden durch Gewinne des staatlichen Außenhandelsmonopols, durch Gewinne des in den Händen des Staates zentralisierten Kreditwesens und durch Erträgnisse der industriellen und kommerziellen Betriebe des Staates. Als Präsident des obersten Sowjets für Volkswirtschaft schrieb Felix Dserschinskij allen Verwaltungsorganen strengstens äußerste Sparsamkeit vor; nach seinem Tod (1926) wirkte Kuibyschew in gleichem Sinn. Um die Kapitalakkumulation zu fördern, wurden auch die Arbeitslöhne niedrig gehalten; das ganze Volk sollte den Gürtel enger schnallen, auf die Produktion von Konsumgütern weitgehend verzichten, um die Ausrüstung des Landes mit Produktionsmitteln zu beschleunigen. Die »Generallinie« der Partei sah vor, daß der noch sehr umfangreiche Sektor der bäuerlichen Privatwirtschaft vorerst in Ruhe gelassen werde; dagegen sollten die Industrie- und Handelsunternehmungen, soweit sie sich in privatem Besitz befanden, allmählich gedrosselt werden.

Das wichtigste Hindernis, das die Sowjetunion während der Industrialisierungsepoche zu überwinden hatte, bestand im Mangel an qualifizierten Arbeitern, Technikern, Ingenieuren und Direktoren. Solange es nicht gelang, aus dem Proletariat und dem Bauernstand eine ausreichende Schicht von Spezialisten heranzubilden, war man in erheblichem Maß auf die Mitarbeit politisch neutraler oder auch bürgerlicher Elemente angewiesen. Nach und nach ersetzte man sie, wenn möglich, durch Kommunisten, denen die Grundbegriffe eines stalinistisch vereinfachten Marxismus in Volksschulen und Arbeiterfakultäten beigebracht worden waren. Dabei wurde die alte bolschewistische Elite, die vorwiegend aus Intellektuellen bestand, in den Hintergrund geschoben. Sie hatte wohl ihre Eignung zu revolutionärer Agitation bewiesen, besaß aber jene praktischen Fähigkeiten nicht, die von Ingenieuren und Betriebsleitern nun verlangt werden mußte. Diese Umschichtung der Kader trug dazu bei, die Entmachtung der Trotzkisten zu beschleunigen.

Die politische Erziehung der Arbeiter wurde mehr und mehr den Gewerkschaften übertragen. Die Zahl ihrer Mitglieder wuchs im Jahre 1926 von 6,9 auf 8,7 Millionen an. Sie bemühten sich, die Produktivität der Arbeit zu erhöhen, undiszipliniertes Verhalten in den Fabriken und vor allem das (auch in Westeuropa aus der Zeit des Frühkapitalismus bekannte) Fernbleiben von der Arbeit zu bekämpfen. In den nationalisierten Betrieben hatten sie viel eher die Interessen des Staates als diejenigen der Arbeitnehmer zu vertreten. In ähnlichem Sinn wirkten die Angehörigen des Verbandes der Kommunistischen Jugend (Komsomol). Vereinzelt bildeten sich 1926/27 die ersten »Stoßbrigaden«, Arbeitergruppen, die durch zweckmäßige Anordnung der Produktionsvorgänge die Leistung zu steigern suchten. Für Erfindungen und technische oder administrative Verbesserungsvorschläge wurden den Arbeitern besondere Prämien verliehen.

Die größte Aufmerksamkeit schenkte die Regierung der Sowjetunion der Elektrifizierung des Landes. 1926 wurde das Elektrizitätswerk am Wolchow eröffnet, 1927 mit dem Bau des gewaltigen Staudammes Dnjeprostroj begonnen, der die Energieversorgung der Ukraine übernehmen sollte. Gleichzeitig wurde der Dnjepr in seiner ganzen Ausdehnung durch Schleusen schiffbar gemacht.

Im Jahre 1927 begann man mit dem Bau einer Bahnlinie von Turkestan nach Westsibirien, um die Baumwollgebiete Mittelasiens mit sibirischem Getreide und Holz versehen zu können.

Auf dem Gebiet der Schwerindustrie wurde die Produktion landwirtschaftlicher Maschinen gefördert. In der Erkenntnis, daß die Sozialisierung der Landwirtschaft Hunderttausende von Traktoren benötigen werde, ließ die Sowjetregierung 1927 die Fundamente für das Traktorenwerk Stalingrad legen, dessen jährliche Kapazität sich anfänglich auf zehntausend, später auf vierzigtausend Stück bezifferte.

Für die Gußeisen- und Stahlproduktion wurden gigantische Werke in Kusnezk (Sibirien), in Magnitogorsk (Ural) und in Kriwoj Rog (Ukraine) in Angriff genommen. Magnitogorsk wurde von vornherein, unter Mitwirkung prominenter deutscher Architekten, als Stadt für achthunderttausend Einwohner geplant. Zur selben Zeit wurden Maschinen-, Lokomotiven- und Waggonfabriken gegründet sowie die Anlagen für Petrolgewinnung vermehrt.

Alle diese Maßnahmen erforderten sehr große Investitionen, deren Erträgnisse jedoch erst in späteren Jahren sichtbar werden konnten. Um die Finanzierung zu sichern, wurden alle Werktätigen aufgefordert, Anleihen für die Industrialisierung zu zeichnen, was vorübergehend eine Verminderung der auf Verbrauch gerichteten Kaufkraft zur Folge hatte.

Die Industrialisierungspolitik der Jahre 1926 bis 1928 berücksichtigte in erster Linie Rußland und die Ukraine. Die übrigen Republiken der Sowjetunion wurden einer energischen Förderung noch nicht teilhaftig. Relativ am raschesten entwickelte sich die Leichtindustrie und die Versorgung mit elektrischem Strom im Gebiet des Kaukasus. Im mittleren Asien dagegen (in Kasachstan, Usbekien und Kirgisien) war man noch damit beschäftigt, in den Formen eines heftigen Klassenkampfes den Großgrundbesitz sowie das Kulakentum zu expropriieren und eine systematische Bewässerung des Landes einzurichten.

Im April 1927 proklamierte Moskau die Devise, daß die Sowjetunion die fortgeschrittensten Länder Europas und Amerikas »einholen und überholen« müsse. Die Schwerindustrie, deren Entwicklung einige vielversprechende Ansätze schon erkennen ließ, bot zu keinen Bedenken Anlaß. Anders die Landwirtschaft, deren Produktivität den Stand von 1913 zwar erreicht hatte, jedoch für den Markt nur halb soviel erzeugte wie im letzten Friedensjahr. Im Januar 1928 stellte es sich heraus, daß für eine ausreichende Ernährung der Städte rund zwei Millionen Tonnen Getreide fehlten. Man sprach von der Gefahr einer neuen Hungersnot, und gegen die Bauern wurde die Anschuldigung erhoben, daß sie den Markt nur in ungenügender Weise belieferten. Der Getreidemangel in den Städten erklärte sich hauptsächlich dadurch, daß sich der Grundbesitz der Kulaken, die viel Getreide auf den Markt schicken konnten, im Laufe der Revolution um neunzig Prozent vermindert hatte, während derjenige der »Dorfarmut« und der Kleinbauern um hundertfünfundzwanzig Prozent angewachsen war. Infolgedessen verbrauchte die Dorfbevölkerung nun für sich selbst eine größere Quote der Ernte als früher. Die Kleinbauern wirtschafteten nach primitiven Methoden: Sie benützten zum Teil noch hölzerne Hakenpflüge, dreiviertel aller Aussaaten führten sie von Hand aus, nahezu die Hälfte der Ernte wurde mit Sicheln oder Sensen geschnitten und mit Flegeln gedroschen. Für die Einführung einer höheren Technik fehlte den Kleinwirten das erforderliche Kapital, und der Anwendung moderner landwirtschaftlicher Maschinen stand oft auch die Parzellierung des Bodens im Wege. Der Kleinbetrieb war unfähig, seine Dürftigkeit aus eigener Kraft zu überwinden. So mußte man sich zu beschleunigter Vermehrung der Sowchosen und Kolchosen entschließen. Dies um so mehr, als die Sowjetunion, trotz knapper Ernte, fortfuhr, Getreide zu exportieren, um in den Besitz jener Devisen zu gelangen, die sie für den Import von Maschinen und für die Honorierung ausländischer Spezialisten benötigte.

Verschärft wurde der Brotmangel in den Städten allerdings auch durch die Haltung vieler Großbauern, die sich weigerten, dem Staat einen vorgeschriebenen Teil der Ernte zu den amtlich fixierten Preisen zu überlassen, in der Hoffnung, eine Erhöhung dieser Preise zu erzwingen. Solchen spekulativen Manövern des Kulakentums trat die Sowjetregierung mit schärfsten strafrechtlichen Maßnahmen entgegen. Sie beschlagnahmte das hinterzogene Getreide. Sie zog gegenüber den Kulaken auch die Steuerschraube stark an, während die Kleinwirte gleichzeitig entlastet wurden. Die Zahl der Kolchosen wurde vom Juli 1927 bis zum Juli 1928 mehr als verdoppelt: Sie stieg von fünfzehntausend auf fünfunddreißigtausend an. Ebenso wurden die Kredite für die Schaffung staatlicher Mustergüter (Sowchosen) während derselben Zeit mehr als verdreifacht. Die Sowchose »Gigant« in der Nähe von Rostow umfaßte ein Areal von hundertsiebenundzwanzigtausend Hektar. Die Sowchosen stellten ihre Traktoren samt dem zugehörigen Personal auch den Privatbauern zur Verfügung, sofern diese ihren individuellen Kleinbesitz zu Kolchosen zusammenlegten. Daraus entwickelte sich später das System der staatlichen Maschinen- und Traktoren-Stationen, die der Landwirtschaft zu einem höheren Niveau der Produktionstechnik verhalfen, zugleich aber die Bauern vom Staat abhängig machten, da die Maschinen- und Traktoren-Stationen im Eigentum und Besitz des Staates verblieben.

Beim rechten Flügel der bolschewistischen Partei stieß diese kulakenfeindliche Agrarpolitik auf einigen Widerstand. Bucharin, Rykow, Tomskij und andere vertraten die Ansicht, daß dem Getreidemangel nicht durch Unterdrückung, sondern durch Förderung der individuell wirtschaftenden Bauernbetriebe abgeholfen werden sollte. Eine reichlichere Belieferung der städtischen Märkte versprachen sie sich insbesondere von der Einführung vollkommener Freiheit der Preise: Die Aussicht auf Gewinn werde den Lieferungsstreik der Dorfbevölkerung brechen. Bucharin ging so weit, die Kulaken mit der Parole: »Bereichert euch!« zu ermuntern. Er sprach sich auch gegen die Beschleunigung der Industrialisierung aus, unter Hinweis auf den Mangel an Baumaterial. Die Politik der von Bucharin angeführten Gruppe hätte wohl vorübergehend ein »Erlöschen des Klassenkampfes« auf dem Land zur Folge gehabt; andererseits wäre jedoch ein Erstarken der zur kapitalistischen Profitwirtschaft tendierenden Kräfte nicht zu vermeiden gewesen. Stalins Antrag, die »Rechtsabweichung von der Generallinie« als eine Gefahr für die Verwirklichung des Sozialismus zu verurteilen, setzte sich in der Partei mit Leichtigkeit durch. Bucharin, Rykow und Tomskij gingen ihrer Ämter verlustig; Bucharin wurde überdies aus dem Politbüro ausgeschlossen. Die »Rechtsopposition« war zusammengebrochen. Bucharin, Rykow und Tomskij mußten ihre Irrtümer »widerrufen« und wurden in die Provinz verbannt. Den Vorsitz im Rat der Volkskommissare hat 1930, als Nachfolger Rykows, Molotow übernommen.

Im Dezember 1927 hatte der fünfzehnte Parteitag Richtlinien für den Entwurf des ersten Fünfjahresplanes genehmigt. In den folgenden Monaten wurde er ausgearbeitet und am 1. Oktober 1928 in Kraft gesetzt.

Der erste Fünfjahresplan

Die staatliche Planwirtschaftskommission bestand aus einigen Hundert Wissenschaftlern und Praktikern. Ihr Präsidium, »gosplan« genannt, setzte sich aus sechzehn hervorragenden Nationalökonomen, Agronomen und Technologen zusammen. Zunächst nahm die Kommission ein Inventar aller in der Sowjetunion vorhandenen Produktionsmittel und ihrer jährlichen Leistungen auf: Anbauflächen und Erträgnisse der Landwirtschaft; Bergwerke und deren Erz- oder Kohlenausbeute; Industrieanlagen und deren Ausstoß; Verkehrsanlagen und deren Transportvolumen. Sodann wurden für jeden Volkswirtschaftszweig die vermutlichen Erweiterungsmöglichkeiten untersucht (etwa die noch zu erschließenden Bodenschätze, die nutzbaren Wasserkräfte) und auch neue, das heißt in der Sowjetunion bisher noch nicht betriebene Produktionsarten in Aussicht genommen (zum Beispiel Kautschukerzeugung). Schließlich wurde jedem Volkswirtschaftszweig – sehr detailliert – für das folgende Jahrfünft vorgeschrieben, um wieviel er seine Produktion (durch Betriebsverbesserungen, Neuinvestitionen) von Jahr zu Jahr zu steigern habe.

Nie zuvor in der Geschichte war der Versuch gewagt worden, die wirtschaftliche Tätigkeit einer Bevölkerung von mehr als hundertfünfzig Millionen im voraus programmatisch festzulegen. Das Experiment imponierte durch seine Kühnheit selbst den Amerikanern, die seine einzelnen Phasen bald mit Skepsis, bald mit staunender Bewunderung verfolgten. Ein großer Teil der Sowjetbürger wurde von echter Begeisterung ergriffen.

Unter den Zaren hatte das russische Volk Jahrhunderte verstreichen lassen, ohne eine intensive Ausnützung aller Reichtümer seines Bodens zu organisieren. Der erste Fünfjahresplan unternahm es, das Versäumte mit nie zuvor gesehener Energie nachzuholen. Er setzte sich das Ziel, das gesamte Grundkapital der Sowjetunion (in stabilen Preisen berechnet) von 70,2 auf 127,8 Milliarden Rubel, also um 82,1 Prozent, zu erhöhen. Das reale Volkseinkommen sollte zu Ende des Jahrfünfts die doppelte Höhe erreichen. (Unter Berücksichtigung der voraussichtlichen Bevölkerungszunahme reduzierte sich die Steigerung des Volkseinkommens je Einwohner auf rund 80 Prozent.) Etwa 12 Prozent des gesamten Volkseinkommens sollten für den Ersatz abgenutzter Produktionsmittel (für Amortisationszwecke) verwendet werden, weitere 31 Prozent für die Erweiterung des Produktionsapparates (für neue Investitionen). Bei der Verteilung der Neuinvestitionen wurde eine Bevorzugung der Staats- und Genossenschaftsbetriebe gegenüber der Privatwirtschaft vorgesehen: Der Anteil der letzteren sollte im Laufe des Planjahrfünfts von 43,3 auf 21,4 Prozent herabgesetzt werden. Der vergesellschaftete Sektor der Volkswirtschaft sollte also erweitert, der privatwirtschaftliche dagegen relativ eingeschränkt werden. Die Produktion von Produktionsmitteln sollte gegenüber der Herstellung von Konsumgütern und Wohnungen entschieden den Vorrang haben. Für die Befriedigung der elementarsten Bedürfnisse wurden sehr unzureichende Verbrauchsnormen eingesetzt. Der Getreideverbrauch sollte mit rund 259 Kilogramm je Jahr und Kopf der Bevölkerung stabil bleiben. Der Fleischverbrauch sollte in den Städten von 49,1 auf 62,7 Kilogramm, in den Dörfern von 22,6 auf 26,4 Kilogramm anwachsen. Die Verbrauchsnorm für Eier sollte in den Städten von 90 auf 155 Stück, in den Dörfern von 50 auf 72 Stück steigen. Der Stadtbevölkerung wurde somit eine reichlichere Verbrauchsquote zugestanden als den Bauern. Bei der Lösung des Ernährungsproblems wurde also eine »proletarische Klassenlinie« eingehalten und die Akkumulation der volkswirtschaftlichen Substanz eher auf Kosten der Bauern als der Arbeiter vollzogen. Der jährliche Verbrauch an Schuhen sollte je Kopf der Bevölkerung von 0,4 auf 0,74 Paar erhöht werden. Nichts illustriert die Armut, in der Rußland damals lebte, drastischer als diese Zahl. Sie läßt auch die Härte des ersten Fünfjahresplanes gegenüber dem akuten Warenhunger der Bevölkerung erkennen.

Demgegenüber sollte die Maschinenausrüstung der Fabriken eine auf 243 Prozent gesteigerte Leistungsfähigkeit erhalten, Maschinenfabriken sollten geschaffen werden mit einer Produktionskapazität von 3 Milliarden Rubel im Jahr. Die Gesamtproduktion elektrischer Energie sollte von 5,1 auf 22 Milliarden Kilowattstunden erhöht werden. Die Heizmittelproduktion (nach Kalorien berechnet) mußte auf 183 Prozent des Ausgangsniveaus gebracht werden. Die Eisengewinnung sollte von 3,3 auf 10 Millionen Tonnen anwachsen. Eine chemische Industrie sollte entstehen, mit einer Produktionskapazität von 8 Millionen Tonnen Kunstdünger. Im Bauprogramm des Verkehrswesens figurierten neue Eisenbahnlinien mit einer Streckenlänge von 22600 Kilometer, neue Autostraßen in einer Länge von 60000 Kilometer. Für die Verbesserung der Binnenschiffahrt sollten 600 Millionen Rubel aufgewendet werden.

Die Drosselung des Konsums verfolgte übrigens auch das Ziel, eine Steigerung des Exports zu ermöglichen. Die Getreideausfuhr sollte am Ende des Planjahrfünfts 8 Millionen Tonnen erreichen. Der Erlös an Devisen war dazu bestimmt, die Einfuhr kostspieliger Maschinen aus den Ländern des Hochkapitalismus zu ermöglichen, solange die eigene Maschinenfabrikation nicht ausgebaut war. Beispielsweise wurden in den Jahren 1929 bis 1931 50300 Traktoren im Inland hergestellt, aber 59600 Traktoren im Ausland, hauptsächlich in Deutschland, eingekauft.

Selbstverständlich war im Fünfjahresplan auch die Ausbildung eigener Spezialistenkader vorgesehen. In Deutschland gab es 1925 auf 100 Industriearbeiter 1,06 Diplomingenieure und 1,14 Techniker. In Rußland beliefen sich die entsprechenden Zahlen 1928 nur auf 0,67 und 0,69. Im ersten Fünfjahresplan nahm man sich vor, sie auf 1,5 und 2,28 zu erhöhen. Die Zahl der Architekten und Baumeister sollte von 2000 auf 20000 anwachsen, die der Agronomen von 11000 auf 30000. Um die Verwirklichung dieser Normen sicherzustellen, wurde für den Ausbau der Bildungsanstalten aller Kategorien ein entsprechendes Programm ausgearbeitet (Volks-, Betriebs-, Gewerbe-, Arbeiterhochschulen, Abendkurse, Polytechniken, Universitäten, Forschungsinstitute). Die Produktion von Papier, Büchern und Zeitungen sollte verdoppelt werden.

Mit steigender Qualifikation der Werktätigen sollte eine fühlbare Verkürzung der Arbeitszeit Hand in Hand gehen. Im Jahre 1913 hatte der russische Arbeiter durchschnittlich eine tägliche Arbeitsdauer von 9 Stunden 42 Minuten zu absolvieren. Im Revolutionsjahr 1917 trat eine Verkürzung auf 8 Stunden 45 Minuten ein. Zu Beginn des ersten Fünfjahresplans betrug der durchschnittliche Arbeitstag 7 Stunden 42 Minuten. Bis zum Ende des Planjahrfünfts sollte er auf 6 Stunden 48 Minuten reduziert werden.

Gleichzeitig mit der Herabsetzung des täglichen Arbeitspensums sollten die Reallöhne laut Plan um etwa 70 Prozent erhöht werden. Unter der Voraussetzung, daß die Arbeitsproduktivität um 100 Prozent zunehmen werde, stellte die Plankommission eine Steigerung der Nominallöhne um etwa 50 Prozent sowie eine Verbilligung der Lebenshaltung um etwa 14 Prozent in Aussicht. Die Lohnzulagen sollten nicht für alle Erwerbstätigen gleich hoch bemessen werden: Die Transportarbeiter hatten 30 Prozent, die Staatsangestellten 35 Prozent, die Kulturarbeiter (Wissenschaftler, Schriftsteller, Künstler) 70 Prozent zu bekommen. Stalin bekämpfte energisch die schematische Gleichheit der Löhne, weil er darauf bedacht war, die Leistung des Einzelnen möglichst zu steigern.

Die Differenzierung der Löhne führte allmählich zur Bildung einer neuen privilegierten Schicht. Sie stützte sich auf die von Marx angenommene Unterscheidung zweier Phasen der kommunistischen Gesellschaft. Die erste, »sozialistische« Phase ist für ihn dadurch gekennzeichnet, daß jeder nach seinen Fähigkeiten leiste und nach seinen Leistungen bezahlt werde. In einer zweiten, »höheren« Phase des Kommunismus, »wenn die Produktivkräfte gewachsen sind und alle Springquellen des genossenschaftlichen Reichtums voller fließen«, werde es möglich sein, jeden Werktätigen »nach seinen Bedürfnissen«, das heißt beliebig konsumieren zu lassen.

Die Planwirtschaftskommission war sich darüber vollkommen klar, daß das vermehrte Lohneinkommen der Werktätigen keineswegs restlos in vermehrte Warenkäufe werde umgesetzt werden können. Infolge der starken Drosselung der Konsumgütererzeugung mußte auf dem Warenmarkt das Angebot weit hinter der Nachfrage zurückbleiben. Es wurde deshalb die Möglichkeit geboten, den nicht sofort realisierbaren Kaufkraftüberschuß in staatlichen Sparkassen zinsbringend anzulegen. In der Zeit vom 1. Oktober 1928 bis zum 1. Januar 1931 stieg die Zahl der Sparkassen von 16438 auf 58755 und die Gesamtsumme der Einlagen von 0,336 auf 1,420 Milliarden Rubel.

Die Ausführung des ersten Fünfjahresplans stieß auf große Schwierigkeiten.

Lenin als Lehrer und Führer des russischen Volkes
Aufruf Stalins, 1925

Stalin im Gespräch mit Maxim Gorki vor dem Lenin-Mausoleum in Moskau, 1931

»Helden der Arbeit«
Plakatreihe auf einer Baustelle.   Prämienverteilung an eine Arbeiterstoßbrigade

Bei der Kollektivierung der Landwirtschaft ging man anfänglich sehr behutsam vor. Man ermöglichte es den Bauern, zunächst nur ihre Äcker zusammenzulegen, das Vieh jedoch und die Geräte in individuellem Besitz zu behalten. Durch diese Übergangsform wurde der spätere Eintritt in die umfassendere Gütergemeinschaft der Kolchosen vorbereitet und erleichtert. Bald aber setzte man alles daran, das Tempo der Kollektivisierung durch Ausübung eines moralischen Druckes oder durch Zwangsmaßnahmen zu beschleunigen, und nun machte sich überall der Widerstand vieler Großbauern und Kulaken bemerkbar, die nicht gewillt waren, auf ihre Privatbetriebe zu verzichten. Sie schädigten die Kolchosen durch Brandstiftungen, durch Zerstörung landwirtschaftlicher Maschinen und durch sonstige Sabotageakte. Wenn sie sahen, daß die Eingliederung in eine Kolchose nicht mehr zu vermeiden war, dann schlachteten sie ihr Vieh und verzehrten es, nur um es nicht an das verhaßte Kollektiv abliefern zu müssen. Der Viehbestand Sowjetrußlands ging damals um etwa 30 Millionen Stück Großvieh zurück, so daß der Verlust erst nach einem Jahrzehnt wieder eingeholt werden konnte.

Ende 1929 beschloß die bolschewistische Partei auf Stalins Antrag die rücksichtslose »Entkulakisierung des Dorfes«, die »Liquidierung der Kulaken als Klasse«. Das Dorfproletariat wurde zum Kampf gegen die Kulaken aufgerufen, Polizei und Militär wurden eingesetzt. Die Häuser der Kulaken wurden als Lesestuben, Klubs oder Schulen eingerichtet. Ihr Hab und Gut diente der Gründung neuer oder der besseren Ausstattung schon bestehender Kolchosen. Etwa anderthalb bis zwei Millionen Kulaken wurden samt ihren Familien deportiert, in entlegenen Gegenden zu Zwangsarbeiten verwendet, namentlich für Kanalbauten eingesetzt. Die »zweite Agrarrevolution« von 1930 war noch größer als jene von 1917, die die Expropriation des Großgrundbesitzes der Adligen bezweckt hatte. Die radikale Enteignung der Kulaken wurde von der Sowjetregierung für absolut notwendig gehalten, um die landwirtschaftlichen Zielsetzungen des ersten Fünfjahresplans innerhalb kürzester Frist zu verwirklichen.

Im Anschluß an die »Entkulakisierung« des Dorfes entsandte die Partei Tausende von qualifizierten Arbeitern und Organisatoren (vorwiegend Kommunisten) aufs Land, die den unerfahrenen Bauern bei der Einrichtung der Kolchosen und bei der Instandsetzung der Maschinen behilflich sein sollten. Im Frühjahr 1930 stellten sich den Kolchosen auch viele Agronomen, »Zootechniker« (Viehzüchter), Veterinäre und Studenten zur Verfügung. Unter den Kolchosen wurden anspornende Leistungswettbewerbe veranstaltet.

Man war bestrebt, das Kolchosensystem möglichst rasch auf das ganze Land auszudehnen. Die meisten Provinzen meldeten erstaunliche Resultate. So berichtete der Kreis Moskau, daß der Prozentsatz der kollektivisierten Güter binnen weniger Monate (Oktober 1929 bis März 1930) von 3,3 auf 73 hinaufgetrieben worden war. Die Regierung begriff, daß solche statistischen Angaben nur scheinbar der Wirklichkeit entsprechen konnten. Viele der neuen Kolchosen existierten nur auf dem Papier. Den Bauern gegenüber wurde unerträglicher Zwang angewendet. Wehrten sie sich, so trat Militär in Aktion. In gewissen Gegenden wurden Mittelbauern wie Kulaken behandelt: Man erklärte sie aller Habe und des Wahlrechts verlustig und deportierte viele von ihnen in Zwangsarbeitslager. Die Maßnahmen erfolgten planlos und überstürzt. Da und dort waren für das den Kulaken weggenommene Vieh keine Ställe errichtet worden. Die Unzufriedenheit unter den Bauern nahm zu, und der Kreml mußte sich entschließen, dieser Tatsache Rechnung zu tragen. Am 2. März 1930 veröffentlichte Stalin einen Artikel, betitelt: »Schwindelanfälle vor lauter Erfolg«. Er erteilte darin die Weisung, auf die Mittelbauern größere Rücksicht zu nehmen, damit diese noch schwankenden Elemente nicht in Versuchung kommen, die Partei der Kulaken zu ergreifen. Zahlreiche Kolchosen, die durch brutalen Zwang geschaffen worden waren, wurden wieder aufgelöst. Der Prozentsatz der kollektivisierten Güter sank ganz erheblich (im Kreis Moskau innerhalb der Monate März/April 1930 von 73 auf 7,5). Zugunsten der Kolchosbauern wurde eine partielle Schuldenabschüttelung durchgeführt und für zwei Jahre die Befreiung von sämtlichen Steuern dekretiert. Die Bildung neuer Kolchosen sollte fortan in verlangsamtem Tempo weitergehen. So gelang es, die in der Landwirtschaft ausgebrochene Krise abzuschwächen und allmählich zu überwinden. Am Ende des ersten Fünfjahresplans umfaßten die Kolchosen etwa ein Drittel der ehemals individuellen Betriebe, aber zwei Drittel der angebauten Ackerfläche. 1930 hatten die Privatbauern 125 Millionen Zentner Getreide an den Markt abgegeben; 1933 waren es nur noch 21 Millionen. Die Kolchosen dagegen konnten ihre Lieferungen im gleichen Zeitraum von 19 auf 160 Millionen Zentner vermehren.

Um sich als höhere Organisationsform durchzusetzen, bedurften die Kolchosen einer leistungsfähigen Industrie. Von den 34 Millionen Pferden, über die die Sowjetunion im Jahre 1929 verfügt hatte, blieben 1933 nur noch knapp 17 Millionen. Es war daher dringend notwendig, die Produktion von Traktoren möglichst rasch voranzutreiben. Standen den Kolchosen vor Beginn des ersten Fünfjahresplans nur 6000 Traktoren zur Verfügung, so waren es am Ende des Planjahrfünfts schon fast 150000. Nach und nach kam auch die Fabrikation von Sä- und Erntemaschinen in Gang. Für die Errichtung von Traktoren- und Maschinenfabriken wurden immer größere Kredite bewilligt. Von 1300 Millionen Rubel im Jahre 1928 stiegen sie im folgenden Jahr auf 3400 Millionen. Auch im Ural und in Sibirien wurden schon große Projekte industrieller Betriebe in Angriff genommen. Dank seiner technischen Überlegenheit hat das Kolchosensystem somit ein sehr deutliches Übergewicht erlangt.

Im Sommer 1930 gab Stalin die Parole aus, daß der Fünfjahresplan in vier Jahren, von gewissen Industriezweigen sogar in nur drei Jahren erfüllt werden sollte. Alle propagandistischen Mittel wurden eingesetzt, um in der Arbeiterschaft Begeisterung und Stolz auf die gegenüber dem Plan vorzeitig vollbrachten Leistungen zu wecken. In seiner Rede vom 4. Februar 1931 über »Die Aufgaben der Wissenschaftler« erklärte Stalin, an patriotische Gefühle seiner Zuhörer appellierend, bisher sei »Mütterchen Rußland« nur wegen seiner Rückständigkeit immer wieder geschlagen worden. »Nun aber, wo wir den Kapitalismus gestürzt haben und bei uns die Macht den Arbeitern gehört«, lohne es sich, die Unabhängigkeit des Vaterlandes zu verteidigen. »Wir sind hinter den fortgeschrittensten Ländern um fünfzig bis hundert Jahre zurückgeblieben. Wir müssen diesen Vorsprung in zehn Jahren einholen. Entweder bringen wir dies zustande, oder wir werden zermalmt.«

Die Industrie wurde nun durch alle möglichen Mittel angespornt und vorwärtsgepeitscht. Die Zahl der Stoßarbeiter belief sich im Sommer 1930 schon auf mehr als eine Million,

Anfang 1932 aber bereits auf mehr als dreieinhalb Millionen. Die Rekordleistungen Einzelner wurden durch Verleihung von Prämien und Orden (»Held der Arbeit«) ausgezeichnet. Der Leistungswettbewerb unter den Belegschaften ganzer Betriebe, die sich durch vorzeitige Erfüllung des Plansolls gegenseitig den Rang abzulaufen suchten, erhielt durch die Presse der Sowjetunion eine ungeheure Publizität. Erfolgreiche Unternehmungen bekamen den »Lenin-Orden«. Andererseits mußten es sich Fabriken, die die vorgeschriebene Norm nicht erfüllten, gefallen lassen, daß über ihrem Hauptportal ein beschämendes Symbol der Trägheit, etwa eine Schildkröte, angebracht wurde.

Mancherorten ereigneten sich in der Industrie Sabotageakte, deren Urheber man in jenen Bevölkerungsschichten suchte, die eine Restauration des Kapitalismus erstrebten. Mit rücksichtsloser Härte griff hier der Staat ein, dessen immer größer werdende Macht oft auch Unschuldige ins Verderben stürzte.

Mit rasanter Geschwindigkeit – allerdings auch unter großen Opfern und Leiden – verwandelte sich die Sowjetunion in ein Land, dessen industrielle Produktion wertmäßig die des Agrarsektors übertraf: 1930 stellte die Industrie 53, die Landwirtschaft nur noch 47 Prozent des gesamten Sozialproduktes her, und bis 1932 wuchs die industrielle Quote auf 70,7 Prozent an. Gleichzeitig wurde in der Schwerindustrie eine nahezu vollständige Verstaatlichung erreicht: 1930 befanden sich nur noch 0,7 Prozent ihrer Betriebe in privatem Besitz.

Während die westliche Welt 1929 von einer unaufhaltsam zunehmenden Wirtschaftskrise erfaßt wurde, Amerika es 1932 auf 16 und Deutschland auf 6 ½ Millionen Arbeitslose brachte, konnte in der Sowjetunion die Nachfrage nach Arbeitskräften nicht befriedigt werden. In Europa (ohne Rußland) sank der Index der industriellen Produktion von 1928 bis 1932 um 27,6 Prozent, in der Sowjetunion dagegen stieg er, wie das Deutsche Institut für Konjunkturforschung konstatierte, um 98 Prozent. Jene Arbeitskräfte, die in den Kolchosen dank der sich allmählich durchsetzenden Mechanisierung eingespart wurden, wanderten in die Städte, in die Fabriken ab. Ihre Umschulung wurde in technischen Schulen durchgeführt, die meist großen Betrieben angegliedert waren; 1931 nahmen im Werk »Sichel und Hammer« etwa siebzig Prozent der Belegschaft an Mechaniker-Kursen teil. Die Ausbildung wurde durch Prüfungen und mit der Verleihung von Diplomen abgeschlossen. So wurde die Arbeiterschaft in die Lage versetzt, sich trotz ihrer bäuerlichen Herkunft rasch der modernen Technik zu bemächtigen. Der Anteil der Arbeiterschaft an der Gesamtbevölkerung stieg in den Jahren 1928 bis 1933 von 17,6 auf 29 Prozent.

Ende 1932 wurde offiziell verkündet, daß die Ziele des ersten Fünfjahresplanes, dank der Anspannung aller Kräfte des Landes, in nur vier Jahren erreicht worden seien, und mit dem 1. Januar 1933 trat bereits der zweite Fünfjahresplan in Kraft, der bis zum 31. Dezember 1937 realisiert werden sollte.

Die Behauptung von der »vorzeitigen« Erfüllung des ersten Fünfjahresplanes entsprach den Tatsachen nicht ganz. Einige Wirtschaftszweige hatten zwar das aufgegebene Pensum erreicht oder sogar wesentlich überschritten, so die Naphtha- und Erdgaserzeugung, die Produktion elektrischen Stromes, der Dieselmotoren- und Turbinenbau. Dagegen waren andere Sektoren der Industrie hinter dem Plansoll nicht unerheblich zurückgeblieben, so die Steinkohlenförderung um sechzehn, die Roheisenproduktion um sechsundzwanzig, die Kunstdüngerproduktion um sechsundachtzig, der Gütertransport der Eisenbahnen um dreiundfünfzig Prozent. Nachträglich hat die Sowjetregierung selbst zugegeben, daß sie gewissen Wirtschaftszweigen zu große Leistungssteigerungen zugemutet hatte und daß mehreren unter ihnen deshalb im zweiten Fünfjahresplan viel bescheidenere Ziele vorgeschrieben werden mußten.

Welche Motive mögen nun die Sowjetregierung bewogen haben, die Ausführung des ersten Fünfjahresplanes schon ein Jahr vor Ablauf der ursprünglich vorgesehenen Frist für abgeschlossen zu erklären? Die propagandistische Überlegung, daß Arbeitselan und Selbstvertrauen des Volkes gesteigert würden, wenn man ihm attestierte, es habe in vier Jahren geleistet, was auf fünf Jahre berechnet war, kann allein nicht ausschlaggebend gewesen sein. Folgende Umstände spielten eine größere Rolle: Bei der Aufstellung des ersten Fünfjahresplanes waren die Produktionsmengen der verschiedenen Wirtschaftszweige aufeinander abgestimmt worden. Da die im Plan vorgeschriebenen Pensen nicht gleichmäßig eingehalten worden waren, mußte eine immer unangenehmer sich auswirkende Störung des ökonomischen Kreislaufes eintreten. Was nützte beispielsweise die »Über-Erfüllung« des Plans in den Turbinen- und Dieselmotorfabriken, wenn die fertiggestellten Maschinen monatelang liegenblieben, weil die Eisenbahnen außerstande waren, die planmäßig kalkulierten Transportaufgaben zu bewältigen? Was nützte die über Erwarten zunehmende Leistungsfähigkeit der Buchdruckereien, wenn andererseits die Papierfabriken mit ihren Materiallieferungen mehr und mehr in Rückstand gerieten? Die dem Plan »vorauseilenden« Werke wurden durch die »nachhinkenden« oft behindert, ja geradezu lahmgelegt, da das Auseinanderklaffen zwischen »prompter« und »verspäteter« Planerfüllung sich mit jedem Quartal vergrößerte. So entstand das dringende Bedürfnis, möglichst rasch eine neue »Synchronisierung« der verschiedenen Teile des ökonomischen Prozesses vorzunehmen. Außerdem mutete der erste Fünfjahresplan der Bevölkerung zu, eine sehr rigorose Drosselung des Konsums zu ertragen. Nun hatte sich das Maß der Entbehrungen über Erwarten gesteigert. Während des Planjahrfünfts blieb die Lebensmittelrationierung in Kraft. Die durchschnittlichen Nominallöhne stiegen zwar um einundsiebzig Prozent; in Schwarzbrot oder Rindfleisch umgerechnet, sanken sie jedoch um elf und zwölf Prozent. Infolgedessen warteten die Volksmassen mit Sehnsucht auf die Beendigung des ersten Fünfjahresplanes, und die vorzeitige Inkraftsetzung des zweiten, der den Verbrauch zu erhöhen versprach, war geeignet, bei den Konsumenten ein Gefühl der Erleichterung auszulösen. Schließlich machte sich in Europa 1932, am Vorabend der Machtergreifung der deutschen Nationalsozialisten, eine Tendenz zur Aufrüstung bemerkbar. In Moskau rechnete man mit dem baldigen Ausbruch »imperialistischer Kriege«. Unter dem Druck dieser Entwicklung sah sich die Sowjetunion veranlaßt, ihre eigene Aufrüstung zu beschleunigen. Die Vordatierung des zweiten Fünfjahresplanes bot Gelegenheit, ohne Zeitverlust in der Schwerindustrie zweckentsprechende Dispositionen zugunsten des Wehrwesens zu treffen.

Erfolgreich war der erste Fünfjahresplan auf dem Gebiet des Handels. Im Jahre 1928 wurden noch 23,6 Prozent aller Umsätze von Privaten getätigt. Schon 1930 sank ihr Anteil auf 5,6 Prozent, und in den folgenden Jahren wurde der Privathandel fast völlig verdrängt.

Ein besonders schwieriges Problem stellte – vor allem in den Städten – die Wohnungsfrage dar. 1928 gab es je Kopf der städtischen Bevölkerung nur 5,7 Quadratmeter Wohnfläche. Trotz intensiver Bautätigkeit sank diese Zahl 1932 auf 4,66. Infolge der Industrialisierung siedelten immer mehr Menschen vom Dorf in die Stadt über. Eine leichte Besserung der Verhältnisse trat erst im Laufe des zweiten Fünfjahresplanes ein, namentlich für privilegierte Schichten der Bevölkerung, wie Stoßarbeiter, technische Spezialisten, Wissenschaftler und Künstler.

Großzügig angelegte Bebauungspläne veränderten das Antlitz der wichtigsten Städte. In Moskau wurde 1931 mit den Erdarbeiten für eine Untergrundbahn (Métro) begonnen.

In den Gesamtergebnissen des ersten Fünfjahresplanes erblickte Stalin eine Bestätigung seiner These von der Möglichkeit des »Sozialismus in *einem* Lande«.

Die Entwicklung der Planwirtschaft bis zum Ausbruch des zweiten Weltkrieges

Der »Sieg« des Sozialismus war freilich durch den ersten Fünfjahresplan bei weitem nicht erreicht. Der zweite Fünfjahresplan setzte sich daher das Ziel, auch die letzten Reste der kapitalistischen Klassenstruktur zu beseitigen und damit »die Ausbeutung des Menschen durch den Menschen« völlig zum Verschwinden zu bringen.

Zunächst mußte die »Rekonstruktion der Volkswirtschaft« noch »vervollständigt« werden. Man rechnete damit, daß die Bevölkerungszahl der Sowjetunion während der Laufzeit des zweiten Fünfjahresplanes von 165 auf 180 Millionen zunehmen werde. Die Herstellung von Produktionsmitteln sollte um 97, diejenige der Konsumtionsgüter um 134 Prozent anwachsen. Das Volkseinkommen sollte von 45 auf 100 Milliarden Rubel gesteigert, also mehr als verdoppelt werden. Die Akkumulationsrate wurde gegenüber 1932 von 24 auf 19 Prozent herabgesetzt, die Konsumtionsrate von 73 auf 79 Prozent verbessert. Es war beabsichtigt, das Maß der Entbehrungen, welches der Sowjetbevölkerung zugemutet wurde, zu lindern. Die Wollstoffwebereien erhielten die Weisung, ihre Leistung um 140, die Leinenfabriken um 362 und die Schuhfabriken um 120 Prozent zu erhöhen. Auf den Äckern der Sowjetunion sollte um 50 Prozent mehr Getreide geerntet werden. Für die Fleischproduktion wurde eine Zunahme um 176 Prozent in Aussicht gestellt. Eine befriedigende Lösung des Ernährungsproblems konnte man sich aber immer noch nicht versprechen.

Die Elektrifizierung des Landes sollte fortgesetzt werden; man hoffte, durch den Bau neuer Kraftwerke eine Vermehrung der Stromerzeugung um 184 Prozent zu erzielen. Das Plansoll der Steinkohlenförderung wurde für das Jahr 1937 auf 153 Millionen Tonnen angesetzt (Zunahme: 137 Prozent). Von besonderer Bedeutung war die Roheisen- und Stahlproduktion, da sie nicht nur der Herstellung von Traktoren, Werkzeugmaschinen, Lokomotiven und Automobilen, sondern auch den Bedürfnissen der militärischen Rüstung zu dienen hatte. Für Roheisen schrieb der zweite Fünfjahresplan eine Produktionserhöhung um 160, für Stahl eine solche von 189 Prozent vor. Der Traktorenpark sollte bis 1937 um 268 Prozent vermehrt werden.

Die Leichtindustrie wurde verpflichtet, ihre Produktivität um 52 Prozent zu erhöhen, die Eisenbahn um 43 Prozent.

Vorgesehen wurde auch eine Rationalisierung der Arbeitsmethoden. Beim Roheisenguß sollte die durchschnittliche Leistung je Mann und Jahr von 255 auf 710 Tonnen gebracht werden. Nahezu eine Verdoppelung der individuellen Leistung hatten die Arbeiter in der Steinkohlenförderung zustande zu bringen.

Ein wichtiger Leitgedanke des zweiten Fünfjahresplanes ging dahin, die Produktivkräfte der östlichen Gegenden der Sowjetunion zu verstärken (Ural, Sibirien, Transkaukasien). Namentlich für die Errichtung schwerindustrieller Kombinate wurden große Kapitalaufwendungen bewilligt. Die Eisenhütten und Kohlenbergwerke des Ostens sollten prozentual einen höheren Anteil an der Roheisen-, Walzgut- und Kohlenproduktion erhalten, als ihnen 1932 zukam. Dieser Förderung der Industrie in den östlichen Teilen der Sowjetunion kam nicht nur volkswirtschaftliche, sondern auch außerordentlich große strategische Bedeutung zu. Die Gründung einer Rüstungsindustrie in Sibirien erleichterte die Verteidigung gegen Japan, Manchukuo und China. Im Fall einer feindlichen Invasion von Westen her konnte eine Besetzung des Donezbeckens oder sogar des Moskauer Reviers die russische Volkswirtschaft nicht lähmen, solange die asiatischen Gebiete der UdSSR eine ausreichende Produktion aufrechtzuerhalten vermochten. Den deutschen Armeen wäre die Sowjetunion 1941 bis 1945 ohne Zweifel erlegen gewesen, wenn sie nicht durch Schaffung einer sibirischen Rohstoff- und Industriebasis vorgesorgt hätte.

Obwohl die Durchführung auch des zweiten Fünfjahresplanes mit großen Schwierigkeiten verbunden war, ließen sich manche »Kinderkrankheiten« der Planwirtschaft doch schon vermeiden. 1937 erlangte die neue Sozialstruktur der UdSSR ein beachtliches Maß von Festigkeit.

Große Erfolge hatte die Elektrizitätswirtschaft aufzuweisen. Die Gesamtleistung der Kraftwerke war, das Plansoll wesentlich überschreitend, von 13,5 auf 36,2 Milliarden Kilowattstunden angewachsen.

In die Kolchosen sowie in die Maschinen- und Traktorenstationen ordnete die bolschewistische Partei eine Armee von politischen Funktionären ab, die es durch »Aufklärung« und schärfere Kontrolle zustande brachten, die Produktivität der Landwirtschaft zu erhöhen, so daß 1935 im Lebensmittelhandel das Rationierungssystem abgeschafft und das Preisniveau merklich gesenkt werden konnte. Während der Jahre 1933 bis 1937 wurden der sozialisierten Landwirtschaft mehr als 500 000 Traktoren, 123 500 Mähdrescher und 145 000 Lastautomobile zur Verfügung gestellt. Für die Bedienung dieser Maschinen wurden mehr als eine Million Traktoristen ausgebildet. Das Dorf begann, sich in eine »Getreidefabrik« zu verwandeln. Die Einnahmen der Kolchosen bezifferten sich auf 14,2 Milliarden Rubel gegenüber 4,6 Milliarden im Jahre 1932. Die Kolchosbauern machten 58, die Einzelbauern nur noch 6 Prozent der Bevölkerung aus. Den Kollektivbetrieben gehörten demnach fast 90 Prozent aller Landwirte an.

1935 wurde für die Kolchosen ein neues Organisationsstatut in Kraft gesetzt. Danach wurde das Land, Eigentum des Volkes, den Kolchosen zu ewiger Nutzung überlassen. Es durfte weder verkauft noch verpachtet werden. Die Rechte der Kolchosen wurden in besonderen Urkunden verbrieft. Ein Teil der landwirtschaftlichen Staatsbetriebe (Sowchosen) wurde aufgelöst und schon bestehenden oder neu zu gründenden Kolchosen zugesprochen. Jeder Bauernhof erhielt ein bescheidenes Grundstück zu individueller Nutzung. Ehemalige Kulaken durften in die Kolchosen als Mitglieder erst aufgenommen werden, nachdem sie »drei Jahre lang loyal gearbeitet und die Politik der Sowjetregierung unterstützt« hatten. Der Anteil jedes einzelnen Kolchosmitgliedes am Ertrag richtete sich nach der Arbeitsleistung. Für jede Arbeitsart wurde eine »Tagesnorm« festgesetzt; wer sie überbot, hatte Anspruch auf entsprechenden Zuschlag. Qualifizierten Arbeitern (Melkern, Käsern, Maschinisten, Agronomen, Veterinären, dem Vorsitzenden des Kollektivs) wurde das Doppelte oder Dreifache des Grundlohnes gutgeschrieben.

Auf die Produktivität der Arbeit wirkte sich der »sozialistische Wettbewerb«, der immer größere Massen der Werktätigen erfaßte, sehr anspornend aus. Am 31. August 1935 gelang es Stachanow, einem Bergarbeiter, während einer Schicht 102 Tonnen Kohle zu gewinnen. Am 8. September stellte er mit 175 Tonnen einen neuen Rekord auf. Bald danach wurde er von Isotow, der 240 Tonnen förderte, in den Schatten gestellt. Seither griff die »Stachanow-Bewegung« auch in anderen Industriezweigen mit erstaunlicher Geschwindigkeit um sich. Dank einer rationelleren Arbeitsteilung und dank der Einführung moderner Maschinen gelang es, den Ausstoß vieler Betriebe noch wesentlich stärker zu erhöhen, als der Plan vorschrieb. Unter den Leistungen der Stachanow-Arbeiter gab es bisweilen auch solche, die nicht höher waren als die in Westeuropa üblichen Normen; doch stellten auch sie im Rahmen russischer Verhältnisse bemerkenswerte Fortschritte dar.

Nach Beendigung des zweiten Fünfjahresplanes war die Sowjetunion in der Lage, auf den Import ausländischer Maschinen und weitgehend auch auf die Mitarbeit westlicher Spezialisten zu verzichten, was große Ersparnisse an Devisen ermöglichte. Für die Leitung aller technischen Betriebe wurden nur noch eigene Ingenieure verwendet. Die von den Lehranstalten ausgebildete neue »Intelligenz«, eine aus der Arbeiter- und der Bauernklasse hervorgegangene Elite, zählte 1937 mehr als neun Millionen Menschen.

Diese »neue« Intelligenz bestand aus lauter Spezialisten, die außerhalb ihres engsten Fachgebietes nur geringe Kenntnisse besaßen. Die Bildung war vorwiegend auf praktische Ziele gerichtet und durch den Kult der Technik bedingt. Es fehlte der jungen »technokratischen« Generation noch jede verfeinernde geistesgeschichtliche Überlieferung. Metaphysische, ethische, ästhetische Probleme wurden als Reste einer überwundenen »bürgerlichen« Weltanschauung aufgefaßt und ignoriert.

Bedeutende Erfolge waren dem zweiten Fünfjahresplan auf dem Gebiet der ärztlichen Hilfe beschieden. Die Zahl der Ambulatorien, Kliniken, Spitäler, Sanatorien und Erholungsheime wurde stark vermehrt, Forschungsinstitute und medizinische Zeitschriften wurden gegründet, Tausende neuausgebildeter Ärzte in den Dienst der unentgeltlichen Volksgesundheitspflege gestellt.

Dennoch sind wichtige Ziele des zweiten Fünfjahresplanes nach eigenen Angaben der Sowjetregierung nicht erreicht worden. Die Erdölproduktion betrug 1937 nur 31,5 statt 46,8 Millionen Tonnen, die Roheisenerzeugung nur 14,5 statt 16 Millionen Tonnen. Nach Mitteilungen des Volkskommissars für Leichtindustrie, Schestakow, ist das Programm für

1937 »nur zu 92,1 Prozent« realisiert worden. Bezeichnenderweise mußten die Planziffern für 1938 in nicht wenigen Branchen erheblich bescheidener angesetzt werden als für 1937, so etwa Steinkohle nur 139 Millionen Tonnen (gegenüber 159,25), Erdöl 33,5 (46,8), Stahl 15,6 (17,0), Zement 6,3 (7,5), Schuhe 150 Millionen Paar (180). Die Sowjetregierung sah sich also gezwungen, im dritten Fünfjahresplan gewisse überspannte Anforderungen hinsichtlich der Arbeitsintensität fallenzulassen. Die Schuld am Versagen der hinter dem Plansoll zurückbleibenden Produktionszweige schob die russische Presse fahrlässigen Arbeitern oder den Urhebern böswilliger Sabotageakte zu. Die Bevölkerung der Sowjetunion wurde von einer Psychose gegenseitigen Mißtrauens erfaßt, was eine Flut von Denunziationen und eine Vergiftung der Lebensatmosphäre nach sich zog. Auch Furcht vor fremden Spionen und Agenten griff um sich. Sowjetbürger, die mit Ausländern irgendwelche – und sei es auch nur oberflächlichste – Beziehungen unterhielten, machten sich besonders verdächtig. Tausende von Funktionären wurden verhaftet, administrativ bestraft oder durch eine Justiz abgeurteilt, die vom Prinzip ausging, daß *in dubio contra reum* zu entscheiden sei, weil die Sicherheit des Vaterlandes nur gewährleistet werden könne, wenn man alle auch nur möglicherweise schuldigen Personen unschädlich mache.

Das Aufbauwerk der bolschewistischen Fünfjahrespläne hat eine äußerst strenge Disziplinierung der Nation unvermeidlich gemacht und infolgedessen auch intensivste Formen der Diktatur erzeugt. Einer Armee vergleichbar, die in den Krieg zieht, ist das Sowjetvolk an der »Wirtschaftsfront« rigorosester Kommandogewalt unterstellt worden. Alle ohne Ausnahme hatten sich der »Generallinie« zu fügen und immer aufs neue zu fügen, sooft sie aus taktischen Erwägungen revidiert werden mochte. Jede Nachlässigkeit, jede »Abweichung« nach »rechts« oder nach »links« wurden mit drakonischer Strenge verfolgt. So gelangte der Bolschewismus dazu, einerseits die Freiheit des Volkes als sein »Endziel« zu proklamieren, anderseits aber für den Weg dorthin den Verzicht auf die Freiheit vom Volk zu fordern.

Goethe hat im zweiten Teil des »Faust« die naheliegende Möglichkeit eines derartigen Widerspruches vorausgesehen. Faust faßt den Entschluß, einen großen Plan zu verwirklichen: dem Meer einen Streifen fruchtbaren Landes abzuringen, um darauf »viele Millionen« als »tätig-freie« Menschen anzusiedeln. Letzten Endes möchte er »auf freiem Grund mit freiem Volke« stehen. Während der Bauarbeiten jedoch behandelt er die ihm dienenden Massen als stumpfsinnige Untertanen. Er weiht sie nicht einmal in seine Absichten ein: »Daß sich das größte Werk vollende, genügt ein Geist für tausend Hände.« Dem Befehlenden »ist die Brust von hohem Willen voll, doch was er will, es darf's kein Mensch ergründen«. Seinen Sklaven ruft er zu: »Vom Lager auf, ihr Knechte, Mann für Mann!« Mit Zucker und Peitsche sollen sie zu Höchstleistungen angetrieben werden. Mephistopheles, dem Aufseher, gebietet Faust: »Wie es auch möglich sei, Arbeiter schaffe Meng' auf Menge, Ermuntre durch Genuß und Strenge, Bezahle, locke, presse bei! Mit jedem Tage will ich Nachricht haben, wie sich verlängt der unternommene Graben.« Dem Geklirr der Spaten lauschend, sagt Faust von den Werktätigen: »Es ist die Menge, die mir frönet.« Die Freiheit des Volkes wird somit auch im »Faust« erst für die Zukunft postuliert. Die Ausführung des Bauwerkes, das die künftige Gemeinschaft ermöglichen soll, erfolgt zunächst durch frönende Knechte, die erst später tätig-freie Persönlichkeiten werden dürfen.

Während der Ausführung des zweiten Fünfjahresplanes erwarb sich Stalin als Führer der Partei und des Staates in den Augen des Volkes eine ungeheure Autorität, ja den Nimbus absoluter Unfehlbarkeit. Ein wahrer Stalin-Kult ergriff mit unwiderstehlicher Penetranz die gesamte Sowjetunion. An allen Ecken und Enden tauchten gigantische Bilder und Büsten Stalins auf. In den Hütten der Kolchosbauern nahm sein Porträt die Stelle der ehemaligen Ikonen ein. In Reden und Vorträgen, in Artikeln und Büchern – nicht nur über politische, sondern auch über wissenschaftliche und künstlerische Themen – wurde die Anführung von Stalin-Zitaten obligatorisch. Die Verherrlichung und Vergötzung des Mannes nahm ungeheuerliche Formen an. Zum großen Teil mag zwar die Äußerung solch überschwenglicher Verehrung echt gewesen sein. Das Volk mußte jemanden haben, dem es für die allmähliche Verbesserung seiner Lebensverhältnisse Dank sagen konnte. Die Funktion des Stalin-Kultes beschränkte sich aber keineswegs darauf, den Völkern der Sowjetunion einen »Dankbarkeits-Altar« zur Verfügung zu stellen. Der Stalin-Kult war vielmehr ein in den Gesetzen der Massenpsychologie tief verankertes Mittel, die Lenkbarkeit, Opferbereitschaft und Leistungsfreudigkeit der Menschen zu steigern. Er diente dazu, kritische und oppositionelle Tendenzen durch einen mächtigen Affekt vertrauensvoller Hingabe zu dämpfen, Energien aus der Schicht patriarchalischen Unterbewußtseins für den Dienst am planwirtschaftlichen Aufbauwerk zu mobilisieren. »Um Stalins willen« erschienen auch härteste Strapazen erträglich. In Stalins »väterliche Hand« legten Stachanow-Arbeiter das Versprechen ab, neue Produktivitätsrekorde aufzustellen, und wenn sie ihr »dem teuren Genossen Stalin gegebenes Wort« gehalten hatten, wurden sie in den Betriebsversammlungen und in der Presse zum Gegenstand begeisterter Ovationen.

Andererseits hat der Stalin-Kult ein Maß von Servilismus und Gleichschaltung erzeugt, das dem Geistesleben der Sowjetunion unermeßlichen Schaden zufügen mußte. Der Stalin-Kult erstickte die Freiheit der geistigen Produktion. Er forderte blindes Vertrauen in den Enderfolg der kommunistischen Bewegung, wie Moses blindes Vertrauen gefordert hatte in den Enderfolg der den Juden zugemuteten Wüstenwanderung. Die Schriftsteller wurden verpflichtet, ihren Lesern »standardisierten Optimismus« einzuflößen. Abweichungen von der »Generallinie« lagen schon vor, wenn etwa ein Lyriker Gedichte »von herbstlicher, melancholischer, jedenfalls nicht heroisch optimistischer Grundstimmung« verfaßte, oder wenn ein Novellist von einem sowjetischen Flieger erzählte, der einen Höhenrekord erreicht, dann jedoch abstürzt, weshalb die Novelle als »zu pessimistisch« aus den gesammelten Werken des Autors entfernt werden mußte. Die Kontrollstellen der Partei mischten sich in die Arbeit der geistig Schaffenden ein und bogen ihre Werke auf Kosten der künstlerischen Qualität nach politischen Zwecken zurecht, oder sie forderten im Sinne des »sozialistischen Realismus« eine Anpassung an den Geschmack der großen Masse. Diese »Gängelei und Bevormundung« der Künstler, an der sich Stalin mit dem ganzen Gewicht seiner Autorität auch persönlich beteiligte, wurde dadurch gerechtfertigt, daß man das Volk mit Begeisterung für die Aufgaben des zweiten Fünfjahresplanes habe erfüllen müssen und daß es wegen der Möglichkeit eines »Angriffskrieges imperialistischer Mächte« notwendig gewesen sei, ihm moralische Kraft, Selbstvertrauen und Zuversicht einzuflößen.

Die Verfassung der Sowjetunion von 1936

Während Stalins Macht, gestützt auf die Schicht ihrer Nutznießer, immer deutlicher totalitären Charakter annahm, wurde den Bürgern der Sowjetunion eine Vermehrung und Erweiterung ihrer persönlichen und politischen Freiheitsrechte durch den Entwurf einer neuen Verfassung vorgetäuscht, der am 12. Juni 1936 in der »Prawda« erschien. »Ein neuer Krieg«, schrieb das Blatt, »schwebt als tödliche Gefahr über der Welt, als ungeheures Verbrechen der Bourgeoisie, die bis an die Ohren im Sumpf ihrer bankrotten Wirtschaft steckt. Im Sowjetland entwickelt sich die sozialistische Wirtschaft, wächst die wirtschaftliche Sicherheit der gesamten Bevölkerung, gibt es keine Arbeitslosigkeit, gibt es keine Kriegsbrandstifter und Kriegsprovokateure. In dieser historischen Situation wird die neue Verfassung geboren.« An der Ausarbeitung ihres Textes hatten Bucharin und Radek einen bedeutenden Anteil. Das ganze Volk wurde aufgefordert, die Vorlage in Betriebs- und Parteiversammlungen zu diskutieren und durch Verbesserungsanträge zu bereichern. Man hoffte, dadurch »eine neue Welle des Enthusiasmus« hervorzurufen und die politische Aktivität der breitesten Massen zu erhöhen.

An einer lebendigen Demokratie war Stalin gar nichts gelegen. Er benützte die »Selbstherrschaft des Volkes« als propagandistische Fiktion. Von den unzähligen Anregungen verfassungsrechtlichen Inhalts, die aus der Mitte des souveränen Volkes hervorgegangen sein sollen, wurde fast nichts berücksichtigt.

Die leitende Idee der neuen Verfassung war dem »Kommunistischen Manifest« von 1848 entnommen. Der erste Schritt in der Arbeiter-Revolution, heißt es dort, wird in der Erhebung des Proletariats zur herrschenden Klasse bestehen. Das Proletariat wird seine politische Herrschaft dazu benutzen, der Bourgeoisie nach und nach alles Kapital zu entreißen, alle Produktionsinstrumente in den Händen des Staates, das heißt des als herrschende Klasse organisierten Proletariats zu zentralisieren und die Masse der Produktionskräfte möglichst rasch zu vermehren. Es kann dies natürlich nur geschehen durch despotische Eingriffe in das Eigentumsrecht und in die bürgerlichen Produktionsverhältnisse.

Sind im Laufe der Entwicklung die Klassenunterschiede verschwunden, und ist alle Produktion in den Händen der assoziierten Individuen konzentriert, so verliert die öffentliche Gewalt ihren politischen Charakter, das heißt, sie hört auf, als organisierte Gewalt einer Klasse zur Unterdrückung einer anderen Klasse zu dienen. Nach vollzogener Aufhebung der Klassen überhaupt hebt das Proletariat auch seine eigene Herrschaft als Klasse auf. Dann hat die Diktatur des Proletariats ihre Aufgabe erfüllt, und sie weicht allmählich einer Assoziation, worin die freie Entwicklung eines jeden die Bedingung für die freie Entwicklung aller ist.

Durch die Verfassung von 1936 wollte Stalin, in Anlehnung an diese Stellen des »Kommunistischen Manifestes«, das Ende der ersten und den Anfang der zweiten Revolutionsetappe feierlich ankündigen.

In der neuen Konstitution wird die UdSSR als »sozialistischer Staat der Arbeiter und Bauern« definiert. Die gesamte Macht gehört den Werktätigen in Stadt und Land. Die ökonomische Grundlage der UdSSR bilden das sozialistische Wirtschaftssystem und das sozialistische Eigentum an den Produktionsmitteln. Die kapitalistische Wirtschaftsordnung ist liquidiert, die Ausbeutung des Menschen durch den Menschen aufgehoben. Der staatliche Volkswirtschaftsplan dient der Vermehrung des gesellschaftlichen Reichtums, der Hebung des materiellen und kulturellen Niveaus der Werktätigen, der Festigung der Unabhängigkeit der UdSSR und der Stärkung ihrer Wehrfähigkeit. Indirekt wird damit ausgesprochen, daß der unmittelbar ausbezahlte Lohn kein volles Äquivalent für die geleistete Arbeit darstellen kann: Ein Teil des Arbeitsertrages soll akkumuliert werden, freilich nicht zugunsten einer herrschenden Klasse, sondern zur Hebung des gesellschaftlichen Reichtums sowie für die Zwecke der Landesverteidigung. Neben dem Staatseigentum existiert das Eigentum der Kollektivwirtschaften und Genossenschaften, welchen der nötige Boden »zu unbefristeter Nutzung« zugeteilt wird. Das tote und lebende Inventar der Kolchosen ist deren »gesellschaftliches sozialistisches Eigentum«. Darüber hinaus aber hat jeder Hof eines Kolchosenbauern zu persönlicher Nutzung ein bescheidenes Grundstück (in der Regel einen halben bis einen Hektar) und im persönlichen Besitz eine zusätzliche Wirtschaft auf dem Hof- und Gartenland, ein Wohnhaus, Zugvieh, Geflügel und landwirtschaftliches Kleininventar. Denn neben dem sozialistischen Wirtschaftssystem, das in der UdSSR die herrschende Wirtschaftsform bildet, ist die private Kleinwirtschaft der Einzelbauern und Gewerbetreibenden gesetzlich zugelassen, sofern sie auf persönlicher Arbeit beruht und die Ausbeutung fremder Arbeit ausschließt. Das persönliche Eigentum der Staatsbürger an ihrem Arbeitseinkommen und ihren Ersparnissen, an ihrem Wohnhaus und ihrer zusätzlichen Kleinwirtschaft, an Haushaltungsgegenständen wie auch an den Gegenständen des persönlichen Gebrauchs und Komforts wird gesetzlich geschützt. Dieses persönliche Eigentum darf sogar vererbt oder testamentarisch vermacht werden. Es ist somit nicht jegliches Eigentum überhaupt abgeschafft, sondern nur das der Ausbeutung dienende Kapital. Die Arbeit ist in der UdSSR Pflicht eines jeden arbeitsfähigen Staatsbürgers, nach dem Grundsatz: »Wer nicht arbeitet, soll auch nicht essen.« (Es entbehrt nicht einer gewissen Pikanterie, daß dieser Satz dem Neuen Testament – Thessalon., 3, 10 – entnommen ist.) Jeder soll arbeiten nach seinen Fähigkeiten und bezahlt werden nach der geleisteten Arbeit. Die Staatsbürger der UdSSR haben ein Recht auf Arbeit, das heißt Anspruch auf gesicherte Arbeit mit Entlohnung gemäß ihrer Qualität und Quantität. Das Recht auf Arbeit wird gesichert durch die unaufhörliche Entwicklung der Produktivkräfte, durch das Nichtbestehen von Wirtschaftskrisen und durch Beseitigung jeglicher Arbeitslosigkeit. Dagegen ist die Freiheit der Berufswahl und die freie Wahl des Arbeitsplatzes nicht garantiert. Die Staatsbürger der UdSSR haben ferner ein Recht auf Erholung, das gesichert wird durch Kürzung der Arbeitszeit bis auf sieben Stunden, durch Festlegung eines alljährlichen, vollbezahlten Urlaubs für alle Werktätigen und durch ein dichtes Netz von Erholungsheimen. Garantiert wird auch die Fürsorge im Krankheitsfall und eine Rente im Alter sowie bei Invalidität. Dieses Recht wird verbürgt durch eine vom Staat finanzierte Sozialversicherung, durch unentgeltliche medizinische Hilfe, durch ein dichtes Netz von Kliniken, Spitälern, Sanatorien und Kurorten. Den Staatsbürgern wird auch ein Recht auf Bildung gewährleistet, einschließlich unentgeltlicher Hochschulbildung. (Später hat das Prinzip der Unentgeltlichkeit des Mittel- und Hochschulunterrichtes Einschränkungen erfahren.) Den

Frauen werden in der Sowjetunion grundsätzlich die gleichen Rechte gewährt wie den Männern. Überdies genießen die Frauen bezahlten Schwangerschaftsurlaub sowie die unentgeltliche Benützung von Entbindungsheimen und der Kinderkrippen und Kindergärten für ihre Kinder. Die Gleichberechtigung aller Staatsbürger ist unumstößliches Gesetz. Jede Propaganda der Diskriminierung einzelner Bevölkerungsgruppen, namentlich von Rassen und Nationalitäten, ist verboten; Äußerungen von Rassen- und Nationalitätenhaß werden bestraft. Die Gewissensfreiheit der Staatsbürger ist gewährleistet. Die Kirche ist vom Staat, und die Schule ist von der Kirche getrennt. Die Freiheit der Ausübung religiöser Kulte, aber auch die Freiheit antireligiöser Propaganda ist allen Staatsbürgern zuerkannt. Garantiert wird auch die Freiheit des Wortes, die Freiheit der Presse, die Freiheit der Versammlungen und Meetings, die Freiheit der Straßenumzüge und Kundgebungen, jedoch nur »entsprechend den Interessen der Werktätigen und zwecks Festigung des sozialistischen Systems«. Jeder Staatsbürger ist verpflichtet, die Verfassung der UdSSR und ihre Gesetze zu befolgen, die gesellschaftlichen Pflichten ehrlich zu erfüllen, insbesondere auch die Arbeitsdisziplin zu beobachten und sich der allgemeinen Wehrpflicht, die als heilige Ehrenpflicht qualifiziert wird, zu unterziehen. Personen, die sich am gesellschaftlichen sozialistischen Eigentum vergreifen, sind als Feinde des Volkes zu behandeln.

Der Schutz des Staatsbürgers vor behördlicher, namentlich vor polizeilicher Willkür ist ganz ungenügend. Wohl sichert die Verfassung jedermann die Unantastbarkeit der Person, der Wohnung und des Briefgeheimnisses zu. Niemand darf ohne Gerichtsverfügung und ohne Zustimmung eines Staatsanwaltes verhaftet werden. Doch sind die Staatsanwälte einzig dem Generalstaatsanwalt der UdSSR untergeordnet und allen anderen Behörden gegenüber unabhängig. Für die oberste Aufsicht über die genaue Befolgung der Gesetze durch sämtliche Volkskommissariate ist einzig der Generalstaatsanwalt zuständig. Eine Bestimmung, durch die jedem Angeschuldigten ein Anspruch auf Erledigung seines Falles durch ein ordentliches Gericht zugesichert würde, findet sich in der Verfassung nicht. Bei Strafprozessen darf der Angeklagte einen Verteidiger beiziehen; doch sind dessen Befugnisse so eng begrenzt, daß er die Interessen seines Klienten nicht wahrzunehmen vermag. Die Einsetzung von Sondergerichten ist zulässig; ihre Kompetenzen werden durch keine verfassungsrechtliche Bestimmung eingeschränkt. Weder Verfassungs- noch Verwaltungsgerichtshöfe werden erwähnt.

Für alle Wahlen von Volksvertretern ist das allgemeine, gleiche, direkte und geheime Wahlverfahren obligatorisch. Aktives und passives Wahlrecht steht allen Staatsbürgern beider Geschlechter zu, die im Wahljahr das 18. Lebensjahr vollenden. Die Ausübung des Wahlrechtes steht allen zu, »unabhängig von Rasse und nationaler Zugehörigkeit, von Glaubensbekenntnis, Bildungsgrad, Ansässigkeit, sozialer Herkunft, Vermögenslage und früherer Tätigkeit«. Demnach werden Angehörige oder Nachkommen der früheren Bourgeoisie, des Adels und des Priesterstandes in ihren politischen Rechten nicht mehr eingeschränkt.

Das Recht, Kandidaten aufzustellen, steht den kommunistischen Parteiorganisationen, den Gewerkschaften, Genossenschaften, Jugendorganisationen und kulturellen Gesellschaften zu. Die Kandidaten werden nach Wahlkreisen aufgestellt. Proporzverfahren ist nicht vorgesehen. In der Sowjetunion ist nur eine Partei zugelassen: die kommunistische. Jeder Abgeordnete ist verpflichtet, seinen Wählern über seine Arbeit und über die Arbeit des Rates Rechenschaft abzulegen, und er kann jederzeit durch Mehrheitsbeschluß der Wählerversammlung abberufen werden.

Eine Revision der Verfassung der UdSSR wird nur auf Beschluß des Obersten Rates vorgenommen; sie bedarf einer zustimmenden Zweidrittelmehrheit in jeder seiner beiden Kammern (Rat der Union und Rat der Nationalitäten). Volksabstimmungen sind für Verfassungsänderungen nicht erforderlich. Das Volk hat weder Referendum noch Initiativrecht. Das Präsidium des Obersten Rates kann jedoch – aus eigenem Antrieb oder auf Verlangen eines Gliedstaates – eine unverbindliche »Volksbefragung« anordnen.

Über die behördliche Organisation des sowjetischen Bundesstaates hat die Verfassung von 1936 nichts wesentlich Neues gebracht.

Wenn sich auch nicht bestreiten läßt, daß den verfassungsrechtlichen Bestimmungen über die sozialistische Wirtschaft, über das Recht auf Arbeit, auf Erholung, auf Bildung, auf unentgeltliche ärztliche Hilfe und auf Altersversorgung große Bedeutung zukommt, so fällt doch andererseits entscheidend ins Gewicht, daß dem Staatsbürger durch diese Verfassung nicht die geringste Möglichkeit gegeben wird, Rechte, die ihm verweigert oder nur teilweise gewährt werden, in vollem Umfang tatsächlich auch durchzusetzen. Durch eine Reihe von Schauprozessen wurde deutlich genug bewiesen, wie weit die Sowjetunion nach wie vor davon entfernt war, ein wirklicher Rechtsstaat zu sein.

Parteisäuberungen und Schauprozesse

Zu keiner Zeit ist die absolute Grausamkeit des Stalinschen Regimes so deutlich zutage getreten wie in den Jahren 1934 bis 1938. Der kalt und rücksichtslos gehandhabte Terror äußerte sich schon im Juni 1934, als ein Dekret herauskam, das die Kollektivhaftung der Familie für jede staatsgefährdende Handlung ihrer Mitglieder einführte. Wer es unterließ, einen »unzuverlässigen« Verwandten der Polizei anzuzeigen, sollte von nun an schwerer Strafe verfallen.

Einen Monat später folgte zwar eine auf Milderung der despotischen Herrschaft gerichtete Maßnahme: die GPU (»politische Staatsverwaltung«), seit 1922 als Nachfolgerin der Tscheka berüchtigt, wurde aufgelöst und durch das NKWD (Volkskommissariat für innere Angelegenheiten) ersetzt. Die Macht der politischen Polizei wurde eingeschränkt, und es wurde der Eindruck erweckt, daß die neue Behörde den Kampf gegen oppositionelle Elemente nur in legalen Formen fortsetzen und dabei alle Rechtsgarantien des ordentlichen Gerichtsverfahrens streng einhalten werde. Die Überwachung der Presse wurde gelockert.

Da fiel am 1. Dezember 1934 der Parteisekretär von Leningrad, Sergej Mironowitsch Kirow, einem Attentat zum Opfer. Er hatte den Schutz der Polizei abgelehnt und wurde in seinem Büro von einem Studenten namens Leonid Nikolajew getötet. Ob das Attentat durch eine ausländische terroristische Organisation, durch oppositionell gesinnte junge

Kommunisten, durch Anhänger Sinowjews oder gar durch den Chef des NKWD, Jagoda, der damit die Unentbehrlichkeit einer allmächtigen politischen Polizei beweisen wollte, provoziert worden ist, muß dahingestellt bleiben. Die von Stalin persönlich geführte Untersuchung ergab, daß weitere Anschläge gegen prominente Führer der bolschewistischen Partei hatten folgen sollen. Der Prozeß gegen die Mörder Kirows wurde unter Ausschluß der Öffentlichkeit durchgeführt. Die Angeklagten durften keine Verteidiger beiziehen. Sie wurden zum Tode verurteilt und hingerichtet.

Die Regierung mußte jedoch mit der Möglichkeit rechnen, daß die geheime Verschwörung, als deren Exponent Nikolajew gehandelt hatte, noch viel mehr Anhänger besaß. Das NKWD wurde von Stalin beauftragt, ihnen allen auf die Spur zu kommen. Mit der Verantwortung für die Ermordung Kirows wurden zunächst Sinowjew und Kamenew belastet. Beide bestritten, Nikolajew, den sie gar nicht kannten, direkt angestiftet zu haben, gestanden aber, daß ihre Politik »indirekte Veranlassung« zu terroristischen Akten gegeben haben möge. Sinowjew wurde mit zehn, Kamenew mit fünf Jahren Zwangsarbeit bestraft. Im Frühjahr 1935 wurden etwa weitere vierzig Männer aus der nächsten Umgebung Stalins hinter verschlossenen Türen abgeurteilt; zwei von ihnen wurden hingerichtet, während die übrigen mit Gefängnisstrafen davonkamen.

Darauf setzte in Kreisen der Partei und der Kommunistischen Jugend eine beispiellose Jagd nach angeblichen Terroristen und sonstigen Verdächtigen ein. Stalin scheint sich vorgenommen zu haben, die ganze Umgebung auszubrennen, in der die Verschwörer aufgewachsen waren. Andrej Schdanow wurde, als Nachfolger Kirows, mit der Aufgabe betraut, Leningrad von unzuverlässigen Elementen zu säubern. Zehntausende wurden, samt ihren Familien, nach Nordsibirien deportiert. Große Massen von sogenannten »Kirowmördern« wurden auch aus andern Städten in Gefängnisse und Konzentrationslager eingeliefert.

Im Mai 1935 holte Stalin, durch Einsetzung einer besonderen Zentralkontrollkommission, zu umfassender »Vernichtung aller Volksfeinde« aus. Als sämtliche Instanzen der Partei zur »Überprüfung« aller Mitglieder und zu »Kritik und Selbstkritik« aufgefordert wurden, ging eine Welle hemmungsloser Denunziationen durch die ganze Sowjetunion, und Hunderttausende wurden verhaftet, oft nur, weil sie aus dem kapitalistischen Ausland Post erhalten hatten. Gleichzeitig änderte sich das Regime, dem die »Politischen« in der Untersuchungshaft, in der Verbannung oder während des Strafvollzugs unterworfen waren. Alle Privilegien, deren sie bisher im Vergleich zu gemeinen Verbrechern teilhaftig gewesen, verschwanden. Jede politische Lektüre und Diskussion wurde verboten, aber auch faktisch unmöglich gemacht. Unterernährung und erschöpfende Zwangsarbeit nötigten die Gefangenen meist zu einer so elenden Existenz, daß ihr Widerstand gebrochen wurde und die wenigsten die Fähigkeit behielten, politisch zu denken und politische Willensregungen zu äußern.

Unzählige wurden ohne Gerichtsverfahren, auf administrative Verfügung des NKWD, in den Tod oder in Zwangsarbeitslager geschickt. Am Anfang der Revolution, während des Bürgerkrieges, war es noch vorgekommen, daß Tschekisten hingerichtet wurden, weil sie Gefangene oder zum Tode Verurteilte in sadistischer Weise gequält hatten. Jetzt aber griff

Stalin nie zugunsten der Opfer des amtlichen Terrors ein. Hauptsache war ihm, daß der Terror seiner Schergen »in der gewünschten Richtung« ging. Befragt, wie lange er noch fortfahren wolle, Menschen erschießen zu lassen, antwortete er kalt: »Solange es notwendig sein wird.« Raffinierte Foltermethoden – tagelang, ja wochenlang ohne Unterbrechung andauernde Verhöre bei grellstem Scheinwerferlicht – wurden angewendet, um Geständnisse zu erzwingen.

Es wäre jedoch nicht richtig, wollte man annehmen, daß das umfangreiche belastende Material, welches im NKWD protokolliert wurde, den Tatsachen in gar nichts entsprochen hätte. Neben sehr vielen Unschuldigen sind auch Schuldige in den Netzen der Untersuchungsrichter hängengeblieben. Außer erfundenen und konstruierten Verschwörungen wurden wirkliche konspirative Umtriebe aufgedeckt. Zur Zeit des ersten Fünfjahresplanes hatten sich drei oppositionelle Gruppen gebildet: die radikale Gruppe unter Trotzkij, die »Linksabweichung« unter Sinowjew und die »Rechtsabweichung« unter Bucharin. Aus ihren Anhängern ging letzten Endes der »Rechts-Links-Block« hervor, der, um die Russische Revolution vor der Einmann-Diktatur zu retten, Stalin stürzen und die »Parteidemokratie« (mit einem gewissen Recht auf freie Diskussion, wie es unter Lenin gegolten hatte) wieder einführen wollte. Unter dem Despotismus des russischen Polizeistaates blieb der Bewegung dann allerdings nichts anderes übrig, als zur Methode terroristischer Attentate ihre Zuflucht zu nehmen.

Vom 19. bis 24. August 1936 spielte sich in Moskau, vor aller Öffentlichkeit und in Anwesenheit ausländischer (darunter amerikanischer) Diplomaten, der Prozeß gegen sechzehn Mitglieder des »trotzkistisch-sinowjewistischen terroristischen Zentrums« ab. Die Anklage vertrat Andrej Wyschinskij, ehemaliger Menschewik, Mitglied der bolschewistischen Partei seit 1920, Professor für Strafrecht an der Universität Moskau, Generalstaatsanwalt der Sowjetunion seit 1935. Sinowjew, Kamenew und Genossen wurden beschuldigt, Beziehungen zu Trotzkij unterhalten und mit der deutschen Gestapo zusammengearbeitet zu haben; sie wurden ferner beschuldigt, Kirow ermordet sowie Attentate gegen Stalin, Woroschilow und Kaganowitsch vorbereitet zu haben. Während der Einvernahme bestätigten sie ihre in der Voruntersuchung gemachten Aussagen, gaben auch einige Lügen zu und erklärten sich im Sinne der Anklageschrift schuldig. Sie bekundeten tiefe Reue über den an der Revolution begangenen Verrat, über ihr Absinken auf das Niveau sowjetfeindlicher Agenten und Spione. »Mein defekter Bolschewismus«, sagte Sinowjew, »hat sich in Antibolschewismus verwandelt, und über den Trotzkismus bin ich zum Faschismus gelangt.« In grenzenloser Selbsterniedrigung verleugneten sie alle Ideen, die sie früher vertreten hatten, und schienen bereit, noch größere Schuld auf sich zu nehmen, als der Generalstaatsanwalt ihnen zugeschrieben hatte. Kamenew belastete würdelos nicht nur sich selbst, sondern auch andere Personen. Von einer rhetorischen Schlußfloskel abgesehen (»Ich fordere, daß diese tollgewordenen Hunde allesamt erschossen werden«), vertrat Wyschinskij die Anklage in ruhigem Ton. Am Prozeß nahmen keine Verteidiger teil. Vom Obersten Militärgericht der Sowjetunion wurden sämtliche Angeklagten zum »höchsten Strafmaß«, zur Erschießung, verurteilt und am 25. August 1936 hingerichtet. In der Sowjetunion und im Ausland erregte dieser erste große Schauprozeß gewaltiges Aufsehen. Die russische Öffentlichkeit sah die

Schuld der Verurteilten als erwiesen an. In Westeuropa dagegen hegte man die größten Zweifel an der Gerechtigkeit der Sowjetjustiz, obwohl von Moskau aus stenographische Prozeßberichte in Übersetzungen verbreitet wurden. Man fand die vorbehaltlosen Selbstbezichtigungen der Verurteilten ganz unverständlich.

Mit der Vernichtung Sinowjews und Kamenews gab sich Stalin keineswegs zufrieden. Während der Bevölkerung des Sowjetstaates durch die neue Verfassung von 1936 Rechtssicherheit vorgespiegelt wurde, setzte er die Serie der Prozesse gegen trotzkistische Schädlinge unter schauerlichen Begleiterscheinungen fort.

Ende September 1936 wurde Jagoda seines Amtes als Leiter des NKWD enthoben. Er wurde durch Nikolaj Iwanowitsch Jeschow ersetzt, einen Arbeiter, der sich als Mitglied der Zentralkontrollkommission insbesondere bei Untersuchungen gegen Intellektuelle ausgezeichnet hatte. Unter Jeschow erreichte die Kampagne der Säuberungs-, Inquisitions- und Gerichtsverfahren ihren Kulminationspunkt. Die Jahre 1936 bis 1938 gingen als Epoche der »Jeschowschtschina« in die Geschichte ein.

In fieberhafter Arbeit wurde im NKWD neues Belastungsmaterial gegen trotzkistische Verschwörer beigebracht. Es sollte bewiesen werden, daß in der Sowjetunion »auf Grund der Anweisungen des Volksfeindes L. Trotzkij« ein weiteres »trotzkistisches Parallelzentrum« organisiert worden sei, welches sich »den Sturz des Sowjetregimes, die Wiederherstellung des Kapitalismus und der Herrschaft des Bürgertums« zur Hauptaufgabe gemacht und eine »Schädlings-, Diversions-, Spionage- und terroristische Tätigkeit« zu entwickeln versucht habe, »um die wirtschaftliche und militärische Macht der Sowjetunion zu untergraben, ausländische Aggressoren zu unterstützen und die Niederlage der Sowjetunion herbeizuführen«.

Vom 23. bis 30. Januar 1937 fand in Moskau vor dem Obersten Militärgericht öffentlich der »Prozeß der Siebzehn« statt. Auf der Anklagebank saßen ehemals bedeutende Mitglieder der bolschewistischen Partei: Pjatakow, Radek, Sokolnikow, Muralow, Serebrjakow und andere. An den Verhandlungen nahmen drei Verteidiger und drei Sachverständige teil; letztere hatten sich vom technischen Standpunkt aus über Sabotageakte zu äußern. Sämtliche Angeklagte erklärten sich schuldig. Sie gestanden, seit Jahren Anhänger Trotzkijs gewesen zu sein und – in der Meinung, daß Stalins planwirtschaftliche Experimente zu einer Katastrophe führen müßten – die Beseitigung Stalins, den Verzicht auf die Industrialisierung, die Auflösung der Kolchosen sowie die Machtergreifung des Trotzkismus mit allen, selbst mit verbrecherischen Mitteln angestrebt zu haben. In Voraussicht einer unvermeidlichen Niederlage der Sowjetunion im Zweifrontenkrieg gegen Deutschland und Japan hätten sie einige Errungenschaften der Revolution wenigstens für einen Teil des russischen Gebietes retten wollen und seien so dazu gekommen, deutschen und japanischen Agenten – zwecks Verhütung schlimmerer Verluste – im voraus territoriale Konzessionen zu offerieren. Als aber die Politik der Fünfjahrespläne sich als erfolgreich erwies, hätten sie mit Bestürzung eingesehen, in welchen Sumpf sie durch den Bankrott des Trotzkismus geraten seien. »Der Trotzkismus«, sagte Radek in seinem letzten Wort, »ist zum Mittelpunkt aller konterrevolutionären Kräfte und eine Waffe der Kriegsbrandstifter geworden. Wir haben restlos begriffen, welchen historischen Kräften wir als Werkzeug gedient haben.«

Jossif Wissarionowitsch Stalin

Aufnahme in die Partei auf einer Kolchose. Aus einem Gemälde von W. K. Netschitailo

Und Pjatakow (ehemals stellvertretender Volkskommissar für Schwerindustrie) beteuerte, daß das einzige Motiv, welches ihn bewogen habe, die Wahrheit zu gestehen, der Wunsch gewesen sei, wenigstens jetzt, wenn auch spät, seine »abscheuliche trotzkistische Vergangenheit loszuwerden«.

Außer den Geständnissen der Angeklagten wurden vor Gericht keinerlei Beweise produziert. Dagegen konnten die Behörden des Flugplatzes Kjeller bei Oslo, wo Pjatakow, um Trotzkij zu treffen, in einem deutschen Flugzeug gelandet zu sein behauptete, nachweisen, daß dort mehrere Monate vor und nach der angegebenen Zeit überhaupt kein ausländisches Flugzeug angekommen war.

Obwohl mehrere Angeklagte unaufgefordert bezeugten, während der Untersuchungshaft korrekt behandelt und durch keinerlei Pressionsmittel beeinflußt worden zu sein, sind sie zum mindesten seelisch stark unter Druck gesetzt worden: jederzeit konnte die Polizei ihre Eltern, ihre Brüder und Schwestern, ihre Frauen und Kinder als Geiseln benützen. Die Häftlinge mögen auch gehofft haben, eine Milderung der Strafe zu erreichen, falls sie gestanden, was man von ihnen verlangte.

Am 30. Januar 1937 wurden Pjatakow und zwölf weitere Angeklagte zur Erschießung, Radek und drei weitere Angeklagte zu zehn Jahren Gefängnis verurteilt. Die Hinrichtungen erfolgten am Tag nach der Urteilsverkündung.

Den nächsten fürchterlichen Aderlaß erlitt die Rote Armee. Generalstabs-Chef Marschall Tuchatschewskij erfreute sich nicht nur bei den Soldaten, sondern bei der ganzen Bevölkerung der Sowjetunion einer großen Popularität. Er hatte erfolgreich am Bürgerkrieg teilgenommen, eine glänzende Karriere gemacht und in den Jahren 1934 bis 1936 die Schlagkraft der Armee, mit Hinblick auf die Wiederaufrüstung Deutschlands, durch eine Reihe von Reformen bedeutend erhöht. Auf ihn ging die Motorisierung der Truppen und die Bildung besonderer Fallschirm-Divisionen zurück.

Tuchatschewskij und andere hohe Offiziere waren durch die zunehmende Macht des NKWD, durch die Verhaftungen und Prozesse aufs tiefste beunruhigt. Gestützt auf das Militär, namentlich auf die Moskauer Garnison, verfügten sie anscheinend über ausreichende Mittel, dem wachsenden Terror Stalins entgegenzutreten. Wenn sie den Gedanken eines Staatsstreiches erwogen, was nicht feststeht, so hätten sie zupacken müssen, ohne zu zögern. Sie ließen aber kostbare Zeit verstreichen, und der schlaue Georgier kam ihnen zuvor.

Wann und wodurch bei ihm ein Verdacht gegen den Generalstab erweckt wurde, läßt sich nicht sagen. Das erste Indiz dafür, daß seine Stellung erschüttert war, muß Tuchatschewskij im April 1937 bemerkt haben, als zu den Krönungsfeierlichkeiten Georgs VI. nicht er, wie ursprünglich vorgesehen, sondern Admiral Orlow delegiert wurde. Am 1. Mai erschien Tuchatschewskij, wie jedes Jahr, zur großen Parade; er stand in der Nähe Stalins, auf der Tribüne der Prominenz, soll aber beunruhigt gewesen und von allen gemieden worden sein. Am 11. Mai verlor er das Amt eines stellvertretenden Volkskommissars für Verteidigung und wurde zum kommandierenden General des Wolgagebietes degradiert. Am 17. Mai wurden bei den Truppenteilen der Armee die Politischen Kommissare wieder eingeführt, die man 1925 abgeschafft hatte; es war daran zu erkennen, daß die Zivilgewalt sich des Militärs zu versichern suchte. Am 11. Juni verhaftete man Tuchatschewskij, und gleichzeitig wurden zahlreiche weitere Generäle der Roten Armee festgenommen. Bei seiner Verhaftung, die während einer Reise, nachts, im Salonwagen des Marschalls erfolgte, leistete Tuchatschewskij Widerstand und wurde verwundet. Auf einer Tragbahre brachte man ihn in den Kreml, wo er mit Stalin einen langen, heftigen Wortwechsel hatte.

Der Prozeß gegen Tuchatschewskij und Konsorten fand unter Wahrung des tiefsten Geheimnisses statt. Die Angeklagten wurden der Spionage zugunsten Deutschlands und Japans beschuldigt; ferner sollten sie Vorbereitungen für einen bewaffneten Aufstand getroffen haben. Schon am 12. Juni 1937 wurden sie hingerichtet. Ihr Todesurteil war von vier Marschällen unterzeichnet: Woroschilow, Budjonnyj, Blücher und Jegorow. Die beiden letzteren wurden bald darauf selber »liquidiert«.

Ob und inwieweit Tuchatschewskij schuldig gewesen ist, wird sich mit Sicherheit wohl nie eruieren lassen. 1936, bei den Bestattungsfeierlichkeiten Georgs V., war er in London und soll dort unvorsichtig mit ausländischen Politikern in Kontakt getreten sein. Jedenfalls hielt sich Beneš, als Präsident der Tschechoslowakischen Republik, für verpflichtet, Stalin vor Tuchatschewskij zu warnen. Wie sich später herausgestellt hat, wurden die für Tuchatschewskij kompromittierenden Dokumente von Gestapo- und SS-Leuten in Berlin fabriziert und auf raffinierte Weise über Prag dem Kreml zugespielt. Während des Krieges rühmte sich Hitler in vertrautem Kreise, die rote Generalität diskreditiert, sie Stalin ans Messer geliefert und so die Kriegstauglichkeit der Roten Armee beträchtlich vermindert zu haben. In der Tat wurden über die Rote Armee katastrophale Säuberungsmaßnahmen verhängt. Etwa zwanzigtausend Offiziere (ein Viertel des gesamten Offizierskorps) wurden verhaftet, einige Tausend erschossen, darunter anderthalbtausend höheren Ranges (vom Oberst an aufwärts), die übrigen deportiert. In der Folge hat Berija, der an Stelle Jeschows zum Chef des NKWD aufrückte, etwa dreitausend höhere Offiziere, die das Glück gehabt hatten, der Hinrichtung zu entgehen, für unschuldig erklärt und rehabilitiert. Unter ihnen befanden sich Rokossowskij, Tolbuchin und Jakowlew, die sich als Schlachtenlenker des zweiten Weltkrieges im Kampf gegen Hitlers Armeen bewährt haben.

Während des Strafgerichtes über die Rote Armee, das in der ganzen Sowjetunion lähmenden Schrecken verbreitete, wurde vom NKWD der größte aller politischen Schauprozesse, »die Strafsache des antisowjetischen Blocks der Rechten und Trotzkisten« präpariert. Das Verfahren ist auch als »Prozeß der Einundzwanzig« oder »Dritter Trotzkistenprozeß« bekannt. Die Verhandlungen fanden öffentlich vom 2. bis 13. März 1938 statt, in einer Atmosphäre hochpolitischer Spannung, just als Hitler den »Anschluß« Österreichs vollzog.

Auf der Anklagebank saßen: Bucharin, kommunistischer Parteitheoretiker und Chefredakteur der »Iswestija«; Rykow, ehemals Vorsitzender des Rates der Volkskommissare; Jagoda, ehemals Volkskommissar des NKWD; Krestinskij, stellvertretender Volkskommissar des Auswärtigen; Rakowskij, Diplomat; Rosengolz, Diplomat; Tschernow, ehemals Volkskommissar für Handel in der Ukraine; Lewin, ehemaliger Hausarzt des Dichters Maxim Gorkij, und andere. Als Vertreter der Anklage amtierte wieder Wyschinskij.

Das Gericht hielt, als man am Schluß der Verhandlungen angelangt war, für erwiesen, daß die Angeklagten, deren Tätigkeit bis in die Jahre des ersten Weltkrieges zurückverfolgt wurde, im Auftrage auswärtiger Spionagedienste eine Verschwörergruppe organisiert hatten, die sich im wesentlichen ähnliche Ziele setzte und ähnliche Methoden anwandte wie die vorher abgeurteilten trotzkistischen Organisationen: Sturz des sozialistischen Systems, Wiederherstellung des Kapitalismus und der Herrschaft der Bourgeoisie, Untergrabung der Landesverteidigung, Begünstigung ausländischer Aggressoren bei der Herbeiführung der Niederlage und bei der Zerstückelung der Sowjetunion. Seit Jahren, zum Teil seit Jahrzehnten seien die Angeklagten als deutsche, englische, französische, polnische, japanische Spione tätig gewesen. Sie hätten sich bemüht, Eisenbahnkatastrophen zu provozieren, den Pferde- und Rindviehbestand – namentlich durch künstliche Verbreitung der Maul- und Klauenseuche – zu vermindern, das Finanzwesen in Unordnung zu bringen, die Auszahlung der Löhne an die Arbeiter zu verzögern, die Versorgung mit Nahrungsmitteln zu sabotieren – alles, um in der Bevölkerung Unzufriedenheit mit der bolschewistischen Gesellschaftsordnung hervorzurufen.

Die Angeklagten, hieß es im Urteil weiter, hätten die Beseitigung prominenter Parteiführer – Lenin, Stalin, Swerdlow, Molotow, Kaganowitsch und Woroschilow – vorbereitet. Bucharin wurde schon für das am 30. August 1918 von Dora Kaplan auf Lenin unternommene Attentat und für die im Jahre 1930 erfolgte Ermordung Wolodarskijs verantwortlich gemacht. Jagoda habe die Ermordung Kirows ermöglicht, Jeschow durch Gift zu töten versucht und dem Arzt Lewin die Ermordung Gorkijs sowie seines Sohnes befohlen, indem er, als allmächtiger Leiter des NKWD, ihn und seine Familie mit Vernichtung bedrohte.

Für diese und andere Verbrechen wurden achtzehn Angeklagte zum Tode durch Erschießen, drei Angeklagte zu Gefängnisstrafen von 15, 20 und 25 Jahren verurteilt. Die Todesurteile wurden am 15. März vollstreckt.

Über den Verlauf der Voruntersuchung gestattet das stenographische Protokoll – ein Band von 872 Seiten – aufschlußreiche Rückschlüsse. Alle Angeklagten hatten vor Beginn des Prozesses selbstverständlich umfassende Geständnisse abgelegt. In der persönlichen Einvernahme durch den Vorsitzenden des Gerichts hat Krestinskij jedoch versucht, sein Geständnis zu widerrufen: »Ich bekenne mich nicht schuldig«, erklärte er. »Ich bin kein Trotzkist. Ich war nie Teilnehmer des Blocks der Rechten und Trotzkisten, von dessen Bestehen ich nichts wußte. Ich habe auch kein einziges der Verbrechen begangen, welche mir persönlich zur Last gelegt werden; insbesondere bekenne ich mich nicht schuldig der Verbindung mit dem deutschen Spionagedienst.« Präsident: »Bestätigen Sie Ihr in der Voruntersuchung gemachtes Geständnis?« Krestinskij: »Ja, in der Voruntersuchung habe ich ein Geständnis abgelegt, aber ich war nie Trotzkist.« Der Generalstaatsanwalt, Wyschinskij, empfand diesen Widerruf als höchst unangenehm und kam später darauf zurück: »Aber Sie haben doch das Protokoll unterzeichnet?« Krestinskij: »Ich habe es unterzeichnet.« Wyschinskij: »Sie erinnern sich doch, daß ich Ihnen direkt die Frage stellte, ob Sie nicht irgendeine Erklärung abzugeben wünschen oder eine Beschwerde gegen die Untersuchung haben. War es nicht so?« Krestinskij: »Ja, es war so.« Wyschinskij: »Wenn Sie gefragt wurden, ob Sie Beschwerden haben, so hätten Sie sagen müssen, daß Sie welche haben.« Krestinskij: »Ich hatte welche, in dem Sinn, daß ich nicht freiwillig gesprochen habe«. Hier hätte der Präsident eingreifen und fragen müssen, welcher Art Zwang denn ausgeübt worden sei. Er rührte sich aber nicht, die beiden Verteidiger schwiegen ebenfalls, und der Generalstaatsanwalt verlas die seinerzeit von Krestinskij unterschriebene Erklärung, daß er keinerlei Beschwerden gegen die Untersuchung gehabt habe.

Auch der Angeklagte Jagoda erklärte: »Was ich in der Voruntersuchung gesagt habe, ist falsch.« Als der Generalstaatsanwalt wissen wollte, warum sich Jagoda selbst belastet habe, wenn es doch nicht der Wahrheit entsprach, antwortete der Angeklagte: »Gestatten Sie, auf diese Frage nicht zu antworten.«

Erst im weiteren Verlauf des Prozesses konnten Krestinskij und Jagoda bewogen werden, ihre in der Voruntersuchung gemachten Aussagen »vollständig« zu bestätigen.

Wiederum, wie in den früheren Prozessen, begnügte sich der Generalstaatsanwalt mit der Selbstbezichtigung der Angeklagten. Die wenigen Zeugen, die er auftreten ließ, sagten nichts Konkretes aus und waren nicht in der Lage, die verbrecherischen Handlungen der Angeklagten aus eigener Wahrnehmung zu bestätigen. (Einzig hinsichtlich des Arztes, der beschuldigt wurde, Gorkij zu Tode kuriert zu haben, wurde ein Zeuge einvernommen, der die inkriminierte Behandlung zum Teil mit angesehen haben wollte.) Daher wirkten viele vom Generalstaatsanwalt behauptete Tatsachen irreal und schemenhaft. Auch für ihn selbst hatten sie etwas Unwirkliches. Als einer der Angeklagten berichtete, daß eine Person, die im Begriffe stand, die Verschwörung anzuzeigen, »aus dem Wege geschafft« worden sei, interessierte sich Wyschinskij weder für den Namen des Opfers noch für diejenigen der unmittelbaren Täter, noch für die Art der Beseitigung; er ging vielmehr über den Mord, ohne die Bedeutung dieses Wortes zu realisieren, wie über eine Bagatelle hinweg.

Der dritte Trotzkistenprozeß scheint Stalin gezeigt zu haben, daß man sich auf vorbereitende »Regie« nicht absolut verlassen konnte, weil die Gefahr unvorhergesehener Wortgefechte und verräterischer Zwischenfälle trotz allen Pressionsmitteln nicht ausgeschlossen werden konnte. Vielleicht sind eben deshalb auch keine weiteren großen Schauprozesse mehr inszeniert worden.

Während der geschilderten Säuberungen und nachher wurden unzählige Bürger der Sowjetunion in die Untersuchungsgefängnisse eingeliefert: alle, die auch nur im geringsten oppositioneller Gesinnung oder irgendwelcher Beziehungen mit dem Ausland verdächtig erschienen. Für die Jahre 1936 bis 1938 wurde die Zahl solcher Verhafteten auf sechs bis sieben Millionen geschätzt. Außer den offiziell Angeklagten fanden noch viele prominente Kommunisten den Tod. Manche verübten Selbstmord, so Gamarnik, Mitglied des Zentralkomitees der Partei, nachdem er sich vergeblich gegen die Verurteilung Tuchatschewskijs ausgesprochen hatte. Nur ein geringer Prozentsatz der Untersuchungsgefangenen wurde durch ordentliche Gerichte abgeurteilt; die meisten wurden durch administrative Kommissionen in die Straflager Nordrußlands und Sibiriens verbannt. Dasselbe Schicksal (oder Zwangsaufenthalt in der Nähe der Straflager) war auch den Verwandten der Opfer beschieden. Die in den Straflagern herrschende hohe Sterblichkeit leistete dem Regime oft denselben Dienst wie die Exekutionspelotons.

Die Vernichtung ungeheurer Menschenmassen in summarischem Verfahren hatte offenbar das Ziel, ausnahmslos alle Elemente zu treffen, die im Falle einer politischen Krise, insbesondere aber im Falle eines Krieges, fähig gewesen wären, Stalins Politik zu stören oder ihn zu stürzen und eine neue Regierung zu bilden. Von der Unabwendbarkeit des Krieges war Stalin fest überzeugt. In Voraussicht höchst bedrohlicher Situationen, in denen die Existenz der Sowjetunion auf dem Spiele stehen würde, entschloß er sich, die inneren Gefahren durch barbarische Beseitigung sämtlicher, selbst der nur potentiellen Gegner auszuschalten.

Im Dezember 1938 wurde Jeschow als Volkskommissar des NKWD abgesetzt. An seine Stelle trat der bisherige Machthaber der Staatspolizei in Transkaukasien, Lawrentij Pawlowitsch Berija. Er setzte die Säuberungen unentwegt fort, allerdings ohne zum Mittel sensationeller Schauprozesse zu greifen. Um den Eindruck zu erwecken, daß die Regierung den »Übereifer« der bisherigen Säuberungspraxis mißbillige, ließ er zahlreiche Beamte des NKWD verhaften. Ehemalige Untersuchungsrichter trafen nun im Gefängnis mit Leuten zusammen, die sie noch vor kurzem selber verhört und gequält hatten. Auch veranlaßte Berija, wie erwähnt, daß ein Teil der früher Verurteilten rehabilitiert wurde und die unterbrochene Karriere wieder fortsetzen konnte.

Dennoch mußte die rücksichtslose Anwendung eines allmächtigen Polizeiapparates vor dem Parteivolk ideologisch gerechtfertigt werden. Stalin ließ daher durch eine Gruppe linientreuer Historiker unter Schdanows Redaktion eine »Geschichte der Kommunistischen Partei der Sowjetunion« ausarbeiten. Sie entsprach offenbar den Intentionen Stalins so sehr, daß sie in seinen Gesammelten Werken Platz fand. In Wirklichkeit entstammen nur zweiunddreißig Seiten (ein oberflächlich popularisierender Abschnitt »Über dialektischen und historischen Materialismus«) seiner eigenen Feder. Das Buch enthält, namentlich auf den letzten zweihundert Seiten, eine Abrechnung mit allen Schattierungen der menschewistischen und trotzkistischen Opposition, ferner die Begründung der Theorie von der »Möglichkeit des Sozialismus in *einem* Lande« und die Schilderung des Triumphes der Fünfjahrespläne. Stalin erscheint hier als der engste Freund Lenins und der treueste Fortsetzer seines Lebenswerkes, während Trotzkij, Sinowjew, Kamenew, Bucharin und andere als Verräter an der Russischen Revolution gebrandmarkt werden. Es wird bewiesen, daß die Sowjetunion vor die Hunde gegangen wäre, hätte nicht Stalin den Trotzkismus mit Stumpf und Stiel ausgerottet. Das Buch wurde zur dogmatisch unfehlbaren Bibel der Partei erklärt. Alle früheren Darstellungen der Parteigeschichte wurden als Fälschungen des historischen Sachverhaltes diskreditiert und, soweit es möglich war, eingezogen. Auch die übrige Historiographie wurde gemäß den neuen Richtlinien umgestaltet.

Die Epoche der Prozesse und Säuberungen hinterließ im äußeren Bild der Sowjetunion erstaunlicherweise fast keine sichtbaren Spuren. Stalin verstand es, die Sowjetgesellschaft für die Ziele und Erfolge des wirtschaftlichen Aufbaus so sehr zu interessieren, daß alle Grausamkeiten seines Regimes darüber bald vergessen wurden. Im Gegensatz zum international eingestellten Trotzkismus, der stur darauf eingeschworen war, daß sozialistische Experimente ohne gleichzeitige »Weltrevolution« zum Scheitern verurteilt seien, betonte Stalin die Idee des »großen sozialistischen Vaterlandes«, das den Mut gehabt habe, die Fesseln des Kapitalismus zu zerbrechen und Pionierdienste für die ganze Menschheit auf sich zu nehmen. Ein neuer, sowjetischer Patriotismus breitete sich aus, nicht frei von naiver Überheblichkeit gegenüber dem Westen. Es kam dem Stalinismus zustatten, daß viele, namentlich junge Sowjetbürger vom hochgemuten Bewußtsein getragen wurden, als Angehörige der »fortschrittlichsten Nation der Welt« die Gesellschaftsordnung der Zukunft zu errichten. Die Gewaltmethoden des Stalinschen Regimes hatten die alte Garde des Bolschewismus verschlungen. Die Jugend fragte nicht mehr nach ihr. Die Probleme, mit denen die Alten gerungen hatten, waren abgetan und erledigt. Mochten die Säuberungen Millionen von Menschen betroffen haben – die Wunden vernarbten rasch. Nutznießer des Untergangs der Alten waren die neuen Manager des bolschewistischen Staates, die Angehörigen der neu aufsteigenden Bildungsschicht, die Mitglieder der »Kommunistischen Jugend«.

1939 wurde nach fünfjähriger Pause zum erstenmal wieder ein Parteikongreß einberufen. »Wir können mit Sicherheit davon ausgehen«, sagte Stalin, »daß wir in Zukunft keine Massensäuberungen mehr brauchen werden.«

Am Vorabend des zweiten Weltkrieges konnte Stalin für sich in Anspruch nehmen, daß die Partei unter seiner Führung zu einem Block von monolithischer Geschlossenheit geworden sei.

Paul F. Langer

JAPAN ZWISCHEN DEN KRIEGEN

Wie für einen beträchtlichen Teil der westlichen Welt bedeutete der erste Weltkrieg auch für Ostasien einen wesentlichen Einschnitt. Mit dem Aufeinanderprallen der europäischen Großmächte in Europa im Sommer 1914 begann ihr Einfluß außerhalb Europas zu schrumpfen.

Besonders traf das in China zu. Der Zerfall des chinesischen Reiches hatte seit der Mitte des 19. Jahrhunderts ein Vakuum geschaffen, das andere Staaten nur zu gern füllen wollten. Das Territorium Chinas wurde zu einem der klassischen Schlachtfelder für die miteinander streitenden imperialistischen Mächte. Die Lage wurde auch nicht besser, als die Revolution von 1911 die Manchu-Dynastie der Ch'ing endlich gestürzt und eine Republik errichtet hatte. Von Bürgerkriegen heimgesucht, blieb China schwach, eine Beute des Imperialismus.

Inzwischen waren als aktive Kräfte im Fernen Osten nur zwei Mächte übriggeblieben: die Vereinigten Staaten, weitab, aber sichtbar im Begriff, zu einer Supermacht mit weltumspannenden Interessen zu werden, und das aggressive, expansionslüsterne Japan, durch die geographische Nähe begünstigt und dazu das erste nationale Gebilde Asiens, das imstande war, westliche Methoden und westliche Technik gegen den Westen zu kehren.

Japans Versuch, von der Gelegenheit Gebrauch zu machen, die sich ihm in China bot, war in der Zeit zwischen den Weltkriegen nicht das einzige richtunggebende Ereignis im Fernen Osten. Rapid sich vollziehende gesellschaftliche Wandlungen schufen Verwirrung und Unruhe und machten die Völker Ostasiens in zunehmendem Maße aufnahmefähig für neue, vielfach revolutionäre Ideologien. Die dynamischste dieser Ideologien kam aus Rußland: das dumpfe Grollen der bolschewistischen Revolution und Lenins Versprechungen und Appelle hallten durch ganz Asien. Sowohl in China als auch in Japan schwoll der Nationalismus in explosiven Ausbrüchen an, die zuzeiten jedes rationale Denken auslöschten. Zu derselben Zeit, da das Gewebe der traditionellen ostasiatischen Gesellschaft den jähen Anprall der modernen Welt zu spüren bekam, setzte die Ära blinden Tastens nach neuen sozialen, wirtschaftlichen und politischen Lösungen ein.

Wenn es eine einzelne Macht gegeben hat, die in diesen Jahren den Lauf der Ereignisse in Ostasien bestimmte, so war es Japan. Seine Entwicklung war einzigartig in ihrer Zielstrebigkeit und ihrem dramatischen Gehalt. In dieser Geschichte eines Staates, dessen

Wesen das Streben nach Macht war, sind die zwei Jahrzehnte zwischen den Weltkriegen der letzte Akt, der der tragischen Entwirrung eines großen Abenteuers unmittelbar voraufgeht. Dies Abenteuer hat den Fernen Osten zutiefst aufgewühlt. Seine Wirkung ist heute noch zu spüren. Deswegen scheint es angebracht, bei der Schilderung und Durchleuchtung der Entwicklungszusammenhänge in Ostasien zwischen den Weltkriegen Japan in den Mittelpunkt zu stellen.

Erster Weltkrieg: Japans Chance

Als Meilensteine auf Japans Weg zur Großmacht zeichnen sich mehrere Ereignisse ab. Ein leicht gewonnener Krieg gegen die kraftlose Manchu-Dynastie hatte 1895 die Insel Formosa (T'ai-wan) unter japanische Herrschaft gebracht. Die bogenförmige Inselreihe des Kaiserreichs Japan beherrschte nun fast die ganze chinesische Küste. Ein zehn Jahre später erfochtener zweiter Sieg – diesmal gegen das übergroße, in seiner gewaltigen Ausdehnung ungelenke zaristische Rußland – hatte die Drohung vom Norden beseitigt. Anschließend sicherte sich Japan mit der Besetzung der Halbinsel Korea den ersten Stützpunkt auf dem Festland. Ebenso verdrängten japanische Militärstützpunkte auf der Liao-tung-Halbinsel am südlichen Zipfel der Manchurei die russischen Stützpunkte und den russischen Einfluß. Wenige Jahre später (1910) wurde das ungebärdige Korea von Japan annektiert. Gleichzeitig begannen die japanischen Wirtschaftsinteressen von Liao-tung aus einen energischen Vorstoß nördlich in die geräumige und an Naturschätzen reiche, aber noch unentwickelte Manchurei. Ein neues von Tôkyô regiertes Imperium, aus chinesischen Landen zusammengestückelt, begann feste Konturen anzunehmen.

Obgleich Japan an den Streitfragen, die 1914 zum Krieg in Europa geführt hatten, kein übergroßes Interesse nahm, zögerte es als Verbündeter Englands nicht, sich der praktisch ungeschützten deutschen Kolonien in Ostasien zu bemächtigen. Tsingtao und die angrenzenden von Deutschland kontrollierten Bezirke auf Chinas strategisch wichtiger Halbinsel Shantung wurden unter japanisches Regiment gestellt. Dasselbe Schicksal widerfuhr den deutschen Besitzungen im nördlichen Pazifik: den Marianen, Karolinen und Marshall-Inseln.

Diese billigen Eroberungen waren jedoch nur Sprungbretter im großen Plan der japanischen Führer, ihre Nation zur dominierenden Großmacht in Ostasien zu machen. Die Erreichung dieses Zieles setzte aber voraus, daß man über die wirtschaftlichen und politischen Geschicke Chinas sicherer verfügen konnte. Daß die führenden Weltmächte mit den blutigen Kämpfen in Europa beschäftigt waren, war für Japan die lange erwartete Gelegenheit. Anfang 1915 wurden der jungen und schwachen republikanischen Regierung Chinas eine Reihe japanischer Forderungen präsentiert, sehr sinnreich auf Papier, das als Wasserzeichen Maschinengewehre trug. Wäre dies Ultimatum, die sogenannten »Einundzwanzig Forderungen«, als Ganzes angenommen worden, so wäre China auf das Niveau eines Satellitenstaates Japans gesunken.

Die einzige Waffe, die dem wehrlosen China verblieb, war, das geheime japanische Ultimatum zu veröffentlichen und die Weltmächte um Schutz gegen den asiatischen Nachbarn anzurufen. Nach langwierigen Verhandlungen, bei denen die Vereinigten Staaten und Großbritannien China nur in begrenztem Umfang, wenn auch nicht unwirksam, zur Hilfe kamen, erreichte Japan jedoch, daß seine Sonderstellung in China wenigstens teilweise anerkannt wurde, und es erhielt überdies wichtige wirtschaftliche Konzessionen in den Schlüsselgebieten Manchurei und Shantung.

Einen vollen Erfolg hat Japan nicht davongetragen. Das lag weniger am Widerstand Chinas als an der Strategie der Westmächte, die darauf bedacht waren, ihre damaligen und etwaigen künftigen Interessen in China durch zähes Festhalten am Status quo zu schützen. Infolgedessen beeilte sich Japan, seine Kriegsgewinne gegen Friedensrisiko zu versichern.

In den Jahren 1916 und 1917, als der Krieg in Europa im entscheidenden Stadium war, unternahm die Tôkyôter Regierung einige Demarchen bei ihren Verbündeten in der Frage der Anerkennung der japanischen Sonderinteressen in China. Das geschah zu einer Zeit, zu der der japanische Wirtschafts- und Operationsbeitrag zur Kriegführung in Europa wichtig schien und die um ihre Existenz ringenden Alliierten für Kompromisse in der weniger wichtigen fernöstlichen Ebene eher zu haben waren. Eine nach der anderen trafen die Regierungen des zaristischen Rußlands, Großbritanniens, Frankreichs und Italiens geheime Abkommen mit Japan: sie sicherten Japan ihre Unterstützung bei späteren Friedensverhandlungen zu, bei denen die japanischen Ansprüche rechtliche Anerkennung finden sollten. Nur die Zusage der Vereinigten Staaten ließ auf sich warten.

Die Vereinigten Staaten waren auf das Wohlwollen und die Hilfe Japans weniger angewiesen als ihre europäischen Verbündeten. Außerdem standen japanische und amerikanische Wirtschaftsinteressen in China häufig in offenem Gegensatz zueinander. Nur Japan bedrohte die traditionelle amerikanische China-Politik der »Offenen Tür«, die gleiche Chancen für alle fremden Mächte erstrebte. Die japanisch-amerikanischen Verhandlungen gestalteten sich infolgedessen äußerst schwierig. Um schließlich dem Kriegsgebot der Einigkeit Rechnung zu tragen, konzedierten die Vereinigten Staaten widerwillig, daß aus »territorialer Nähe« besondere zwischenstaatliche Beziehungen erwüchsen und daß Japan aus diesem Grunde Sonderinteressen in China wahrzunehmen habe. Doch wurde diese vage Anerkennung des japanischen Anspruchs auf eine Vorzugsposition durch die beiderseitige Verpflichtung aufgewogen, die Schwäche Chinas nicht dazu zu benutzen, zum Schaden anderer Staaten Vorrechte in China zu erlangen.

Eine recht unerwartete Gelegenheit, Japans Imperium auf dem asiatischen Festland zu vergrößern, ergab sich am Ausgang des Krieges. Im Jahre 1918 hatten sich die Alliierten entschlossen, Truppen nach dem sibirischen Hafen Wladiwostok zu entsenden, um ihre großen Kriegsmateriallager zu schützen, andere alliierte Interessen in dieser Region zu verteidigen und Sibirien vor den Bolschewiki zu bewahren. Es dauerte nicht lange, bis japanische Truppen, die zahlenmäßig stärker waren als die der anderen Alliierten, die strategischen Punkte auf der ganzen Strecke von Wladiwostok bis Tschita und dem Baikal-See besetzt hatten. Es sah so aus, als sollte Ostsibirien unter japanische Herrschaft kommen.

Als im November 1918 der Krieg in Europa zu Ende war, schien die japanische Position im Fernen Osten uneinnehmbar geworden zu sein: wirtschaftlich und militärisch hatte sich Japan in Nord- und Mittelchina fest eingegraben, seine Truppen waren über Ostsibirien verteilt, und es beherrschte eine dreitausend Kilometer lange Kette strategisch wichtiger Inseln im Nordpazifik. Darüber hinaus hatte das Land gewaltige Schritte auf dem Wege technischer Modernisierung zurückgelegt und seine Auslandsschulden getilgt; es erfreute sich eines Wohlstands, wie es ihn bis dahin noch nie erlebt hatte.

Nach alledem ist es nicht verwunderlich, daß weder die unfreundliche Reaktion der amerikanischen öffentlichen Meinung noch der heftige Protest der chinesischen Regierung und des chinesischen Volkes Japan daran zu hindern vermochte, seine Kriegsgewinne einzuheimsen. Bei der Unterzeichnung des Versailler Vertrages im Juni 1919 wurden die wirtschaftlichen Vorzugsrechte in Shantung, die Japan 1915 China abgepreßt hatte, bestätigt und japanische Truppen in diesem strategisch wichtigen Abschnitt chinesischen Bodens belassen. Weder heftige antijapanische Demonstrationen in China noch die Weigerung der chinesischen Regierung, den Friedensvertrag zu unterzeichnen, konnten die Sachlage ändern. Japan war in der Tat zu einer Weltmacht mit etablierten, anerkannten und verbrieften Rechten in China geworden.

In einer anderen Frage hatte indes amerikanischer Druck Japan gezwungen, seine Forderungen zurückzuschrauben. Die ehemals deutschen Inseln im nördlichen Pazifik wurden zwar, wie es die Alliierten versprochen hatten, Japan überlassen, aber es mußte sich verpflichten, die Inseln als Völkerbundsmandat zu verwalten und sie nicht zu befestigen. Auf diese Weise sollte eine radikale Verschiebung des Kräftegleichgewichts im pazifischen Raum verhindert und die Sicherheit der amerikanischen Verbindungslinien verbürgt werden.

Eine komplette Niederlage erlitt Japan nur in einer Frage. Japanische Bemühungen, den Grundsatz der Gleichheit aller Rassen in die Völkerbundsatzung einzufügen, setzten sich in Versailles nicht durch; sie scheiterten vor allem an der Unnachgiebigkeit einiger Mitgliedsstaaten des britischen Commonwealth. Das hatte zwar keinen Einfluß auf die militärische und wirtschaftliche Machtverteilung, brachte aber den japanischen Nationalismus in Wallung und vergiftete die Atmosphäre. Beeinträchtigt wurden dadurch Japans Beziehungen zum Westen, besonders sein Verhältnis zu den Vereinigten Staaten, wo alteingesessene Japaner und japanische Neueinwanderer ohnehin von einer zunehmend diskriminierenden Gesetzgebung betroffen wurden.

Japan im Übergang

In der Meiji-Ära (1868–1912) hatte Japan unter der Führung einer kleinen Gruppe unbeugsamer Männer vorwiegend aus Samurai-Geschlechtern gestanden. Ihr Hauptziel war, auf dem schnellsten Wege einen starken Staat zu schaffen, der sich in einer Welt des Imperialismus und westlicher Machtpolitik würde behaupten können. Das Japan der modernen Technik, das diese Oligarchen mit ihrem Experiment der »kontrollierten Revolution« zu

DATENGERÜST

Japan zwischen den Kriegen

1890 Erstes Parlament eröffnet (25.11.).
1894 Vertrag mit Großbritannien (Exterritorialitätsrechte sind bis 1899 aufzuheben). Beginn des chinesisch-japanischen Krieges (25.7.).
1895 Friedensvertrag von Shimonoseki. Rußland, Frankreich und Deutschland zwingen Japan, die Liao-tung-Halbinsel zurückzugeben.
1897 Japan führt den Goldstandard ein.
1898 Rußland besetzt die Liao-tung-Halbinsel. *Rosen-Nishi*-Abkommen.
1899 Politik der »Offenen Tür« in China. Exterritorialitätsrechte in Japan aufgehoben.
1900 Seiyû-Kai Partei von Fürst *Itô* gegründet. Boxer-Aufstand in China.
1902 Britisch-japanisches Bündnis (30.1.).
1904 Russisch-japanischer Krieg bricht aus (9.2.).
1905 *Taft-Katsura*-Abkommen. Britisch-japanisches Bündnis erneuert und verstärkt (Juli). Friedensvertrag von Portsmouth (USA): Japan wird als ostasiatische Großmacht anerkannt (5.9.). Fürst *Itô* Gouverneur von Korea (Nov.).
1906 Südmanchurische Eisenbahn als Instrument der japanischen Kontinentalpolitik gegründet.
1908 *Gentleman's Agreement* zwischen Japan und den Vereinigten Staaten betreffend japanische Einwanderung (Februar). *Root-Takahira*-Abkommen (November).
1909 *Itô* in Charbin ermordet (Oktober).
1910 Abkommen mit Rußland über Einflußsphären in der Manchurei (Juli). Japan annektiert Korea (22.8.).
1912 Tod des Kaisers *Meiji* (30.7.) und Thronbesteigung des Kaisers *Taishô*.
1914 *Ôkuma* Ministerpräsident (April). Japan erklärt Deutschland den Krieg (23.8.) und besetzt die deutschen Pachtgebiete in China.
1915 Japan übergibt China 21 Forderungen (15.1.), die China widerstrebend teilweise annimmt.
1916 General *Terauchi* Ministerpräsident (Oktober).
1917 Geheimverträge mit den Alliierten über Shantung und die Pazifik-Inseln.
1918 Sibirische Expedition (bis 1922). Erstes Parteienkabinett unter *Hara* (September).
1919 Aufstand in Korea (April). Pariser Friedenskonferenz und Friedensvertrag (Juni).
1921 Kronprinz *Hirohito* besichtigt Europa (März—September). Abrüstungskonferenz in Washington. *Hara* ermordet (4.11.).
1922 Tod der Genrô *Ôkuma* und *Yamagata*. Japanische Truppen ziehen von Wladiwostok ab.
1923 Erdbeben zerstört Yokohama und großeTeile von Tôkyô (1.9.).
1924 Einwanderungsgesetz in USA gegen Japaner.
1925 Sowjetisch-japanischerVertrag in Peking unterzeichnet (21.1.). *Shidharas* friedliche Kontinentalpolitik. AllgemeinesWahlrecht für Männer. Gesetz zur Wahrung des Friedens (März).
1926 Tod des Kaisers *Taishô* (25.12.) und Thronbesteigung des Kaisers *Hirohito* (Anfang der Showa-Jahre).
1927 Bankkrise und wirtschaftliche Depression. General *Tanaka* Ministerpräsident: Intervention in Shantung.
1928 Erste Wahl unter dem allgemeinen Wahlrecht (20.2.). Massenverhaftungen von Kommunisten (15.3.). Gesetz zur Wahrung des Friedens verstärkt. Ermordung *Chang Tso-lins* in der Manchurei (Juni).
1930 Londoner Flottenabkommen. Attentat auf Ministerpräsident *Hamaguchi* (November), der im August 1931 stirbt.
1931 Der »Manchurische Zwischenfall« (18.9.)
1932 Gründung des Staates Manchukuo (Februar). Ministerpräsident *Inukai* ermordet.
1933 Besetzung der Inneren Mongolei. Waffenstillstand von Tangku.
1934 Kündigung des Washingtoner Flottenabkommens gibt Japan freie Hand.
1935 Sowjetunion sieht sich gezwungen, die strategische Ostchinesische Eisenbahn an Manchukuo (Japan) zu verkaufen.
1936 Putsch junger Armeeoffiziere nach einem Wahlsieg der Liberalen (26.2.) und Ermordung führender Regierungsmitglieder. Antikominternpakt mit Deutschland (25.11.).
1937 Erstes Kabinett des Fürsten *Konoe* (Juni). Zwischenfall an der Marco-Polo-Brücke (7.7.). Ausbruch des Krieges mit China. Bombardierung der US-Kanonenboots Panay auf dem Yangtse (12.12.). Nanking von japanischen Truppen besetzt (13.12.).
1938 Kampf mit Sowjet-Truppen bei Chang-kufeng (Juli—August). Besetzung von Kanton und Hankou. Erlaß des Mobilisierungsgesetzes mit weitgehenden Vollmachten für die Regierung im Kriegsfall. Programm der »Neuen Ordnung« in Ostasien durch Bildung eines großostasiatischen Wirtschaftsraums.
1939 Schwere Gefechte mit Sowjet-Truppen an der Grenze der Manchurei und der Äußeren Mongolei (April bis Juli). Vereinigte Staaten kündigen den Handelsvertrag von 1911.
1940 Gründung des Strohmännerregimes *Wang Ching-wei* in Nanking (Januar), Auflösung der politischen Parteien (Juli—August). Japanische Truppen besetzen Indochina (September). Drei-Mächte-Pakt Deutschland — Italien — Japan (27.9.). Der liberale Fürst *Saionji*, der letzte Genrô, stirbt (24.11.).
1941 Besprechungen zwischen Staatssekretär *Hull* und Botschafter *Nomura* (März). Japanisch-sowjetischer Neutralitätsvertrag (13.4.). Japan errichtet Protektorat über Indochina (25.7.); USA beschlagnahmen japanisches Eigentum (26.7.). General *Tôjô* Ministerpräsident (Oktober). Angriff auf die USA-Flotte in Pearl Harbour (7.12.).

Beginn des 20. Jahrhunderts hervorgebracht hatten, zeigte deutlich die Spuren seiner zielbewußten und autoritären, modernen und doch noch im Feudalismus wurzelnden Schöpfer. Indem diese Gestalter des modernen Japans, die *Genrô* oder »älteren Staatsmänner«, die Nation nach ihrem Ebenbild formten, brachten sie einen sozialen und wirtschaftlichen Umwälzungsprozeß in Gang, der schließlich ihr eigenes Werk gründlich umwandeln sollte. Indes waren die Macht und das Prestige der Oligarchen so groß und die ihnen entgegenwirkenden Kräfte so schwach, daß es im Verlauf von Jahren an politischem Widerspruch nichts mehr gab als gelegentliches Geplätscher.

Neue Männer machten sich erst bemerkbar, nachdem hohes Alter oder Tod die *Genrô* von der politischen Bühne abtreten ließ. Die neuen Führer waren aber nicht mehr alle aus einem Guß, und sie waren auch nicht mehr wie die älteren Oligarchen einer einheitlichen politischen und sozialen Philosophie verhaftet. Es fehlten ihnen auch das Prestige und die unumstrittene Autorität der Vorgänger. Japans wirtschaftliche und politische Struktur wurde komplizierter, und die Macht mußte nun auf eine viel subtilere Art als in den Tagen der *Genrô* aufgeteilt, dazu auch ein Gleichgewicht unter den einzelnen Machtträgern hergestellt werden.

Dieser Übergang zu einer neuen Führungsschicht vollzog sich um die Zeit des ersten Weltkriegs. Im Jahre 1909 wurde Fürst Itô Hirobumi, der Schöpfer der Meiji-Verfassung, von einem koreanischen Nationalisten ermordet. Drei Jahre später starb Kaiser Meiji, einer der Erschaffer des modernen Japans. Damit endete eine Epoche, in der der Wille des Kaisers wenigstens von Zeit zu Zeit zu den politisch bestimmenden Faktoren gehörte. Meijis Nachfolger, Kaiser Taishô (1912–1926), war geistig und körperlich zu schwach, als daß er an der Bestimmung des politischen Kurses hätte teilnehmen können. Sein Sohn Hirohito, der jetzige Kaiser, wurde 1921 zum Regenten und 1926, nach dem Tode Taishôs, zu seinem Nachfolger. Auch damals beschränkte sich die Rolle des Kaisers vorwiegend auf die Erfüllung zeremonieller Gebräuche. In den zwanziger und dreißiger Jahren starben einer nach dem anderen die bedeutenden Führer aus der Meiji-Ära. Spürbar war vor allem der Tod des Feldmarschalls Yamagata Aritomo (1922), der Japans Armee geschaffen hatte und nach dem Tode Itôs zum eigentlichen Diktator des Landes geworden war. Mit dem Fürsten Matsukata Masayoshi hatte der Tod (1924) im Grunde den letzten der großen Oligarchen von der politischen Bühne entfernt. Fürst Saionji Kimmochi, der einzige »ältere Staatsmann«, der noch am Leben blieb, ein liebenswürdiger, liberal gesinnter Repräsentant des Hofadels, war kein typischer Vertreter der Oligarchie und eher darauf bedacht, ihre Herrschaft zu beenden.

In den zwanziger Jahren wurde die Geschlossenheit der oligarchischen Herrschaft von einer Vielfalt von Gruppen abgelöst, die die Regierung beeinflußten, aber sie nie völlig zu beherrschen vermochten. Keine von ihnen kam von derselben gesellschaftlichen Konstellation her wie die alten Führer, keine teilte vorbehaltlos deren Denkweise. Ja, einige von ihnen entwickelten sogar Ansichten, die den Grundkonzeptionen des bis dahin geltenden politischen Systems zuwiderliefen.

Den Vorgängern nach Herkunft und Weltanschauung am ähnlichsten war noch das Militär. Seine Führer, die zahlreichen Generale und Admirale der riesigen Streitkräfte

Japans, stammten wie die alten Oligarchen zumeist aus Samuraifamilien. Im Gegensatz zu den Meiji-Staatsmännern hatten sie jedoch keine tiefen Bindungen an das Japan der Feudalzeit. Sie waren in einer modernen Armee und Marine zu ihren hohen Posten emporgestiegen, und viele von ihnen hatten Erfahrungen im Ausland gesammelt. Überdies war ihr Glaube an die gewaltige Überlegenheit des Bismarckschen Deutschlands, das in gewissem Sinne dem Meiji-Staat als Vorbild gedient hatte, durch den Sieg der verbündeten demokratischen Kräfte im ersten Weltkrieg schwer erschüttert worden. Sogar die Militärs legten infolgedessen eine weniger feudale, etwas modernere Gesamthaltung an den Tag.

Zum Teil gilt das auch für die Spitzen der Bürokratie. Die Verschiedenheit ihrer Herkunft und die Eigenart ihres Ausbildungsganges führten dazu, daß die hohen Beamten eine wachsende Vielfalt von Standorten und Standpunkten repräsentierten; diese Tendenz setzte sich um so mehr durch, je mehr qualifizierte Ausbildung und spezialisiertes Fachwissen verlangt wurden. Allgemein nahm nach dem Krieg der Einfluß der hohen Zivilbeamten in dem Maße zu, wie der Einfluß der militärischen Führung abnahm.

Die auffallendste Neuerscheinung unter denen, die die japanische Nachkriegspolitik bestimmten, war indes der Geschäftsmann. Nicht daß die Wirtschaft in der Meiji-Zeit einflußlos gewesen wäre. Damals unterstand sie aber weitgehend dem Staat, das heißt den älteren Staatsmännern selbst, und wurde von ihm gelenkt und subventioniert. Im übrigen war Japan zu jener Zeit ein noch verhältnismäßig unentwickeltes Land, in dem wirtschaftliche Interessen eine mehr oder minder untergeordnete Rolle spielten. Von Jahr zu Jahr jedoch verstärkte das rapide Wachstum von Industrie und Handel mit der zunehmenden internationalen Verflechtung der japanischen Wirtschaft das Gewicht wirtschaftlicher Faktoren, und diese Entwicklung wurde durch den gewaltigen industriellen Aufschwung in den Kriegsjahren wesentlich beschleunigt. Das Tempo der Entwicklung läßt sich an einigen Zahlen ablesen: zwischen 1913 und 1920 stieg die Kohlenförderung von 21,3 auf 29,2 Millionen Tonnen, die Walzstahlerzeugung von 255000 auf 533000 Tonnen, die Zementerzeugung von 645000 auf 1300053 Tonnen, die installierte elektrische Kraft um mehr als das Doppelte, von 504000 auf 1200014 Kilowatt.

Wichtig in diesem Zusammenhang ist der wachsende politische Einfluß der *Zaibatsu*, der für Japan charakteristischen konzernartigen Wirtschaftsgebilde von gewaltiger Ausdehnung und einzigartiger Branchenverflochtenheit. Die vier führenden *Zaibatsu* – Mitsui, Mitsubishi Sumitomo und Yasuda –, einst eng mit den *Genrô* liiert, hatten geraume Zeit im Vordergrund der wirtschaftlichen Entwicklung Japans gestanden. In der letzten Phase der Meiji-Periode und während der ganzen Regierungszeit Taishôs dehnten sich diese Gebilde immer weiter aus und sogen immer mehr Unternehmen der verschiedensten Art auf, mit dem Ergebnis, daß sie in den zwanziger Jahren die Herrschaft über große Teile der Schwer- und Leichtindustrie, des Außenhandels und der Schiffahrt und die meisten Großbanken erlangten. Eine so starke Zusammenballung wirtschaftlicher Macht konnte sich ohne ein Mindestmaß an politischem Einfluß nicht behaupten. Die *Zaibatsu* wurden infolgedessen zu einem immer einflußreicheren Faktor beim Zustandekommen politischer Entscheidungen. Ihren Einfluß machten sie zu einem erheblichen Teil über die Parteien, die sie mit großen Beträgen subventionierten, bisweilen aber auch über bestimmte Sektoren der Bürokratie geltend.

Wie auch die übrige japanische Geschäftswelt lagen die *Zaibatsu* sehr oft im Streit mit dem Militär. Im Mittelpunkt standen die mit den Militärausgaben zusammenhängenden Steuergesetze. In den zwanziger Jahren wurden die *Zaibatsu* zur mächtigsten Pressionsgruppe, die den Militärapparat zu verkleinern und kostspielige kriegerische Abenteuer zu verhindern suchte. Eine Zeitlang sah es so aus, als könnte es den Geschäftsleuten im Bunde mit den Berufspolitikern gelingen, die Militärs an der Spitze der Staatsgeschäfte abzulösen.

Die Machtkämpfe zwischen Militär- und Zivilbürokratie und Wirtschaftskreisen – eben den Gruppen, die die Nachfolge der wenigen Meiji-Machthaber angetreten hatten – wurden immer mehr im Parlament ausgetragen. Mit der Zeit wurden die Parteien und die Berufspolitiker, einst nur Marionetten in den Händen der Oligarchen, zu Machtfaktoren, mit denen gerechnet werden mußte. Deutlich sichtbar wurde das im September 1918: zum erstenmal wurde ein Berufspolitiker, Hara Kei, zum Ministerpräsidenten ernannt. In den zwanziger Jahren wurde die Kammer aus einem bloßen Forum für die Verkündung der Regierungspolitik mehr und mehr zu einer politisch bestimmenden Körperschaft.

Der schwindende Einfluß der Oligarchen und ihrer bürokratischen Nachfolger, der Aufstieg einer machtvollen Mittelklasse, die Verbreitung der Hochschulbildung und westlicher Gedanken und eine erstarkende Wahlrechtsbewegung führten schrittweise zur Ausdehnung des Wahlrechts auf größere Bevölkerungsschichten. Die Vergrößerung der Wählerschaft ließ neue Klassen und gesellschaftlich bedeutende Gruppen zu Wort kommen. Das Ergebnis war ein zunehmend vielschichtiger, aber auch in höherem Maße demokratischer Willensbildungsprozeß. Und einige der neuen politischen Kräfte waren nicht mehr gewillt, im Rahmen des von den alten Oligarchen übernommenen Systems zu agieren. Sie verlangten eine grundlegende Reform der politischen und sozialen Zustände; manche Gruppen forderten sogar völlige Neugestaltung auf revolutionärem Wege.

Solche rebellischen Elemente fanden sich unter Intellektuellen und in den Reihen des wachsenden Heeres der politisch denkenden Industriearbeiter, die ihrerseits der Führung radikaler Intellektueller folgten. Bisweilen konnten sie sich auf Protestregungen unter den Millionen benachteiligter landwirtschaftlicher Pächter stützen; im allgemeinen jedoch verblieb das flache Land in der Zeit zwischen den Kriegen im politischen Winterschlaf, ein Bollwerk des Konservativismus und des Widerstands gegen Veränderungen.

Recht bedeutsam war dagegen die Rolle des japanischen Intellektuellen. Die Meiji-Führer waren sich sowohl über die Bedeutung als auch über die potentielle Gefahr der Massenbildung völlig im klaren. In allem, was sie taten, gründlich und systematisch, hatten sie ein funktionierendes Schulsystem für jedermann aufgebaut. In der Zeitspanne einer Generation hatten sie die Anfangsgründe des Lesens und Schreibens bis in die entlegensten Dörfer getragen und die Fundamente für höhere Bildung und technisches Wissen gelegt. Um auf der anderen Seite die ihrem autoritären Regime von der westlich orientierten Erziehung drohenden Gefahren zu reduzieren, hatten sie die strengste Überwachung des Inhalts des Bildungsstoffes organisiert und jedem Schüler durch kaiserliches Edikt das ganze Lehrgebäude der offiziellen Mythologie mit den Lehrsätzen vom göttlichen Ursprung des Kaisers, von der Unverletzlichkeit des japanischen Bodens und von den höheren Wesensqualitäten des japanischen Volkes aufgedrängt. Die jungen Japaner sollten mit westlichem Wissen gut vertraut, aber auch gefügige und brauchbare Werkzeuge im Dienst der herrschenden Elite sein.

Indes war von Anfang an zu sehen, daß die Entwicklung nicht unbedingt der vorgezeichneten Bahn folgen würde. Die wachsende Schicht der Gebildeten eignete sich nicht nur modernes technisches Wissen und Können an, sondern auch dessen philosophische Voraussetzungen. Es gab kaum etwas im Bereich der westlichen Literatur, der sozialen, ökonomischen und politischen Theorien des Westens, was nicht gierig gelesen und studiert wurde, und vieles davon erweckte bei den jungen Japanern ein zustimmendes Echo.

Persönliche und geistige Berührungen zwischen Japan und der Außenwelt hatten in der Meiji-Zeit beachtlich zugenommen. Eine wahre Lawine von Übersetzungen, die von Adam Smith bis Marx, von Goethe bis Shakespeare, von Tolstoj bis Walt Whitman reichten, ergoß sich über Japan. Immer mehr japanische Studenten und Künstler gingen ins Ausland, um sich auf ihren Gebieten zu vervollkommnen. Viele brachten nicht nur Spezialkenntnisse nach Hause, sondern auch die keimende Saat geistiger Rebellion gegen ein politisches und soziales System, das bei all seinen modernen Aspekten doch noch in der Gedankenwelt des Feudalismus fest verwurzelt war. Zunächst bedrohten diese »gefährlichen Ideen«, wie man sie nach dem ersten Weltkrieg nannte, kaum noch den Seelenfrieden der Oligarchen. Intellektuelle, die es wagten, dem mächtigen Staatsapparat ihre Ideen entgegenzuhalten, fanden beim Volk nur geringen Widerhall.

Eine für ketzerische Gedanken günstigere Atmosphäre stellte sich mit dem Ende der Meiji-Periode ein. Die Verwestlichung der Daseinsbedingungen schritt immer schneller vorwärts; zu Hunderten entstanden Universitäten und Colleges, die Hochschulbildung im Lande verbreiteten; Industrialisierung und Verstädterung beeinflußten die Denkweise von Millionen; eine Mittelklasse, die zu einem erheblichen Teil immer noch kein Stimmrecht hatte, begann sich zu recken und zu strecken. Schließlich schuf der erste Weltkrieg eine Situation, in der das Verlangen nach politischer Umgestaltung auf fruchtbaren Boden fiel.

Während des Krieges hatten enorme Preissteigerungen zu einer Gärung in weiten Kreisen geführt. »Reisunruhen« verbreiteten sich 1918 wie ein Waldbrand übers ganze Land. Städtische Arbeiter, die an Zahl rasch zunahmen, griffen zu Streiks. Als die Hochkonjunktur der Kriegszeit 1920 plötzlich zusammenbrach, geriet die Wirtschaft ernsthaft aus den Fugen, und es entstanden brennende soziale Probleme.

An dieser Wegscheide, in der Atmosphäre der allgemeinen, in der ganzen Welt akuten Suche nach neuartigen politischen und sozialen Lösungen und unter dem unmittelbaren Anprall der bolschewistischen Revolution strömten fremde Ideen mit erneuter Kraft nach Japan hinein. Begriffe wie »Demokratie«, »Liberalismus«, »gleiches Recht für alle« und »soziale Gerechtigkeit« ebenso wie »Sozialismus«, »Kommunismus« und »Pazifismus« wurden jetzt vielen Japanern geläufig.

Unter dem Ansturm der neuen Ideen geriet in den zwanziger Jahren das von den *Genrô* errichtete starre politische Gebilde ins Wanken; in diesem Wirbelwind schien sich Japan von seiner traditionellen inneren und äußeren Politik abwenden zu wollen. Es sah so aus, als sollte die autoritäre Herrschaftsordnung demokratischen Verfahren und die aggressive Militärpolitik einer friedlichen wirtschaftlichen Expansion den Platz räumen.

Außenpolitik friedlicher Verhandlungen

Mehrere japanische Kabinette nacheinander versuchten in den zwanziger Jahren, auch wenn ihnen das Militär häufig Hindernisse in den Weg legte, auf eine friedliche Bereinigung des Verhältnisses zu China und den Westmächten hinzuarbeiten. Offenbar glaubten die eher zum Nachdenken neigenden Staatsmänner, daß eine Strategie wirtschaftlicher Durchdringung in der neuen Nachkriegsära eher zum Ziel führen könnte als eine Politik der Gewalt. Bald nach Kriegsende hatte diese Auffassung eine entscheidende Bewährungsprobe zu bestehen. Als die Mächte von den Versailler Verhandlungen heimkehrten, stand bereits fest, daß es ihnen nicht gelungen war, eine ganze Anzahl internationaler Probleme zu lösen. Das galt für Europa ebenso wie für den Fernen Osten. Gerade im Fernen Osten blieben wichtige Streitfragen ungeregelt; gefährliche Reibungsflächen waren entstanden. Zu einem erheblichen Teil gingen die Spannungen auf das unerfreuliche amerikanisch-japanische Verhältnis zurück.

Schon seit langem waren amerikanische und japanische Interessen in China zusammengestoßen; der Konflikt wurde verschärft mit der praktischen Durchsetzung eines Teils der »Einundzwanzig Forderungen«, der Anwesenheit japanischer Streitkräfte auf chinesischem Boden und der Aufrechterhaltung der japanischen Besetzung großer Teile Ostsibiriens. Mit den Gewinnen, die es im Krieg gemacht hatte, schien Japan in China darauf aus zu sein, immer weiter im trüben zu fischen. Die Beziehungen zwischen Washington und Tôkyô waren durch die Atmosphäre gegenseitigen Mißtrauens gekennzeichnet. Hinzu kam der Dreierwettlauf im Flottenrüsten, den sich weder Japan noch Großbritannien finanziell leisten konnte und den der amerikanische Kongreß nur höchst widerwillig mitmachte.

Die Vereinigten Staaten entschlossen sich schließlich 1921, diesem Problemknäuel auf einer internationalen Konferenz auf den Leib zu rücken. Sie trat am 12. November 1921 in der Memorial Continental Hall in Washington zusammen, in feierlicher Eröffnung begrüßt vom Präsidenten Warren G. Harding und seinem Außenminister Charles Evans Hughes. Als die Delegierten am 6. Februar 1922 auseinandergingen, konnten sie auf Ergebnisse zurückblicken, die auf allen Seiten zufriedenstellend schienen. So wurde die Konferenz von Washington zu einem Wendepunkt in der Geschichte der Pazifikländer. Der Friede schien in diesem Raum auf lange Zeit gesichert.

Anfangs hatte Japan wenig Neigung gezeigt, an einer internationalen Konferenz teilzunehmen, die von den Vereinigten Staaten hauptsächlich zu dem Zweck einberufen worden zu sein schien, Japans Vordringen abzubremsen und den japanischen Einfluß in Ostasien zu schmälern. Als jedoch die japanischen Delegierten, geführt von Shidehara Kijûrô, von Washington zurückkehrten, konnten sie mit dem Erreichten zufrieden sein. Die Verhandlungen waren im Geiste verständiger Nachgiebigkeit geführt worden, und die Großmächte hatten sich über die schwierigsten Punkte der Seerüstungen und der politischen Problematik des Fernen Ostens geeinigt. In dem Fünfmächte-Flottenabkommen verpflichteten sich Großbritannien, die Vereinigten Staaten, Japan, Frankreich und Italien zu einer zehnjährigen Baupause im Schlachtschiffbau und zu einer Begrenzung ihrer Schlachtschifftonnage im Verhältnis von 5:5:3:1,75:1,75.

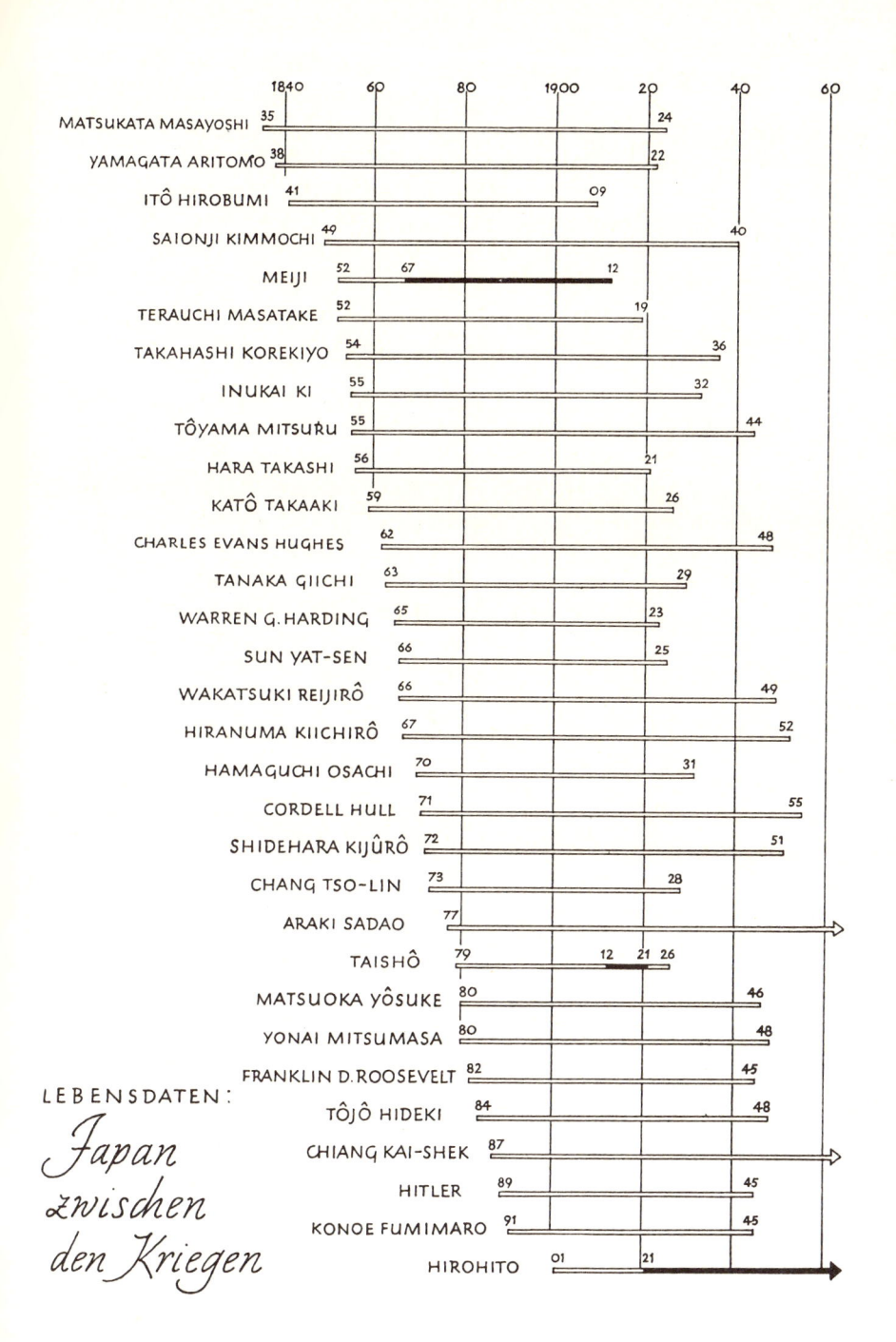

	1840	60	80	1900	20	40	60
MATSUKATA MASAYOSHI	35			24			
YAMAGATA ARITOMO	38			22			
ITÔ HIROBUMI	41			09			
SAIONJI KIMMOCHI	49					40	
MEIJI		52	67	12			
TERAUCHI MASATAKE		52		19			
TAKAHASHI KOREKIYO		54			36		
INUKAI KI		55			32		
TÔYAMA MITSURU		55				44	
HARA TAKASHI		56		21			
KATÔ TAKAAKI		59		26			
CHARLES EVANS HUGHES			62			48	
TANAKA GIICHI			63		29		
WARREN G. HARDING			65	23			
SUN YAT-SEN			66	25			
WAKATSUKI REIJIRÔ			66			49	
HIRANUMA KIICHIRÔ			67			52	
HAMAGUCHI OSACHI			70	31			
CORDELL HULL			71			55	
SHIDEHARA KIJÛRÔ			72			51	
CHANG TSO-LIN			73	28			
ARAKI SADAO			77				→
TAISHÔ			79	12 21 26			
MATSUOKA YÔSUKE			80		46		
YONAI MITSUMASA			80		48		
FRANKLIN D. ROOSEVELT			82		45		
TÔJÔ HIDEKI			84		48		
CHIANG KAI-SHEK			87				→
HITLER			89		45		
KONOE FUMIMARO			91		45		
HIROHITO				01 21			→

LEBENSDATEN:

Japan zwischen den Kriegen

Japan hatte nun, obgleich ihm die Schlachtschiffparität mit den Vereinigten Staaten und Großbritannien versagt blieb, immerhin zwei wichtige Ziele erreicht: es brauchte das kostspielige und unpopuläre Flottenwettrüsten nicht weiterzutreiben, und es war dennoch vor einem Flottenangriff insofern geschützt, als die Vereinigten Staaten, um die japanischen Inseln mit Erfolg angreifen zu können, nach Meinung von Sachverständigen eine Kriegsmarine brauchen würden, die zum mindesten die doppelte Stärke der japanischen haben müßte. Natürlich war demnach bei Anwendung der Vertragsbestimmungen entsprechend auch die japanische Flotte für einen Angriff auf Hawaii oder das amerikanische Festland zu schwach.

Zur Bekräftigung der künftighin rein defensiven Rolle der drei führenden Seemächte wurde im Pazifik eine neutralisierte, befestigungsfreie Pufferzone geschaffen, zu der neben anderen Territorien die in amerikanischem Besitz befindlichen Inseln Guam und die Philippinen, das unter britischer Oberhoheit stehende Hongkong und aus dem japanischen Herrschaftsbereich die Kurilen, Formosa und die Pescadores gehören sollten. Gleichzeitig verpflichteten sich Großbritannien, die Vereinigten Staaten, Japan und Frankreich zur gegenseitigen Anerkennung und Achtung ihres Inselbesitzes im Pazifik. In Erweiterung dieser Gegenseitigkeitsklausel versprachen einander die Unterzeichner des Viermächteabkommens, etwa zwischen ihnen entstehende Streitfragen auf dem Verhandlungswege beizulegen. Für diese Viermächtegarantie mußte Japan einen Preis erlegen: das seit 1902 bestehende englisch-japanische Bündnis wurde stillschweigend aufgelöst; allerdings wäre England ohnehin nicht bereit gewesen, es zu erneuern.

Ein anderes wichtiges Konferenzabkommen, das von allen Pazifikmächten (außer Rußland) unterzeichnet wurde, muß als wenigstens theoretischer Verzicht Japans auf die von ihm bis dahin in China eingenommene Position angesehen werden. Dieser Neunmächtevertrag bekräftigte erneut die Bereitschaft der Unterzeichnermächte, Chinas territoriale Unverletzlichkeit zu wahren, verpflichtete die Unterzeichner, sich in innere Angelegenheiten des chinesischen Staates nicht einzumischen, und stellte unter ausdrücklicher Anerkennung des amerikanischen Grundsatzes der Offenen Tür die Bereitschaft der Unterzeichnermächte fest, keinerlei Maßnahmen zu ergreifen, die das Prinzip gleicher wirtschaftlicher Chancen für alle Mächte in China verletzen könnten. Von Japans »Sonderinteressen« und »Sonderrechten« in China, die aus der »geographischen Nähe« oder aus Japans aktiver Beteiligung an der chinesischen Wirtschaft abzuleiten seien, war im Vertrag keine Rede. Immerhin bestätigte er implizite die japanischen Rechte in der Manchurei.

Unter den wachsamen Augen amerikanischer und britischer Beobachter kamen in Washington die Vertreter Japans und Chinas sechsunddreißigmal zusammen, um die wichtigsten Differenzen beizulegen. Shidehara versprach die Zurückziehung der japanischen Streitkräfte aus Shantung, doch wollte Japan wichtige wirtschaftliche und politische Konzessionen auf der Halbinsel behalten. Chinas Bemühungen, die uneingeschränkte Verfügung über das wertvolle manchurische Gebiet wiederzugewinnen, waren vergeblich. Ebensowenig gelang es China, den anderen Mächten die Wiederherstellung der chinesischen Zollhoheit oder den Verzicht auf Exterritorialitätsrechte abzuringen.

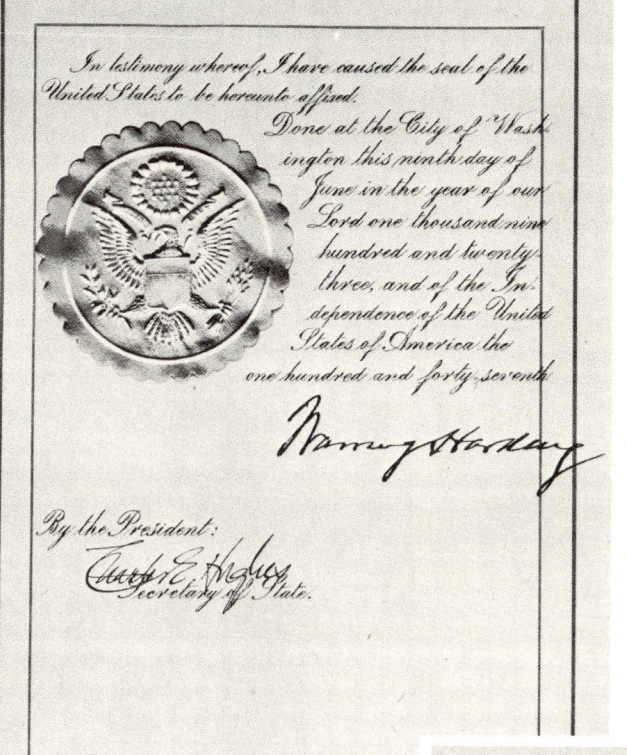

Das Fünfmächte-Flottenabkommen von Washington
am 6. Februar 1922
oben: Die USA-Ratifizierungsurkunde mit den Unterschriften von Präsident Harding und Staatssekretär Hughes vom 9. Juni 1923
unten: Die japanische Ratifizierungsurkunde mit der Unterschrift des Regenten Hirohito vom 5. August 1922
Washington, National Archives

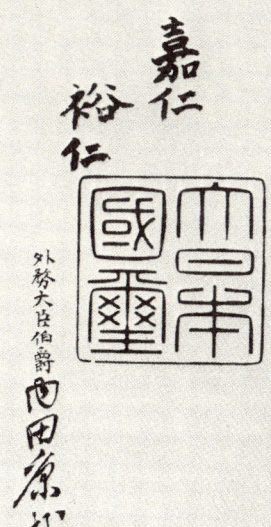

Chiang Kai-shek beim Verlassen der ersten gesamtchinesischen Nationalversammlung, 1931

Obgleich der Sowjetstaat, von Washington nicht anerkannt, auf der Konferenz nicht vertreten war, wurde während der Verhandlungen auch das Problem der japanischen Truppen auf sibirischem Boden aufgeworfen. Zu einem erheblichen Teil unter dem Druck innerjapanischer Kräfte, die den Verzicht auf die Weiterführung des unersprießlichen Unternehmens forderten, ging Japan auf die Anregungen der Alliierten ein und erklärte sich zur Räumung bereit. Einige Monate später, im Oktober 1922, kehrten die japanischen Truppen tatsächlich von ihrem langen Aufenthalt in Sibirien zurück. Kurz darauf wurde Ostsibirien zum integrierenden Bestandteil der Sowjetunion.

So hatte die Konferenz in den meisten potentiell gefährlichen Fragen des Fernen Ostens eine Verständigung erzielt. Sie schien den Frieden gesichert zu haben und sicherte ihn auch in der Tat, bis das zerbrechliche Gleichgewicht, das die sogenannten Pazifikmächte ein Jahrzehnt lang aufrechtzuerhalten vermochten, von einer Weltwirtschaftskrise und entscheidenden Veränderungen im politischen Leben Japans umgeworfen wurde. Erst dann wurde das Hauptgebrechen der Washingtoner Abmachungen offenkundig. Indem sie den westlichen Pazifik der japanischen Militärhoheit überließen, zugleich aber das Vorhandensein japanischer Sonderinteressen in China leugneten, hatten die Westmächte eine gefahrenschwangere Situation geschaffen. Sollte Japan eines Tages finden, daß nur militärische Maßnahmen seine wirtschaftliche Existenzgrundlage in China schützen könnten, würde man ihm nur mit einem lang dauernden, schwierigen und weiträumigen Krieg Einhalt gebieten können.

Zunächst jedoch sprach nichts für japanische Aggressionsabsichten. Durch erhebliche Verminderung der Heeresstärke (um vier Divisionen) und Kürzung des Militärbudgets – trotz heftiger Opposition des Militärs – und durch verständigungsbereite Haltung gegenüber den kontinentalen Nachbarn China und Rußland bekundete die japanische Regierung ihren Willen, sich an die Bestimmungen der Washingtoner Konferenz zu halten und es ernsthaft mit der neuen Politik der internationalen Zusammenarbeit zu versuchen.

Die Abkehr von der Politik der Gewalt äußerte sich im ersten Nachkriegsjahrzehnt besonders deutlich in Japans Beziehungen zu China. China war und blieb das zentrale Problem der japanischen Außenpolitik. Wenn die chinesische Revolution von 1911 dem Ohnmachtsregime der Manchu-Dynastie ein Ende bereitet hatte, so war damit die Uneinigkeit im Lande noch lange nicht beseitigt. Eine Zeitlang schien die Hoffnung auf ein starkes China unter dem konservativen Diktator Yüan Shih-k'ai berechtigt. Aber als er 1916 starb, verfiel das Land von neuem dem Bürgerkrieg. Damals nahm Japan seinen Vorteil rücksichtslos wahr: eine Illustration liefern die »Einundzwanzig Forderungen« und die Besetzung Shantungs. Nach der Washingtoner Konferenz änderte sich Japans China-Politik augenfällig.

Shideharas Nichteinmischungsdiplomatie wurde sogar in der Zeit der Wirren fortgesetzt, als China hoffnungslos in zwei Lager zerrissen schien: einerseits die nördlichen Kriegsherren, anderseits Sun Yat-sens revolutionäre Kuo-min-tang (Nationalpartei). Eine ähnliche japanische Politik wurde auch nach dem Tod Sun Yat-sens (1925) praktiziert, als Chiang Kai-shek, der neue Führer der Kuomintang, gegen die chinesischen Kommunisten und ihre Sowjetberater kämpfte, und, ein Jahr später, als er seinen Marsch nach Norden antrat, um ganz China zu einigen. Gewiß taten die Japaner das Nötige zum Schutz ihrer Positionen in der Manchurei, verhielten sich aber sonst mehr als Zuschauer, obgleich lebenswichtige japanische Interessen auf dem Spiel standen. Diese Haltung trug Shidehara einen ansehnlichen Ruf im Ausland und den Zorn der Militärs daheim ein. Daß eine solche Politik überhaupt getrieben und fast ununterbrochen bis 1931 beibehalten werden konnte, ist ein Zeichen für den Einfluß der Kräfte in Japan, die kriegerische Lösungen verwarfen. Japans Beziehungen zum neuen Sowjetstaat offenbarten denselben Grundzug. Im Innern verfolgte die Regierung eine strikt antikommunistische Politik, und alles, was nur die entfernteste Ähnlichkeit mit kommunistischen Gedanken hatte, war auch in dieser verhältnismäßig liberalen Zeit tabu. Das hinderte Japan nicht, seine Truppen aus dem erdölreichen Nordsachalin zurückzuziehen und mit der Sowjetunion diplomatische und Wirtschaftsabkommen abzuschließen. Im Januar 1925 wurden offizielle diplomatische Beziehungen aufgenommen; in der Amtszeit Shideharas blieb das Verhältnis der beiden Länder viele Jahre recht freundschaftlich. Ganz im Gegensatz zum chinesisch-russischen Verhältnis, das 1929 in offene Kampfhandlungen umschlug, wurden alle zwischen der Sowjetunion und Japan schwebenden Streitfragen in dem Jahrzehnt nach der Washingtoner Konferenz mit Hilfe diplomatischer Verhandlungen geregelt.

Erste Experimente mit Parteienregierungen

Die Zeit zwischen der Ernennung von Hara Takashi zum Premierminister (1918) und dem Ausbruch der Kämpfe in der Manchurei (1931) dürfte die wichtigste Periode in der Geschichte des modernen Japans gewesen sein. Japan wandte sich von der Autokratie ab und versuchte, ein lebensfähiges politisches System im Sinne demokratischer Vorstellungen, des Prinzips der Teilnahme des Volkes an der Regierung und der Idee persönlicher Freiheit zu gestalten.

Es ist etwas Wahres an der Behauptung, daß dies die Jahre waren, in denen Militarismus und Antimilitarismus, autoritäre Grundsätze und demokratisches Denken miteinander im Streit lagen. Trotzdem darf man nicht unterstellen, daß Japan in dieser Zeit mehr oder minder eindeutig in zwei Lager: das demokratische und das antidemokratische, zerfiel. Die Situation war voller Widersprüche, die Gegensätze waren überaus komplex, und der Kampf wurde eigentlich im Bewußtsein jedes einzelnen Individuums ausgetragen. Es konnte auch kaum anders sein, denn die neue Elite – die politische, die wirtschaftliche, die intellektuelle – war gerade erst dabei, sich von ihren feudalen Ursprüngen zu lösen, an die sie traditionelle und gefühlsmäßige Bande fesselten.

Dem Leben in Japan haftete ein merkwürdig schizophrener Charakter an. Natürlich gab es da den Kontrast zwischen dem flachen Lande, wo Grundbesitzer und bäuerliche Pächter noch in der feudalen Vergangenheit wurzelten, und dem verwestlichten Lebensstil der Stadt. Aber auch in Tôkyô und Osaka, den großen Metropolen mit Millionen von Einwohnern, begegnete man auf Schritt und Tritt diesem Zwiespalt zwischen Vergangenheit und Gegenwart: vielstöckige Bürogebäude aus Eisenbeton im westlichen Stil und niedrige, nur dem elementaren Unterkunftsbedürfnis dienende hölzerne Wohnbaracken; Kraftwagen für den Geschäftsmann und Rikschas für die Geisha; westliche Kleidung fürs Büro und Kimonos für das dem Trubel des geschäftlichen Daseins entzogene Heim; der Raum für den Besucher mit Klavier und Sesseln, mit Schondeckchen behängt, und das Wohnzimmer für die Familie mit Strohmatten und leichten Schiebetüren aus Furnierholz. Dieselben schizophrenen Züge waren auch im Verhalten und Denken der Japaner sichtbar. Keine andere Nation hatte je unter dem Zwang gestanden, sich so schnell und so gründlich zu modernisieren. Das führte unvermeidlich zu einem Konflikt zwischen Altem und Neuem.

In der politischen Ebene veranschaulicht Ministerpräsident Hara selbst die Widersprüche im japanischen Leben in den zwanziger Jahren am deutlichsten. In gewissem Sinne war er die Personifizierung der Führerschicht eines neuen Japans: in keiner der großen Feudaldomänen geboren, aus denen die Meiji-Oligarchen stammten, war er dazu auch noch bürgerlicher Herkunft. Er hatte auf einem College studiert, war dann Zeitungsreporter geworden und hatte später verschiedene Regierungsämter bekleidet, bevor er 1900 im Alter von vierundvierzig Jahren zum geschäftsführenden Sekretär der konservativen *Seiyū-Kai*-Partei (»Partei der politischen Freunde«) wurde. Seinen politischen Aufstieg verdankte Hara weniger der agitatorischen und organisatorischen Arbeit als der Gunst des alten Oligarchen Fürst Itô und seines Nachfolgers Fürst Saionji. Er hatte sich seine Sporen in der Politik als Protégé der Oligarchie verdient, bevor er zum Parlament kandidierte.

Obwohl sich Hara für einen Gegner des Militarismus hielt und obwohl sein Kabinett eine vom Militär beherrschte Regierung ablöste, bestand einer seiner ersten Schritte als Ministerpräsident darin, daß er für verstärkte Landesverteidigung eintrat. Seine Stellung zum allgemeinen Wahlrecht war zum mindesten zweideutig. In der Furcht vor einer radikalen Arbeiterbewegung konnte er sich mit den Oligarchen messen. Als erster Berufspolitiker im Amt des Ministerpräsidenten ließ er in seinem Verhalten die Schwerpunkte der Mächte im Japan von 1918 erkennen: wichtig für ihn waren die Ansichten der noch lebenden *Genrô*, der hohen Bürokratie im Geheimen Rat und der reichen Industriellen; dagegen mißachtete er die Masse der Bevölkerung, die noch kein Wahlrecht hatte. Daß weder diese Einstellung noch Haras anmaßendes Auftreten in der eigenen Partei seiner Popularität Abbruch tat, wirft einiges Licht auf den Charakter der Demokratie in Japan zwischen den Weltkriegen.

Ein Blick auf die Rolle der politischen Parteien bestätigt den Eindruck, daß es noch ein weiter Weg war von der Autokratie zur Volksherrschaft. Nach der Verfassung hatte das japanische Parlament nur begrenzte Befugnisse. Der Kaiser war nicht nur Oberbefehlshaber, sondern ernannte auch die Minister, die jeder für sich ihm verantwortlich waren, nicht dem Parlament. Eine Kollektivverantwortung des Kabinetts war nicht vorgesehen. Auch über den Geldbeutel des Staates verfügte das Parlament nicht, denn die Verfassung bestimmte, daß, wenn eine parlamentarische Einigung über den Haushaltsplan nicht zustande kam, das Budget des Vorjahrs automatisch wieder in Kraft trat. Im Parlament, das bis 1925 auf Grund eines äußerst beschränkten Wahlrechts gewählt wurde, waren die Parteien ursprünglich kaum mehr als von den Oligarchen für ihre internen Auseinandersetzungen geschaffene Klubs, die daneben auch den Anschein erwecken sollten, daß die parlamentarischen Kräfte Unterstützung im Volk fänden. Sie hatten allerdings um die Zeit, als Hara Ministerpräsident wurde, an Bedeutung gewonnen. Aber wenn sie auch äußerlich den Parteien der westlichen Länder glichen, war ihre Rolle angesichts der Geringfügigkeit ihrer Funktionen und der ihnen zugewiesenen Verantwortung viel weniger bedeutsam. Auch die Zusammensetzung des Kabinetts Hara zeigt, wie wenig entwickelt Japans parlamentarisches System um diese Zeit war. Die meisten Schlüsselstellungen waren in den Händen früherer Bürokraten, die der *Seiyû-Kai* erst wenige Jahre vorher beigetreten waren. Der Marineminister war aus dem letzten nichtparteilichen Kabinett übernommen worden, und der Kriegsminister, ein aktiver General, war ein guter Freund des alten Fürsten Yamagata und Haras, der ja selbst der Protégé eines Oligarchen war.

Diese negativen Züge mindern jedoch nicht die Bedeutung der Tatsache, daß auf dem Wege zu demokratischen Regierungsformen ein fühlbarer Fortschritt erreicht worden war. Immerhin stand an der Spitze der Regierung ein Bürgerlicher: in einer hierarchischen Gesellschaft mit ihren scharf ausgeprägten Klassenunterschieden und Klassenvorrechten bedeutete das nicht wenig. Widerstrebend hatten die älteren Staatsmänner Hara erkoren, weil ihnen eine größere Unterstützung des Regierungssystems durch das Volk nun doch als wünschenswert erschien. Nahegelegt hatte ihnen das der Sturz des Amtsvorgängers Haras, des Armeegenerals Terauchi Masatake; er war ein Günstling des Fürsten Yamagata und ein Anwärter auf Aufnahme in die Oligarchie; sein Ausscheiden aus der Regierung war durch die »Reisunruhen«, die Massenempörung über die Teuerung, erzwungen worden.

Nach mehr als dreijähriger Amtstätigkeit wurde Premierminister Hara am 4. November 1921 auf dem Tôkyôter Hauptbahnhof von einem Weichensteller ermordet. Sowohl die Tatsache, daß der Regierungschef einem Attentat zum Opfer fiel, als auch die soziale Stellung des Attentäters ließen die andere Seite der Gefahren hervortreten, die Japans parlamentarisches System von seinen Anfängen an bedrohten: politischer Terror und Entfremdung zwischen Regierung und Arbeiterklasse.

Hara hatte jede selbständige Regung unter den Intellektuellen und unter der Arbeiterschaft rücksichtslos unterdrückt. Professoren, die »radikaler« Ideen verdächtig waren, wurden verhaftet und aus dem Lehramt entfernt. Streiks wurden brutal niedergeschlagen. Wie unter den Oligarchen war Freiheit nur insoweit gestattet, als sie der Regierung genehm war. So hinterließ Hara seinen Nachfolgern ein unheilvolles Vorbild. Als dann in den zwanziger Jahren das Wahlrecht erweitert wurde, sorgten das Innenministerium, die für Meinungskontrolle und innere Sicherheit zuständige Behörde, und die Bürokraten der Polizei dafür, daß die Wählerschaft das mythische »Nationalgebilde« Japans und die Vorrechte des Kaisers — oder der Männer hinter dem Thron — nicht gefährden konnte.

Eine »Verordnung zur Wahrung des Friedens« wurde erlassen, die unbotmäßige Elemente in Schach halten sollte: Sozialisten, Anarchisten, Kommunisten, liberale Demokraten und schließlich auch unschuldige politische Theoretiker, die es wagten, die Fundamente der japanischen Regierung und der offiziellen Ideologie der Herrschenden unter die Lupe zu nehmen. Das geschah wenige Tage nach dem großen Erdbeben vom 1. September 1923, das die Stadt Yokohama und große Teile von Tôkyô in Schutt und Asche legte und die Regierung fürchten ließ, daß japanische Radikale oder koreanische und t'ai-wanesische Nationalisten schwere Unruhen anstiften könnten. Diese Befürchtungen erwiesen sich als grundlos. Nichtsdestoweniger erließ die Regierung zwei Jahre später ein gegenüber der Verordnung von 1923 verschärftes »Gesetz zur Wahrung des Friedens«, das bis zu zehn Jahren Gefängnis jedem androhte, der »eine Vereinigung mit dem Ziel der Änderung des Nationalgebildes oder der grundsätzlichen Bekämpfung der Privateigentumsordnung organisiert, einer solchen Vereinigung beitritt oder andere zum Beitritt veranlaßt«. Eine vom Kaiser unterzeichnete Notverordnung von 1928 ergänzte das Gesetz durch Einfügung der Todesstrafe. Vervollständigt wurden diese Unterdrückungsmaßnahmen durch die Schaffung einer »Hohen Sonderpolizei« zum Schutze der mythischen Werte des »Nationalgebildes«.

Diese und ähnliche Maßnahmen der Parteiregierungen der zwanziger Jahre hatten mancherorts bittere Enttäuschungen zur Folge und rissen zwischen dem Regierungssystem und einem beträchtlichen Teil der Öffentlichkeit und der Presse eine Kluft auf. In dem Nachkriegsjahrzehnt, in dem die Massen erwachten, fanden die Arbeiter, die Liberalen und alle, die sich gegen die Wesenszüge der undemokratischen Meiji-Verfassung aufgelehnt hatten, daß sich die Behandlung, die ihnen jetzt zuteil wurde, nicht wesentlich von der Behandlung unterschied, der sie unter den Oligarchen ausgesetzt waren. In diesen Kreisen verbreitete sich die Überzeugung, daß sie vom bestehenden System nichts zu erwarten hatten, daß unter solchen Umständen die Hoffnung auf eine allmähliche politische Umgestaltung vergeblich war und daß möglicherweise erst eine Revolution die Voraussetzungen für eine bessere politische und soziale Ordnung schaffen müßte.

Die Geschichte der Oppositionsbewegung in diesen Jahren zeigt, daß idealistische Befürworter des Liberalismus, der demokratischen Grundsätze und eines vagen Sozialismus in eine militante Politik und radikale Haltungen hineingetrieben wurden. Gewerkschaften gingen vom wirtschaftlichen zum politischen Kampf über, und brutale polizeiliche Unterdrückung veranlaßte sogar manche der gemäßigten Gewerkschaftsführer, sich illegalen Organisationen anzuschließen. Studentische Studienzirkel verwandelten sich in sozialistische Aktionsgemeinschaften, und einige ihrer Mitglieder gründeten 1922 unter dem geistigen Einfluß der bolschewistischen Revolution eine illegale kommunistische Partei. Trotz vielen geheimen Reisen inländischer und ausländischer Kommunisten zwischen der Komintern-Zentrale in Moskau, dem Komintern-Büro in Shanghai und dem illegalen Hauptquartier der japanischen Kommunisten in Tôkyô hat die Partei in der japanischen Politik nie eine bedeutende Rolle gespielt. Der Hauptgrund war die illegale Situation der Partei, verschlimmert durch strenge Polizeiüberwachung und ständige Verhaftungen Verdächtiger; ein übriges taten erbitterte Fraktionskämpfe und die deutliche Sowjetfärbung des japanischen Kommunismus. Erfolgreicher waren die japanischen Sozialisten, denen es Ende der zwanziger Jahre in der Blütezeit des milden Regierungskurses sogar gelang, eine legale Parteiorganisation aufzubauen und mit einem gemäßigten Wahlprogramm, in dem jede Stellungnahme zum geheiligten »Nationalgebilde« sorgsam vermieden wurde, an Parlamentswahlen teilzunehmen.

Der Sozialismus, vor allem marxistischer Prägung, verschaffte sich größere Geltung mit dem weniger grobschlächtigen, aber um so nachhaltigeren Einfluß, den er auf das geistige Leben Japans ausübte, besonders auf den Universitäten und unter Schriftstellern und Künstlern. Zu einer großen politischen Bewegung hat es der Marxismus in Japan zwischen den Weltkriegen nicht gebracht, aber er setzte sich dafür als Unterströmung durch, die zu einem beträchtlichen Teil das soziale, wirtschaftliche und politische Denken der Periode formte. Sogar die extrem nationalistische Bewegung, die in den dreißiger Jahren so mächtig werden sollte, zeigte in vielem, wieviel sie marxistischem Gedankengut zu verdanken hatte.

Eine Schwäche des sich langsam entfaltenden parlamentarischen Systems war, wie die Ereignisse nach Haras Tod anschaulich demonstrieren sollten, der Hang zu Zersplitterung und Cliquenwesen, der in der halbfeudalen Struktur der japanischen Parteien und ihrem Herr-und-Gefolgsmann-Aufbau seine tiefen Wurzeln hatte. Nach Haras Ermordung fiel die Ministerpräsidentenschaft an den Finanzminister Takahashi Korekiyo, einen tüchtigen Finanzmann, aber weniger tüchtigen Führer. Während seiner Regierungsführung wurde die Regierungspartei in zahlreiche streitende Cliquen auseinandergerissen. Daß sie auch noch den Kampf um die Bestimmung des politischen Kurses aufnahmen, brachte die Partei fast an den Rand des Zerfalls. Takahashi sah sich zum Rücktritt gezwungen. Das Experiment mit einer parlamentarisch verantwortlichen Parteienregierung war beendet, aber, wie sich herausstellen sollte, nur vorübergehend.

Nach Takahashis Rücktritt griffen die älteren Staatsmänner von neuem auf die Bürokratie zurück. Auf ihren Vorschlag ernannte der Kaiser ein Kabinett von Fachministern ohne Parteibindungen, mit einem Admiral als Ministerpräsidenten. Als der Admiral im August 1923 starb, wurde ein anderer Admiral sein Nachfolger. Aber weder dies Kabinett noch das folgende, an dessen Spitze der höchst unbeliebte ehemalige Chef des Polizeiamtes im Innenministerium, ein Protégé der älteren Staatsmänner, stand, hielt sich länger als ein paar Monate. Nach diesem zwei Jahre dauernden bürokratischen Regiment geriet das Parlament in Aufruhr, und die Öffentlichkeit, von der Presse lebhaft unterstützt, bestand beharrlich auf dem Rücktritt der Bürokraten.

Im Parlament wurde die antibürokratische Opposition von Katô Takaaki geführt, dem Präsidenten der *Kensei-Kai* (»Verfassungspartei«), die mit der *Seiyû-Kai* rivalisierte. Katô war ein Politiker von Format, der fähigste und zäheste Gegner der älteren Staatsmänner. Er war seit 1915 in der aktiven Politik und stand seit dieser Zeit in den vordersten Reihen des Kampfes gegen außerparlamentarische Einflüsse. Kein Wunder, daß er mehrmals übergangen wurde, als die *Genrô* nach einem geeigneten Ministerpräsidenten Ausschau hielten. Seine Zeit war endlich 1924 gekommen. Außer dem liberalen Fürsten Saionji war keiner der älteren Staatsmänner mehr am Leben. Die Position der außerhalb der Parteien stehenden Bürokratenregierung war im Kreuzfeuer der Angriffe in Parlament und Presse recht unsicher geworden. Drei Wochen nach ihrem Amtsantritt löste die Regierung das ihr feindliche Parlament auf und ließ die Wähler entscheiden, ob sie eine bürokratische oder eine parlamentarische Regierungsweise wünschten.

Die Wähler bereiteten dem Beamtenkabinett eine schwere Niederlage. Das Kabinett trat zurück und öffnete Katô den Weg zur Ministerpräsidentschaft. Damit begann eine Ära, in der Parteienkabinette zur Regel wurden. Wenigstens die äußeren Charakteristika des parlamentarischen Systems wurden in diesen Jahren wesentlich ausgebaut. Auf wie schmaler Basis dies System ruhte, ersieht man daraus, daß auch Katô, der Bannerträger des Systems parlamentarisch verantwortlicher Parteienkabinette, aus den Reihen der Bürokratie hervorgegangen war.

Einige bedeutungsvolle Ereignisse in der Regierungszeit Katôs (vom Juni 1924 bis zum Januar 1926) unterstreichen den zweideutigen Charakter des Demokratiebegriffs, wie er von seinen Anhängern in Japan in die Praxis umgesetzt wurde. In der Regierungsperiode Katôs verabschiedete das Parlament das Wahlgesetz, das allen erwachsenen Männern das Wahlrecht verlieh und so die Zahl der Wahlberechtigten mit einem Schlag vervierfachte. Zugleich hielt es jedoch Katô für erforderlich, diese kühne Ausweitung der Mitwirkung des Volkes an der Regierung, die den unteren Einkommenschichten zum erstenmal ein politisches Mitspracherecht gewährte, wirksam zu neutralisieren. Eine Woche nach der Verkündung des neuen Wahlgesetzes wurde das schon erwähnte »Gesetz zur Wahrung des Friedens« geboren, das sich als eine der schlimmsten in nichttotalitären Staaten je erlassenen Unterdrückungsmaßnahmen erwies und in späteren Jahren alle die, die nicht in Ergebenheit zur Regierungspolitik standen, mit Erfolg niederhielt.

Im Einklang mit dem von Außenminister Shidehara gesteuerten diplomatischen Kurs der internationalen Zusammenarbeit und der friedlichen wirtschaftlichen Durchdringung erfolgte ein drastischer Abbau der Rüstungsausgaben, die sich 1922 auf zweiundvierzig Prozent des Gesamtbudgets belaufen hatten; unter dem Kabinett Katô gingen sie auf siebenundzwanzig Prozent zurück. Das bedeutete jedoch nicht, daß der Militarismus entsprechend an Einfluß verlor. Den überzähligen Offizieren wurde ein neues Aufgabengebiet zugewiesen: sie sollten die militärische Zwangsausbildung, die Katô in allen höheren Schulen und Hochschulen eingeführt hatte, leiten helfen.

Mit der Ernennung Katôs und der Übernahme des Außenministeriums durch Shidehara schien die Hoffnung berechtigt, daß Japan mit der Zeit, wenn auch noch so zaghaft, Fortschritte auf dem Wege zum Repräsentativsystem machen würde. Eine geordnete soziale und politische Weiterentwicklung schien verbürgt, und es sah so aus, als würde man eines Tages auch zu größerer Achtung vor dem Individuum und seiner Freiheit kommen. Zum Unglück für Japan starb Katô im Januar 1926. Sein Werk wurde von bewährten Mitarbeitern, seinem Innenminister Wakatsuki Reijirô und seinem Finanzminister Hamaguchi Osachi wie auch von Shidehara fortgeführt, doch stießen sie bald auf immer größere Schwierigkeiten und mußten sich schließlich geschlagen geben.

Wakatsuki, der neue Führer der Katôschen Verfassungspartei und zugleich Katôs Nachfolger als Ministerpräsident, rief mit einigen Aspekten seiner Finanzpolitik, in denen man Begünstigung privater Interessen und sogar Korruption entdeckt zu haben glaubte, Widerstand im Parlament hervor. Mitten in einer unerwarteten Finanzkrise sah sich das Kabinett auch noch einem entschieden gegnerisch eingestellten Geheimen Rat gegenüber: die vom Kaiser berufenen Mitglieder dieser Körperschaft – hauptsächlich Beamte – hatten inzwischen manche Funktionen der *Genrô* in der außerparlamentarischen Bestimmung des politischen Kurses an sich gerissen. Der Angriff des Geheimen Rates galt vor allem der Außenpolitik Shideharas, der sich nach wie vor weigerte, durch Einmischung in die Angelegenheiten Chinas – sei es in der Manchurei, sei es sonstwo – Sondervorteile für Japan herauszuholen. Schon zu dieser Zeit, fünf Jahre vor dem manchurischen Zwischenfall, machten sich Einflüsse geltend, die in zunehmendem Maße Druck auf die Regierung zugunsten einer radikalen Umkehr in der japanischen China-Politik ausüben sollten. Nicht imstande, die Unterstützung des Geheimen Rates zu gewinnen, entschloß sich Wakatsuki, dessen parlamentarische Position fast unhaltbar geworden war, zum Rücktritt.

Angesichts einer drohenden Finanzpanik übernahm im April 1927 der General Baron Tanaka Giichi, Führer der Gegenpartei der *Seiyû-Kai*, die Regierung. Das neue Kabinett war betont reaktionär und zeigte das in der verschärften Unterdrückung sozialistischen Denkens und in seiner Neigung, parlamentarischen Auseinandersetzungen durch Verhängung von Unterdrückungsmaßnahmen im Notverordnungswege auszuweichen. Immerhin mag das innenpolitische Programm des neuen Kabinetts von dem seiner Vorgänger nicht allzu verschieden gewesen sein. Dafür stellte seine Außenpolitik einen völligen Bruch mit dem Verständigungsgeist der Shidehara-Diplomatie dar, der von Militaristen und Nationalisten vor dem Kabinett Tanaka so scharf angegriffen worden war.

General Tanaka hatte einst als der führende Rußland-Spezialist des japanischen Generalstabs gegolten. Als Obmann des Generalstabsausschusses für die Planung des Sibirienkrieges und später als Kriegsminister während des sibirischen Feldzugs hatte er eine höchst aktive Rolle gespielt. In seinem Werdegang und seinen Vorstellungen war der neue Premier das genaue Gegenteil Shideharas. Indem er selbst das Außenministerium übernahm, schickte er sich an, eine »positive China-Politik« durchzuführen; das entsprach auch vollauf den Ansichten der japanischen Elitetruppe, der auf Vorposten auf Liao-tung am Südzipfel der Manchurei stationierten Kuangtung-Armee.

Was in China vorging, schien die japanische Position in der Manchurei zu bedrohen, und zweifellos war das nach Tanakas Meinung die Schuld der Politik seines Vorgängers. Im Jahre 1927 trieb Chiang Kai-shek, der neue Führer der chinesischen Nationalisten, seine »Nordexpedition« in der Hoffnung voran, ganz China zum erstenmal seit vielen Jahren unter einem Regime einigen zu können. Gegen Anfang März – Wakatsuki war noch im Amt – zogen Chiangs Truppen in die Handelsmetropole Shanghai ein. Als sie zum Weitermarsch nach Norden ansetzten, entsandte der neue japanische Premier Tanaka plötzlich, ohne das Parlament zu verständigen, Truppen nach der Shantung-Halbinsel, um auf halbem Wege zwischen Shanghai und der Manchurei den Weitermarsch der chinesischen Nationalisten zu verhindern. Chiang fand sich plötzlich einer überlegenen ausländischen Armee gegenüber und mußte seine Expedition abbrechen.

Doch im Frühjahr 1928 nahmen die nationalistischen Truppen ihren Marsch wieder auf, bis sie mit den in Shantung stationierten japanischen Kräften zusammenstießen. Chinas Appell an den Völkerbund und die Vereinigten Staaten vermochte die japanischen Truppen nicht vom chinesischen Boden zu verdrängen. Inzwischen ließ ein merkwürdiges Vorkommnis in Nordchina die Welt aufhorchen. Ein Sonderzug, in dem sich Marschall Chang Tso-lin, der mächtige Kriegsherr der Manchurei, befand, wurde am 4. Juni auf dem Wege von Peking nach Mukden in die Luft gesprengt; der Marshall kam ums Leben. Nun stand die Südmanchu-

Ruinen einer Baumwollspinnerei nach dem Erdbeben vom 1. September 1923

Geschäfts- und Wohnviertel in Tôkyô in den dreißiger Jahren

rische Bahn unter japanischer Verwaltung unter der Oberhoheit der Kuangtung-Besatzungsarmee, und es war natürlich bekannt, daß Chang Tso-lin kurz zuvor erhebliche Unabhängigkeitsallüren an den Tag gelegt und sogar eindeutig abgelehnt hatte, »Ratschläge« seiner Freunde von der Kuangtung-Armee zu befolgen. Es liefen sogar Gerüchte um, wonach sich eine Verständigung zwischen ihm und Chiang Kai-shek anbahnte, was zur Wiederherstellung der Einheit Chinas hätte führen können. Erst nach dem zweiten Weltkrieg hat sich feststellen lassen, wer den »Unfall« organisiert hatte. Wie in Japan und außerhalb Japans vermutet worden war, hatten einige Offiziere der Kuangtung-Armee beschlossen, Außenpolitik auf eigene Faust zu treiben, den aufsässigen Landsknechtskönig zu liquidieren und damit eine vielleicht günstige Gelegenheit für die Besetzung der Manchurei durch japanische Truppen herbeizuführen.

Allgemein wurde die Schuld an dem blutigen Zwischenfall, der Japans ohnehin schon angenagter China-Reputation einen enormen Schaden zufügte, Tanaka in die Schuhe geschoben. In Wirklichkeit jedoch hatte Tanaka, was allerdings außerhalb des innersten Armeezirkels nicht bekannt wurde, den Versuch unternommen, die Heeresdisziplin wiederherzustellen und der Armeeführung die Bestrafung der an der Ermordung Chang Tso-lins Beteiligten nahegelegt. Damit stieß er aber auf den Widerstand der »patriotischen« Elemente in den obersten Armeeposten und wurde schließlich gezwungen, die Angelegenheit zu den Akten zu legen. Und einen Monat später entschloß er sich, den Rat des letzten *Genrô* Fürst Saionji, der äußerst ungehalten und beunruhigt war, zu befolgen: er gab sein Amt auf und zog sich aus dem öffentlichen Leben zurück.

In der Angelegenheit steckte eine wichtige Lehre. Indem Tanaka die friedfertige Politik seines Vorgängers umgeworfen hatte, hatte er die Militaristen, die nur auf eine Gelegenheit zur Wiederaufnahme ihrer traditionellen und früher durchaus gewinnbringenden expansionistischen Strategie warteten, zum Losschlagen ermutigt. Er hatte damit Kräfte entfesselt, deren er nicht mehr Herr zu werden vermochte. Ein gefährlicher Präzedenzfall war geschaffen, als den lokalen Armeestellen gestattet wurde, die Initiative zu ergreifen und sich Befugnisse anzumaßen, die nur der Regierung in Tôkyô zustanden.

Das Scheitern des Kabinetts Tanaka erleichterte die Rückkehr zu einer liberaleren Politik. Vom Kaiser zu Rate gezogen, empfahl Fürst Saionji die Berufung des Oppositionsführers Hamaguchi Osachi (Yûkô), des Vorsitzenden der größten Oppositionspartei *Minseitô* (»Regierungspartei des Volkes«), die die Nachfolge von Katôs *Kensei-Kai* angetreten hatte. Die neue Parteiregierung wurde im Juli 1929 in ihr Amt eingeführt und gab bald darauf ihr innen- und außenpolitisches Programm bekannt. Die reaktionäre und militaristische Politik Tanakas wurde entschieden verurteilt. Shideharas Ernennung zum Außenminister bewies, daß Hamaguchi es mit der Wiedergutmachung des Schadens, den die China-Aktion seines Vorgängers angerichtet hatte, durchaus ernst meinte. Im Innern schlug das Regierungsprogramm eine Ausweitung der Befugnisse des Parlaments vor und empfahl eine Senkung des Ausgabenetats einschließlich der sonst unantastbaren Heeresausgaben.

Kurz darauf gewann die *Minseitô* die Parlamentswahlen. Das Kabinett hatte damit eine gesicherte Basis, und Japans Rückkehr zu einer liberalen Regierungspraxis und zur Politik friedlicher internationaler Zusammenarbeit schien gewiß. Hamaguchis erste Regierungserklärung bekräftigte Japans Bekenntnis zu den Völkerbundsprinzipen und stellte in bezug auf China den festen Willen des Kabinetts fest,»nicht nur jede aggressive Politik, die auf irgendeinen Teil Chinas zielt, entschieden abzulehnen, sondern auch unsere freundschaftliche Mitarbeit bei der Verwirklichung der edlen Ziele des chinesischen Volkes in ehrlicher Bereitschaft anzubieten«.

Bald zeigte sich indes, daß die großen Hoffnungen der japanischen Liberalen vergeblich waren. Hamaguchis Bemühungen, Vertrauen zu seiner Führerschaft und seiner Politik zu wecken, stießen von Anfang an auf Schwierigkeiten. Die herrschenden Tendenzen der Epoche liefen offenbar seinen liberalen Ideen zuwider.

Die deflationistischen Maßnahmen des neuen Kabinetts stießen auf Ablehnung nicht nur beim Militär und bei der Beamtenschaft (der eine zehnprozentige Gehaltskürzung zugemutet wurde), sondern auch bei der Bevölkerung im allgemeinen, die in der Finanzpolitik Hamaguchis die Ursache der Arbeitslosigkeit und des wirtschaftlichen Niedergangs sah. Tatsächlich machten sich in Japan gerade die ersten Auswirkungen der schlimmsten Weltwirtschaftskrise des 20. Jahrhunderts bemerkbar.

Eine andere Achillesferse war die Militärpolitik. Anfang 1930 hatte Japan an der Londoner Flottenkonferenz teilgenommen. Jetzt forderten japanische Marinekreise eine Erhöhung der Japan auf der Washingtoner Konferenz zugestandenen Schlachtschifftonnage von 3:5 im Verhältnis zur USA-Tonnage auf 3,5:5. Nur diese Quote könne, so behaupteten die japanischen Marinefachleute, Japans Sicherheit verbürgen. Diese Forderung wurde von den Vereinigten Staaten und Großbritannien glatt abgewiesen. Da aber dem Kabinett Hamaguchi daran lag, ein Abkommen zustande zu bringen, das das kostspielige Wettrüsten einschränken würde, fand es sich bereit, der Beibehaltung des alten Stärkeverhältnisses von 3:5 zuzustimmen. Auf dieser Basis wurde das neue Flottenabkommen von der japanischen Regierung unterzeichnet, obgleich die Marine schwerwiegende Bedenken geltend machte und obgleich die Presse dem Kabinett mit großer Schärfe vorwarf, es habe sich zwingen lassen, für Japan eine »zweitrangige Stellung« zu akzeptieren. Die mit der Regierungspartei rivalisierende *Seiyû-Kai*, im allgemeinen konservativer eingestellt und eher bereit, die Forderungen der Militärs zu unterstützen, griff begierig nach dieser Gelegenheit, das Kabinett einer unpatriotischen Haltung zu beschuldigen. Die Nationalisten verschärften ihre Offensive gegen die Regierung.

Mit einem bei japanischen Politikern in Konflikten mit Militärs ganz ungewöhnlichen Mut bestand Hamaguchi nichtsdestoweniger darauf, das Flottenabkommen an den Geheimen Rat, der über die Ratifizierung zu befinden hatte, weiterzuleiten. Zugleich war es Hamaguchi offenbar gelungen, einige seiner bösartigsten Kritiker beim Marinestab zu zwingen, den Dienst zu quittieren. Das dürfte der kühnste Vorstoß gegen das Militär gewesen sein, den eine japanische Regierung je gewagt hat. Wenigstens für den Augenblick hatte Hamaguchi sein Ziel erreicht: nach einer außerordentlich erbitterten Diskussion beschloß der Geheime Rat, wenn auch nur widerwillig, dem Kaiser die Ratifizierung des Abkommens zu empfehlen.

Der Widerstand des Militärs gegen Hamaguchis Politik hatte aber in keiner Weise nachgelassen. Zum erstenmal hatte eine Zivilistenregierung in einer national lebenswichtigen

Frage die Ratschläge des Militärs vor aller Öffentlichkeit in den Wind geschlagen. Was nun auf dem Spiel stand, war die faktische Entscheidungsgewalt: sollten in wichtigen Fragen Zivilisten oder Militärs das letzte Wort haben? Extrem nationalistische Elemente bemühten sich, die öffentliche Meinung gegen Hamaguchi aufzuhetzen, und einige ihrer Aktionsgruppen trafen Vorbereitungen zu einem Attentat auf den »landesverräterischen« Regierungschef. Das Unvermeidliche geschah am 14. November 1930: Hamaguchi wurde von einem Mitglied einer rechtsradikalen Organisation schwer verwundet. Endlich war der Verfechter des Liberalismus und des Herrschaftsanspruchs ziviler Gewalten zur Strecke gebracht.

Einige Monate noch versah Shidehara stellvertretend das Amt des Regierungschefs, während Unruhe in der Bevölkerung um sich griff und die regierungsfeindliche Hetze anschwoll. Hamaguchi kehrte vorübergehend auf seinen Posten zurück, mußte aber schon im April 1931 aus gesundheitlichen Gründen endgültig aus dem Amt scheiden. Er starb bald danach an den Folgen der im November erlittenen Verletzungen. An seine Stelle trat der frühere Ministerpräsident Wakatsuki, nun auch Vorsitzender der *Minseitô*-Partei.

Wakatsuki versuchte ohne Erfolg, die Partei zusammenzuhalten und sowohl in der Innen- wie in der Asienpolitik weiterhin einen liberalen Kurs zu steuern. Unterdessen hatten sich radikale Nationalisten in der Kuangtung-Armee, vermutlich mit den Segenswünschen einiger ihrer Vorgesetzten in Tôkyô, bereits entschlossen, die Politik der Regierung durch direkte Aktion über den Haufen zu werfen. Am Abend des 18. September 1931 erfolgte eine Explosion auf dem Bahngelände der Südmanchurischen Bahn unmittelbar vor Mukden, innerhalb der Besetzungszone der Kuangtung-Armee. Damals konnten die Folgewirkungen dieser Explosion, die den manchurischen Zwischenfall und damit auch die Eroberung der Manchurei durch Japan auslösen sollte, noch nicht vorausgesehen werden. Erst viel später zeigte sich, daß der 18. September 1931 zu einem epochemachenden Datum in der Geschichte des Fernen Ostens geworden war.

Einige scharfsinnige Beobachter sahen freilich auch damals schon die Lage in der Manchurei nicht ohne tiefe Besorgnis. Einer von ihnen war der gerade ernannte Botschafter der Vereinigten Staaten in Japan, Joseph C. Grew. Im Mai 1932, auf dem Wege zu seiner neuen Wirkungsstätte in Tôkyô, schrieb er in sein Tagebuch:

> Nahezu alles kann passieren, nur eines nicht: daß Japan seine Investitionen, sein Eigentum, seine Staatsbürger und seine lebenswichtigen Interessen in der Manchurei preisgibt. Es wird dort bleiben, es sei denn, daß es in einem Krieg besiegt wird... Wird sich Japan mit der Wahrung seiner gegenwärtigen Rechte in der Manchurei begnügen – oder gehören, wie manche meinen, zu seinem Programm auch Vorstellungen von einem weitgestreckten Imperium, das ganz Asien einbegreift und wozu Korea den ersten und die Manchurei den zweiten Schritt abgibt? Kann Japan einen Zusammenprall mit Sowjetrußland, mit Amerika vermeiden? Die große Frage ist, ob dieser unwiderstehliche japanische Drang eines Tages im Widerstand der Welt auf einen unverrückbaren festen Körper treffen und, wenn ja, welche Form die sich daraus ergebende Feuersbrunst annehmen wird: Revolution im Innern oder Krieg nach außen.

Der Aufstieg der Nationalisten

Wenn zu Anfang der dreißiger Jahre Botschafter Grew und andere Beobachter der politischen Entwicklung in Japan von der Möglichkeit einer »Revolution im Innern« sprachen, spiegelte sich in solchen Äußerungen nur das sichtbare Anwachsen schwerer sozialer Spannungen. Während in Japan am Vorabend des manchurischen Zwischenfalls noch ein mehr oder minder parlamentarisches System funktionierte, steigerte sich der außerparlamentarische Druck so sehr, daß er allmählich zur unmittelbaren Bedrohung der bestehenden Ordnung wurde. Schritt für Schritt vermehrten die Nationalisten und Militaristen ihre Macht, so daß um die Mitte der dreißiger Jahre kaum noch ein Zweifel daran bestand, daß sie sich – sei es mit Hilfe von bloßen Drohungen, sei es durch offenen Angriff – des Staates ganz bemächtigen würden. Bevor die Geschehnisse dieser schicksalsträchtigen Jahre ins Gedächtnis zurückgerufen werden, scheint es angebracht, einen Blick auf die geschichtlichen Voraussetzungen zu werfen, die eine solche Wendung ermöglicht haben.

Festzustellen ist zunächst, daß das Militär in Japan schon immer eine höchst bedeutsame Rolle gespielt hatte. Seit dem Mittelalter hatte das japanische Volk stets unter einer Militärdiktatur gelebt. Die Militärkaste nahm in der Klassenstruktur des feudalen Japans den höchsten Rang ein, und ihre Tugenden wurden der Bevölkerung als allgemeingültige Verhaltensnorm gepriesen. Es wurde den Japanern zur zweiten Natur, den militärischen Befehlshabern zu gehorchen und dem Staat, der von ihnen repräsentiert wurde, alle persönlichen Interessen zu unterwerfen. Dazu gesellte sich das Bewußtsein der nationalen Eigenart und Vorzugsstellung, das in zweihundert Jahren Isolierung von der Außenwelt großgezüchtet worden war.

Die Schöpfer des modernen Japans waren das Produkt dieser feudalen, autoritären Gesellschaft. Sie waren Männer des Schwertes, im Geist der Samurai erzogen. Ihre Triebkraft war ein hochgespannter Nationalstolz, gepaart mit der Vorstellung von der Vordringlichkeit der Aufgabe, die der Unabhängigkeit Japans vom Westen her vermeintlich drohende Gefahr zu bannen. In ihrer Innenpolitik ordneten die japanischen Führer schlechthin alles dem Verlangen nach einem starken, zentralisierten Nationalstaat unter – und selbstverständlich war die Armee der mächtigste Pfeiler, auf dem der Staat zu ruhen hatte. Mit dem richtigen Einsatz hatten sie Prestige und Einfluß erlangt, für sich und für Japan. Zwischen dem feudalen Japan und dem Japan der Meiji-Periode erhielt sich auf diese Weise eine gewisse Kontinuität der Führung und der Mentalität: auch in einem veränderten Rahmen verblieb dem militärischen Menschen das Übergewicht.

Die Aufrechterhaltung der Vorherrschaft des Militärs wurde noch gefördert durch den Charakter des von den Meiji-Oligarchen geschaffenen Staates. Es war ein Klassenstaat, der dem Militär alles, was ihm zustand, einräumte – und noch mehr –, ein in Theorie und Praxis autoritärer Staat. Seine verpflichtende Weltanschauung, Shintô (Weg der Götter), war ein nationalistisches Glaubensbekenntnis, in dessen Mittelpunkt das unantastbare göttliche Wesen des Kaisers und der von ihm mit den Schlüsselstellungen betrauten Männer stand. Für das Zustandekommen von Entscheidungen auf dem Wege öffentlicher Auseinandersetzung und Aussprache waren kaum Vorkehrungen getroffen worden.

Gewiß war als Zugeständnis an den Geist der Neuzeit eine Verfassung erlassen und ein Parlament geschaffen worden. Beides aber war so gebaut, daß Anschläge auf die kaiserliche Herrschaftsprärogative, das heißt auf die Beherrschung des Staates durch die den Kaiser umgebende militärische und bürokratische Elite, nicht gerade gefördert wurden. In der vollziehenden Gewalt kam dem Militär eine Sonderstellung zu. Im Falle von Konflikten mit Zivilbehörden konnten der Armee- und der Marineminister das Kabinett umgehen und direkten Zutritt zum Kaiser als ihrem obersten Kriegsherrn erlangen; ihre Politik war hinter dem Aushängeschild des »kaiserlichen Willens« vor jedem Angriff gefeit. Überdies konnte das Herrenhaus, dessen Mitglieder vom Kaiser berufen wurden, die Macht des gewählten Abgeordnetenhauses jederzeit wirksam neutralisieren, denn dem Abgeordnetenhaus selbst standen weder verfassungsändernde Befugnisse noch das Recht zu, die vom Kaiser ernannte Regierung zum Rücktritt zu zwingen. Starre Verfassungsvorschriften ließen den Parteien im Parlament kaum eine Möglichkeit, die Politik des Staates zu beeinflussen.

Dennoch setzten einige Jahrzehnte wirtschaftlichen und sozialen Wandels auch dies System einem so starken Druck aus, daß sogar die Oligarchen ihn nicht ganz ignorieren konnten. Wie schon erwähnt, war es den parlamentarischen Kräften trotz dem undemokratischen Rahmen, in dem sie zu arbeiten hatten, eine Zeitlang gelungen, Japan auf die Bahn des Liberalismus und der Parteienregierung zu stoßen und den Einfluß des Militärs auf die Politik zu beschneiden.

Freilich erwiesen sich, wie Japans politische Geschichte in den dreißiger Jahren bald zeigen sollte, diese halbdemokratischen Elemente als zu schwach: sie ergaben sich kleinmütig, fast ohne Kampf, sobald die Nationalisten sie ernstlich angriffen. Zu einem erheblichen Teil ging das zweifellos auf die ungünstige Gesamtsituation zurück, die den Widerstand gegen Militarismus und Nationalismus erschwerte. Auch der Zeitpunkt, der für den Angriff auf die demokratischen Institutionen gewählt worden war, hatte mit dem Ausgang des Kampfes einiges zu tun. Zum größeren Teil jedoch muß die Verantwortung für Japans Rückkehr zur militaristischen Politik den demokratischen Kräften selbst zugeschrieben werden, die ihre Möglichkeiten nicht voll genutzt und, was vielleicht noch wichtiger war, es nicht fertiggebracht hatten, auch nur ihre sichtbarsten Gebrechen zu überwinden.

Es ist gesagt worden, daß, da die Politik »die Kunst des Möglichen« sei, die Japaner die Demokratie nur so hätten begreifen und ausbauen können, wie es ihrem Reifegrad und ihrem Aufnahmevermögen entsprochen habe. Und dennoch kann man sich schwerlich der Beobachtung verschließen, daß Japans Bemühungen um einen demokratischen Aufbau, auch wenn man diesen Vorbehalt berücksichtigt, im ganzen nicht übermäßig eindrucksvoll gewesen sind.

Eins ist unverkennbar: die Führer der japanischen Parteien von Hara bis Hamaguchi wollten durchweg nicht sehen, daß nur starker Anhang in den Volksmassen den Bestand des parlamentarischen Systems sichern konnte und daß deswegen enge Fühlungnahme auch mit den unteren Einkommensschichten unentbehrlich war. Eine fast pathologische Angst vor der organisierten Arbeiterschaft und vor Bewegungen, die eine Reform der Gesellschaft erstrebten, hielt diese Männer in ihrem Bann und trieb sie in politische Haltungen hinein, die große Teile der Bevölkerung nur abstoßen konnten. Immer befand sich der

Feind, den sie bekämpften, im linken Teil – bis gelegentlich zur Mitte – des politischen Spektrums. Es ging ihnen nicht auf, daß dem System parlamentarischen Regierens und der demokratischen Bewegung die größte Gefahr von rechts her drohte, von den extremen Nationalisten. Daher überboten sie einander in der Lobpreisung des »japanischen Nationalgebildes« und der »Einzigartigkeit der japanischen Staatsordnung« und setzten sich in dem vergeblichen Bemühen, die Nationalisten auszustechen, für die Verbreitung nationalistischer und militaristischer Lehren im Schulunterricht und in Massenbeeinflussungsorganen ein. Kurzum, sie gruben sich selbst das Wasser ab.

Im engen Zusammenhang damit stand das geringe Interesse der Parteienregierungen der zwanziger Jahre an der Lösung akuter sozialer Probleme. Diese Interesselosigkeit galt nicht nur den Lebensfragen der Industriearbeiter, deren Interessen bei der Festlegung der Regierungspolitik nur selten bedacht wurden, sondern auch – mit noch viel ernsteren Folgen – der Lebenslage der riesigen landwirtschaftlichen Bevölkerung. Keins ihrer Probleme wurde je mit Konsequenz, echter Anteilnahme oder ernster Entschlossenheit angepackt: weder der fortschreitende Rückgang der Erzeugung je Einwohner in den ländlichen Bezirken mit der daraus resultierenden Senkung des Realeinkommens noch die Zunahme der Verschuldung der Landwirtschaft; weder der schwierige Komplex des ländlichen Bevölkerungsüberschusses noch das sprengstoffgeladene Problem der Ausbeutung einer millionenköpfigen Masse kleinbäuerlicher Pächter. Immer noch verkauften manche Bauern ihre Töchter in die Prostitution, um die Last des Familienunterhalts zu verkleinern. Ständig gerieten andere in schwere Schuldknechtschaft. Die Regierung beklagte diese Zustände, tat aber wenig zur Abhilfe.

Der allgemein passiven und verständnislosen Haltung der Parteienregierungen gegenüber der wirtschaftlichen Not der unteren Einkommenschichten lag der überragende Einfluß des Großkapitals auf die Parlamentsparteien zugrunde. Von Anfang an hatten die Parteien den Wirtschaftsimperien der *Zaibatsu* nahegestanden; so eng war die Verflechtung, daß es oft hieß, die beiden *Zaibatsu*-Giganten, Mitsui und Mitsubishi, besäßen jeder seine eigene Partei. Das mag zwar eine Übertreibung gewesen sein, aber immerhin war in Japan allgemein bekannt, daß die *Seiyû-Kai*-Partei hauptsächlich von Mitsui-Subventionen abhing, während ihr Gegenspieler, die *Minseitô*-Partei, die fehlenden Gelder gewohnheitsmäßig bei Mitsubishi anforderte. Es war eher Regel als Ausnahme, daß diese und andere mächtige Großunternehmungen die Parteienkabinette mit eigenen Sachwaltern versahen, denen das Finanzministerium vorbehalten blieb; dafür wurden entweder leitende Firmendirektoren oder deren Angehörige oder politische Sonderbevollmächtigte zur Verfügung gestellt.

Ebenso war allgemein bekannt, daß sich diese Symbiose von Großkapital und politischen Parteien für beide Teile auffallend profitabel auswirkte. Die *Zaibatsu* gewannen dadurch große Vorteile in der Steuerveranlagung, in der Beschaffung von Regierungsbürgschaften und in der Mobilisierung von Staatsmitteln zur Finanzierung ihrer Geschäftsvorhaben. Während die kleinen Geschäftsleute auf die eigenen Kräfte angewiesen blieben, schien das Großkapital die staatliche Finanzpolitik im eigenen Privatinteresse zu diktieren.

Einige Kabinette galten im Vergleich zu anderen als »sauberer«, aber insgesamt war der Ruf der Parteienregierungen der zwanziger Jahre alles andere als erfreulich. Ein Skandal nach dem andern kam ans Licht, wobei Politiker und ihre *Zaibatsu*-Gönner gleichermaßen beteiligt waren. Die Korruption gehörte zum Alltag. Im Bewußtsein des japanischen Volkes wurde der Begriff »parlamentarische Regierung« allmählich unzertrennlich von Finanzskandalen, Bestechung und Wahrnehmung kapitalistischer Sonderinteressen. Die Folge war, daß in manchen Bevölkerungsschichten heftige antikapitalistische Stimmungen aufkamen. Unter Arbeitern, Bauern und kleinen Geschäftsleuten wuchs die Enttäuschung über die gewählten Volksvertreter und das parlamentarische System überhaupt. Armee- und Marineoffiziere, viele konservative Grundbesitzer und die meisten unteren Beamten empfanden auf keinen Fall Zuneigung zum demokratischen Regierungssystem. Die Reihen dieser Unzufriedenen wurden vermehrt durch zahlreiche junge Menschen, bei denen der nationalistische Ideologiedrill in der Schule deutliche Spuren hinterlassen hatte.

Die Unzufriedenheit mit den bestehenden Zuständen fand einen besonders prägnanten Ausdruck unter den Angehörigen der nationalen Streitkräfte. Armee und Marine wurden zum Nährboden antidemokratischer Aktivität und zur »Operationsbasis« für alle, die die hergebrachte Ordnung bekämpften. Das neue Offizierkorps hatte den leidenschaftlichen Nationalismus der voraufgehenden Generation keineswegs aufgegeben, aber seine Zusammensetzung, namentlich in den unteren Dienstgraden, hatte sich seit der Meiji-Zeit verändert. Die bewaffnete Macht bezog jetzt Offiziere und Mannschaften vorwiegend aus der ländlichen Bevölkerung ohne Unterschied der sozialen Schicht. Der standesbewußte Samurai war verschwunden, und an seine Stelle war der in Militärschulen ausgebildete Bauer in Uniform getreten. Armee und Marine hatten infolgedessen in vieler Hinsicht eine viel innigere Beziehung zu den Problemen der Bauern als die meisten Politiker in den Parteien, und zugleich boten sie ihren Angehörigen in viel höherem Maße gleiche Aufstiegschancen und gleichsam demokratische Lebensbedingungen. Weit mehr, als in anderen Gesellschaftssphären einem Menschen derselben sozialen Abkunft zugänglich war, fand der Soldat oder Offizier in der bewaffneten Macht eine anerkannte soziale Position, die Möglichkeit, sich mit seinem Wirkungskreis zu identifizieren, und die Hoffnung auf Aufstieg.

Innerhalb wie außerhalb der bewaffneten Macht verbreitete sich die Überzeugung, daß die Verwirklichung sozialer Gerechtigkeit und die Erlösung von Korruption und anderen Übeln nur vom Militär kommen könnten. Diese Vorstellung verknüpfte sich wiederum mit der Feststellung, daß sich die einander folgenden Parteienregierungen als unfähig erwiesen hätten, die um sich greifende Wirtschaftskrise zu überwinden.

Wenn Militarismus und Nationalismus unter dem japanischen Volk schon aus diesen Gründen an Einfluß gewannen, so kamen auch noch von außen Faktoren hinzu, die diese Entwicklung beschleunigten. Die in der ganzen Welt spürbare Enttäuschung über die Demokratie und der Aufstieg faschistischer und aggressiv nationalistischer Bewegungen in Europa hatten auch in Japan ihre Auswirkungen. Wichtiger aber dürften die schweren Folgen der großen Weltwirtschaftskrise gewesen sein. Um unter den Bedingungen der internationalen Krise mit anderen Ländern konkurrieren zu können, mußte Japan seine Industrie rationalisieren, womit es die Konzentration der wirtschaftlichen Macht in den Händen weniger immer weiter vorantrieb. Das gefährdete den Broterwerb der kleinen Geschäftsleute und führte zu Arbeitslosigkeit und Lohnabbau.

Die einzige Möglichkeit, Japans wirtschaftliche Probleme zu lösen, schien in der Wiederaufnahme einer auf Kraftentfaltung aufgebauten, auf Expansion gerichteten Außenpolitik zu liegen. Eine solche Politik, so verkündeten die Militaristen und Nationalisten, würde die Bedürfnisse der japanischen Wirtschaft befriedigen und zugleich das Nationalbewußtsein kräftigen. Bei vielen erweckte das Programm militärischer Eroberung nach außen und militärischer Herrschaft im Innern verheißungsvolle Träume von sozialer Gerechtigkeit, materiellem Überfluß und nationalem Ruhm.

Mit japanischem Fleiß, Können und Unternehmungsgeist erschlossen und entwickelt, hätten, so schien es, die gewaltigen noch ungehobenen Naturschätze der Manchurei und Chinas Japan vom wirtschaftlichen Druck des Auslands unabhängig machen und riesige neue Märkte schaffen können. Doch die friedliche wirtschaftliche Durchdringung dieser Gebiete, wie sie unter der Schirmherrschaft der Parteienregierungen und unter dem Schutz der Verständigungsdiplomatie Shideharas in den zwanziger Jahren unternommen worden war, hatte nur geringe Fortschritte erzielt, und jetzt, am Ende des Jahrzehnts, sahen die Militaristen Japan von der Gefahr bedroht, auch die wenigen wirtschaftlichen Vorteile, die es inzwischen auf dem Festland errungen hatte, und mit ihnen vielleicht sogar seine gesamte kontinentale Position einzubüßen.

Unter der energischen Führung Chiang Kai-sheks hatte China auf dem Wege zur nationalen Einheit erhebliche Schritte zurückgelegt. Um 1929 wurde bereits der größte Teil des Landes von den chinesischen Nationalisten beherrscht, und sogar die Manchurei schien auf dem Sprung, unter chinesische Oberhoheit zurückzukehren. Chang Hsüe-liang, der Sohn des 1928 von den Japanern in die Luft gesprengten Chang Tso-lin, des militärischen Herrn der Manchurei, weigerte sich, den Befehlen der Kuangtung-Armee zu folgen; seine Sympathien galten den chinesischen Nationalisten. Außerdem hatte die nationalistische Regierung mit dem Bau eines chinesischen Eisenbahnnetzes, das die Südmanchurische Eisenbahn um ihr Geschäft zu bringen drohte, eine Wirtschaftsoffensive gegen die japanischen Interessen in der Manchurei eröffnet.

Mit gutem Grund darf man annehmen, daß auch die wachsende militärische Stärke der Sowjetunion – unmittelbar vor den Grenzen der Manchurei – das japanische Militär beunruhigte und zur Aktivität anspornte. Die japanischen Positionen in der Manchurei wurden nun wirtschaftlich, politisch und militärisch bedroht. Aber ohne diese Positionen konnte es weder ein wirtschaftlich zusammenhängendes japanisches Imperium noch halbwegs sichere Zukunftsaussichten für Japan als Großmacht geben.

So begannen Anfang der dreißiger Jahre die verschiedenen Ströme sozialer, nationaler und militärischer Unzufriedenheit in einer starken nationalistischen Kampfbewegung zusammenzufließen: gegen Parlamentarismus und Parteienherrschaft im Innern, gegen Verständigungspolitik gegenüber dem Ausland. Die Konsequenzen aus dieser Situation und den Kurs, den Japan dann in den dreißiger Jahren eingeschlagen hat, kann man indes nicht verstehen, wenn man sich nicht die Eigenart des japanischen Nationalismus vor Augen führt.

Das Gepräge des modernen japanischen Nationalismus bestimmten einerseits die Sonderstellung Japans unter den Völkern Asiens, anderseits die stark feudalen Züge, die die japanische Gesellschaft noch lange nach dem Beginn des Verwestlichungs- und Modernisierungsprozesses beibehielt. Der japanische Nationalismus hatte sich nie gegen die zersplitternde Wirkung ethnischer und religiöser Faktoren behaupten müssen. Da die Nation in hohem Grade homogen war, konnten die japanischen Nationalisten ihr Interesse viel mehr auf die Außenwelt konzentrieren und gegen sie mobilisieren, als das in den meisten anderen Nationen möglich war. Darüber hinaus war es Japan zum Unterschied von China und anderen asiatischen Ländern geglückt, sowohl der territorialen als auch weitgehend der wirtschaftlichen Beherrschung durch das Ausland zu entgehen. Während die nationalistische Bewegung in anderen Teilen Asiens dementsprechend die Entfernung des ausländischen Imperialismus vom nationalen Boden zum Ziel hatte, wandte sich der japanische Nationalismus vornehmlich der Außenwelt zu, im besonderen dem asiatischen Kontinent. Das verlieh dem japanischen Nationalismus von Anfang an einen gewissen Sendungs- und Bekehrungsanstrich. Daher auch seine enge Beziehung zu militärischen Expansionstendenzen.

Aus den spezifischen historischen Bedingungen seines Werdens ergab sich auch noch eine andere Eigenart des japanischen Nationalismus, die ihn sichtbar von nationalistischen Bewegungen im übrigen Asien abhob. Bei den meisten asiatischen Völkern – und sogar im nationalsozialistischen Deutschland und im faschistischen Italien – mußten besondere Ideologien eigens geschaffen werden, um dem Nationalismus als Übertragungs-, Verbreitungs- und Bindemittel zu dienen. In Japan war das nicht nötig. Hier lieferte die Shintô-Staatsreligion das ideologische Fundament. In einem ethnisch, kulturell und religiös so homogenen Land wie Japan ließ sich infolgedessen eine völlige Verschmelzung des Nationalismus mit der Religion erreichen. Anderseits wurde der Nationalismus gerade durch das besondere Wesen der Shintô-Staatsreligion geformt, und dadurch wurden die feudalen Elemente in ihm verstärkt.

Das Shintô-Bekenntnis baute sich auf der Person des göttlichen und unantastbaren Kaisers als Oberhaupt der Nation auf. Der Kaiser galt als der höchste Chef aller japanischen Familien, und daher war dem japanischen Nationalismus eine stark patriarchalische, persönliche Note eigen. Aus eindeutig politischen Gründen wurden diese feudalen Züge des Nationalismus von der ersten Führergeneration des modernen Japans besonders gepflegt und weiterentwickelt.

Im Westen war der Nationalismus das Produkt der modernen Gesellschaft, und seine ersten Träger waren die der Feudalordnung feindlichen Mittelschichten. In Japan dagegen war der Nationalismus das Instrument der von Amts wegen betriebenen staatlichen Politik. Seine Schöpfer und Hauptverfechter waren die Männer, die Japan führten, nicht die Geführten. Daraus erklärt sich, daß radikale Gesellschaftskritik im japanischen Nationalismus nur eine relativ geringe Rolle spielte.

Das alles gab dem japanischen Nationalismus einen außerordentlich intensiven emotionalen Inhalt. Dazu war er überaus verschwommen, irrational, instinktgetrieben, utopisch. Auch in seinem organisatorischen Getriebe spiegelte sich seine feudale Herkunft. Die extrem nationalistischen Gruppen zeigten das für die feudale Gesellschaft typische Herr-und-Gefolgsmann-Gefüge. Die Bindungen zwischen Herren und Gefolgsleuten wiesen viel eher die Züge des persönlichen Treueverhältnisses zwischen Chef und vertrautem Diener oder zwischen Lehrmeister und Jünger auf als die der Solidarität von Kämpfern für eine gemeinsame Weltanschauung.

Nicht zuletzt aus diesem Grunde setzte sich die extrem nationalistische Bewegung in Japan aus unzähligen verhältnismäßig kleinen Organisationen zusammen, die sich nur selten auf gemeinsame Aktionsziele zu einigen vermochten. Ein weiterer Grund, warum es diese Gruppen nie fertigbrachten, wie in Europa eine umfassende Organisation im Landesmaßstab aufzubauen, war ihre ideologische Ausrichtung auf die Person des Kaisers, der zwar als Mittelpunkt des Staates gedacht, damit aber auch aus der Sphäre des Interesses an politischem Handeln herausgehoben, ihr prinzipiell entrückt war. Der Charakter der extremen Organisationen der Rechten hing daher jeweils in hohem Maße von der Persönlichkeit des einzelnen Führers und der daraus resultierenden Zusammensetzung der Gruppe ab.

Da gab es beispielsweise den großen Patriarchen des japanischen Nationalismus, Tôyama Mitsuru. Im Kern ein konservativer Nationalist alten Stils, dem sozialer Wandel ein Greuel war, hatte Tôyama schon in Japans erster bekannter nationalistischer Vereinigung, die hauptsächlich aus aufbegehrenden Samurai bestand, eine beachtliche Figur abgegeben. Er war auch einer der geistigen Väter der weitbekannten Amur-Gesellschaft (1901 gegründet, im Ausland als »Verband Schwarzer Drachen« oft genannt), die Japans Grenzen bis zum Amur ausgedehnt sehen wollte. Als geschickter Konspirator hatte Tôyama zwar nie in seinem Leben einen Beruf ausgeübt, sich dafür aber mit Erfolg als Hohepriester der Moral und Tugend aufzuspielen verstanden. Er erklärte es für seine Pflicht, »der Regierung auf die Finger zu sehen«. Als symbolisch gewordenes Sprachrohr des extremen Nationalismus orakelte er über Japans Schicksalsaufgabe, die Einheit Asiens herzustellen, und – fand Gehör, Ehrerbietung und furchtsame Bewunderung bei Generalen, Admiralen, Premierministern, feurigen jungen Nationalisten und sogar vielen Geschäftsleuten, die entweder seine Ansichten teilten oder für alle vorkommenden Fälle gesichert sein wollten. Tôyama stand gleichsam über den Gesetzen, selbst eine Gesetzestafel, schon frühzeitig eine legendäre Gestalt. Er schützte, beherbergte und förderte auf die verschiedenste Weise eine bunte Schar von Extremisten und sogar Terroristen ebenso wie nationalistische Revolutionäre aus Indien und China (darunter auch Sun Yat-sen und Chiang Kai-shek).

Typisch für Tôyamas Denkweise ist das 1930 veröffentlichte Jubiläumsmanifest der Amur-Gesellschaft, in dem unter anderem folgende Betrachtungen enthalten waren:

> Heute hat für unser Reich eine kritische Periode begonnen, die von der ganzen Nation enthusiastische Hingabe fordert. Wir Mitglieder der Amur-Gesellschaft sind von Anfang an im Sinne der Imperiumssendung für überseeische Expansion zur Lösung unseres Übervölkerungsproblems eingetreten; wir haben uns gleichzeitig bemüht, die Völker Ostasiens zu unterstützen und ihnen Mut zu machen. So haben wir durch Ausdehnung der Kaiserreichsidee auf die benachbarten Nationen Menschlichkeit und Rechtschaffenheit über die ganze Welt zu verbreiten gesucht... Indessen... ist das vom großen Kaiser Meiji gelegte Fundament in rapidem Zerfall begriffen... Unter Mißachtung der Erfordernisse der Landesverteidigung hat sich die Regierung dem unbilligen Verlangen nach Beschränkung unserer Flottenmacht unterworfen. Darüber hinaus hat der Fehlschlag unserer China-Politik die Chinesen mit immer größerer Verachtung uns gegenüber erfüllt, und zwar in einem so ungeheuren Maße, daß sie sich ver-

anlaßt gesehen haben, von uns die Preisgabe unserer entscheidenden Verteidigungslinien in der Manchurei zu verlangen. Mehr noch: in Ländern wie den Vereinigten Staaten und Australien sind unsere Einwanderer ihrer Rechte beraubt worden... Wenn wir unsere Aufmerksamkeit inneren Angelegenheiten zuwenden, erfüllt uns mehr als tiefe Besorgnis... Die Herzen der Menschen werden bestechlich, ... das Wachstum einer gefährlichen Denkweise bedroht den gesellschaftlichen Zusammenhalt... Wir sind entschlossen, der moralischen Verderbnis des Volkes zu steuern, die gesellschaftliche Disziplin wiederherzustellen und die Unsicherheit des Lebensunterhalts der Menschen durch Milderung der Zusammenbrüche in der Finanzwelt zu verringern, das Selbstvertrauen der Nation zu erneuern und die nationale Stärke zu erhöhen, um die Imperiumssendung der Erweckung der Länder Asiens erfüllen zu können.

In einem ähnlichen Sinne äußerte sich ein anderer ungewöhnlich einflußreicher Sprecher des extremen Nationalismus, Okawa Shûmei. Okawa, ein Intellektueller von hoher Bildung, umfassendem philosophischem Wissen und besonderer Zuneigung zum Koran, fand eine zahlreiche Gefolgschaft in Militärkreisen und trug direkt oder indirekt die Verantwortung für eine beträchtliche Anzahl von Mordanschlägen auf gemäßigte Staatsmänner. Nach seiner Meinung hatte die Welt das Stadium erreicht, in dem ein dramatischer Waffengang zwischen der »Lebensweise Asiens« und der »Lebensweise Europas« unvermeidlich geworden war; erst aus dem Titanenkampf könne eine neue Welt erstehen – nach dem Worte Mohammeds: »Der Himmel liegt im Schatten des Schwertes.« Natürlich glaubte Okawa daran, daß Japan vom Himmel ausersehen worden sei, die Streitkräfte Asiens zu führen.

Gewiß gab es daneben auch »solidere« Extremisten, die mit anderen Mitteln arbeiteten. Ein typischer Vertreter dieser Gattung war Baron Hiranuma Kiichirô, ein steifer ehrgeiziger Bürokrat, der es bis zum Präsidenten des Geheimen Rates gebracht hatte. Unter Hiranumas Führung stand eine ungewöhnlich einflußreiche Pressionsgruppe, der »Verein für nationale Grundlagen«, zu dessen Mitgliedern zahlreiche Generale und Admirale und einige Politiker mit einem sechsten Sinn für den Zeitgeist gehörten.

Einige wenige extreme Nationalisten zeichneten sich durch tiefes Verständnis für die Unumgänglichkeit sozialer Umwälzungen aus. Der bedeutendste von ihnen war Kita Ikki, ein Freund, später ein Rivale Okawas. Kita hatte schon in jungen Jahren ein Interesse für den Sozialismus entwickelt. Er hatte eine Zeitlang auf dem Festland gelebt und an der chinesischen Revolution von 1911 aktiv teilgenommen. Er kam mit der Überzeugung zurück, daß die Revolution in Asien unvermeidlich sei, daß aber auch das japanische Staats- und Gesellschaftssystem einer grundlegenden Umwandlung bedürfe. Kita formulierte ein Programm mit radikal antikapitalistischen Forderungen – Verstaatlichung der wichtigsten Industrien, Agrarreform, freiwillige Rückgabe des kaiserlichen Vermögens an die Nation –, in dem aber auch eine kaiserliche Diktatur unter Verhängung des Dauerbelagerungszustandes verlangt wurde. Auf viele junge Offiziere machten die Gedankengänge Kitas einen gewaltigen Eindruck; den konservativen Nationalisten allerdings behagte sein Sozialprogramm durchaus nicht. Kitas Bücher wurden verboten (und blieben auf der Verbotsliste bis nach dem zweiten Weltkrieg). Kitas Verbindung mit dem Staatsstreich von 1936, über den noch zu berichten ist, wurde nicht sogleich entdeckt. Als sie 1937 ans Licht kam, wurde er hingerichtet.

Unzählige andere nationalistische Führer, die in den dreißiger Jahren größere Aktivität entfalteten, ließen sich aufzählen. Aber schon die Kennzeichnung einiger Typen mag die ungeheure Vielfalt und Buntheit der organisatorisch nicht zusammengefaßten Bewegung hinreichend hervorheben. Da gab es Oberstleutnant Hashimoto Kingorô vom japanischen Generalstab, der zu den Führern des »Kirschblütenvereins« gehörte, einer streitbaren Gruppe von Armeeoffizieren vom Oberstleutnant abwärts, die zwar kein persönliches Ressentiment gegen das herrschende Regime verspürten, aber dennoch seine Ablösung durch eine Militärdiktatur erstrebten; da gab es den terroristischen »Blutsbrüderbund«, geführt von Inoue Nisschô, einer in allen Farben schillernden Persönlichkeit: Militärspion, Abenteurer in China und der Manchurei und schließlich Priester der nationalistischen Buddhistensekte Nichiren; da gab es den »Verein für staatliche Grundlagen« unter der Führung des einstigen Anarchisten Akao Bin; schließlich gab es sogar eine Patriarchengestalt Tolstoijscher Prägung, Tachibana Kôsaburô, Gründer eines Gemeinschaftsdorfes, Theoretiker eines »Agrarnationalismus«, sodann Schulleiter und Dozent an einer »Schule der Landliebe«, die ihrerseits nationalistische Aktivisten hervorbrachte. Es mag nebenher erwähnt werden, daß Inoue, Akao und Tachibana auch im heutigen Japan ihre Ideen verbreiten.

Die zahlreichen kleinen Gruppen, die als »nationalistisch« auftraten, wirkten gegeneinander nicht minder, als sie miteinander zusammenarbeiteten. Keine von ihnen zeichnete sich durch eine überragende Organisation aus. Aber im Japan der dreißiger Jahre war Organisation auch kaum nötig. Anders als in Europa kam es hier nicht so sehr darauf an, eine Bewegung im Landesmaßstab aufzubauen, die sich mit Hilfe von Wahlen oder mit Gewalt in den Besitz der Staatsmacht setzen könnte. Es ging vielmehr darum, die vorhandenen nationalistischen Strömungen zu verstärken, einen Prozeß zu beschleunigen, der schon im Gange war. Da die Verteidiger der parlamentarischen Regierungsform kleinmütig, uneinig und schwach waren und die reale Staatsmacht in der Hauptsache in den Händen des Militärs und des Großkapitals lag, mußte es genügen, wenn man das Militär animierte, die gesamte Macht in die Hand zu nehmen, und das Großkapital so weit einschüchterte, daß es klein beigab. Zu diesem Zweck war nicht mehr nötig als gelegentliche, gleichsam verstreute Terrorakte und einige wohlgezielte politische Morde.

Der Weg nach Pearl Harbour

In dem verhängnisvollen Kurs, dem Japan in den dreißiger Jahren folgte, lag eine innere Logik. Am Anfang ging die Initiative zur Aggression von den japanischen Streitkräften im Ausland aus. Als ihr erfolgreicher Vorstoß seine Rückwirkungen daheim zeitigte, erhielt der Nationalismus auch dort neue Schwungkraft. Er zerstörte die letzten Überreste des parlamentarischen Systems der Parteienregierungen. Ein totalitärer Staat entstand, der auf der abschüssigen Bahn der Aggression weiterrollte, bis er schließlich das japanische Volk in den selbstzerstörerischen Krieg gegen die Vereinigten Staaten hineinriß.

Die Explosion auf dem Bahngelände bei Mukden am 18. September 1931 wurde von dem Täter, der Kuangtung-Armee, als chinesische Provokation hingestellt. Das war der Vorwand: die Manchurei wurde von japanischen Truppen überflutet. Wenige Wochen nach dem »Zwischenfall« hatten die japanischen Streitkräfte die volle Herrschaft über Chinas drei manchurische Provinzen mit ihren dreißig Millionen Einwohnern erlangt.

Dieser sogenannte manchurische Zwischenfall wurde in vieler Hinsicht entscheidend für Japans weiteren Kurs. Zuallererst führte die manchurische Aktion dem japanischen Volk anschaulich vor Augen, daß die Weltmeinung ohne jede Gefahr mißachtet werden durfte und daß keine Macht gewillt war, dem japanischen Expansionsdrang entgegenzutreten, solange Japan die nötige Entschlossenheit an den Tag legte. Die Ergebnislosigkeit des chinesischen Appells an den Völkerbund und das vorsichtige Lavieren der von ihm eingesetzten Untersuchungskommission bestärkten die japanische Regierung in ihrer Meinung, daß der Völkerbund nicht übermäßig ernst genommen zu werden brauchte. Ernstere Besorgnisse löste der amerikanische Versuch aus, über Japan internationale Wirtschaftssanktionen zu verhängen; aber dieser Plan fand kaum Gegenliebe und wurde bald fallengelassen. Was übrigblieb, war die »Nichtanerkennungs«these des amerikanischen Außenministers Stimson. Ihre praktische Wirkung war minimal, zumal die Vereinigten Staaten die Handelsbeziehungen mit dem manchurischen Territorium nach einer kurzen Unterbrechung von neuem aufnahmen.

Durch chinesische und andere Proteste wenig beeindruckt, setzte Japan seine Vorbereitungen für die Schaffung eines »unabhängigen« manchurischen Staates eifrig fort. Im Februar 1932 wurde der Satellitenstaat Manchukuo unter japanischer Vormundschaft aus der Taufe gehoben; auf dem Papier vom ehemaligen Kaiser von China regiert, der im Gefolge der chinesischen Revolution seinen Thron in Peking zwanzig Jahre vorher als Kind verloren hatte. Wenige Monate später verkündete die japanische Regierung die offizielle Anerkennung ihres eigenen Produkts.

Die Gründung des Manchukuo-Staates entschied auch über die Zukunft der chinesisch-japanischen Beziehungen. Als die chinesischen Nationalisten Japans manchurische Aktion mit einem höchst wirksamen Boykott japanischer Waren in ganz China beantworteten, beschloß die japanische Armee, den Krieg bis nach Shanghai vorzutragen, wo schwere Gefechte stattfanden. Von diesem Zeitpunkt an konnte weder China noch Japan irgend etwas zur friedlichen Regelung des gegenseitigen Verhältnisses unternehmen, ohne im eigenen Lande Protest und Unruhen auszulösen. Der bewaffnete Zusammenstoß der beiden Nationalismen war praktisch unausweichlich geworden.

Die manchurischen Ereignisse bereiteten auch Japans relativ freundlichen Beziehungen zu den Westmächten ein Ende. Sie führten zu Japans Austritt aus dem Völkerbund und zur Annullierung der Abkommen, die stabile Verhältnisse im Fernen Osten verbürgt hatten. Am wichtigsten war die Kündigung des Flottenabkommens, das dem Wettrüsten einen Riegel vorgeschoben hatte. Japan sah sich nun mehr und mehr isoliert. In dem Maße, wie es internationale Unterstützung erstrebte, rückte es automatisch näher an die faschistischen Mächte Europas heran, die ja ebenfalls damit beschäftigt waren, den Status quo umzustoßen.

Was die Kuangtung-Armee in der Manchurei tat, wurde später zum Vorbild für die wirtschaftliche und politische Zwangsorganisation in Japan selbst. Die Absicht, Japan durch Erschließung der reichen manchurischen Bodenschätze von ausländischen Rohstoffen unabhängig zu machen, wurde im Rahmen einer Art zentralisierter staatskapitalistischer Planwirtschaft verwirklicht, über die die Armee die unumschränkte Verfügungsgewalt ausübte. Wenige Jahre später wurde in Japan unter der Leitung von Planungsspezialisten, die aus der Manchurei zurückgeholt worden waren, ein ähnliches System zur Bewältigung der Vorbereitungen für den kommenden Krieg aufgebaut.

Bei alledem enthüllte die manchurische Affäre den wachsenden Zwiespalt in der japanischen Außenpolitik, der offenbar im Stadium des Übergangs von Parteienregierungen zur Militärdiktatur unabwendbar war. In Tôkyô regierte ein liberales Kabinett mit einem Außenminister – Shidehara –, der auf eine Politik internationaler Zusammenarbeit unabänderlich festgelegt war. Und zu gleicher Zeit führte Japan unter derselben Regierung eine offene militärische Eroberung fremden Staatsgebiets, also einen Akt offenkundiger Aggression durch. Während der Premierminister der Welt zusicherte, die japanischen Truppen würden die Gebiete, in die sie eingebrochen waren, baldigst räumen, übte der Kriegsminister, ein General, vor aller Welt Kritik an seinem Chef und fuhr in aller Ruhe fort, die Besetzung der Manchurei zu dirigieren.

Offenbar befürchtete Premierminister Wakatsuki, daß eine offene Stellungnahme gegen die Armee die definitive Kraftprobe provozieren würde, bei der das parlamentarische System unterliegen und eine Militärdiktatur den Sieg davontragen müßte. Unterdes war seine Position gründlich erschüttert worden: er hatte keinerlei Machtmittel, das Militär unter Kontrolle zu halten; die Stimmung der Bevölkerung verriet keineswegs Unzufriedenheit mit den Ereignissen in der Manchurei; die in stärkerem Maße nationalistisch eingestellte *Seiyû-Kai* schien keine Einwendungen gegen den manchurischen Feldzug zu haben; und sogar in seiner eigenen liberalen Partei konnte Wakatsuki kaum auf energische Unterstützung rechnen. Hinzu kam, daß der schwächliche Widerstand der Westmächte Wakatsuki indirekt eines entscheidenden Arguments zugunsten einer Politik des Friedens beraubte. Sowohl der Kaiser als auch sein Ratgeber Fürst Saionji schienen das Vorgehen der Armee lebhaft zu bedauern, waren aber zu der Überzeugung gelangt, daß sogar ein kaiserlicher Erlaß in dieser Situation nicht nur wirkungslos bleiben würde, sondern auch zu einer Erhebung im Innern und möglicherweise zu einer Aktion gegen den Kaiser führen könnte.

Das Kabinett war, wie sich dann zeigte, ohnehin nicht mehr zu retten. Nach einer langen Krise war Wakatsuki gezwungen, sein Rücktrittsgesuch einzureichen. In den nächsten Jahren ging Japan Schritt für Schritt immer weiter den Weg des Faschismus und der Militärdiktatur. Die Parteien wurden, wenn sie auch noch nicht völlig verschwanden, in den Hintergrund gedrängt. Vereinzelt machte sich noch Widerstand gegen den neuen Zeitgeist nicht nur bei manchen liberalen Politikern geltend, die sich weigerten, den Militaristen das Feld zu überlassen, sondern auch bei vielen Beamten und liberal eingestellten Geschäftsleuten. Auf die Dauer zogen es jedoch die *Zaibatsu* vor, sich behutsam auf die veränderte Lage umzustellen, und am Ende fanden sie, daß sich das Bedürfnis, am Leben zu bleiben und Profite zu machen, auch mit der Unterstützung einer expansionistischen

Politik vereinbaren ließ. Und der Bürokratie in ihrer großen Mehrheit erschien das Bündnis mit dem Militär als durchaus akzeptabel.

Die einzelnen Etappen auf dem Weg zum Totalitarismus markierten Schüsse, die gemäßigte politische Führer von der politischen Bühne hinwegräumten. Den ersten Versuch, ein Militärregime zu errichten, hatte Kita Ikki schon zu Zeiten des Kabinetts Hamaguchi unternommen. Das Komplott mißlang, weil der von Kita vorgesehene Militärdiktator im letzten Moment absprang. Ein von Oberstleutnant Hashimoto Kingorô von der Kuangtung-Armee und anderen extremen Militaristen ersonnener Plan, das Kabinett durch Bombenabwurf aus der Luft zu liquidieren, wurde vorzeitig publik und mußte aufgegeben werden. Er hatte aber jedenfalls zur Folge, daß einige furchtsame Politiker im gemäßigten Lager gründlich eingeschüchtert wurden. Für die damals herrschenden Zustände war es symptomatisch, daß gegen Hashimoto und seine Freunde nach der Aufdeckung des Mordplanes nicht vorgegangen wurde; man billigte den Mordstrategen »patriotische« Motive zu. Viele Verbrechen sollten in den dreißiger Jahren von diesem Firmenschild profitieren. Es kam so weit, daß die Terroristen nicht nur auf Sympathie in der Bevölkerung rechnen konnten, sondern daß auch darüber hinaus ihre Opfer als Verräter und Ausbeuter, die ihr Schicksal verdient hätten, angeprangert wurden.

Die extremen Nationalisten lernten denn auch mit der Zeit, die Opfer, die sie sich als Zielscheibe ausgesucht hatten, zu treffen. So wurde im Februar 1932 ein prominenter Politiker der *Minseitô*-Partei, der als Gegner des manchurischen Abenteuers bekannt war, am hellichten Tag von Mitgliedern des »Blutsbruderbundes« von Inoue Nisschô ermordet. Bei dieser Gelegenheit entgingen Fürst Saionji, Shidehara und andere prominente Liberale dem Tode nur, weil sich die jungen Terroristen als wenig sachkundig erwiesen.

Noch verhängnisvoller war für Japan die sogenannte »Affäre des 15. Mai«. Ein Haufen von Marineoffizieren und Kadetten des Heeres drang am 15. Mai 1932 in die Wohnung des Premierministers Inukai Ki (Tsuyoshi), der auf der Stelle ermordet wurde. Inukai, Parteivorsitzender der *Seiyû-Kai* und Amtsnachfolger Wakatsukis, hatte sich den Zorn der Militaristen damit zugezogen, daß er geheime Verhandlungen über den Abzug der japanischen Truppen aus der Manchurei vorbereitete. Nach der »Affäre« hat offenbar die *Seiyû-Kai* ihren Standpunkt in dieser Frage radikal geändert. Nachdem die Mörder ihr »patriotisches« Werk vollbracht hatten, mußten sie übrigens enttäuscht feststellen, daß ihr Plan der Einsetzung einer Militärregierung bei den konservativen höheren Armeeoffizieren keine Zustimmung fand: sie hielten ihn für verfrüht und unklug. Indes wurde der 15. Mai 1932 auch so zu einem historischen Datum: der Tod Inukais bezeichnete auch das Ende der Parteienkabinette.

Fortan gab es in der nun folgenden Serie von Regierungen, an deren Spitze Beamte oder pensionierte Militärs standen, keinen ernsten Widerstand mehr gegen Expansionspolitik oder Militärherrschaft. Was nun noch umstritten blieb, waren Richtung und Tempo des militärischen Vorstoßes, die Größe des Risikos, das dabei eingegangen werden durfte, und die beste Methode, den Vorstoß zu organisieren.

In den höchsten Armeeposten waren noch einige altmodische Offiziere verblieben, die meinten, die Aufgabe der Armee sei, zu kämpfen, nicht Politik zu machen. Zu Beginn der dreißiger Jahre waren sie freilich mit solchen Ansichten allein auf weiter Flur. Die Armee maßte sich mit Vorbedacht eine politische Rolle an, die über die Wahrung ihrer gewohnheitsmäßig anerkannten Rechte weit hinausging.

Jedoch hatte die »Affäre des 15. Mai« offenbart, daß die Armee noch nicht entschlossen war, die Regierungsgewalt direkt zu übernehmen. Der Grund war, daß das Militär um diese Zeit noch in zwei Lager zerfiel, die einander heftig befehdeten. Dieser Machtkampf mit weitgehenden politischen Konsequenzen nahm vier Jahre in Anspruch: vom manchurischen Zwischenfall von 1931 bis zu den Ereignissen von 1936, die den Ausgang des Kampfes besiegelten.

Bis zum heutigen Tage sind die Einzelheiten des Ringens, das damals in den Spitzen der Armee vor sich ging, nicht völlig geklärt. Offenbar nahmen am internen Kampf zwei Richtungen teil, die Gruppe »Kaiserlicher Weg« und die Gruppe »Machtkontrolle«. Zum Teil ging dieser Richtungskampf auf den allgemeinen Verfall der Disziplin in der bewaffneten Macht zurück, der durch das eigenmächtige Vorgehen der Kuangtung-Armee und die zunehmende politische Betätigung des Militärs herbeigeführt worden war.

Die Richtung »Kaiserlicher Weg« wurde vor allem von jungen Heißspornen mit radikalen faschistischen Tendenzen getragen. Sie stand grundsätzlich allen Parteien und den parlamentarischen Institutionen feindlich gegenüber. Sie bekämpfte nicht nur den politischen Einfluß der *Zaibatsu*, sondern lehnte auch unter dem Einfluß der Gedankengänge Kitas das durch das Großkapital repräsentierte Wirtschaftssystem ab. Diese Offiziere waren auch Anhänger der direkten Aktion zur sofortigen Errichtung der Militärdiktatur. Für sofortige Militärdiktatur waren auch einige Generale in hohen Positionen. Doch die Mehrheit der Generalität stand auf seiten der Richtung »Machtkontrolle«, die etwas gemäßigter war, wenn sie auch im Grunde dieselben Ziele verfolgte. Ihre Mitglieder waren im allgemeinen gegen Terrorakte und betonten die Notwendigkeit der Aufrechterhaltung militärischer Disziplin und der Beachtung der geltenden Rechtsordnung; sie neigten im übrigen zur Zusammenarbeit mit anderen Machtgruppierungen, darunter auch den »patriotischeren« Elementen im Parlament und in der Geschäftswelt.

Einige Jahre blieb der Ausgang des Ringens ungewiß. Manche erschreckenden Vorgänge ließen auch die breite Öffentlichkeit erkennen, daß die Disziplin im Heer zusammengebrochen war. Folgendes passierte zum Beispiel im Jahre 1935: Ein Oberstleutnant, der zur Gruppe »Kaiserlicher Weg« gehörte, machte eine Pilgerfahrt zum Shintô-Schrein von Ise, begab sich anschließend ins Büro eines hochgestellten Generals, der als einer der Führer der Richtung »Machtkontrolle« galt, und erschlug den General mit einem Schwerthieb. Bis dahin hatten nur Premierminister und Kabinettsmitglieder oder prominente Wirtschaftler ihre Wohnungen und Büros von der Polizei schützen lassen; jetzt waren auch Offiziere ihres Lebens nicht mehr sicher.

Der Höhepunkt des Dramas kam am 26. Februar 1936. Im Januar hatten die Parlamentswahlen den gemäßigten, nichtnationalistischen Gruppen entschiedenen Auftrieb gegeben. Das Wahlergebnis, das offenbar die Abkehr der Volksstimmung vom Militarismus zum Ausdruck brachte, mag den Zeitpunkt des Losschlagens bestimmt haben. Am frühen Morgen des 26. Februar besetzten junge Offiziere von der Gruppe »Kaiserlicher Weg« wichtige

Schlüsselstellungen in Tôkyô, so das Kriegsministerium, das Parlamentsgebäude und das Haus des Premierministers. Sie ermordeten mehrere gemäßigte Beamte und pensionierte Offiziere, darunter Admiral Saitô, der Inukai 1932 gefolgt war und die Regierung bis 1934 geführt hatte, und Ex-Finanzminister Takahashi, der den ständig wachsenden Budgetforderungen des Militärs vergebens Widerstand zu leisten versucht hatte. Wie weit die Entwicklung gediehen war, läßt sich daran ermessen, daß Saitô, der 1932 allgemein als der einzig mögliche Chef des ersten »nationalen« Kabinetts ohne Parteibindungen gegolten hatte, jetzt, vier Jahre später, als gefährlicher »Liberaler« umgebracht wurde. Der Premierminister selbst entging dem Tode nur, weil die Mörder seinen Schwager für ihn gehalten hatten.

Die Erhebung der Offiziere wurde allerdings schnell niedergeworfen, nachdem regierungstreue Truppen in Tôkyô eingetroffen waren. Flugzeuge warfen im übrigen eine kaiserliche Proklamation ab, die die Aufständischen aufforderte, sich zu ergeben, und die ihren Eindruck nicht verfehlte. Wenige Monate später wurden dreizehn Offiziere, die als Führer der Verschwörung galten, und an der Verschwörung beteiligte Zivilisten hingerichtet. Das Todesurteil kam den Angeklagten höchst überraschend, da bis dahin sowohl die Regierung als auch das Publikum alle Untaten, die das Aushängeschild des »Patriotismus« für sich in Anspruch nehmen konnten, gleichsam automatisch reinzuwaschen bereit waren.

Jetzt endlich konnte die Gruppe »Machtkontrolle« im Namen der Armee auftreten. Jetzt war sie auch bereit, auf direkterem Wege die Staatsgewalt zu handhaben. Nach der Niederschlagung der Revolte gingen die Armeeführer an die detaillierte Ausarbeitung ihres Programms für ein zwangsreglementiertes Japan, das die militärischen Eroberungsziele auf dem Festland mit Erfolg würde verfolgen können. Für Dinge, die »liberal« anmuten könnten, war in diesem Japan kein Platz mehr.

Das japanische Volk fand nunmehr seine staatsbürgerlichen Freiheiten, so begrenzt sie seit eh und je gewesen sein mochten, völlig eingeengt durch staatliche Reglementierung und Überwachung. Die Gedankenzensur reichte bis in die Zeitungsdruckereien, die Buchhandlungen, die Wohnungen der Bürger. »Umstürzlerische« Artikel wurden von den Zensoren aus »Reader's Digest« und anderen ausländischen Zeitschriften sorgsam herausgeschnitten. Die Lehrstühle der Hochschulen wurden von »unjapanischen« Elementen gesäubert. Die Gewerkschaften stießen auf immer größere Schwierigkeiten. Die Hohe Sonderpolizei und die Militärgendarmerie verstärkten ihre Fahndung nach »Umstürzlern« und »Spionen«, die sie hinter jeder verschlossenen Tür witterten. Viele wohlhabende junge Japaner aus liberalen Kreisen zogen es vor, ins Ausland zu gehen. Ausländer entdeckten, daß Spezialbeamte der Fremdenpolizei jeden ihrer Schritte und namentlich ihren Umgang mit Japanern genauestens registrierten.

Täglich manifestierte sich extremer engstirniger Nationalismus, gepaart mit dem Fanatismus der Gesinnungsschnüffelei, in lächerlichen Anschuldigungen und in Verhaftungen harmloser Liberaler. Japans Abgleiten zum System der allgemeinverpflichtenden Zwangs- und Staatsideologie zeigte sich in charakteristischer Form an dem Fall eines der hervorragendsten japanischen Staatsrechtslehrer, der zugleich angesehenes Mitglied des Herrenhauses war. Er wurde aus dem Herrenhaus ausgestoßen, entging nur knapp der Ermordung bei der Erhebung vom Februar 1936 und wäre um ein Haar wegen Majestätsbeleidigung verurteilt worden – alles nur, weil einer seiner ultranationalistischen Kollegen im Herrenhaus festgestellt hatte, er habe den Kaiser als »Staatsorgan« bezeichnet.

Auch im Wirtschaftsleben machte sich der neue Kurs in zunehmendem Maße bemerkbar. Seit Jahren schon hatte das Militär Vorbereitungen für kritische Situationen auf dem Festland getroffen. Das bedingte die Lagerung wichtiger Roh- und Betriebsstoffe (zum Beispiel Öl) und die Modernisierung und Vergrößerung der Armee und Marine und ihrer Flugzeuggeschwader. Diese Politik spiegelte sich in der ständigen Aufblähung des Militärbudgets. Im Staatshaushalt für 1931/32 hatten die Armee- und Marineausgaben einunddreißig Prozent ausgemacht. Im Haushaltsjahr 1936/37 verschlangen sie bereits siebenundvierzig Prozent, und im ersten Jahr des China-Krieges – 1937/38 – schnellten sie auf einundsiebzig Prozent empor. An einen ausgeglichenen Staatshaushalt war nicht mehr zu denken, und der ungedeckte Fehlbetrag erreichte bald fast ein Viertel des Volkseinkommens. Zu einem erheblichen Teil wurde die Finanzierung durch Anleihen besorgt. Die Staatsschuld stieg in diesen Jahren auf etwa das Doppelte an. Um das Schrumpfen der Devisenvorräte aufzuhalten, führte die Regierung 1937 eine strikte Währungsbewirtschaftung ein und verbot zugleich die Einfuhr einer ganzen Anzahl von Waren. Das waren allerdings erst die Vorboten der vielen Zwangswirtschaftsmaßnahmen, die Ende der dreißiger Jahre kommen sollten, um das japanische Volk auf die spartanisch karge Kriegswirtschaft vorzubereiten.

Im April 1937 unternahmen die beiden größten politischen Parteien, *Seiyû-Kai* und *Minseitô*, zweifellos mit energischer Unterstützung der *Zaibatsu*, einen letzten gemeinsamen Versuch, gegen die Flut des Militärfaschismus einen Damm aufzurichten. Zum Erstaunen der Militaristen brachten die Oppositionsparteien im Parlament eine Dreiviertelmehrheit zusammen. Obgleich darin die wachsende Unzufriedenheit mit der Militärherrschaft eklatant zum Ausdruck kam und obgleich sich somit zeigte, daß das parlamentarische System über mehr Anhänger verfügte, als die Regierung angenommen hatte, wurde nicht ein Parteivertreter aufgefordert, in das neue »nationale« Kabinett unter der Führung des Fürsten Konoe Fumimaro einzutreten. Dennoch hätte sich um diese Zeit die Entwicklung zum Totalitarismus möglicherweise noch bremsen lassen, hätten die *Zaibatsu* die liberalen Kräfte konsequenter unterstützt und hätte nicht im Juli 1937 ein neuer »Zwischenfall« Japan in den unbegrenzten Krieg mit China gestürzt, womit eine Umstellung der Innen- und Außenpolitik praktisch unmöglich wurde.

Japans wirtschaftliche und militärische Stellung in der Manchurei hatte sich unter der Ägide der Kuangtung-Armee um die Mitte der dreißiger Jahre durchaus konsolidiert. Unterdes hatten aber die japanischen Truppen immer wieder versucht, ihr Einflußgebiet noch erheblich über die Grenzen Manchukuos hinaus zu erweitern. Es ist schwer zu sagen, was dabei der lokalen Initiative einzelner Befehlshaber der unruhigen, unzufrieden störrischen Expeditionsarmee entsprang und was planmäßig vom Generalstab in Tôkyô angeordnet wurde. Wie dem auch sei: nach Besetzung der angrenzenden Provinz Jehol im Jahre 1933 rückte die Armee weiter nach Nordchina vor. Später fand sie sich zu einem Waffenstillstand mit den lokalen chinesischen Streitkräften und zur Schaffung einer neutralen Pufferzone bereit, begann aber gleich anschließend mit der Errichtung von Satellitenregierungen in Bezirken, die sie noch nicht besetzt hatte. Um dieselbe Zeit wandte das japanische Militär sein Interesse der Inneren Mongolei zu, wo ein Pufferstaat als vorgeschobener Posten gegen den Sowjetsatelliten, Äußere Mongolei, geschaffen wurde. Trotz solchen lokalen Erfolgen sah sich Japan einer schwierigen Situation gegenüber. Die wachsenden Militärausgaben hatten eine gespannte wirtschaftliche Lage erzeugt. Die Hoffnung, China mit geringem Aufwand dazu zu bringen, sich mit der japanischen Vorherrschaft in der Manchurei und in den nördlichen Provinzen abzufinden, war bitter enttäuscht worden. Chiang Kai-shek hielt durch und fuhr fort, die japanischen Pläne weiterhin empfindlich zu stören. Ja, er hatte sogar seinen Kampf gegen den Kommunismus dem Widerstand gegen Japan untergeordnet. Überdies hatte Japans durch den im November 1936 vollzogenen Beitritt zum Antikominternpakt verstärkte Annäherung an die Achsenmächte nicht nur Bedenken und Zweifel daheim ausgelöst, sondern auch die ablehnende Haltung der Westmächte gegenüber der japanischen Politik in Asien verschärft. Das bedeutete zwar keine unmittelbare Gefahr, da keine der Westmächte geneigt schien, drastische Schritte gegen Japan zu unternehmen, aber die Versteifung der westlichen Position machte sich trotzdem unangenehm bemerkbar.

Die wachsende Spannung zwischen China und Japan kam schließlich am 7.Juli 1937 zum Durchbruch, als japanische und chinesische Truppen am strategisch wichtigen Eisenbahnknotenpunkt Lukouchiao (Marco-Polo-Brücke) am Stadtrand von Peking heftig aufeinanderstießen. Damit begann der »China-Zwischenfall«, zugleich aber auch der lange japanisch-chinesische Krieg, der die Kräfte beider Staaten auszehren sollte. Während Tôkyô sich noch den Anschein gab, über eine Beilegung des »Zwischenfalls« – gewiß nur unter japanischem Diktat – verhandeln zu wollen, kommandierten beide Regierungen Verstärkungen an die Front ab. Die überlegenen japanischen Kräfte gewannen bald die Oberhand und besetzten das ganze wichtige Gebiet um Peking und Tientsin. Von da griffen die Kämpfe auf den Bezirk des bedeutendsten chinesischen Handels- und Industriezentrums Shanghai über.

Fest entschlossen, unter keinen Umständen nachzugeben, fing nun die Regierung Chiang Kai-shek an, nach Bundesgenossen Ausschau zu halten. Eine Woche nach Beginn der Kämpfe in Shanghai schlossen China und die Sowjetunion einen Nichtangriffspakt ab. Unterdes setzte die japanische Armee ihren Siegeszug fort und eroberte im Dezember 1937 Nanking, die Hauptstadt des Chiang Kai-shek-Regimes. Offensichtlich war Japans Ziel die Vernichtung des Staatsgebildes des chinesischen Nationalismus, die es ermöglichen sollte, China zum gefügigen Satelliten zu machen.

In den nächsten Monaten setzten die japanischen Heere ihren pausenlosen Vormarsch entlang den ins Landesinnere führenden Eisenbahnlinien fort. Truppenlandungen bei Hongkong brachten die letzten bedeutenden chinesischen Großstädte Kanton und Hankou, die im Herbst 1938 besetzt wurden, in Japans Herrschaftsbereich. Lampionaufzüge in Tôkyô bezeugten den Glauben der japanischen Bevölkerung, daß wieder ein Eroberungskrieg erfolgreich zu Ende gegangen sei.

Die militärischen Planer in Tôkyô konnten mit dem Fortgang ihres Werkes vollauf zufrieden sein. Gewiß hatte es mehrere bedenkliche Zwischenfälle gegeben, die westliche

Interessen in China betrafen, und es waren sogar beim »versehentlichen« Bombardement des amerikanischen Kanonenboots »Panay« durch japanische Flugzeuge einige Amerikaner ums Leben gekommen. (Dieser Gewaltakt war von dem ultranationalistischen Obersten Hashimoto gegen den Willen der Regierung inszeniert worden.) Aber trotz diesen und ähnlichen Provokationen hatten sich die Vereinigten Staaten und Großbritannien mit nachdrücklichen diplomatischen Protesten begnügt. Nach nur einjährigem Kampf schien die Eroberung Chinas fast abgeschlossen zu sein. Die Grausamkeiten der japanischen Truppen in Nanking und an anderen Orten hatten den chinesischen Abwehrwillen gefestigt, aber das Chiang-Regime, das nun von Chungking im Innern Westchinas aus Krieg führte, schien kaum in der Lage, den Kampf noch lange fortzusetzen. Hier aber machte das japanische Militär seinen großen Fehler. Als die Kämpfe dennoch weitergingen, mußte Japan nach und nach zu der Erkenntnis kommen, daß es in einen Sumpf geraten war, aus dem herauszukommen von Tag zu Tag schwieriger wurde.

*

Am 3. November 1938 verkündete Fürst Konoe seine Pläne für eine »Neue Ordnung in Ostasien«. Klarer enthüllte sich jetzt Japans Programm vor den Augen einer entsetzten Welt. Japan, Manchukuo und China sollten ein militärisches Bündnis eingehen und ihre politische, wirtschaftliche und kulturelle Betätigung nach Weisungen Tôkyôs koordinieren. Das japanische Amt für chinesische Angelegenheiten mit Zweigstellen im ganzen besetzten China hatte bereits mit der Organisation der Ausbeutung des neu eroberten Landes begonnen.

Das weitere Vordringen des extremen Nationalismus kam zum Ausdruck im Rücktritt des Kabinetts Konoe im Januar 1939, das von einer Regierung des schon erwähnten ultranationalistischen Berufsbeamten Baron Hiranuma Kiichirô abgelöst wurde. Unter seiner Führung ging der Staatsapparat im Ernst an die Aufgabe der »Regenerierung« der Nation. Als Erziehungsminister wurde der pensionierte General Araki Sadao berufen, der schon in der radikalen Militärgruppe »Kaiserlicher Weg« eine namhafte Rolle gespielt hatte. Unter seinem Kommando machte die »geistige Mobilisierung zur Förderung des kaiserlichen Weges«, das heißt die intellektuelle Gleichschaltung des japanischen Volkes, sensationelle Fortschritte. Immer mehr Liberale verschwanden hinter Gefängnismauern.

Im Laufe des Jahres 1937 und dann wieder 1938 war es an den langgestreckten, nie genau festgelegten Grenzen zwischen den Einflußsphären der Sowjetunion und Japans zu Grenzzwischenfällen gekommen. Im Juli 1938 wurde zwei Wochen lang an der Dreiländergrenze bei Chang-ku-feng gekämpft, wo die Sowjetunion, Manchukuo und Korea aufeinanderstoßen. Das war noch mitten im japanischen Krieg gegen China, und der Generalstab in Tôkyô machte sich ziemliche Sorgen. Ob nun die Siege in China das japanische Selbstvertrauen gestärkt hatten oder ob der Generalstab die Stärke der Grenzbefestigungen der Sowjetunion noch einmal prüfen wollte – jedenfalls prallten im Mai 1939 japanische und Sowjetstreitkräfte bei Nomonhan in der Nähe der Grenze Manchukuos und der Äußeren Mongolei erneut aufeinander. Hier mußten die Japaner erfahren, daß der Sowjet-

Zusammenstoß japanischer Truppen mit sowjetischen Streitkräften bei Nomonhan, 1939

Fürst Konoe und sein Kabinett

Die Fahnen der Partner des Dreimächtepaktes Japan–Deutschland–Italien über einem Parkeingang in Tôkyô, 1940

grenzschutz hervorragend war: der Zusammenstoß mit zwei Sowjetdivisionen, die über moderne mechanisierte Waffen verfügten, hat die Kuantung-Armee etwa achtzehntausend Mann gekostet. Die Verluste wurden natürlich nicht bekanntgegeben, gaben aber den Führern des japanischen Militärs Stoff zum Nachdenken.

Hiranumas Kabinett hielt sich nur einige Monate, weil er die internationale Lage falsch gedeutet hatte: mit dem Abschluß des Nichtangriffspaktes zwischen der Sowjetunion und Deutschland, der am 24. August erfolgte, hatte er bestimmt nicht gerechnet. Nun beeilte sich Japan, die Kämpfe an der manchurisch-mongolischen Grenze abzubrechen und den Konflikt mit der Sowjetunion beizulegen. Der Waffenstillstand kam Ende September in Moskau zustande.

Schon seit der Unterzeichnung des Antikominternpakts war Japan Deutschland immer näher und näher gerückt. Dennoch gingen unter denen, die über die Richtung der japanischen Politik zu befinden hatten, die Meinungen darüber auseinander, ob Japan mit den Achsenmächten ein Militärbündnis eingehen und mit ihnen gemeinsam auf eine Zerreißung des Status quo in der Welt hinarbeiten sollte. Das weitere Problem war: sollte Japan nördlich vorstoßen – also gegen die Sowjetunion – oder eine Expansion in südlicher Richtung ins Auge fassen?

Die Frage des Verhältnisses zu Deutschland wurde akut, als Hitler am 1. September in Polen einfiel und der zweite Weltkrieg begann. In Europa waren die Frontlinien nunmehr eindeutig gezogen. Fraglich war aber, ob es in Japans Interesse sein könnte, die Frontlinie der Achse bis nach Asien zu verlängern. Ohne sich über den besseren Kurs schlüssig werden zu können, blieb Japan unter zwei kurzlebigen Militärkabinetten in der Zuschauerrolle, gleichsam auf den Ausgang der Kämpfe in Europa wartend. In China war die japanische Position mittlerweile durch die Einsetzung einer Strohmannregierung in Nanking konsolidiert worden. Die Gleichschaltung der Nation durch »geistige Mobilisierung« ging weiter.

Der Druck der faschistischen Militärs und der extremen Nationalisten zugunsten einer Beteiligung am Krieg der Achsenmächte war während des ganzen Jahres 1939 und im Frühjahr 1940 ständig gewachsen. Aber solange es in Europa beim »Sitzkrieg« blieb, widersetzten sich die Gegner einer Ausweitung des Krieges – das zu den Vereinigten Staaten tendierende Großkapital, die gemäßigten höheren Offiziere, vor allem in der Marine, der Kern der Hofaristokratie und der Kaiser selbst – entschieden jeder endgültigen Bindung an Deutschland. Ihr Haupteinwand gegen ein Militärbündnis war die Befürchtung, daß ein solcher Schritt zur Verschärfung der amerikanischen Japan-Politik beitragen, amerikanische Wirtschaftssanktionen nach sich ziehen und im Endeffekt sogar zu einem Krieg mit den Vereinigten Staaten führen könnte, und dies zu einem Zeitpunkt, da Japan alle seine Energien überbeanspruchen mußte, um den China-Krieg zu Ende zu bringen. Die Befürchtungen waren nicht ganz unbegründet, weil die Spannung zwischen Japan und den Vereinigten Staaten bereits ein gefährliches Stadium erreicht hatte.

Da war zunächst das alte japanische Ressentiment, das seit der Zeit der amerikanischen Einwanderungsgesetzgebung von 1924 mit ihrer Einwanderungssperre gegen Japaner datierte. Da waren die Bemühungen der Vereinigten Staaten, die Eingliederung der Manchurei ins japanische Imperium zu verhindern. Und in neuerer Zeit war Amerika auch noch zur Hauptbarriere gegen japanische Vorherrschaft in Ostasien geworden. Die Vereinigten Staaten hatten Chiang Kai-shek in seinem Kampf gegen Japan systematisch unterstützt und Japan daran gehindert, seine militärischen Siege in China in praktische Vorteile umzumünzen. Ganz zuletzt hatten sie sogar wirtschaftliche Vergeltungsmaßnahmen gegen die japanische Politik in China in die Wege geleitet: mit der 1939 vorgenommenen Kündigung des Handelsvertrages mit Japan hatten sie eine Einfuhrsperre in greifbare Nähe gerückt. Im übrigen waren sie dabei, ihren eindeutig gegen Japan gerichteten Flottenbau zu beschleunigen.

Auf der anderen Seite hatten eine Reihe geplanter japanischer Anschläge auf amerikanisches Personal und amerikanisches Eigentum in China und die unmißverständliche Absicht der japanischen Regierung, die »Offene Tür« der gleichen wirtschaftlichen Chancen in China zu schließen und unter Verletzung aller internationalen Abkommen die amerikanischen Interessen in China auszuschalten, eine heftige japanfeindliche Stimmung in den Vereinigten Staaten hervorgerufen. Das hatte es dem amerikanischen Präsidenten ermöglicht, eine immer entschiedenere Stellung gegen Japans aggressive Politik im Fernen Osten zu beziehen.

Aber mit dem erfolgreichen deutschen Überfall auf Holland im Mai, der britischen Räumung von Dünkirchen und dem Zusammenbruch Frankreichs im Juni 1940 waren die Würfel schließlich gefallen. Die Kräfte, die ein Bündnis mit Deutschland befürworteten, wurden nun überwältigend stark. Im Juli trat das Kabinett des relativ bedächtigen und vorsichtigen Admirals Yonai Mitsumasa zurück und überließ die politische Entscheidung einer neuen »nationalen« Regierung des Fürsten Konoe.

Die Rolle des Fürsten in diesem Stadium wie auch später und seine wirklichen Absichten haben nie eine befriedigende Erklärung gefunden. Vermutlich war er trotz seiner mächtigen Gestalt und seiner eindrucksvollen aristokratischen Ahnenreihe ein Mann von geringer Willenskraft, der stets hoffte, das Land vor dem Unheil bewahren zu können, aber nie wußte, wie das zu bewerkstelligen sei. Konoe war eigentlich überall *persona grata:* bei Armee und Marine wie in der Beamtenschaft, beim Kaiser wie bei den Politikern. Diese seine amtlich bescheinigte Popularität dürfte darauf beruht haben, daß alle diese Kreise den willensschwachen Mann für die eigenen Ideen einspannen zu können glaubten und ihn für den einzigen hielten, der eine Regierung widerstreitender Kräfte würde führen können.

Wenn die Gemäßigten Konoe für einen Mitstreiter gehalten hatten, sollten sie bald enttäuscht werden. Der starke Mann im neuen Kabinett war der Kriegsminister General Tôjô Hideki. Wie so viele extreme Militaristen hatte Tôjô seine Karriere hauptsächlich in der Manchurei gemacht. Er hatte in der Kuangtung-Armee als Kommandeur der Feldgendarmerie, später als Chef des Armeestabes Politik getrieben. Er war 1937 als stellvertretender Kriegsminister im ersten Kabinett Konoe nach Japan zurückgeholt worden; wahrscheinlich wollte Konoe die Manchurei-Aktivisten an der Regierung beteiligen, um sie auf diese Weise an die Kandare zu bekommen. Tôjô verkörperte den neuen Typ des Offiziers im Stabsdienst, wie er auf dem großen Übungsgelände Manchurei entstanden war: durch und durch Militarist, ausschließlich an der Steigerung der militärischen Schlagkraft durch

Ausbau der Luftwaffe und Mechanisierung der Kampfoperationen interessiert, von nationalsozialistischen Kriegführungstheorien stark beeindruckt. Es scheint, daß er schon in den Anfängen seiner Regierungstätigkeit zu der Überzeugung gekommen ist, daß Japan eines Tages das Problem seines Verhältnisses zu den Vereinigten Staaten würde radikal anpacken und vielleicht gegen die Vereinigten Staaten zu Felde ziehen müsse, um den Traum vom »Groß-Ostasien« zu verwirklichen.

Die Besetzung des Außenministeriums mit Matsuoka Yôsuke trug nicht dazu bei, die Gemäßigten, die immer noch den Krieg an der Seite der Achsenmächte zu vermeiden hofften, optimistisch zu stimmen. Matsuoka, der bedeutende Posten bei der Südmanchurischen Eisenbahn bekleidet hatte und mit Tôjôs Kuangtung-Clique eng liiert war, hatte jahrelang in den vordersten Reihen der offiziellen nationalistischen Bewegung gestanden. Wohl der geschwätzigste aller japanischen Chauvinisten, rückte Matsuoka 1933 zum Nationalhelden auf, als er nach einer temperamentvollen Verteidigungsrede zugunsten der japanischen Manchurei-Aktion dem Völkerbund mit Eklat den Rücken kehrte. Er war aber auch Japans undiplomatischster Diplomat, der eine außergewöhnliche Unkenntnis der amerikanischen Mentalität, dafür aber ein um so größeres Selbstbewußtsein an den Tag legte. Die etwas später vorgenommene Ernennung des alten nationalistischen Bürokraten Hiranuma zum Innenminister und die gleichzeitige Besetzung der Präsidentenstelle im nun besonders wichtigen Nationalen Planungsamt mit dem Mann, der den Staatskapitalismus in der Manchurei organisiert hatte, zeigten nur noch deutlicher, in welcher Richtung die Entwicklung verlief.

Die Regierungserklärung des neuen Kabinetts, die am 1. August 1940 abgegeben wurde, ließ klar erkennen, daß Japan entschlossen war, die durch die deutschen Siege in Europa geschaffene Gelegenheit nicht zu versäumen. Angekündigt wurde »eine neue Ordnung in Groß-Ostasien auf der Grundlage der Solidarität Japans, Manchukuos und Chinas«. Die Erklärung sprach vom »großen Wendepunkt« der Weltgeschichte und verlangte die »Schaffung der Fundamente eines staatlichen Landesverteidigungsgebildes durch vollständige Erneuerung der Verwaltungsorganisation«. Die »Erneuerung« sollte sich auf den gesamten Staatsaufbau einschließlich der Funktionen des Parlaments und auf den gesamten Verwaltungsapparat beziehen. Sie sollte darüber hinaus einschließen: die Wirtschaft nicht allein Japans, sondern auch der anderen Teilnehmer an der »Neuen Ordnung für Groß-Ostasien«, den Außenhandel, die Naturwissenschaft und die Produktion, die Landwirtschaft, das Nachrichtenwesen und die Verkehrseinrichtungen, das Erziehungswesen und sogar das öffentliche Gesundheitswesen. Kurzum, es sollten, für alle Eventualitäten bereit, eine kriegswirtschaftliche Organisation und ein totalitäres Staatssystem geschaffen werden. Tatsächlich lösten sich die politischen Parteien bald »freiwillig« auf, um Platz zu machen für den »Verband zur Unterstützung der kaiserlichen Herrschaft«, die *eine* parteilose Partei unter dem Vorsitz des Premierministers. Inzwischen war am 27. September 1940 als Dreimächtepakt das Militärbündnis mit den Achsenmächten unterzeichnet worden.

Während Deutschland und Italien die europäische Welt umkrempelten, ging Japan nun offensichtlich daran, die »Neue Ordnung«, die »Großostasiatische Ko-Prosperitätssphäre« aufzubauen. Am Tage nach der Unterzeichnung des Dreimächtebündnisses gelang es

Japan, der französischen Vichy-Regierung die Genehmigung zur Benutzung dreier Luftstützpunkte gegen Nationalchina abzunötigen. Japan konnte also nunmehr über den Kautschuk, das Zinn und die Kohle Indochinas verfügen. Möglicherweise war das bereits als erster Schritt in Richtung auf die reichen Ölfelder Holländisch-Ostindiens gedacht, denn der Mangel an nahe gelegenem Öl war die größte Schwäche der japanischen militärischen Position.

In den folgenden Monaten setzte Außenminister Matsuoka die Arbeit an seinem großen Plan fort: die Bindung an die Achsenmächte zu festigen, die Nordfront durch Verständigung mit der Sowjetunion zu sichern, um dann von dieser starken Position aus an die Regelung der Differenzen mit den Vereinigten Staaten – im wesentlichen in der Richtung der japanischen Wünsche – zu gehen. Unterdessen sollte der Aufbau des asiatischen Imperiums Japans abgeschlossen werden. Bei seinem Besuch in Berlin hatte Matsuoka keine Anzeichen des bevorstehenden Angriffs seines Bundesgenossen auf die Sowjetunion wahrgenommen, und im April 1941 schloß er in Moskau in aller Naivität einen Neutralitätspakt mit der Sowjetunion ab.

Aber die Lage entwickelte sich nicht so, wie Matsuoka erwartet hatte. Die Vereinigten Staaten gingen auf die japanischen Anregungen, Japans Vorherrschaft in Ostasien als Tatsache zu akzeptieren, in keiner Weise ein. Im Juni 1941 überfiel Hitler die Sowjetunion. Ungeachtet dieser unerwarteten Wendung und der Tatsache, daß sich die chinesischen Nationalisten keineswegs ergeben hatten, faßte am 2. Juli eine Reichsberatung, an der der Kaiser persönlich teilnahm, einen Beschluß, der Japan noch näher an den Krieg gegen die Vereinigten Staaten heranführte. Der geplante Vorstoß nach dem Süden sollte nunmehr mit dem Einmarsch in Indochina und Siam (Thailand) in Angriff genommen werden, auch auf die Gefahr hin, daß daraus ein Krieg mit den Vereinigten Staaten und Großbritannien entstände.

Um den durch Scharfsinn nicht gesegneten Matsuoka loszuwerden, trat das Kabinett im Juli 1941 zurück; im selben Monat trat ein drittes Kabinett Konoe sein Amt an. In Ausführung der geheimen Beschlüsse der Reichsberatung marschierten japanische Truppen in Indochina ein. Die Vereinigten Staaten reagierten mit der Sperrung aller japanischen Guthaben. Konoe, der immer noch hoffte, daß die Vereinigten Staaten am Ende doch auf die wichtigsten japanischen Bedingungen eingehen würden, regte am 18. August ein Treffen mit dem Präsidenten Roosevelt in Honolulu an, bei dem alles, was einer japanisch-amerikanischen Verständigung im Wege stand, hinweggeräumt werden sollte. Die amerikanische Regierung bestand jedoch auf einer grundsätzlichen Einigung über einige der wichtigsten Fragen, bevor irgendein Treffen verabredet werde. Im September bekräftigte darauf eine neue japanische Reichsberatung die früheren Beschlüsse und ging noch einen Schritt weiter, indem sie verfügte, daß die Kriegsvorbereitungen mit dem Ziel weitergeführt werden sollten, daß sie bis etwa Ende Oktober als abgeschlossen angesehen werden könnten. Die Beratung unterstrich darüber hinaus Japans festen Willen, sich »nicht dadurch abschrecken zu lassen, daß die Sicherung unserer nationalen Existenz die Möglichkeit mit sich bringen könnte, daß wir in einen Krieg mit Amerika (und England und Holland) hineingezogen würden«.

General Tôjô und sein Kabinett, 1941

Der japanische Überfall auf Pearl Harbour am 7. Dezember 1941

Allgemein herrschte die optimistische Vorstellung, daß die Vereinigten Staaten im Ernstfall doch noch im letzten Augenblick klein beigeben oder, wenn es zum Kriege käme, mit Leichtigkeit besiegt werden würden. Einer der wenigen japanischen Staatsmänner, die diesen Optimismus nicht teilten, scheint der Kaiser gewesen zu sein. In einer Audienz, die er Konoe am Tage vor der Reichsberatung vom September gewährte, kritisierte er die Vorlage des Kabinetts, weil sie den Kriegsvorbereitungen den Vorrang vor diplomatischen Verhandlungen einräume. Am selben Tage äußerte er vor den Stabschefs der Armee und der Marine seine schweren Besorgnisse ob der militärischen Konsequenzen der gegenüber den Vereinigten Staaten empfohlenen Haltung, zumal der Vertreter der Armee erklärt hatte, die Operationen im Südpazifik könnten in »etwa drei Monaten« erledigt sein. Bei dieser Gelegenheit hatte der Vertreter der Marine ausgeführt, daß Japan es sich nicht leisten könne, zu warten, bis es durch wirtschaftliche Sanktionen erdrosselt worden sei; es müsse zu einer Entscheidung kommen. Sollten diplomatische Verhandlungen mit den Vereinigten Staaten zu keinem Ergebnis führen, so müsse »ein entscheidender Eingriff vorgenommen werden«. Japan hatte sich in der Tat in eine Lage hineinmanövriert, aus der es sich anders als durch Krieg kaum noch herauswinden konnte.

Die Verhandlungen mit den Vereinigten Staaten, auf die die japanische Regierung immer noch einige Hoffnungen setzte, machten trotz vielen diplomatischen Noten, die zwischen Tôkyô und Washington hin- und hergingen, keinerlei Fortschritte. Japan war nach wie vor nicht gewillt, seine Truppen aus Indochina und China zurückzuziehen und konkrete Beweise einer Sinnesänderung zu geben. Der amerikanische Außenminister weigerte sich seinerseits hartnäckig, sich mit einer anderen Lösung als einer klaren und bestimmten Truppenabberufungszusage zufriedenzugeben.

Im Oktober, als der von der Reichsberatung vorgesehene Schlußtermin für die militärischen Vorbereitungen näherrückte, erklärte Tôjô, die Zeit zum Losschlagen sei nun gekommen. In vier ergebnislosen Unterredungen gelang es Konoe nicht, ihn umzustimmen. Konoe trat daraufhin zurück, und am 18. Oktober übernahm Tôjô das Amt des Premierministers. Japan steuerte geradewegs auf den Krieg mit den Vereinigten Staaten zu.

Dieser Kurs wurde in einer weiteren Reichsberatung gutgeheißen. Es wurde beschlossen, weiterzuverhandeln, aber für den Fall des Scheiterns der Washingtoner Verhandlungen kriegsbereit zu sein. Der japanische Botschafter in Washington wurde angewiesen, auf einer definitiven amerikanischen Antwort bis zum 25. November zu bestehen. Kurz davor wurde ein letzter Versuch, die Amerikaner zu einem radikalen Positionswechsel zu bewegen, mit der Entsendung eines Sonderbeauftragten nach Washington unternommen. Da er aber nichts Neues anzubieten hatte, blieb Außenminister Cordell Hull bei dem vorher eingenommenen Standpunkt. Die japanischen Kriegsvorbereitungen gingen ungeschmälert weiter.

Eine letzte amerikanische Note vom 26. November erklärte von neuem, die Vereinigten Staaten würden von ihrer Position nicht abgehen: Japan müsse seine Truppen aus China und Indochina zurückziehen; die Einfuhrsperre werde in Kraft bleiben, bis Japan zur Annahme der amerikanischen Bedingungen bereit sei. In einer neuen Reichsberatung beschloß nun Japan offiziell, den Krieg zu eröffnen. Japanische Unterseeboote waren bereits auf dem Wege nach Pearl Harbour. Die Zustellung einer letzten dringenden Botschaft des Präsidenten Roosevelt an den Kaiser wurde vom japanischen Telegraphenamt um etwa zehn Stunden verzögert. Um der Erhaltung des Friedens willen hatte Roosevelt den Kaiser ersucht, wenigstens Indochina räumen zu lassen. Das Telegramm dürfte dem Kaiser in den frühen Morgenstunden des 8. Dezember vorgelegt worden sein. Um diese Zeit war die japanische Kriegserklärung schon unterwegs. Sie wurde allerdings in der Japanischen Botschaft in Washington noch dechiffriert, als Japan ohne Warnung in Pearl Harbour zuschlug. Der Krieg im Pazifik hatte begonnen.

Ralph H. Gabriel

ISOLIERTES AMERIKA

Am 4. März 1913 wurde Woodrow Wilson als der siebenundzwanzigste Präsident der Vereinigten Staaten vereidigt. In seiner Ansprache an die Bürger des Landes, die sich in Scharen vor dem Kapitol drängten, betonte er den erreichten Fortschritt. Seit einer seiner Vorfahren im Bürgerkrieg der sechziger Jahre auf der Seite der Südstaaten gekämpft habe, sei die Nation mit mächtigen Schritten weitergegangen. Mit Zuversicht, sagte der neue Präsident, blicke er weiterem Fortschritt entgegen. Er ahnte noch nicht, daß die europäischen Staaten kaum anderthalb Jahre später zu den Waffen greifen und den Friedenszustand, der sich bis auf wenige Konflikte von kurzer Dauer seit 1815 gehalten hatte, beenden würden. Mit dem Jahr 1914 begann ein Zeitalter der Gewalt und der Revolution, das die Vereinigten Staaten tiefgreifend umgestalten sollte. Um zu verstehen, was sich im Leben Amerikas während des ersten Weltkriegs und danach ereignet hat, sollte man sich in groben Umrissen die Veränderungen und Fortschritte vor Augen halten, die Wilson bei seinem Amtsantritt mit so viel Hoffnung und Zuversicht erfüllten.

Zwischen 1850 und 1913 hatte sich in den Vereinigten Staaten eine industrielle Revolution ereignet. Gewaltige Vorkommen an Naturschätzen, namentlich Kohle und Eisen, wurden gefördert und von der Industrie verarbeitet. Die früheren Unternehmensformen – Einzelunternehmen und Offene Handelsgesellschaft – waren von der Aktiengesellschaft zurückgedrängt worden, mit deren Hilfe die Industriekapitäne Großunternehmungen errichteten und ausbauten. Was sich um die Mitte des 19. Jahrhunderts noch als Zivilisation einer auf Landwirtschaft und Handel beruhenden Gesellschaft darbot, hatte bis 1913 einen einschneidenden Wandel erfahren. Die Landwirtschaft – konkret Getreidebau und Viehzucht – überwog noch im Süden, in den weiten Ebenen westlich des Mississippi und in den Tälern der Pazifikküste. Aber östlich des Mississippi und nördlich des Ohio und des Potomac hatte sich die Industriewirtschaft durchgesetzt.

Das wichtigste Verkehrsmittel, ergänzt nur durch Frachtbeförderung auf den inländischen Wasserstraßen, waren 1913 die Eisenbahnen: sie brachten die Rohstoffe zur Fabrik und versorgten den Markt mit Fertigwaren. Dort, wo sich Transportwege kreuzten oder wo die Eisenbahnen in der Nähe der Häfen ihre Verladebahnhöfe bauten, sprossen Städte empor. Mit dem rapiden Anwachsen des Anteils der Stadtbewohner an der Gesamtbevölkerung vollzog sich zwischen 1850 und 1913 eine strukturelle Revolution. In der zweiten Hälfte des 19. Jahrhunderts und weiterhin bis 1914 strömte in die Städte die große Einwanderungswelle. (Nicht allzu viele der Neuankömmlinge wurden Landwirte.) Während aber die große Masse der Einwanderer bis etwa 1885 aus den Ländern Nord- und Westeuropas gekommen war, entsprang später der Hauptstrom in den süd- und osteuropäischen Staaten. Die Flut – mitunter über eine Million Menschen im Jahr – war so gewaltig, daß sich mit der Einwanderung das ethnische Gesicht der Städte revolutionär veränderte. So setzte sich um 1913 die Bevölkerung des neuen industriellen Amerikas aus den verschiedensten Nationalitäten zusammen. Unterdes hatten diese anschwellenden Vereinigten Staaten 1898 in einem hunderttägigen Krieg Spanien geschlagen und die alten spanischen Kolonien Puerto Rico (im Karibischen Meer) und Guam und die Philippinen (im Westpazifik) erworben. Die Republik der westlichen Erdhalbkugel hatte sich damit als Großmacht ersten Ranges etabliert.

Mit materiellem Fortschritt und gesellschaftlichen Wandlungen war ein kultureller und geistiger Aufstieg einhergegangen. Die vorwärtsdrängende Bewegung hatten die Universitäten angeführt. Bis zur Mitte des Jahrhunderts waren die höheren Lehranstalten in Amerika zumeist unabhängige, in ein koordiniertes Ausbildungsprogramm nicht eingegliederte geisteswissenschaftliche Colleges, deren Aufbau anfänglich denen von Oxford und Cambridge glich. Nach 1850 wuchsen sich manche dieser geisteswissenschaftlichen Colleges zu Universitäten mehr nach deutschem Muster aus. Daneben entstanden neue Universitäten, teils von den Selbstverwaltungsorganen der einzelnen Staaten ins Leben gerufen und aus Steuermitteln finanziert, teils aus Mitteln privater Stiftungen aufgebaut. In den sich rasch entfaltenden Universitäten gedieh die Naturwissenschaft, kristallisierten sich allmählich sozialwissenschaftliche Disziplinen als Wege zur Berufsausbildung heraus, wurde die Literatur der Antike und der modernen Welt von Studenten gelesen und von Gelehrten durchforscht. Das Aufkommen großer Bibliotheken mit wertvollen, immer größeren und immer vielfältigeren Sammlungen zeigte an, daß sich diese rein amerikanischen Einrichtungen in der Wahrung der Traditionen der westlichen Zivilisation bereits einen eigenen Platz an der Seite der älteren europäischen Institutionen erobert hatten. Von den Universitäten gingen junge Menschen in die Berufe der Rechtspflege und Medizin, in die Presse und ins öffentliche Leben. Die Ausstrahlungen der akademisch Gebildeten zeigten sich unter anderem darin, daß die Literatur die frühe Tradition einer »Vornehmheit«, die sich in der Mißachtung der bösen Realität äußerte, ablegte und sich einem neuen, die Oberfläche durchstoßenden Realismus zuwandte, der den unverkennbaren Einfluß einer naturwissenschaftlichen Orientierung verriet. An der Spitze einer dieser Universitäten, Princeton, hatte Wilson noch wenige Jahre vor seiner Wahl zum Präsidenten der Vereinigten Staaten gestanden.

Staat und Wirtschaft

Die Wirtschaft, die Wilson als Präsident im Jahre 1913 vor sich sah, war so gut wie frei von staatlicher Regelung. Die industrielle Revolution seit der Mitte des 19. Jahrhunderts war von den Unternehmungen der Privatwirtschaft verwirklicht worden, die nur vor der Konkurrenz des Auslands durch Hochschutzzölle geschützt waren. Staatliche Reglementierung erschöpfte sich in zwei Dingen: dem Antitrustgesetz, das Einzelpersonen wie Erwerbsgesellschaften jeglichen konkurrenzeinschränkenden Zusammenschluß untersagte, und der Kommission für zwischenstaatlichen Handel (Interstate Commerce Commission, ICC), einer Bundesbehörde mit halbrichterlichen Vollmachten, der die Überwachung aller über den Rahmen eines Einzelstaates hinausgreifenden Verkehrseinrichtungen oblag. Der Ausbau der ICC und die ersten Bemühungen, das Antitrustgesetz in die Praxis umzusetzen, waren das Werk einer politischen Bewegung, deren Vorkämpfer sich »Progressive« nannten und die während der Präsidentschaft Theodore Roosevelts im ersten Jahrzehnt des neuen Jahrhunderts ins Leben getreten war. In Wirklichkeit war Wilson, der Kandidat der Demokratischen Partei, als Bannerträger der Progressiven gewählt worden. Seiner politischen Führung während seiner ersten Präsidentschaft (1913-1917) hatte die Progressive Bewegung ihre höchste Entfaltung zu verdanken.

Mit einem Gesetz, das unter dem Namen »Underwood-Zolltarif« in die Geschichte eingegangen ist, wurde vom Kongreß 1913 die seit 1862 ununterbrochen beibehaltene Schutzzollpolitik fallengelassen: das Gesetz erweiterte beträchtlich das Verzeichnis der zollfreien Waren und senkte die Zollpositionen bei einer Anzahl von Artikeln des allgemeinen Bedarfs. Mit der Beschneidung der Sondervorrechte der Mächtigen der Wirtschaft (man sprach allgemein von *Big Business*) erfüllte der Underwood-Zolltarif einen der ureigensten Wünsche der Progressiven. Wie sich ein ermäßigter Zolltarif auf die Wirtschaft ausgewirkt hätte, konnte allerdings, da mittlerweile der Weltkrieg ausgebrochen war, nicht mehr festgestellt werden.

Weitreichende Folgen sollte ein zweites Gesetzgebungswerk haben, das der Initiative der ersten Wilson-Regierung zu verdanken war. Im letzten Drittel des 19. Jahrhunderts waren einige wenige Anlagebanken zu solchen Riesen geworden, daß sie dank ihrem überragenden Anteil an der Finanzierung der Industrie eine enorme Macht über die Gesamtwirtschaft ausübten. Nach langen Zeugen- und Sachverständigenvernehmungen mußte ein Enqueteausschuß des Kongresses 1912 feststellen, daß das gesamte amerikanische Kreditwesen von einigen übermächtigen Bankkonzernen beherrscht wurde, die ihrerseits der Kontrolle einiger weniger Finanzgruppen unterstanden; unter diesen Gruppen wurden als die wichtigsten das Bankhaus Morgan und die von der Standard Oil dirigierten Kreditinstitute genannt. Um diese Beherrschung des Kreditwesens und damit der Gesamtwirtschaft durch die New Yorker Finanzgewaltigen zu brechen, ging der Kongreß 1913 an die Umgestaltung der gesamten Kreditorganisation. Als staatliche Kreditzentrale wurde ein Bundesreserveamt (Federal Reserve Board) geschaffen, dem der Schatzsekretär (Finanzminister), der Währungsbeauftragte der Regierung und fünf weitere vom Präsidenten der Vereinigten Staaten zu berufende Mitglieder angehören sollten. Das Land wurde in zwölf

Kreditbezirke eingeteilt, von denen jeder eine eigene Bundesreservebank erhielt. Jede bezirkliche Bundesreservebank sollte eine Bank der Banken sein (und ist es auch geworden); die bis dahin auf Bundesebene zugelassenen und mit dem Notenausgaberecht versehenen Banken mußten sich dem Bundesreservesystem anschließen und in dem Kreditbezirk, in dem sie tätig waren, das Kapital der bezirklichen Reservebank aufbringen; die nicht über den einzelstaatlichen Rahmen hinausgreifenden Banken und Kreditinstitute waren von der Pflichtmitgliedschaft befreit, wurden aber zum freiwilligen Beitritt angehalten. Die wichtigste Neuerung bestand darin, daß die dem Reservesystem angeschlossenen Banken verpflichtet waren, ihre Barbestände bei der für sie zuständigen Bundesreservebank zu deponieren; alle Reservebanken unterstanden der Kontrolle des Bundesreserveamtes. Die Reservebanken wiederum erhielten die ausschließliche Ermächtigung, soweit sie über ausreichende Deckung in Gestalt von Gold oder kurzfristigen Handelspapieren verfügten, Banknoten auszugeben und an Mitgliedsbanken als Zahlungsmittel weiterzuleiten. Seit 1913 hat die Praxis die Position des Bundesreservesystems gefestigt und zu seinem Ausbau geführt. Die umfassenden Befugnisse des Bundesreserveamtes, namentlich auf dem Gebiet der Kreditpolitik, machen das Bundesreservesystem um die Mitte des 20. Jahrhunderts zum entscheidenden Wirtschaftslenkungsinstrument der Regierung, insbesondere wenn es darum geht, Inflationstendenzen Einhalt zu gebieten oder Krisenerscheinungen zu bekämpfen.

Während der Präsidentschaft William Howard Tafts, des unmittelbaren Amtsvorgängers Wilsons, hatte die erforderliche Dreiviertelmehrheit der Einzelstaaten einer Verfassungsergänzung zugestimmt, die dem Kongreß das Recht einräumte, eine gestaffelte Einkommensteuer einzuführen. Zum erstenmal hat der Kongreß von diesem Recht unter der Präsidentschaft Wilsons Gebrauch gemacht, und zwar im Steuerabschnitt des Gesetzes über den Underwood-Zolltarif. In den Beziehungen zwischen Staat und Wirtschaft war das ein epochemachender Wendepunkt. In den folgenden vier Jahrzehnten wurde die gestaffelte Einkommensteuer zu einem Werkzeug staatlicher Einwirkung auf die Vermögensschichtung. Damit konnte die Konzentration des Reichtums in den Händen einiger weniger, wie sie für die Epoche der faktisch unregulierten Wirtschaft kennzeichnend war, eingedämmt werden. Darüber hinaus erhielt die bundesstaatliche Regierung mit der Einkommensteuer die Möglichkeit, einen bedeutenden Teil des nationalen Reichtums für ihre eigenen Zwecke in Anspruch zu nehmen.

Ein nicht minder wichtiger Schritt war ein vom Kongreß 1914 verabschiedetes Gesetz, das eine Ergänzung des alten Antitrustgesetzes darstellte. Das neue Clayton-Gesetz bestimmte, daß Gewerkschaften nicht als konkurrenzeinschränkende Zusammenschlüsse im Sinne der Antitrustgesetzgebung angesehen werden dürften. Bei den Gewerkschaften dieser Zeit handelte es sich hauptsächlich um Berufs- oder Fachverbände, die in erster Linie gelernte Arbeiter erfaßten; nur der Bergarbeiterverband (United Mine Workers) bemühte sich darum, den gesamten Wirtschaftszweig zu organisieren und zum Industrieverband zu werden. Die meisten Gewerkschaften waren der Dachorganisation American Federation of Labor (AFL) angeschlossen, die in den neunziger Jahren zu größerer Bedeutung herangewachsen war. Die Führung der AFL hatte bereits in den neunziger Jahren den Vorschlag ihres sozialistischen Flügels verworfen, als Arbeiterpartei am politischen Kampf teilzunehmen. Statt dessen hatte sich die AFL für eine Politik entschieden, die das kapitalistische System als Gegebenheit hinnahm; sie hatte die Verbesserung der Arbeitsbedingungen der Arbeiter zu ihrem Hauptziel gemacht und bei Wahlen die der Arbeiterschaft am freundlichsten gegenüberstehenden Kandidaten der beiden großen Parteien unterstützt. Trotz der breiten Front des Arbeitgeberwiderstandes gegen die Anerkennung der Gewerkschaften hatte die organisierte Arbeiterbewegung zu Beginn des 20. Jahrhunderts allmählich an Boden gewonnen. Die Unaufschiebbarkeit der großen Rüstungsaufträge, die Großbritannien und Rußland nach Kriegsausbruch bei amerikanischen Firmen plaziert hatten, gab den Gewerkschaften die Möglichkeit, einen stärkeren Druck auf die Betriebsleitungen auszuüben, was nicht wenig zum Erstarken der gewerkschaftlichen Organisation beitrug. Das Claytonsche Antitrustgesetz von 1914 war der Niederschlag der sich in weiten Kreisen durchsetzenden Auffassung, daß das Fortbestehen der Gewerkschaften im Interesse der Allgemeinheit liege und daß die Gewerkschaften vor einer Auslegung der Antitrustgesetzgebung, die für sie lebensgefährlich werden könnte, geschützt werden müßten.

Angesichts eines drohenden Streiks der vier größten der AFL nicht angeschlossenen Eisenbahnergewerkschaften (der Lokomotivführer, Zugbegleiter, Heizer und Streckenbediensteten) ging Wilson einen Schritt weiter und ersuchte den Kongreß um eine gesetzliche Regelung der Arbeitsverhältnisse im Eisenbahndienst. Das auf sein Drängen beschlossene Gesetz brachte den Eisenbahnern die Verwirklichung eines von der organisierten Arbeiterschaft seit langem angestrebten Ziels: die Einführung des achtstündigen Normalarbeitstags mit fünfzigprozentigem Überstundenzuschlag. Was Wilson bewogen hatte, für das Gesetz einzutreten, war die Befürchtung, daß der Eisenbahnverkehr zu einem Zeitpunkt stillgelegt werden könnte, da die Eisenbahn den Transport der für Europa bestimmten Rüstungen zu bewältigen hatte. Mit der Zeit sollte sich die amerikanische Industrie auch ohne gesetzlichen Zwang für eine Verkürzung der Arbeitszeit entscheiden; daß sich Wilson 1916 für eine gesetzliche Regelung auf diesem Gebiet einsetzte, war indes für seine Gegner Veranlassung genug, ihn lärmend zu beschuldigen, die Staatsgewalt an die Arbeiterorganisationen ausgeliefert zu haben.

Als die Vereinigten Staaten 1917 in den Krieg eintraten, beeilte sich Wilson, die Wirtschaft für die Dauer des Krieges der staatlichen Kontrolle zu unterstellen. Im Dezember 1917 übernahm die bundesstaatliche Regierung die Verwaltung der (privaten) Eisenbahnen; der Präsident berief einen Generaldirektor der Eisenbahnen, der die Eisenbahnlinien der einzelnen Gesellschaften als einheitliches Verkehrsnetz verwalten sollte. Mit der Überwachung verschiedener Industriezweige wurde ein neugeschaffenes Kriegsindustrieamt betraut, das für den reibungslosen Ablauf der Kriegsproduktion zu sorgen hatte. Ähnliche Ämter oder besondere Staatsbeauftragte wurden für Schiffahrt, Ernährung, Brennstoffe, Arbeitseinsatz, Aufbau der Handelsflotte, Propaganda und Nachrichtenkontrolle eingesetzt.

In den meisten dieser neuen Bereiche beruhte der Eingriff des Staates auf gesetzgeberischen Akten des Kongresses. Daneben regelte Wilson aber auch mancherlei auf dem Verordnungswege. Zum erstenmal hatte der Präsident Abraham Lincoln diesen Weg im Krieg zwischen dem Norden und dem Süden in den sechziger Jahren beschritten. Nach seinem Vorbild bestanden die Männer von 1917 darauf, daß der Chef der vollziehenden

Gewalt in Kriegszeiten grundsätzlich über außerordentliche, wenn auch zeitlich begrenzte Vollmachten zur Handhabung von Notstandssituationen verfügen müsse. Die Praxis des ersten Weltkrieges hat es dann in späteren Zeiten nationalen Notstands ermöglicht, die Kriegsverordnungsgesetzgebung des Präsidenten als unumstrittene Verfassungspraxis gelten zu lassen. In einem neuen Licht sah Wilson nach den kritischen Jahren 1917 und 1918 das industrielle Großunternehmen, das bis dahin eine der wichtigsten Zielscheiben der Kritik der Progressiven (einschließlich Woodrow Wilsons) gewesen war. Auf jeden Fall stand nach 1914 fest, daß die amerikanische Industrie einen Umfang und einen Organisationsgrad erreicht hatte, die es ihr ermöglichten, jeden für eine kriegswirtschaftliche Mobilmachung erforderlichen Energieaufwand aufzubringen. Da es dem Staat am nächsten lag, umfangreiche Kriegsaufträge an Großunternehmungen zu vergeben, beschleunigte der Krieg die weitere Konzentration der ganz großen Wirtschaftseinheiten, das Wachstum des *Big Business*. Von manchen Kritikern wurde Wilson in diesem Zusammenhang beschuldigt, die prinzipielle Gegnerschaft der Progressiven gegen Wirtschaftsmonopole und Großkapital fallengelassen zu haben; demgegenüber konnten seine Anhänger auf die von ihm geschaffenen Kriegsinstrumente der staatlichen Wirtschaftskontrolle verweisen. Unbestritten war als Nettoergebnis des Krieges die Festigung der amerikanischen Industriewirtschaft und die Beschleunigung ihrer weiteren Entfaltung. Die Amerikaner wußten aber auch, daß dies positive Ergebnis nur eingetreten war, weil keine Invasionsarmee den Boden der Vereinigten Staaten betreten hatte.

Krieg, Massenhysterie und Freiheit

Im Bewußtsein der Amerikaner hat der erste Weltkrieg tiefe Spuren hinterlassen. Mochten sich die Bürger der amerikanischen Republik auch noch keine Rechenschaft darüber ablegen, so standen sie doch am Beginn eines Zeitalters, das immer wieder, wenn auch nicht durchgängig, durch Spannungen, Gewalt, Krieg und Revolution geprägt werden sollte. Als das Deutsche Reich den Vertrag, der die Neutralität Belgiens garantierte, in Stücke riß und das kleine Land 1914 überrannte, dachten manche Amerikaner, ein besonders skrupelloser Militarismus sei da am Werk. Als deutsche U-Boote, in dem Bemühen, die Blockade gegen England lückenlos zu machen, Handelsschiffe ohne Warnung versenkten, dachten viele Amerikaner, der Militarismus sei pure Barbarei geworden. Der U-Boot-Krieg, namentlich ein Ereignis wie die Torpedierung der »Lusitania«, erzeugte Aufnahmebereitschaft für Greuelnachrichten, wie sie mit den verschiedensten Mitteln – darunter auch einem von so autoritativen Persönlichkeiten wie Lord Bryce unterzeichneten englischen Bericht – verbreitet wurden. Nach dem Lusitania-Zwischenfall hatte Wilson mit massivem Druck erreicht, daß deutsche Angriffe auf die neutrale amerikanische Schiffahrt aufhörten. Eine Minderheit der Amerikaner sympathisierte mit den Mittelmächten, doch der Mehrheit fiel es immer schwerer, die Neutralität des Urteils zu bewahren, an die der Präsident in seiner Neutralitätserklärung vom August 1914 appelliert hatte. Als nun aber das deutsche Oberkommando Anfang 1917 U-Boot-Angriffe auf amerikanische Schiffe von neuem aufnahm, war die große Masse der Amerikaner bereit, dem Ruf zu den Waffen, den der Präsident im April erließ, Folge zu leisten.

Die skizzenhafte Aufzählung der Ereignisse kann keineswegs eine erschöpfende Erörterung der Gründe sein, aus denen heraus die Vereinigten Staaten im April 1917 den Mittelmächten den Krieg erklärten. Nur die Entwicklung einer bestimmten Geisteshaltung soll angedeutet werden. Von Wilson gelenkt und durch eine Reihe wirkungsvoller Präsidentenreden in ihrem Denken beeinflußt, kamen die Menschen in Amerika allmählich dazu, im Krieg einen Kampf um die Rettung der Demokratie vor einem brutalen, aggressiven, militaristischen Staat zu sehen. Wilson sprach von einem Krieg, der dem Krieg für alle Zeiten ein Ende bereiten sollte. Er trug sich mit der Hoffnung, daß nach der Bezwingung des Militarismus der Weg offen sein werde zu einer internationalen Organisation, die künftige Kriege würde verhindern können. Dieselbe Überlegung lag der anderen berühmten Formel zugrunde: von dem Krieg, der »die Welt für die Demokratie sicher machen« sollte. Wilson und zahlreichen seiner Mitbürger erschien die Teilnahme am Krieg als Kreuzzug. Der Wilsonsche Idealismus und die Amerika offenkundig drohende Gefahr schufen eine Einigkeit und Geschlossenheit des amerikanischen Volkes in der Unterstützung der Kriegführung, wie sie seine Vorfahren in früheren kriegerischen Auseinandersetzungen nie erreicht hatten, auch nicht in der Amerikanischen Revolution. In dieser fast weltanschaulichen Stimmung wurden während des Krieges und unmittelbar danach Fragen der Staatssicherheit behandelt; in einer ähnlichen Stimmung sollte auch die Debatte um den Völkerbund vor sich gehen.

In einem frühen Stadium des Krieges verabschiedete der Kongreß ein Spionagegesetz, das verschiedene auf die Behinderung militärischer Erfolge der Vereinigten Staaten gerichtete Handlungen strafbar machte. Im weiteren Verlauf des Krieges wurde von der öffentlichen Meinung – aus der Vorstellung heraus, daß der Krieg ein Kreuzzug zur Rettung der Demokratie in der Welt sei – eine schärfere gesetzliche Regelung gefordert. Das im Mai 1918 erlassene Aufruhrgesetz (Sedition Act) erweiterte den Umkreis der als staatsfeindlich gekennzeichneten Handlungen. Strafbar war es danach schon, Mißachtung gegenüber dem Staat, der Verfassung, der Landesfahne oder der militärischen Uniform zu bekunden. Daß dies zweite Gesetz erst nach Rußlands bolschewistischer Revolution vom Herbst 1917 beschlossen wurde, gibt Aufschluß über die Motive des Gesetzgebers. Beide Staatssicherheitsgesetze wurden mit großer Schärfe gegen Kreise angewandt, die als radikal angesehen wurden.

Dazu gehörten vor allem zwei kleinere Organisationen, die den Krieg als einen von den Kapitalisten zur eigenen Bereicherung angezettelten Konflikt bekämpften. Eine dieser Organisationen waren die in heimischem Boden wurzelnden »Industriearbeiter der Welt« (Industrial Workers of the World, IWW), eine Bewegung, die syndikalistischen Ansichten zuneigte und zur Erreichung ihrer Ziele »direkte Aktion«, unter anderem auch Sabotage, propagierte. Die IWW waren mangelhaft organisiert und fast nur im Westen der Vereinigten Staaten vertreten. Als der Staat mit Unterdrückungsmaßnahmen zugriff, blieb von ihnen faktisch nichts übrig. Die andere kriegsfeindliche Gruppe war die der Zweiten Internationale angeschlossene Sozialistische Partei. Sie war 1900 gegründet worden, hatte aber nicht genug Anhänger gewonnen, um zu einem bedeutenden politischen Faktor zu werden. Auf ihrem Parteitag vom April 1917 hatte sie ihre Kriegsgegnerschaft bekräftigt, worauf zahlreiche Funktionäre und Mitglieder, die dem für die Parteihaltung entscheidenden Internationalismus eine Politik der Kriegsunterstützung entgegenstellten, die Reihen der Partei verließen. So gut wie jede Möglichkeit eines öffentlichen Auftretens der Sozialisten, die ihren alten Grundsätzen treu geblieben waren, wurde durch staatliche Unterdrückungsmaßnahmen zunichte gemacht.

Im November 1918 war der Krieg zu Ende gegangen; in Rußland ging der Bürgerkrieg weiter. Amerikaner, die den Anhängern der russischen »Weißen« Armeen ihre Sympathien und tatkräftige Unterstützung geliehen hatten, waren enttäuscht über das Scheitern ihrer Bemühungen um den Sturz des bolschewistischen Regimes. Aber mit den Siegen der »Roten« in Rußland hatte sich in Amerika in den Jahren 1919 und 1920 die eigenartige Nachkriegsepidemie der »Roten Panik« ausgebreitet. Tatsächlich gab es einige unaufgeklärte Terrorakte: mehreren prominenten Bürgern wurden in Postpaketen Bomben ins Haus geschickt; und im September 1920 explodierte eine Bombe in der Wall Street, dem New Yorker Börsenviertel, wobei achtunddreißig Personen getötet wurden. Es entstand eine Hysterie, die der Chef der Bundesjustizverwaltung, A. Mitchel Palmer, mit alarmierenden Verlautbarungen schürte. Der Zeitpunkt für eine großangelegte Polizeiaktion schien gekommen. Die Behörden schlugen zu. Tausende von Menschen, denen man Teilnahme an umstürzlerischen Umtrieben nachsagte, wurden verhaftet; zweihundertfünfzig Personen wurden des Landes verwiesen und nach Rußland abgeschoben. Inmitten dieser Hysteriewelle wurden in South Braintree im Staat Massachusetts zwei Italiener, die sich zu anarchistischen Ansichten bekannten, Nicola Sacco und Bartolomeo Vanzetti, wegen Mordes vor Gericht gestellt und zum Tode verurteilt. Während des Prozesses betonte die Anklagebehörde vor allem die radikale Haltung der Angeklagten. Das Beweismaterial, auf das sich die Mordanklage stützte, war dürftig. Obgleich sich Berufungsverhandlungen in verschiedenen Instanzen noch lange nach dem Abflauen der »Roten Panik« hinzogen, hatte die Berufung der Verurteilten keinen Erfolg; sie wurden 1927 hingerichtet.

Die Bedeutung der »Roten Panik« lag darin, daß sie manche latenten gesellschaftlichen Strömungen an die Oberfläche brachte. Der Krieg hatte nicht nur nationalistische Gefühle verstärkt, sondern auch eine Geisteshaltung gefördert, die schon in früheren Jahrzehnten der amerikanischen Geschichte als »Nativismus« aufgetreten war: ein extremer Fremdenhaß, der gleichermaßen »Fremde«, fremde Sitten und fremde Institutionen traf. Die Ausweisung und Abschiebung von »Radikalen« und die Massenverhaftungen in der Zeit der »Roten Panik« offenbarten, daß der chauvinistische Nativismus weite Kreise gezogen hatte; sie zeigten zugleich, daß Vertreter der Staatsgewalt nicht abgeneigt waren, solche Stimmungen skrupellos auszunutzen. Auf der anderen Seite hatten die umfassenden Polizeimaßnahmen und die Hinrichtung Saccos und Vanzettis in verschiedenen Bevölkerungsschichten heftige Abwehrreaktionen hervorgerufen; sie ließen erkennen, daß viele freiheitsliebende Staatsbürger über den Gang der Ereignisse entsetzt und fest entschlossen waren,

Parade zum Wehrdienst eingezogener Amerikaner auf der Fifth Avenue in New York, 1917

Die »Großen Vier« der Friedenskonferenz von Versailles, 1919
Orlando, Lloyd George, Clemenceau, Wilson

die staatsbürgerlichen Rechte und Freiheiten im Sinne der amerikanischen Tradition aufs energischste zu verteidigen. Im Gefolge dieser widerstreitenden Strömungen drängte sich ein altes Problem in den Vordergrund: wie der gerechte Ausgleich zu finden sei zwischen den Sicherheitsbefugnissen des Staates und dem Recht des Individuums, seine Meinungen und Überzeugungen frei zum Ausdruck zu bringen. Einige Streitfälle, die aus der spannungsgeladenen Atmosphäre der Nachkriegsjahre erwachsen waren, sind am Ende vor das höchstrichterliche Forum des Obersten Gerichtshofs der Vereinigten Staaten gelangt, der sich seit dieser Zeit dem Problem der Schaffung und Erhaltung eines solchen Ausgleichs immer intensiver zuwendet. In einer Reihe von Entscheidungen, an die in immer erneuten Urteilen bis in die Mitte des Jahrhunderts angeknüpft wurde, hat der Oberste Gerichtshof die Grundrechte des menschlichen Individuums: Redefreiheit, Versammlungsfreiheit und Freiheit der Religionsübung, im Sinne der in den ersten zehn Zusatzartikeln zur Verfassung der Vereinigten Staaten formulierten »Erklärung der Rechte« von neuem geklärt und auf eine festere Grundlage gestellt.

Wilsons Niederlage – Kriegsfolgen

Bei den alle zwei Jahre stattfindenden Kongreßwahlen werden das gesamte Repräsentantenhaus und (jeweils für sechs Jahre) ein Drittel der Senatoren gewählt. Die Kongreßwahlen der ersten Novemberwoche 1918 fielen ungefähr in die Mitte der zweiten vierjährigen Amtsperiode Woodrow Wilsons. Daß die Amerikaner zum allergrößten Teil bereit waren, die Kriegspolitik der Regierung zu unterstützen, hinderte sie nicht daran, sich gegen die zentralistische Handhabung der Staatsgewalt an der inneren Front aufzulehnen. Hinzu kam, daß der Präsident bei seiner Neigung zu einsamer Arbeit den Parteiführern mitunter recht wenig Beachtung schenkte, auch denen in seiner eigenen Demokratischen Partei. Den Widerstand gegen seine Regierungspolitik verstärkte Wilson selbst 1918 noch durch einen gravierenden taktischen Fehler. Obgleich er seit Beginn des Krieges einen Regierungskurs gesteuert hatte, der fast einer Koalitionspolitik unter offiziellem Einschluß der Republikaner gleichkam, wandte er sich jetzt an die Wähler mit der Aufforderung, für eine starke Mehrheit der Demokratischen Partei zu sorgen. Er betonte, daß eine Mehrheit der Demokraten sowohl im Repräsentantenhaus als auch im Senat die Position des Präsidenten bei den bevorstehenden schwierigen internationalen Verhandlungen stärken würde. Sofort reagierten die Republikaner mit einem wütenden Protest. Sie warfen Wilson vor, daß er, der in den kritischen Jahren über den Parteien gestanden habe, nun, da der Krieg zu Ende sei, die patriotischen Besorgnisse der Wähler für rein parteipolitische Zwecke auszuschlachten suche. Das Wahlergebnis zeigte, daß der Appell des Präsidenten taube Ohren gefunden hatte: in beiden Kammern war die Mehrheit den Republikanern zugefallen.

Im Dezember reiste Wilson zur Teilnahme an den Friedensverhandlungen, die am 18. Januar 1919 beginnen sollten, nach Europa ab. Versailles war eine »Gipfelkonferenz«: die wichtigsten Entscheidungen wurden von den Regierungschefs Großbritanniens, Frankreichs, Italiens und der Vereinigten Staaten getroffen. In die amerikanische Delegation hatte der Präsident keinen einzigen Führer der Republikanischen Partei berufen (nur ein Delegierter war Mitglied der Republikanischen Partei); noch erstaunlicher war, daß nicht ein einziges Delegationsmitglied dem Senat angehörte, obgleich nach der amerikanischen Verfassung kein in Versailles abgeschlossenes Abkommen ohne die Zustimmung des Senats hätte in Kraft treten können. Über das kunstreiche Gleichgewicht zwischen Exekutive und Legislative, für das die amerikanische Verfassung gesorgt hat, waren sich damals allerdings die wenigsten Europäer im klaren; es war für sie dann eine böse Überraschung, daß die Amerikaner das Werk von Versailles, an dem ihr Präsident einen so großen Anteil hatte, kurzerhand verwerfen konnten.

Am Ergebnis von Versailles war Wilson nicht nur als Vater der Völkerbundssatzung entscheidend beteiligt; er war auch derjenige, der für die Bindung der Völkerbundsgründung an den Friedensvertrag die Hauptverantwortung trug. Während die Beratungen über die Völkerbundssatzung noch im Gange waren, fuhr Wilson mit dem Rohentwurf der Satzung nach Amerika zurück und legte ihn den Führern der beiden Parteien zur Stellungnahme vor. Die von ihnen nach der ersten Einsichtnahme erhobenen Einwände nahm er wieder nach Paris mit und setzte in verschiedenen Abänderungsanträgen ihre Berücksichtigung durch. Dann unterbreitete er im Juli 1919 den inzwischen fertiggestellten Friedensvertrag, der nun auch die Völkerbundssatzung enthielt, der eigens zu diesem Zweck einberufenen Sondertagung des Senats. Am 19. November wurden alle Versailler Vereinbarungen vom Senat in zwei entscheidenden Abstimmungen verworfen.

Die Ursachen des Debakels sind komplex. Eine erhebliche Rolle spielte die rein parteitaktische Opposition der republikanischen Senatoren, ausgelöst zum Teil durch die Mißgriffe des Präsidenten bei den Novemberwahlen und bei der Zusammenstellung der Versailles-Delegation. Dann ging es einigen Vertretern der isolationistischen Haltung um die Sicherung der Aktionsfreiheit der Vereinigten Staaten in internationalen Angelegenheiten, die sie in Vorbehaltserklärungen zur Völkerbundssatzung zu verankern suchten, was Wilson wiederum schroff ablehnte. Schließlich verwarfen andere Isolationisten das ganze Vertragswerk mit der Begründung, daß es die Vereinigten Staaten in Bündnisse hineinziehe, die dem Lande untragbare Verpflichtungen auferlegen würden. Mit dem Senat auf der Basis irgendwelcher Kompromisse eine Verständigung zu suchen, war für Wilson undenkbar. Was er im Senat nicht hatte durchsetzen können, hoffte er nunmehr durch einen direkten Appell an die Wähler zu erreichen. In der Hoffnung, das amerikanische Volk für den Völkerbund begeistern zu können, unternahm er eine großangelegte Agitationstournee. Er hatte noch nicht die halbe Reise bewältigt, als ein Gehirnschlag ihm jede weitere Tätigkeit unmöglich machte. Aber auch die Tatsache, daß sich Wilson für die Sache des Völkerbundes buchstäblich aufgeopfert hatte, vermochte in Amerika keine Begeisterung für den Völkerbund zu wecken. Was immer die Faktoren gewesen sein mögen, die die Niederlage herbeigeführt haben, die negative Entscheidung war nicht mehr rückgängig zu machen. Von den Präsidenten, die nach Wilson amtierten, hat keiner den Versuch unternommen, den Beitritt der Vereinigten Staaten zum Völkerbund auch nur zur Debatte zu stellen.

*

In den neunzehn Monaten, in denen die Vereinigten Staaten am Krieg unmittelbar beteiligt waren, erwies sich die Vorstellung, daß der Krieg ein Kreuzzug sei, in vielen Beziehungen als durchaus lebendig und wirksam. Der Zwang, große Mengen von Lebensmitteln aufzubringen, um der Bevölkerung Frankreichs und Englands beizustehen, förderte nicht nur den Anbau in den landwirtschaftlichen Betrieben und in den allenthalben neuangelegten Haushaltsgärten, sondern auch, was viel wichtiger war, den sparsamen Umgang mit Lebensmitteln im Privathaushalt. Wilson hatte Herbert Hoover zum Beauftragten für Ernährung ernannt, und Hoovers Appelle fanden in den weitesten Kreisen Verständnis und Beachtung. Die Erkenntnis, daß Nahrungsmittel in jedem Krieg eine wichtige Rolle spielen, hat aber auch den Boden bereitet für einen Zusatzartikel zur Verfassung, der noch während des Krieges von der erforderlichen qualifizierten Mehrheit der Einzelstaaten genehmigt wurde und somit als ein Stück Kriegsgesetzgebung gelten kann: die Bestimmung über das Alkoholverbot.

Diesem Achtzehnten Zusatzartikel, der Herstellung, Verkauf und Beförderung alkoholischer Getränke untersagte, waren lange Kämpfe um die gesetzliche Unterdrückung des Alkoholismus vorausgegangen. Seit 1869 bestand unter dem Namen »Prohibitionspartei« eine Organisation, die unermüdlich für ein Alkoholverbot agitierte. Der Christliche Frauenbund für Abstinenz (Women's Christian Temperance Union) hatte Mitglieder im ganzen Lande. Gegen Ende des 19. Jahrhunderts begann eine dritte Organisation, die Anti-Saloon League (etwa: »Kampfbund gegen die Kneipen«), mit großem Erfolg ihre Tätigkeit als Pressionsgruppe. Sie warb eifrig für einen »lokalen Optionsplan«, nach dem einzelne Gemeinde-, Kreis- und Staatsverwaltungen bewogen oder genötigt werden sollten, in ihrem Zuständigkeitsbereich den Alkoholvertrieb zu unterbinden. Am kräftigsten setzte sich die Bewegung in ländlichen Gegenden durch. Im neuen Jahrhundert wuchs der Umfang der »trockengelegten Zone« auf den von der Anti-Saloon League verbreiteten Alkohol-Landkarten ständig. Zu einem siegreichen Abschluß des Kreuzzuges hat dann der vordringliche Lebensmittelbedarf der westlichen Alliierten, wie er sich im Fortgang des Krieges zeigte, den letzten Anstoß gegeben. Der Zwang zum »Einsparen« von Getreide und das Verlangen nach Verringerung des Produktionsausfalls, den der Alkoholismus unter Arbeitern und Angestellten verursachte, trugen entscheidend dazu bei, daß die gesetzgebenden Körperschaften mit der zur Verfassungsänderung erforderlichen Dreiviertelmehrheit aller Gliedstaaten der Vereinigten Staaten dem Achtzehnten Zusatzartikel zustimmten. Das Volstead-Gesetz, das dann vom Kongreß in Durchführung dieser neuen Verfassungsbestimmung erlassen wurde, definierte als verbotene alkoholische Getränke schlechthin alle Getränke mit einem Alkoholgehalt von mehr als anderthalb Prozent. Gegen dies Gesetz legte Wilson sein Veto ein, weil es den elementaren physiologischen Tatbeständen nicht Rechnung trage. Aber der Druck der öffentlichen Meinung war so stark, daß sich im Repräsentantenhaus wie im Senat eine Zweidrittelmehrheit fand, die das Veto unwirksam machte. Die Prohibition trat in Kraft, und ihr Vollzug lag fortan in den Händen der Bundesexekutive.

Während des Kampfes um die Prohibition lag den gesetzgebenden Körperschaften der einzelnen Staaten ein weiterer Zusatzartikel zur Verfassung vor: die Einführung des Frauenwahlrechts. Auch die Bewegung für das Frauenwahlrecht hatte – wie der Kampf der Alkoholgegner – um die Mitte des 19. Jahrhunderts begonnen. Bis 1900 hatten elf Staaten den Frauen das Wahlrecht eingeräumt. Die Teilnahme der weiblichen Bevölkerung an der Landesverteidigung, mitunter mit Aufgaben, von denen Frauen bis dahin ferngehalten worden waren, wirkte sich zugunsten der verstärkten Bemühungen aus, die Wahlrechtsreform im gesamtnationalen Maßstab durchzusetzen. Ein Krieg, von dem die Amerikaner erwarteten, daß er die Demokratie in der Welt erhalten würde, war der gegebene Boden für eine der größten demokratischen Errungenschaften in der Geschichte der Vereinigten Staaten. Am 28. August 1920 wurde mitten im Wahlkampf (im November waren die Präsidentschaftswahlen fällig) amtlich bekanntgegeben, daß der Neunzehnte Zusatzartikel geltendes Verfassungsrecht geworden sei.

Im Wahlkampf von 1920 zeigte sich, daß die amerikanische Wählerschaft die Spannungen und Affekte der Kriegszeit abgeschüttelt hatte. Seit April 1917 hatten die Menschen im Banne des europäischen Daseinskampfes gestanden. Nun war der Krieg zwar 1918 siegreich zu Ende gegangen, aber 1919 hatte die »Rote Panik« die Massenaffekte der Kriegsjahre von neuem belebt. Im selben Jahr hatte der Senat nach einem erbitterten Kampf dem Völkerbund eine Absage erteilt. Unterdes war die Millionenarmee, die größte, die das Land je gekannt hatte, demobilisiert worden. Erst 1920 war alles vorbei; die Menschen gaben sich mit einem Gefühl der Erleichterung der Vorstellung hin, daß ein von Leid und Gewalt erfülltes Kapitel in der Geschichte der Republik zum Abschluß gebracht worden sei. Das amerikanische Volk hoffte, zum friedlichen Dasein zurückkehren zu können. In einer solchen Atmosphäre suchten sich die beiden großen Parteien zwei recht mittelmäßige Männer als Präsidentschaftskandidaten aus.

Kein mit Selbstverständlichkeit anerkannter Thronerbe war während der Regierungszeit Wilsons ins Blickfeld getreten, und Wilson selbst war so krank, daß seine Wiederaufstellung nicht in Betracht kam. Der Parteikonvent, der den Kandidaten der Demokraten zu benennen hatte, beschloß nach unzähligen Wahlgängen die Nominierung des unbedeutenden Gouverneurs des Staates Ohio, James M. Cox. Bei den Republikanern schuf das Fehlen eines überragenden Kandidaten auf dem Parteikonvent eine Situation, die die Einheit der Partei bedrohte: zwei prominente Bewerber waren so stark, daß sie einander den Weg zur Kandidatur verbauten. Die auf dem Konvent führende Parteigruppe kam überein, beide fallenzulassen und den Delegierten eine Kompromißkandidatur nahezulegen. Am Ende einigte sich der Konvent auf die Kandidatur des Senators Warren G. Harding aus Ohio, dessen beste Qualität unbedingte Parteitreue war. Im Wahlkampf bereiste Cox das Land und warb für Amerikas Eintritt in den Völkerbund. Harding blieb zu Hause und machte die »Rückkehr zu normalen Zuständen« zum Hauptthema seiner Reden. Schon vor Beginn des Wahlkampfes war zu sehen, daß sich die Massenstimmung gegen die Demokraten gekehrt hatte. Die Wählerschaft hatte genug vom Krieg und mochte sich nicht mehr den Kopf darüber zerbrechen, was in Fragen der auswärtigen Politik zu tun sei. Ebensowenig behagten ihr die während des Krieges geschaffenen übermächtigen behördlichen Apparate. Viele verdachten Wilson immer noch, daß er 1918 einen von den Demokraten beherrschten Kongreß gefordert hatte. Weitverbreitet war die Hoffnung auf eine Ära, in der das Wirtschaftsleben wie in der guten alten Zeit mit einem Maximum an Privatwirtschaft und einem

Minimum an Staatseingriffen blühen und gedeihen würde. Alle diese Stimmungsmomente kamen der Republikanischen Partei und ihrem Kandidaten zugute. Nach einem Wahlkampf ohne Elan und Begeisterung wurde Harding mit der durchschlagenden Mehrheit von sechzig Prozent der abgegebenen Stimmen und einer noch größeren Mehrheit in dem formal die Wahl vollziehenden Wahlmännerkollegium gewählt.

Am 4. März 1921 betrat die Regierung Harding den Weg, der »zurück zu normalen Zuständen« führen sollte. Dem von Harding berufenen Kabinett verliehen drei markante Persönlichkeiten Rang und Ansehen. Die Außenpolitik übertrug Harding dem früheren Mitglied des Obersten Gerichtshofs Charles Evans Hughes, der 1916 als Präsidentschaftskandidat der Republikaner gegen Wilson unterlegen war. Das Finanzportefeuille fiel an Andrew Mellon, einen prominenten Industrieführer und einen der reichsten Männer Amerikas. Wilsons Ernährungsbeauftragter, Herbert Hoover, zog ins Handelsministerium, wo er die Gelegenheit wahrnahm, die Interessen amerikanischer Firmen im In- und Ausland tatkräftig zu fördern.

Befremdend wirkte auf alle, die sich um Sauberkeit und gute Sitten in der Politik bemühten, die Ernennung zweier Männer, die zum engeren parteiorganisatorischen Klüngel Hardings in seiner Senatszeit gehört hatten: des Anwalts Harry Daugherty aus Ohio und des Senators Albert B. Fall aus New Mexico. Daugherty, dem Harding das Justizministerium anvertraut hatte, mußte zwei Jahre später wegen einer Skandalaffäre, die die Verwaltung beschlagnahmten feindlichen Vermögens betraf, aus dem Amt scheiden. Fall übernahm das Innenministerium und damit die Verwaltung der als öffentliches Eigentum geltenden unausgebeuteten Naturschätze des Landes, darunter riesiger Wälder und Mineralienvorkommen. Unter seiner Amtsführung wurden an private Ölinteressenten reiche Ölvorkommen verpachtet, die ursprünglich als Versorgungsreserve für die Kriegsmarine sichergestellt worden waren. Im Zusammenhang mit diesem Verpachtungsgeschäft wurde Fall der passiven Bestechung überführt und zu einem Jahr Gefängnis und einer Geldstrafe von hunderttausend Dollar verurteilt.

Bevor diese Skandale ihren Höhepunkt erreicht hatten, starb Harding. Die Präsidentschaft ging automatisch auf den Vizepräsidenten Calvin Coolidge über, einen früheren Gouverneur des Staates Massachusetts, dessen Ruf in weiten Kreisen auf der energischen und erfolgreichen Beilegung eines Streiks der Polizei in Boston beruhte. Kein Schatten fiel auf die persönliche Integrität des Präsidenten Harding. Er war ein sanftmütiger, schwacher Mensch, den die Käuflichkeit zweier seiner Kabinettsmitglieder tief getroffen hatte. Das akute Mißbehagen, das ob der Mißstände an höchster Stelle allenthalben empfunden wurde, konnte Coolidge dank seiner untadeligen und aufrechten Haltung, seiner Tüchtigkeit und seinem klugen Auftreten bald zerstreuen. Im Jahre 1924 wurde er für die folgende Amtsperiode zum Präsidenten gewählt. Er behielt Hughes, Mellon und Hoover auf den Posten, auf die sie Harding berufen hatte.

*

Der starke Nationalismus, der unmittelbar nach dem Kriege zur Absage an den Völkerbund beigetragen hatte, stand Pate bei zwei gesetzgeberischen Akten von weitreichender

Bedeutung. Mit dem 1922 beschlossenen Fordney-McCumber-Zollgesetz wurden die höchsten Zollmauern aufgerichtet, die Amerika in Friedenszeiten je gekannt hatte. Diesem Triumph eines extremen Wirtschaftsnationalismus lag die Vorstellung zugrunde, daß es möglich sei, bei jeder konkreten Ware die Differenz zwischen höheren inländischen und niedrigeren ausländischen Gestehungskosten zu bestimmen und die Zollsätze für jede Einzelposition so zu berechnen, daß das Kostengefälle ausgeglichen wäre. Darüber hinaus ermächtigte das Gesetz den Präsidenten, die festgesetzten Zölle auf Empfehlung eines Sachverständigenausschusses zu erhöhen oder zu senken.

Auf die überhöhten amerikanischen Schutzzölle reagierten mehrere europäische Staaten mit eigenen Schutzzöllen und Einfuhrkontingentierung. Erschwerend kam hinzu, daß die amerikanische Zollgesetzgebung den europäischen Schuldnerländern den für sie wichtigen amerikanischen Markt sperrte und ihnen damit die Möglichkeit nahm, ihre Schulden an den amerikanischen Staat oder an private amerikanische Gläubiger auf dem normalen Wege des Warenaustauschs abzutragen. Gleichzeitig ging der Auslandsabsatz amerikanischer Fertigwaren fühlbar zurück.

Ebenso ergab sich aus dem Anwachsen nationalistischer Stimmungen der neue Kurs in der Einwanderungspolitik. Praktisch hatte 1914 der Ausbruch des Krieges in Europa den Auswandererstrom nach Amerika abgeschnitten. Manche Begleiterscheinungen des Weltkonflikts führten aber auch dazu, daß sich die Haltung vieler Amerikaner zum ständigen Einströmen von Ausländern, das vor dem Kriege als selbstverständlich hingenommen wurde, merklich wandelte. Nach 1917 wurden beispielsweise viele aus Deutschland stammende Personen als verdächtig behandelt und manche sogar interniert. Die Vorstellung griff um sich, daß »Bindestrich-Amerikaner«, die mit ihrer alten Heimat verbunden blieben, eine potentielle Gefahr für den Staat darstellten. Da außerdem viele Einwanderer vor 1914 aus Rußland gekommen waren, setzte sich in weitem Umkreis die Meinung fest, daß bei einer Wiederaufnahme der Einwanderung nach dem Kriege zahlreiche radikale Elemente ins Land strömen und den politischen Grundsätzen Amerikas feindliche Einstellungen mitbringen würden. Solche Überlegungen bewirkten einen Umschwung auch in der Einstellung der Wirtschaft, die früher die Einwanderung begünstigt hatte, weil damit billige Arbeitskräfte hereinkamen; vor dem Kriege hatten sich in erster Linie die Arbeitnehmerorganisationen um eine Kontrolle und Beschränkung der Einwanderung bemüht. Nach 1918 verbreitete sich nun allgemein die Angst vor einem Andrang von Flüchtlingen aus dem kriegsverwüsteten Europa; abschreckend wirkte vor allem die Vorstellung, daß eine solche Sturzflut zu einer Zeit, da sich Millionen von dienstentlassenen Amerikanern nach Arbeitsplätzen umsehen mußten, katastrophale Folgen haben könnte.

Ein erstes Notgesetz wurde vom Kongreß 1921 verabschiedet: es schrieb eine scharfe Begrenzung der Einwanderung vor und führte ein System nationaler Kontingente, der sogenannten »Quoten«, ein. Dann legte das 1924 erlassene Gesetz über die Einwandererkontingente (Immigrant Quota Act) die Grundsätze einer Politik fest, die mit geringen Abwandlungen auch in fernerer Zukunft beibehalten werden sollte. Für die Einwanderung aus den einzelnen Ländern wurde eine Höchstgrenze festgesetzt: für jedes Land zwei Prozent der aus ihm stammenden Einwohner der Vereinigten Staaten; als Stichjahr galt zunächst das Jahr 1890, aber später sollten genauere Erhebungen über die jeweilige Gliederung der amerikanischen Bevölkerung nach »nationaler Herkunft« die zugrunde zu legenden Richtzahlen erbringen. Das unmittelbare Ergebnis war, daß die Einwanderung aus Nord- und Westeuropa auf Kosten der Einwanderung aus Ost- und Südeuropa begünstigt wurde. Eine Ermittlung der Bevölkerungszusammensetzung nach »nationaler Herkunft«, die sich seit 1890 erheblich geändert hatte, kam auch später nicht zustande, und die vorgesehene Neuberechnung der Kontingente blieb aus. Statt dessen wurde vom Kongreß 1929 die Gesamteinwanderung auf hundertfünfzigtausend jährlich beschränkt und eine mehr oder minder willkürliche Festsetzung starrer Kontingente in Anlehnung an die 1924 ermittelten Prozentquoten von 1890 vorgenommen. Keinerlei Beschränkungen unterlag nach all diesen Gesetzen die Einwanderung von Personen, die in Ländern der westlichen Erdhalbkugel geboren waren. Dagegen sperrte das Gesetz von 1924 die Einwanderung von Personen, deren Einbürgerung nach amerikanischen Gesetzen unzulässig ist – eine Bestimmung, die sich vor allem gegen die Einwanderung aus ostasiatischen Ländern richtete.

Schon Jahre vorher hatte ein *Gentlemen's Agreement* mit Japan die Auswanderung von Japanern nach den Vereinigten Staaten am Ursprungsort unterbunden; vergebens protestierten nun Präsident Coolidge und Außenminister Hughes gegen die mit dem zusätzlichen gesetzlichen Verbot geschaffene Verschärfung: der Kongreß blieb bei der Sperrklausel gegen Japaner und verletzte damit empfindlich das Nationalgefühl des selbstbewußten japanischen Volkes. Tatsächlich beruhte die gesamte Einwanderungsgesetzgebung auf der Auffassung, daß die Regelung der Einwanderungsfragen eine ausschließlich innenpolitische Angelegenheit sei, die nicht in den Bereich internationaler Verhandlungen falle. Darüber hinaus stellte sie den Versuch dar, die ethnische Zusammensetzung der amerikanischen Bevölkerung nach dem Gutdünken des Gesetzgebers zu erhalten oder zu verändern.

Wohlstand und Isolationismus

Die Einwanderungsgesetzgebung fiel in ein Jahrzehnt, das durch tiefgehende wirtschaftliche und soziale Veränderungen gekennzeichnet war. Von größter Tragweite war dabei der Wandel, der mit dem Siegeszug des Autos zusammenhing. Sowohl in den Vereinigten Staaten als auch in Europa war das Kraftfahrzeug an der Schwelle des neuen Jahrhunderts in Erscheinung getreten. In Amerika hatte Henry Ford schon vor dem Eintritt der Vereinigten Staaten in den Krieg die Technik der Fließbandproduktion entwickelt, die die Massenherstellung billiger Kraftwagen ermöglichte. In den zwanziger Jahren wurde Fords Modell T zum Wagen des kleinen Geschäftsmanns, des kleinen Farmers, des gelernten Arbeiters. Bald tauchten auf dem Automobilmarkt, auf dem sich rasch die schärfste Konkurrenz entfaltete, auch andere in Serienfabrikation hergestellte billige Wagen auf. Die Kraftwagenerzeugung wurde zu einem führenden Industriezweig.

Mit der wachsenden Automobilproduktion mußten für den Kraftverkehr geeignete Überlandstraßen gebaut werden: sie wurden von den Einzelstaaten gebaut, zum Teil aus

Bundessubventionen finanziert. Bereits gegen Ende der zwanziger Jahre hatte Amerika ein fast lückenloses Autostraßennetz. Während das Auto in Europa noch ein Luxusartikel für die Reichen blieb, wurde es in Amerika bald zum unentbehrlichen Besitztum des Durchschnittsbürgers. Autobusse zur Personenbeförderung und Lastkraftwagen zur Frachtbeförderung brachen auch im Fernverkehr das Monopol der Eisenbahnen und statteten das Land mit einem elastischeren Transportsystem aus. In dem Maße, wie Lohnempfänger dazu übergingen, das Auto für die Fahrt zur Arbeitsstätte zu benutzen, konnten Fabriken den überfüllten städtischen Bezirken den Rücken kehren. Ende der zwanziger Jahre begann die Flucht aus den Innenbezirken der alten Städte. Im Verlauf der nächsten drei Jahrzehnte sollte sie immer mehr an Bedeutung gewinnen.

Schon in den zwanziger Jahren brachte das Auto Veränderungen im Lebenszuschnitt Amerikas mit sich, die fast einer sozialen Revolution gleichkamen. An Sonn- und Feiertagen konnte die Familie in ihrem Wagen der Stadt entfliehen, das flache Land durchstreifen oder die Meeresküste aufsuchen. Das wiederum gab dem Bund und den Einzelstaaten Veranlassung, große Ausflugs- und Erholungsgelände zu schaffen. Im Gebirge, an Flüssen, Seen oder Ozeanküsten wurden landschaftlich schöne Gebietsstreifen ausgebaut. Stätten von historischer Bedeutung – alte Befestigungsanlagen, Schlachtplätze, Ruinen alter indianischer Kulturen – wurden unter Schutz gestellt und der Bevölkerung zugänglich gemacht. In den meisten Landparks und historischen Erinnerungsstätten fielen dem Personal des staatlichen Forst- und Bodenkulturdienstes auch erzieherische Aufgaben zu: Führungen wurden veranstaltet und die Bedeutung der landschaftlichen oder historischen Sehenswürdigkeiten dem Publikum nahegebracht. An den Autostraßen, auf denen der Verkehr immer dichter wurde, wuchsen neue Dienstleistungsgewerbe empor, die das motorisierte Publikum versorgten. Eine der Folgen der amerikanischen Autobesessenheit, namentlich in den zwanziger Jahren, war die nur langsame Entwicklung des Luftverkehrs. In dieser Beziehung blieben die Vereinigten Staaten hinter Europa zurück. Erst in den dreißiger Jahren begannen den Amerikanern die Möglichkeiten des Flugzeugs aufzudämmern.

	Automobile 1925		Luftverkehr 1925
	Personenwagen	Lastwagen	Flugkilometer
	(pro 1000 Einwohner)		(pro 1000 qkm)
Deutschland	3,4	1,7	4 430
Frankreich	11,1	6,1	8 156
Niederlande	—	—	24 440
Großbritannien	15,4	5,2	5 840
USA	154,6	21,8	388
UdSSR	—	—	21

Die Entstehung der gigantischen Automobilindustrie war nur der augenfälligste Ausdruck der wirtschaftlichen Expansion der zwanziger Jahre. Kühlschränke und Waschmaschinen wurden zum Normalzubehör der amerikanischen Wohnung, und die elektrotechnische Industrie sproß in die Höhe. Das Radio kam auf, Rundfunksendenetze umspannten gegen Ende des Jahrzehnts das ganze Land. Während die expandierende Wirtschaft eine wachsende Zahl von Kleinbetrieben ins Leben rief, schlossen sich Großunternehmungen zu immer größeren Gebilden zusammen. Der durch das wirtschaftliche Wachstum des ersten Nachkriegsjahrzehnts bedingte Wohlstand des Landes war aber auch der Nährboden für den in diesen Jahren sichtlich erstarkenden Isolationismus.

*

Als Massenhaltung entsprang der Isolationismus hauptsächlich dem nationalen Kraftbewußtsein, zu dem verschiedene Faktoren beitrugen. Die Vereinigten Staaten gehörten zu den Siegermächten des ersten Weltkrieges, und die Amerikaner waren sich dessen bewußt, daß sie wesentlich mitgeholfen hatten, die Mittelmächte zu besiegen. Weder im Norden noch im Süden des amerikanischen Kontinents drohten dem Land mächtige potentielle Feinde. Zwei weitgestreckte Ozeane schützten es vor etwaigen Angriffen aus Europa oder Asien. Sich unter diesen Umständen durch Bündnisse an europäische Mächte zu ketten und in die uralten Zwistigkeiten des fernen Kontinents hineinziehen zu lassen, hieße, so wurde gesagt, auf den Schutz der geographischen Lage zu verzichten, den die Vereinigten Staaten dem Atlantik verdankten. Im ersten Weltkrieg hatten über zwei Millionen Amerikaner auf den Schlachtfeldern Europas gekämpft, und die langen Verlustlisten waren nicht vergessen. Weit und breit waren die Bürger Amerikas entschlossen, das Unheil nicht noch einmal aufkommen zu lassen.

Genährt wurde diese Haltung dadurch, daß viele Illusionen zerflatterten. Die Berichte über Kriegsgreuel, die die Alliierten nach 1914 in Amerika geflissentlich verbreitet hatten, waren inzwischen als reichlich mit Fälschungen versetzt enthüllt worden. Zu einer ständigen Quelle des Ärgers waren, obgleich die Vereinigten Staaten erhebliche Nachlässe bewilligt hatten, die Kriegsschulden der Alliierten geworden. Das amerikanische Volk fand es empörend, von vielen Engländern und Franzosen als Shylock hingestellt zu werden. Im Kriege hatten gerade die Vereinigten Staaten keinerlei territorialen Gewinn erstrebt und erhalten. Es entging den Amerikanern indes nicht, daß sowohl Großbritannien als auch Frankreich den Krieg dazu benutzt hatten, ihre ohnehin ausgedehnten Imperien noch zu vergrößern. Das alles hatte zur Folge, daß sich der Krieg vielen Amerikanern nur noch als ein Glied in der Kette der Machtkämpfe darstellte, die seit der Entstehung der modernen Nationalstaaten nicht mehr abgerissen war. In einer solchen internationalen Welt, so meinte man, brauchten die Vereinigten Staaten keine Bundesgenossen. Der Historiker Charles A. Beard prägte das Wort von der »Offenen Tür zu Hause«: die große Chance winke Amerika nicht in überseeischen Abenteuern, sondern in der Pflege des eigenen Gartens daheim.

Der Isolationismus, in dem solche Gedanken und Haltungen zusammenflossen, war die Grundlage der amerikanischen Abrüstungspolitik, wie sie schon zu Beginn der Präsidentschaft Hardings formuliert wurde. Bestärkt wurden die Amerikaner in dieser Politik durch die potentiell gefährlichen Konsequenzen des englisch-japanischen Bündnisses. Japan war schon während des Krieges gegen China vorgestoßen und hatte darauf bestanden, die chinesische Schantung-Provinz zu besetzen und zu behalten. Im Westpazifik übte Japan im

Auftrag des Völkerbunds die Mandatsherrschaft über die vormals deutschen Inseln aus. Würde sich das Reich der aufgehenden Sonne an die Mandatsauflage halten und die Befestigung der Inseln unterlassen? Die Vereinigten Staaten hegten ernste Zweifel. Sie riefen zu einer Konferenz auf, die im November 1921 in Washington zusammentrat und zu der Großbritannien, Japan, Frankreich, Italien, die Niederlande, Belgien, Portugal und China Vertreter entsandten. Von Großbritannien wurde die Konferenzidee schon deswegen unterstützt, weil die Geltungsdauer des Bündnisvertrages mit Japan fast abgelaufen war und eine Entscheidung über Verlängerung oder Nichtverlängerung getroffen werden mußte.

An der Spitze der amerikanischen Delegation stand Außenminister Hughes, dem – anders als Wilson in Versailles – zwei einflußreiche Mitglieder des Senats, ein Republikaner und ein Demokrat, als Delegierte zur Seite standen. Gleich in der Eröffnungssitzung schuf Hughes mit seinem Vorschlag einer allumfassenden Flottenabrüstung eine elektrisch geladene Atmosphäre. Der Vorschlag war so radikal, daß er nicht als Ganzes auf Annahme rechnen konnte. Immerhin kam auf der Konferenz ein Fünfmächteabkommen zustande, in dem sich die Vereinigten Staaten, Großbritannien, Japan, Frankreich und Italien verpflichteten, ihre Bestände an Großkampfschiffen nach einem festgelegten Tonnageschlüssel – 5:5:3:1,75:1,75 – aufeinander abzustimmen und diese Stärkeproportionen nicht zu verletzen.

Hughes' Vorschlag, wonach die Rüstungsbeschränkung nicht bloß Großkampfschiffe, sondern auch alle anderen Schiffsklassen der Kriegsflotten erfassen sollte, beleuchtete einen wichtigen Aspekt der isolationistischen Vorstellungen der damaligen amerikanischen Politik. Nach Kriegsende hatten die Vereinigten Staaten die Friedensstärke ihrer Armee auf etwas über hunderttausend Mann, die dem entwaffneten Deutschland im Versailler Vertrag zugestandene Truppenstärke, reduziert. Der amerikanische Staat betrachtete als seine entscheidende Verteidigungswaffe die Kriegsflotte, und nach der in den zwanziger Jahren in Fachkreisen akzeptierten Auffassung war ein Seekrieg nur sinnvoll, wenn er in einer Entfernung von nicht mehr als fünfzehnhundert Seemeilen von den befestigten Flottenstützpunkten ausgefochten wurde. Den Vereinigten Staaten kam es daher entscheidend auf die Bestimmung des Fünfmächteabkommens an, wonach Inseln im Stillen Ozean (mit Ausnahme Hawaiis) nicht befestigt werden durften. Die von den führenden Seemächten übernommene Verpflichtung, ihre Flottenstärke zu reduzieren und auf die Errichtung von Flottenstützpunkten im Pazifik zu verzichten, verstärkte die Sicherheit der Vereinigten Staaten gewaltig. Die Beschränkung der Seerüstung war der amerikanische Ersatz für den Beitritt zum kollektiven Sicherheitssystem des Völkerbundes. Unter diesem Gesichtswinkel gesehen, war der Isolationismus in Wirklichkeit eine rein insulare Haltung: mit seinem Programm der internationalen Flottenabrüstung verfolgte er das ausschließliche Ziel, die relative Verteidigungsstärke eines ohnehin mächtigen Staates zu erhöhen.

Noch zwei weitere Vereinbarungen gingen aus den Washingtoner Verhandlungen hervor. In einem Viermächteabkommen verpflichteten sich die Vereinigten Staaten, Großbritannien, Japan und Frankreich, ihre Rechte im Pazifik gegenseitig zu respektieren und etwaige Streitigkeiten schiedsgerichtlich zu regeln. Ein von allen Konferenzteilnehmern unterzeichnetes Neunmächteabkommen verbürgte die politische Unabhängigkeit und territoriale Unantastbarkeit Chinas und proklamierte in Fragen des Handels mit China das Prinzip der Offenen Tür.

Eine zweite Flottenabrüstungskonferenz berief Präsident Coolidge 1927 nach Genf ein; er hoffte, die Abrüstungsvereinbarungen auf alle Kategorien von Kriegsschiffen ausdehnen zu können. Aber Frankreich und Italien nahmen an der Konferenz nicht teil, und sie brachte auch keinerlei nennenswerte Ergebnisse zustande. Im selben Jahr unterbreitete der französische Außenminister Aristide Briand den Vereinigten Staaten den Vorschlag eines Kriegsächtungspaktes. Bei seinem amerikanischen Kollegen Frank Kellogg erweckte der Vorschlag zunächst nur minimales Interesse; Kellogg trat erst in Aktion, nachdem sich in seinem Ministerium eine ganze Flut von zustimmenden Petitionen amerikanischer Bürger gestaut hatte. Am 27. August 1928 unterzeichneten fünfzehn Mächte – an der Spitze Großbritannien, Frankreich und die Vereinigten Staaten – den Pariser Pakt, der den Krieg »als Instrument der nationalen Politik« ächtete. Kellogg erklärte, erst der Druck der öffentlichen Meinung der Welt habe den Abschluß des Paktes ermöglicht. Indes wurde der Nutzen des Briand-Kellogg-Paktes, dem im Laufe der Zeit fast alle Staaten der Welt beitraten, von vielen bezweifelt; die Skeptiker sprachen ironisch vom »Frieden durch Beschwörung«.

Von Herbert Hoover, der Coolidge 1929 als Präsident folgte, wurde die Flottenabrüstungspolitik fortgeführt. Nachdem sich Hoover mit Englands Premierminister J. Ramsay MacDonald über eine Tagesordnung geeinigt hatte, sandte er Einladungen zu einer Konferenz in London für 1930 aus. Wieder nahmen Frankreich und Italien nicht teil. Indes einigten sich in London die beiden angelsächsischen Mächte auf absolute Parität auf allen Gebieten des Kriegsflottenbaus, und Japan stimmte nun auch verschiedenen Verteilungsschlüsseln für kleinere Schiffsklassen zu. Eine »gleitende« Klausel erlaubte die Überschreitung der festgelegten Kontingente, falls eine der vertragschließenden Mächte ihren Frieden und ihre Sicherheit durch das Flottenausbauprogramm einer am Abkommen nicht beteiligten Macht bedroht sah. So schien ein zweiter großer Schritt auf dem Weg zur Sicherung des Friedens gemacht zu sein; die daran geknüpften Hoffnungen lösten sich in nichts auf, als Japan wenige Jahre später vom Flottenabkommen zurücktrat.

Die Große Krise

Die Londoner Konferenz tagte einige Monate nach dem Börsenkrach vom Oktober 1929, der den Beginn der Großen Krise anzeigte. Bevor die Börsenkurse zusammengebrochen waren, hatten die Amerikaner fast ein volles Jahrzehnt die Freuden der Prosperität genossen. Aber die Ausweitung und Intensivierung der Wirtschaftstätigkeit war auch von einer wachsenden Spekulationslust des breitesten Publikums begleitet. Um die Mitte der zwanziger Jahre feierte die Grundstücksspekulation in Florida und in Südkalifornien wahre Orgien. Gegen Ende des Jahrzehnts hatten Spekulationskäufe die Kurse vieler Aktien weit über den Stand hinausgetrieben, den die Leistungsfähigkeit der Firmen hätte rechtfertigen können.

Trotz der allgemeinen Prosperität, die manchen Beobachtern als absolut krisensicher erschien, zeigten manche Bereiche des Wirtschaftslebens ihre Schattenseiten. Die Landwirtschaftskrise hatte fast im selben Augenblick eingesetzt, in dem der Krieg zu Ende gegangen war. In den Kriegsjahren, als ihre Erzeugnisse so wesentlich zum Lebensunterhalt der Bevölkerung in England und Frankreich beitrugen, hatten die Farmer im Überfluß gelebt. Mit dem Frieden war das Ende der außergewöhnlichen Kriegskonjunktur gekommen. Inzwischen produzierte aber die amerikanische Landwirtschaft mehr, als die amerikanische Bevölkerung verbrauchen konnte. Die Agrarpreise fielen. Das landwirtschaftliche Einkommen schrumpfte so zusammen, daß Farmer, die Schulden abzutragen hatten, in schwere Not gerieten. Ein niedriges Einkommen der Landbevölkerung bedeutete aber Schmälerung der Kaufkraft vor allem für langlebige, aber auch für andere Güter aus den mit Hochdruck arbeitenden Fabriken. Eine weitere Belastung für die Gesamtwirtschaft stellte die Arbeitslosigkeit dar. Rund zwei Millionen Menschen waren 1928 ohne Arbeit. Der rapide technische Fortschritt hatte manche alten Berufe überflüssig gemacht, und arbeitsparende Verfahren verdrängten in vielen Fällen die menschliche Arbeitskraft. Zwar schuf die wirtschaftliche Expansion neue Arbeitsplätze, aber auf vielen Teilgebieten brachten die technischen Veränderungen Nettoausfälle mit sich, von denen vor allem ältere Lohnempfänger betroffen wurden. Außerdem war die Industriearbeiterschaft zum größeren Teil unorganisiert. Wenn auch die Löhne in den Vereinigten Staaten höher waren als in allen anderen Industrieländern, kam die Marktposition der Arbeiter als Verbraucher bei weitem nicht an die gewichtige Position heran, die ihnen nach dem zweiten Weltkrieg zufallen sollte. Ein dritter negativer Faktor war die Rückwirkung der europäischen Nachkriegskrise auf die amerikanische Wirtschaft. Anderseits wurde die ökonomische Notlage in Europa durch den Zusammenbruch in den Vereinigten Staaten verschlimmert. Bei alledem sind sich die Fachleute trotz der besseren Sicht, die sich aus dem Abstand von über einem Vierteljahrhundert gewinnen läßt, über die genaue Ursache des Unheils, das 1929 begann, auch heute noch nicht einig.

Die Krise leitete einen grundlegenden Wandel in den Vorstellungen der Amerikaner über das Verhältnis von Staat und Wirtschaft ein. Außer in der Sphäre der Versorgungsbetriebe und der öffentlichen Verkehrsmittel war die amerikanische Wirtschaft im 19. und 20. Jahrhundert, wie erwähnt, mit einem Mindestmaß an staatlicher Regulierung groß geworden. Die staatliche Kontrolle der Wirtschaft, die Wilson im ersten Weltkrieg eingeführt hatte, wurde kurz nach Kriegsende aufgehoben. Auch noch in den zwanziger Jahren hielt sich der Oberste Gerichtshof an eine äußerst enge Auslegung der Verfassungsbestimmung, die die Zuständigkeit der bundesstaatlichen Regierung auf den Handelsverkehr zwischen den einzelnen Staaten der Republik ausdehnt; mit diesem »zwischenstaatlichen Verkehr« *(interstate commerce)* waren nach der Auffassung des Gerichts ausschließlich die Beförderungsleistungen der öffentlichen Verkehrsmittel gemeint. In diesem Sinne wurde ein Gesetz, das die zwischenstaatliche Beförderung von Erzeugnissen der Kinderarbeit untersagte, vom Obersten Gericht für verfassungswidrig erklärt; das Gesetz, meinten die Richter, wolle nicht die Beförderung von Gütern, sondern die Güterherstellung regulieren, und eine solche Befugnis stehe den bundesstaatlichen Organen nach der Verfassung nicht zu. Ins Wanken

Agrarnot in den Vereinigten Staaten: Versteppung in New Mexico. Landflucht der Farmer

Brotschlange. Radierung von Reginald Marsh, 1932

Speisung von Arbeitslosen in Detroit, 1930

geriet diese einengende Interpretation des *interstate commerce* erst Anfang der dreißiger Jahre, als die Verschärfung der Wirtschaftskrise allenthalben das Verlangen nach zentralen staatlichen Eingriffen wachrief.

Präsident Hoover war ein treuer Anhänger der freien Wirtschaft. Er glaubte fest, daß eine Industriewirtschaft, die so gewaltiger Produktionsleistungen fähig sei, wie sie im ersten Weltkrieg hätten erzielt werden können, auch über gewaltige innere Genesungskräfte verfügen müsse. Dennoch überzeugte ihn der zu Beginn der dreißiger Jahre rapid fortschreitende Wirtschaftsverfall von der Notwendigkeit des staatlichen Eingriffs. Auf Vorschlag des Präsidenten beschloß der Kongreß die Schaffung einer Bundesanstalt für die Finanzierung krisengeschädigter Betriebe, der Reconstruction Finance Corporation (RFC). Das aus Bundesmitteln aufzubringende Kapital der RFC sollte der Gewährung von Darlehen an notleidende Betriebe dienen. Hoovers Lösung des Problems der wachsenden Arbeitslosigkeit war eine Direkthilfe für die privaten Unternehmen, die die Arbeitsplätze schaffen. Darüber hinaus sorgte er für die Gewährung von Bundesdarlehen an die Einzelstaaten, die es ihnen ermöglichen sollten, Arbeitslose aus öffentlichen Mitteln zu unterstützen. Auf seine Initiative wurde ein umfassendes staatliches Arbeitsbeschaffungsprogramm aufgestellt. In seiner Amtszeit wurde von bundesstaatlichen Organen mehr gebaut als in den voraufgegangenen drei Jahrzehnten zusammen.

Hoovers Politik bedeutete eine radikale Umkehr im amerikanischen politischen Denken. Auch in früheren Zeiten hatte das Land unter Wirtschaftskrisen zu leiden gehabt, aber nie zuvor hatte die bundesstaatliche Regierung in den Ablauf des wirtschaftlichen Geschehens eingegriffen. Die Schaffung der RFC und die übrigen Hooverschen Maßnahmen waren insofern von historischer Bedeutung, als hier die bundesstaatliche Regierung zum erstenmal die Verantwortung für die Linderung der wirtschaftlichen Not und für die Wiederingangsetzung der darniederliegenden Wirtschaft auf sich nahm. In den amerikanischen Nöten sah Hoover allerdings nur eine Teilerscheinung der allgemeinen Krise der Weltwirtschaft; eine wirkliche Gesundung erwartete er von der Stabilisierung der Verhältnisse in der ganzen Welt. Um auch dazu beizutragen, gewährte er den europäischen Schuldnerländern der Vereinigten Staaten ein allgemeines Kriegsschuldenmoratorium.

New Deal

Zur Eindämmung des weiteren Niedergangs der Wirtschaft reichten die Maßnahmen der Hoover-Regierung nicht aus. Zahlungseinstellungen erfolgten nach wie vor in weitem Umkreis. Die Arbeitslosigkeit wuchs sich zu erschreckenden Proportionen aus. Die sinkenden Agrarpreise brachten zahlreiche Landgemeinden, insbesondere im Mississippi-Becken, an den Rand des Abgrunds. Natürlich gaben die Wähler der Regierung, die gerade im Amt war, die Schuld. Aus den Präsidentschaftswahlen vom November 1932 ging der Demokrat Franklin D. Roosevelt, der Gouverneur des Staates New York, mit großer Mehrheit als Sieger hervor. In seinen Wahlkampfreden hatte er immer wieder erklärt, daß der Ausplünderung des Volkes durch die Mächte der Wirtschaft Einhalt geboten, dem Volk eine andere, neue Behandlung, *new deal*, zuteil werden müsse.

Am 4. März 1933 übernahm Roosevelt das Amt des Präsidenten. Er ging unverzüglich daran, der neuen Politik, dem New Deal, feste Umrisse zu geben. In einer verzweifelt kritischen Situation nahm er für die Spitze der vollziehenden Gewalt eine führende Rolle in der Gesetzgebung in Anspruch, die noch viel weiter ging als die Rolle, die Wilson vor dem ersten Weltkrieg und in den Kriegsjahren beansprucht hatte. Der Führungsanspruch der Präsidentschaft, wie ihn Wilson und Roosevelt begründet hatten, war dann für ihre Nachfolger schon fast eine Selbstverständlichkeit: heute wird vom Chef der vollziehenden Gewalt von vornherein eine gesetzgeberische Initiative erwartet, auch wenn der Kongreß ihr nicht zu folgen braucht.

Den Wandel in den politischen Vorstellungen, der sich in der Hooverschen Politik angebahnt hatte, hat die Politik des New Deal wesentlich gefördert und um ein erhebliches Stück weitergetrieben. Besser als an einzelnen Gesetzen läßt sich das Neue an einer Gegenüberstellung der Zielsetzungen des New Deal mit dem tatsächlich Erreichten demonstrieren.

Das System der freien kapitalistischen Wirtschaft in ihrer amerikanischen Variante wurde vom New Deal beibehalten. Anfänglich war der Kongreß von der Vorstellung ausgegangen, daß es Sache der Wirtschaft sei, Wiederbelebungsmaßnahmen in Angriff zu nehmen: die Verbände der Wirtschaft sollten unter staatlicher Aufsicht die entsprechenden Beschlüsse fassen und auch selbst für ihre Durchführung sorgen, freilich wiederum unter der Kontrolle des Staates. Das in diesem Sinne aufgebaute Sanierungsprogramm erbrachte jedoch nicht die erhofften Resultate. Es wurde, nachdem auch noch der Oberste Gerichtshof das Sanierungsgesetz für verfassungswidrig erklärt hatte, fallengelassen. Der Staat griff nun auf die Antitrustgesetzgebung als Wirtschaftslenkungsinstrument zurück, ohne sich mit diesem einen Werkzeug zu begnügen. Die bloße Tatsache der Krise war Beweis genug, daß das Bundesreservesystem mit den ihm zur Verfügung stehenden Mitteln den Deflationsmechanismus der Krisenauslösung nicht abzustellen vermochte. Der ursprüngliche Aufbau des Bundesreservesystems hatte ja auch in der Tat der Sicherung der Elastizität der Währung, nicht wirtschaftspolitischen Zielen gegolten. Jetzt wies der Kongreß dem Bundesreserveamt die entscheidende Rolle bei der Überwachung und Lenkung des Kreditwesens zu. Darüber hinaus wurde in weitem Umfang in die Emissions- und Investitionspolitik der Privatwirtschaft eingegriffen. Der Börsenkrach von 1929 hatte mancherlei betrügerische Praktiken im Emissionsgeschäft und im Effektenhandel ans Tageslicht gebracht. Als Behörde mit halbrichterlichen Befugnissen wurde vom Kongreß nunmehr die Wertpapier- und Börsenkommission (Security and Exchange Commission, SEC) ins Leben gerufen, die die Effektenbörse beaufsichtigen und für die Einhaltung besonders strikter neuer Emissionsvorschriften für Aktien und Industrieobligationen sorgen sollte.

Auch die Politik des Wirtschaftsnationalismus wurde nicht aufgegeben. Die Roosevelt-Regierung machte keinerlei Anstrengungen, die bestehenden Schutzzölle aufzuheben. Im Gegenteil: da der Zollschutz infolge der Abwertung vieler Auslandswährungen unwirksam geworden war, entschloß sich Roosevelt, von der Goldwährung abzugehen und den Dollar um fast die Hälfte zu verbilligen. Damit sollten die Länder mit entwerteten Währungen (zum

Beispiel Japan mit seinem billigen Jen) gehindert werden, mit den im Dollargegenwert besonders niedrigen Exportpreisen die Schutzwirkung amerikanischer Wertzölle zunichte zu machen. Einer der Hauptpunkte der New-Deal-Politik war die Erhaltung einer ausgeglichenen Wirtschaftsstruktur mit gesicherter Landwirtschaft. Im Vergleich zum Ertrag der Industrie und des Handels erschienen Roosevelt und seinen Beratern die Verkaufserlöse der Landwirtschaft als viel zu niedrig. In der Hoffnung, daß sich bei verminderter Produktion höhere Preise würden erzielen lassen, wurden nun die landwirtschaftlichen Erzeuger unter Aufsicht des Landwirtschaftsministeriums angehalten, den Anbau bestimmter Getreidearten einzuschränken. Landwirten, die ihre Anbaufläche reduzierten, sicherte der Staat Zuschüsse zu, so daß sich das landwirtschaftliche Gesamteinkommen unmittelbar erhöhen mußte. Mit diesem Plan wurde eine Praxis der Subventionierung der Landwirtschaft in die Wege geleitet, die sich, wenn auch mit beträchtlichen Abweichungen vom allerersten Programm, bis auf den heutigen Tag behauptet hat. Bei dieser Art Landwirtschaftshilfe schwebte der Roosevelt-Regierung das Ziel vor, den kleinen Farmer, der seinen Betrieb als reinen Familienbetrieb ohne fremde Arbeitskräfte bewirtschaftet, als den vorherrschenden Typ des landwirtschaftlichen Unternehmers zu erhalten. Allerdings ist hier anzumerken, daß technischer Fortschritt und Anwendung wissenschaftlicher Erkenntnisse die Produktionskapazität der landwirtschaftlichen Betriebe zur Zeit des New Deal erheblich gesteigert hatten. Dank technischen und wissenschaftlichen Errungenschaften stieg die landwirtschaftliche Erzeugung so beträchtlich, daß die Bemühungen, die Produktion durch Einschränkung der Anbaufläche zu verringern, unwirksam blieben. Daß das Problem der unabsetzbaren agrarischen Produktionsüberschüsse auch nach der Ära des New Deal fortbestand, hatte seinen Grund zum Teil in weiteren Fortschritten der Technik und Wissenschaft.

Ein wesentlicher Bestandteil des New Deal war die Förderung der Interessen der Arbeitnehmer. Unbeschränkter Lohnabbau wurde durch ein Gesetz, das einen Mindeststundenlohn festsetzte, verhindert. Ein weiteres Gesetz schuf die Rechtsgrundlage für den kollektiven Tarifvertrag. Zur Regelung des Arbeitsverhältnisses und zur Überwachung der Beziehungen zwischen Betriebsleitungen und Gewerkschaften wurde eine Zentralbehörde mit weitgehenden administrativen und richterlichen Befugnissen (National Labor Relations Board) eingesetzt. Der Oberste Gerichtshof revidierte seine traditionell ablehnende Haltung und bestätigte die Verfassungsmäßigkeit des Gesetzes über die Regelung des Arbeitsverhältnisses (National Labor Relations Act).

Mit dieser Gesetzgebung wurde der gewerkschaftliche Zusammenschluß der Arbeitnehmer in Wirtschaftsbereichen, in denen bis dahin keine Gewerkschaften bestanden hatten, entscheidend gefördert. Um die Mitte der dreißiger Jahre entstanden nunmehr auch nach dem Industrieprinzip aufgebaute Gewerkschaften, die in jedem Industriezweig sämtliche Berufssparten und Arbeitnehmerkategorien zu erfassen suchen. Die meisten Mitglieder konnten bald die Industrieverbände der Kraftfahrzeugindustrie (United Automobile Workers) und der Eisen- und Stahlindustrie (United Steel Workers) aufweisen; sie eroberten auch besonders starke Machtpositionen. Die neuen Industrieverbände schufen eine neue Dachorganisation – Committee of Industrial Organizations (CIO), später Congress of

Industrial Organizations –, die ihren Platz neben der älteren AFL behauptete. (Nach dem zweiten Weltkrieg vereinigten sich die beiden Dachorganisationen zu einem einheitlichen Gewerkschaftsbund, AFL/CIO.) Auf tarifvertraglichem Wege konnten die mächtigen neuen Verbände beträchtliche Lohnerhöhungen durchsetzen. Höhere Löhne bewirkten, daß die Arbeitnehmer von nun an eine viel größere Rolle als Verbraucher landwirtschaftlicher und gewerblicher Erzeugnisse zu spielen vermochten. Diese Erhöhung der Kaufkraft der Arbeiter in Verbindung mit dem bereits erwähnten Kaufkraftzuwachs der Landwirtschaft trug dazu bei, der amerikanischen Wirtschaft Stabilität und Krisenfestigkeit zu verleihen.

Zugegebenermaßen war die Politik des New Deal eine Politik des Experimentierens. Auch ihre Maßnahmen zur Regulierung und Förderung der industriellen und landwirtschaftlichen Erzeugung betrachtete die Roosevelt-Regierung als Experimente, die sich zu bewähren hatten. Aber ihr neuartigstes und am Ende auch berühmtestes Experiment war der Versuch, das große Notstandsgebiet des Tennesseetales, ein Stromsystem von beachtlicher Ausdehnung, wirtschaftlich zu sanieren. Durch Bundesgesetz wurde als autonome Körperschaft, die keiner bundesstaatlichen Behörde unterstellt ist, die Tennesseetal-Behörde (Tennessee Valley Authority, TVA) geschaffen. Der TVA gelang die Wiederbelebung der dahinsiechenden Wirtschaft eines Gebietes von über hunderttausend Quadratkilometern, das zu acht verschiedenen Einzelstaaten gehört. Der Aktionsbereich der TVA umfaßt außer dem Tennessee auch sämtliche Nebenflüsse bis hinauf zu ihren Quellen; insgesamt hat die TVA neun Staudämme auf dem Tennessee selbst und fünfzehn auf den Nebenflüssen erbaut. Die Dämme haben Stromregulierung und Überschwemmungsbekämpfung erlaubt, große Wassermengen in Bewässerungsanlagen abgeleitet, den Tennessee auf weite Strecken bis zum Oberlauf schiffbar gemacht und in neuen Wasserkraftwerken die Erzeugung von so viel elektrischem Strom ermöglicht, daß im ganzen Tennesseetal die Elektrifizierung der Landwirtschaft und der Aufbau völlig neuer Industrien durchgeführt werden konnten. Daneben hat die TVA in Zusammenarbeit mit Bundes- und Einzelstaatsbehörden in der Forstbewirtschaftung und Aufforstung ebenso wie in der Sanierung und Neugestaltung der Landwirtschaft der ganzen Gegend Erhebliches geleistet. Der ständige Zustrom vieler ausländischer Besucher bezeugt seit Jahren den internationalen Ruf dieses sensationellsten Experiments des New Deal.

Neben der wirtschaftlichen Gesundung erstrebte die Politik des New Deal von Anfang an die soziale Sicherung des Einzelnen. Verschiedene Zweige der Sozialversicherung wurden von den Einzelstaaten und der bundesstaatlichen Regierung aufgebaut. Bundeszuschüsse ermöglichten den Einzelstaaten den Aufbau einer Arbeitslosenversicherung. Auf Bundesebene wurde zum erstenmal in der amerikanischen Geschichte eine allgemeine Altersversicherung geschaffen. Sicherungsvorkehrungen für erwerbsunfähige ältere Menschen waren vordringlich geworden, weil die Alterspyramide der amerikanischen Bevölkerung sichtbare Zeichen von Überalterung erkennen ließ. Vor 1914 hatte die Einwanderung große Scharen von Menschen in mittleren Jahren ins Land gebracht und den Anteil dieser Altersklassen stark erhöht; das war mit dem Ende der Masseneinwanderung anders geworden. Überdies hatte sich seit der Jahrhundertwende dank dem Ausbau der öffentlichen Hygiene, den Fortschritten der Medizin und der umfassenden Anwendung ernährungsphysiologischer Entdeckungen die Lebenserwartung um viele Jahre erhöht. In hohem Maße haben die Leistungen des New Deal auf dem Gebiete der sozialen Sicherheit zur Abschirmung der Unabhängigkeit der Einzelperson beigetragen.

Seit den Anfängen ihrer nationalen Geschichte hatten die Amerikaner den Staat als reine Zweckvorrichtung zu Nutz und Frommen des Bürgers betrachtet. Bis zu den dreißiger Jahren unseres Jahrhunderts billigten sie ihm im wesentlichen nur die Aufgaben der Aufrechterhaltung der Ordnung im Innern und des Schutzes vor äußeren Feinden zu. Zum erstenmal hat die Politik des New Deal ins amerikanische Denken und in die amerikanische Praxis den Wohlfahrtsstaat eingeführt. Die grundlegenden Vorkehrungen des New Deal sind zu Dauerbestandteilen des amerikanischen Staatsaufbaus geworden. Sie stellen einen Mittelweg dar zwischen *laissez-faire*-Politik und einem totalitären Sozialismus. Als die Amerikaner den Bereich der staatlichen Betätigung erweiterten, benutzten sie den Staat nicht zur Entmachtung und Vernichtung des Einzelnen, sondern dazu, die Unabhängigkeit des Individuums zu erhalten und zu bewahren. Sie haben den Kapitalismus in eine gemischte Wirtschaft verwandelt, die man billigerweise als Ökonomie der allgemeinen Wohlfahrt bezeichnen sollte. In ihr verflicht sich die Tätigkeit der Privatwirtschaft mit der des Wohlfahrtsstaates. Sie ist weder im klassischen Sinne »kapitalistisch« noch ist sie »sozialistisch«. Sie vereint die Bereitschaft, in erster Linie auf die individuelle Initiative zu bauen, mit organisierter Kollektivaktion und, falls erforderlich, staatlicher Initiative zur Erreichung konkreter gesellschaftlicher Ziele.

Zu Beginn der Präsidentschaft Franklin D. Roosevelts wurde von eigens zu diesem Zweck gewählten verfassungsändernden Versammlungen in drei Vierteln der Gliedstaaten der Republik der Einundzwanzigste Zusatzartikel zur Verfassung genehmigt. Er enthielt nichts anderes als die Außerkraftsetzung des Achtzehnten Zusatzartikels, der Herstellung, Verkauf und Beförderung alkoholischer Getränke untersagte. Das Verbot, das in der affektgeladenen Atmosphäre der Kriegszeit zustande gekommen war, entsprach offensichtlich nicht dem allgemeinen Bewußtsein, namentlich den Vorstellungen der Menschen in den rapid anschwellenden Großstädten. Die Durchführung des Volstead-Gesetzes hatte sich mit der Zeit als immer schwieriger erwiesen, und gegen Ende der zwanziger Jahre war die Umgehung und Mißachtung des Gesetzes zur allgemeinen Praxis geworden, an der sich auch exemplarisch gesetzestreue Staatsbürger ausgiebig beteiligten. Vor allem in den Städten wuchs ununterbrochen der Handel mit geschmuggeltem Alkohol. Organisierte Verbrecherbanden hatten sich dieses Geschäftszweigs bemächtigt und kassierten phantastische Gewinne. Der Konkurrenzkampf der einzelnen Banden um den Anteil an diesem lukrativen Geschäft artete verschiedentlich zu regelrechten Bandenkriegen aus, die nicht nur die Unterwelt in Spannung hielten. Das große Kapital, das die organisierten Gangster zusammenscharrten, vermehrte ihre Macht so gewaltig, daß das normale Funktionieren der Wirtschaft und die Aufrechterhaltung der demokratischen Lebensformen im politischen Geschehen bedroht waren. Der Einundzwanzigste Zusatzartikel zur Verfassung ergab sich zwangsläufig aus der zu Beginn der dreißiger Jahre im ganzen Lande verbreiteten Überzeugung, daß die durch den Achtzehnten Zusatzartikel verursachten Übelstände die wenigen Vorzüge dieses Reformversuchs längst überschattet hatten.

Abwehr der totalitären Mächte

Nach dem ersten Weltkrieg hatten die Amerikaner Gelegenheit, den Aufstieg dreier verschiedener Erscheinungsformen des totalitären Systems in Europa zu verfolgen: des Kommunismus in der Sowjetunion, des Faschismus in Italien und in den dreißiger Jahren des Nationalsozialismus in Deutschland. In den zwanziger Jahren war in Amerika die Kommunistische Partei der Vereinigten Staaten entstanden, die ihre Tätigkeit in den durch die eiserne Disziplin der Komintern vorgeschriebenen Bahnen entfaltete. Zahlenmäßige Bedeutung hat sie nie erlangen können. Aber die schwere Notlage, die die Bevölkerung Amerikas zu Beginn der dreißiger Jahre befallen hatte, förderte das Wachstum der Partei und führte ihr manche, wenn auch nicht allzu viele, idealistische Intellektuelle zu. Zur selben Zeit drang die Kommunistische Partei ziemlich rasch in die neuen Industriegewerkschaften ein. Außerdem vermehrte sie ihren Einfluß mit Hilfe einer Anzahl von Tarnorganisationen. Sie versuchte, einen Kreuzzug gegen den Faschismus zu organisieren, und konnte auch aus der in Amerika zur Zeit des spanischen Bürgerkrieges recht starken antifaschistischen Stimmung Kapital schlagen. Schwere Verluste an Mitgliedern und Anhängern erlitt die Kommunistische Partei im Gefolge der Enttäuschung, die der Abschluß des Hitler-Stalin-Paktes im Herbst 1939 auslöste. Jetzt kehrten ihr viele den Rücken, die durch die auf den Kopf gestellten Argumente und die Gepflogenheit, die totalitäre Realität hinter den mißverstandenen Begriffen »Demokratie« und »Republik« zu verbergen, getäuscht worden waren.

Im allgemeinen sahen die Amerikaner in den dreißiger Jahren eine unmittelbare Gefahr viel eher im Faschismus als im Kommunismus. Mussolinis unverhüllte Vorbereitungen zur Eroberung Abessiniens um die Mitte des Jahrzehnts gaben Anlaß zu ernsten Befürchtungen. Nervös wurden insbesondere die amerikanischen Isolationisten; sie erinnerten nachdrücklich daran, daß Amerikas beharrliches Festhalten an der Freiheit der Meere im Interesse des Handelsverkehrs im Jahre 1917 damit geendet hatte, daß amerikanische Handelsschiffe von deutschen U-Booten angegriffen und die Vereinigten Staaten auf diese Weise in den ersten Weltkrieg hineingezogen wurden. Um im Falle eines italienischen Vorstoßes gegen Abessinien eine ähnliche Situation in den Mittelmeergewässern zu vermeiden, setzten die Isolationisten im Kongreß ein Neutralitätsgesetz durch. Danach mußte bei Ausbruch eines Krieges jegliche amerikanische Lieferung von Rüstungen und Kriegsmaterial an die kriegführenden Mächte mit sofortiger Wirkung unterbunden werden, und der Präsident wurde darüber hinaus ermächtigt, amerikanischen Staatsangehörigen das Reisen auf Schiffen kriegführender Mächte zu verbieten und amerikanische Gewässer für deren Unterseeboote zu sperren.

Dem tatsächlichen Angriff Mussolinis auf Abessinien im Jahre 1935 folgten rasch hintereinander mehrere außenpolitische Vorstöße des Hitlerschen Reiches. Im Jahre 1937 begann Japan seine Offensive gegen China. Dem Völkerbund war es nicht gelungen, dem Vorgehen auch nur einer der drei Aggressormächte Einhalt zu gebieten. Da entschloß sich Präsident Roosevelt zu einem Appell an das amerikanische Volk. In einer am 5. Oktober 1937 in Chikago gehaltenen Rede forderte er die Amerikaner auf, künftighin auf den vergeblichen

Versuch zu verzichten, sich mit Hilfe der isolationistischen Politik aus Kriegen herauszuhalten. Er verhehlte nicht die schweren Besorgnisse, die das ständige Trommelfeuer der Nazipropaganda gegen die Demokratie ihm und anderen Amerikanern einflößte; dieser psychologische Feldzug, der in dem Maße an Durchschlagskraft gewann, wie Hitlers Macht mit der Wiederbewaffnung Deutschlands und den erfolgreichen deutschen Aggressionsversuchen erstarkte, konnte nicht mehr ignoriert werden. Weder Neutralität noch Isolierung, erklärte Roosevelt in Chikago, könne den Vereinigten Staaten einen Schutz vor der »Epidemie der Gesetzlosigkeit in der Welt« gewähren. Der Krieg sei im Begriff, zu einer seuchenartigen Infektion zu werden, und seine Ausbreitung könne nur durch Verhängung einer »Quarantäne« gegen die Angreifer aufgehalten werden.

Der Präsident der Vereinigten Staaten wußte sehr wohl, daß er den Stimmungen des amerikanischen Volkes vorauseilte. Aber er hatte einen treffsicheren Schlag geführt. Die Quarantänerede von 1937 bezeichnete den Beginn einer grundlegenden Wendung in den auswärtigen Beziehungen der Vereinigten Staaten. Daß diese Wendung ganz vollzogen wurde, hat nicht zuletzt ein besonderer Faktor bewirkt. Seit Charles A. Lindbergh 1927 seinen Alleinflug über den Atlantik ohne Zwischenlandung vollbracht hatte, wurde die Bedeutung des Flugzeugs von den Regierungsstellen, die die amerikanische Verteidigungspolitik zu planen hatten, mit immer größerem Nachdruck hervorgehoben. Um 1937 war die Luftwaffe der größeren Mächte so weit ausgebaut, daß sie die Bedeutung der Ozeane als Schutzbarrieren der Vereinigten Staaten zunichte machte. Die strategischen Voraussetzungen des Isolationismus bestanden nicht mehr. Aus der Perspektive gesehen, die sich dem Betrachter um die Mitte des 20. Jahrhunderts aufdrängt, erscheint Roosevelts Quarantänerede als die Vorwegnahme einer neuen Politik für ein neues Zeitalter.

Schöpferisches Amerika

Die Zeit zwischen den Weltkriegen hat große schöpferische Leistungen auf dem Gebiete der wirtschaftlichen und politischen Neugestaltung zutage gefördert. Dieselbe schöpferische Kraft offenbarte sich im kulturellen Schaffen des amerikanischen Volkes. Die Universitäten wuchsen zur Reife empor. Mit ihren Bibliotheks- und Laboratoriumseinrichtungen, mit der allgemeinen und beruflichen Ausbildung der Studierenden und mit ihren wissenschaftlichen Leistungen holten einige der besten amerikanischen Universitäten die bedeutendsten Hochschulen der Alten Welt ein. Universitätsverlage brachten in zunehmender Zahl Bücher heraus, die auf rein geschäftlicher Basis nicht hätten verlegt werden können. Durch Berufung von Gelehrten, die aus dem Rußland der Kommunisten, dem Italien der Faschisten und dem Deutschland der Nazis vertrieben worden waren, wurden hochstehende Lehrkörper noch leistungsfähiger gemacht. Kritische Literaturbetrachtung fand im Universitätsbetrieb nicht minder mächtige Antriebe als naturwissenschaftliche und sozialwissenschaftliche Disziplinen.

Eine literarische Bewegung, die am Ausgang des 19. Jahrhunderts den ersten Anlauf genommen hatte, entfaltete sich nach dem ersten Weltkrieg zur höchsten Blüte. Die Romane Theodore Dreisers, Ernest Hemingways, Thomas Wolfes und William Faulkners, die Dichtung Robert Frosts, T. S. Eliots und Ezra Pounds und die Bühnenwerke Eugene O'Neills spiegelten nicht nur das vielschichtige und vielgestaltige Leben und Denken der amerikanischen Republik wider; sie ebneten auch die Wege zu neuen literarischen Formen. Dabei waren sie nur die symbolhaft bedeutsameren unter großen Scharen von Schriftstellern. Mit ihrer Gestaltungskraft und ihren schöpferischen Neuerungen machte die amerikanische Literatur dieser Periode einen tiefen Eindruck auf die Welt des Britischen Commonwealth und das nichttotalitäre Europa. Eliot und Pound schlugen, wie Henry James vor ihnen, ihre Zelte im Ausland auf. Hemingway und manche seiner Generationsgenossen atmeten in Frankreich den Geist Gertrude Steins ein. Diese zweite große Blütezeit der amerikanischen Literatur (die erste hatte die vierziger und fünfziger Jahre des 19. Jahrhunderts belebt) sprengte den nationalen Rahmen. Sie war – zum Teil unter dem Einfluß literarischer Strömungen der Alten Welt – im wahrsten Sinne kosmopolitisch; das bewahrte sie vor dem Schicksal einer isolierten nationalen Erscheinung und machte sie zu einem bedeutenden Bestandteil der Literatur der abendländischen Kultur.

In der Baukunst Amerikas begann das 20. Jahrhundert mit Architekten, die noch traditionellen Formen, namentlich dem Klassizismus und der Gotik, verhaftet waren. Aber schon an der Schwelle des Jahrhunderts konnten die traditionellen Formen die Dynamik der amerikanischen Gesellschaft nicht mehr ganz bändigen. Louis Sullivan mit seinem revolutionierenden Bekenntnis »Die Form folgt dem sachlichen Zweck« war der Wegbereiter des Wolkenkratzers, der mit der Zeit beinahe zum Sinnbild Amerikas werden sollte. Frank Lloyd Wright, ein Schüler Sullivans, ließ sich nicht nur von keiner Tradition beherrschen, sondern bekannte sich auch zur Ausdrucksformung durch den zweckbedingten Baustoff, zur Anpassung des Bauwerks an seine natürliche Umgebung, zur neuen Großzügigkeit in der Raumverwendung, zur Unzertrennlichkeit der Beziehung von Form und Zweck. In den Jahren nach dem ersten Weltkrieg in Amerika kaum beachtet, hinterließ Wright seine ersten tiefen Spuren in Europa. Von Europa wirkte sein Einfluß zurück. Noch zu Lebzeiten dieses Propheten der modernen Baukunst schlugen jüngere Menschen, darunter mancher Einwanderer aus der Alten Welt, neue Richtungen ein. Um die Mitte des Jahrhunderts strahlte amerikanisches Bauen einen Freiheitsgeist, einen Neuerungswillen und eine Variationsfülle aus, die ganz der dynamischen Kraft der Nation entsprach.

Auch das Werden der schönen Künste war eine Geschichte des Wandels und Wachstums. Einen großen Anteil an der Entwicklung des Kunstverständnisses und des Kunstsinns hatten die Museen. Bedeutende Kunstmuseen – so das Metropolitan Museum of Art in New York – waren schon im 19. Jahrhundert entstanden. In großer Zahl haben sich seit 1900 die Museen vermehrt. Der Reichtum des Landes gab die Mittel zur Hand, bedeutende Bestände aus dem Kunsterbe nicht nur des Abendlandes, sondern auch Asiens zu erwerben. Wenn auch noch manche dieser Kunstschätze um die Mitte des Jahrhunderts in den Händen privater Sammler blieben, war der übergroße Teil der importierten Schätze dem Publikum zugänglich. Auch der Geschichte der Kunst in den Vereinigten Staaten konnte man in den

Hauptlesesaal der Public Library in New York

»Porgy and Bess«
Szene aus der Erstaufführung der Negeroper von George Gershwin in New York, 1935

Museen nachspüren. Jahr um Jahr zogen Millionen von Menschen in die Museen, um sich die ständigen Sammlungen anzuschauen und die in großer Anzahl von den Museumsleitungen organisierten Sonderausstellungen zu besichtigen.

Hand in Hand mit dem Ausbau der Museen entwickelte sich der Kunstunterricht in den Schulen. Er setzte sich sowohl in der Grundschule als auch in der höheren Schule durch. Berufsbildende Lehranstalten für Maler, Bildhauer, Zeichner und Graphiker fanden den ihnen gebührenden Platz im Erziehungssystem. In den Lehrplänen der geisteswissenschaftlichen Colleges erwarb im 20. Jahrhundert das Fach Kunstgeschichte einen hohen Rang. Die Kunsthistoriker der Colleges erlangten Ruf und Anerkennung durch wissenschaftliche Veröffentlichungen zur Kunstgeschichte Europas, der Vereinigten Staaten und Lateinamerikas.

Skulptur und Malerei erlebten im 20. Jahrhundert eine ähnliche Blüte. Die traditionelle gegenstandsgebundene Kunst blieb noch dabei, die amerikanische Szenerie, das Leben und Sehnen Amerikas darzustellen. Hervorragende Leistungen steuerte auf dem Gebiet der gegenständlichen Kunst die Photographie bei. Aus dem Bedürfnis, neue Formen des Schönen zu entdecken und zu schaffen, ließ eine wachsende Schar von Bildhauern und Malern die Tradition hinter sich und stieß in Neuland vor. Die »moderne Kunst« im zweiten Drittel des 20. Jahrhunderts vertrat auf ihre Art recht sinnfällig Amerikas in Freiheit tätige Schaffenskraft.

Die Geschichte der Musik ging verwandte Wege. Um die Mitte des 19. Jahrhunderts gegründet, haben einzelne Pionierorchester eine Bewegung entfacht, die im Laufe der Zeit dafür sorgte, daß jede bedeutendere amerikanische Stadt ihr ausgebildetes Orchester erhielt. Mit Hilfe solcher und ähnlicher organisatorischer Formen haben es die Amerikaner zu hervorragenden Musikdarbietungen gebracht. Zu gleicher Zeit kam aus den verschiedensten Gegenden des Landes eine einheimische Musik – Jazz, Blues, Swing –, ursprünglich das Werk der Neger, die im 19. Jahrhundert die volkstümliche Musik Amerikas um die Spirituals bereicherten. Berufsbildende Musikschulen bildeten in künstlerischen Fächern Musiker aus und erteilten Unterricht in der Kompositionslehre. Ihnen ist zu verdanken, daß neben der Volksmusik eine durchkomponierte Kunstmusik entstand, in der Tradition und Neuerung miteinander verschmolzen. Einheimische Musik drang ins Theater ein und schuf Opern wie »Porgy and Bess« und Musicals wie »Oklahoma« und »My Fair Lady«. Massen von Schallplatten brachten Musik – populäre und klassische Musik – in unzählige amerikanische Familien.

In diesem 20. Jahrhundert, das im Zeichen von Wachstum, Wandel und Krieg steht, war die Kunst dem amerikanischen Volk in einem nie dagewesenen Maße Ausdrucksmittel. Die Massenmedien brachten die Kunst vor ein gigantisches Auditorium. Im veränderlichen Amerika der Übergänge, in dessen Menschen viele ethnische Komponenten zusammenfließen und wo die Grenzen der Gesellschaftsklassen unbestimmt sind, fand eine Kunst, die die Gefühle und den Geschmack der Volksmassen ausdrückte, ihre Gestalt in der Musik, im Kino und später im Unterhaltungsprogramm des Fernsehens. Diese Volkskunst behauptete ihren Platz neben der aus der künstlerischen Tradition des Abendlandes schöpfenden Elitekunst. Aber die beiden Kunstsphären prallten ebensowenig aufeinander wie die

Gesellschaftsklassen. Parteigänger der Elitekunst hatten ihre Freude an den Musicals und verfolgten interessiert die Lebensbetrachtungen der Comics-Serien in der Tagespresse. Die sogenannten Massen besuchten in großen Scharen die Museen der traditionellen und der modernen Kunst und unterstützten als Zuhörer und Geldspender die kleinen Orchester ihrer vielen Schulen und die großen Orchester ihrer Stadt. Eine neue Veranstaltungsform machte ihr Debüt: das Kunstfest unter freiem Himmel, in dessen Rahmen Musikdarbietungen in städtischen Anlagen organisiert und Kunstgegenstände aller Art in Zelten ausgestellt werden. Das Ineinanderfließen des Kunstappells an die Elite und des Kunstappells an die große Masse schuf ein eigenartiges Nebeneinander von höchster schöpferischer Gestaltung und mittelmäßiger reproduktiver Darbietung. Doch der bedeutsamste Aspekt des zweiten Drittels des Jahrhunderts zeigte sich darin, daß die Amerikaner nicht nur Kunstwerke sahen und hörten, sondern auch mehr denn je vorher in der amerikanischen Geschichte als Amateure oder als Berufskünstler – Maler, Bildhauer, Schauspieler, Kunstgewerbler und Musiker – die Künste ausübten.

Hans W. Gatzke

EUROPA UND DER VÖLKERBUND

Die zwanziger Jahre in Europa liegen noch so sehr im Schatten des ersten Weltkrieges, daß manche Historiker von einem »verlängerten Waffenstillstand« sprechen. Die Zeit hatte gewiß wenig gemein mit den »Roaring Twenties« in den Vereinigten Staaten, an deren Glanz und Sicherheit viele Amerikaner noch heute mit einer gewissen Nostalgie zurückdenken. Die Jahre nach 1918 in Europa waren Jahre der Armut und Unsicherheit. Wer sie jedoch einfach als Fortsetzung des Krieges mit anderen Mitteln betrachtet, übersieht die in dieser Zeit schlummernden positiven Möglichkeiten und Alternativen und ist versucht, den zweiten Weltkrieg als unvermeidliche Folge des ersten anzusehen.

Alle großen Kriege hinterlassen ihren Einfluß bis weit in die Nachkriegszeit hinein, und der erste Weltkrieg ist hier keine Ausnahme. Gemessen an seinen verheerenden Wirkungen ist es jedoch erstaunlich, wie schnell Europa wieder eine gewisse Stabilität erreichte. Der geduldigen Arbeit einer Handvoll von Staatsmännern gelang es in der zweiten Hälfte der zwanziger Jahre, das politische und wirtschaftliche Leben des Kontinents aus den Wirren der ersten Nachkriegsjahre wieder in ruhigere und gesichertere Bahnen zu lenken. Heute wissen wir, daß es sich bei dieser »Normalisierung« Europas um eine vorübergehende Scheinblüte handelte und daß insbesondere die wirtschaftliche Wiedergesundung zu sehr auf ungewissen außereuropäischen Faktoren beruhte, um der 1929 einsetzenden Weltwirtschaftskrise widerstehen zu können. Trotzdem wäre es falsch, unter dem Eindruck späterer Ereignisse nur die negativen Seiten dieser entscheidenden Jahre zu sehen. Besonders auf geistigem und künstlerischem Gebiet wirkte die Auseinandersetzung mit neuen Problemen und das Experimentieren mit zeitgemäßen Ausdrucksformen belebend und bereichernd. Die Ungewißheit und Unsicherheit der Nachkriegsjahre unterschieden sich in diesen Bereichen oft wohltuend von der allwissenden Selbstgefälligkeit der Zeit vor 1914.

Die Hauptprobleme der europäischen Nachkriegspolitik

In der Rückschau erscheint der erste Weltkrieg heute als großer Wendepunkt, als Beginn einer geschichtlichen Entwicklung, die das Ende der europäischen Vormachtstellung in der Welt zur Folge haben sollte. Dieser allmähliche Niedergang Europas wurde durch die

Friedensverträge nur noch weiter gefördert. Das in ihnen angeblich verwirklichte Ideal der politischen Selbstbestimmung, das besonders in Mitteleuropa zu weitgehenden politischen Veränderungen führte, war im Grunde nur der letzte Ausdruck eines Nationalismus, der seinen friedensstörenden Einfluß bereits vor 1914 bewiesen hatte. Nicht nur die Einseitigkeit des Selbstbestimmungsrechtes, das heißt seine Nichtbeachtung in vielen Fällen zum Nachteil der besiegten Mächte, sondern die Anwendung dieses Prinzips selbst sollte schwerwiegende Folgen haben. Die politische Zersplitterung Mitteleuropas brachte nicht nur wirtschaftliche Nachteile, das nationalistische Gebaren der Nachfolgestaaten, gepaart mit militärischer Schwäche, wirkte auch als eine ständige Herausforderung auf ihre stärkeren Nachbarn. Wer für diese und andere Nachteile der Friedensverträge die Staatsmänner der Westmächte allein verantwortlich zu machen sucht, vergißt, daß der Friede, den sie in langen Verhandlungen erarbeitet hatten, im allgemeinen den Wünschen der von ihnen vertretenen Völker entsprach. Ein auf dem Gedanken des internationalen Ausgleichs basierender Verständigungsfriede wäre sicherlich auf Widerstand gestoßen.

Daß die besiegten Völker, besonders Deutschland, die ihnen auferlegten Verträge als zu hart empfanden, ist verständlich. Der Hinweis darauf, daß ein deutscher »Siegfriede« sich kaum an Härte von dem Versailler »Diktat« unterschieden hätte, ist berechtigt. Doch darf andererseits auch die von der Mehrheit des deutschen Volkes während der letzten Kriegsjahre häufig bezeigte Bereitschaft zu einem Verständigungsfrieden nicht übersehen werden. Deutschland verurteilte den Frieden von Versailles jedoch nicht nur als zu hart, sondern auch als ungerecht und unnötig. Ungerecht, weil er gegen die vierzehn Punkte des Präsidenten Wilson verstieß, und unnötig, weil sich die Mehrheit des deutschen Volkes der totalen Niederlage nicht bewußt war. Das durch die berüchtigte »Dolchstoßlegende« geförderte Märchen von dem im Felde unbesiegten deutschen Heere machte vielen Deutschen eine realistische Beurteilung der Lage unmöglich. Der Widerstand gegen die Erfüllung des Friedensvertrages wurde Hauptaufgabe der deutschen Nachkriegspolitik.

Die europäische Außenpolitik der Nachkriegszeit wurde so weitgehend von Auseinandersetzungen über die Friedensverträge beherrscht. Die hierdurch hervorgerufenen Krisen trugen dazu bei, die nationalen Leidenschaften noch über das während des Krieges erreichte Maß zu steigern. Die von den Besiegten erlittenen Demütigungen fanden ihre Kompensation in einem übertriebenen Nationalstolz, während die von den Mittelmächten erstrebte Revision der Friedensverträge den nationalen Widerstand der Siegerstaaten herausforderte. Dieses allgemeine Anschwellen des Nationalismus erschwerte nicht nur die Lösung außenpolitischer Fragen, sondern es störte auch die innere Entwicklung besonders derjenigen Staaten, deren demokratische Regierungen den Angriffen totalitärer Parteien ausgesetzt waren. Sowohl der Faschismus wie der Nationalsozialismus waren sich des Propagandawerts eines durch rassische Ideologien radikalisierten Nationalismus bewußt. Aber auch in den Nachfolgestaaten, besonders in Polen und der Tschechoslowakei, vergiftete der Nationalismus die Beziehungen zwischen den in diesen Ländern lebenden Völkergruppen. Das Problem der nationalen Minderheiten, schon in der Vergangenheit eine Quelle dauernder Reibungen, wurde durch das Selbstbestimmungsrecht keineswegs aus der Welt geschafft.

Im Wettstreit mit dem steigenden Einfluß des Nationalismus konnten die ihm entgegenwirkenden Tendenzen sich kaum durchsetzen. Die internationale Friedensbewegung blieb, wie in der Vorkriegszeit, auf wenige Idealisten beschränkt. Literarische Werke pazifistischer Haltung konnten nur in wenigen Fällen – wie etwa Remarques Roman »Im Westen nichts Neues« – mit der militaristischen Literatur konkurrieren. Der vor 1914 so vielversprechende Kontakt zwischen den in der Zweiten Internationale vereinigten sozialistischen Parteien hatte durch den Weltkrieg einen entscheidenden Stoß erlitten. Die im März 1919 von Lenin und Sinowjew gegründete Dritte, kommunistische Internationale andererseits, konnte mit ihren Weltrevolutionsplänen kaum als Verfechter internationaler Zusammenarbeit gelten. Der russische Kommunismus mit seinem Appell an die internationale Solidarität des Proletariats gab sich äußerlich zwar durchaus antinationalistisch. Indem er sich jedoch in die inneren Angelegenheiten anderer Völker mischte, förderte er nicht nur die nationalen Interessen der Sowjetunion, sondern leistete auch indirekt der nationalistischen Agitation der Rechtsparteien in den westlichen Staaten Vorschub, die sich als Bollwerk gegen den Bolschewismus ausgaben. Von Rußland unterstützt, konnten schon vor 1920 kommunistische Regierungen in Bayern unter Kurt Eisner und in Ungarn unter Béla Kun auf kurze Zeit Fuß fassen. Rußland förderte später noch weitere Umsturzversuche, besonders in Deutschland. Die dadurch erweckte Furcht vor dem Kommunismus brachte ein neues und beunruhigendes Element in die europäische Politik.

Die Dreiteilung des Kontinents in Sieger, Besiegte und die Sowjetunion war die Ursache fortgesetzter internationaler Störungen und eine ständige Bedrohung des europäischen Friedens. Um dieser Situation abzuhelfen, hatten die alliierten Politiker, unter der Führung des Präsidenten Wilson, während der Friedensverhandlungen die übernationale Institution des Völkerbundes geschaffen. Hier war eine Neuschöpfung in der europäischen Geschichte entstanden, ein Parlament der Nationen, in dessen Gremium nationale Gegensätze und internationale Probleme nicht nur Europas, sondern der ganzen Welt auf dem Verhandlungswege ausgeglichen und gelöst werden sollten. So wenigstens hatten sich die Urheber des Völkerbundes seine Aufgaben vorgestellt. Die Wirklichkeit sah sehr bald anders aus. Als die erste Vollversammlung des Völkerbundes am 15. November 1920 in Genf zusammentrat, fehlten unter den Großmächten nicht nur Deutschland und Rußland, sondern auch die Vereinigten Staaten. Deutschland wurde erst 1926 aufgenommen, die Sowjetunion acht Jahre später, und Amerika verharrte bis zuletzt in seiner Isolierung. Die Politik des Völkerbundes wurde so in seinen ersten Jahren fast ausschließlich von den Siegermächten bestimmt. Die Abwesenheit Amerikas war dabei besonders bedauerlich, weil diese außereuropäische Weltmacht in vielen europäischen Fragen die natürliche Rolle eines unvoreingenommenen Schiedsrichters hätte übernehmen können.

Der Völkerbund litt, wie wir sehen werden, noch an vielen anderen Schwächen. Er war weniger ein Weltbund der Völker als eine Konferenz der europäischen Großmächte, die ihre nationalen Interessen verfolgten und versuchten, den Völkerbund ihrer eigenen Politik dienstbar zu machen. Frankreich hoffte, ihn aus Gründen nationaler Sicherheit für die Erhaltung des in den Friedensverträgen errichteten Status quo einzuspannen, während Deutschland das genaue Gegenteil, nämlich die Revision der Friedensverträge, von ihm erwartete. Englands Politik lag zwischen diesen beiden Extremen. Stark an der wirtschaftlichen Wiedergesundung Deutschlands interessiert, brachte es den deutschen Revisionswünschen ein gewisses Verständnis entgegen. Gleichzeitig jedoch weigerte es sich, dem französischen Sicherheitsbedürfnis entweder durch eine weitere Stärkung des Völkerbundes oder durch den Abschluß eines englisch-französischen Bündnisses Rechnung zu tragen. Die übernationale Idee des Völkerbundes geriet so in Konflikt mit den nationalen Vorbehalten seiner Mitglieder, die sich weigerten, dieser Idee auch nur einen Bruchteil ihrer Souveränität zu opfern. Nur in Fragen, die nicht unmittelbar das Lebensinteresse der Großmächte berührten, war der Völkerbund einigermaßen erfolgreich.

Die Hauptprobleme der Nachkriegszeit waren jedoch nicht sosehr politischer als vielmehr wirtschaftlicher Natur. Sie lagen daher, besonders da die Vereinigten Staaten bei der Lösung von Wirtschaftsfragen eine entscheidende Rolle spielten, außerhalb des Völkerbundsbereiches. Natürlich lassen sich die politischen und wirtschaftlichen Folgen des Krieges nicht scharf voneinander trennen, sondern sie standen in Wechselwirkung zueinander. So hatten zum Beispiel die Teilnehmer der Friedenskonferenz in ihrem Bestreben, die politischen Mängel der Vorkriegszeit zu korrigieren, oft die wirtschaftlichen Folgen territorialer Neuordnungen übersehen. Und auch die rein wirtschaftlichen Bestimmungen der Friedensverträge waren unpraktisch genug. Bereits während der Verhandlungen in Paris hatte das der britische Nationalökonom John Maynard Keynes kritisiert. Sein 1919 erschienenes Buch, »The Economic Consequences of the Peace«, nannte bereits ganz klar die späteren wirtschaftlichen Schwierigkeiten des Friedensvertrages und besonders der Reparationsbestimmungen. Um die von den Alliierten geforderten hohen Summen aufbringen zu können, benötigte Deutschland einen Kapitalüberschuß, der letzten Endes nur durch Exportsteigerung erzielt werden konnte. Damit kam die deutsche Wirtschaft aber den anderen Mächten ins Gehege, die sich durch erhöhte Zölle vor der deutschen Konkurrenz zu schützen suchten. Der Transfer großer Geldsummen hatte weiterhin nachteilige Folgen für Schuldner wie für Gläubiger. Eine Begleichung der Reparationsschuld durch Sachlieferungen andererseits benachteiligte die Wirtschaftsinteressen der Gläubigerländer auf ihrem eigenen Markt. Die Reparationsfrage wurde weiter kompliziert durch die unter den Siegermächten bestehenden Schuldverhältnisse. Solange vor allem Amerika auf Bezahlung der ihm von den Alliierten geschuldeten Summen bestand, weigerten sich diese, in ihren Forderungen gegenüber Deutschland nachzulassen. Mehr als irgendein politisches Problem beherrschte die Reparationsfrage die Außenpolitik der Nachkriegszeit. Es ist bezeichnend, daß sich die allmähliche Entwirrung des Reparationsproblems nach 1924 in einer gleichzeitigen Entspannung der politischen Lage bemerkbar machte.

Diese Entspannung fand ihren Widerhall auch in der Innenpolitik. Verglichen mit den fast alle Großmächte gleichsam berührenden Fragen der Außenpolitik, läßt sich die innere Entwicklung der europäischen Staaten während der Nachkriegszeit nur schwer auf einen Nenner bringen, obwohl sich auch hier einige allgemeine Tendenzen abzeichneten. Der von den Alliierten als Kriegsziel proklamierte »Sieg der Demokratie« schien im Weltkrieg verwirklicht worden zu sein. Die zwei großen Monarchien des mittleren Europa hatten sich bereits bei Kriegsende in Republiken umgewandelt und gaben sich bald darauf demokrati-

Versammlung von Angestellten im Berliner Lustgarten, November 1918

Räteherrschaft in München, April 1919
Zeichnung von Eduard Thöny. München, Staatliche Graphische Sammlung

sche Verfassungen. Daß die mit alliierter Hilfe ins Leben gerufenen Nachfolgestaaten die demokratische Regierungsform wählten, war selbstverständlich. Nur Rußland blieb dieser allgemeinen Entwicklung zur Demokratie fern. Hier ließen sich, nach einem kurzen demokratischen Zwischenspiel, bald nach dem Kriege die ersten Umrisse einer neuen, der Demokratie feindlichen Regierungsform erkennen. Das Hauptmerkmal dieses neuen Diktaturstaates war die auf eine einzige Partei gestützte Regierung einer Minderheit, welche totale, alle Lebensbereiche des Individuums umfassende Herrschaftsansprüche stellte. Der Sieg des Faschismus in Italien nach 1922 sowie die Errichtung autoritärer Regierungen in einer Reihe kleinerer Staaten ließen schon um die Mitte der zwanziger Jahre erkennen, daß es sich bei der anti-demokratischen Entwicklung zur Diktatur keineswegs um eine von der politischen Linken ausgehende Einzelerscheinung handelte.

Was die geschichtlichen Hintergründe sowie die Ziele und Auswirkungen der faschistischen und kommunistischen Diktaturen anbelangt, so waren sie sehr verschieden und lassen kaum eine Verallgemeinerung zu. Die Entstehung der Diktaturen hängt jedoch aufs engste mit den Entwicklungen der Kriegs- und Nachkriegszeit zusammen. Die während des Krieges notwendig gewordene Anspannung der gesamten Volkskräfte hatte überall diktaturähnliche Macht in die Hände der Regierungen gelegt und zu weitgehenden Freiheitsbeschränkungen des Einzelnen geführt. In Ländern mit starker demokratischer Tradition, wie in Frankreich und in England, verschwand dieser Ausnahmezustand bald nach Ende des Krieges. Wo eine derartige Tradition aber fehlte, verharrten die Völker auch weiterhin in ihrer Gewohnheit, die Lösung schwieriger Probleme dem Staate zu überlassen. Politische und wirtschaftliche Krisen verstärkten diese Neigung und verhalfen einer Regierungsform zum Sieg, von deren energischer und durch keinerlei Opposition gehemmter Politik ihre Anhänger einen baldigen Ausweg aus dem Elend der Nachkriegszeit erhofften. Andererseits machte sich in den Jahren wirtschaftlicher Besserung nach 1924 ein Rückgang der antidemokratischen Parteien in vielen Ländern Europas bemerkbar.

Die politischen und wirtschaftlichen Folgen des Krieges hatten auch weitgehende soziale Auswirkungen. Der Einfluß der Aristokratie wurde im mittleren Europa durch Krieg und Revolution stark vermindert und in Rußland sogar völlig abgedrosselt. Was das Bürgertum betrifft, so konnte es nach dem Kriege nur in wenigen Ländern seine im 19. Jahrhundert erkämpfte Stellung behaupten. Der Mittelstand wurde ganz besonders schwer von den wirtschaftlichen Folgen des Krieges und der verheerenden Inflation der Nachkriegsjahre betroffen. Der Machtverlust der mittleren und oberen Gesellschaftsschichten kam der durch zunehmende Verstädterung ständig wachsenden Arbeiterschaft zugute. Als Ergebnis fortschreitender Demokratisierung konnten die unteren Klassen nach dem Kriege zum erstenmal in der europäischen Geschichte ihren Einfluß geltend machen. In Rußland wurden die Arbeiter zum tragenden Element einer neuen Staatsordnung, während ihnen in den Industrieländern des Westens bedeutende Regierungsfunktionen zufielen. Gleichzeitig verbesserte sich auch die wirtschaftliche Lage der Arbeiter durch Lohnerhöhung, Einführung des Achtstundentages und großzügige Sozialgesetze. Trotz dieser Verbesserungen in der Lebenshaltung und in den Arbeitsbedingungen jedoch waren die Arbeitermassen mehr als jede andere Schicht von Konjunkturschwankungen bedroht. Das Problem der Arbeitslosigkeit, schon vor dem Krieg eine Begleiterscheinung wirtschaftlicher Krisen, nahm in der Nachkriegszeit ungeahnte Proportionen an. Die Gewerkschaftsbewegung, fast überall von den Fesseln der Vorkriegszeit befreit, versuchte zwar durch Streiks wie auch durch politischen Druck, das Los ihrer Mitglieder zu bessern. Ihr Einfluß nahm jedoch mit zunehmender Arbeitslosigkeit ständig ab.

Je verzweifelter die wirtschaftliche Lage der Arbeiter, besonders nach 1929, wurde, desto mehr wandten sie sich von den gemäßigteren sozialistischen Parteien ab und dem Kommunismus zu. Auch der Mittelstand wurde schwer von Wirtschaftsnot und Arbeitslosigkeit getroffen. Diese Schicht zwischen Proletariat und gehobenem Mittelstand zeigte sich besonders empfänglich für die Propaganda der radikalen Rechtsparteien faschistischer Prägung. Beiden politischen Extremen war die Opposition gegen die bestehende Wirtschaftsordnung gemein, allerdings mit dem Unterschied, daß die Linke den Umsturz des kapitalistischen Systems erstrebte, während die Rechte ihren Anhängern versprach, eine Reform der Wirtschaft nach gemeinnützigen Grundsätzen durchzuführen.

Die Probleme der Nachkriegszeit lassen sich, wie dieser kurze Überblick zeigt, in einige größere Themen zusammenfassen, die wir im einzelnen noch ausführlicher behandeln werden. Das erste Ziel aller europäischen Staaten war, die Folgen des Krieges zu liquidieren und die Wiederholung einer ähnlichen Katastrophe zu verhindern. Dabei war dem Völkerbund eine entscheidende Rolle zugedacht. Das Fortbestehen nationaler Einzelinteressen und die durch den Krieg angefachten nationalen Leidenschaften enttäuschten jedoch die auf den Völkerbund gesetzten Hoffnungen. In dem Gegeneinanderwirken internationaler und nationaler Tendenzen behielten diese von Anfang an die Oberhand, und die europäischen Mächte bewegten sich alsbald wieder in den traditionellen Bahnen einer nationalen Bündnispolitik. Der Versuch, die durch die Friedensverträge geschaffene und vielerorts als unhaltbar empfundene Neuordnung Europas mit Hilfe ausgedienter Methoden der Vorkriegszeit zu festigen, sollte sich aber als unmöglich erweisen. Besonders verhängnisvoll war die Anwendung überholter Begriffe auf wirtschaftlichem Gebiet. Ausschlaggebend für die Wiederherstellung normaler Verhältnisse war die Überwindung der wirtschaftlichen Kriegsfolgen und die Wiedergewinnung der europäischen Geltung in der Weltwirtschaft. Diese wirtschaftliche Wiedergesundung Europas wurde durch das Feilschen um die Reparationen entscheidend verzögert. Auch innenpolitische Gegensätze wurden weitgehend durch wirtschaftliche Faktoren verursacht und vertieft. Die Weltwirtschaftskrise nach 1929 zeigte dann plötzlich in rücksichtsloser Klarheit, wohin eine in den Anschauungen der Vorkriegszeit befangene Politik führen konnte. Bis dahin jedoch hatten sich die Mächte bereits wieder zu sehr in eine Politik der nationalen Selbstinteressen eingelebt, als daß ihnen eine radikale Umkehr möglich gewesen wäre.

Der Völkerbund und die kollektive Sicherheit

Der Zweck des Völkerbundes war, wie es in seinen Satzungen heißt, den Frieden und die Sicherheit durch internationale Zusammenarbeit zu fördern. Er verkörperte so die Hoffnungen all derer, die eine Wiederholung der Katastrophe von 1914 zu verhindern suchten. Als Instrument der Kriegsverhütung war er keineswegs die ideale Lösung, aber er war die zu der Zeit bestmögliche. Das Prinzip der kollektiven Sicherheit, auf dem der Völkerbund beruhte, versprach mehr für die Erhaltung des Friedens, als das von dem »Konzert der Mächte« in der Vergangenheit erstrebte kontinentale Gleichgewicht. Seine Satzungen enthielten manchen schwachen oder unklaren Punkt. Doch diese Schwächen waren keineswegs unabänderlich und hätten durch zielbewußte Zusammenarbeit der Großmächte beseitigt werden können. Das Versäumnis, die im Völkerbund liegenden Möglichkeiten zu verwirklichen, trug mehr als alles andere zu seinem Mißerfolg bei.

Daß den Großmächten die führende Rolle in der Völkerbundspolitik zufallen würde, war selbstverständlich und auch bereits in seinen Satzungen zum Ausdruck gebracht. Die wichtigste Aufgabe war hier dem Völkerbundsrat zugedacht, in dem die führenden Mächte, England, Frankreich, Italien und Japan, ständige Sitze innehatten und sich, zumindest in den ersten Nachkriegsjahren, gegenüber den aus den Reihen der kleineren Staaten periodisch gewählten Ratsmitgliedern, in der Mehrheit befanden. Es dauerte eine Weile, bis die Großmächte die ihnen eingeräumte Vormachtstellung voll ausnutzten. Erst ab 1924 schickten sie ihre führenden Staatsmänner nach Genf, das von da ab kurz in den Mittelpunkt der internationalen Politik rückte. Bei dem mangelnden Interesse, das die Politiker dem Völkerbund in seinen ersten Jahren entgegenbrachten, war es nicht weiter erstaunlich, daß die Völkerbundsidee in der breiten Öffentlichkeit keinen rechten Widerhall fand. Diese Interesselosigkeit steht in auffallendem Gegensatz zu der allgemeinen Anteilnahme, die heute in weiten Kreisen den Vereinten Nationen entgegengebracht wird. In seiner friedensbewahrenden Tätigkeit fielen dem Völkerbund speziell folgende Aufgaben zu: die Vorbereitung der militärischen Abrüstung, die Schlichtung internationaler Streitfragen, die Verhängung und Durchführung von Sanktionen gegen Angreiferstaaten sowie die Registrierung und die Revision internationaler Verträge. Nur in wenigen Fällen war dem Völkerbund in der Behandlung dieser Fragen ein Erfolg beschieden.

Nach Artikel acht der Völkerbundsakte sollte der Völkerbundsrat den Mitgliedern Pläne für ihre militärische Abrüstung, »auf das im Rahmen ihrer nationalen Sicherheit mögliche Mindestmaß«, unterbreiten. Da in dem Rüstungswettlauf der Vorkriegszeit eine der Hauptursachen des ersten Weltkrieges gesehen wurde, handelte es sich hier um eine grundlegende Forderung der künftigen Sicherheit. Der Versailler Vertrag hatte bereits eine starke Reduzierung der deutschen Waffenstärke verfügt, um dadurch »die Einleitung einer allgemeinen Rüstungsbeschränkung aller Nationen zu ermöglichen«. Die Frage der allgemeinen Abrüstung wurde jedoch nur zögernd in Angriff genommen. Erst 1926 begann eine Völkerbundskommission mit den Vorbereitungen für eine Abrüstungskonferenz, die dann endlich 1932 zu ihren fruchtlosen Beratungen zusammentrat. Der Mißerfolg der Abrüstungsversuche hatte vielfache Gründe. Bereits kurz nach dem Kriege wurde der deutschen Regierung vorgeworfen, die Entwaffnungsbestimmungen des Friedensvertrags nur unvollkommen ausgeführt zu haben. Die mit der Überwachung der deutschen Abrüstung betraute interalliierte Kontrollkommission berichtete von geheimen Waffenlagern, der Ausbildung zusätzlicher Zeitfreiwilliger und der wehrsportlichen Betätigung deutscher Zivilisten in quasimilitärischen Organisationen wie »Stahlhelm« und »Werwolf«. Dazu traten Gerüchte über Beziehungen zwischen Reichswehr und Roter Armee, welche Deutschland die Produktion von Tanks, Flugzeugen und Giftgas sowie die Ausbildung deutscher Offiziere in diesen verbotenen Waffen auf russischem Boden erlaubten. Diese deutschen Verletzungen der Friedensbestimmungen haben sich seither, auf Grund deutscher Akten, nachweisen lassen, wenn auch das Halbdunkel, in dem sich diese Vorgänge abspielten, ihre Bedeutung größer erscheinen ließ, als sie wirklich war. Wichtig ist, daß Deutschlands geheime Militärpolitik den Alliierten Grund zur Verzögerung ihrer eigenen Abrüstung gab.

Es gab jedoch noch tiefere Gründe. In den Verhandlungen der vorbereitenden Abrüstungskommission zeigte sich bald, daß es unmöglich war, allgemeingültige Normen für den Rüstungsstand verschiedener Nationen festzulegen. Geographische Lage, Bevölkerungszahl, industrielle Entwicklung und Rohmaterialquellen eines Landes erschienen weit wichtiger für sein militärisches Potential als seine tatsächliche Heeres- oder Rüstungsstärke. In fast all diesen Faktoren waren Deutschland und die Sowjetunion den anderen europäischen Mächten weit überlegen, und eine allgemeine Waffenbeschränkung würde sich einseitig zu ihren Gunsten ausgewirkt haben. Als daher Maksim Litwinow, der auf Einladung als russischer Delegierter im Jahre 1927 an den Beratungen der vorbereitenden Abrüstungskommission teilnahm, eine totale Abrüstung sämtlicher Staaten vorschlug, traf er bei den Vertretern der Alliierten auf allgemeinen Widerstand. Nur auf dem Gebiete der Flottenpolitik sollte die Rüstungsbeschränkung einen gewissen Erfolg haben. Hier jedoch wurden die Verhandlungen, wie wir schon werden, von den hauptbeteiligten Mächten außerhalb des Völkerbundes geführt.

Die Funktionen des Völkerbundes bei der Schlichtung internationaler Streitfragen waren in den Artikeln elf bis fünfzehn seiner Satzungen festgelegt. Diese waren so formuliert, daß sie kaum die Entscheidungsfreiheit der betroffenen Staaten beeinträchtigten. Die Mitglieder verpflichteten sich, ihre »einer schiedsrichterlichen Lösung zugänglichen« Differenzen entweder vor den Völkerbundsrat oder vor den Haager Internationalen Gerichtshof zu bringen. Ein Schiedsspruch war jedoch nur dann bindend, wenn er einstimmig von dem Völkerbundsrat, unter Ausschluß der von dem Konflikt betroffenen Mächte, angenommen wurde. Anderenfalls stand es den Parteien frei, »die Schritte zu tun, die sie zur Aufrechterhaltung von Recht und Gerechtigkeit für nötig« hielten. Was dem Wortlaut der Satzungen an Nachdruck fehlte, sollte anscheinend durch den Druck der öffentlichen Meinung auf die Friedensstörer ersetzt werden. Dabei wurde übersehen, daß gerade diese sich gegen einen derartigen psychologischen Einfluß immun zeigen würden.

Trotz der Schwächen seines schiedsrichterlichen Amtes gelang es dem Völkerbund, eine Reihe internationaler Konflikte zu schlichten. Ungefähr dreißig solcher Streitfragen wurden ihm während der zwanziger Jahre unterbreitet, und die Mehrzahl wurde friedlich beigelegt. Dabei handelte es sich zum Teil um Fragen, wie etwa um den Grenzkonflikt zwischen

Griechenland und Bulgarien im Jahre 1925, die den Keim schwerer internationaler Verwicklungen in sich trugen. Kleine Staaten mußten sich den von den Großmächten getroffenen Verfügungen meist wohl oder übel fügen. Sobald jedoch eine Großmacht selbst sich in der Rolle des Friedensstörers befand, erwies sich der Völkerbund als weit weniger wirksam. Ein Beispiel war der Korfu-Zwischenfall im August 1923, als Italien, zur Vergeltung für den Mord italienischer Mitglieder einer auf griechischem Boden weilenden internationalen Grenzkommission, die griechische Insel Korfu bombardierte und besetzte. Griechenland wandte sich sofort an den Völkerbund, der eine Untersuchung anordnete. Das italienische Mitglied des Völkerbundsrates weigerte sich, die Zuständigkeit des Völkerbundes in dieser Angelegenheit anzuerkennen. Gleichwohl zog Italien, nachdem Griechenland eine von ihm geforderte Entschädigung gezahlt hatte, seine Truppen zurück. Diese »friedliche« Lösung wurde damals als Sieg des Völkerbundes gewertet. Heute sieht man in dem italienischen Akt wohl eher ein Beispiel der Art faschistischer Gewaltpolitik, wie sie in den dreißiger Jahren zur Gewohnheit werden und der gegenüber sich der Völkerbund praktisch als machtlos erweisen sollte.

Die Schwächen des völkerbundlichen Schiedsgerichtsverfahrens sollten anscheinend durch die Sanktionsbestimmungen des Artikels sechzehn der Völkerbundssatzung ausgeglichen werden. Diese traten automatisch in Kraft, sobald ein Mitglied unter Nichtbeachtung der Schlichtungsbestimmungen einen Krieg begann. Als Sanktion gegen den Angreifer war hauptsächlich der wirtschaftliche Boykott vorgesehen. Eine derartige Aussperrung war zweifellos ein wirksames Zwangsmittel, wenn sämtliche Großmächte daran teilnahmen. Da aber zumindest zwei dieser Mächte sich jeweils außerhalb des Völkerbundes befanden, war die Durchführung eines straffen Boykotts unmöglich. Dies sollte sich sowohl 1931, bei Japans Angriff auf China, als auch 1935, während des italienischen Krieges gegen Abessinien, zeigen. Im letzteren Fall ließ zudem noch die Befürchtung der Mächte, besonders Englands, durch wirtschaftlichen Boykott in einen Krieg mit Italien verwickelt zu werden, wirtschaftliche Sanktionen unratsam erscheinen.

Die Wirksamkeit des Völkerbundes war, wie dieses Beispiel zeigt, letzten Endes von der Bereitschaft seiner Mitglieder abhängig, seine Verfügungen, wenn nötig, mit Waffengewalt zu unterstützen. Die Anwendung militärischer Sanktionen war im Artikel sechzehn zwar vorgesehen, doch ihre Durchführung war dem Ermessen der Mitglieder überlassen. Der Völkerbund verfügte daher selbst nicht über die Mittel, seinen Anordnungen den gehörigen Nachdruck zu verleihen. Hierin lag eine seiner größten Schwächen. Um diesem Zustand abzuhelfen, beriet die Völkerbundsversammlung im Herbst 1923 Vorschläge für einen internationalen Beistandspakt, dessen Mitglieder im Falle eines Angriffskrieges einander helfen sollten. Es war jedoch unmöglich, die Rolle des Angreifers für alle möglichen Fälle im voraus zu definieren. Einen Versuch in dieser Richtung machte das Genfer Protokoll vom 2. Oktober 1924. Hiernach galt als Angreifer jeder im Kriegszustand befindliche Staat, der sich weigerte, dem vom Völkerbund vorgeschriebenen Schlichtungsverfahren zu gehorchen. Die Unterzeichner des Protokolls sollten sich verpflichten, nicht nur an Sanktionen gegen einen derartigen Angreifer teilzunehmen, sondern auch »der angegriffenen oder bedrohten Nation zu Hilfe zu eilen«. Vor einer derart weitgehenden Garantie scheuten jedoch die meisten Staaten zurück. Besonders England und seine Dominien fürchteten, durch das Genfer Protokoll ihre Handlungsfreiheit einzubüßen und in Kriege verwickelt zu werden, die sie nichts angingen. Englands Außenminister, Sir Austen Chamberlain, verweigerte daher seine Unterschrift. Der Versuch, den Völkerbund durch ein internationales Militärbündnis zu ergänzen und zu stärken, war damit fehlgeschlagen.

Verglichen mit den Aufgaben des Völkerbundes auf dem Gebiete der kollektiven Sicherheit, spielte die im Artikel achtzehn seiner Satzungen vorgesehene Registrierung und Veröffentlichung internationaler Verträge eine untergeordnete Rolle. Hier handelte es sich um einen Versuch, die besonders von Präsident Wilson für den Ausbruch des Krieges verantwortlich gemachte Geheimdiplomatie ein für allemal unmöglich zu machen. Es dauerte eine Weile, ehe sich die Politiker daran gewöhnten, im Licht der Öffentlichkeit und unter Druck der öffentlichen Meinung zu verhandeln, eine Methode, über die man sehr geteilter Meinung sein kann. In den zwanziger Jahren wurden jedenfalls die wichtigsten Entscheidungen immer noch hinter verschlossenen Türen getroffen. Wenn die Mehrzahl der internationalen Verträge damals auch beim Sekretariat des Völkerbunds hinterlegt wurde, so verschwand damit keineswegs die Angst vor Geheimverträgen, besonders vor solchen zwischen Staaten, die nicht Völkerbundsmitglieder waren.

Weit wichtiger als die Registrierung neuer Verträge war die im Artikel neunzehn vorgesehene periodische Überprüfung internationaler Abmachungen, die unanwendbar oder sonstwie zu einer Gefahr für den Weltfrieden geworden sein könnten. Hier war die Möglichkeit gegeben für eine eventuelle friedliche Revision der Friedensverträge. Da jedoch die Völkerbundsversammlung eine solche Überprüfung nur vorschlagen, aber nicht gegen den Widerstand einzelner Mitglieder durchsetzen konnte, blieb der Artikel neunzehn ein unerfülltes Versprechen. Hier wäre einem unparteiischen Amerika eine besonders lohnende Aufgabe zugefallen.

In seiner wichtigsten Rolle, der Garantie internationaler Sicherheit, waren dem Völkerbund, wie dieser kurze Überblick zeigt, nur geringe Erfolge beschieden. Es fehlte nicht an Versuchen, die Lücken seiner Satzung auszufüllen und vor allem dem Völkerbund ein militärisches Rückgrat zu geben. Sie scheiterten jedoch an dem Egoismus seiner Mitglieder. Statt die im Völkerbund gegebenen Möglichkeiten für die Friedenssicherung weiter auszubauen, schlugen die Mächte bereits kurz nach dem Kriege einen unabhängigen Kurs ein, dessen Ziele und Methoden sich kaum von der großen Politik der Vorkriegszeit unterschieden. Ehe wir uns der Politik der Einzelstaaten zuwenden, müssen wir jedoch kurz noch einige sekundäre Arbeitsgebiete des Völkerbundes erwähnen, auf denen weit positivere Erfolge erzielt worden sind.

Hierbei handelte es sich zum Teil um Aufgaben, die bereits in den Völkerbundssatzungen vorgezeichnet waren. Dazu gehörte vor allem die Kontrolle über die unter Artikel zweiundzwanzig geschaffenen Mandate. Die mit der Verwaltung dieser Gebiete betrauten Mächte mußten hiernach jährlich der Mandatskommission des Völkerbundes über ihre Tätigkeit Rechenschaft ablegen. Damit wurde nicht nur offiziell anerkannt, daß das Wohlergehen und die Entwicklung der weniger entwickelten Völker eine »heilige Aufgabe der Zivilisation« war, sondern es wurde auch gleichzeitig ein bedeutender Schritt vorwärts getan auf

EUROPA UND DER VÖLKERBUND 323

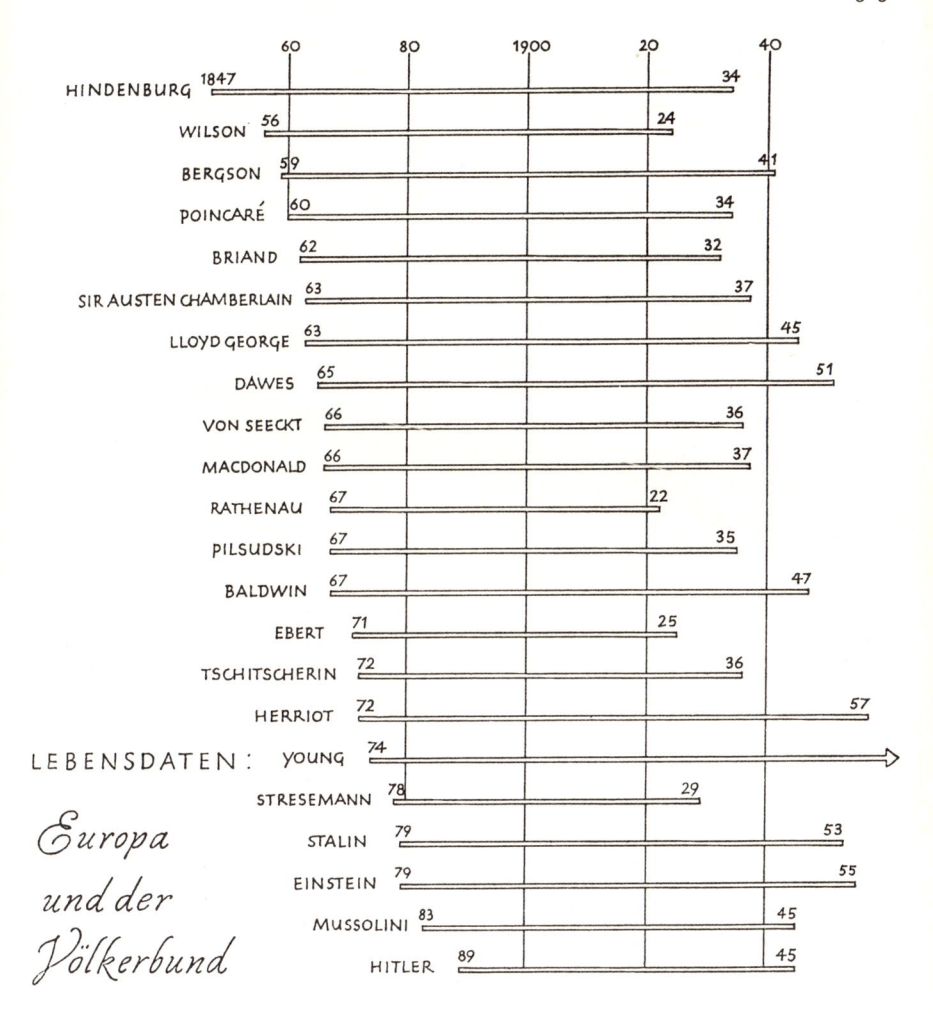

LEBENSDATEN Europa und der Völkerbund

Person	Geboren	Gestorben
HINDENBURG	1847	34
WILSON	56	24
BERGSON	59	41
POINCARÉ	60	34
BRIAND	62	32
SIR AUSTEN CHAMBERLAIN	63	37
LLOYD GEORGE	63	45
DAWES	65	51
VON SEECKT	66	36
MACDONALD	66	37
RATHENAU	67	22
PILSUDSKI	67	35
BALDWIN	67	47
EBERT	71	25
TSCHITSCHERIN	72	36
HERRIOT	72	57
YOUNG	74	→
STRESEMANN	78	29
STALIN	79	53
EINSTEIN	79	55
MUSSOLINI	83	45
HITLER	89	45

dem Wege der allmählichen Emanzipation der Kolonialvölker. Im Artikel dreiundzwanzig der Völkerbundsakte wurden dem Völkerbund als weitere Aufgaben – neben anderen – die Unterbindung des Opium- und Sklavenhandels sowie die Krankheits- und Seuchenbekämpfung aufgetragen. Im Herbst 1921 schuf der Völkerbund ein Komitee für geistige Zusammenarbeit, dem Gelehrte wie Albert Einstein, Henri Bergson und der amerikanische Physiker Robert Andrews Millikan angehörten. Die Zugehörigkeit zu untergeordneten Organisationen des Völkerbundes war also keineswegs auf Angehörige der Mitgliedstaaten beschränkt. Der auf Grund von Artikel vierzehn errichtete Ständige Internationale Gerichtshof im Haag wurde auch von Staaten außerhalb des Völkerbundes als Schlichtungsausschuß anerkannt, und der Internationalen Arbeitsorganisation, die besonders auf dem

Gebiete der Arbeiterwohlfahrt Hervorragendes leistete, gehörten auch eine Reihe von Nichtmitgliedern des Völkerbundes, darunter die Vereinigten Staaten, an. Bei den meisten dieser Nebenorganisationen handelte es sich um Vorläufer von Einrichtungen, die heute noch, unter anderen Namen, innerhalb der Vereinten Nationen bestehen.

Ein weiteres Gebiet, auf dem sich der Völkerbund große Verdienste erwarb, war die Betreuung der Kriegsgefangenen, Flüchtlinge und nationalen Minderheiten. In der Fürsorge für die beiden ersten Gruppen wirkte auch das Internationale Rote Kreuz mit. Was die Minderheitenfrage angeht, so befanden sich trotz des Selbstbestimmungsrechts nach dem Kriege noch fast dreißig Millionen Menschen unter fremder Herrschaft. In Gegenden, in denen der Völkerbund selbst die Oberhoheit ausübte, wie im Saargebiet bis 1935 und in Danzig, ließ die Korrektheit der Verwaltung nichts zu wünschen übrig. In anderen Grenzgebieten, wie zum Beispiel in Oberschlesien, deren politische Zugehörigkeit erst durch ein Plebiszit bestimmt werden sollte, wirkte der Völkerbund oft als Schiedsrichter bei der endgültigen Grenzziehung, ohne es dabei immer beiden Seiten recht zu machen. Die größten Schwierigkeiten in der Minderheitenfrage ergaben sich jedoch bei den unter fremder Herrschaft lebenden Volksgruppen. Zur Regelung dieser Probleme wurde eine Reihe von Minderheitsverträgen abgeschlossen, die den Völkerbund in etwaigen Konflikten als letzte Instanz anerkannten. In diesen Verträgen wurden den Minderheiten die gleichen persönlichen und politischen Rechte, welche die Gastbevölkerung besaß, sowie religiöse und kulturelle Freiheit, insbesondere der Schulunterricht in ihrer Muttersprache, zugesichert. In der Ausführung dieser Verträge ergaben sich aber Differenzen, bei denen es oft schwer war, den schuldigen Teil festzustellen. Die Minderheitspolitik der Tschechoslowakei zum Beispiel galt allgemein als mustergültig, befriedigte jedoch keineswegs die Slowaken und die Sudetendeutschen. Die polnische Regierung andererseits war bekannt für die Intoleranz in der Behandlung ihrer Minderheiten und versuchte mit allen Mitteln die in den Minderheitsverträgen eingegangenen Verpflichtungen zu umgehen. Hier wirkte der Völkerbund als eine Art Forum, vor dem die Außenwelt auf die polnischen Verletzungen aufmerksam gemacht werden konnte. Um die Wünsche einer Minderheit vor den Völkerbund zu bringen, war jedoch die Unterstützung eines Völkerbundsmitglieds erforderlich. Erst der Eintritt Deutschlands in den Völkerbund im Herbst 1926 führte daher zu einer merklichen Besserung in der Lage der deutschen Minderheit in Polen. In Fällen, wo ein Minderheitenkonflikt zwei Großmächte anging, konnte aber auch der Völkerbund nicht viel ausrichten. Bei der Unterdrückung des deutschen Volkstums in Südtirol durch Italien zum Beispiel erwies sich der Einspruch Deutschlands als fruchtlos. In der Hierarchie der Staaten standen nach wie vor die großen Mächte an der Spitze, und unter den Großmächten waren dann die Siegermächte wiederum den Besiegten überlegen. An dieser internationalen Rangordnung konnte auch der Völkerbund nichts ändern.

Die große Politik der Nachkriegszeit

Das Unvermögen des Völkerbundes, einen auf kollektiver Sicherheit beruhenden Frieden zu garantieren, ließ die Mächte schon kurz nach dem Kriege wieder ihr Heil in einer auf Einzelverträgen beruhenden internationalen Ordnung suchen. Die größte Gefahr für den europäischen Frieden wurde allgemein in dem Bestreben Deutschlands gesehen, die Bestimmungen des Versailler Vertrages zu umgehen und zu revidieren. Dadurch fühlte sich vor allem Frankreich bedroht. Schon während der Friedensverhandlungen hatte es versucht, seine Stellung gegenüber Deutschland durch Vorschieben seiner östlichen Grenze an den Rhein zu festigen. Dabei war es jedoch auf den Widerstand der angelsächsischen Mächte gestoßen. Es hatte sich statt dessen mit dem vertragsmäßig festgelegten Versprechen Englands und der Vereinigten Staaten begnügen müssen, Frankreich im Falle eines deutschen Angriffes zu unterstützen. Als Amerika sich dann aber weigerte, die in Versailles unterzeichneten Verträge anzuerkennen, zog sich auch England von seinem Beistandsversprechen zurück. Frankreich stand damit seinem deutschen Nachbarn allein gegenüber. Die Tatsache, daß dieser sowohl in Bevölkerungszahl wie in industriellem Potential Frankreich weit überlegen war, läßt die fieberhaften Bemühungen der Franzosen um ihre nationale Sicherheit durchaus verständlich erscheinen. Der französischen Politik standen in ihrem Sicherheitsbestreben zwei Möglichkeiten offen: sie konnte entweder auf strengste Einhaltung der Versailler Bedingungen bestehen, oder aber sie konnte versuchen, dem deutschen Revisionsbestreben auf halbem Wege entgegenzukommen und so dem deutschen Revanchegedanken seine Grundlage zu nehmen. Beide Methoden wurden versucht, ohne jedoch wirklich Erfolg zu haben.

Die ersten Nachkriegsjahre standen ganz im Zeichen eines unnachgiebigen Festhaltens an den Friedensbedingungen. Daraus ergab sich in deutschen Augen bald eine weitere Verschärfung der Versailler Bestimmungen. Die Reparationsfrage, die alliierte Forderung nach Auslieferung der deutschen »Kriegsverbrecher« sowie der endgültige Verlust von Eupen-Malmedy, Memel und eines Teils von Oberschlesien verstärkte die Agitation, besonders deutscher Rechtskreise, gegen das Versailler »Diktat«. Angesichts der deutschen Opposition gegen den Friedensvertrag waren die Franzosen bemüht, die schon während der Friedensverhandlungen brüchig gewordene Front mit England zu kitten. In der Behandlung des Reparationsproblems sowie in politischen Fragen, die das Gleichgewicht auf dem Kontinent zu Frankreichs Gunsten zu verändern drohten, machten sich jedoch bald offene Differenzen zwischen den ehemaligen Alliierten bemerkbar. Dies zeigte sich besonders während der französischen Besetzung des Ruhrgebiets im Jahre 1923. Der von Frankreich und Belgien für diesen Gewaltakt angegebene Grund, Deutschland zur Erfüllung seiner Reparationsverpflichtungen zu zwingen, hatte wohl seine Berechtigung. Andererseits aber ließ die Haltung Frankreichs gegenüber den Bestrebungen rheinischer Separatisten den Verdacht zu, daß es mit seiner Ruhrpolitik nicht nur wirtschaftliche, sondern auch politische Ziele verfolgte. Derartige Pläne trafen jedoch nach wie vor auf britischen Widerstand, und das Ergebnis der französischen Politik an Rhein und Ruhr war eine nach außen hin sichtbare Spannung zwischen den früheren Bundesgenossen. Englands Bestreben während der Nachkriegszeit ging dahin, sich aus den Verwicklungen des Kontinents soweit wie möglich herauszuhalten und statt dessen engere Beziehungen mit seinen überseeischen Kolonien und Dominien zu pflegen. Die schon vor dem Kriege begonnene Evolution des britischen »Empire« in das »Commonwealth« fand schließlich in dem Statut von Westminster im Jahre 1931 ihren nach außen sichtbaren Abschluß.

Englands Weigerung, sich auf dem europäischen Festland zu engagieren, zeigte sich auch in seiner abweisenden Haltung gegenüber den oben erwähnten Versuchen, den Völkerbund militärisch zu stärken. Frankreich andererseits hoffte auch weiterhin, den Völkerbund seinem Sicherheitsbedürfnis dienstbar zu machen. Daneben versuchte es aber auch, dem System der kollektiven Sicherheit eine Reihe von Einzelverträgen an die Seite zu stellen, um auf diese Weise Deutschland diplomatisch zu isolieren. Rußland war als Hauptpfeiler der französischen Bündnispolitik in Osteuropa durch die Revolution fortgefallen. Die hierdurch entstandene Lücke suchte Frankreich durch Verträge mit den Nachfolgestaaten des mittleren Europa auszufüllen. Der neue polnische Staat, an dessen Entstehung die Franzosen mitgewirkt hatten und der seine Rettung im Krieg gegen Rußland im Sommer 1920 nicht zuletzt der Unterstützung durch eine französische Militärmission unter General Weygand verdankte, schloß bereits im Februar 1921 ein Militärbündnis mit Frankreich ab, dem bald ein Handelsvertrag und französische Anleihen folgten. Gleichzeitig schlossen sich die Tschechoslowakei, Jugoslawien und Rumänien in einer Reihe von Verträgen zu einer »Kleinen Entente« zusammen. Ein französisches Bündnis mit Rumänien (1926) und Jugoslawien (1927) vervollständigte Frankreichs Bündnissystem, dem schon seit 1920 auch Belgien angehörte. All diesen Staaten war das Interesse an der Erhaltung des territorialen Status quo gemein, der nicht nur von deutschen, sondern auch von russischen und ungarischen Revisionsbestrebungen bedroht war.

Das französische Bündnissystem machte, rein äußerlich betrachtet, wohl einen imposanten Eindruck, der sich jedoch bei näherem Hinsehen verflüchtigte. Die gesamte militärische Stärke der genannten Kleinstaaten lag unter einer Million Mann und war nur mit Hilfe französischer Anleihen aufrechtzuerhalten. Auch machte bei der geographischen Trennung zwischen Frankreich und seinen Verbündeten Deutschlands Weigerung, im Kriegsfalle fremden Truppen den Durchmarsch durch sein Gebiet zu gestatten, jede französische Hilfeleistung, etwa im Falle eines russisch-polnischen Krieges, unmöglich. Dazu kamen noch weitgehende Differenzen zwischen den Verbündeten selbst, besonders zwischen Polen und der Tschechoslowakei bezüglich des Grenzgebietes Teschen, die den inneren Zusammenhalt des Vertragssystems schwächten. Nicht eine Vielzahl von Verträgen mit kleinen Vasallen, sondern ein Bündnis mit Rußland war notwendig, um Frankreichs Einfluß in Osteuropa zu sichern. Solch ein Vertrag wurde schließlich 1935 abgeschlossen, konnte aber das Mißtrauen zwischen den beiden Mächten kaum noch beseitigen.

Nicht Frankreich, sondern Deutschland gelang es, in den zwanziger Jahren engere Beziehungen zu Rußland anzuknüpfen. Das deutsch-russische Verhältnis wurde in der Nachkriegszeit zuerst noch durch Erinnerungen an Brest-Litowsk sowie an die Ermordung des Grafen Mirbach und an Rußlands Einmischung in die verschiedenen deutschen Kommunistenaufstände getrübt. Doch spannen sich andererseits auch bald wieder die Fäden zwischen diesen beiden Ländern an, die durch ihre Isolierung fast zwangsläufig zusammengebracht wurden. Die Beziehungen Deutschlands zur Sowjetunion vollzogen sich von Anfang an auf drei Ebenen, die, meist voneinander getrennt, sich jedoch wechselseitig beeinflußten: der militärischen, wirtschaftlichen und politischen.

Die schon erwähnte militärisch-technische Zusammenarbeit zwischen Reichswehr und Roter Armee begann kurz nach dem Kriege und dauerte bis in die dreißiger Jahre. Auf deutscher Seite wurde sie besonders durch den Chef der Heeresleitung, General Hans von Seeckt, gefördert. Da es sich hierbei um eine Verletzung des Versailler Vertrages handelte, waren nur die unmittelbar Beteiligten in die Einzelheiten dieser Beziehungen eingeweiht, doch wußten die leitenden deutschen Politiker zumindest von ihrer Existenz. Über die Beteiligung auf russischer Seite ist fast gar nichts bekannt. Auf das politische Verhältnis zwischen den beiden Ländern hatten die militärischen Beziehungen insofern Einfluß, als sie die Interessengemeinschaft der beiden Partner betonten und so dazu beitrugen, eine Reihe von politischen Spannungen und Zwischenfällen zu beheben.

Als aussichtsreichstes Gebiet deutsch-russischer Zusammenarbeit wurde auf beiden Seiten die Wirtschaft angesehen. Auch hier wurden die ersten Fühler bereits kurz nach dem Kriege ausgestreckt, und sowohl das Vorläufige Abkommen vom 6. Mai 1921 wie der im darauffolgenden Jahr unterzeichnete Rapallo-Vertrag dienten hauptsächlich der Wiederaufnahme von Wirtschaftsbeziehungen. Ein grundlegender Wirtschaftsvertrag wurde dann im Oktober 1925 abgeschlossen. Der Erfolg, den man sich für beide Länder von diesen Abmachungen versprochen hatte, blieb jedoch aus. Rußland profitierte zwar von der technischen Hilfe deutscher Ingenieure, und auch einigen deutschen Unternehmungen gelang es, auf dem russischen Markt Fuß zu fassen. Der grundlegende Gegensatz zwischen der auf privater Initiative beruhenden deutschen Wirtschaft und dem vom Staate geleiteten System der russischen Planwirtschaft machte aber einen wirklich fruchtbringenden Austausch unmöglich. Die Sowjetunion war für ihre wirtschaftliche Entwicklung besonders stark auf ausländische Anleihen angewiesen. Das hierfür der deutschen Industrie zur Verfügung stehende Kapital war jedoch beschränkt und fand anderwärts lukrativere und gesichertere Anlagemöglichkeiten. Erst nach Ausbruch der Weltwirtschaftskrise in den dreißiger Jahren wurden die deutsch-russischen Handelsbeziehungen reger. Vor diesem Zeitpunkt aber hatten die Schwierigkeiten bei der wirtschaftlichen Zusammenarbeit den Ausbau der politischen Beziehungen zwischen beiden Ländern behindert, aber nicht aufgehalten.

Die Wiederaufnahme dieser Beziehungen erfolgte, für die Außenwelt wie für die deutsche und russische Öffentlichkeit gleich überraschend, im Rapallo-Vertrag vom 16. April 1922. Es handelte sich hierbei hauptsächlich um eine Bereinigung gegenseitiger finanzieller Forderungen und ein Versprechen künftigen Zusammenwirkens, speziell auf wirtschaftlichem Gebiet. Die Annäherung dieser beiden Außenseiter in der großen Politik der Nachkriegszeit rief unter den Westmächten die größte Bestürzung hervor und gab bald zu dem Gerücht Anlaß, daß es sich in Wirklichkeit um ein durch geheime Militärabkommen ergänztes deutsch-russisches Bündnis handele. Für diesen Verdacht findet sich aber in den deutschen Akten keinerlei Anhalt. Die Russen versuchten zwar gelegentlich, Deutschland den Abschluß eines derartigen, hauptsächlich gegen Polen gerichteten Bündnisses schmackhaft zu machen, fanden aber hierfür auf deutscher Seite während der Zeit der Weimarer Republik keine Gegenliebe.

Der Abschluß des Rapallo-Vertrages befreite sowohl Deutschland wie Rußland aus ihrer diplomatischen Isolierung und war allein schon aus diesem Grunde ein bedeutendes Ereignis. Beide Länder wirkten künftig wieder als aktive Faktoren und nicht wie bisher als Objekte der internationalen Politik. Dies sollte sich besonders im Verhältnis Deutschlands zu den Siegerstaaten zeigen. Was die politischen Beziehungen der beiden Vertragspartner untereinander betraf, so erfüllten sie nie die in den Rapallo-Vertrag gesetzten Hoffnungen.

Auf deutscher Seite waren es hauptsächlich der Urheber des Vertrages, Ago von Maltzan, und Deutschlands Botschafter in Moskau, Graf Brockdorff-Rantzau, die sich von einer engen Anlehnung an Rußland große Erfolge versprachen. In höheren Regierungskreisen war man weit weniger optimistisch. Weder die Reichspräsidenten Ebert und Hindenburg noch die Außenminister Rathenau und Stresemann erwarteten viel von einem Zusammengehen Deutschlands mit Rußland, und unter den Kanzlern zeigte nur Wirth dafür ein gewisses Verständnis.

Bei dieser Zurückhaltung der Deutschen spielte die Undurchsichtigkeit und Vielgleisigkeit der russischen Politik eine wichtige Rolle. Der sowjetische Außenkommissar Tschitscherin war sicherlich ernsthaft bemüht, im Einvernehmen mit Brockdorff-Rantzau die Erwartungen von Rapallo zu erfüllen. Seine Politik konnte sich jedoch gegen andere in der russischen Außenpolitik wirksame Einflüsse nicht durchsetzen. Besonders die Agitation der Komintern und die unzähligen »Spionageprozesse« gegen die in Rußland lebenden deutschen Staatsangehörigen wirkten einer engeren politischen Annäherung entgegen. In der politischen wie in der wirtschaftlichen Sphäre verhinderten somit die fundamentalen Gegensätze zwischen den beiden Regierungssystemen ein harmonisches Zusammenwirken.

Unsere Behandlung der deutsch-russischen Beziehungen ist hier den Ereignissen etwas vorausgeeilt und von dem Kernproblem der Nachkriegspolitik, dem französischen Sicherheitsstreben, abgeschweift. Frankreichs Versuch, Deutschland mit Gewalt zur Erfüllung des Versailler Vertrages zu zwingen, hatte in der Ruhrbesetzung seinen Höhepunkt gefunden. Diese einseitige Machtpolitik verfehlte jedoch ihren Zweck. Sie brachte nicht nur Unstimmigkeit unter die Westmächte, sondern sie hatte auch schwere wirtschaftliche Nachteile. Deutschland geriet durch die Ruhrbesetzung in eine immer tiefere finanzielle Krise, deren äußeres Zeichen eine Inflation von nie dagewesenen Ausmaßen war. Reparationen waren unter diesen Umständen nur in Form von Sachlieferungen, das heißt Kohlen, einzutreiben, deren Förderung als Folge des passiven Widerstandes an der Ruhr weit hinter den französischen Erwartungen zurückblieb. Die Initiative zum Abbruch des Ruhrkampfes kam von der deutschen Regierung, die um die Existenz ihres von inneren Unruhen erschütterten Landes bangte und die daher, unter der mutigen Leitung des Reichskanzlers Gustav Stresemann, den passiven Widerstand aufgab. Damit hatte Frankreich wohl äußerlich gesiegt. In Wirklichkeit jedoch hatte das Ruhrabenteuer gezeigt, daß ein starres Festhalten an den Versailler Bestimmungen und hartnäckiger Widerstand dagegen keiner Seite etwas nützt. Nur eine Politik beiderseitigen Nachgebens konnte Europa aus dem Chaos der Nachkriegszeit erlösen. Hier lag die Aufgabe der europäischen Politik in der Zeit nach 1923.

Die Schlußsitzung der Konferenz von Locarno am 16. Oktober 1925
Stresemann, Luther, Mussolini, Chamberlain, Briand, Hymans

Die »Großen Sechs« im Restaurant Bavaria in Genf
Aquarellierte Karikatur von Derso und Kelen, 1928. Genf, Restaurant Bavaria

Aufnahme Deutschlands in den Völkerbund
Das Einladungstelegramm des Generalsekretärs Drummond an Stresemann vom 8. September 1926
Ansprache Stresemanns in der Vollversammlung am 10. September 1926

= streseman ministère affaires
etrangeres berlin =

Telegraphie des Deutschen Reichs.
Leitung Nr. 20
Berlin, Haupt-Telegraphenamt

Telegramm aus S S S geneve 15860 64 8/9 12-50-

= d ordre du president de l assemblee de la societe des nations
j ai l honneur de vous annoncer que dans sa seance du 8- septembre
l assemblee a declare ' l allemagne admise parmi les membres de
la societe ' et a approuve la resolution du conseil du 4 septembre
attribuant a l allemagne une representation permanente au conseil
= drumond +

Besuch des Reichspräsidenten von Hindenburg auf dem Ehrenbreitstein zur Feier der Rheinlandbefreiung, 1930

Die kurze Spanne von Frieden, Sicherheit und sogar eines gewissen Wohlstandes, die Europa während der nächsten fünf oder sechs Jahre beschert war, ist hauptsächlich der vorübergehenden Lösung des Reparationsproblems zuzuschreiben. Die mit dem Dawes-Plan im September 1924 beginnende Überführung dieser Frage aus der politischen in die wirtschaftliche Sphäre wird uns noch näher beschäftigen. Ohne die dadurch eingeleitete wirtschaftliche Wiedergesundung wären die politischen Ereignisse der »Ära von Locarno« kaum möglich gewesen. Das Jahr 1924 brachte in Frankreich und in England wichtige Regierungswechsel. Die von Raymond Poincaré mit der Zähigkeit des französischen Advokaten verfolgte Vergeltungs- und Sicherheitspolitik hatte an der Ruhr ihre Niederlage erlitten. Sein Kabinett wurde wenige Monate später durch ein Linkskartell unter Edouard Herriot ersetzt, mit Aristide Briand als Außenminister. In England gelangte die Labour Party 1924 kurz ans Ruder, mußte dann aber bereits im November wieder einem konservativen Kabinett weichen, in dem Austen Chamberlain Außenminister wurde. In Deutschland war die Regierung Stresemann bereits in den innerpolitischen Wirren des vergangenen November gefallen, doch behielt Stresemann auch weiterhin den Posten des Außenministers. In den Händen dieser drei Männer – Briand, Chamberlain und Stresemann – lag das Schicksal Europas während der fünf wichtigsten Nachkriegsjahre. Jeder von ihnen, selbst in der Erscheinung, war ein typischer Repräsentant seiner Nation: der saloppe Briand mit der ewigen Zigarette; der elegante Chamberlain mit seinem Monokel und der joviale, untersetzte Stresemann. Wie in ihrem Äußeren, so unterschieden sie sich auch in vielen ihrer Eigenschaften. Briand war menschlich wärmer und mehr idealistischen Plänen geneigt als der kühle und praktische Chamberlain, während Stresemann etwas von den Eigenschaften beider besaß. Trotz solcher Unterschiede hatten sie aber auch vieles gemein. Sie kamen alle drei aus dem Mittelstand und waren in den Anschauungen ihrer Klasse verwurzelt. Was aber noch wichtiger war: jeder von ihnen hatte eine lange und erfolgreiche parlamentarische Karriere hinter sich und war daher gewohnt, strittige Fragen auf dem Verhandlungswege zu schlichten und auszugleichen. Auf der Anwendung dieser Methode beruhte ein Großteil ihres gemeinsamen Erfolges.

Die europäische Politik nach 1924 bemühte sich auch weiterhin um die Ausführung des Versailler Vertrages. Das Novum war, daß sich Deutschland jetzt offen zu einer Politik der Erfüllung bekannte, in der Hoffnung, dadurch die Alliierten zu einer Verzichtpolitik zu bewegen. Das wichtigste Ergebnis der Abkehr von der Gewaltpolitik der frühen Nachkriegszeit waren die Verträge von Locarno. Der Gedanke eines regionalen Paktes zur Sicherung des Friedens in Westeuropa war nicht neu. Das Verdienst seines Zustandekommens gebührt dem Unternehmungsgeist Gustav Stresemanns und dem Entgegenkommen seiner westlichen Partner. Auf Grund des Friedensvertrages sollte Anfang 1925 die erste der drei von alliierten Truppen besetzten Zonen des Rheinlandes geräumt werden. Da aber die interalliierte Kontrollkommission Deutschland weiterhin Verletzungen der Abrüstungsbestimmungen vorwarf, wurde die Einhaltung dieses Termins abgelehnt. Stresemann protestierte gegen diese Weigerung der Alliierten, obwohl er wußte, daß sie berechtigt war; er hatte sehr wohl erkannt, daß ihr wahrer Grund die französische Angst vor Deutschlands Revisionsbestrebungen war. Um sie ein für allemal zu zerstreuen, schlug er Frankreich im Februar 1925 den

Abschluß eines Nichtangriffs- und Schlichtungsvertrages vor, dem auch England, Italien und Belgien als Garantiemächte beitreten sollten. Die Vorverhandlungen für den Vertrag zogen sich über den ganzen Sommer hin und fanden schließlich am 16. Oktober 1925 in Locarno ihren Abschluß.

Der Pakt von Locarno besteht in Wirklichkeit aus einer Reihe von Einzelverträgen. In dem wichtigsten, dem sogenannten Rheinlandpakt, garantierten die fünf westeuropäischen Mächte die deutschen Westgrenzen und die Entmilitarisierung des Rheinlandes. Frankreich, Belgien und Deutschland verpflichteten sich weiterhin, »in keinem Falle zu einem Angriff oder zu einem Einfall oder zum Kriege gegeneinander zu schreiten«, es sei denn, der Vertrag selbst würde verletzt oder es handele sich um eine Aktion des Völkerbundes nach Artikel sechzehn. In vier Schiedsverträgen zwischen Deutschland einerseits und Frankreich, Belgien, Polen und der Tschechoslowakei andererseits wurde die friedliche Schlichtung von Konflikten in allen Einzelheiten festgelegt. Polen und die Tschechoslowakei endlich schlossen gegenseitige Garantieverträge mit Frankreich ab, um sich vor einem deutschen Angriff zu schützen.

Die Einbeziehung der beiden osteuropäischen Staaten in die Locarno-Verträge war das Ergebnis langwieriger Verhandlungen. Frankreich hätte am liebsten die für das Rheinland geltende Garantie des Status quo auch auf Deutschlands Ostgrenzen ausgedehnt. Für ein derartiges »Ostlocarno« waren aber weder England noch Deutschland zu haben. Für England bedeutete bereits die Beteiligung am Rheinland-Pakt eine radikale Schwenkung in seiner traditionellen Politik der »splendid isolation«. Sich auf eine Garantie der umstrittenen Grenzen Osteuropas festzulegen ging zu weit über seine eigenen und die Interessen der Dominien hinaus. Was Deutschland betraf, so machte Stresemann in Locarno kein Hehl daraus, daß es mit seinen Ostgrenzen unzufrieden war und ihre Revision auch weiterhin anstrebte. Wenn er sich dabei verpflichtete, diese auf friedlichem Wege zu erreichen, trug er damit einzig den militärischen Machtverhältnissen Rechnung, die eine gewaltsame Lösung deutscherseits unmöglich machten.

Die Beurteilung Stresemanns in der Geschichtsschreibung schwankt auch heute noch zwischen einem ausschließlich auf deutsche Interessen bedachten Nationalisten und einem von dem Bemühen um ein geeintes und friedliches Europa geleiteten Staatsmann. Zu seinen Lebzeiten überwog der Eindruck des »guten Europäers«; in den dreißiger Jahren aber, und besonders während des zweiten Weltkrieges, setzte sich vielenorts die entgegengesetzte Meinung durch. Das wahre Wesen Stresemannscher Politik liegt wahrscheinlich zwischen diesen beiden Extremen, dem nationalistischen jedoch näher als seinem Gegenteil. Wie die Mehrzahl seiner Landsleute, so verurteilte auch Stresemann das »Diktat« von Versailles. Doch war er Realist genug, einzusehen, daß eine Sprengung der Fesseln unmöglich war. Statt dessen hoffte er, die Fesseln durch eine betont friedfertige Politik allmählich abzustreifen. Dabei waren ihm in der kurzen Spanne seines Wirkens bedeutende Erfolge beschieden. Auf dem Gebiete der Reparationen hatte bereits der Dawes-Plan eine Erleichterung der deutschen Verpflichtungen verfügt, die dann in dem kurz vor Stresemanns Tod im Jahre 1929 verhandelten Young-Plan noch weiter gekürzt wurden. Deutschlands Eintritt in den Völkerbund im September 1926 betonte auch nach außen hin, daß die Trennung zwischen Siegern und Besiegten seit Locarno vorbei war. Ende Januar 1927 stellte die interalliierte Kontrollkommission ihre Tätigkeit ein, obwohl Deutschland seinen Abrüstungsverpflichtungen keineswegs voll nachgekommen war. Die einzige Einschränkung der deutschen Souveränität bestand fortan in der Besetzung des Rheinlandes durch alliierte Truppen. Die erste Besatzungszone war bereits kurz nach Locarno geräumt worden, und die beiden anderen Zonen wurden Anfang 1930, fünf Jahre vor dem festgesetzten Termin, evakuiert. Die Krönung seiner »Erfüllungspolitik« oder, wie er sie selbst gern nannte, seiner »Befreiungspolitik« sollte Stresemann nicht mehr erleben. Auf der Lausanner Konferenz im Jahre 1932 wurde Deutschland praktisch von den noch verbleibenden Reparationsverpflichtungen befreit, und auf der gleichzeitig tagenden Abrüstungskonferenz wurde seine militärische Gleichberechtigung anerkannt. Das Verdienst für diese Zugeständnisse gebührt letzten Endes auch Gustav Stresemann.

Trotz dieser offenbaren Erfolge seiner Außenpolitik war Stresemann in Deutschland ständig Angriffen seiner Gegner auf der Rechten, zu denen selbst Mitglieder seiner eigenen Deutschen Volkspartei gehörten, ausgesetzt. Sie verurteilten den Locarno-Pakt als eine freiwillige Anerkennung des Versailler Vertrages und als Verzicht auf Elsaß-Lothringen, und sie brandmarkten die Reparationsverträge als Unterwerfung Deutschlands unter die »Schuldknechtschaft« der Alliierten. Diese Angriffe waren jedoch ungerechtfertigt. Stresemann sah, wie seine privaten Äußerungen zeigen, keine dieser Bestimmungen als endgültig an, sondern betrachtete sie vielmehr als die für den Augenblick bestmöglichen Lösungen. Das jedoch offen zu sagen hätte die Alliierten abgeschreckt und für weitere Forderungen unzugänglich gemacht. Schon die von Stresemann gewonnenen Konzessionen waren nur gegen den Widerstand weiter Kreise in den alliierten Ländern möglich gewesen, und selbst Briand fürchtete, daß am Ende der Stresemannschen Politik die völlige Revision der Versailler Bestimmungen stehen würde. Wie wir aus dem berühmten Brief Stresemanns an den deutschen Kronprinzen wissen, hatte Briand damit nicht ganz unrecht. Stresemann schwebte danach als Endziel nicht nur die Wiedergewinnung Danzigs und des polnischen Korridors, sondern auch der Anschluß Österreichs vor! Andererseits findet sich in Stresemanns Nachlaß keinerlei Anhalt dafür, daß er diese außenpolitischen Wunschträume anders als auf friedlichem Wege zu verwirklichen hoffte.

Ein Vorwurf, der auch heute noch oft gegen Deutschlands Außenpolitik der zwanziger Jahre erhoben wird, ist, daß sie versucht habe, die Westmächte und Rußland gegeneinander auszuspielen. Dieser Verdacht findet in den deutschen Akten keine Bestätigung. Die im Jahre 1924 beginnende Annäherung Deutschlands an die Westmächte wurde in der Sowjetunion mit steigender Besorgnis verfolgt, besonders weil das in Rapallo angeknüpfte deutsch-russische Verhältnis vorerst keine weiteren Früchte trug. Rußland versuchte zwar wiederholt, in engere Verbindung mit Deutschland zu treten. Solange aber Deutschlands Beziehungen zu den Alliierten noch in der Schwebe hingen, behandelte Stresemann die sowjetischen Annäherungsversuche hinhaltend. Der Abschluß des Locarno-Vertrages beunruhigte die Russen ganz besonders, weil nach dem darin vorgesehenen Eintritt Deutschlands in den Völkerbund das Reich möglicherweise an Sanktionshandlungen gegen Rußland teilnehmen konnte. Stresemann bestand deswegen, hauptsächlich unter russischem Druck, während der Locarno-Verhandlungen auf einer Modifizierung des Artikels sechzehn der Völkerbundssatzung, so daß ein Mitgliedstaat künftig an Sanktionsmaßnahmen nur dann teilzunehmen brauchte, wenn dies »mit seiner militärischen Lage verträglich« war und »seiner geographischen Lage Rechnung« trug. Dadurch sowie durch Deutschlands Mitgliedschaft im Völkerbundsrat, die ihm ein entscheidendes Wort bei der Verhängung von Sanktionen gewährte, schien genügend Handhabe gegeben, um Deutschland von eventuellen Sanktionen gegen die Sowjetunion fernzuhalten.

Angesichts der offenbaren Westorientierung der deutschen Außenpolitik wurde diese Lösung jedoch von den Sowjets als ungenügend empfunden. Rußlands Verhältnis zu Frankreich und England blieb, trotz der 1924 erfolgten Wiederanknüpfung diplomatischer Beziehungen mit diesen Ländern, auch weiterhin gespannt. Besonders England fühlte sich sehr durch die fortgesetzte Propagandatätigkeit der Komintern beunruhigt und brach schließlich im Mai 1927 seine Beziehungen zur Sowjetunion auf mehr als zwei Jahre vollkommen ab. Rußland andererseits fürchtete nach wie vor die Möglichkeit einer Koalition der Westmächte gegen den Bolschewismus. Aus diesem Grunde schien ihm eine Erweiterung des mit Deutschland in Rapallo abgeschlossenen Freundschaftsvertrages als höchst begehrenswert. Es hoffte dabei auf einen unqualifizierten Neutralitätsvertrag, in dem die beiden Partner sich verpflichten sollten, an keinerlei Kriegshandlungen gegeneinander teilzunehmen. Ein derartiges Abkommen ging jedoch Deutschland zu weit. Nach langwierigen Verhandlungen mußte sich die Sowjetunion am 24. April 1926 mit dem Berliner Vertrag zufriedengeben. Die Beziehungen der beiden Länder sollten weiter auf der in Rapallo geschaffenen freundschaftlichen Basis beruhen. Für den Fall, daß eine der vertragschließenden Mächte von dritter Seite angegriffen würde, sollte die andere Macht neutral bleiben, auch bei einem eventuellen wirtschaftlichen oder finanziellen Boykott. In einem dem Vertrag angefügten Notenwechsel versprach Deutschland, etwaigen gegen die Sowjetunion gerichteten Bestrebungen innerhalb des Völkerbundes entgegenzuwirken, und betonte weiterhin, daß seine Mitgliedschaft im Völkerbund es nicht ohne weiteres verpflichte, an Sanktionsmaßnahmen gegen Rußland teilzunehmen.

Der Berliner Vertrag wurde sowohl in Deutschland wie auch in Rußland allgemein begrüßt, half er doch, das seit Jahren zwischen den beiden Mächten herrschende Mißtrauen zumindest vorübergehend zu zerstreuen. Im alliierten Lager dagegen löste das Abkommen, wie schon der Rapallo-Vertrag, große Unruhe aus, und Stresemann mußte alles daranwenden, Motivation und Zweck des Vertrages zu erklären. Dabei bezeichnete er seine Politik zwar als zweiseitig, verteidigte sie jedoch gegen den Vorwurf der Zweideutigkeit. »Deutschlands Mission in Europa ist es«, so führte er aus, »der große Neutrale zu sein«, das heißt, eine Mittelstellung und eine Vermittlerrolle zwischen West und Ost einzunehmen. Stresemann gab wohl verschiedentlich der Hoffnung Ausdruck, daß sich im Laufe der Zeit das kommunistische System mäßigen und dadurch zumindest wirtschaftliche Zusammenarbeit mit den kapitalistischen Ländern ermöglichen würde. Andererseits war er sich aber auch der Gefahr bewußt, die Deutschland von einem Staate drohte, dessen Hauptziel die Weltrevolution war. Seine größten Bemühungen galten daher auch weiterhin der Ausgestaltung engerer Beziehungen zu den Westmächten, zumal Deutschland nur von ihnen eine weitere Milderung der Versailler Bedingungen erhoffen konnte.

Die Bemühungen der Großmächte, Europas Sicherheit durch Abschluß von Einzelverträgen zu festigen, fanden ihren Höhepunkt in der Unterzeichnung des Kellogg-Paktes am 27. August 1928 in Paris. Die erste Anregung dazu kam von Briand, dem ursprünglich nur ein französisch-amerikanischer Vertrag über die Ächtung des Krieges vorgeschwebt hatte. Durch Vermittlung des amerikanischen Staatssekretärs Kellogg wurde daraus dann ein Weltfriedenspakt, dem anfangs fünfzehn, später insgesamt zweiundsechzig Nationen beitraten. Die Unterzeichner des Paktes verpflichteten sich, dem Krieg als Mittel ihrer Politik ein für allemal zu entsagen und die Lösung internationaler Konflikte ausschließlich auf dem Schiedswege zu suchen. Nichts charakterisiert die hoffnungsfrohe Stimmung der Jahre nach Locarno besser als dieser Versuch, den Krieg durch eine Anzahl von Unterschriften für immer aus der Welt zu schaffen. Ein Abkommen, das nur auf der Erfüllungsbereitschaft seiner Kontrahenten beruhte und das keinerlei Zwangsmittel gegen Vertragsverletzungen vorsah, sollte sich als ein noch schwächeres Mittel der Friedenssicherung erweisen als der Völkerbund. Die Sowjetunion war als einzige Großmacht nicht bei der Unterzeichnung des Kellogg-Paktes zugegen, trat ihm aber nachträglich bei. Um Rußlands Friedensbereitschaft weiter zu beweisen, schloß Tschitscherins Nachfolger Litwinow am 9. Februar 1929 das sogenannte Litwinow-Protokoll, eine Art osteuropäischen Nichtangriffsvertrags, mit Rußlands westlichen Nachbarn ab. Wenn Sicherheit allein auf Verträgen beruhte, dann hätte man für den europäischen Frieden nichts weiter zu fürchten brauchen. »Krieg«, so sagte Briand bei der Unterzeichnung des Kellogg-Paktes, »wird künftig als Mittel nationaler Politik vorbehaltlos geächtet.« Der französische Staatsmann befaßte sich in den letzten Jahren vor seinem Tode sogar mit Plänen für eine Art »Vereinigte Staaten von Europa«. Dieser bereits von dem österreichischen Grafen Coudenhove-Kalergi propagierte Gedanke eines »Pan-Europa« konnte sich aber gegen die nationale Eigensucht der europäischen Staaten nicht durchsetzen.

Auf der Suche der Großmächte nach wirksamen Garantien für die internationale Sicherheit während der zwanziger Jahre spielte vor allem die Abrüstungsfrage eine Rolle. Die Bemühungen des Völkerbundes waren, wie bereits dargetan, vergeblich. Nur auf einem Teilgebiet, der Abrüstung zur See, führten Verhandlungen zwischen den hauptbeteiligten Ländern zu einem gewissen Erfolg. Eine auf Einladung der Vereinigten Staaten in Washington tagende Abrüstungskonferenz hatte bereits 1922 das Stärkeverhältnis der großen Schiffseinheiten nach dem Verhältnis 5:5:3:1,75:1,75 für England, die Vereinigten Staaten, Japan, Frankreich und Italien festgelegt. Die kleineren Schiffskategorien wurden jedoch von diesen Beschränkungen nicht erfaßt. Amerika versuchte auch hier gelegentlich Abhilfe zu schaffen, scheiterte aber an dem Widerstand der anderen Mächte. Erst auf der Londoner Abrüstungskonferenz im Jahre 1930 wurde zumindest zwischen den USA, England und Japan in dieser Frage ein Übereinkommen erzielt, wobei Japan weitgehende Zugeständnisse gemacht wurden. Frankreich und Italien aber weigerten sich, ihre Rüstung zur See weiteren Beschränkungen zu unterwerfen.

Das europäische Vertragssystem zur Sicherung des Friedens, dessen Entstehung wir hier in großen Umrissen gezeichnet haben, konnte als positivstes Ergebnis die Wiedereinbeziehung Deutschlands in die internationale Politik verzeichnen. Die Weimarer Republik wurde somit nicht, wie etwa Frankreich durch Bismarcks Politik nach 1870, in die diplomatische Isolierung verbannt. Andererseits hatte jedoch Bismarck versucht, besonders durch Unterstützung französischer Kolonialbestrebungen, dem französischen Revanchegedanken die Spitze zu nehmen. Ein solches Verständnis für die Mentalität der Besiegten fehlte leider den Siegern des ersten Weltkrieges. Sonst wären sie dem deutschen Wunsch nach Revision des Kriegsschuldparagraphen, nach Rückgabe seiner Kolonien in Form von Mandaten, nach vorzeitiger Rückkehr des Saargebiets oder sogar nach einem deutsch-österreichischen Anschluß wohlwollender entgegengekommen. Die Anschlußfrage war trotz österreichischen Drängens und entgegen dem Prinzip der Selbstbestimmung schon während der Friedensverhandlungen von den Alliierten abschlägig beschieden worden. Als dann, während der Weltwirtschaftskrise nach 1929, die beiden Länder ihre Lage durch eine Zollunion zu bessern suchten, wurde auch sie als erster Schritt auf dem Wege zum politischen Anschluß abgelehnt. Gewiß hätte eine deutsch-österreichische Union einen bedeutenden Machtzuwachs für Deutschland bedeutet. Eine derartige Entwicklung hätte aber auch das innere Gefüge und den politischen Charakter der deutschen Nation zutiefst verändert und hätte gegen die Agitation des deutschen Nationalismus als eine Art Sicherheitsventil gedient. In dem zähen Festhalten an dem durch die Friedensverträge geschaffenen Status quo, trotz der im Völkerbund gegebenen Revisionsmöglichkeiten, sehen viele Historiker den Kardinalfehler der alliierten Nachkriegspolitik. Besonders den Franzosen wird oft vorgeworfen, in ihrer Politik des Entgegenkommens gegenüber Stresemann zu kleinlich und zu zögernd gehandelt zu haben. Der Grund für diese Politik des »too little and too late« lag in dem fortgesetzten Mißtrauen Frankreichs. Inwieweit dieses Mißtrauen berechtigt war, ist schwer zu sagen. Angesichts der nationalistischen Haltung der deutschen Rechtsparteien und im Hinblick auf die Versuche Deutschlands, die Abrüstungsbestimmungen des Versailler Vertrags zu umgehen, ist die französische Angst vor Deutschland immerhin verständlich.

Die europäische Wirtschaftsnot und das Reparationsproblem

Die wirtschaftlichen Folgen des Krieges waren für Sieger wie für Besiegte katastrophal. Die Wirtschaft der Westmächte erlebte zwar bei Kriegsende einen kurzen Aufschwung, hauptsächlich durch die plötzliche Nachfrage nach Verbrauchsgütern. Schon 1920 setzte jedoch eine Wirtschaftskrise ein, von der kein Land verschont blieb. Die gesamte europäische Industrie hatte fünf Jahre nach Beendigung des Krieges nur etwa zwei Drittel ihrer Vorkriegsproduktion wiedererreicht, und der Welthandel lag noch 1923 mehr als zwanzig Prozent unter seinem früheren Umsatz. Als Gradmesser für die Wirtschaftsnot der Nachkriegszeit mag die Arbeitslosigkeit gelten. Während sie kurz vor dem Weltkrieg sowohl in Deutschland wie in England etwa zwei vom Hundert betragen hatte, fiel sie während der zwanziger Jahre in Deutschland nie unter sieben Prozent, und in England waren stets mindestens zehn Prozent der Werktätigen ohne Arbeit.

Die Gründe für den Rückgang der europäischen Wirtschaft lagen sowohl in den Einwirkungen des Krieges selbst als in den Folgen der Friedensverträge. Die Abtrennung lebenswichtiger deutscher Industriegebiete, die territoriale Zerstückelung Österreich-Ungarns und die beim Waffenstillstand erzwungenen Sachlieferungen machten die an sich schon kritische Situation der Mittelmächte noch hoffnungsloser. Dazu kamen dann die grenzenlos erscheinenden Reparationsforderungen der Alliierten. Die Siegermächte ihrerseits profitierten zwar von den Opfern der Besiegten, doch war auch ihre Lage keineswegs günstig. Insbesondere Frankreich litt unter der Verwüstung seiner wichtigsten Industriegebiete, und in weiten Teilen Osteuropas machte sich das Fehlen von Viehbeständen, Saatgut und landwirtschaftlichen Maschinen in einem starken Rückgang der landwirtschaftlichen Produktion fühlbar. Der Verlust wichtiger Absatzgebiete war ein weiterer Grund für Europas anhaltende Wirtschaftsnot. Der russische Markt fiel auf Jahre hindurch fast vollkommen aus, und in überseeischen Ländern erschwerte die Konkurrenz der Vereinigten Staaten und Japans die Wiederanknüpfung der früheren Handelsbeziehungen. Die Wiederbelebung des Welthandels wurde ferner durch eine allgemeine Schutzzollpolitik behindert. Wie auf dem politischen Gebiet, so war auch in der Wirtschaft das starke Zunehmen nationalistischer Tendenzen ein Hauptmerkmal der Nachkriegszeit.

Die Wirtschaftskrise der Nachkriegsjahre erschwerte besonders die Wiedergesundung der durch den Krieg zerrütteten öffentlichen Finanzen. Die kriegführenden Mächte hatten den größten Teil ihrer Kriegskosten durch Anleihen gedeckt, wobei die Alliierten sich gegenseitig unterstützt hatten, während die Mittelmächte den Krieg hauptsächlich durch interne Kriegsanleihen finanzierten. Die Schuldenlast auf beiden Seiten war bei Ende des Krieges erdrückend. Versuche, sie durch Steuererhöhung allmählich zu mindern, hatten nur begrenzten Erfolg und behinderten den wirtschaftlichen Wiederaufstieg. Weit wirksamer in der Tilgung der Kriegsschulden erwies sich die zunehmende Inflation der europäischen Währungen. Dieser Entwertungsprozeß hatte bereits während des Krieges begonnen und erreichte seinen Höhepunkt in den zwanziger Jahren. Das englische Pfund hatte 1920 nur noch etwa zwei Drittel seines früheren Wertes, konnte aber durch strenge Sparmaßnahmen und erhöhte Besteuerung allmählich wieder auf seinen alten Kurs gebracht werden. Der französische Franc fiel bis 1926 auf zehn Prozent seines Vorkriegswertes und wurde schließlich auf ein Fünftel stabilisiert. Die italienische Währung verlor etwa drei Viertel ihres früheren Wertes. In Deutschland, Österreich und Rußland nahm die Inflation derart astronomische Formen an, daß sie praktisch einer völligen Entwertung gleichkam. Die sozialen Folgen dieser besonders die Ersparnisse des Mittelstandes treffenden Enteignung waren natürlich verheerend. Anderseits befreite die Geldentwertung die Regierungen von ihren inneren Schulden und hinterließ nur die Tilgung der Auslandsschulden als wichtigste Aufgabe ihrer Finanzpolitik.

Die Auslandsschulden der Großmächte fielen in zwei Kategorien: die Schulden der Alliierten untereinander und die Reparationsverpflichtungen der Besiegten gegenüber den Siegermächten. Es handelte sich hier zwar um zwei voneinander getrennte Verpflichtungen, bei deren Erfüllung sich jedoch nach und nach ein gewisses Abhängigkeitsverhältnis ergab. Was die interalliierten Schulden betraf, so hatte Amerika zehn und England acht Milliarden

Dollars Anleihen während des Krieges an verbündete Staaten gewährt. England seinerseits schuldete den Vereinigten Staaten ungefähr vier Milliarden, Frankreich schuldete England und den USA etwa fünf Milliarden, und Rußland, Belgien, Italien und einige der kleineren Staaten schuldeten Frankreich zweieinhalb Milliarden Dollars. Als einfachster Ausweg aus diesen verwickelten Schuldverhältnissen schlugen sowohl England wie Frankreich nach Kriegsende die gegenseitige Streichung sämtlicher Verpflichtungen vor. Die hierdurch hauptsächlich betroffenen Vereinigten Staaten weigerten sich aber, den Vorschlag anzunehmen. Die amerikanische Regierung war bestenfalls bereit, durch Erleichterung der Rückzahlungsbedingungen ein gewisses Entgegenkommen zu zeigen. England gewährte seinen Gläubigern ähnliche Erleichterungen.

Angesichts der amerikanischen Unnachgiebigkeit waren die Siegermächte mehr denn je auf ihre Entschädigungsansprüche gegenüber den Besiegten angewiesen. Dabei erwies sich die wirtschaftliche Lage Österreichs bald als derart hoffnungslos, daß die Alliierten schon 1921 auf Eintreibung ihrer Reparationsforderungen verzichten mußten. Deutschland blieb somit als Hauptschuldner übrig, und die alliierten Versuche, es zur Erfüllung seiner Verpflichtungen anzuhalten, machten die Reparationsfrage alsbald zum Mittelpunkt fast sämtlicher internationaler Konferenzen. Die Höhe der deutschen Reparationslasten war bei den Friedensverhandlungen offengelassen und eine interalliierte Reparationskommission mit ihrer endgültigen Festsetzung beauftragt worden. Inzwischen sollte Deutschland, gewissermaßen als erste Rate, zwanzig Milliarden Mark in Gold und Sachlieferungen leisten. Auf der Londoner Konferenz Anfang 1921 versuchten die Alliierten, sich mit Deutschland über die Höhe der Reparationen zu einigen. Dabei ergaben sich aber Differenzen sowohl über die bereits geleisteten als auch über die noch zu leistenden Zahlungen. Um ihren Forderungen den nötigen Nachdruck zu verleihen, besetzten französische Truppen im März 1921 die Städte Düsseldorf, Ruhrort und Duisburg. Ein Präzedenzfall für die spätere Besetzung des gesamten Ruhrgebiets war geschaffen. Einige Wochen später setzte die Reparationskommission die Gesamtsumme der Reparationen auf hundertzweiunddreißig Milliarden Goldmark fest. Dieser Betrag lag unter den bisher von den Alliierten erhobenen Forderungen, ging jedoch weit über das während der Londoner Konferenz gemachte deutsche Gegenangebot von fünfzig Milliarden hinaus. Nach anfänglichem Widerstand nahm Deutschland am 11. Mai 1921 die in Form eines Ultimatums übermittelten alliierten Forderungen an.

Deutschland versuchte in der Folgezeit seinen Verpflichtungen nachzukommen, geriet dabei jedoch in derartige finanzielle Schwierigkeiten, daß es mit seinen Zahlungen bald wieder in Rückstand geriet. Versuche, durch Zahlungsaufschub eine Erleichterung zu gewinnen, scheiterten hauptsächlich am Widerstand der Franzosen. Frankreich standen auf Grund eines Abkommens unter den Gläubigermächten zweiundfünfzig Prozent der Reparationen zu. Da es seinerseits gegenüber England und Amerika verschuldet war und ihm aus dem Wiederaufbau seiner zerstörten Ostgebiete hohe Unkosten erwuchsen, waren die Reparationen eine für Frankreichs Wirtschaft lebenswichtige Einnahmequelle. Deutschlands Rückstand in seinen Reparationsleistungen wurde von Frankreich als böswillige Zahlungsweigerung ausgelegt. Man warf der deutschen Regierung zu große Nachsicht in der Besteuerung des deutschen Volkes vor, ja sie wurde sogar verdächtigt, die Flucht deutschen Kapitals ins Ausland zu begünstigen und den Verfall der deutschen Währung zu fördern, um durch einen finanziellen Zusammenbruch den Reparationsverpflichtungen zu entgehen.

Während Frankreich unnachgiebig auf Eintreibung seiner Reparationsforderungen bestand, machte sich in England allmählich eine konziliantere Haltung bemerkbar. Deutschland war vor dem Weltkrieg der Hauptabnehmer englischer Erzeugnisse gewesen, und die Wiedererschließung des deutschen Marktes erschien der englischen Wirtschaft wichtiger als die Bezahlung von Reparationen, die, wie im Beitrag »Weltwirtschaft und Weltwirtschaftskrise« ausgeführt, letzten Endes doch nur durch einen Exportüberschuß, das heißt durch deutsche Konkurrenz auf dem Weltmarkt, geleistet werden konnten. Schon 1921 hatte sich England bereit erklärt, bei gleichzeitiger Streichung der interalliierten Schulden auf seinen Reparationsanteil zu verzichten. Zwei Jahre später schlug die Regierung Bonar Laws eine fünfzigprozentige Kürzung der deutschen Verpflichtungen und ein vierjähriges Moratorium vor. Inzwischen war jedoch in Frankreich das einer maßvolleren Politik geneigte Kabinett Briand durch Poincaré ersetzt worden, und der englisch-französische Gegensatz in der Reparationsfrage wurde größer als je zuvor. Er erreichte seinen Höhepunkt in der bereits erwähnten Besetzung des Ruhrgebiets, von der sich die Engländer offiziell distanzierten.

Die Ruhrbesetzung dauerte bis Ende 1924, obwohl Deutschland seinen passiven Widerstand bereits ein Jahr früher beendet hatte. Sie hatte sowohl für Frankreich wie für Deutschland die nachteiligsten wirtschaftlichen Folgen und bewies, daß eine Lösung des Reparationsproblems durch militärische Gewaltmaßnahmen unmöglich war. Bereits im Dezember 1922 hatte der amerikanische Staatssekretär Charles Evans Hughes die Prüfung der Reparationsfrage durch eine internationale Kommission von Wirtschaftssachverständigen vorgeschlagen. Ein solcher Ausschuß wurde ein Jahr später von der Reparationskommission ernannt. Als Ergebnis seiner Beratungen wurde der nach dem amerikanischen Finanzier Charles G. Dawes benannte Reparationsplan im April 1924 von den Alliierten und von Deutschland angenommen. Nach dem Dawes-Plan sollte Deutschland jährlich Zahlungen leisten, die von einer Milliarde bis auf zweieinhalb Milliarden Mark ansteigen sollten. Bei der Festsetzung der Jahresraten sollte der jeweilige Stand der deutschen Wirtschaft in Betracht gezogen werden. Der Transfer dieser Summen sollte durch einen besonderen Ausschuß unter Leitung eines Reparationsagenten als Vertreter der Gläubigermächte erfolgen. Zur Entrichtung der ersten Rate wurde Deutschland ein Darlehen von achthundert Millionen Mark gewährt. Die folgenden Beträge sollten hauptsächlich aus Steuereinnahmen und aus dem Gewinn der unter ausländische Aufsicht gestellten Reichsbahngesellschaft beglichen werden.

Mit dem Dawes-Plan entspannte sich die internationale Lage spürbar; das zeigte sich dann auch ein Jahr später in Locarno. In der Zeit vor 1930 zahlte Deutschland pünktlich seine jährlichen Raten von insgesamt über sieben Milliarden Goldmark. Die Alliierten konnten damit ihre gegenseitigen finanziellen Verpflichtungen sowie ihre Schulden Amerika gegenüber begleichen. Deutschlands Zahlungsfähigkeit wurde allgemein als Zeichen seiner wirtschaftlichen Wiedergesundung angesehen. Sie war jedoch, weit mehr, als man sich damals bewußt war, vom Zustrom ausländischen Geldes abhängig, das mit der Stabilisierung der deutschen Mark und der vertrauenerweckenden Außenpolitik Stresemanns als Anleihen nach Deutschland floß, besonders aus den Vereinigten Staaten. Bis 1929 strömten so allein aus Amerika mehr als sechzehn Milliarden Mark in die deutsche Privatwirtschaft und in die öffentliche Hand. Die hierdurch ermöglichten Modernisierungs- und Rationalisierungsmaßnahmen überstiegen bald das für Deutschlands Wirtschaft tragbare Maß. Deutsche wie ausländische Beobachter, unter ihnen Stresemann und der Reparationsagent Parker Gilbert, beobachteten diese Entwicklung mit Besorgnis. Wie berechtigt ihre Sorge war, sollte sich während der Weltwirtschaftskrise zeigen.

Schon vor der großen Krise hatte der Zustrom amerikanischen Kapitals, dem in dem Spekulationsfieber des amerikanischen Finanzmarktes größere Gewinne winkten, allmählich abgenommen. Als die jährliche Reparationsrate unter dem Dawes-Plan das vorgesehene Höchstmaß von zweieinhalb Milliarden erreicht hatte – eine zeitliche Begrenzung der Reparationszahlungen war nicht festgesetzt –, schien der Augenblick gekommen, das Provisorium des Dawes-Planes durch eine endgültige Regelung der Reparationen zu ersetzen. Das geschah in langen Verhandlungen, die sich durch das ganze Jahr 1929 hinzogen und in denen Deutschland zum erstenmal als vollberechtigter Partner in Reparationsdingen mitsprechen konnte. Der nach dem amerikanischen Sachverständigen Owen D. Young benannte Young-Plan wurde am 20. Januar 1930 im Haag unterzeichnet. Deutschland verpflichtete sich, für einen Zeitraum von neunundfünfzig Jahren jährlich durchschnittlich 1,9 Milliarden Reichsmark zu zahlen. Es erhielt die Verantwortung für den Transfer dieser Summen zurück, doch war die Möglichkeit eines zweijährigen Transfer-Moratoriums vorgesehen. Auch sonst wurde etwaigen deutschen Zahlungsschwierigkeiten Rechnung getragen. Nur ungefähr ein Drittel der jährlichen Rate sollte als unbedingt zahlbar gelten, während der Restbetrag, im Falle einer Gefährdung der deutschen Wirtschaft, gestundet werden konnte. Die Gläubigerländer behielten sich jedoch das Recht von Sanktionsmaßnahmen vor, falls der Internationale Gerichtshof Deutschland der böswilligen Zahlungsverweigerung für schuldig befinden sollte. In einer gleichzeitig abgeschlossenen Sonderabmachung der Gläubigermächte verpflichteten sich diese, etwaige ihnen gewährte Erleichterungen in der Begleichung ihrer gegenseitigen Schulden durch eine Herabsetzung der jährlichen Reparationsraten auch Deutschland zugute kommen zu lassen. Damit wurde der Zusammenhang zwischen Reparationen und interalliierten Schulden zum erstenmal offiziell zum Ausdruck gebracht. Amerika weigerte sich jedoch auch weiterhin, diesen Zusammenhang anzuerkennen.

Der Young-Plan sollte kaum noch praktische Bedeutung haben. Die allmählich von Amerika auf Europa übergreifende Wirtschaftskrise ließ Deutschland bald wieder mit seinen Leistungen in Verzug geraten. Wie bereits erwähnt, wurde das Reparationsproblem auf der Lausanner Konferenz im Juni 1932 endgültig begraben und Deutschland der Rest seiner Verpflichtungen gegen das Versprechen einer Schlußzahlung von drei Milliarden Goldmark erlassen. Der Versuch der Alliierten, gleichzeitig von Amerika die Streichung ihrer eigenen Schulden zu erwirken, schlug fehl. Über den Gesamtwert der von Deutschland geleisteten Reparationen gehen die Meinungen auseinander. Während es sich nach deutscher Berechnung um mehr als fünfzig Milliarden Goldmark handelte, erkannten die Alliierten maximal eine Summe von zwanzig Milliarden an. Die Differenz rührt hauptsächlich von einer unterschiedlichen Bewertung der deutschen Sachlieferungen her. Zwei Tatsachen stehen jedoch fest: Deutschland leistete weit weniger an Reparationen, als ursprünglich vorgesehen war, und es erhielt in Form ausländischer Anleihen mehr, als es an Reparationen verausgabte. Die Zahlung der Reparationen wird oft als eine Art Kreislauf amerikanischen Geldes angesehen. Deutschland bezahlte die Alliierten aus amerikanischen Anleihen, und die Alliierten leiteten dann das Geld zur Bezahlung ihrer eigenen Schulden an Amerika zurück. Diese Darstellung, obwohl sehr vereinfacht, erkennt ganz richtig den Zusammenhang zwischen Reparationen und interalliierten Schulden. Inwieweit Deutschland durch einschneidende Spar- und Steuermaßnahmen seine Reparationszahlungen hätte erhöhen können, ist schwer festzustellen. Selbst die nur teilweise Erfüllung der deutschen Verpflichtungen zeigte jedoch, daß der Transfer größerer Kapitalmengen nicht nur das wirtschaftliche Gleichgewicht des Schuldners, sondern auch das der Gläubiger störte. Der Kampf um die Erfüllung der Reparationen, von Winston Churchill als »eine traurige Geschichte komplizierter Idiotie« bezeichnet, bewies somit die Zweischneidigkeit wirtschaftlicher Vergeltungsmaßnahmen in einem Zeitalter engster internationaler Wirtschaftsverflechtung.

Ganz neu war in den zwanziger Jahren der Einfluß, den die Vereinigten Staaten auf das Wirtschaftsleben gewannen. Nicht nur war das Reparationsproblem eng mit der Verschuldung der Alliierten an Amerika verbunden, sondern auch der wirtschaftliche Wiederaufstieg Europas wurde durch amerikanische Kredite gefördert. Dabei handelte es sich leider nicht um langfristige Darlehen durch die Regierung, sondern hauptsächlich um kurzfristige Anleihen aus privater Hand. Die amerikanische Regierung, ganz im Gegensatz zu ihrer Haltung nach dem zweiten Weltkrieg, schien sich damals noch nicht der Verantwortung bewußt zu sein, die ihrem Lande, als der führenden Gläubigermacht, plötzlich zugefallen war. Das zeigte sich nicht nur in ihrer Anleihe, sondern auch in ihrer Handelspolitik. Statt ihren Schuldnern die Rückzahlung der Schulden über den allein möglichen Weg eines Exportüberschusses zu erleichtern, führten die Vereinigten Staaten in dem Fordney-McCumber Tariff Act von 1922 eine scharfe Zollerhöhung durch, die alsbald in der Zollgesetzgebung der europäischen Staaten ihren Widerhall fand. Nur England ließ sich in den allgemeinen Zollkrieg nur zögernd ein und begann erst 1932 eine intensive Schutzzollpolitik. Zahlreiche Warnungen europäischer Wirtschafter gegen eine derart kurzsichtige Handelspolitik nötigten schließlich den Völkerbund, im Frühjahr 1927 eine Weltwirtschaftskonferenz nach Genf einzuberufen. In ihrem Schlußbericht forderten die Delegierten der etwa fünfzig teilnehmenden Staaten ihre Regierungen auf, unverzüglich den Abbau der den internationalen Handel gefährdenden Zollschranken einzuleiten. Ehe damit begonnen werden konnte, brach die Weltwirtschaftskrise aus. Ihre Ursachen lagen nicht zuletzt in der Schutzzollpolitik der vorhergehenden Jahre.

Abgesehen von ihren Bedenken hinsichtlich der Zölle waren jedoch die Teilnehmer an der Weltwirtschaftskonferenz durchaus optimistisch. Nach den Worten ihres Vorsitzenden stand die Welt »an der Schwelle einer neuen Ära, in der der internationale Handel die ihn noch hemmenden Hindernisse beseitigen und eine allgemeine Wiederaufwärtsbewegung erleben wird, die zugleich Zeichen einer gesunden Weltwirtschaft wie Vorbedingung der weiteren Zivilisationsentwicklung ist«. Europas Wirtschaftsleben nach 1925 ließ solchen Optimismus durchaus berechtigt erscheinen. Frankreich hatte mit bewundernswerter Energie seine zerstörten Gebiete wiederaufgebaut, seine Industrie modernisiert und seine Währung stabilisiert. Deutschland hatte sich von dem Schock der Inflation erholt, und die Nachfrage nach lange entbehrten Verbrauchsgütern, eine rege Bautätigkeit sowie durch ausländische Anleihen ermöglichte öffentliche Arbeiten ließen die Zahl der Arbeitslosen auf etwas über eine halbe Million absinken. Eine weitgehende Rationalisierung der Industrie gab Deutschland innerhalb kurzer Zeit die industrielle Führung in Europa und den zweiten Platz hinter Amerika in der Welt. Englands Wirtschaft erholte sich sehr viel langsamer und wurde 1926 durch einen Generalstreik schwer erschüttert. Sein Festhalten am Goldstandard, seine veralteten Produktionsmethoden sowie der hohe Lebensstandard seiner Arbeiter erschwerten der einst führenden Industriemacht die Konkurrenz auf dem Weltmarkt. In Italien war der faschistischen Regierung in ihrem Versuch, die Wirtschaft von ausländischer Einfuhr, besonders auf landwirtschaftlichem Gebiet, unabhängig zu machen, ein durch Propaganda aufgebauschter Erfolg beschieden. Selbst in der Sowjetunion bewirkte die Neppolitik (Neue Ökonomische Politik) der zwanziger Jahre mit ihrer teilweisen Rückkehr zu kapitalistischen Wirtschaftsmethoden eine allmähliche Überwindung der Folgen von Krieg und Revolution.

Die scheinbare Erholung des europäischen Wirtschaftslebens hatte aber auch ihre schwachen Punkte. Sie blieb hauptsächlich auf die Industrie beschränkt, während die Landwirtschaft auch weiterhin durch Überproduktion und Konkurrenz außereuropäischer Länder an einer Absatzkrise litt. Die dadurch verursachte Schwächung der bäuerlichen Kaufkraft wirkte auch auf die Industrie. Niedere Arbeitslöhne hatten die gleiche Wirkung. Die durch Kredite ermöglichte spekulative Ausweitung der Produktion überstieg somit das Kaufvermögen der Konsumenten. Die tieferen Ursachen der durch den amerikanischen Börsenkrach am 24. Oktober 1929 ausgelösten Wirtschaftskrise werden im folgenden Kapitel ausführlicher behandelt werden. Eine ihrer wichtigsten Folgeerscheinungen war die Abdrosselung und Einziehung kurzfristiger Anleihen. Damit wurde der europäischen und insbesondere der deutschen Wirtschaft das Lebensblut entzogen und eine Katastrophe von weltweiten Ausmaßen eingeleitet.

Die Krise der Demokratie

Die politischen und wirtschaftlichen Folgen des Weltkrieges stellten die europäischen Mächte vor Aufgaben, deren Bewältigung eine zielbewußte und straffe Staatsführung erforderte. Hinzu kam, daß die Völker schon während des Krieges sich an eine Stärkung der Exekutivgewalt gewöhnt hatten und auch weiterhin die Lösung ihrer Probleme von einer kraftvollen Regierung erwarteten. Das war vor allem dort der Fall, wo die liberal-demokratische Regierungsform verhältnismäßig neu war. In Ländern, wie Deutschland, Österreich und Italien, fanden die Regierungen sich bald nach dem Kriege von antiliberalen Tendenzen sozialistischer, kommunistischer oder faschistischer Richtung bedrängt. Länder mit parlamentarischer Tradition, wie England und Frankreich, fanden es leichter, autoritären Bestrebungen zu widerstehen, obwohl sich auch hier in Zeiten nationaler Krisen eine Sammlung der politischen Kräfte in überparteilichen und dadurch praktisch unabhängigen Regierungen bemerkbar machte. Der von den Westmächten begrüßte Sieg der Demokratie erwies sich bald als Scheinsieg.

Die innere Entwicklung Englands in der Nachkriegszeit zeichnete sich, im Gegensatz zu den Unruhen auf dem Kontinent, durch eine gewisse Stetigkeit aus. Mit Einführung des allgemeinen Wahlrechts in den Reformgesetzen von 1918 und 1928 wurde der gesamten erwachsenen Bevölkerung Einfluß auf die Politik gegeben. Die Wiederwahl der von Lloyd George geführten nationalen Koalitionsregierung in den Khaki-Wahlen des September 1918 und eine kurze Belebung der Wirtschaft erleichterten die Wiederkehr geordneter Verhältnisse. Die bereits 1920 einsetzende Wirtschaftskrise hatte aber bald auch politische Auswirkungen, die eine allmähliche Wandlung im Kräfteverhältnis der in der Koalition vereinten Parteien zur Folge hatten. Der Stimmenverlust der liberalen Partei war teils auf ihre innere Spaltung, teils auf außenpolitische Mißerfolge Lloyd Georges, speziell in Irland und Indien, zurückzuführen. Ein tieferer Grund für den Niedergang der Liberalen lag aber im Versagen ihrer Wirtschaftspolitik, die sich nach wie vor in den Bahnen des klassischen *Laissez-faire* bewegte. Die Konservativen unter Stanley Baldwin andererseits wie auch die Labour Party unter Ramsay MacDonald sahen Englands Rettung in zunehmendem Einfluß des Staates auf die Wirtschaft. Die Konservativen dachten an die Einführung von Schutzzöllen, während die Arbeiterpartei ein gemäßigtes Sozialisierungsprogramm verfocht.

Die politische Führung in England während der zwanziger Jahre lag bei den Konservativen, die schon in der Koalitionsregierung die Mehrheit gehabt hatten und nach den Wahlen von 1922 die alleinige Verantwortung übernahmen. Ihre Versuche, die in dem Safeguarding of Industries Act von 1921 verhängten Schutzmaßnahmen in ein regelrechtes Schutzzollsystem zu verwandeln, trafen jedoch auf den Widerstand der anderen Parteien. Als zweitstärkste Partei übernahm die Labour Party im Januar 1924 kurz die Führung, mußte sie aber schon im November wieder an die Konservativen zurückgeben, die sich dann bis 1929 behaupteten. Wenn auch England in diesen Jahren an der allgemeinen Erholung der europäischen Wirtschaft teilhatte, so gelang es nicht, die Probleme der Arbeitslosigkeit und des finanziellen Defizits zu meistern. Die Maiwahlen des Jahres 1929 brachten der konservativen Partei eine entscheidende Niederlage. Die siegreiche Arbeiterpartei unter Führung MacDonalds verfügte aber nicht über die nötige Mehrheit, um ihre Wirtschaftspläne verwirklichen zu können. Erst die im Jahre 1931 wiederum mit konservativer Mehrheit gebildete Koalitionsregierung wertete das Pfund ab und führte einen zehnprozentigen Schutzzoll ein, so daß sich die Wirtschaftslage allmählich besserte.

Trotz seiner unausgesetzten wirtschaftlichen Schwierigkeiten in den zwanziger Jahren blieb England von schweren inneren Unruhen verschont. Selbst der durch die Notlage in der Kohlenindustrie ausgelöste Generalstreik von 1926 verlief ohne ernsthafte Zwischenfälle. Radikale Strömungen kommunistischer und faschistischer Richtung hatten bei der dem englischen Temperament eigenen Mäßigung wenig Erfolg. Die 1924 von der ersten Arbeiterregierung aufgenommenen Beziehungen zur Sowjetunion wurden nach der Veröffentlichung eines angeblich von Sinowjew stammenden Briefes, der Englands Massen zur Revolution aufzurufen versuchte, bald wieder abgebrochen. Die Niederlage der Labour Party im Oktober 1924 wird hauptsächlich auf die Angst vor der »roten Gefahr« zurückgeführt. Die konservative Regierung andererseits verlor viele Anhänger durch die reaktionären Beschränkungen der Gewerkschaftstätigkeit, die sie nach Beilegung des Generalstreiks einführte. Sowohl Konservative wie Arbeiterpartei bemühten sich durch Ausgestaltung der sozialen Gesetzgebung, das Niveau der Arbeiterklasse zu heben. Das Festhalten an einer stabilen Währung erschwerte zwar die Konkurrenz auf dem Weltmarkt, bewahrte aber gleichzeitig Englands Mittelstand vor den demoralisierenden Folgen einer Inflation und trug damit weiter zur Erhaltung des inneren Friedens bei.

Die französische Politik der zwanziger Jahre war sehr viel komplizierter und unausgeglichener als die Englands. Das lag zum Teil an den Auswirkungen des Krieges, der in Frankreich Land und Leute ungemein schwerer in Mitleidenschaft gezogen hatte, ging aber hauptsächlich auf die Verworrenheit seines Regierungssystems zurück, das durch proportionale Wahlen zustande kam und auf einer Vielzahl von Parteien und Interessengruppen beruhte. In dem Jahrzehnt zwischen Friedensschluß und Weltwirtschaftskrise wurde Frankreich von achtzehn Kabinetten unter neun verschiedenen Ministerpräsidenten regiert. In den ersten fünf Nachkriegsjahren lag die Führung bei einem nationalen Block aus konservativen Parteien der Rechten und der Mitte, dessen wichtigstes Kabinett, unter Poincaré, von Anfang 1922 bis Mitte 1924 dauerte. Außenpolitische Mißerfolge führten dann zum Wahlsieg eines Linkskartells, in dem Herriot und Briand die führende Rolle spielten und das sich bis Mitte 1926 hielt. Anhaltende wirtschaftliche Schwierigkeiten ließen schließlich auch Frankreich sein Heil in einer großenteils aus ehemaligen Ministerpräsidenten bestehenden nationalen Regierung suchen, die unter Poincaré die für Frankreich ungewöhnlich lange Lebensdauer von drei Jahren erreichte.

Die Nachkriegspolitik Frankreichs sah im einzelnen weit uneinheitlicher aus, als es in dieser kurzen Zusammenfassung erscheinen mag. Weit mehr als England bestimmten in Frankreich außenpolitische Faktoren die Innenpolitik, besonders soweit sie das Sicherheitsproblem und das Verhältnis zu Deutschland betrafen. Die dringlichste Aufgabe der französischen Regierung war der Wiederaufbau der verwüsteten Grenzgebiete des Nordostens, dessen Kosten sich auf mehr als hundert Milliarden Francs beliefen. Da Deutschland vor 1924 mit seinen Reparationszahlungen weit im Rückstand blieb, sah sich Frankreich gezwungen, weitere innere Anleihen aufzunehmen. Als Ergebnis dieser Leihpolitik schuldete die Regierung dem französischen Volke Ende 1925 etwa dreihundert Milliarden Francs. Die zunehmende Finanzkrise, die sich besonders im Verfall der Währung zeigte, war endgültig nur durch ein rigoroses Steuerprogramm zu beheben. Die von dem Linkskartell unter Herriot erstrebte Besteuerung der großen Vermögen und Einkommen fand jedoch den Widerstand der Rechtsparteien. Erst als die fortschreitende Inflation im Frühjahr 1926 zu immer ernsteren Massendemonstrationen in Paris und zu Unruhen in den Provinzen führte, gelang es einer überparteilichen Regierung unter Poincaré durch großangelegte

Steuerreformen und Sparmaßnahmen »den Franc zu retten«. Der Abschluß der Wiederaufbauarbeiten sowie die regelmäßige Zahlung der deutschen Reparationen verhalfen dann Frankreich zu einer Gesundung seiner Wirtschaft, die auch zu einer Stabilisierung der politischen Verhältnisse führte. Frankreichs Finanzen zeigten 1928 einen Überschuß, die nie sehr zahlreichen Arbeitslosen verschwanden vollkommen, und Lohnerhöhungen sowie ein im Jahre 1930 eingeführtes umfassendes Sozialgesetz ließen auch die Arbeiterschaft an der wirtschaftlichen Besserung teilhaben. Sie war jedoch zu kurzlebig, um die wirtschaftlichen und sozialen Gegensätze zu überbrücken. Der Protest gegen die bestehende Wirtschaftsordnung fand seinen Ausdruck in den radikalen Linksparteien, die 1932 insgesamt zwei Fünftel der Sitze in der Deputiertenkammer innehatten. Den Kommunisten gehörten davon jedoch nur etwa dreieinhalb Prozent.

Während sich in Frankreich die Radikalisierung des politischen Lebens erst in den dreißiger Jahren zu einer wirklichen Gefahr für die Demokratie auswirken sollte, stand die deutsche Regierung bereits seit Ende des Krieges im fortwährenden Kreuzfeuer der Extreme von links und rechts. Auch die Weimarer Republik wurde durch ein Wahlsystem geschwächt, das die politische Zersplitterung begünstigte und die Bildung arbeitsfähiger Mehrheitsregierungen erschwerte. Dazu kam, daß der Friedensvertrag Deutschland vor Probleme stellte, die nur durch tatkräftige Mithilfe des deutschen Volkes gelöst werden konnten. Eine solche Unterstützung wurde der neuen Republik jedoch nur selten zuteil. Die Mehrzahl der Deutschen hatte zwar die schon vor der Revolution begonnene Demokratisierung ihres Staatslebens begrüßt, hätte sie aber lieber im Rahmen einer konstitutionellen Monarchie gesehen. Dennoch hätte sich die Republik wohl im Laufe der Zeit durchgesetzt, wäre sie ihrer inneren und äußeren Schwierigkeiten Herr geworden. Die kurze Spanne wirtschaftlicher Aufwärtsentwicklung nach 1924 stärkte zwar die staatsbejahenden Parteien der gemäßigten Linken und der Mitte, der Abstieg in die Wirtschaftskrise nach 1929 besiegelte dann aber endgültig das Schicksal der Republik.

Eine Bejahung des neuen Staates wurde vor allem von den in der Monarchie benachteiligten sozialistischen Arbeitern erwartet. Für die Arbeiterschaft brachten aber bereits die ersten Nachkriegsjahre große Enttäuschungen. Die von den Sozialdemokraten unterstützte Bekämpfung kommunistischer Aufstände, die bis Ende 1923 währten, vertiefte die schon im Kriege begonnene Spaltung der sozialistischen Front und machte ein Zusammengehen von Kommunisten und Sozialdemokraten, selbst in Zeiten ernster Gefahr, unmöglich. Die KPD, die in den Wahlen der zwanziger Jahre meist etwa zehn Prozent der Stimmen erhielt, gehörte so von Anbeginn zu den heftigsten Gegnern der Republik. Die SPD blieb bis Mitte 1932 die stärkste Partei, verfügte aber nie über die nötige Mehrheit, um ihr gemäßigtes Sozialisierungsprogramm durchsetzen zu können. Die wegen der Kriegsfolgen notwendige Anspannung der deutschen Wirtschaft sowie die finanzielle Entlastung der Industrie durch die Inflation führten im Gegenteil zu einer weiteren Stärkung der kapitalistischen Wirtschaftsordnung. Trotz des Fehlschlagens ihrer Hoffnungen erwiesen sich die Sozialdemokraten als loyalste Stütze der Weimarer Republik, obwohl sie sich von den Koalitionsregierungen meist fernhielten und nur zu Beginn und Ausgang der zwanziger Jahre selbst die Führung übernahmen.

Die bürgerlichen Parteien der Weimarer Republik stammten meist noch aus kaiserlicher Zeit. Unter ihnen waren nur das Zentrum und die Demokratische Partei wirkliche Anhänger des neuen Staates. Ein Teil der aus den Nationalliberalen hervorgegangenen Deutschen Volkspartei und die als Nachfolger der Konservativen geltenden Deutschnationalen machten aus ihrer monarchistischen Gesinnung kein Hehl. Dem Zentrum fiel, weniger seiner Stärke als seiner Zwischenstellung wegen, ein besonderer Einfluß zu; es nahm an sämtlichen Regierungen vor 1932 teil und führte die Mehrzahl von ihnen. Die führende Stellung des Bürgertums zeigte sich außerdem durch seine Rolle in der Verwaltung, der Justiz wie auch im Erziehungswesen. Selbst Angehörige der Aristokratie hatten in der Republik Einfluß, besonders in der höheren Verwaltung, im auswärtigen Dienst und in der Armee. Die deutsche Revolution hatte zwar eine gewisse Demokratisierung, jedoch keineswegs eine grundlegende Wandlung des politischen, wirtschaftlichen und sozialen Gefüges bewirkt.

Die Abneigung oder die Gleichgültigkeit, die viele Deutsche dem neuen Staate entgegenbrachten, beruhte zum Teil darauf, daß sie die Republik und ihre Führer für den Verlust des Krieges wie für das Versailler »Diktat« verantwortlich machten. Die gehässige Propaganda rechtsstehender Kreise war besonders verhängnisvoll. Mit Schlagworten, wie »Dolchstoß«, »Novemberverbrecher«, »Erfüllungspolitik« und »Schuldknechtschaft«, suchten nicht nur verantwortungslose Demagogen vom Schlage Hitlers, sondern ernstzunehmende Persönlichkeiten, wie Hindenburg, Helfferich und Hugenberg, die nationalen Leidenschaften gegen die gemäßigte Politik der Mittel- und Linksparteien aufzustacheln. Zu den Umsturzversuchen der Kommunisten gesellten sich in der Zeit vor 1924 eine Reihe von Putschversuchen rechtsradikaler Kreise, unter denen vor allem der Kapp-Putsch von 1920 und der Hitler-Putsch im November 1923 zu erwähnen sind. Der verblendete Nationalismus schreckte selbst vor politischen Morden nicht zurück, denen unter anderen der Zentrumsführer Matthias Erzberger und Reichsaußenminister Rathenau zum Opfer fielen. Die Anhänger dieser fanatischen Rechtsopposition kamen vielfach aus den Reihen der Freikorps, jener von der Regierung während der Revolution zur Bekämpfung spartakistischer Unruhen eingesetzter Freiwilligenformationen, deren Daseinsberechtigung mit der inneren Befriedung verschwand und deren Überführung in die neue Reichswehr nur teilweise möglich war. Diese Landsknechtsgestalten, in denen sich Vaterlandsliebe mit politischer Unreife und Idealismus mit Grausamkeit gegen politische Gegner verbanden, fanden sich nach Jahren an der Front nur schwer in geordnete Verhältnisse zurück und versuchten, in den politischen Wehrverbänden die Kameradschaft und das Führerprinzip ihres Fronterlebnisses zu bewahren und zu pflegen. Die frühen Mitglieder der NSDAP stammten vielfach aus diesen Kreisen.

Trotz fortgesetzter Angriffe von rechts und links gelang es der Weimarer Republik, die kritischen Nachkriegsjahre zu überstehen. In ihrem Kampf gegen den Kommunismus konnte die Regierung auf die Hilfe der Freikorps wie auch der Reichswehr rechnen. Diese bewahrte jedoch bei Umsturzversuchen von rechts eine Neutralität, welche die Haltung dieses wichtigsten Machtfaktors der Republik stets fragwürdig erscheinen ließ. Was die Mehrheit des deutschen Volkes betraf, so distanzierte sie sich von den Gewalttaten der radikalen Rechten und gab der NSDAP in den zwanziger Jahren nie mehr als fünf Prozent ihrer Stimmen. Die gemäßigten Rechtsparteien dagegen konnten in den ersten Nachkriegsjahren ungefähr dreißig Prozent der Wählerschaft an sich ziehen. Die Entspannung der außenpolitischen Lage und die scheinbare Gesundung der deutschen Wirt-

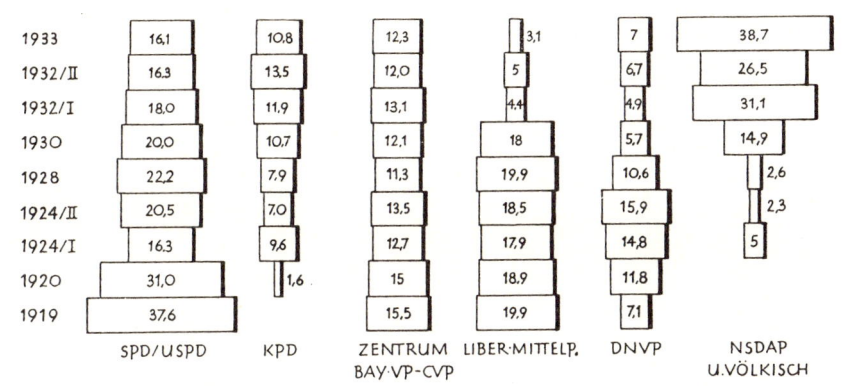

Jahr	SPD/USPD	KPD	ZENTRUM BAY·VP-CVP	LIBER·MITTELP.	DNVP	NSDAP U.VÖLKISCH
1933	16,1	10,8	12,3	3,1	7	38,7
1932/II	16,3	13,5	12,0	5	6,7	26,5
1932/I	18,0	11,9	13,1	4,4	4,9	31,1
1930	20,0	10,7	12,1	18	5,7	14,9
1928	22,2	7,9	11,3	19,9	10,6	2,6
1924/II	20,5	7,0	13,5	18,5	15,9	2,3
1924/I	16,3	9,6	12,7	17,9	14,8	5
1920	31,0	1,6	15	18,9	11,8	
1919	37,6		15,5	19,9	7,1	

Entwicklung der Parteien 1919-1933 IN % DER STIMMBERECHTIGTEN
NACH BRACHER

schaft nach 1924 führten dann zu einem merklichen Abflauen nationalistischer Agitation. Die NSDAP erholte sich nur langsam von dem Fiasko des Hitler-Putsches und erhielt in den Maiwahlen von 1928 nur zweieinhalb Prozent der Stimmen. Die DNVP verlor gleichzeitig fast ein Drittel ihrer Mandate. Aber selbst in den Jahren verhältnismäßiger Ruhe und Stabilität gelang es der Weimarer Republik nicht, das deutsche Volk mit seinem neuen Staate vollends auszusöhnen. Die Wahl Hindenburgs zum Reichspräsidenten, der Kampf um die Wiedereinführung der kaiserlichen Reichsfarben und um die finanzielle Abfindung der deutschen Fürsten, das Anschwellen des die Tradition des kaiserlichen Heeres wachhaltenden »Stahlhelm«, diese und andere Entwicklungen waren Anzeichen dafür, daß sich weite Volkskreise aus der glanz- und machtlosen Gegenwart in die monarchistische Vergangenheit zurücksehnten.

Die »Auflösung der Weimarer Republik«, wie der Übergang in den nationalsozialistischen Staat der dreißiger Jahre mit Recht bezeichnet worden ist, begann bereits kurz nach Beginn der 1929 einsetzenden Wirtschaftskrise. Das Zusammenwirken von Deutschnationalen und Nationalsozialisten im Volksbegehren gegen den Young-Plan blieb zwar ein Mißerfolg, zeichnete aber bereits den Weg vor, auf dem Hitler schließlich mit Hilfe der konservativen Rechten an die Macht gelangen sollte. Das Ergebnis der Septemberwahlen im darauffolgenden Jahr, in denen die NSDAP plötzlich zur zweitstärksten Partei hinter der SPD anwuchs, war die erste, weithin sichtbare Warnung. Trotz eifriger Agitation ist die

NSDAP in den zwanziger Jahren nie zu einem wirklichen Faktor der deutschen Politik geworden. Erst die verheerenden Folgen der Wirtschaftskrise schufen den Nährboden für eine Bewegung, die durch ein vielversprechendes Parteiprogramm einen Ausweg aus dem allgemeinen Elend verhieß. Die Regierung versuchte durch das dem Reichspräsidenten im Artikel achtundvierzig der Weimarer Verfassung gegebene Notverordnungsrecht den Verfall der Republik aufzuhalten. Ihr fehlte jedoch dazu der nötige Rückhalt im hoffnungslos gespaltenen Reichstag, in dem nach den Juliwahlen des Jahres 1932 die Gegner der Republik die Überhand hatten. Eine Sammlung der gesamten politischen Kräfte in Zeiten nationaler Krise, wie dies in England und Frankreich möglich war, erwies sich als unmöglich in einem Staate, dessen Regierungsform weiten Volkskreisen fremd geblieben war und an dessen Erhaltung sie kein Interesse hatten.

Der Weg in die Diktatur, der in Deutschland nach Hitlers Machtübernahme begann, hatte in Italien schon zehn Jahre früher begonnen. Der Sieg des Faschismus ist hauptsächlich aus den wirtschaftlichen Folgen des Krieges und aus der Enttäuschung des italienischen Volkes über die Ergebnisse der Friedenskonferenz zu verstehen. Die Unfähigkeit der bürgerlich-liberalen Nachkriegsregierungen, die wirtschaftliche Notlage zu meistern, führte zu einem rapiden Anwachsen des Sozialismus, zu unablässigen Streikwellen und zu Unruhen unter der Landbevölkerung. Die linksradikale Opposition erreichte ihren Höhepunkt in dem Generalstreik des September 1920. Sein Scheitern und die bereits 1921 einsetzende Spaltung der Sozialistischen Partei in kommunistische und sozialistische Lager machten der Gefahr eines revolutionären Umsturzes von links ein Ende. Die weitverbreitete Furcht vor dem Bolschewismus wurde jedoch durch die Agitation der Faschisten am Leben gehalten und von ihnen zur Eroberung der Macht ausgenutzt.

Der Faschismus, mehr noch als der Nationalsozialismus, verdankte seinen Erfolg der dynamischen Persönlichkeit eines in der Beeinflussung der Massen hochbegabten Demagogen. Wie Hitler stammte der 1883 geborene Mussolini aus einfachen Verhältnissen und gehörte zur Kriegsgeneration. Vor dem Kriege hatte er, zuletzt als Redakteur des »Avanti«, in radikal-sozialistischen Kreisen eine Rolle gespielt, war dann aber 1914 als Anhänger des italienischen Kriegseintritts in das nationalistische Lager hinübergewechselt. Als Herausgeber des Mailänder »Popolo d'Italia« gab er sich auch weiterhin als Vorkämpfer sozialistischer Ideale, die er aber nicht durch Revolution von unten, sondern durch autoritäre Führung von oben her zu verwirklichen suchte. Das hervorstechende Merkmal des Faschismus, wie auch des Nationalsozialismus, war die opportunistische Verschmelzung sich oft widersprechender Elemente in einem Programm, welches das Wohl des diktatorisch regierten Staates über das Schicksal des Einzelnen stellte. Zur Durchführung seines Programmes gründete Mussolini bei Kriegsende, großenteils aus den Reihen ehemaliger Frontkämpfer, die »Fasci«, das heißt Kampfbünde, deren Mitgliederzahl innerhalb weniger Jahre auf über dreihunderttausend anwuchs. Ihre Haupttätigkeit bestand in einer unablässigen Offensive gegen die »rote Gefahr« des Sozialismus. Hierin fanden sie zunehmende Unterstützung in gemäßigten und konservativen Kreisen, die vom Faschismus den Schutz ihres Besitztums und die Wiederherstellung geordneter Verhältnisse erwarteten. Gleichzeitig appellierte Mussolini an das Nationalgefühl der Italiener, indem er gegen die Benachteiligung Italiens in den Friedensverträgen, gegen den Verzicht auf Italiens Ansprüche in Dalmatien und den Rückzug aus Fiume protestierte.

Die Machtergreifung Mussolinis erfolgte im Oktober 1922, als die schwache Regierung de Factas der faschistischen Drohung mit dem »Marsch auf Rom« gewichen war und König Viktor Emmanuel Mussolini mit der Bildung eines Kabinetts beauftragte. Die endgültige Errichtung der faschistischen Diktatur dauerte jedoch mehrere Jahre. Durch brutale Gewalttätigkeiten, die in dem Mord des sozialistischen Abgeordneten Giacomo Matteotti gipfelten, durch Knebelung der Presse und Beschränkung der demokratischen Wahlordnung gewann die faschistische Partei allmählich die Oberhand und wurde 1925 als alleiniger Träger der Macht anerkannt. Wie später der Nationalsozialismus, so hielt auch der Faschismus äußerlich an der Verfassung fest, um hinter dieser Fassade um so ungestörter die Diktatur einrichten zu können. Mussolinis Stellung als Regierungschef wurde im Dezember 1925 durch ein gefügiges Parlament anerkannt, und bald darauf wurde ihm das Recht, Dekrete mit Gesetzeskraft zu erlassen, eingeräumt. Die Macht des Parlaments ging allmählich in die Hände des faschistischen Großrats über, dem 1928 die Aufstellung der Wahlkandidaten aus den Reihen der korporativen Berufsorganisationen übertragen wurde. Die Abgeordneten wurden in der Form eines Plebiszits von der durch Partei und Geheimpolizei terrorisierten Bevölkerung mit überragender Mehrheit »gewählt«. Im Jahre 1939 wurde auch diese letzte Erinnerung an eine demokratische Vergangenheit abgeschafft, und die »Volksvertreter« wurden künftig von der Partei ernannt. Staat und Partei waren damit endgültig identisch geworden.

Die faschistische Gleichschaltung Italiens durch Mussolini, genau wie die nationalsozialistische unter Hitler, erfaßte nach und nach das gesamte politische, wirtschaftliche und kulturelle Leben. Verglichen mit Deutschland vollzog sie sich jedoch langsamer und in gemäßigteren Formen. Hieraus, wie auch aus der Tatsache, daß es sich beim Faschismus um ein neues und in seinen Folgen anfänglich nicht übersehbares Regierungssystem handelte, erklärt sich die milde und manchmal sogar wohlwollende Kritik, die dem faschistischen Regime im Ausland zuteil wurde. Mussolinis »Kampf gegen den Bolschewismus«, seine wirtschaftlichen Reformen, sein Abkommen mit dem Heiligen Stuhl in den Lateranverträgen von 1929 und seine, nach stürmischen Anfängen in Fiume und Korfu, betonte Mäßigung in der Außenpolitik, diese und andere scheinbar positive Seiten faschistischer Politik täuschten die Außenwelt über den wahren Charakter faschistischer Gewaltherrschaft und über die Gefahren eines Systems hinweg, dessen Bestand letzten Endes von territorialer Expansion und vom Gewinn der von Mussolini erstrebten Mittelmeerherrschaft abhing. Nur Hitler scheint die Ereignisse in Italien richtig verstanden und aus ihnen gelernt zu haben. Die Tatsache, daß der Duce die Diktatur von rechts sozusagen salonfähig gemacht hatte, sollte dem »Führer« seine Arbeit nach 1933 um vieles erleichtern.

Der Faschismus in seiner absoluten Form blieb während der zwanziger Jahre auf Italien beschränkt. Auch in einer Reihe anderer europäischer Staaten kamen in der Nachkriegszeit autoritäre Regierungen ans Ruder, nämlich in Spanien unter Primo de Rivera seit 1923, in Polen unter General Pilsudski seit 1926, in Jugoslawien unter König Alexander seit 1929 und zeitweise in Ungarn, Bulgarien und Portugal. Da diese Diktaturen sich jedoch hauptsächlich auf eine straffere Führung der Regierungsgeschäfte beschränkten, wurden sie meist als vorübergehende Krisenerscheinungen angesehen. Erst der Sieg des Nationalsozialismus in den dreißiger Jahren machte endlich deutlich, daß es sich bei der Errichtung von Rechtsdiktaturen um eine allgemeine Tendenz und eine wirkliche Gefahr für die Demokratie in fast allen Ländern handelte. In den zwanziger Jahren schien diese Gefahr weit mehr von kommunistischer als von faschistischer Seite zu drohen, obwohl der Kommunismus nach anfänglichen Umsturzversuchen in Mitteleuropa sich mehr und mehr auf die Verwirklichung des »Sozialismus in einem Lande«, das heißt in Rußland, zurückzog und im übrigen Europa bis zum Ende des zweiten Weltkrieges keinerlei größere Erfolge zu verzeichnen hatte.

Der Sieg des Kommunismus in Rußland gegen scheinbar unüberwindliche Widerstände gehört zu den bedeutendsten Ereignissen der Nachkriegszeit. Die Errichtung der kommunistischen Diktatur, die bereits in einem früheren Kapitel dieses Bandes eingehend geschildert wurde, stellte einen bewußten Bruch nicht nur mit Rußlands eigener Tradition, sondern auch mit den liberal-demokratischen Tendenzen des westlichen Europa dar. Es ist daher nicht erstaunlich, daß die anderen Mächte die Tragweite der russischen Ereignisse erst nach und nach verstanden. Die Versuche, das kommunistische System sozusagen bei der Geburt zu ersticken, scheiterten an dem entschlossenen Widerstand der Roten Armee und an den inneren Gegensätzen der Westmächte. In der Folgezeit versuchte man, den Kommunismus durch eine Politik des »cordon sanitaire« auf Rußland zu beschränken, in der Hoffnung, daß sich das sowjetische »Experiment« mit der Zeit als Fehlschlag erweisen werde. Die Niederlage Rußlands im Krieg gegen Polen, die Abkehr von der radikalen Sozialisierung in der »Neuen Ökonomischen Politik« und die schrittweise Eingliederung der Sowjetunion in die internationale Politik wurden weithin als Zeichen einer langsamen Entradikalisierung des Sowjetsystems betrachtet. Erst die radikale Rückkehr zum Kollektivismus in dem unter Stalin im Jahre 1928 begonnenen Fünfjahresplan bewies die Entschlossenheit der Sowjetregierung, ihr Programm des autoritären Staatssozialismus mit aller Konsequenz durchzuführen.

In der Hoffnung der Westmächte auf eine allmähliche Abkehr Rußlands vom Kommunismus spielten besonders wirtschaftliche Erwägungen eine Rolle. Versuche, die Sowjetunion während der zwanziger Jahre in die Weltwirtschaft einzubeziehen, scheiterten jedoch an der russischen Weigerung, sich den Gepflogenheiten ihrer kapitalistischen Partner anzupassen. Rußland verharrte somit weiterhin in der Isolierung und blieb ein von Mißtrauen umgebenes politisches Rätsel. Das Mißtrauen der Außenwelt richtete sich dabei weniger gegen die nationalen Bestrebungen der Sowjetunion als gegen die Ziele des Kommunismus. Im Gegensatz zu der unklaren und widerspruchsvollen Weltanschauung des Faschismus verfügte der Kommunismus über eine im orthodoxen Marxismus fest verankerte Ideologie und ein klar umrissenes Programm, das zudem noch in seiner Anwendung auf das vorwiegend agrarische Rußland eine erstaunliche Anpassungsfähigkeit bewies. In den marxistischen Parteien des Westens hatte die Führung bis 1914 bei den Anhängern des evolutionären Sozialismus gelegen. Der Sieg der russischen Revolution stellte dann plötzlich die revolutionäre Minderheit in den Vordergrund. Radikal-sozialistische Versuche,

Mussolinis Marsch auf Rom, Oktober 1922

Besuch des englischen Ministerpräsidenten MacDonald in Berlin, 1931
Planck, MacDonald, Einstein, Schmitz, Brüning, Dietrich; vorn: Treviranus

das russische Beispiel in den Revolutionen der Mittelmächte bei Kriegsende nachzuahmen, schlugen zwar fehl, führten jedoch überall zu einer endgültigen Spaltung des Sozialismus und zur Errichtung kommunistischer Parteien. Wären diese Parteien auf sich selbst beschränkt geblieben, dann hätten die Regierungen der kommunistischen Gefahr sicherlich bald Herr werden können. Durch ihre Zusammenfassung in der dritten Internationalen aber wurde den kommunistischen Minderheiten ein starker Rückhalt und eine weit über ihre Mitgliederzahl hinausgehende Bedeutung zuteil. Die »rote Gefahr«, wenn auch von den Rechtsparteien aus Propagandagründen oft übertrieben, war in ihrem Keim überall dort vorhanden, wo der Kommunismus Anhänger fand, die in blindem Gehorsam den Anweisungen der von Sowjetrußland beherrschten Komintern folgten. Nicht nur als Beispiel kommunistischen Erfolges, sondern auch als anerkannte Führerin auf dem Wege zur Weltrevolution wurde die Diktatur Rußlands daher mit Recht als Hauptgegner und als größte Gefahr für die Demokratie erkannt.

Das wahre Ausmaß der kommunistischen wie auch der faschistischen Gefahr sollte sich erst nach 1930 zeigen. Die ersten Nachkriegsjahre waren zwar überall in Europa Jahre der Unruhe und des Elends gewesen. Es schien fast, als ob der von Oswald Spengler in seinem im Jahre 1918 erschienenen »Bestseller« prophezeite »Untergang des Abendlandes« unmittelbar bevorstünde. In der zweiten Hälfte der zwanziger Jahre erschien dann aber plötzlich in der auf Europa lastenden Wolkenbank der »Silberstreifen am Horizont«, und der Pessimismus der Zeit vor 1925 machte einer hoffnungsfroheren Stimmung Platz. Aus der Rückschau und dem Wissen um spätere Ereignisse mag der Optimismus der »Ära von Locarno« als unberechtigt erscheinen. Trotzdem aber darf man die positiven Entwicklungen dieser Jahre – die Entspannung der internationalen Lage, die Erholung der Wirtschaft und die Stabilisierung der inneren Verhältnisse – nicht übersehen. Gewiß war das Nachkriegsjahrzehnt eine Zeit des Umbruchs und des Übergangs; aber es brauchte sich dabei nicht unbedingt um Abstieg und Untergang zu handeln.

Besonders auf kulturellem Gebiet entfaltete Europa während der zwanziger Jahre eine Blütezeit, wie es sie selten in einer so kurzen Zeitspanne erlebt hatte. Um den geistigen Reichtum dieser Jahre zu ermessen, braucht man sich nur zu vergegenwärtigen, daß Marcel Prousts »A la recherche du temps perdu«, James Joyces »Ulysses«, Thomas Manns »Zauberberg« und Rainer Maria Rilkes »Duineser Elegien« und »Sonette an Orpheus« alle kurz nach 1920 erschienen. Mehr noch als die Literatur suchten die bildenden Künste in der Nachkriegszeit nach neuen Formen. Der Expressionismus hatte bereits vor dem Kriege seine Anhänger, er erreichte aber seinen Höhepunkt nach 1920 in den Werken von Pablo Picasso, Paul Klee, Ernst Barlach, Wassily Kandinsky und all der vielen anderen, die das Kunstgefühl bis in unsere Gegenwart hinein bestimmend beeinflußt haben. In der Kunst wie auch in der Architektur wirkte besonders Deutschland wegweisend. In dem von Walter Gropius 1923 in Dessau erbauten Bauhaus fand das Suchen nach zeitgemäßen Ausdrucksformen sowohl Ausdruck wie Wirkungsstätte.

Diese kulturelle Vitalität, die auch auf anderen Gebieten, besonders den Naturwissenschaften und der Technik, große Leistungen vollbrachte, verträgt sich schlecht mit der Spenglerschen Prognose des Untergangs, der sich in einem Nachlassen menschlicher

Schöpfungskraft offenbaren sollte. Was wäre wohl geschehen, so könnte man sich fragen, wenn der politischen und wirtschaftlichen Gesundung Europas und besonders Deutschlands damals eine längere Zeitspanne beschieden gewesen wäre? Wie eifrig man auch in den Ereignissen der zwanziger Jahre nach den Ursachen der späteren Katastrophe forschen mag, man kehrt doch stets zu dem großen Wendepunkt des Jahres 1929 zurück – der Weltwirtschaftskrise und ihren Ursachen.

Robert Nöll von der Nahmer

WELTWIRTSCHAFT
UND WELTWIRTSCHAFTSKRISE

Optimistische Stimmung der Wirtschaft an der Jahrhundertwende

Als in der Silvesternacht 1899 der Anbruch des neuen Jahrhunderts mit Trubel und Lärm in den neuen Großstädten der Welt gefeiert wurde, da war nichts zu merken von der müden und blasierten Fin-de-siècle-Stimmung des vorhergehenden Jahrzehntes. Der bekannte Couplet-Dichter und -Sänger Otto Reutter gab der allgemeinen Stimmung in den Versen Ausdruck:
> War auch das alte Jahrhundert sehr fein,
> Wird doch das neue noch besser sein.

Die Feiernden ahnten zu ihrem Glück nichts von den Leiden und dem ungeheuerlichen Rückfall in Barbarei und Bestialität, der das 20. Jahrhundert mit zwei Weltkriegen, Weltinflation, Weltwirtschaftskrise, Bolschewismus und Diktaturen charakterisieren sollte.

In wirtschaftlicher Beziehung freilich hat sich der damalige Optimismus als berechtigt erwiesen: Trotz aller Kriege und Rückschläge hat sich der im 19. Jahrhundert so stürmisch begonnene wirtschaftliche Aufstieg weiter fortgesetzt und den Völkern der hochindustrialisierten Volkswirtschaften einen Güterreichtum gebracht, den selbst die größten Optimisten an der Jahrhundertwende noch für unvorstellbar gehalten hätten. Die Produktion dieser Volkswirtschaften hatte sich von der Mitte des 19. Jahrhunderts bis zur Jahrhundertwende mehr als verfünffacht. Trotz des ersten Weltkrieges und der Weltinflation erfolgte dann im 20. Jahrhundert bis zum Ausbruch der Weltwirtschaftskrise nochmals eine Verdoppelung, die sich in den seither verflossenen drei Jahrzehnten wiederholte. Der menschliche Geist hat immer neue lockende Projekte entdeckt und bessere Verfahren zur Güterherstellung erfunden. Bezeichnend ist die Entwicklung der Patentanmeldungen. In den Vereinigten Staaten von Amerika wurden in dem Vorkriegsjahrzehnt 1901 bis 1910 über dreihundertfünfzehntausend Patente erteilt, in dem einzigen Jahr 1954 allein über vierzigtausend.

Die wirtschaftliche Revolution, die das Leben der Menschheit im 19. Jahrhundert aufs tiefste umgestaltete, hatte um die Wende vom 18. zum 19. Jahrhundert ihren Ausgangspunkt von England genommen. Auf dem europäischen Kontinent hatte die Industrialisierung zunächst in Belgien und Frankreich begonnen; von dort war sie nach Osten vorgedrungen. Im Ruhrgebiet hatte sich das größte kontinentaleuropäische Industriezentrum entwickelt. Am stärksten zurückgeblieben war das Russische Reich. Aber auch hier hatte in den neunziger Jahren unter der Initiative des bedeutenden Finanzministers und späteren Ministerpräsidenten Graf Witte eine große Industrialisierungswelle eingesetzt, die vor allem in St. Petersburg und Moskau große Industriearbeitermassen zusammenführte.

Gleichzeitig mit der Industrialisierung Westeuropas hatte das junge Staatswesen der Vereinigten Staaten von Amerika die ihm von der Natur überreichlich gespendeten Möglichkeiten zu höchster wirtschaftlicher Entfaltung gebracht. Am Ende des 19. Jahrhunderts war der große »Zug nach dem Westen« beendet und das gesamte Staatsgebiet wirtschaftlich erschlossen. Die Wachstumsrate der amerikanischen Volkswirtschaft war namentlich in den achtziger Jahren mit rund achteinhalb vom Hundert größer als in den älteren europäischen Industriestaaten. Schon um 1880 übertraf die amerikanische Industrieproduktion die englische. Im 20. Jahrhundert hat sich der Abstand gegenüber den europäischen Volkswirtschaften weiter vergrößert. Um den ersten Platz kämpfen heute, in der Mitte des 20. Jahrhunderts, nicht mehr die europäischen Volkswirtschaften mit den Vereinigten Staaten, sondern das bolschewistische Rußland. In den seit der bolschewistischen Revolution verflossenen vier Jahrzehnten hat die russische Volkswirtschaft eine Entwicklung genommen, die alle früheren Beispiele übertrifft.

Der gigantische wirtschaftliche Aufstieg wurde im 19. Jahrhundert immer wieder durch periodisch auftretende Wirtschaftskrisen mit jahrelangen Depressionen unterbrochen. Den letzten großen Zusammenbruch nach der vorhergehenden stürmischen Aufschwungsperiode der Gründerjahre hatte die Welt 1873 im Anschluß an den Wiener Börsenkrach erlebt. Nach langer Depression hatte endlich in den neunziger Jahren der erhoffte Aufstieg eingesetzt, der mit kurzen Rückschlägen, die wir heute mit dem amerikanischen Ausdruck »recession« bezeichnen würden, bis zum ersten Weltkrieg anhielt und dann in die stürmische Kriegskonjunktur einmündete.

Die wachsende weltwirtschaftliche Verflechtung

Die ständige Steigerung der Güterversorgung der Menschheit war nur möglich durch eine immer enger werdende Verflechtung der nationalen Volkswirtschaften. Ihre unterschiedliche Ausstattung mit Produktionsfaktoren läßt die Produktion zahlreicher Güter nur an bestimmten Orten zu oder schafft dort wenigstens wesentlich bessere Voraussetzungen für ihre Herstellung als in anderen Ländern. Diese Standortunterschiede auszugleichen ist die Aufgabe des internationalen Wirtschaftsverkehrs. Je größere Freiheit er genießt, desto besser gestaltet sich die Güterversorgung der einzelnen Völker. Das war die Quintessenz der Lehre der nationalökonomischen Klassiker Adam Smith und David Ricardo. Unter der Geltung des Freihandelssystems hatten sich seit der Mitte des 19. Jahrhunderts die internationalen Wirtschaftsbeziehungen stark belebt. Seit dem Rückfall des jungen deutschen Kaiserreichs in die Schutzzollpolitik 1879 und den sich daran anschließenden heftigen Zollkämpfen war zwar der Protektionismus erneut zu praktischer Geltung gelangt; aber bis zum ersten Weltkrieg beschränkten sich die Eingriffe in die Freiheit des internationalen Handels auf verhältnismäßig niedrige Schutzzölle. Im übrigen blieb der Waren-, Menschen- und Kapitalverkehr frei von staatlichen Hemmungen.

Der weltwirtschaftliche Verkehr bildete zugleich die unerläßliche Voraussetzung für die Entwicklung industrieller Großunternehmungen. Die Massenproduktion mit allen sich daraus ergebenden Kostenvorteilen setzt aufnahmefähige Märkte voraus. Die nationalen Volkswirtschaften boten kein genügendes Absatzfeld mehr. »Mein Feld ist die Welt« war daher nicht nur der Wahlspruch der Hapag, für die als internationales Schiffahrtsunternehmen eine solche Maxime aus der Natur des Geschäftes verständlich ist. Weite Teile der modernen Großindustrie aller industrialisierten Volkswirtschaften waren vielmehr auf die Weltmärkte als Absatzgebiet für ihre ständig steigende Produktion angewiesen.

Werner Sombart hat in seinem Werk »Der moderne Kapitalismus« versucht, den Umfang des Welthandels um 1800 zu berechnen, und ist dabei auf einen Gesamtbetrag von zwei Milliarden Goldmark gekommen. 1900 betrugen die jetzt exakt durch die statistischen Ämter erfaßten Umsätze über zweiundachtzig Milliarden Goldmark und stiegen dann bis 1913 auf hundertsechzig Milliarden an. Sie haben sich also in den ersten dreizehn Jahren unseres Jahrhunderts fast verdoppelt.

1880 wurden im Deutschen Reich für 2,9 Milliarden Goldmark Waren aus- und für 2,8 Milliarden Güter eingeführt. Der Außenhandelsumsatz betrug also 5,7 Milliarden. Bis 1900 erhöhte sich die Umsatzziffer auf 10,4 Milliarden und verdoppelte sich bis 1913 auf 20,9 Milliarden.

Diese Zahlen sprechen für sich. Der wachsende Warenaustausch war von einer weitgehenden internationalen Kapitalverflechtung begleitet. Nach zuverlässigen Berechnungen betrugen im Jahre 1914 die Auslandsanlagen der drei großen Gläubigervolkswirtschaften in Goldmark: Großbritannien siebzig Milliarden, Frankreich sechsunddreißig Milliarden und Deutschland vierundzwanzig Milliarden. An der Pariser Börse wurden 1908 mehr ausländische als einheimische Papiere notiert. Die jährlichen Auslandsinvestitionen der deutschen Volkswirtschaft wurden für die letzten Vorkriegsjahre auf achthundert bis zwölfhundert Millionen berechnet.

Die hier skizzierte immer enger werdende Verflechtung der nationalen Volkswirtschaften hat den Begriff »Weltwirtschaft« entstehen lassen. Richtig verstanden, bezeichnet er die für das moderne Wirtschaftsleben entscheidende Tatsache, daß heute keine hochentwickelte Volkswirtschaft mehr bestehen kann ohne enge Zusammenarbeit mit den übrigen. Von den Vereinigten Staaten und der Sowjetunion abgesehen, sind sie alle auf Rohstoff- und Lebensmitteleinfuhren angewiesen, um ihre Produktion aufrechtzuerhalten, und vielfach auch, um eine ausreichende Ernährung ihrer Volksmassen sicherzustellen.

Grundlagen und Voraussetzungen des weltwirtschaftlichen Verkehrs

Die starke Erweiterung des internationalen Wirtschaftsverkehrs beruhte auf einer Reihe grundlegender Änderungen, die sich im 19. Jahrhundert ergeben hatten: Zunächst einmal war die ganze Erde dem Verkehr erschlossen worden. Mit der Einräumung der Vertragshäfen in China als Folge des Opiumkrieges (1839-1842) und der Öffnung japanischer Häfen für den Weltverkehr (1853) hatten die damaligen Welthandelsvölker Zugang zum großen ostasiatischen Markt gewonnen. Auf dem afrikanischen Kontinent hatten am Ende des 18. Jahrhunderts die europäischen Kolonialmächte nur an einzelnen Küstenstrichen Stützpunkte. Das 19. Jahrhundert brachte dann die Eroberung des Schwarzen Kontinents; die europäischen Mächte teilten Afrika in Kolonien auf. Rußland begann, wenn auch sehr langsam, mit der Erschließung Sibiriens. Durch die Verträge von Aigun (1858) und Peking (1860) wurde China gezwungen, das Amurgebiet und den östlichen Küstenstreifen der Manchurei an Rußland abzutreten. Wladiwostok wurde gegründet. 1891 begann der Bau der achttausendzweihundertvierzig Kilometer langen sibirischen Eisenbahn, die 1903 bis Wladiwostok durchgeführt war.

Mit der Eröffnung des Suezkanals im Jahre 1869 und des Panamakanals 1914 verkürzten sich die Seewege wesentlich, so von New York nach Yokohama um siebentausend Seemeilen. Die große räumliche Erweiterung des Tätigkeitsfeldes der Außenhändler konnte aber von ihnen erst voll ausgenutzt werden nach Verdrängung des langsam fahrenden Segelschiffes durch das Dampfschiff, dessen Ladefähigkeit ständig vergrößert wurde. Auch auf dem Lande wurden jetzt mit der Entwicklung des modernen Eisenbahnnetzes große Massentransporte möglich. Durch den Ausbau der Binnenwasserstraßen ergaben sich weitere Erleichterungen internationaler Güterbewegung. Der Telegraph mit überseeischen Kabeln, der Fernsprecher und der am Ende des 19. Jahrhunderts beginnende Funkverkehr ermöglichten dem Außenhandelskaufmann rasche Orientierung und Ausnutzung der sich an den Weltmärkten ergebenden Möglichkeiten.

Waren in früheren Jahrhunderten die Risiken der Überseetransporte wegen der technischen Unvollkommenheit der Segelschiffe und vor allem wegen der Bedrohung der Transporte durch Seeräuber sehr hoch, so trat auch hier im 19. Jahrhundert ein grundlegender Wandel ein. Während noch 1824 und 1828 hamburgische Schiffe vor der portugiesischen Atlantikküste von Korsaren gekapert wurden, gehörte seit dem letzten Viertel des ausgehenden 19. Jahrhunderts Seeräuberei zu den seltensten Verbrechen, die von Strafrichtern abgeurteilt wurden. Insbesondere führte die Besetzung Algiers durch Frankreich seit 1830 zu einer raschen Befriedung des Mittelmeers, das nach Eröffnung des Suezkanals wieder erhöhte Bedeutung für den Weltverkehr gewann.

Nicht weniger wichtig als die äußere Sicherheit auf den Weltverkehrsstraßen war die Entwicklung des internationalen Rechtes, die durch internationale Abkommen auch dem fremden Kaufmann in allen weltwirtschaftlich verbundenen Staaten die Gewähr gab, vor unabhängigen Gerichten seine Rechtsansprüche auch gegen Inländer erfolgreich durchsetzen zu können. Die wachsende wirtschaftliche Verflechtung führte namentlich auf dem Gebiet des Verkehrs zu völkerrechtlichen Verwaltungsgemeinschaften, die den Welthandel erleichtern und die ihm dienenden Verkehrseinrichtungen sichern sollten. Wir erinnern hier vor allem an die 1874 durch Heinrich von Stephan veranlaßte Gründung des Weltpostvereins, die internationale Meterkonvention und zahlreiche ähnliche Einrichtungen.

Die pazifische Mündung des Panama-Kanals, 1921

Lebensmittelkarten des ersten Weltkrieges

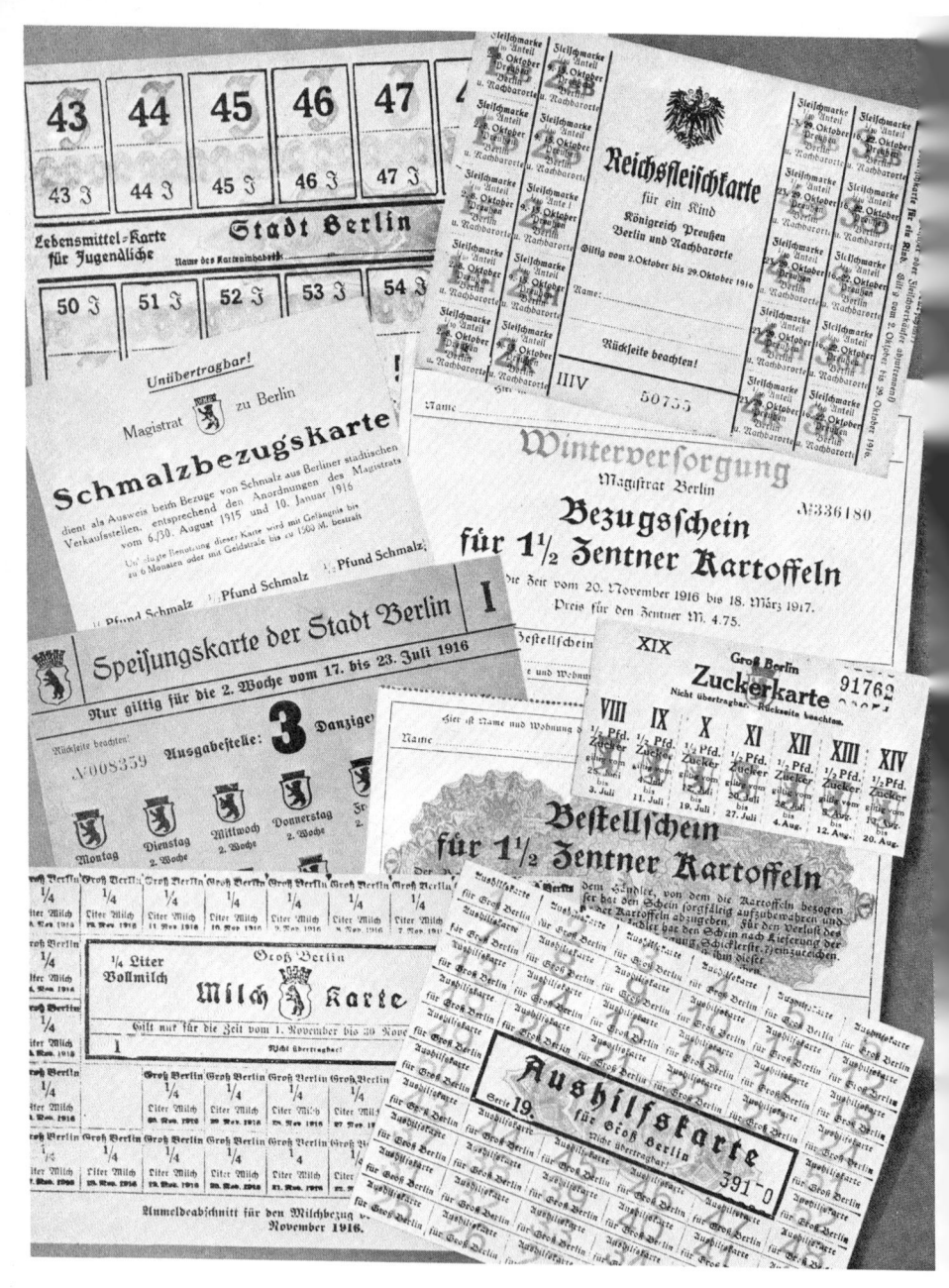

Die Goldwährung

Seit dem Zusammenbruch des internationalen Zahlungsverkehrs als Folge der Weltwirtschaftskrise mit allen sich daraus ergebenden Erschwerungen für den internationalen Handels- und Kapitalverkehr ist auch dem Laien die große Bedeutung eines gut funktionierenden internationalen Zahlungsverkehrs bewußt geworden. Von größter Bedeutung für die Entwicklung des Welthandels war der Übergang des damals führenden Handelsvolkes, der Engländer, zur Goldumlaufswährung (1816). Mit wachsendem Verkehr nahm das Interesse an einem wertvolleren Münzmetall als Silber und der Ausprägung hochwertiger Münzen ständig zu. In der Mitte des 19. Jahrhunderts stieg infolge der kalifornischen und australischen Goldfunde die Goldproduktion rasch an und ermöglichte eine Ausdehnung der Goldzahlungen. 1873 ging das deutsche Kaiserreich zur Goldwährung über. Die nordischen Staaten Schweden, Norwegen und Dänemark folgten 1873–1876. Nach Entdeckung der südafrikanischen Randminen und der erneuten Zunahme der Goldproduktion führten im letzten Jahrzehnt des 19. Jahrhunderts dann auch die restlichen am Welthandel maßgebend beteiligten Staaten die Goldwährung ein. Den Abschluß bildeten Rußland 1899 und die USA 1900, deren Silberinteressenten allzulange die notwendige Währungsreform verhindert hatten.

Unbestritten hat die Goldwährung ein erhebliches Verdienst an der großen Belebung der Welthandelsumsätze vor dem ersten Weltkrieg. Sie garantierte feste Wechselkurse bei schwankendem Tauschwert der Währungen im Innern. Nur stabile Wechselkurse erlauben einen internationalen Kreditverkehr, weil nur so der Gläubiger die Gewähr hat, daß er für seine Auslandsanlagen den gleichen Betrag in seiner Landeswährung zurückerhält wie bei Hingabe des Darlehns. Wenn schon starke Preisschwankungen bei den Welthandelsgütern mit in Kauf genommen werden müssen, so werden die darin liegenden Risiken noch wesentlich erhöht, wenn Ungewißheit über die Entwicklung des Wechselkurses besteht. Die Verhältnisse seit der Weltwirtschaftskrise haben dafür instruktives und eindeutiges Anschauungsmaterial geliefert. Die Generation vor 1914 kannte diese Sorgen nicht.

Von der Markt- zur Planwirtschaft im ersten Weltkrieg

Als sich im August 1914 das große Weltgewitter entlud, brachen schlagartig die weltwirtschaftlichen Verbindungen zwischen den kriegführenden Volkswirtschaften zusammen. Weder die Regierungen noch weiteste Kreise der Wirtschaft hatten sich im Frieden mit den Auswirkungen einer Störung der internationalen Wirtschaftsbeziehungen im Kriegsfalle und den Rückwirkungen auf die einheimische Volkswirtschaft beschäftigt. In Deutschland war es Walther Rathenau, der schon im August 1914 die Gefahren erkannte, die Deutschland aus der Unterbindung der Rohstoffzufuhren drohten. Er setzte die Einrichtung einer besonderen Kriegsrohstoff-Abteilung durch. Damit begann das Ende der bis dahin als selbstverständlich betrachteten Marktwirtschaft und ihr Ersatz durch die sozialistischem Ideengut entstammende Planwirtschaft.

Die wirtschaftliche Revolution des 19.Jahrhunderts hat sich unter dem System der Marktwirtschaft vollzogen, wie es die englischen Klassiker der Nationalökonomie um die Wende des 18. zum 19.Jahrhundert entwickelt haben. Umfang und Art der Produktion wird in diesem System durch den Preismechanismus gelenkt. Erhöht sich die Nachfrage und steigen infolgedessen die Preise, so wird dadurch eine erhöhte Produktion ausgelöst, weil sie günstige Gewinnaussichten bietet. Sobald dann das erhöhte Güterangebot auf dem Markt erscheint, sinken die Preise wieder. Nimmt andererseits die Nachfrage nach einem bestimmten Gut ab, so führt dies zu Preissenkungen und Einschränkung der Produktion, bis wieder ein neues Gleichgewicht erreicht ist.

Im Gegensatz zur Friedenszeit führten die schon in den ersten Kriegswochen erfolgten Preissteigerungen nicht automatisch zu einem Ausgleich durch Nachfragerückgang und erhöhtes Güterangebot, weil bei lebensnotwendigen Gütern eine wesentliche Einschränkung der Nachfrage nicht möglich ist und ein erhöhtes Warenangebot infolge der kriegsbedingten Produktionseinschränkungen und des Ausfalls der Einfuhren nicht auf den Markt kam. Unter diesen Umständen blieb als Ausweg nur eine im Laufe der Kriegsjahre immer ausgedehntere Rationierung der Nachfrage übrig. Inwieweit der Staatsbürger seinen Bedarf an Nahrungsmitteln, Kleidern, Schuhen noch decken konnte, hing nicht mehr allein von seiner Kaufkraft ab. Er mußte vielmehr mit Lebensmittel- und Bekleidungskarten eine besondere Erlaubnis zum Erwerb der benötigten Güter vorweisen. Die Zuteilung sollte eine gleichmäßige Befriedigung der lebensnotwendigen Bedürfnisse gewährleisten. Damit die rationierten Güter aber auch tatsächlich zur Verfügung standen, waren tiefe Eingriffe in die Produktion unerläßlich. »Produktionsauflagen« sorgten dafür, daß die vordringlich benötigten Güter hergestellt wurden, auch wenn ihre Produktion für die Unternehmer keine reizvollen Gewinne abwarf.

Der alle früheren Erwartungen rasch übertreffende Bedarf der kämpfenden Heere an Waffen, Munition und Ausrüstung zwang zu einer ständigen Ausdehnung der Rüstungsindustrie, deren Bedarf an Arbeitskräften gesichert werden mußte. So kam es etwa im deutschen Hilfsdienstgesetz von 1917 zu weitgehenden Beschränkungen der Freizügigkeit der Arbeiter. Diese Einschränkungen wurden begleitet von der Gewährung besonderer, bis dahin nicht eingeräumter Rechte der Arbeiterschaft auf Mitwirkung bei der Gestaltung des Arbeitsverhältnisses innerhalb der Betriebe.

Obgleich die Heeresverwaltungen keineswegs kleinlich bei der Bezahlung der Rüstungsaufträge waren, fanden sich private Unternehmer vielfach nicht bereit, das Risiko der Errichtung neuer Rüstungsanlagen bei ungewisser Kriegsdauer zu übernehmen. Die kriegführenden Staaten wurden auf diese Weise oft gegen ihren Willen gezwungen, neue Produktionsstätten zur Deckung des Rüstungsbedarfs in eigener Regie zu errichten. Erinnert sei hier an die Gründung großer deutscher Aluminiumwerke, die nach Kriegsende in dem »Viag«-Reichskonzern zusammengefaßt wurden und sich auch heute noch in Bundeseigentum befinden.

In welchem Umfang die überkommene Marktwirtschaft zur staatlich gelenkten Planwirtschaft umgestaltet wurde, war je nach der Versorgungslage bei den einzelnen Volkswirtschaften unterschiedlich. In Deutschland ging man am weitesten. Erleichtert wurden die planwirtschaftlichen Maßnahmen hier durch einen leistungsfähigen Verwaltungsapparat und durch die traditionelle Disziplin des deutschen Volkes. Wenn die Eingriffe nur zögernd und vielfach zu spät erfolgten, um vorhandene Vorräte noch rechtzeitig vor ihrem freien Verbrauch zu erfassen, so spielte dabei die Sorge mit, man realisiere den Staatssozialismus, wie Emil Lederer in einem 1915 veröffentlichten Aufsatz »Über die Regelung der Lebensmittelversorgung während des Krieges in Deutschland« dargelegt hat. Tatsächlich fehlte es auch nicht an Stimmen aus dem sozialistischen Lager, die mit einer gewissen Befriedigung darauf hinwiesen, daß die kapitalistischen Staaten jetzt durch den Krieg zur Verwirklichung der sozialistischen Planwirtschaft gezwungen wären. Eduard Bernstein hat andererseits im »Vorwärts« darauf hingewiesen, daß man kaum die »Teilung« und die »gleiche Ration per Kopf« als Verwirklichung des sozialistischen Programms auffassen könne. Die Maßnahmen seien nicht durchgeführt worden zur Verwirklichung des Sozialismus, der ja die Vergesellschaftung der Produktionsmittel zur Voraussetzung habe, sondern im Gegenteil zur Rettung des kapitalistischen Systems in Kriegsnöten.

Das ist zweifellos richtig. Trotzdem ist aber nicht zu verkennen, daß der Glaube an die Vorzüglichkeit der Marktwirtschaft im ersten Weltkrieg stark erschüttert wurde. Die Völker sind seither viel leichter bereit, Staatseingriffe in die Wirtschaft hinzunehmen, wie sie dann vor allem in der Weltwirtschaftskrise und in den Diktaturen durchgeführt wurden.

Auch noch auf einem anderen wichtigen Gebiet hatte die Kriegswirtschaft dauernde Auswirkungen: Um dem Mangel an Arbeitskräften abzuhelfen, mußte weitgehend auf die Frauenarbeit zurückgegriffen werden. Soweit die Männer als Soldaten eingezogen waren, mußten die Ehefrauen und Mütter vielfach schon wegen der Unzulänglichkeit der Unterstützungen sich um Arbeit bemühen. Aber auch wo keine finanzielle Notwendigkeit für die Arbeitsaufnahme bestand, stellten sich viele junge Mädchen aus bürgerlichen Kreisen für kriegswichtige Arbeiten zur Verfügung. Sie fanden Gefallen an der damit verbundenen größeren persönlichen Freiheit. Der Zugang zu Arbeitsplätzen, die vor 1914 den Männern vorbehalten waren, blieb den Frauen auch in den folgenden Friedenszeiten geöffnet. Eine weitere Folge war die politische Gleichberechtigung, die sich in den Jahren nach Kriegsende rasch durchsetzte.

Der erste Weltkrieg hat mehr als jemals zuvor in der Kriegsgeschichte die Bedeutung der wirtschaftlichen Widerstandskraft und Leistungsfähigkeit der Völker für die siegreiche Beendigung des Krieges deutlich gemacht. Der Einsatz wirtschaftlicher Machtmittel im Kriege war allerdings nicht neu. Wir erinnern an die Aushungerung belagerter Burgen und Städte und an Napoleons Kontinentalsperre. Trotzdem ist die Behauptung, daß die Niederlage der Mittelmächte allein auf die englische Hungerblockade und die Unterbindung lebensnotwendiger Rohstoffeinfuhren zurückzuführen sei, nicht richtig. Die Wirtschaftsblockade hat lediglich neben schweren militärischen und politischen Fehlern zur Niederlage Deutschlands und seiner Verbündeten beigetragen.

Gegenüber früheren Kriegen waren im ersten Weltkrieg die Anforderungen wesentlich gestiegen, die moderne Millionenheere mit ihrem hohen technischen Kriegsbedarf an die Volkswirtschaft stellen. Militärische Tüchtigkeit allein reichte nicht mehr zum Niederringen des Gegners aus. Die Volkswirtschaft mußte neben der Sicherstellung des lebensnotwendigen

Bedarfs der Zivilbevölkerung auch die kämpfenden Heere und Flotten mit dem notwendigen Kriegsmaterial ausreichend versorgen können. Die militärische Leistung ist im 20. Jahrhundert weitgehend von der volkswirtschaftlichen Produktionskraft abhängig geworden.

Die Auswirkungen des Krieges auf die Weltwirtschaft

Die Unterbindung des internationalen Warenaustausches beschränkte sich nicht auf die kriegführenden Staaten, sondern zog auch die neutralen in Mitleidenschaft. Überseeische Rohstoffländer verloren infolge der englischen Fernblockade ihre Absatzmärkte bei den Mittelmächten und mußten auf die gewohnten deutschen Einfuhren, namentlich der Investitionsgüter, verzichten. Auch England und seine Verbündeten konnten mit Rücksicht auf ihre Rüstungsindustrie ihre früheren Kunden nicht im gewünschten Ausmaß beliefern. Damit ergaben sich für Unternehmen in neutral gebliebenen überseeischen Volkswirtschaften einmalige Chancen zur Neuaufnahme von Produktionen, die bisher bei der übermächtigen europäischen Konkurrenz nicht entwickelt werden konnten. Besonders in Südamerika begann eine große Industrialisierung, die nach Kriegsende nicht aufgegeben werden konnte. Als sich die europäischen Industrien zu Beginn der zwanziger Jahre wieder ihrer alten Absatzgebiete erinnerten, sahen sie sich wesentlich eingeschränkteren Absatzmöglichkeiten gegenüber. Vor allem hatten auch die USA die Möglichkeiten ausgenutzt, die sich aus dem Fortfall der europäischen Importe während der Kriegsjahre ergaben.

Die Vereinigten Staaten waren der große Rüstungslieferant der Alliierten. Dank des von allen Militärverwaltungen der Welt befolgten bedenklichen Grundsatzes, daß Geld im Kriege keine Rolle spiele, wurden von der Rüstungsindustrie ungeheure Gewinne erzielt, die zur Vergrößerung des Produktionsapparates und zum Rückkauf amerikanischer Auslandsanleihen verwandt wurden. Während die Volkswirtschaften aller kriegführenden europäischen Staaten 1918 mit Milliarden in- und ausländischer Kriegsschulden belastet waren und nur über zerstörte und veraltete Produktionsapparate verfügten, hatte die amerikanische Volkswirtschaft ihre schon vorher vorhandene Überlegenheit während des Krieges weiter steigern können.

Zu den einschneidensten politischen und wirtschaftlichen Kriegsfolgen gehört die Bolschewisierung Rußlands. Gerade die industriell noch wenig entwickelte russische Volkswirtschaft begann die von Karl Marx theoretisch begründete kommunistische Wirtschaftsordnung praktisch zu verwirklichen. Nach einem furchtbaren Bürgerkrieg setzte unter einem System straffer Planwirtschaft eine gewaltige Industrialisierung ein. Die außenwirtschaftlichen Beziehungen lagen jetzt nicht mehr in den Händen von Kaufleuten, deren Handeln durch das Streben nach möglichst hohem Gewinn geleitet wurde. Die auch an gewinnbringenden Geschäften mit einem kommunistischen Rußland sehr bald interessierten Im- und Exporteure der übrigen Welt sahen sich jetzt staatlichen Außenhandelsmonopolen gegenüber, die durch Konzentration des Angebots und der Nachfrage eine starke Verhandlungsposition innehatten. In die bisher hinsichtlich der Wirtschaftsordnung bestehende Einheit der weltwirtschaftlich verbundenen Völker war ein Außenseiter eingedrungen, der die politischen wie wirtschaftlichen Lebensformen der übrigen Welt bedrohte.

Zahlreiche neue Staaten und damit neue Zollgrenzen waren entstanden. Wir erinnern an die Zerschlagung der österreichisch-ungarischen Monarchie, der Türkei, die Trennung der baltischen Staaten und Polens von Rußland. Die neuen Zollgrenzen wirkten sich um so verhängnisvoller aus, als die schon vor 1914 vorhandenen protektionistischen Tendenzen nunmehr einen ungeahnten Auftrieb erhielten. Der Krieg hatte die Gefahren deutlich gemacht, die eine weitgehende weltwirtschaftliche Verflechtung in sich barg für den Fall, daß plötzlich der internationale Warenaustausch unterbunden wurde. Abgesehen davon, daß die bei vielen Volkswirtschaften während des Krieges neu entwickelten Industriezweige jetzt nicht einfach wieder aufgegeben werden konnten, stellen wir bei allen Staaten das Bestreben fest, die vorhandenen Produktionsmöglichkeiten zu entwickeln, um für den Fall der Fälle gegen Versorgungsschwierigkeiten geschützt zu sein. Vor allem gilt dies für die Landwirtschaft als Grundlage der Volksernährung. Sobald wieder die nötigen Vorräte angelegt waren, wurde die einheimische Produktion durch hohe Schutzzollmauern und einen vielseitigen »administrativen Protektionismus« vor ausländischer Konkurrenz geschützt.

Bei einer Betrachtung der Auswirkungen des ersten Weltkriegs auf die internationalen Wirtschaftsbeziehungen darf auch die Erschütterung der Rechtsgrundlagen nicht übersehen werden, die ein wesentliches Fundament jeder Wirtschaft bilden. In den auf den Grundsätzen des Privateigentums und der Vertragsfreiheit beruhenden Volkswirtschaften waren während der Kriege des 19. Jahrhunderts die Eigentumsrechte fremder Staatsangehöriger respektiert worden. Auch hier brachte der erste Weltkrieg einen bis zur Gegenwart nicht mehr überwundenen Rückfall in die Barbarei. In Unkenntnis der gefährlichen Auswirkungen billigte man die Beschlagnahme sogenannten »feindlichen Privateigentums«. Den Angehörigen der besiegten Staaten wurde ihr Eigentum auch nach Kriegsende nicht zurückgegeben, sie wurden vielmehr auf mehr oder minder unzulängliche Entschädigungszahlungen der eigenen Länder verwiesen. Damit begann jene Entwicklung, die dann im und nach dem zweiten Weltkrieg ihren Höhepunkt fand in der Vertreibung von Millionen Menschen aus ihrer angestammten Heimat unter Zurücklassung ihrer gesamten Habe.

Wenn wir uns die hier in großen Zügen vorgetragenen ungünstigen Auswirkungen des Krieges auf die internationalen Wirtschaftsbeziehungen klarmachen, dann sind die beim Neuaufbau des Welthandels nach Kriegsende erzielten Leistungen um so höher zu werten. 1929 erreichte der Welthandel wieder einen Umsatz von über zweihundertvierundachtzig Milliarden Reichsmark. Das entspricht in Preisen von 1913 fast hundertdreißig Prozent des damaligen Umsatzes.

Die Weltinflation

Bei Kriegsausbruch hatten alle kriegführenden Völker die Goldwährung entweder de jure oder doch de facto aufgegeben, um die Notenbanken von der »goldenen Bremse an der Kreditmaschine« (Schumpeter) zu befreien und die Kriegsfinanzierung mit Hilfe der Notendruckpresse zu ermöglichen. Keine Regierung wagte, die alle bisherigen Vorstellungen übertreffenden Kriegskosten durch Steuererhöhungen zu finanzieren, weil das die Kriegsbegeisterung wahrscheinlich allzu rasch gedämpft hätte. Auch tröstete man sich allerseits mit der Hoffnung, daß der besiegte Gegner später die aufgelaufenen Verbindlichkeiten durch Zahlung einer entsprechenden Kriegsentschädigung tilgen würde. Nur England zog die Steuerschraube stärker an und hielt die Geldschöpfung in Grenzen. In Deutschland entschloß sich die Regierung seit 1916 nur zögernd zur Erhöhung und Neueinführung von Steuern, so einer Kriegsgewinnabgabe und 1918 der Umsatzsteuer, ohne daß sie aber eine zu Buch schlagende Entlastung brachten. Soweit die Steuereinnahmen nicht zur Deckung der Kriegsausgaben ausreichten, nahmen die Staaten langfristige Anleihen auf dem Kapitalmarkt auf, der flüssig und leistungsfähig war, oder diskontierten Schatzwechsel bei ihren Notenbanken, was die umlaufende Geldmenge entsprechend vermehrte. Da gleichzeitig das für den zivilen Bedarf zur Verfügung stehende Warenangebot ständig zurückging, war die Folge dieses Mißverhältnisses zwischen Geld- und Warenstrom eine schon während des Krieges einsetzende inflatorische Geldentwertung, die als solche weder von den Regierungen noch den Völkern in ihren Gefahren und Ursachen erkannt wurde. Gleichzeitig sanken die Wechselkurse der kriegführenden Staaten gegenüber den Währungen der neutral gebliebenen Länder.

Als am 11.November 1918 nach vierteljähriger Kriegsdauer der Lärm der Waffen verstummte, die Millionenheere demobilisiert wurden und sich die Soldaten wieder in Arbeiter für friedliche Zwecke verwandelten, mußten die bisher kriegführenden ebenso wie die neutralen Staaten ihre Notenpresse noch weiter in Anspruch nehmen. Die Demobilisierung verursachte erneut große Kosten. In Frankreich und Belgien waren die zerstörten Gebiete wiederaufzubauen. Neben der öffentlichen Hand meldete sich auch bei allen Nationen die Privatwirtschaft mit erhöhten Kreditwünschen, da sie sich auf Friedenswirtschaft umstellen mußte.

Alle diese Momente trugen in den ersten zwei Jahren nach dem Waffenstillstand überall – auch in den USA – zu einer weiter zunehmenden Inflation bei. Diese erste Periode der Weltinflation dauerte etwa bis zur Jahreswende 1920/21. War bis dahin die Entwicklung in der Welt ziemlich einheitlich, so erfolgte jetzt eine Spaltung in zwei Gruppen: Die Leitung der amerikanischen Bundesreservebanken erkannte die Inflationsgefahr und entschloß sich daher zu einer rigorosen Deflationspolitik mit dem Erfolg, daß der Großhandelsindex von 149,8 im Jahre 1919 auf 97,3 im Jahre 1920 absank. Im Gegensatz zu Frankreich verließ sich England nicht auf die deutschen Reparationen, sondern erreichte durch starke Anspannung seiner Steuerkraft bis 1925 den Ausgleich des Staatshaushaltes; die Notenpresse wurde stillgelegt. Bei den neutralen Staaten hörte die Beanspruchung der Notenbank für Regierungszwecke im wesentlichen mit der Beendigung der Demobilmachung auf.

Die zweite Gruppe von Ländern, Deutschland, Frankreich und der übrigen am Krieg beteiligten sowie die neu geschaffenen mittel- und osteuropäischen Staaten, setzte die bisherige, sich ständig steigernde inflationistische Finanzierungspolitik fort. In Deutschland stiegen die Anforderungen an den Reichshaushalt vor allem auf Grund des Londoner Zahlungsplanes von 1921, der Deutschlands Reparationsverpflichtungen auf den unsinnigen Betrag von hundertzweiunddreißig Milliarden Goldmark festsetzte.

Am 10. April 1922 traten in Genua die Vertreter aller europäischen und zahlreicher außereuropäischer Mächte zusammen, um die wirtschaftlichen und finanziellen Probleme, insbesondere auch der internationalen Währungsfragen, zu prüfen. Die Genueser Weltwirtschaftskonferenz hielt mit Recht den Haushaltsausgleich ohne Rückgriff auf die Notenpresse für die wesentlichste Voraussetzung geordneter Währungsverhältnisse. Sie schlug eine neue Form der Goldwährung, die Golddevisenwährung, vor. Danach sollte es für Zwecke der Notendeckung und Begrenzung der Notenschöpfung genügen, wenn die Notenbanken ausreichende Devisenguthaben unterhielten, vorausgesetzt, daß die Fremdwährung jederzeit in Gold umwechselbar war. Dieses System ist dann auch der deutschen Währungsgesetzgebung von 1924 zugrunde gelegt worden, mit der die Reichsmark geschaffen wurde. Leider hatte die Golddevisenwährung erhebliche Mängel, die sich dann in der Weltwirtschaftskrise bei der Devalvation des englischen Pfundes im Jahre 1931 deutlich zeigten.

Die Empfehlungen der Weltwirtschaftskonferenz hinsichtlich des Haushaltausgleiches wurden leider weder von Deutschland noch zahlreichen anderen Staaten berücksichtigt. Zwar hatte Deutschland unter dem Reichsfinanzminister Matthias Erzberger 1919 eine umfassende Reichsfinanzreform eingeleitet, eine leistungsfähige Reichsfinanzverwaltung geschaffen und rigorose Steuererhöhungen und Vermögensabgaben beschlossen, aber die rasch fortschreitende Geldentwertung ließ immer wieder die Einnahmen hinter den noch schneller ansteigenden Ausgaben zurückbleiben. Der Versuch, die Verpflichtungen aus dem Londoner Abkommen von 1921 zu erfüllen und die benötigten Summen nicht nur im Inland aufzubringen, sondern auch zu transferieren, ließ dann die deutsche Währung völlig zusammenbrechen. Als Ende 1922 weitere Zahlungen nicht mehr transferiert und Sachlieferungen nicht mehr geleistet werden konnten, besetzten die Franzosen am 11. Januar 1923 das Ruhrgebiet. Die Bevölkerung reagierte mit »passivem Widerstand« im besetzten Gebiet. Die Mehrzahl verlor ihr bisheriges Einkommen und mußte aus Reichshaushaltsmitteln, das heißt mit neu gedruckten Noten, unterhalten werden.

Im Hochsommer 1923 begann die deutsche Inflation sich »totzulaufen«. Die Mark wurde immer mehr als Zahlungsmittel abgelehnt. Sie hörte auf, Geldfunktionen zu erfüllen. Soweit überhaupt eine statistische Erfassung des Bargeldumlaufes angesichts der nur schwer kontrollierbaren, von Gemeinden und privaten Wirtschaftsunternehmungen emittierten Notgeldmengen möglich war, schätzt man den Bargeldumlauf einschließlich Notgeld Ende November 1923 auf
400 338 326 350 700 000 000 Mark.
Es war schwierig, eine einundzwanzigstellige Zahl der Trillionen, Billiarden und Billionen auszusprechen. Der Verkehr half sich durch Übergang zur »Bill(ionen)-Mark«-Rechnung.

Bei der Stabilisierung wurden eine Billion Mark (1 000 000 000 000) gleich einer Rentenmark, 4,2 Bill-Mark gleich einem Dollar gleich 4,20 alte Goldmark von 1914 bewertet. Die Entwertung der Mark hatte ein Ausmaß wie bei keiner anderen historischen Inflation erreicht. In Goldmark über den Dollarindex umgerechnet, stellte die gewaltige Papiergeldmenge nur einen Betrag von 496,6 Millionen Goldmark dar gegenüber einem nach gleicher Methode berechneten Vorkriegsgeldumlauf von 6,070 Milliarden Mark. Daß die deutsche Volkswirtschaft mit einer nach internationalem Wertmaßstab so geringen Menge

Geld auskam, war eine Folge der auf das höchste gestiegenen Umlaufsgeschwindigkeit der sich fast stündlich entwertenden Papiergeldscheine.

Im September 1923 hatte der damalige deutschnationale Reichstagsabgeordnete Helfferich, während des Krieges unter Bethmann-Hollweg Staatssekretär des Innern und Verfasser zahlreicher geldtheoretischer Schriften, in der Kreuzzeitung einen Vorschlag zur Stabilisierung der deutschen Währung durch Ausgabe einer besonderen Roggenmark veröffentlicht. Aus diesem ersten Helfferichschen Währungsprojekt entstand nach starken Änderungen die deutsche Rentenmark auf Grund der Verordnung über die Errichtung der Deutschen Rentenbank vom 15. Oktober 1923. So unsinnig die »Fundierung« der Rentenmark auf Grund und Boden auch war, so gelang es doch durch rigorose Beschränkung der Geldschöpfung, die deutsche Währung vorläufig zu stabilisieren. Eine Endlösung war die Rentenmark freilich nicht. Deutschland mußte wieder mit seiner Währung Anschluß an die Welt finden, eine Aufgabe, die dann das Münzgesetz vom 30. August 1924 und das Bankgesetz vom gleichen Tage durch die neue deutsche Reichsmark auf der Grundlage der Golddevisenwährung lösten.

In der Mitte der zwanziger Jahre wurden dann auch die übrigen Währungen stabilisiert, in England im Jahre 1925 und in Frankreich durch die Poincarésche Währungs- und Finanzreform von 1926.

Wirtschaftliche und soziale Folgen der Währungszerrüttung

Nach den Währungsstabilisierungen zeigten sich schonungslos und klar die furchtbaren materiellen Verluste, die viele Menschen zu Bettlern und für den Rest des Lebens von öffentlicher Armenunterstützung abhängig machten. Selbst in Ländern mit begrenzter Geldentwertung mußten alle, die ihr Vermögen in Geldforderungen angelegt hatten, feststellen, daß der Tauschwert ihrer nominell unveränderten Vermögen gegenüber der Zeit vor Ausbruch des Krieges wesentlich gesunken war. So betrug zum Beispiel der Tauschwert des Dollars 1923 nur noch zwei Fünftel des Vorkriegswertes. Englands energische Deflationspolitik ließ bis 1923 den Tauschwert des Pfundes bis auf etwa zweiundsechzig vom Hundert des Vorkriegsstandes steigen. Als Poincaré den französischen Franc 1926 stabilisierte, war der Preisindex für die Lebenshaltung auf über fünfhundert Prozent gegenüber der Vorkriegszeit gestiegen, der Tauschwert des Franc also auf ein Fünftel des Vorkriegsstandes gesunken. In einem neutralen Land wie der Schweiz hatte die Währung 1920 mehr als die Hälfte ihres früheren Tauschwertes verloren.

In Deutschland versuchte man durch die Aufwertungsgesetzgebung von 1925, die Gläubigerverluste in beschränktem Umfange zu mildern. So mußten zum Beispiel die Hypotheken gegenüber dem ursprünglichen Nominalwert auf fünfundzwanzig vom Hundert in neuer Reichsmarkwährung »aufgewertet« werden. Es wäre wohl richtiger, in diesem Zusammenhang eher von einer »Abwertung« als einer »Aufwertung« zu sprechen. Aber alle diese, keineswegs in allen Ländern durchgeführten Maßnahmen zur Linderung der Schäden

Granatendepot eines französischen Rüstungswerkes

Proletarier
Lithographie von Hans Baluschek, 1920

konnten die eingetretene Vermögensumschichtung nicht ausgleichen. Die Besitzer von Sachwerten hatten sich nicht nur weitgehend entschulden können. Sie hatten darüber hinaus während der Inflationsjahre vielfach ihren Sachbesitz erweitert, indem sie Investitionen mit Papiermarkkrediten finanzierten, die sie dann in entwertetem Gelde zurückzahlen konnten.

In allen historischen Inflationen haben die Löhne und Gehälter regelmäßig der Geldentwertung nachgehinkt. Die Arbeitskräfte wurden auch diesmal im wahrsten Sinne des Wortes jahrelang ausgebeutet. Ihre Güterversorgung ging immer mehr zurück. Diese Tatsachen konnten den Betroffenen nicht verborgen bleiben. Die Folgen zeigten sich sehr bald in sinkendem Arbeitswillen, häufigen Lohnkämpfen und zunehmender politischer Radikalisierung, die sich dann bei der Reichstagswahl am 4. Mai 1924 auswirkte. Ehrliche Arbeit machte sich bei fortschreitender Inflation immer weniger bezahlt. Die Stunde gehörte dem Spekulanten, der mühelos Gewinne kassierte. Weite Bevölkerungskreise beteiligten sich an der Aktienspekulation, um Papiermarkgewinne zu erzielen, die rasch wieder ausgegeben wurden und in nichts zerrannen.

Die durch die Inflation verursachte materielle und seelische Not wurde begleitet von wachsender Rechtsnot. Unglücklicherweise hatte das Reichsgericht bis zu den letzten Monaten der Inflation 1923 an dem verhängnisvollen Grundsatz »Mark gleich Mark« festgehalten und die Gläubiger gezwungen, Rückzahlungen fälliger Forderungen in entwerteter Mark entgegenzunehmen. Hatte schon der Krieg das Rechtsbewußtsein vielfach erschüttert, so waren es jetzt gerade auch die Gerichte, die durch eine wirtschaftsfremde Rechtsprechung dazu beitrugen, das Gefühl für Treu und Glauben bei weitesten Bevölkerungskreisen zu zerstören.

Die Inflation mit ihrer Vernichtung der Geldvermögen bedeutete das Ende eines großen Teiles des Bürgertums, jener im 19. Jahrhundert im Zuge der wirtschaftlichen Revolution entwickelten Schicht, die auf der Vereinigung von Besitz und Bildung beruhte. Sie war namentlich in Deutschland und Österreich-Ungarn weit verbreitet und trug das geistige Leben ihrer Nationen. Ihre Mitglieder waren gewohnt, das Leben zu planen und ihre Kinder nach Möglichkeit mit materiellen Gütern so weit zu versorgen, daß sie gegen die Wechselfälle des Lebens gesichert erschienen. Damit war es jetzt vorbei; an die Stelle bürgerlichen Gesichertseins und Sichgeborgenfühlens trat Unsicherheit. Aus den Söhnen dieser versinkenden Gesellschaftsschicht entstammten die Gelehrten, Richter, höheren Verwaltungsbeamten und viele freiberuflich Tätige. Ein mehr oder minder großes Privatvermögen hatte es ihnen nicht nur gestattet, den öffentlichen Dienst als Ehrendienst aufzufassen und sich mit geringer Besoldung zu begnügen. Ein größerer Vermögensbesitz, wie er für die europäischen Diplomaten und die höheren Beamten der preußischen inneren Landesverwaltung Voraussetzung für die Aufnahme in die Karriere war, gab ihnen zugleich die nötige innere Unabhängigkeit, die ihnen in Konfliktsfällen den Verzicht auf ihre Stellung erleichterte. Der »independent gentleman« fand sich nicht nur im englischen Parlament, sondern auch unter den Parlamentariern der kontinentalen Länder und unter der Beamtenschaft.

Soweit diese Kreise keinen Grundbesitz hatten oder nicht an Unternehmungen beteiligt waren, hatten sie die ererbten Vermögen meist in sogenannten »mündelsicheren Papieren«

angelegt, die nun restlos der Entwertung zum Opfer gefallen waren. Soweit später eine Aufwertung erfolgte, verminderte der gesunkene Tauschwert der neuen Währungen die übriggebliebenen kümmerlichen Reste. Dem städtischen Miethausbesitz wurden die Inflationsgewinne vielfach durch Sondersteuern wieder entzogen. In vielen Ländern wurden außerdem die Mieten gestoppt, so daß die dem Eigentümer verbleibenden Einnahmen vielfach nicht einmal zur ordnungsmäßigen Erhaltung der Häuser ausreichten, geschweige denn eine angemessene Rendite des nominell geretteten Kapitals abwarfen.

Aus den Söhnen dieser entrechteten, ehemals bürgerlichen Gesellschaftsschicht bildeten sich in Deutschland die braunen Bataillone, erwuchsen der Weimarer Republik unversöhnliche Feinde, gewannen auch in den anderen Ländern die radikalen Gruppen und Parteien ihre Anhänger, die nichts mehr verlieren zu können glaubten.

Wie man auch immer die Schuld an der Inflation bemessen mag, fest steht jedenfalls, daß die Währungs- und Vermögenszerrüttung eine schwere Belastung für die Weimarer Republik und die sie tragenden Parteien bedeutete. Der Hitler-Putsch im November 1923 war nur möglich auf Grund der chaotischen Verhältnisse, die die Inflation herbeigeführt hatte. Als das deutsche Volk am 4. Mai 1924 den zweiten Reichstag wählte, zogen die Nationalsozialisten trotz des gescheiterten Putsches mit zweiunddreißig Abgeordneten in den Wallot-Bau ein. Gleichzeitig verließen die verarmten Rentnerschichten die Mittelparteien. Es begann der Abbröckelungsprozeß bei den Deutschen Demokraten und Stresemanns Deutscher Volkspartei, während die Sozialdemokratie geschwächt wurde durch die Wahl von zweiundsechzig Kommunisten.

Förderung der industriellen Konzentration durch die Inflation

In dem von Karl Marx geschilderten Entwicklungsprozeß der kapitalistischen Wirtschaft bildet die »Accumulationstheorie« einen wesentlichen Bestandteil. Ihr zufolge sollten die kleineren und mittleren selbständigen Unternehmer allmählich von den im Konkurrenzkampf überlegenen Großunternehmen aufgesaugt werden. Die Machtzusammenballung in wenigen monopolistischen Unternehmen werde dann die Völker zur Überführung der Produktionsmittel in Staatsbesitz zwingen. Diese Annahme und Voraussage von Marx ist nur zu einem Teil eingetroffen. Das kleinere und mittlere Gewerbe ist keineswegs durch die Konkurrenz übermächtiger Großunternehmen vernichtet worden, auch in der Landwirtschaft haben sich die kleineren und mittleren Familienbetriebe halten können. Dennoch ist nicht zu leugnen, daß sich innerhalb der Industrie eine ständig zunehmende Konzentrationstendenz durchgesetzt hat.

In den Vereinigten Staaten zeigten sich schon im letzten Viertel des 19. Jahrhunderts Bestrebungen der Unternehmer, den Wettbewerb einzuschränken und durch Kartelle oder Zusammenfassung bisher selbständiger Unternehmungen einer Branche, wie etwa der Ölproduktion, in einer Hand eine Monopolstellung zu erreichen. Die Gefahren, die im Streben nach monopolistischer Marktbeherrschung liegen, wurden in den Vereinigten Staaten schon sehr früh erkannt. Im Jahre 1890 erging der Sherman-Act, der vor allem gegen die monopolistische Zusammenfassung der Erdölproduktion in der Standard Oil Company von John D. Rockefeller gerichtet war. 1914 wurde dieses Gesetz durch den Clayton-Antitrust-Act noch verschärft.

Auch in Europa lassen sich schon vor 1914 Monopolisierungstendenzen beobachten, zum Beispiel im Bankwesen, wo Privatbankiers und Regionalbanken zum Ausbau des Filial- und Depositenkassennetzes der Großbanken aufgesogen wurden. In der Schwerindustrie bekamen die Kartelle schon vor dem ersten Weltkrieg teilweise marktbeherrschende Bedeutung. Zu einer umfassenden Konzernbildung kam es aber erst durch die Inflation.

Bei den Konzernen handelt es sich um die Unterordnung mehrerer rechtlich selbständig bleibender Unternehmen, die demselben oder verschiedenen Wirtschaftszweigen angehören, unter eine einheitliche Leitung, die durch die Dachgesellschaft oder Holdingcompanie ausgeübt wird. Die Konzerngründung geschieht regelmäßig durch Aufkauf entsprechender Teile des Grundkapitals der Tochtergesellschaft.

Während die ältere Generation großer Unternehmer das Schwergewicht ihrer Tätigkeit in der Entwicklung der Produktionstechnik und des Absatzes sah, gewann seit dem ersten Weltkrieg jener Unternehmertyp immer größere Bedeutung, dessen Begabung auf organisatorischem und finanziellem Gebiet liegt. Die Inflation schuf für die Betätigung gerade in dieser Richtung ideale Voraussetzungen. Die verarmten Rentner waren gezwungen, ihre im Papierkurs steigenden Aktien zu veräußern, um mit den scheinbar hohen Erlösen den Lebensunterhalt zu bestreiten. In der Inflation verminderte sich die Zahl der freien Aktionäre sehr stark. Die Unternehmungen führten während der Inflation aus den verschiedensten Gründen Erhöhungen ihrer Grundkapitalien durch. Große Teile der früheren Aktionäre waren nicht mehr in der Lage, sich an diesen Neuemissionen zu beteiligen. An ihre Stelle traten die Konzerngründer und ihre Dachgesellschaften. Der Geld- und Kapitalmarkt war flüssig. Die Banken, auf die die Konzerne teilweise Einfluß gewonnen hatten, standen mit unbeschränkten Krediten zur Verfügung, die nach immer kürzeren Zeiträumen mit entwertetem Papiergeld zurückgezahlt werden konnten. Vielfach wurden auch Aktienpakete von Bankiers und Börsenhändlern zusammengekauft in der Absicht, sie später mit einem sogenannten Paketzuschlag an Interessenten weiterzuveräußern, die die Unternehmungen ihren Konzernen einzugliedern beabsichtigten.

Als größter Konzerngründer der Inflationszeit ist in die Wirtschaftsgeschichte eingegangen der Mülheimer Industrielle oder, wie er sich selbst schlicht nannte, Kaufmann Hugo Stinnes. Als er 1924 starb, umfaßte sein Konzern Unternehmungen aller Geschäftszweige, der Schwerindustrie, der Schiffahrt, der Fertigungsindustrie, des Handels, aber auch Hotels, Zeitungen, Landgüter. Bereits 1925 geriet dieses Riesenunternehmen unter seinen Söhnen in finanzielle Schwierigkeiten. Der größte Teil der zusammengerafften Werte mußte wieder abgestoßen werden. Von allen »Königen der Inflation« haben nur wenige ihren damaligen Reichtum über die folgenden kritischen Stabilisierungsjahre und die Weltwirtschaftskrise retten können. Zu den heute noch lebenden gehört Friedrich Flick; der Kurswert seiner Aktienpakete soll sich nach einer Schätzung allein im Jahre 1958 um einhundertvierundsiebzig Millionen Deutsche Mark erhöht haben.

Gerade im hochindustrialisierten Deutschland hat sich die Konzentrationsbewegung der Industrie auch in den folgenden Jahrzehnten, nicht zuletzt unter den Einwirkungen der Weltwirtschaftskrise, weiter fortgesetzt. Nach 1945 versuchten die Besatzungsmächte, eine Dekonzentration in der westdeutschen Wirtschaft durchzusetzen, jedoch ohne nennenswerten dauernden Erfolg. Erst die Zukunft wird zeigen, ob das im Jahre 1957 erlassene Gesetz gegen Wettbewerbsbeschränkungen ausreicht, den besonders in Deutschland starken Bestrebungen zu monopolartiger Marktbeherrschung wirkungsvoll zu begegnen.

Die deutschen Reparationen und das Problem der alliierten Kriegsschulden

Als sich 1919 die Delegationen der alliierten und assoziierten Mächte in Paris zur Vorbereitung der mit den Mittelmächten abzuschließenden Friedensverträge zusammenfanden, stand von Anfang an fest, daß Deutschland neben umfangreichen Gebietsabtretungen auch für alle den Siegern erwachsenen Schäden eine entsprechende Kriegsentschädigung zahlen müsse. Unter »entsprechend« verstand der damalige australische Ministerpräsident Hughes achthundert bis tausend Milliarden Goldmark. Frankreich verlangte nicht nur die Rückgabe von Elsaß-Lothringen, sondern auch eine Entschädigung für die fünf Milliarden Francs, die Deutschland im Frankfurter Frieden 1871 vom unterlegenen Gegner gefordert und in überraschend kurzer Zeit auch tatsächlich bezahlt bekommen hatte. Wenn Frankreich die unter den damaligen Verhältnissen sehr hohe Summe hatte aufbringen können, dann konnte nach Auffassung der in Paris versammelten Politiker und Ministerialbeamten auch das von Kriegszerstörungen verschont gebliebene Deutschland eine der wesentlich gestiegenen Produktionskraft der Volkswirtschaft angepaßte höhere Summe als Wiedergutmachung zahlen.

Vergeblich hat ein Mitglied der englischen Delegation, der später zu Weltruf gelangte Cambridger Nationalökonom John Maynard Keynes, den Delegationen das schwierige Transferproblem klarzumachen versucht. Wollte man große Reparationen von Deutschland eintreiben, dann mußten die empfangsberechtigten Staaten Deutschland auf handelspolitischem Gebiet entgegenkommen und einen erhöhten Export seiner Waren ermöglichen. Nur dadurch konnte das Schuldnerland fremde, für die Reparationszahlung nötige Devisen verdienen. Das Reparationsproblem gliederte sich in zwei Teile, die innere Aufbringung und das Transferproblem. Zunächst mußten der Reichshauptkasse durch Steuern entsprechende Reichsmarkbeträge zugeführt werden, die dann zum Ankauf der Devisen verwendet werden konnten, die von deutschen Exporteuren im Ausland verdient und zur Bezahlung innerdeutscher Verpflichtungen an die Reichsbank gegen deutsche Währung verkauft worden waren. Nur wenn ausreichende Devisenbestände verfügbar waren, konnte der zweite Teil des Reparationsproblems gelöst werden, das Transferproblem, das heißt die Umwandlung der von den deutschen Steuerzahlern in deutscher Währung aufgebrachten Beträge in fremde, von den empfangsberechtigten Ländern gewünschte. Als Keynes mit seiner Meinung nicht durchdrang, legte er sein Amt in der englischen Delegation nieder. Sein Buch »Die wirtschaftlichen Folgen des Friedensvertrages« übte berechtigte Kritik an den fehlerhaften Entscheidungen der Pariser Friedenskonferenz. Die spätere Entwicklung des Reparationsproblems hat Keynes völlig recht gegeben.

Nachdem der Versailler Friedensvertrag die Höhe der deutschen Reparationsverpflichtungen späteren Vereinbarungen vorbehalten hatte, wurden sie erst im Jahre 1921 im Londoner Zahlungsabkommen ohne Rücksicht auf das Aufbringungs- und Transferproblem auf die völlig irreale Summe von hundertzweiunddreißig Milliarden Goldmark festgesetzt. Schon zwei Jahre später brach Deutschland wirtschaftlich zusammen. Die Gläubigermächte mußten sich damit abfinden, daß dieses Abkommen undurchführbar war. Ihre maßgebenden Politiker sahen ein, daß das Reparationsproblem einer gründlichen Untersuchung durch Sachverständige bedurfte. Eine im November 1923 unter Führung von Charles Dawes, dem früheren Direktor des Budgetbüros in Washington, eingesetzte Kommission legte 1924 ein umfassendes Gutachten vor. Dieses Dawes-Gutachten war die Grundlage des Londoner Reparationsabkommens vom 16. August 1924, nach dem Deutschland zunächst vier Schonjahre zugebilligt erhielt und in einer Übergangsperiode bis 1928 nur 5,4 Milliarden Reichsmark zu transferieren brauchte, wobei die Aufbringung durch eine große Auslandsanleihe, die Dawes-Anleihe, erleichtert wurde. Ab 1. April 1928 sollten dann auf unbestimmte Dauer Jahreszahlungen von 2,5 Milliarden Reichsmark entrichtet werden.

Deutschland hat diese Verpflichtungen bis zum Inkrafttreten des neuen Reparationsabkommens auf Grund des Young-Planes 1930 erfüllt. Gleichzeitig setzte der große wirtschaftliche Aufschwung ein, was, ähnlich wie in der Zeit vor 1914, zu einem starken Passivsaldo der deutschen Handelsbilanz führte, der auch über den Dienstleistungsverkehr (Einnahmen aus dem Verkehrswesen, der Handelsflotte, dem Bank- und Versicherungswesen usw.) nicht auszugleichen war. So konnten die Reparationszahlungen nicht anders transferiert werden als durch einen nach der deutschen Währungsstabilisierung 1924 einsetzenden, bis 1930 fließenden Strom von Auslandsanleihen. Ein Sachverständigenausschuß hat 1931 festgestellt, daß in den Jahren 1924 bis 1930 die deutsche Volkswirtschaft 8,3 Milliarden langfristige und 3,5 Milliarden Reichsmark kurzfristige Kredite aus dem Ausland erhalten hat. Außerdem waren auch noch für eine Milliarde Reichsmark deutsche Effekten ins Ausland verkauft worden. Rechnet man eine Reihe anderer Posten hinzu, so ergibt sich ein Gesamtzufluß fremder Zahlungsmittel bis 1930 in Höhe von 18,2 Milliarden Reichsmark. Daraus wurden bis 1931 rund 10,3 Milliarden Reichsmark Reparationen in ausländischen Währungen transferiert und der Rest zur Deckung der Passivsalden der Handelsbilanz benutzt.

Die Situation mutet grotesk an: Ausländische Sparer zeichneten deutsche Anleihen, deren Schuldner deutsche Industriefirmen und öffentlich-rechtliche Korporationen, insbesondere Gemeinden, waren, die inländische Materialien und Löhne bezahlen mußten

Infolgedessen flossen der Reichsbank ständig Devisenbeträge zu, so daß der Reparationsagent die ihm vom Reichsfinanzminister überwiesenen Reichsmarksummen ohne Gefährdung des Wechselkurses der deutschen Reichsmark in fremde Währungen umtauschen konnte. Zwar mußten die deutschen Steuerzahler die Reparationen in Reichsmark aufbringen. Ständig wurde über die zu hohe Steuerbelastung als Folge der Reparationsleistungen geklagt. Die Kapitalbildung wurde dadurch erschwert und die Unternehmungen gezwungen, sich im Ausland zu verschulden, weil sich auf dem inländischen Kapitalmarkt die Vernichtung der Geldersparnisse während der Inflation auswirkte und sich neues Sparkapital in ausreichendem Umfang infolge zu hoher steuerlicher Belastung und großer Investitionserfordernisse nicht bilden konnte. Andererseits stammten die Devisenbeträge, die in die Staatskassen der Gläubigerländer flossen, aus den Einzahlungen ihrer eigenen Staatsbürger auf die Anleihekonten der deutschen Anleiheschuldner. Die deutsche Reparationsschuld wurde weitgehend kommerzialisiert. Das Deutsche Reich erfüllte seine Verbindlichkeiten, während sich private und öffentlich-rechtliche Kreditnehmer gegenüber den ausländischen Anleihezeichnern verschuldeten.

Dieses bedenkliche Verfahren der Transferierung der geschuldeten Reparationsleistungen funktionierte so lange, wie ständig neue Anleihen auf den Auslandsmärkten untergebracht werden konnten; in dem Augenblick, in dem der Anleihestrom versiegte, mußte es zusammenbrechen. Zu den wenigen Männern, die sich über die Gefahren und den problematischen Wert des Systems klar waren, gehörte der Reparationsagent Parker Gilbert. Er wollte verständlicherweise einen Zusammenbruch der Reparationen verhüten und bemühte sich daher schon im Winter 1927/28, in den Gläubigerländern Stimmung für eine Neuregelung der deutschen Reparationslasten zu machen, nicht ohne Erfolg, denn im Februar 1929 trat in Paris ein neues Sachverständigenkomitee zusammen unter Vorsitz des Amerikaners Owen Young, dem Generaldirektor der General Electric Company, des größten amerikanischen Elektrokonzerns. Er hatte bereits dem Dawes-Komitee als Mitglied angehört. Der deutschen Delegation gehörte Reichsbankpräsident Hjalmar Schacht an.

Bei den schwierigen Verhandlungen sträubten sich die Gläubigerländer nach wie vor gegen eine Begrenzung der deutschen Zahlungen auf die allenfalls zu erzielenden Devisenüberschüsse. Das deutsche Reparationsproblem war mit den alliierten Kriegsschulden eng verknüpft. Die deutschen Zahlungen sollten mindestens diese Verpflichtungen decken. Die europäischen Mächte hatten große Kriegsanleihen in den Vereinigten Staaten aufgenommen und sich auch gegenseitig wiederum Anleihen zur Finanzierung des gemeinsamen Krieges gewährt. Es handelte sich um einen Schuldenblock von insgesamt 20,8 Milliarden Dollars. Davon entfielen auf die Vereinigten Staaten als Gläubiger 10,3 Milliarden. Ein Teil der Forderungen richtete sich gegen Rußland und mußte als uneinbringlich betrachtet werden. Die Verhandlungen schleppten sich bis 1930 hin; besonders schwierig waren die Auseinandersetzungen zwischen Frankreich und den Vereinigten Staaten, die durch das Mellon-Bérenger-Abkommen 1926 beendet wurden. Die interalliierten Schulden sollten in einem Zeitraum von zweiundsechzig Jahren getilgt werden. Da diese interalliierten Vereinbarungen auf den deutschen Reparationen basierten, hielten sich die Schuldnerländer für berechtigt, ihren Verpflichtungen trotz scharfer amerikanischer Proteste nicht mehr nachzukommen, als Deutschland im Jahre 1931 seine Zahlungen einstellte. Nur Finnland hat als vorbildlicher Schuldner seine Verpflichtungen gewissenhaft erfüllt. Am 7. Juni 1929 kam schließlich nach manchen Krisen der Young-Plan zustande, der zu heftigen innerpolitischen Auseinandersetzungen in Deutschland und den Gläubigerländern Veranlassung gab. In den anschließenden Regierungsverhandlungen mußte die deutsche Regierung weitere Zugeständnisse machen, was zu heftigen Angriffen der deutschen Opposition gegen die Regierung führte, an denen sich auch Schacht, der vom Amt des Reichsbankpräsidenten zurückgetreten war, beteiligte. Das im Januar 1930 im Haag geschlossene Reparationsabkommen brachte ohne Zweifel gegenüber der bisherigen Regelung des Londoner Abkommens von 1924 wesentliche Erleichterungen. Bis 1939 sollte Deutschland Jahreszahlungen bis zu zwei Milliarden Reichsmark leisten. Die Annuitäten stiegen dann allmählich an, um 1965 mit 2,4 Milliarden ihren Höchstbetrag zu erreichen. Nach Zahlung von insgesamt 34,5 Milliarden Reichsmark sollte die deutsche Reparationsschuld am 31. März 1988, also nach achtundfünfzig Jahren, endgültig erlöschen.

Tatsächlich fanden jedoch die Reparationen schon anderthalb Jahre nach der Haager Konferenz ihr Ende. Als sich die Regierungen im Haag um die Neuregelung bemühten, war die jahrelange Hochkonjunktur bereits durch die Weltwirtschaftskrise unterbrochen worden, die nicht mehr, wie von vielen ihrer Opfer erwartet, durch eine Einigung in der Reparationsfrage in ihrem verhängnisvollen Lauf aufgehalten werden konnte. Bereits 1931 zeigte sich Deutschland außerstande, nach Erschöpfung seiner Devisenreserven die Reparationszahlungen weiter zu leisten. Am 22. Juni 1931 machte der amerikanische Präsident Herbert Hoover den Vorschlag eines allgemeinen Feierjahres für alle Kriegsschulden, nach dessen Ablauf die beteiligten Regierungen erneut in Lausanne zusammentraten (Juli 1932). Dort kam es zu der Vereinbarung, daß die deutsche Reparationsschuld von ursprünglich hundertzweiunddreißig Milliarden Goldmark nach dem Londoner Zahlungsplan von 1921 nunmehr, als es zu spät war, auf drei Milliarden Goldmark herabgesetzt wurde, wobei die drei Milliarden aber nur unter bestimmten Voraussetzungen zu zahlen waren. Das Lausanner Abkommen ist nicht mehr ratifiziert worden. Die Reparationen haben in und durch die Weltwirtschaftskrise ihr endgültiges Ende gefunden.

Von der »Ewigen Prosperity« zum New Yorker Börsenkrach

Unbeschadet der Unruhe und der internationalen Spannungen, die aus dem Reparationsproblem entstanden, erscheint uns heute rückblickend die zweite Hälfte der zwanziger Jahre als eine glückliche Zeit. Die Kriegsschäden konnten bald durch die Errichtung neuer leistungsfähigerer Anlagen ausgeglichen werden. Nach den Währungsstabilisierungen setzte bei allen Völkern starker Arbeitswille gepaart mit risikobereiter Initiative der Unternehmer ein. In Industrie und Landwirtschaft begann eine großzügige Rationalisierung. Henry Ford übernahm nach dem Beispiel Chikagoer Schlachthäuser erfolgreich das Fließband, das rasch auch in anderen Industriezweigen und Ländern eingeführt wurde. Die Nachteile der Rationalisierung wurden durch den Übergang zur achtstündigen Arbeitszeit gemildert, wie er sich als Folge des Weltkrieges und der erstarkenden Macht der Industriearbeiterschaft durchgesetzt hatte. Die teuer gewordene menschliche Arbeitskraft wurde durch immer leistungsfähigere Maschinen wo nicht ersetzt doch unterstützt, so daß der wachsende Einsatz von Realkapital die Ergiebigkeit der menschlichen Leistung stark erhöhte.

Große Steigerungen der Volkseinkommen waren die Folge. In den Vereinigten Staaten wuchs es von 54,6 Milliarden Dollar 1921 auf 85,2 Milliarden im Jahre 1929, in Deutschland in den fünf Jahren 1925 bis 1929 von 70 auf 84 Milliarden Reichsmark (Bruttoproduktionswert), also um zwanzig Prozent. In der gleichen Zeit stiegen die Spareinlagen von 1,7 auf 9,3 Milliarden Reichsmark an.

Auf die günstige Entwicklung der Welthandelsumsätze bis 1929 haben wir bereits hingewiesen. Dazu trug wesentlich das günstige außenpolitische Klima bei, das sich allmählich einstellte und seinen äußeren Ausdruck im Locarno-Pakt von 1925, Deutschlands Eintritt in den Völkerbund, und im Abschluß des Vertrages über die Kriegsächtung, des sogenannten Kellogg-Paktes, fand. Ähnlich wie um die Jahrhundertwende wurde die Wirtschaft von einem allgemeinen Optimismus erfaßt. Gestützt auf Erkenntnisse über das Wesen der wirtschaftlichen Wechsellagen, glaubte man an die »Ewige Prosperity« und die endgültige Überwindung des Konjunkturzyklus. Diese von den Vereinigten Staaten ausgehende Zuversicht ließ sich auch nicht durch die Arbeitslosigkeit in den europäischen Industrieländern beirren, die man als unvermeidliche Folge der Rationalisierung und als bloße Übergangserscheinung bis zur Neueingliederung der freigesetzten Arbeitskräfte glaubte hinnehmen zu können. England hatte seit 1926 im Jahresdurchschnitt ständig eine Million Arbeitslose, und auch in Deutschland bereitete schon vor der Krise die Arbeitslosigkeit schwere Sorgen. Im Winter 1925/26 wurden bereits 2,3 Millionen Vollarbeitslose gezählt, deren Zahl sich im Winterhalbjahr 1928/29, dem Jahr der Hochkonjunktur, sogar auf 3,7 Millionen erhöhte. In den Sommerhalbjahren trat jedoch immer wieder eine fühlbare Besserung ein. Im übrigen hatte Deutschland im Jahre 1927 die Arbeitslosenversicherung eingeführt, die dazu bestimmt war, die Härten der als unvermeidlich betrachteten Arbeitslosigkeit zu mildern.

Ein besonderes Merkmal der damaligen weltweiten Aufschwungperiode war eine gleichbleibende oder gar rückläufige Preisentwicklung, wie sie besonders in den Vereinigten Staaten und England zu beobachten war. Die alte Preiskonjunktur war durch die Mengenkonjunktur abgelöst. Das war etwas Neues und wurde gern als weiterer Beweis dafür gewertet, daß der frühere Konjunkturzyklus endgültig der Vergangenheit angehörte. Daß andererseits die Entwicklung der Börsenkurse durchaus den früheren Erfahrungen während eines Booms entsprach, nahmen immer größere, sich am Börsenspiel beteiligende Bevölkerungskreise gern zur Kenntnis. In den sieben Jahren von 1923 bis Oktober 1929 stieg der amerikanische Aktienindex von neunundsechzig auf hundertneunzig Punkte, davon allein in den zwei Jahren von 1927 bis 1929 um fast zweiundsiebzig Punkte. Innerhalb von sieben Jahren hatte sich das Kursniveau der amerikanischen Aktien auf fast das Dreifache und bei favorisierten Werten noch stärker erhöht. Die Beteiligung an der Effektenspekulation wurde dem amerikanischen Bürger durch eine großzügige Kreditgewährung erleichtert. Auch in den europäischen Ländern gab es eine jahrelange Börsenhausse mit entsprechenden Gewinnen, wenn sich auch in Deutschland dank des rechtzeitigen Eingreifens der Reichsbank 1927 der Kursanstieg stark verlangsamte. Immer wieder war von verschiedenen Seiten vor den Übertreibungen bei der Kursentwicklung gewarnt worden. Seit dem Sommer 1929 waren die Weltbörsen sehr nervös. Am 3. Oktober war einer der drei großen Außenminister Europas, Gustav Stresemann, allzu früh gestorben. Sein Tod wurde von der internationalen Finanzwelt besonders schmerzlich empfunden, weil die Annahme des Young-Planes durch die beteiligten Regierungen noch nicht erfolgt war und für die kommenden Verhandlungen noch manche Schwierigkeiten erwartet wurden. Unerfreulich waren vor allem zwei große Finanzskandale: Der Zusammenbruch der hochangesehenen Frankfurter Allgemeinen Versicherungsanstalt, zu deren Gläubigern zahlreiche führende internationale Banken gehörten, und der soeben aufgedeckte Aktienschwindel an der Londoner Börse, der Hawtry-Skandal.

Als am Donnerstag, dem 24. Oktober 1929, das amerikanische Volk zur Arbeit fuhr, lagen keine besonderen Anzeichen vor, daß gerade dieser Tag als verhängnisvoll in die Wirtschaftsgeschichte eingehen würde. Die Morgenzeitungen hatten, da die Weltlage unverändert war, keinerlei sensationelle Nachrichten gebracht. Niemand kann erklären, weshalb sich gerade an diesem 24. Oktober 1929 bei den Börsenmaklern in New York die Verkaufsaufträge aus allen Gegenden des amerikanischen Kontinents stark häuften, ohne daß gleichzeitig entsprechende Kaufaufträge erteilt wurden. Sicherlich waren die Börsenkurse seit langem überhöht. Da sich auf die Dauer im Wirtschaftsleben immer wieder der Rechenstift durchsetzt, mußte irgendwann einmal ein starker Rückgang des überhöhten Kursniveaus erfolgen, wie das bei den europäischen Börsen bereits seit Monaten der Fall war. Aber weshalb gerade an diesem Tag plötzlich und abrupt der Rückbildungsprozeß an der New Yorker Börse einsetzte, läßt sich nur erklären, daß ein jahrelang gebrauchter Krug schließlich einmal springen kann.

Als nach der Börseneröffnung die Banken die Marktlage erkannten, setzten sofort starke Interventionen ein. Sie konnten freilich stärkere Kursabschläge nicht verhindern. In den Abendblättern wurden einige beruhigende Erklärungen zuständiger Stellen veröffentlicht. Dennoch lagen am folgenden Freitag, dem 25. Oktober, erneut umfangreiche Verkaufsaufträge vor, so daß die Kurse weiter zurückgingen. Das folgende Wochenende war für die Masse der amerikanischen Effektenbesitzer mehr als sorgenvoll. Infolge der starken Kursrückgänge wiesen ihre meist recht hoch beliehenen Effektendepots nicht mehr die erforderliche Deckung auf. Wurden keine Nachschüsse geleistet, so drohte ihnen die Exekution, das heißt, sie mußten damit rechnen, daß ihre Effekten am Montag zu den sich dann ergebenden Kursen verkauft würden.

Die meisten der verschuldeten Effektenbesitzer waren nicht in der Lage, zusätzliche Deckungen zu beschaffen, so daß an der Montagbörse umfangreiche Exekutionen einsetzten. Nochmals intervenierten die amerikanischen Banken. Aber am Nachmittag wurde auf einer Sitzung der New Yorker Finanzinstitute offensichtlich, daß gegen diese Verkaufswelle kein Damm mehr errichtet werden konnte, zumal am nächsten Tage infolge der erneuten Rückgänge mit weiteren Exekutionen gerechnet werden mußte. Die eigentliche Katastrophe brach dann am Dienstag, dem 29. Oktober, über Hunderttausende amerikanische Familien mit voller Wucht herein. 16,5 Millionen Stück Aktien wechselten an der New Yorker Börse den Eigentümer. Der Ticker war mehrere Stunden mit der Anzeige der Kursnotizen im Rückstand. In allen Drugstores und Hotelhallen, wo die Tickernachrichten empfangen wurden, fanden sich die ruinierten Effektenbesitzer ein, um festzustellen, wie von Stunde zu Stunde ihre ungedeckten Effektenschulden anwuchsen und die Kurse bei jeder neuen Notiz weiter zurückgingen.

Trotz dieses starken Kurseinbruchs waren durch die Oktoberkatastrophe im allgemeinen nur die Kursgewinne des letzten Jahres verlorengegangen, ja zahlreiche Notierungen lagen noch immer über denen zu Beginn dieses verhängnisvollen Jahres. In den Vereinigten Staaten war man sich noch Monate später nicht über die Bedeutung der Kurskatastrophe klargeworden. Der Glaube an die »Ewige Prosperity« war zu fest verwurzelt. Erst allmählich wirkten sich die Vermögensverluste auf die Volkswirtschaft aus. Es ist interessant, daß in deutschen Publikationen der damaligen Zeit die bedenkliche Lage der amerikanischen Volkswirtschaft viel klarer und richtiger als in den Vereinigten Staaten selbst erkannt wurde.

In den folgenden Wochen traten weitere Kursrückgänge ein. Der Aktienindex der New Yorker Börse, der zu Beginn des Jahres auf 185,2 stand, sank bis Jahresende auf 153,8 Punkte ab. Im neuen Jahr trat noch einmal eine vorübergehende Erholung der Kurse ein. Bis April 1930 stieg der Aktienindex wieder auf 181 Punkte an und lag damit nur wenig unter dem Kursstand zu Beginn des Jahres 1929. Dann aber ging es unablässig bergab in einem sich von Jahr zu Jahr steigernden Tempo, bis im März 1933, dem Monat der amerikanischen Bankenkatastrophe, der Aktienindex seinen Tiefstand mit 43,2 Punkten erreichte.

Der äußere Verlauf der Weltwirtschaftskrise

Der Zusammenbruch der New Yorker Börse im Oktober 1929 wird heute allgemein als das auslösende Ereignis, wenn auch nicht als Ursache der Weltwirtschaftskrise angesehen. Der Glaube an die »Ewige Prosperity«, der die bisherige Aufschwungsperiode getragen hatte, erlitt trotz aller Beruhigungsversuche durch die Börsenkatastrophe einen tödlichen Stoß. Es dauerte nicht lange, bis man überall in das gegenteilige Extrem eines hemmungslosen Pessimismus verfiel, der sich für alle Ansätze zum Aufschwung als schweres Hemmnis erwies.

Eine zwangsläufige Folge des Kurszusammenbruchs war ein starker Rückgang der Güternachfrage, und zwar sowohl auf dem Markt der Konsum- wie der Investitionsgüter. Millionen amerikanischer Familien hatten sich daran gewöhnt, einen Teil ihrer auf Abzahlungsbasis getätigten Einkäufe mit den regelmäßig erzielten Börsengewinnen zu finanzieren. Diese Einnahmequelle fiel jetzt fort. Außerdem hatten viele Familien Schulden bei ihren Börsenmaklern abzutragen. Angesichts des rückläufigen Konsums bestand für die Unternehmer kein Interesse mehr an einer weiteren Ausdehnung ihrer Unternehmungen. Hinzu kam, daß nach den Ereignissen des Oktober der Markt für Neuemissionen zunächst kaum aufnahmefähig war. Während im September 1929 noch für eine Milliarde Dollar neue Aktien emittiert werden konnten, nahm ein Jahr später, im Oktober 1930, der Markt nur noch für 21,6 Millionen auf.

Seit dem Sommer 1930 befanden sich die meisten Volkswirtschaften in Europa und Übersee im Zustand einer schweren Wirtschaftskrise. Nur die französische Wirtschaft blieb zu-

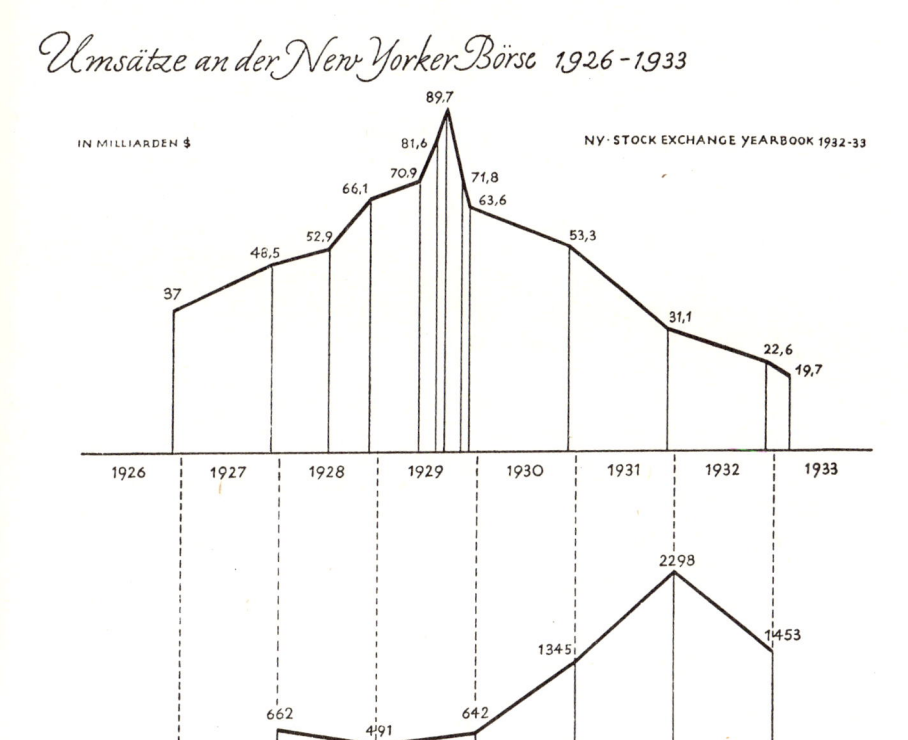

Umsätze an der New Yorker Börse 1926-1933

IN MILLIARDEN $ — NY·STOCK EXCHANGE YEARBOOK 1932-33

1926: 37; 1927: 48,5 / 52,9; 1928: 66,1 / 70,9; 1929: 81,6 / 89,7; 1930: 71,8 / 63,6; 1931: 53,3; 1932: 31,1; 1933: 22,6 / 19,7

Bankenkonkurse in den USA 1927-1932

FEDERAL RESERVE BULLETIN 1933

1927: 662; 1928: 491; 1929: 642; 1930: 1345; 1931: 2298; 1932: 1453

nächst von stärkeren Krisenerscheinungen verschont, eine Folge der besonderen Struktur der französischen Volkswirtschaft. Bei der engen Verflechtung der amerikanischen mit den europäischen Volkswirtschaften und bei dem starken Engagement europäischer Finanzkreise an der New Yorker Börse wirkten sich die New Yorker Ereignisse natürlich auch in der Alten Welt aus. Der breite Strom amerikanischer Auslandsanleihen versiegte im Laufe des Jahres 1930. Gleichzeitig verringerte sich der Absatz europäischer Waren auf dem amerikanischen Markt, so daß es immer schwieriger wurde, geschuldete Zins- und Amortisationsleistungen in Dollars aufzubringen.

Auch in der Weltwirtschaftskrise finden wir viele Erscheinungen wie in früheren Abschwungs- und Depressionsperioden: starke Zunahme der Konkurse, Preiszerfall, Bankenzusammenbrüche, Arbeitslosigkeit. Was sie aber von früheren Krisen unterschied, waren die Intensität und Dauer sowie das Ausbleiben eines automatisch einsetzenden neuen Aufschwungs. Vor allem gilt dies für die Entwicklung der Arbeitslosigkeit, die das hervorstechendste Moment bei den hochindustrialisierten Volkswirtschaften bildete.

Die zwangsläufige Folge des Rückgangs der Güternachfrage war eine rasche Zunahme der Arbeitslosigkeit. Das verhängnisvolle »Gesetz der progressiven Arbeitslosigkeit« wirkte sich aus. Jeder Arbeitslose machte weitere bisher noch Arbeitende arbeitslos, weil die Arbeitslosen infolge verminderter Einnahmen zu einer Einschränkung ihrer Güternachfrage gezwungen waren und damit Arbeiterentlassungen notwendig wurden. Als der Nationalsozialismus am 30. Januar 1933 zur Macht kam, wurden in Deutschland sechs Millionen Vollarbeitslose gezählt. Dazu kamen weitere Millionen Kurzarbeiter, deren Löhne nur unwesentlich über der Arbeitslosenunterstützung lagen. In den Vereinigten Staaten wurde im März 1933 die Arbeitslosenzahl auf 15,6 Millionen Vollarbeitslose geschätzt.

Die Entwicklung der Preise und Löhne wies starke Unterschiede auf. Die Gewerkschaften sträubten sich gegen Lohnsenkungen, so daß sie in Deutschland durch Notverordnungen des Reichspräsidenten außerhalb der Vereinbarung der Tarifparteien erzwungen werden mußten. Analog dazu entschlossen sich die meisten Kartelle lieber zu starken Produktionseinschränkungen, anstatt durch Preissenkungen eine Absatzbelebung zu versuchen. Mit voller Wucht wirkte sich dagegen der Absatzrückgang bei den kartellmäßig nicht kontrollierten Rohstoffpreisen und insbesondere bei den Agrarprodukten aus. Die Folge war eine weltweite Agrarnot. Während die Zins- und Amortisationsverpflichtungen der Landwirtschaft unverändert blieben, reichten die rückläufigen Einnahmen nicht mehr zur Aufrechterhaltung des Anleihedienstes aus. Unzählige Farmer in den Vereinigten Staaten gaben ihre Höfe auf und suchten mit dem weißen Stab in der Hand eine neue Arbeitsstätte. John Steinbeck hat uns in seinem Roman »The Grapes of Wrath« (1939) eine sehr anschauliche Schilderung der damaligen Verhältnisse gegeben. In Deutschland griff die Gesetzgebung zum Schutze der Landwirtschaft ein und zwang die Gläubiger zu Stundungen und Herabsetzung ihrer Forderungen.

Ein besonderes Charakteristikum der Weltwirtschaftskrise gegenüber früheren Depressionsperioden war die fehlende Flüssigkeit der Kapitalmärkte. Während der Depressionsperioden des 19. Jahrhunderts pflegten die Zinssätze rasch zu sinken; langfristiges Geldkapital zu günstigen Bedingungen wurde reichlich angeboten. Gerade diese günstigen Finanzierungsmöglichkeiten bildeten eine der Ursachen für einen neuen Aufschwung. Insbesondere wurde dadurch die Bautätigkeit angeregt. In der Weltwirtschaftskrise waren es gerade diese Schwierigkeiten der Banken, Krediteinschränkungen und fehlende Neigung zur längerfristigen Anlage disponibler Kapitalien, die die Finanzierung von Krisenbekämpfungsprogrammen erschwerten.

Während die wachsende Arbeitslosenzahl die Soziallasten der öffentlichen Haushalte steigen ließ, gingen gleichzeitig die Steuereinnahmen zurück. Die Haushalte erwiesen sich im 20. Jahrhundert viel stärker von der konjunkturellen Entwicklung abhängig als in

Zeiten, in denen sich die öffentlichen Ausgaben, namentlich auf sozialem Gebiet, noch in bescheidenen Grenzen gehalten hatten. Unter dem Einfluß der nicht richtig verstandenen Lehren der Inflationszeit fürchteten die Regierungen, die Notenbanken und weite Kreise der Wirtschaft nichts mehr als ungedeckte Haushaltsdefizite. Da der Kapitalmarkt für öffentliche Anleihen nicht aufnahmefähig war, entstanden auch bei den außerordentlichen Haushalten Fehlbeträge, die die Illiquidisierung der öffentlichen Kassen förderten. Um den

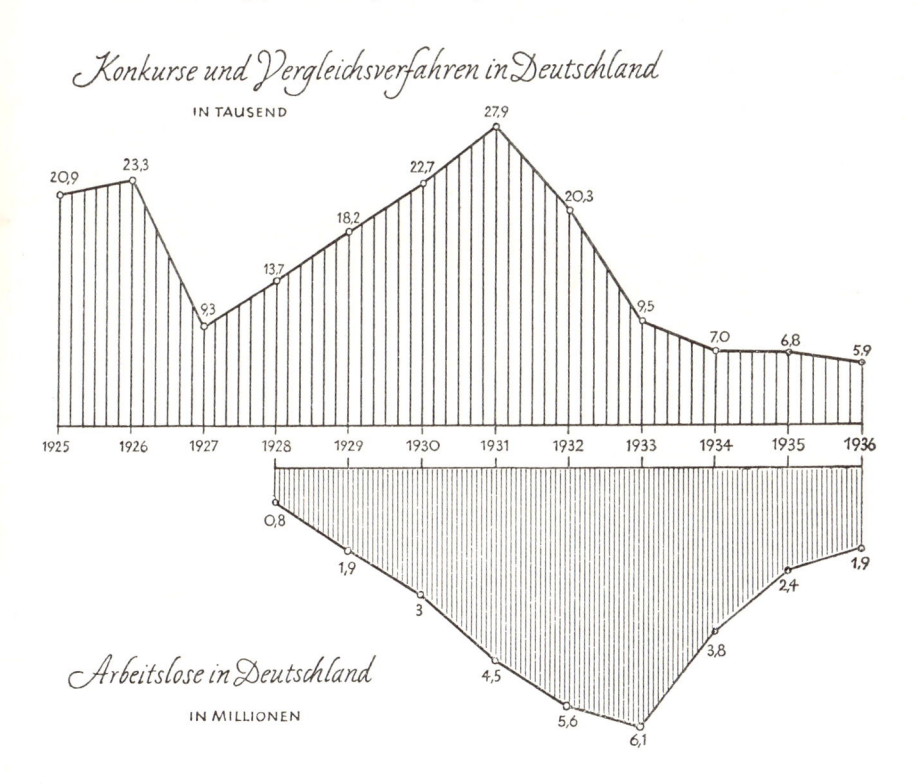

Konkurse und Vergleichsverfahren in Deutschland
IN TAUSEND

1925: 20,9 / 1926: 23,3 / 1927: 9,3 / 1928: 13,7 / 1929: 18,2 / 1930: 22,7 / 1931: 27,9 / 1932: 20,3 / 1933: 9,5 / 1934: 7,0 / 1935: 6,8 / 1936: 5,9

Arbeitslose in Deutschland
IN MILLIONEN

1925: 0,8 / 1926: 1,9 / 1927: ? / 1928: ? / 1929: ? / 1930: 3 / 1931: 4,5 / 1932: 5,6 / 1933: 6,1 / 1934: 3,8 / 1935: 2,4 / 1936: 1,9

Haushaltsausgleich zu sichern, entschlossen sich die Regierungen zu Ausgabensenkungen und zur Erhöhung der Steuersätze. Am schärfsten und konsequentesten wurde diese Deflationspolitik in Deutschland von dem Kabinett Brüning mit Hilfe von Notverordnungen des Reichspräsidenten verfolgt. Einen Erfolg hatte diese, wie jetzt allgemein zugegeben wird, völlig verkehrte Finanzpolitik freilich nicht, vielmehr führten die Ausgabensenkungen zu noch schärferem Nachfragerückgang und machten dadurch weitere Arbeiter arbeitslos; steigende Sozialausgaben waren die Folge. Was nötig war und allein die furchtbare Krise wirkungsvoll bekämpft hätte, war eine Ausgabensteigerung und Belebung der Güternachfrage. Hatte man während der Inflation die Quantitätstheorie völlig vernachlässigt, so interpretierte man jetzt diese das Geldwesen beherrschende Lehre falsch: Man glaubte, daß jede zusätzliche Geldschöpfung zu inflatorischen Preissteigerungen führen müsse, übersah dabei aber völlig, daß Preissteigerungen so lange nicht zu erwarten waren, wie einer zusätzlichen Warennachfrage durch zusätzliches Warenangebot entsprochen werden konnte. Daß bei einer Millionenzahl von Arbeitslosen, großen Rohstoffvorräten und nur unzulänglich ausgenutzten Produktionsanlagen diese Voraussetzungen gegeben waren, bedarf keiner weiteren Darlegung. Das Nichterkennen der scheinbar so einfachen und selbstverständlichen Zusammenhänge war verhängnisvoll. Die Völker hungerten und darbten in den an der traditionellen Marktwirtschaft festhaltenden Staaten nutzlos bei vollen Scheuern, während im kommunistischen Rußland Vollbeschäftigung herrschte und die Industrialisierung weiter fortschritt.

Bank- und Währungskrisen

Jede frühere Wirtschaftskrise hat sich mehr oder minder einschneidend auch auf das Bankwesen ausgewirkt. Die Depression führte zu Zusammenbrüchen schwacher Schuldner. Die Banken mußten entsprechende Debitorenverluste hinnehmen. In der Weltwirtschaftskrise erreichten diese Verluste nicht nur viel größere Ausmaße als je zuvor; die Krise selbst wurde auch unmittelbar von der Bankseite her verstärkt. Während der Aufschwungperiode der zwanziger Jahre waren von den Banken schwerwiegende Finanzierungsfehler begangen worden, die sich jetzt auswirkten. Das Bankwesen der Vereinigten Staaten wies schon vor der Weltwirtschaftskrise Fehlentwicklungen und Schwächen auf. Neben anderen Gründen hatte insbesondere auch der Kampf gegen die Konzentrationstendenzen dazu geführt, daß viele kleine, leistungsschwache Banken bestanden, deren Geschäftsführungen zudem häufig unsolide und den Aufgaben nicht gewachsen waren.

Bankzusammenbrüche waren in der Wirtschaftsgeschichte der Vereinigten Staaten keine Seltenheit. Selbst in den Jahren der Hochkonjunktur 1921 bis 1929 hatten fünftausendsechshundertzweiundvierzig Banken ihre Schalter schließen müssen. Seit dem Herbst 1930 gerieten immer mehr Banken in Schwierigkeiten.

Zur gleichen Zeit erschütterte der Zusammenbruch des Oustric-Konzerns das französische Bankwesen. Die Verluste des in Oustric-Werten engagierten Publikums wurden auf über eine Milliarde Francs geschätzt. Oustric war ein typischer Börsenspekulant und Konzerngründer der Inflationszeit.

Auch in Deutschland gerieten im Herbst 1930 zahlreiche Privatbanken in Schwierigkeiten und mußten liquidieren. Man sprach damals von dem »großen Sterben der Privatbankiers«. Die Ursachen waren meistens fehlende Liquidität infolge Festlegung der Mittel in industriellen Beteiligungen und Aktienpaketen, die nach Kündigung von Einlagen nicht flüssigzumachen waren.

Am 21. März 1931 wurde die Welt durch Erklärungen der deutschen und österreichischen Regierungen über den beabsichtigten Abschluß einer Zollunion überrascht, die dann nicht realisiert werden konnte. Nach einer weitverbreiteten Auffassung sollte der gescheiterte Zollunionsplan zu umfangreichen Kündigungen von Termingeldern, namentlich französischer Banken, bei dem alten Rothschild-Institut, der Österreichischen Creditanstalt in

Wien, Anlaß gegeben haben. Am 11. Mai 1931 wurde von amtlicher Seite mitgeteilt, daß das international hoch angesehene Institut illiquide geworden sei. Die österreichische Regierung und die Nationalbank hatten sofort Stützungsmaßnahmen eingeleitet, so daß die Gläubiger keine Verluste zu befürchten hatten. Auch bei der Österreichischen Creditanstalt zeigte sich, daß die im großen Umfang aufgenommenen Auslandsgelder zur Finanzierung langfristiger Industriebeteiligungen verwandt worden waren. Das Bankinstitut war weitgehend zu einer Industrieverwaltungsgesellschaft geworden.

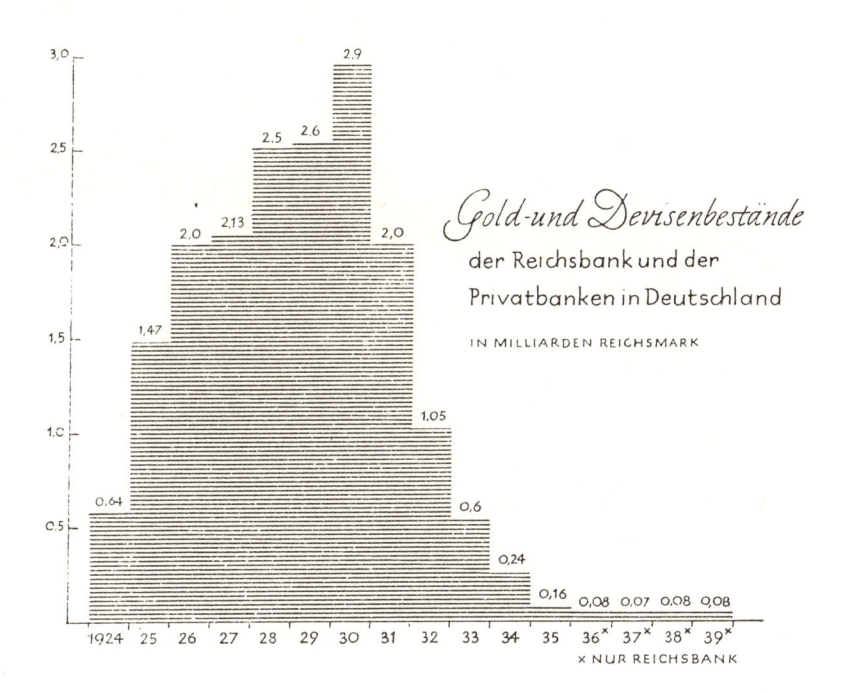

Gold- und Devisenbestände der Reichsbank und der Privatbanken in Deutschland

IN MILLIARDEN REICHSMARK

Jahr	Wert
1924	1,47
25	2,0
26	2,13
27	2,5
28	2,6
29	2,9
30	2,0
31	1,05
32	0,64
33	0,6
34	0,24
35	0,16
36*	0,08
37*	0,07
38*	0,08
39*	0,08

× NUR REICHSBANK

Die Wiener Ereignisse gaben allen Bankleitungen, die größere Auslandsanlagen getätigt hatten, Veranlassung, sich über die Zweckmäßigkeit einer weiteren Aufrechterhaltung dieser Engagements Gedanken zu machen. Außerdem ließ es die jetzt schon zwei Jahre andauernde Wirtschaftskrise allen bisher noch von Liquiditätsschwierigkeiten verschont gebliebenen Häusern angezeigt erscheinen, ihre liquiden Mittel zu verstärken. Die Folge dieser Überlegungen war eine starke Zunahme der schon seit dem Herbst 1930 zu beobachtenden Abzüge ausländischer Termingelder bei den deutschen Banken. In der ersten Junihälfte 1931 verlor die Reichsbank nicht weniger als siebenhundert Millionen Reichsmark Gold und Devisen. Gleichzeitig wurde bekannt, daß die Darmstädter und Nationalbank schwere Verluste durch den Zusammenbruch des Nordwolle-Konzerns der Gebrüder Lahusen erlitten hatte. Im Juli begannen auch die inländischen Einleger unruhig zu werden. Finanzielle Schwierigkeiten der Reichshauptkasse ließen eine weitere Zahlung der fälligen Reparationsraten nicht mehr zu. Das auf Initiative des amerikanischen Präsidenten Hoover bewilligte Reparations-Feierjahr verfehlte das Ziel, auf die privaten Auslandsgläubiger Deutschlands beruhigend zu wirken. In der zweiten Juliwoche zeigte sich dann, daß mindestens die Dresdner Bank und die Danatbank illiquide geworden waren und in der am 13. Juli beginnenden Woche ihren Zahlungsverpflichtungen nicht mehr würden nachkommen können. Die Reichsbank ihrerseits war zu einer Hilfeleistung nicht bereit, weil sie sich scheute, die vom Gesetz vorgeschriebene Golddeckungsgrenze nach starker Abnahme ihrer Goldbestände durch weitere Notenschöpfung zu unterschreiten. Auch fehlte den Banken nunmehr diskontfähiges Wechselmaterial. Lombardkredite auf Effekten bildeten nach der damaligen Notenbankgesetzgebung keine deckungsfähige Unterlage für die Notenschöpfung. So kam es am Montag, dem 13. Juli 1931, zum Schalterschluß der deutschen Banken und der Anordnung von Bankfeiertagen. Gleichzeitig wurden die Börsen geschlossen. Mit den Auslandsgläubigern begannen Stillhalteverhandlungen. Deutschland führte die Devisenbewirtschaftung ein.

Der Schalterschluß der deutschen Banken war das Signal für die überstürzte Liquidierung aller sonst noch vorhandenen Auslandsguthaben. In den folgenden Wochen mußte das englische Bankwesen dem Ansturm der französischen und amerikanischen Einleger standhalten. Die Gold- und Devisenvorräte der Bank von England nahmen rasch ab. Um ihrer Notenbank ein ähnliches Schicksal wie der Deutschen Reichsbank zu ersparen, entschloß sich die englische Regierung am 20. September 1931, die Bank von England von der Verpflichtung zur Goldeinlösung ihrer Noten zu entbinden. Das klassische Land der Goldwährung gab dieses für die Entwicklung des internationalen Zahlungsverkehrs und des Welthandels so wichtige Währungssystem auf, die englische Währung wurde devalviert, der Wechselkurs des Pfundes blieb nunmehr der freien Marktpreisbildung überlassen; er sank rasch ab. Die Auslandsgläubiger, die ihre Einlagen, anders als bei den deutschen Banken, in englischer Landeswährung unterhalten hatten, erlitten schwere Verluste.

Gleichzeitig mit dem starken Abzug der Einlagen bei den englischen Banken hatten die französischen Gläubiger auch mit der Liquidierung ihrer amerikanischen Guthaben begonnen. Seit der Devalvation des Pfundes setzte eine förmliche Flucht aus dem Dollar ein. Allein im September 1931 mußte das amerikanische Notenbankwesen Gold für siebenhundertfünfundzwanzig Millionen Dollar abgeben. Angesichts eines Goldbestandes von fünf Milliarden Dollar war dieser Verlust an sich nicht gefährlich. Schlimmer war, daß seit Mitte 1931 der Schalterschluß von Banken stark zugenommen hatte. Im Oktober stellten nicht weniger als fünfhundertzweiundzwanzig Institute ihre Zahlungen ein. Die Folge war eine ständig zunehmende Hortung von Zahlungsmitteln durch die inländischen Einleger, die den Banken mißtrauten. Im Oktober 1931 versuchten die Bankinstitute, zunächst auf genossenschaftlicher Basis eine Hilfsorganisation zu gründen, die dann 1932 in die mit öffentlichen Mitteln arbeitende Reconstruction Finance Corporation übergeleitet wurde. Sie sollte Kredite an illiquide Banken geben, um eine geordnete Abwicklung im Interesse der Einleger zu ermöglichen. 1932 wurde außerdem das Notenbankgesetz durch den Glass-Steagall-Act geändert, mit dem Ziel, dem Federal Reserve System durch Zulassung von Bundesanleihen als Notendeckung eine größere Elastizität und Hilfsmöglichkeit zu geben.

Trotz all dieser Maßnahmen erfolgte jedoch keine dauernde Beruhigung der Einleger. In der Mitte des Jahres 1932 kam es, vor allem in den Staaten des mittleren Westens, zu weiteren Bankzusammenbrüchen. Neue umfangreiche Zahlungsmittelhortungen waren die Folge. Anfang 1933 begnügten sich die Einleger nicht mehr mit der bloßen Hortung von Banknoten, sondern wandelten ihre Guthaben in Goldmünzen und Goldzertifikate um. Mitte Februar 1933 setzte dann ein allgemeiner Run auf die Banken im ganzen Lande ein. Der monetäre Goldbestand sank von 3,2 Milliarden Dollar Anfang Februar auf 2,7 Milliarden Anfang März ab. In derselben Zeit waren etwa für hundertfünfzig Millionen Dollar Goldmünzen und für hundertsiebzig Millionen Goldzertifikate gehortet worden.

Als Franklin Delano Roosevelt im März 1933 sein Amt als neuer Präsident der Vereinigten Staaten antrat, mußte er seine Tätigkeit mit einem Erlaß über die Anordnung von Bankfeiertagen beginnen. Nach Wiederaufnahme des Bankverkehrs wurden umfangreiche Einschränkungen der Gold- und Devisengeschäfte verfügt. Am 19. April gaben auch die über die größten Goldvorräte in der Welt verfügenden Vereinigten Staaten den Goldstandard auf. Auch der Dollar wurde devalviert.

Obgleich Roosevelt noch auf der Londoner Weltwirtschaftskonferenz vom 12. Juni bis 27. Juli 1933 jede Stabilisierung des Dollars abgelehnt hatte, was das endgültige Scheitern dieses letzten Versuches zur Neuordnung der Währungsverhältnisse bedeutete, entschloß sich zur Überraschung der Welt die amerikanische Regierung am 31. Januar 1934 durch den Gold Reserve Act zu einer vorläufigen Dollarstabilisierung auf der Basis von fünfunddreißig Dollar für eine Unze Feingold, was einer Abwertung auf 59,6 Prozent der früheren Goldparität entsprach. Diesen Standard hat der Dollar bis zur Gegenwart behalten. Nach ihm sind die Währungen der übrigen freien, nichtkommunistischen Volkswirtschaften ausgerichtet.

Nach dem Scheitern der Londoner Weltwirtschaftskonferenz 1933 hatten zunächst noch die sogenannten Goldblockländer, wozu das von der Krise bisher wenig in Mitleidenschaft gezogene Frankreich, Belgien, die Niederlande und die Schweiz gehörten, versucht, an der Goldwährung festzuhalten und stabile Wechselkurse aufrechtzuerhalten, obwohl sie bereits zahlreiche Waren- und Verrechnungsabkommen mit Ländern mit Devisenbewirtschaftung wie Deutschland abgeschlossen hatten. Nach der Devalvation des Dollars richtete die internationale Finanzspekulation verstärkte Angriffe gegen diese Länder und ihre Gold- und Devisenbestände. Kapitalfluchttendenzen der Inländer kamen hinzu. 1935 mußte Belgien und im folgenden Jahr dann auch Frankreich und die übrigen bisherigen Goldblockländer die Goldwährung aufgeben, ihre Währungen devalvieren und gleichzeitig zu einer mehr oder minder ausgedehnten Devisenbewirtschaftung übergehen.

Der freie internationale Zahlungsverkehr mit stabilen Wechselkursen hatte sein vorläufiges Ende wenigstens innerhalb Europas gefunden. Erst Ende 1958 haben sich die meisten europäischen Volkswirtschaften wieder zur Konvertibilität ihrer Währungen entschließen können nach einer siebenundzwanzig Jahre dauernden Periode der währungspolitischen Irrungen und Wirrungen.

Von der multilateralen zur bilateralen Außenwirtschaft

Die Tatsache, daß bei allen führenden Welthandelsvölkern Millionen Menschen jahrelang arbeitslos waren und infolgedessen nur in bescheidenstem Ausmaß noch Waren kaufen konnten, führte zwangsläufig zu entsprechenden Einschränkungen ausländischer Einfuhren. Anderseits bemühten sich alle Unternehmer, durch erhöhten Export einen Ersatz für die schrumpfenden Absatzmöglichkeiten ihrer Waren im Inland zu finden. Man versuchte, Arbeitslosigkeit zu exportieren, was sofort zu entsprechenden Gegenmaßnahmen der bisher von der Krise noch verhältnismäßig verschont gebliebenen Länder wie Frankreich und der Schweiz führte. Die Zollmauern boten keinen genügenden Schutz mehr. So kam es seit 1930 zur Festsetzung besonderer Zollkontingente, die dann als Folge der 1931 beginnenden Devisenbewirtschaftung zu allgemeinen Warenkontingenten erweitert wurden.

Die Devisenbewirtschaftung beruht auf einer Einschränkung der Devisennachfrage und möglichst lückenloser Erfassung aller aus Exportgeschäften anfallenden Devisen. Die Länder mit Devisenbewirtschaftung waren vor allem darauf bedacht, durch ihren Export freie Devisen zu erwerben, die sie auch zur Bezahlung von Einfuhren aus dritten Ländern benutzen konnten. Andere Staaten, wie etwa die Schweiz, deren Bürger in großem Umfang Auslandsanleihen gezeichnet hatten, waren daran interessiert, daß bei passiver Handelsbilanz ein Teil der dem Handelspartner geschuldeten Devisen zur Bedienung der notleidend gewordenen Anleihen verwandt wurde. Auch wollte jedes Land mit fortschreitender Krise und wachsender Arbeitslosigkeit etwaige passive Handelsbilanzsalden vermindern. Wenn man selbst aus einem anderen Land Waren zu beziehen bereit war, so wollte man anderseits auch wiederum diese Volkswirtschaft beliefern und damit den Absatz der eigenen Waren erhöhen. Alle diese Erwägungen führten sehr bald zu der Entwicklung eines bis dahin ungewohnten Systems der außenwirtschaftlichen Beziehungen. Es wurden besondere Waren- und Zahlungsabkommen abgeschlossen. In den Warenabkommen wurden Kontingente für die gegenseitigen Warenbezüge vereinbart. Im Rahmen dieser Kontingente mußten dann auch die erforderlichen Devisen zur Bezahlung bereitgestellt werden, sofern nicht überhaupt der Zahlungsverkehr ausschließlich über Verrechnungskonten erfolgte.

Während im Zeitalter des freien internationalen Zahlungsverkehrs jede Volkswirtschaft ihre erworbenen Devisen in jede andere Währung umwandeln und die von ihr benötigten Waren dort beziehen konnte, wo sie jeweils am vorteilhaftesten angeboten wurden, trat jetzt an die Stelle dieses multilateralen Verkehrs der bilaterale: Es kam darauf an, ob und wo noch Kontingente und damit Bezahlungsmöglichkeiten frei verfügbar waren. Dadurch änderten sich die Warenströme, die überseeischen Einfuhren Europas gingen zurück, während sich der Austausch innerhalb der europäischen Länder, besonders Deutschlands mit den südosteuropäischen Ländern, intensivierte.

Trotz aller Erschwernisse beim Übergang zum bilateralen Außenwirtschaftsverkehr, trotz schwankender Wechselkurse und Devisenbewirtschaftung kam es in den dreißiger Jahren, als die Krise langsam überwunden wurde, mit zunehmender Belebung der Güternachfrage auch wieder zu einem größeren internationalen Warenaustausch. Während 1932 der Welthandelsumsatz auf 109,8 Milliarden Reichsmark abgesunken war, erreichte er

1937 wieder 130,5 Milliarden, um dann allerdings wieder, bedingt durch den konjunkturellen Rückschlag in den Vereinigten Staaten, bis zum Ausbruch des zweiten Weltkrieges abzusinken. Der Weltkrieg brachte weitere Verschärfung der Devisenbewirtschaftung und zahlreiche kriegsbedingte Erschwernisse. Erst nach Kriegsende haben die Völker langsam wieder den Weg zum multilateralen Handel zurückgefunden. Aber auch 1959 finden wir noch bei zahlreichen Volkswirtschaften Waren- und Zahlungsabkommen und Devisenbewirtschaftung.

Die politischen Auswirkungen der Weltwirtschaftskrise

So furchtbar die materiellen Verluste und Schäden aus der Weltwirtschaftskrise waren, so erscheinen sie uns heute doch verhältnismäßig gering gegenüber den weit schwerer wiegenden politischen Auswirkungen. Es gibt Historiker, welche die entscheidende Bedeutung der Krise für die Machtübernahme des Nationalsozialismus in Deutschland leugnen. Sicherlich bestand im Januar 1933 keine zwingende Notwendigkeit für den Reichspräsidenten von Hindenburg, Adolf Hitler zum Reichskanzler zu ernennen. Im vierten, am 20. Mai 1928 gewählten Reichstag hatten die Nationalsozialisten nur zwölf und die Kommunisten vierundfünfzig Abgeordnete. Am 17. Juni 1930 löste die Regierung Brüning den Reichstag vorzeitig auf, weil eine Finanzvorlage zur Deckung des wachsenden Haushaltsdefizits keine parlamentarische Mehrheit fand. Als dann der fünfte Reichstag am 15. September 1930 gewählt wurde, zogen hundertundsieben Nationalsozialisten an Stelle der bisherigen zwölf in den Reichstag ein. Gleichzeitig war die kommunistische Fraktion auf siebenundsiebzig Mitglieder angewachsen. Anderseits war aber auch eine Regierungsbildung mit gesicherter parlamentarischer Mehrheit aus den übrigen Fraktionen wegen der tiefgreifenden politischen Gegensätze nicht möglich. Als dann am 31. Juli 1932 der sechste Reichstag nach Brünings Entlassung und Ernennung Papens zum Reichskanzler gewählt wurde, erzielten von sechshundertacht Mandaten die Nationalsozialisten zweihundertdreißig und die Kommunisten neunundachtzig. Die beiden extremen Flügelparteien hatten nunmehr die Mehrheit erreicht und machten jede parlamentarische Arbeit unmöglich. Diese starke Zunahme der antidemokratischen radikalen Parteien war eine Konsequenz des wachsenden Massenelends, der Verzweiflung über die sachlich falsche Deflationspolitik Brünings und der Hoffnung auf eine Wandlung der wirtschaftlichen Not durch Übergang zu einer Links- oder Rechtsdiktatur. »Es muß alles anders werden!«

Der Nationalsozialismus ist nicht nur durch die Weltwirtschaftskrise zur Macht gekommen, aber er hat sich, wie Rudolf Stucken mit Recht sagt, behaupten können, weil ihm im Gegensatz zu den vorhergehenden Regierungen die Überwindung der Arbeitslosigkeit gelang: »Das mehrjährige Versagen der bürgerlichen Welt gegenüber den geld- und kreditpolitischen Problemen der Weltwirtschaftskrise hat die Machtergreifung durch die Nationalsozialisten erst ermöglicht; die Meisterung der geld- und kreditpolitischen Probleme in der Arbeitsbeschaffungsperiode hat das nationalsozialistische Regime in der Macht gefestigt;

nach Überwindung der Massenarbeitslosigkeit hatte es die Massen hinter sich – bis zum bitteren Ende.«

Die politischen Auswirkungen der Krise beschränkten sich keineswegs auf Deutschland. In fast allen südamerikanischen Staaten, deren Rohstoff-Absatz stockte, gab es schon 1930 Revolutionen und mehr oder minder diktatorische Regierungen. Die Schwäche Frankreichs und Englands gegenüber den wachsenden Ansprüchen des Nationalsozialismus ist mitbedingt durch die wirtschaftlichen Schwierigkeiten, unter denen beide Länder litten. Die französische Wirtschaft hatte sich in den ersten Jahren der Weltwirtschaftskrise auf Grund ihrer besonderen Struktur als verhältnismäßig krisenfest erwiesen. Da wurde Frankreich Ende 1933 nach dem Oustric-Skandal durch den Stawisky-Skandal erneut aufs schwerste wirtschaftlich und politisch erschüttert. Stawisky hatte betrügerische Finanzoperationen durchgeführt, in die auch Regierungskreise verwickelt waren. Anfang 1934 kam es in Paris zu schweren Unruhen und mehrfach zu Kabinett-Neubildungen.

Auch in England herrschte bis zum Ausbruch des zweiten Weltkrieges immer noch große Arbeitslosigkeit, wenn sich auch nach der Devalvation des Pfundes 1931 die krisenhaften Erscheinungen gemildert hatten. Die wirtschaftlichen Schwierigkeiten schränkten jedenfalls die außenpolitische Handlungsfreiheit Englands und Frankreichs erheblich ein, wenn sie auch allein keine ausreichende Erklärung oder Rechtfertigung für ihre Appeasement-Politik bieten.

In den Vereinigten Staaten schließlich gelang es den Demokraten, in der Präsidentenwahl 1932 zum erstenmal wieder seit der Präsidentschaft Woodrow Wilsons ihren Kandidaten Roosevelt durchzubringen. Die Weltwirtschaftskrise hatte die jahrelange Vorherrschaft der Republikaner beendet. Der Weg für das umfassende Krisenbekämpfungsprogramm Roosevelts war frei.

Die Überwindung der Weltwirtschaftskrise

Wenn der Arzt eine Krankheit heilen will, so versucht er zunächst, die Ursachen zu erkennen. Jede sinnvolle Heilung erfordert eine Bekämpfung dieser Ursachen mit den dafür geeigneten Mitteln. Ähnlich wie bei Krankheiten der Lebewesen verhält es sich auch bei Volkswirtschaften. Auch hier setzt die Überwindung der Depression die Beseitigung der Ursachen voraus, die nach vorhergehender Hochkonjunktur den Abschwung auslösten.

Der Ausbruch der Weltwirtschaftskrise 1929 ist durch eine ganze Reihe von Ursachen bedingt und durch fehlerhafte Maßnahmen zu ihrer Überwindung, wie insbesondere die Deflationspolitik, weiter verschärft worden. Nach der heute herrschenden Auffassung muß aber doch wohl als der entscheidende Grund des Zusammenbruchs der Volkswirtschaften das Zurückbleiben der Massenkaufkraft gegenüber den in den Jahren der Hochkonjunktur stark erweiterten Produktionsmöglichkeiten gelten. Die Krise wurde überwunden, als sich die deutsche und amerikanische Regierung dazu entschlossen, das Defizit an Nachfrage durch die Einleitung großer öffentlicher Arbeitsbeschaffungsmaßnahmen auszugleichen.

Autofabrikation auf dem Fließband bei Ford in Highland Park bei Detroit, um 1913

Energiegewinnung und landwirtschaftliche Erschließung des Tennessee-Tals durch das Stausystem der TVA
Der Wheeler-Damm, erbaut 1933–1936

Dazu kamen Stützungskäufe für bisher nicht absetzbare Rohstoffe zu angemessenen Preisen und weitere finanzielle Hilfemaßnahmen für gewerbliche und landwirtschaftliche Betriebe, die vom Zusammenbruch bedroht waren. Jeder Arbeitslose, der zunächst im Rahmen öffentlicher Arbeitsbeschaffungsmaßnahmen wieder beschäftigt wurde und ein gegenüber den bisherigen Unterstützungszahlungen erhöhtes Einkommen bezog, konnte seinen Konsum steigern. Damit wuchs die Güternachfrage nach Konsumartikeln, was wiederum zur Einstellung von Arbeitslosen führte. Es trat die sogenannte Multiplikatorwirkung ein.

Seit 1930 hatte sich in Deutschland die Überzeugung auch in Regierungskreisen durchgesetzt, daß zur Krisenüberwindung öffentliche Arbeitsbeschaffungsmaßnahmen durchgeführt werden müßten. Die praktische Durchführung scheiterte jedoch an den angeblich fehlenden Finanzierungsmöglichkeiten. Der Kapitalmarkt war unergiebig. Zu einer Geldschöpfung aber konnte man sich auf Grund der bereits an früherer Stelle geschilderten falschen Interpretation der Quantitätstheorie nicht entschließen.

Diese Widerstände wurden durch den Nationalsozialismus beseitigt, ohne daß freilich Klarheit über die geldtheoretischen Zusammenhänge bestand. Im Laufe der Jahre 1933 und 1934 wurden große öffentliche Arbeitsbeschaffungsprogramme in Angriff genommen, die unter Einbeziehung der von Post und Eisenbahn gesondert durchgeführten Maßnahmen etwa sechs Milliarden Reichsmark beanspruchten. Das Reichsbankdirektorium unter der erneuten Leitung von Hjalmar Schacht gab nunmehr endlich seinen früheren erbitterten Widerstand gegen jede zusätzliche Geldschöpfung auf und erklärte sich zur Refinanzierung der Programme bereit, obgleich Schacht selbst noch in einer 1932 erschienenen Schrift »Grundsätze deutscher Wirtschaftspolitik« alle Vorschläge zur Geldschöpfung zurückgewiesen hatte. Sehr rasch trat eine fühlbare Entlastung des Arbeitsmarktes ein. Während Ende Januar 1933 die Zahl der Vollarbeitslosen sechs Millionen überschritten hatte, wozu noch ein Millionenheer von Kurzarbeitern hinzukam, blieb die Arbeitslosenzahl seit März 1936 unter der Zwei-Millionen-Grenze. Seit dem Sommer 1937 war nach viereinhalbjährigen Bemühungen die Arbeitslosigkeit in Deutschland endgültig überwunden.

Nicht richtig ist die häufig geäußerte Ansicht, dieser Erfolg sei nur durch die Rüstungsmaßnahmen erreicht worden. Sicherlich haben sie seit 1935 wachsende Bedeutung gewonnen. Aber hinsichtlich der Beschäftigung ist es unwesentlich, ob Kasernen oder Häuser, Schulen und Verwaltungsgebäude gebaut werden oder die Textilindustrie zusätzliche Arbeitskräfte einstellt, um Kleidungsstücke für den zivilen Bedarf an Stelle von Uniformen herzustellen. Auch ohne Aufrüstung hätte die Arbeitslosigkeit behoben werden können.

Der wirtschaftliche Aufschwung Deutschlands vollzog sich ohne inflatorische Geldentwertung. Das war nicht die Folge des 1936 angeordneten Preisstops, sondern beruhte auf der Tatsache, daß bis 1938 eine gestiegene Güternachfrage durch wachsendes Güterangebot befriedigt werden konnte. Erst von 1938 an ergaben sich Spannungen, weil nunmehr zur Finanzierung der außenpolitischen Aktionen und zur Forcierung der Rüstung die Geldschöpfung noch weiter fortgesetzt wurde, obgleich wegen fehlender Steigerungsmöglichkeit der ausländischen Rohstoffeinfuhren und nach Erschöpfung des Arbeitspotentials das Güterangebot nicht mehr erhöht werden konnte.

Auch Roosevelt hat sofort nach Antritt seines Amtes im März 1933 ein umfassendes Krisenbekämpfungsprogramm mit großen öffentlichen Arbeitsbeschaffungsmaßnahmen durchgeführt. Noch niemals zuvor wurde ein amerikanischer Kongreß mit einer solchen Fülle einschneidender Gesetzesvorschläge befaßt wie der dreiundsiebzigste in seiner Sondersitzung der neunundneunzig Tage vom 9. März bis 16. Juni. Roosevelt hat für sein umfangreiches wirtschafts- und sozialpolitisches Programm, das er im wesentlichen während seiner ersten beiden Präsidentschaftsperioden von 1933 bis 1941 im Kampf mit einem häufig widerstrebenden Kongreß durchführte, die Bezeichnung »New Deal« gewählt, die am besten mit »Neue (Wirtschafts- und Sozial-) Ordnung« zu übersetzen ist. In ihm sind Maßnahmen zur Bekämpfung der akuten Wirtschaftskrise mit einer bis dahin in den Vereinigten Staaten nur unzulänglich entwickelten Sozialpolitik verbunden.

Eine nachhaltige Hilfe für die besonders stark betroffene Landwirtschaft war aus wirtschaftlichen wie politischen Gründen gleich wichtig. Zur Sicherung der Farmer gegen ein weiteres ruinöses Absinken der Preise ergingen 1933 der Agricultural Adjustment Act und der Agricultural Relief Act, wodurch die Notenbank zum Ankauf von drei Milliarden Dollar Staatspapieren ermächtigt wurde, mit deren Erlös die vom Zusammenbruch bedrohten landwirtschaftlichen Betriebe gestützt werden sollten. Zur Bekämpfung der Arbeitslosigkeit sah der National Industrial Recovery Act, kurz »Nira« genannt, öffentliche Arbeiten im Gegenwert von 3,3 Milliarden Dollar vor. Die Civil Works Administration sollte Arbeitslose durch Notstandsarbeiten von der Straße fort und wieder zu geregelter Beschäftigung bringen. Die Public Works Administration führte einen freiwilligen Arbeitsdienst durch. Im Rahmen dieser Arbeitsbeschaffungsmaßnahmen sind wirtschaftlich produktive und wertvolle Vorhaben durchgeführt worden. Vor allem gilt dies für die Erschließung des Tennesseetals durch Elektrifizierung, wobei die bisher ungenutzten Wasserkräfte auf Grund des 1933 verabschiedeten Tennessee Valley Act ausgenutzt wurden.

Imponierend ist der Einsatz von Mitteln: Die Bundesschuld stieg von neunzehneinhalb Milliarden Dollar Ende 1932 bis auf einundvierzig Milliarden 1937 an. Aber Ende 1936 wurden immer noch fast neun Millionen Vollarbeitslose gezählt. Die bereitgestellten Beträge waren angesichts der Riesenhaftigkeit des amerikanischen Produktionsapparates zu gering, auch waren die Sekundärwirkungen der Arbeitsbeschaffungsmaßnahmen wesentlich schwächer als etwa in Deutschland, weil wegen der Vorräte und der Leistungsfähigkeit des unausgenutzten Produktionsapparates die zusätzlich nachgefragten Güter lange Zeit ohne ausreichende Verstärkung der Belegschaften produziert werden konnten. In der zweiten Jahreshälfte 1937 kam es zu einem Rückschlag. Der Kongreß widersetzte sich aus verschiedenen wirtschaftlichen und allgemeinpolitischen Gründen der weiteren Fortsetzung der bisherigen Politik der ständigen Haushaltsfehlbeträge und Anleiheaufnahmen für die Bekämpfung der Arbeitslosigkeit. Sofort schnellte die Arbeitslosenzahl wieder in die Höhe. 1938 wurden im Jahresdurchschnitt wieder 10,390 Millionen Arbeitslose gezählt. Angesichts dieser ungünstigen Entwicklung mußte der Kongreß Roosevelts Drängen auf Bereitstellung weiterer Mittel nachgeben.

Mit dem Ausbruch des Krieges in Europa am 1. September 1939 nahmen die Rüstungsaufträge stark zu. Als dann nach dem Überfall der Japaner auf Pearl Harbour im Dezember 1941 die Vereinigten Staaten in den zweiten Weltkrieg eintraten, Millionen von Amerikanern zum Waffendienst einberufen wurden und gleichzeitig die Rüstungsproduktion stieg, sank die Arbeitslosigkeit bis 1944 rasch ab. Erst zu diesem Zeitpunkt, drei Jahre nach Kriegseintritt, haben die Vereinigten Staaten Vollbeschäftigung erreicht. Die Bundesschuld war von sechsundvierzig Milliarden Ende 1939 bis auf zweihundertzwei Milliarden Dollar Ende 1944 gestiegen.

Roosevelts Krisenbekämpfungsmaßnahmen haben weit über ihren ursprünglichen Zweck hinaus die amerikanische Volkswirtschaft umgestaltet. Durch den New Deal gewann die Bundesregierung einen weitgehenden Einfluß auf die amerikanische Volkswirtschaft, wie er bis dahin selbst im ersten Weltkrieg nicht anzutreffen war. Gerade diese starken Staatseingriffe bildeten einen ständigen Angriffspunkt der an den überkommenen liberalen Grundsätzen festhaltenden republikanischen Gegner.

Über die wirtschaftliche Entwicklung in Frankreich, die gegensätzlich zu der in den übrigen von der Krise betroffenen Volkswirtschaften verlief, haben wir bereits im Zusammenhang mit den politischen Auswirkungen der Weltwirtschaftskrise berichtet. Als Frankreich 1939 in den zweiten Weltkrieg eintrat, war seine Volkswirtschaft den neuen Anforderungen in keiner Weise gewachsen.

Durch die 1931 erfolgte Abwertung des englischen Pfundes war die internationale Wettbewerbsfähigkeit der englischen Waren auf den zerrütteten Weltmärkten erheblich gesteigert worden, zum Nachteil vor allem der deutschen und der amerikanischen Exporte. Hinsichtlich der für England so wesentlichen Einfuhren lagen die Verhältnisse in den auf die Pfundabwertung folgenden Jahren besonders günstig. Die Preise der Einfuhrgüter, insbesondere der aus Übersee bezogenen Lebensmittel und industriellen Rohstoffe, gingen zurück. Infolgedessen wirkte sich die Abwertung des englischen Pfundes nicht in einem entsprechenden Anstieg des englischen Preisniveaus aus. Anders als Deutschland und die Vereinigten Staaten, glaubte Großbritannien, auf eine planmäßige Politik der Krisenbekämpfung verzichten zu können. Die Arbeitslosigkeit ging allmählich zurück und war bei Kriegsausbruch 1939 auf 1,5 Millionen gesunken.

Im September 1939, fast zehn Jahre nach dem New Yorker Börsenkrach, hatten die meisten Volkswirtschaften zwar die Depression noch nicht völlig überwunden. Wie sich aus unseren vorgehenden Darlegungen ergibt, war der Erfolg der Krisenbekämpfungsmaßnahmen innerhalb der einzelnen Volkswirtschaften unterschiedlich. Daß es dem Nationalsozialismus gelungen war, unter einem System weitgehender Planwirtschaft die deutsche Volkswirtschaft wieder zu höchster Leistung zu bringen, trug wesentlich dazu bei, die Stellung des Regimes auch dem Ausland gegenüber zu festigen.

Aber auch wo die Krise nicht schon als überwunden angesehen werden konnte, hatten sich die Krisenerscheinungen doch stark gemildert. Die Arbeitslosenzahl hatte überall abgenommen, reflatorische Preiskorrekturen sicherten wieder die Existenz von Landwirtschaft und Gewerbe, es bildeten sich erneut anlagebereite Sparkapitalien. Die Gewinne und die Börsenkurse waren gestiegen, desgleichen die Steuereinnahmen der Staaten und Gemeinden, auch wenn die Länderhaushalte nach wie vor infolge der fortgesetzten Krisenbekämpfungsmaßnahmen defizitär waren.

Nicht gelungen war andererseits seit dem Scheitern der Londoner Weltwirtschaftskonferenz 1933 eine internationale Währungsstabilisierung. Der Kampf um die Beseitigung der Krisenauswirkungen innerhalb der nationalen Volkswirtschaften zwang im Gegenteil teils zu neuen Währungsabwertungen, teils zu immer strafferer Devisenbewirtschaftung. Erst nach dem zweiten Weltkrieg gelang es unter Führung der Vereinigten Staaten, die Verkrampfung des Welthandels, in die er als Folge der Weltwirtschaftskrise geraten war, allmählich zu lösen, die Kontingente abzubauen, die Zölle zu senken, den Zahlungsverkehr wieder von seinen Fesseln zu befreien und mit dem Übergang zur Währungskonvertibilität der meisten europäischen Staaten Ende 1958 neue Grundlagen für die weltwirtschaftliche Zusammenarbeit der aufeinander angewiesenen Volkswirtschaften zu schaffen.

Wenn wir heute rückschauend die lange Leidenszeit seit dem Ausbruch des ersten Weltkrieges überblicken, die nur durch eine kurze Pause in den zwanziger Jahren unterbrochen wurde, so ist die Feststellung deprimierend, daß Weltinflation und Weltwirtschaftskrise bei besserer Einsicht in die volkswirtschaftlichen Zusammenhänge hätten vermieden oder mindestens in ihren Auswirkungen und ihrer Dauer bei rechtzeitigem Einsatz wirkungsvoller Gegenmaßnahmen hätten eingeschränkt werden können. Seither hat die nationalökonomische Wissenschaft neue, entscheidende Erkenntnisse auf den Gebieten der Geld- und Konjunkturtheorie gewonnen. Wir verfügen heute über ein sicher funktionierendes Instrumentarium zur Krisenbekämpfung, so daß vielleicht die Hoffnung nicht unberechtigt ist, daß künftigen Generationen ähnliche unnötige Opfer erspart bleiben, wie sie der Menschheit in der ersten Hälfte des 20. Jahrhunderts auferlegt wurden.